En la dispersión el texto es patria

Introducción a la hermenéutica clásica, moderna y posmoderna

ଓ ଓ

Hans de Wit

UNIVERSIDAD BÍBLICA
LATINOAMERICANA
Apdo. 901-1000 San José, Costa Rica
Tel.: (+506) 2283-8848 / 2283-4498
Fax.: (+506) 2283-6826

Copyright © 2017, UBL

www.ubl.ac.cr

Depto de Publicaciones, UBL
Edición: Elisabeth Cook
Diagramación/Portada:
Damaris Alvarez Siézar
Ilustración en portada:
Green Landscape, (1949)
Autor: Marc Chagall

Primera Edición, Año 2002
Segunda Edición, Año 2010
Reimpresión, Año 2017

ISBN: 978-9977-958-40-8

Reservados todos los derechos.
All rights reserved.
Año 2017

UNIVERSIDAD BÍBLICA
LATINOAMERICANA
PENSAR · CREAR · ACTUAR

Para Elisabeth, porque

*'al ir iba llorando
llevando la semilla'*

Contenido

Elsa Tamez: Presentación / 5

Introducción / 7

Capítulo 1: Desde el A.T. hasta la Reforma / 19
1. Exégesis bíblica en el A.T. / 21
2. Exégesis judía y patrística / 44
3. La Reforma protestante y el Renacimiento tardío / 76

Capítulo 2: La modernidad / 89
4. Los métodos históricos / 91
5. Los nuevos métodos históricos: lectura sociológica y materialista / 160

Capítulo 3: La hermenéutica moderna y sus conceptos / 185
6. Hermenéutica de la apropiación (H.-G. Gadamer y P. Ricoeur) / 187
7. Hermenéutica latinoamericana / 217
8. El lector y la lectora rebeldes / 268
9. Relevancia y pertinencia en la exégesis / 301

Capítulo 4: La posmodernidad / 309
Introducción / 311
10. El texto como obra literaria. Exégesis y ciencia de la literatura / 318
11. Estructuralismo y semiótica / 333
12. El texto y el lector o la lectora: estrategias de persuasión. Nueva crítica retórica / 362
13. La lectora o el lector como co-autor / 375
14. Interpretación e ideología / 402
15. Postergación de significado: el deconstructivismo / 450
16. Los límites de la interpretación / 482

Conclusión / 503

Obras consultadas / 533

Indice de autores / 547

Indice de temas / 553

Datos del Autor / 558

Presentación

El libro de Hans de Witt es una herramienta fundamental para la exégesis y hermenéutica bíblica; sobre todo ahora cuando los fundamentalismos se han puesto de moda haciendo caso omiso de la polisemia.

La interpretación de todo texto es un hecho inevitable. Las personas, sin excepción, interpretamos en el acto de leer o comentar un pasaje bíblico. También, cuando declamamos un texto literalmente, el tono de voz, las pausas, el movimiento, delatan una propuesta interpretativa. Es más, hasta en el acto mismo de traducir la Biblia, la marca de nuestra identidad cultural y social está presente aun sin darnos cuenta. Nuestra mirada no puede desvincularse del lugar desde el cual leemos, comentamos, declamamos o traducimos cualquier texto. Por eso, creer que asimos la esencia de la verdad de la Escritura es una ilusión. El texto es polisémico por excelencia y por lo tanto rico en significados, fresco en todo momento y abierto a todos los sujetos.

Tomando en cuenta esta realidad plurisignificativa del discurso, la lectura de los textos bíblicos necesita de herramientas metodológicas que ayuden a tomar distancia de los propios preconceptos. Y es aquí donde el libro de Hans de Witt se torna una herramienta bíblica fundamental. Se trata de un libro que recoge un sinnúmero de acercamientos exegéticos y hermenéuticos de distintas escuelas y tiempos. Lo hace desde la hermenéutica, presentando métodos que ayudan a analizar tanto el texto mismo como su "detrás" y su "enfrente"; es decir, métodos literarios, históricos y retóricos. Pocos son los libros publicados en América Latina que se preocupan por ofrecer un panorama amplio y profundo de los distintos métodos. Por esa razón *En la dispersión el texto es patria* debería ser un libro básico de consulta tanto en las bibliotecas personales de estudiantes y profesores de Biblia, como en las bibliotecas de seminarios y universidades. En su recorrido por cada método, ofrece un resumen y una posición evaluativa crítica. Queda en manos de los lectores y las lectoras decidir sobre la posición del autor. No obstante, en cuanto al panorama presentado de los distintos métodos no cabe duda del gran aporte que Hans de Witt ofrece al mundo de habla hispana.

Es verdad que "el texto bíblico es patria", como dice el antiguo dicho judío, porque de alguna manera lo habitamos como nuestro espacio privilegiado en medio de la dispersión, y porque nos encontramos emparentados con la textura del texto, acogiendo o luchando con sus sentidos. Pero se trata de una patria grande, tan grande y global que podemos perdernos si no conocemos los distintos caminos que llevan a entender los sentidos que nos ofrece. El libro *En la dispersión el texto es patria* de Hans de Witt es un mapa excelente, aunque él lo niegue, necesario para señalar esos caminos. Los lectores y las lectoras son libres para escoger los caminos que prefieran. La toma de distancia de los fundamentalismos es hoy día una exigencia frente a la violencia del mundo.

Elsa Tamez

Introducción

Para la métafora de la interpretación del texto como conversación ver por ejemplo: P. Ricoeur, Interpretation Theory, Fort Worth, 1978, parte introductoria.

El presente libro quiere ofrecer a la lectora y al lector algunas herramientas que posibiliten un diálogo abierto y responsable con el texto bíblico. En la hermenéutica moderna se usa mucho la imagen del diálogo, de una conversación entre dos personas, para describir el proceso de comprensión de textos. Es una metáfora que se usa frecuentemente, pero que provoca reflexión: textos no son personas. Sin embargo podemos decir que los textos literarios tienen características que justifican hablar de ellos como 'otro'. Conocida es la comparación con un cristal — los textos resultan tener una interminable cantidad de facetas. Cambia el color según la posición que el cristal tenga en la mano de la o el que mira. Los textos literarios, especialmente los de la Biblia, han sido y siguen siendo fuentes inagotables de sentido y orientación. Los textos tienen tanto 'potencial' y son fuentes tan ricas que para cada nuevo lector y nueva lectora algo nuevo se ofrece. Con razón se dice que los textos de la Biblia 'siguen hablando' en forma nueva a cada generación. Los textos antiguos pueden abrirse e iluminar contextos no vistos por su autor original.

Hay también otra razón para hablar del texto [bíblico] como 'otro'. El texto no fue hecho por nosotros. Nos quiere entregar experiencias de una vida vivida y en la cual nosotros no participamos. El texto proviene de un contexto que nos es ajeno. Este hecho implica respeto y cuidado al querer explorar la 'personalidad' del texto.

En el diálogo entre lector o lectora y texto hay muchos factores involucrados. Muy importantes son el lector o la lectora y el texto y sus respectivos contextos. Leer es sobre todo una interacción entre estas instancias. Pero hay muchas maneras de leer, de entrar en conversación con el texto bíblico. Hay quienes están interesados o interesadas en saber lo que el texto decía en su contexto histórico, hay otros u otras que quisieran saber si el texto tiene un mensaje para su situación actual. Algunas de estas formas serán tema de conversación en este libro.

El libro que se presenta aquí está dividido en dos tomos. El primer tomo está dedicado a la hermenéutica. El segundo se dedica a la exégesis y los procesos de relectura de un texto. Dicho de otra manera, en el presente tomo estaremos discutiendo las *reglas* de la conversación con los textos. En el segundo tomo estaremos dando los pasos, completando así el *proceso* de interpretación. Queremos aplicar aquellas reglas en conversación directa con el texto y queremos preguntar cómo se desarrolla ese proceso en el que un lector o una lectora aplica el significado de un texto a su propia vida. Las teorías que discutimos en el primer tomo serán usadas y aplicadas en el segundo.

Esta división – hermenéutica primero, exégesis y relecturas después – obedece a una opción. Antes de comenzar a dialogar directamente con el texto, debemos aprender cómo *iniciar* aquel diálogo. No es fácil conversar con un texto literario. Esperamos poder convencer al lector y a la lectora que textos son más que objetos interminablemente moldeables. Con Umberto Eco podemos decir que textos son objetos *dinámicos* que llevan su propia estrategia de lectura en su gramática y estructura literaria. Pero no es fácil detectar aquellas estrategias. Hay que aprender a dialogar. Hay que aprender a respetar los intereses de las partes involucradas. Esto implica que debemos aprender a darle suficiente espacio al texto, para que el texto, a cuyo autor ya no podemos entrevistar, termine su discurso y despliegue su significado.

En el presente libro haremos entonces una distinción entre hermenéutica y exégesis. En nuestra terminología, la hermenéutica no es exégesis. La hermenéutica es como una teoría de la exégesis. El debate hermenéutico debe preceder el acto exegético. Creemos que es bueno no confundir los términos hermenéutica y exégesis, lo que lamentablemente sucede con frecuencia. Diferenciar entre hermenéutica y exégesis como dos procesos no idénticos, realizados con herramientas diferentes y con objetivos distintos, lleva a mayor claridad terminológica y operacional. Antes de entrar a conversar directamente con el texto, es bueno saber cómo se hace y por qué se hace de tantas maneras diferentes, con tantos resultados diferentes. Es bueno saber definir con mayor precisión lo que entendemos por 'lector', 'texto', 'proceso de interpretación', 'exégesis', 'lectura' y 'relectura'.

J. Severino Croatto, Crear y Amar en libertad, Estudio de Génesis 2:4-3:24, Buenos Aires (La Aurora), 1986.

Me permito ilustrar lo dicho con un ejemplo. Generalmente los y las exégetas definen su tarea como la exploración de lo que el texto pudiera haber significado en su contexto histórico, para 'los primeros oyentes'. Hay otros u otras, sin embargo, que quisieran que la exégesis fuera más, que tuviera que ver también con el presente y que el o la exégeta tuviera un papel en el proceso de actualización del texto. 'El exégeta tiene la tarea inolvidable de *ablandar*, *abrir* el texto para el creyente', dice el exégeta argentino José Severino Croatto. ¿Hay diferencia entre exégesis y relectura o actualizacion? Mucho depende de cómo se definan los conceptos y la tarea de la o el exégeta.

No es difícil llegar a un consenso y decir que la actualización de un texto, por ejemplo a través del sermón, se basa en la exégesis — usa sus *resultados*. Pero eso no significa, dirán muchos, que hacer un sermón sea lo mismo que hacer exégesis. Mientras que la exégesis quiere ser analítica, quiere *ex*plicar — desplegar el espectro de significados históricos de un texto — el sermón quiere dar un paso más allá del significado histórico y quiere integrar y combinar pasado y presente, quiere impactar y actualizar. Para los y las que hacen esta distinción, la exégesis debe proteger los intereses del texto, la relectura de la o el oyente actual.

La exégesis se define como aquella práctica (teórica) que quiere que el texto pueda desplegar el espectro de sus matices, significados y colores. En este proceso el o la exégeta trata de reducir al máximo, aunque sea por un momento, el *ruido* de su propio mundo, de su propia experiencia. La *relectura*, en cambio, apunta a hacer audible ese ruido, quiere hacer valer las experiencias actuales de la lectora o del lector u oyente. Ahora bien, sea como fuere, esta disputa sobre la tarea y la responsabilidad de la o el exégeta es parte de la reflexión hermenéutica.

Tomemos otro ejemplo para explicar la necesidad de dedicarnos primero a la hermenéutica. No solamente para los lectores y las lectoras no profesionales de la Biblia, sino también para los y las exégetas mismas, entrar al mundo de la exégesis y comenzar a usar sus diferentes métodos es una empresa *aventurada*. Fácilmente uno se siente en un *laberinto* y pierde su orientación. Pues, más que nunca parece darse lo que Paul Ricoeur alguna vez llamó 'el conflicto de interpretaciones'. Lo que para la teología actual vale, vale *a fortiori* para el mundo de las ciencias bíblicas: es un mundo caleidoscópico en el que hay muy poca uniformidad y mucho tribalismo: cada *biblista* con su método, cada exégeta con su pequeña toma de poder.

Las últimas décadas del siglo pasado han dado a conocer un crecimiento impresionante en los métodos de interpretación de textos. Después de más de dos siglos y medio de predominancia de los métodos históricos — interesados en la *pre*historia y el *crecimiento* del texto — nacieron, a mitad de este siglo, métodos con un interés especial en su aspecto lingüístico-semiótico o estructural. En las décadas de los años cincuenta y sesenta, exégetas comienzan a tomar conocimiento de los resultados y las técnicas de la ciencia de la literatura y aumenta el interés propiamente literario en los textos; los textos comienzan a ser considerados como *obra de arte autónoma*. Después, en los años setenta comienzan, especialmente en el Tercer Mundo, las llamadas *relecturas de la Biblia*. Nacen las *hermenéuticas del genitivo*. Son las hermenéuticas específicas: las negras, feministas, indígenas, Dalit, Rastafari, etc., que van de la mano con las teologías emancipadoras y contribuyen mucho a que se lea la Biblia desde una perspectiva nueva y específica: desde los pobres, desde la experiencia de los negros, desde la mujer, desde los *Minyun* (pobres, marginados) en Corea y Filipinas. Estas relecturas se oponen muchas veces a la hegemonía de la exégesis europea y quieren que experiencias específicas, como la pobreza, la persecución y la exclusión, sean parte explícita del proceso de comprensión. El lector o la lectora actual y su contexto se convierten en instancias importantísimas del proceso de lectura. Las hermenéuticas del genitivo comparten su énfasis con otra escuela, que se origina dentro de la ciencia de la literatura (especialmente en los Estados Unidos) y que se conocerá como la *crítica de la respuesta del lector*.

En la misma década de los 70 el análisis estructural va haciendo escuela, especialmente en Francia. Al comienzo generó muchas expectativas. Por un momento se pensaba que este análisis podría estar 'libre' de prejuicios y posturas ideológicas. La ciencia de la literatura posestructuralista demostró lo contrario. Pero a su vez, el estructuralismo dio origen a otra escuela, con un nuevo enfoque. Ella se nutre de los resultados del análisis computarizado del texto bíblico. Veremos más adelante que consiste en el análisis cuidadoso del lugar y valor gramatical de cada elemento de una frase. Este tipo de investigación contribuye mucho a nuestro conocimiento del hebreo y griego.

Ahora bien, también el debate sobre el valor, los puntos de partida y la legitimidad de todos estos métodos nuevos es tarea de la hermenéutica.

La situación en el campo de las ciencias bíblicas es confusa y asume características del posmodernismo. Para algunos y algunas, el gran número de métodos exegéticos y escuelas tiene implicancias liberadoras. Cada exégeta puede elegir el método que quiere; ha pasado el momento del dogmatismo y eurocentrismo. Opinan que los nuevos métodos son complementarios y que significan un gran enriquecimiento. Para otros y otras la situación es más bien

'La posmodernidad no es más (ni tampoco menos) que la mente moderna mirándose fija y sobriamente a sí misma, a sus condiciones, y a sus obras pasadas...' Z. Bauman, Modernity and Ambivalence, Ithaca, 1991, 272.

amenazante. Creen que esta diversidad desvía de lo propio, que se está perdiendo algo muy elemental en la lectura de la Escritura.

Todo esto ha llevado a un debate intenso sobre los métodos y el *status* del texto bíblico. Lo que intensifica el debate no son solamente argumentos científicos, sino más bien el *status* de la Biblia como Escritura y fuente primordial de la fe cristiana y, más importante aún, la vinculación entre lectura y praxis social. Es especialmente esta última pregunta – las implicancias y los efectos éticos-sociales de la lectura del texto – que hace que el debate se vuelva tan tenso. El lector o la lectora comienza a comprender cuán difícil es la situación cuando compara interpretaciones hechas por exégetas socialmente comprometidos, para usar una expresión de Gerald West (*socially engaged interpreters*). Contrario a lo que se esperaba, no hay mucho consenso dentro de las hermenéuticas específicas. El compromiso social de la o el exégeta, su vinculación con los procesos de liberación, no produce una brújula hermenéutica siempre confiable.

A.A. Boesak, Black and Reformed: Apartheid, Liberation and the Calvinist Tradition, Johannesburg, 1984.

Veamos un ejemplo. Para el teólogo negro y sudafricano A. Boesak, el personaje de Abel (Gé. 4) representa la suerte de todos los desaparecidos en la historia del mundo. El teólogo negro y sudafricano Itumeleng Mosala, en cambio, data a Gé. 4 en la época de David y Salomón y la interpreta como la historia de una justificada resistencia de pequeños agricultores, representados por Caín, que se levantan contra publicanos como Abel, enviados por el rey para recoger los pesados tributos impuestos en la época de monarquía temprana (West 1995:64ss; Mosala 1989).

I. J. Mosala, Biblical Hermeneutics and Black Theology in South Africa, Grand Rapids, 1989.

F. Crüsemann, Die Tora. Theologie und Sozialgeschichte des alttestamentlichen Gesetzes, München, 1992, 235ss.

Otro ejemplo: el exégeta alemán Frank Crüsemann sostiene que Deuteronomio 12-26 - de la época misma del rey Josías, según Crüsemann - constituye la legislación más revolucionaria de toda la historia de Israel. Las medidas mencionadas en Dt. 12-26 fueron proclamadas y realizadas a instigación del pueblo de la tierra [*'am ha'areṣ*]. Contrariamente a Crüsemann, el exégeta brasileño S. Nakanose afirma que la reforma de Josías fue una medida

S. Nakanose, Josiah's Passover, New York, 1993.

reaccionaria de la elite de la corte destinada a oprimir el *'am ha'areṣ*.

Con otros muchos ejemplos podríamos seguir demostrando que en el momento actual predomina la discrepancia más que la concordia en el campo de la interpretación de la Biblia. Como hemos dicho anteriormente, la interpretación de la Biblia no escapa de lo que es tan característico del posmodernismo: la alergia a los sistemas clausurados y a toda significación 'completa', 'grande' y cerrada. Diversidad, pluralidad y ambigüedad son rasgos del posmodernismo y de la situación hermenéutica actual.

Está claro que los cambios profundos en el mundo de las ciencias bíblicas reflejan en gran parte los cambios sociales y políticos ocurridos en las últimas décadas del siglo pasado. El término de la guerra fría, la asimetría que continúa, la necesaria reorientación respecto a las causas y soluciones de la pobreza; el neoliberalismo, la globalización y sus efectos buenos y malos; el redescubrimiento de la importancia del factor 'cultura'; la desaparición de los movimientos revolucionarios; la postergación del cumplimiento de las utopías de los años 70; las críticas que han recibido ciertas definiciones de los conceptos 'pueblo', 'pobre' y 'popular'; la creciente secularización de América Latina por un lado, su pentecostalización por el otro, — todo eso ha tenido gran impacto en el campo de la interpretación de la Biblia.

Es esta la situación en la que fue escrito el presente texto. Frente a esta situación es importante observar dos cosas que pueden clarificar su contenido y orientación.

El presente libro no quiere ofrecer un mapa de todos los métodos exegéticos...

En primer lugar se debe entender que el presente libro no quiere ni podría ofrecer un 'mapa' del panorama de la ciencia bíblica moderna. Un objetivo principal es hacer que el lector o la lectora pierda su dependencia y pueda comenzar a analizar autónomamente los textos bíblicos y así buscar su propio camino en el laberinto.

Para aprender a exegetizar, es necesario conocer algunos aspectos fundamentales de los textos literarios y del proceso de su comprensión. Mucho en el presente libro gira en torno a la adquisición de experiencia con el análisis mismo del texto bíblico. Pues será sobre todo el dominio de la *práctica* del diálogo mismo con los textos lo que pondrá al lector y a la lectora en condiciones de romper su dependencia, desideologizar al máximo su lectura y enriquecer el proceso de interpretación.

Pero por todo lo dicho debe estar claro que no queremos ni podemos limitarnos solamente a la técnica de la exégesis. Queremos también tratar de encontrar una respuesta a las preguntas que acabamos de señalar, a la situación hermenéutica actual. ¿Hay solamente anarquía en la interpretación o hay una estructura en las diferencias? ¿Podríamos usarla para llegar a nuevos consensos y compromisos? ¿Es posible fundar nuestro actuar social, ético y político en textos bíblicos? ¿De qué manera?

La ruta que se ofrece en los dos tomos del presente texto es hermenéutica...

La ruta que se ofrece en los dos tomos del presente texto es hermenéutica, por así decirlo. El primer tomo busca acompañar al lector o a la lectora primero a contemplar críticamente la situación que acabamos de describir. Después, en el tomo dos, nos dedicamos a la práctica de la exégesis. No abogaremos por el uso exclusivo de un método, más bien creemos en la complementariedad de métodos. Aplicaremos varios métodos a un mismo texto. Termina el tomo dos con otra parte hermenéutica, esta vez sobre lo que implica *releer* el texto analizado anteriormente con las herramientas exegéticas.

Los problemas que son parte de nuestra existencia van más allá de las fronteras nacionales o de los intereses de grupos particulares. Por eso creemos que es urgente ir más allá de las hermenéuticas particulares. Es urgente desarrollar hermenéuticas – maneras de analizar los procesos de lectura bíblica – que den respuesta a nuestra situación de diáspora. Por eso trataremos de desarrollar en la última parte de nuestro texto una hermenéutica que ofrezca la posibilidad de ir más allá de las diferencias. Será una hermenéutica intercultural.

Esperamos en todo esto aprender a dialogar con el texto bíblico de una manera correcta y respetuosa. Es importante el diálogo *abierto* con el texto. Pues, según la palabra de P. Ricoeur, cada lectura del texto bíblico es, implícita o explícitamente, un proceso de autocomprensión del ser humano a través de la comprensión del otro y de la otra.

El primer tomo está dividido en cuatro partes.

El presente tomo está dividido en cuatro partes. La *primera* sección reflexiona sobre el período del A.T. hasta la Reforma. Primero regresamos a los orígenes y analizamos cómo en la Biblia misma se lleva a cabo el proceso de interpretación de textos autoritativos. Se ha dicho que el Nuevo Testamento es una gran relectura del Antiguo, pero sabemos que también en el Antiguo Testamento mismo hay relecturas y que muchos textos son producto del proceso hermenéutico de actualización. Ahora bien, ¿cómo se llevó a cabo tal acto interpretativo? A continuación analizamos las posturas de las hermenéuticas posbíblicas patrística y judía. Terminamos la primera sección con el análisis de los cambios que trae la Reforma.

La *segunda* sección sigue la ruta de la primera y analiza las implicancias hermenéuticas de la revolución copernicana y del nacimiento de la modernidad. ¿Cuáles son los métodos que entran en vigencia a partir de 1750? ¿Cuál es su percepción de cómo debe realizarse el proceso de comprensión del texto bíblico?

En la *tercera* sección ofrecemos un análisis de la hermenéutica moderna, articulada en el curso del siglo pasado y que tendrá tanta importancia para todos los métodos posmodernos.

Terminaremos nuestro recorrido en la *cuarta* sección con una mirada a la posmodernidad y su significado para la hermenéutica. Es allí donde retomaremos gran parte de las interrogantes que planteamos anteriormente.

En el margen hay referencias a lecturas de profundización.

Para concluir esta introducción, algunas observaciones más prácticas. Para facilitar la lectura del texto se creó un amplio

העברית

margen (izquierdo) para anotaciones bibliográficas, resúmenes y observaciones especiales.

Corresponde decir una palabra sobre el hebreo usado en el libro. No será fácil usar y estudiar la parte práctica del libro sin conocimiento del hebreo. Sin embargo, para poder leer este texto *no es necesario dominar el hebreo*. Para facilitar también la lectura de aquella parte del libro, hemos puesto al lado del hebreo original la transliteración. Partimos de la idea de que algunos lectores y algunas lectoras, después del análisis, van a querer dominar un poco el idioma original de una parte importante de la Biblia.

Nos atrevimos a tomar como título del presente libro un proverbio antiguo, actualizado por el historiador George Steiner. *En la dispersión el texto es patria* es un dicho que ha acompañado al pueblo judío durante los muchos siglos de su diáspora. Anteriormente el filósofo judío Baruj de Espinoza (1632-1677) había dicho lo mismo cuando afirmó que *la Santa Biblia es la morada de los Judíos*. Esperamos que el presente libro pueda reforzar la esperanza de los y las que buscamos una patria en la dispersión.

Capítulo 1

Desde el A.T. hasta la Reforma

Unidad 1:

Exégesis bíblica en el A.T.

Introducción

Introducción

La exégesis moderna es punto final de un largo caminar. En el Nuevo Testamento encontramos exégesis de pasajes del Antiguo Testamento: salmos, textos proféticos, textos del Exodo o Génesis, historias en torno a las figuras de los patriarcas y matriarcas son *re*leídas con cuidado y según ciertas reglas. Después, en la época posbíblica, la interpretación de la Biblia hecha por los padres (*patres*) de la iglesia cristiana y los rabinos judíos comienza a tomar alto vuelo. Tanto en el mundo cristiano, como dentro del judaísmo, aparecen los grandes comentarios bíblicos. Irá aumentando imparablemente la cantidad de interpretaciones de textos bíblicos; llega a ser un gran torrente, indomable. ¿Quién podrá reclamar algún derecho de propiedad? ¿Quién podrá considerarse heredero auténtico de la palabra bíblica? Esta ciertamente ha sido una pregunta importante.

¿Quién podrá considerarse heredero auténtico de la palabra bíblica? Esta ciertamente ha sido una pregunta importante.

Aunque en las introducciones a los métodos de exégesis, la *historia* de la exégesis generalmente no recibe mucha atención, aquí no queremos obviar este tema. Es importante tener algún conocimiento de los métodos usados por la patrística y el judaísmo posbíblico. Nos podrá clarificar el *status* que tenía el texto bíblico para los *patres* y rabinos. Podemos tomar conocimiento de su manera de proceder.

Es clarificador analizar un poco la interacción entre lector y texto bíblico en aquellos siglos.

Encontramos exégesis tempranas de textos veterotestamentarios en el Nuevo Testamento. Pero ellas no son las primeras. En cierto sentido las traducciones antiguas, como la *Septuaginta* (LXX), la traducción griega del A.T. (desde el 250 a.C.), y los *Targumîm* (las traducciones arameas, desde el 200 d.C.), también son *interpretaciones* del texto del A.T. La interpretación sistemática del texto del A.T. ya comienza en la época veterotestamentaria misma.

Entre los rollos encontrados a partir de 1947 en las cuevas en las cercanías del Mar Muerto (*Qumran*), había también *exégesis* o comentarios de textos del Antiguo Testamento. Un ejemplo es el famoso comentario a Habacuc (1 Q pHab). En este comentario (aprox. 150 a.C.), cada verso del texto original es introducido por el vocablo פֶּשֶׁר [*pésher*, lit.: explicación]: 'Esto significa...'. El comentario muestra cómo el texto de Habacuc es totalmente apropiado por la Comunidad de Qumran, a cuyo 'maestro' Dios mismo dio el don de la interpretación 'fidedigna' de la Escritura. Los iniciados, los que saben los secretos divinos, son los miembros de la Comunidad. El que sabe leer los signos de los tiempos es el *Maestro de la Justicia* (הַמּוֹרֶה הַצֶּדֶק).

Encontramos un buen ejemplo de *re*lectura o actualización en el vs.2.2b donde el texto de Habacuc dice:

'El Señor me respondió:
— Escribe la visión, grábala en tablillas
para que corra el que leyere en ella'

El autor del comentario de Qumran 'comenta' el texto de la manera siguiente:

Y cuando el texto [bíblico] dice *"para que corra el que lo leyere"*,
su interpretación se refiere al Maestro de la Justicia,
a quien Dios ha revelado todos los secretos
de las palabras de sus siervos, los profetas...

Sabemos que el líder de la Comunidad de Qumran se separó de Jerusalén después de una disputa con la planta sacerdotal allá. Así el comentarista de Qumran reinterpreta el texto de Habacuc (hacia el 600 a.C.) y lo aplica a su propio momento histórico (150 a.C.)

Sabemos que el líder de la Comunidad de Qumran se separó de Jerusalén después de una disputa con la planta sacerdotal allá. Así el comentarista de Qumran reinterpreta el texto de Habacuc (hacia el 600 a.C.) y lo aplica a su propio momento histórico (150 a.C.).

Ahora bien, tenemos ejemplos de interpretaciones de textos veterotestamentarios en el Nuevo Testamento en ciertas traducciones tempranas y en fuentes judías. Pero ¿hay también exégesis en el Antiguo Testamento? Me explico. La ciencia bíblica moderna ha demostrado que la Biblia es una colección de textos hecha a lo largo de muchos siglos y a través de la actividad de muchas personas y comunidades de fe. Muchas de las tradiciones que tenemos en el A.T. fueron creciendo lentamente hasta tomar su forma actual.

Transmisión del texto: proceso a través del cual el texto es 'entregado' de una generación a otra.

Sabemos que en el proceso de producción de los textos bíblicos hubo momentos en que ciertos textos eran considerados 'recibidos', o autoritativos. Pero antes de recibir ese status, muchos textos tuvieron toda una trayectoria de gestación y transmisión. Antes de ser incluidos en el canon del A.T. pasaron por toda una dinámica de transmisión con sus reglas y criterios. Surgen varias preguntas muy interesantes para los y las que están comenzando a reflexionar sobre los criterios de la correcta interpretación de la Biblia. ¿Cómo hicieron los tradentes, los responsables por una correcta transmisión del texto, para mantener los textos en buen estado? ¿Cuáles fueron los procesos a través de los cuales los textos antiguos fueron coleccionados y transmitidos? ¿Qué hacían cuando se ofrecían dificultades para comprender el texto recibido; cuando su letra (su gramática) o su espíritu eran incomprensibles? ¿Qué criterios usaron para actualizar los textos antiguos en nuevas situaciones, no conocidas por estos textos?

Exégesis intra-bíblica

Creemos que para las y los estudiantes de los métodos de exégesis es muy instructivo echar una mirada a la labor de los que coleccionaron, redactaron y actualizaron los primeros textos de la Biblia. Estudiar su trabajo nos permite una mirada a las primeras exégesis, las exégesis hechas por los guardianes de los textos autoritativos mismos de Israel. ¿Cómo hicieron estos escribas, que más adelante llamaremos *Soferîm*, su trabajo? ¿Cómo trabajaron aquellos textos *recibidos*, textos con autoridad? Pues, sabemos que la actividad llamada *exégesis intrabíblica* consistió en una *interacción* entre el texto *recibido y estable* (puesto por escrito) y el escriba. Con *interacción* no nos referimos a un mero proceso de *reproducción* del texto, sino más bien a un proceso de interpretación, actualización y ampliación del texto. Nos referimos a una interacción que buscaba una salida de la tensión entre texto antiguo y exigencias y particularidades del momento actual.

En nuestra introducción acabamos de hablar de la situación confusa en que se encuentra la interpretación de la Biblia. Por eso es tan interesante la pregunta sobre cómo los antiguos exégetas pudieron mantener su lealtad hacia los textos recibidos *y* hacerlos significativos para su propio momento histórico. ¿En qué medida cambiaron, adaptaron y actualizaron los textos? ¿Cuáles fueron sus 'métodos', sus criterios? En fin: ¿cuáles son las huellas de la 'exégesis' en el Antiguo Testamento? y ¿qué nos dicen acerca de la relación entre revelación divina e interpretación humana?

Ya que todas las lectoras y todos los lectores de la Biblia de alguna manera somos deudoras y deudores de esos antiguos escribas y sus sucesores, queremos comenzar nuestro libro con un breve análisis de su trabajo: la interpretación bíblica en perspectiva histórica.

Los numerosos textos literarios y las grandes epopeyas producidas durante el segundo y primer milenio (resp. 2000-1000 a.C. y 1000-0 a.C.) en el Cercano Oriente Antiguo atestiguan una gran actividad literaria. A través de esos textos tenemos conocimiento de las costumbres de los escribas (*Soferîm*; סוֹפְרִים) y copistas trabajando en las escuelas. Ellos fueron, junto con los sacerdotes y maestros de sabiduría, responsables por la transmisión de los textos sagrados. La actividad literaria no se limita a países como Egipto o Babilonia, también existió en Israel. El Antiguo

Testamento habla de personas que desarrollaban actividades literarias. Sabemos de la existencia de *escribas* (*Soferîm*) desde la época de David (2 Sam 8.16-18). Gran parte de los textos del A.T. debe haber sido transmitida por ellos a través de sus distintas escuelas. Podemos suponer que después de cierto tiempo cada escuela fue desarrollando su propio instrumentario, su propio estilo de copiar y actualizar, y sus propias fórmulas (litúrgicas, legales, proféticas, etc.).

De actividad literaria propiamente tal no hay muchos vestigios explícitos en el Antiguo Testamento. Conocemos el ejemplo de Jeremías 36, el rollo quemado. Más interesante es el texto de Eclesiastés 12.9-12.

Podemos deducir que Ecl.12 usa una serie de términos que provienen de la escuelas de escribas. La NBE (Nueva Biblia Española) traduce el texto de la manera siguiente:

Eclesiastés 12.9-12, un buen ejemplo de actividad literaria en el A.T.

> El predicador, además de ser un sabio,
> enseñó al pueblo lo que él sabía.
> Estudió, inventó y formuló muchos proverbios.
>
> El Predicador procuró un estilo atractivo
> y escribió la verdad con acierto.
> Las sentencias de los sabios son como aguijadas
> o como clavos bien clavados de los que cuelgan muchos objetos:
> las pronuncia un solo pastor.

Una traducción un poco más literal entregaría el siguiente texto:

> Y además de ser sabio,
> el predicador enseñó conocimiento al pueblo
> y ponderó,
> y escudriñó,
> y redactó muchos (colecciones de) proverbios.
> Procuró el Predicador hallar palabras agradables
> y escribir rectamente palabras de verdad.
> Las palabras de los sabios son como aguijones
> y fueron dados por un sólo pastor.
> Ahora hijo mío, a más de esto, sé amonestado
> No hay fin de confeccionar (compilar) muchos libros
> y mucho estudio es fatiga de la carne.

No es necesario dedicar mucho tiempo al análisis de este texto tan interesante. Es suficiente ver cómo algunos de los términos usados aquí nos colocan en el mundo de los antiguos 'exégetas'. Los términos *sabio* (חָכָם), *enseñó* (לִמַּד), *conocimiento* (דַּעַת), *ponderar* (אִזֵּן, escuchar), *escudriñar* (חִקֵּר) y *componer/redactar* (תִּקֵּן), 'poner') nos conducen al ambiente de las escuelas de sabiduría y del templo donde el trabajo de los copistas se desarrollaba. En qué consistía su trabajo nos dice el próximo verso: '*procuró el Predicador hallar (coleccionar) palabras agradables (proverbios o dichos, modismos que causan alegría) y escribir rectamente palabras de verdad*'. '*Las palabras de los sabios*' (דִּבְרֵי חֲכָמִים), así sigue el texto, '*son como aguijones*' (la punta de hierro de un bastón con la que se empuja el rebaño); estos proverbios orientan al lector; y son '*como clavos enclavados* [por] *los dueños/maestros de las colecciones*' (una designación de colecciones de las 'palabras de los sabios'. Estas tienen un fundamento común y firme, (pueden colgar una carga pesada); '*y fueron dados por un sólo pastor*' (provienen de una fuente, un personaje (Dios o Salomón?)). Sigue el texto: '*Ahora hijo mío, a más de esto, sé amonestado, no hay fin de hacer muchos libros...y el mucho estudio es fatiga de la carne*'. 'Hacer' [libros] es término técnico para componer, compilar libros (עֲשׂוֹת סְפָרִים).

Conocemos muchos de los términos aquí usados del mundo de las guildas de escribas de Mesopotamia. Ecl.12 nos muestra claramente que 'hacer libros' es más que juntar o copiar textos. El 'hacer libros' implicaba un trabajo redaccional, el de seleccionar textos 'agradables', ponderar y escudriñarlos — *com*ponerlos verdaderamente.

M. Fishbane, Biblical Interpretation in Ancient Israel, Oxford, 1985.

El ejemplo de Ecl. 12, con su arsenal de términos técnicos, nos muestra cuánta actividad literaria y redaccional hubo en la época del A.T. Esto nos lleva al punto central de la unidad. Más que redactores, autores o copistas de textos, debemos considerar a las personas mencionadas en Ecl.12 como *exégetas*. Son ellos los que reaccionaron, 'trabajaron' creativamente, los textos recibidos. Fueron ellos los responsables por mantener los textos comprensibles y actualizados. Para ver cómo se realizaba esa labor profundamente hermenéutica, es instructivo ver algunos ejemplos de la labor redaccional en el A.T.

La labor redaccional en el A.T.

Para comprender bien la dinámica del trabajo interpretativo en la época veterotestamentaria y por qué a veces era necesario actualizar, completar o expandir el texto sagrado, es útil apropiarnos de una distinción que nos ofrece M. Fishbane. Fishbane distingue entre el *proceso* de transmisión del texto y el *texto autoritativo mismo*. Para el *proceso, la dinámica* de la transmisión de los textos, Fishbane reserva la palabra *traditio* (tradición). Para el *texto mismo* — el contenido de la tradición — Fishbane reserva la palabra *traditum*.

Ver también Wilfred Cantwell Smith, What is Scripture?, London, 1993.

Ahora bien, sabemos que en cada etapa del proceso de formación del A.T., el *traditum* fue adaptado, actualizado, cambiado y *re*interpretado. Textos fueron conectados con otros textos, las historias se alargaban, crecían. Textos que procedían de la experiencia de una sola tribu o de un solo segmento del pueblo fueron nacionalizados. Textos que procedían del ambiente fuera de Israel fueron hechos israelitas; textos originalmente politeístas fueron hechos monoteístas; textos mitológicos fueron desmitologizados.

Ver el clásico estudio de G. von Rad, Teología del A.T. (I), Salamanca, 1969 (orig. 1957). Von Rad destaca que en el proceso de transmisión de las tradiciones de Israel se quiso establecer un máximo querigmático, y no un mínimo asegurado históricamente.

La relación entre *traditum* y *traditio* es tensa y tiene algo de paradoja. La vitalidad de una tradición (*traditum*) depende de *si* es transmitida y *en qué forma* es transmitida (*traditio*). Pues sin *traditio* el *traditum* muere, desaparece. Es la *traditio* la que da vida y mantiene vivo el *traditum*. A la vez se debe reconocer que la mera existencia de la *traditio* 'mina' la tradición. Pues, ¿qué tradición es aquella que necesita ser actualizada? 'Donde se creía que cada tradición se derivaba de una revelación divina, el reconocimiento de sus insuficiencias decentraliza la mística de la autoridad de la revelación', dice Fishbane acertadamente (Fishbane 1985:15; ver también Cantwell Smith 1993:212ss).

Ahora bien, surge la pregunta hermenéutica. ¿Cómo pudo mantener la cultura bíblica sus fuentes de autoridad cuando éstas ya no eran suficientes como para iluminar nuevas circunstancias (leyes y culto)?, o ¿cuando la palabra revelada del profeta parecía desaparecer no cumplida? ¿Cuál fue el papel de los primeros exégetas? Es importante hacerse esta pregunta. Veremos que su respuesta nos conducirá a la conclusión de que hubo una estrecha interrelación entre texto y comunidad de lectores. El proceso de formación del canon (*Traditionsbildung*) fue acompañado por un proceso de formación de una comunidad humana (*Gemeindebildung*). Así el canon, así también la comunidad humana que la use y siga bebiendo de esa fuente.

Veamos algunos ejemplos sencillos de labor exegética en el A.T.

1) *Notas explicativas*.
Los casos más fácilmente reconocibles son los textos introducidos por las fórmulas técnicas, parte del instrumentario de los *Soferîm*.

> *Ejemplos sencillos de labor exegética: los términos explicativos 'él es...', 'ella es...', 'éste es...'. 'Este es Cadesh'.*

En Jos.18 se describe los territorios de las tribus de Israel, después de la entrada. En el vs.13 leemos: '*De allí pasa en dirección de Luz al lado sur de Luz...*'. Después sigue una pequeña cláusula: 'que es Bet-el'. En hebreo: הִיא בֵית־אֵל; en transcripción: *hi' Bet-'El*. Aquí el exégeta quiso explicar a un auditorio, que ya no tenía mucho conocimiento de la topografía de lugares antiguos, que el actual Bet-El antiguamente se llamaba Luz.

Otro ejemplo es Gé.14.7: 'Y volvieron y vinieron a Enmišpat...'. También aquí sigue una pequeña cláusula. En hebreo: הִוא קָדֵשׁ; en transcripción: *hi' Qadeš*: Este es Cadesh. Es una nota para informar al lector que no dispone de este conocimiento.

2) Por razones obvias *textos legales* siempre fueron fuente de discrepancias e interpretaciones diferentes. La necesidad de actualizarlos y completarlos tendía a ser muy grande. Hay numerosos textos legales del Pentateuco donde vemos las manos de exégetas que, insatisfechos con el texto como estaba, lo completaron y lo actualizaron.

- La relación entre 2 Crónicas 30.2-3, 15, 25 y Nú.9.6, 9-11, 14 es 'exegética'. 2 Crónicas depende literariamente del texto de Números, pero a la vez expande el significado del prescrito de Números. En el vs.25 se mencionan dos categorías. ¿Será un agregado posexílico?

Ejemplo de una redacción posterior

- Podemos tomar el ejemplo de Nú.15.22-31. Vemos que es un texto un poco peculiar cuando ponemos atención al cambio de personajes. El vs. 22b introduce a Moisés, pero los vss. 1 y 17 dicen: 'Y el Señor dijo a Moisés, diciendo…'. Naturalmente es posible que la expresión 'estos mandamientos que el Señor os ha mandado por medio de Moisés…' (vs.22) sea una expresión técnica. Naturalmente es posible que el orador aquí, Moisés, pudiera haber hablado de sí mismo en éstos términos. Pero el estilo es más bien artificial y hace pensar en alguna redacción posterior. La impresión de que se trata de una exégesis posterior es reforzada por el vs.23: '…desde el día en que el Señor lo (= Moisés) mandó'.

A veces los comentarios a textos legales son introducidos por ciertas fórmulas. Un ejemplo de tal fórmula es la expresión: 'así harás también con…'. Es un obvio esfuerzo por actualizar un antiguo mandamiento o prescrito. En Dt.22.1-2 se retoma una antigua cláusula de Ex.23.4:

> Ex. 23.4
> Cuando encuentres extraviados el toro o el asno de tu enemigo se los llevarás a su dueño.
>
> Dt.22.1-3
> Si *vieres* extraviado el buey de tu *hermano*,
> o su cordero,
> no le negarás tu ayuda
> lo volverás a tu *hermano*…

El texto de Deuteronomio amplía el significado de Ex.23, es más nacionalista y más enfático; usa *hermano* en vez de *enemigo* y el verbo *ver* en lugar de *encontrarse*. Deuteronomio es más detallado en lo que sigue. Lo que llama la atención es la fórmula de Dt.22.3. Tres veces se usa 'y así harás también con…'. (וְכֵן תַּעֲשֶׂה; wĕjen taʻăśeh). Esta fórmula es un comentario posterior; ni la fuente de Dt., ni Dt.22.1-2 hablan de *vestimentas* perdidas. La categoría 'manto' extraña; el lugar del verso es peculiar, ya que debería haberse encontrado entre el vs.1 y 2.

Un caso importante es Esdras 9 y 10. También aquí se usan fórmulas estereotípicas. Veamos el texto de Esdras 10.1-3.

> Mientras oraba Esdras y hacía confesión, llorando y postrándose delante de la casa de Dios, se juntó a él una muy grande multitud de Israel, hombres, mujeres y niños; y lloraba el pueblo amargamente. Entonces respondió Secanías hijo de Jehiel...
> y dijo a Esdras:
> "Nosotros hemos pecado contra nuestro Dios, pues tomamos mujeres extranjeras de los pueblos de la tierra; mas a pesar de esto, aún hay esperanza para Israel. Ahora, pues, hagamos pacto (בְּרִית) con nuestro Dios, que despediremos a todas las mujeres y los nacidos de ellas, *según el consejo* (בַּעֲצַת אֲדֹנָי) de mi Señor y de los que temen el *mandamiento* (בְּמִצְוַת) de nuestro Dios; *y hágase conforme a la ley*" (וְכַתּוֹרָה יֵעָשֶׂה).

Esdras quiere depurificar la comunidad posexílica. Gran problema son los matrimonios mixtos. Los príncipes de Israel le informan a Esdras que ni los Levitas, ni los sacerdotes se habían 'separado' de la 'gente de las tierras' (מֵעַמֵּי הָאֲרָצוֹת), Esd.9.1. Se contaminaron con los 8 pueblos mencionados en Esd.9.1-2. En las palabras de los príncipes: 'el *linaje santo* (זֶרַע הַקֹּדֶשׁ) ha sido mezclado con los pueblos de las tierras' (9.2). Cuando Esdras irrumpe en llanto, un cierto Shejanaya ben Yejiél sugiere expulsar a todas las mujeres extranjeras casadas con judíos y sus niños (Esd.10.1ss).

Ahora bien, en Esdras 9-10 nos encontramos con una *relectura* y *actualización* de textos del Pentateuco. Un análisis detallado de la gran perícopa de Esd.9-10 destaca de que se trata aquí de una elaboración exegética de *dos* textos del Pentateuco, es decir Dt.7.1-3, 6 y Dt.23.4-9. Que haya dependencia literaria entre Esdras 9 y Dt.7.1-3 y Dt.23.4-9 respectivamente, se puede demostrar de la manera siguiente.

Dt.7.1 'cuando Jhwh tu Dios te haya introducido en la tierra en la cual entrarás para tomarla...'	Esdras 9.11 '...la tierra a la cual entráis para poseerla...'
Dt.23.6 'No procurarás la paz de ellos ni su bien en todos los días para siempre'	Esdras 9.12 'ni procuraréis jamás su paz ni su prosperidad'
Dt.7.6 'Porque tú eres pueblo santo para Jhwh tu Dios; Jhwh tu Dios te ha escogido para serle un pueblo especial, más que todos los pueblos que están sobre la tierra'	Esdras 9.2 'Y el linaje santo ha sido mezclado con los pueblos de las tierras'

En el texto de Esdras, los príncipes construyen la siguiente analogía entre pasado y presente: Exodo - entrada // retorno - restauración de la comunidad. La manera en que el texto de Dt. es releído y actualizado llama la atención. Esdras 9.1-2 *agrega* tres nombres a la antigua lista de pueblos de Deuteronomio: los Amonitas, los Moabitas y los Egipcios. Es peculiar, porque los Amonitas y Moabitas nunca figuran en las listas de los habitantes autóctonos de Canaán. Sabemos que los Amonitas fueron los grandes enemigos de los retornados del cautiverio. Es por eso que los tres pueblos no son mencionados en Dt.7. Dos de ellos provienen de la lista de los pueblos que no tienen acceso a la comunidad de Israel: Amonitas y Moabitas (Dt.23.7, Egipto se menciona en vs.8). Con estos pueblos se habían casado varones judíos.

Lo que pasa en Esdras es que 'se funden' dos textos de Deuteronomio para llegar así a una actualización de la ley establecida.

Lo que pasa en Esdras es que 'se funden' dos textos de Deuteronomio para llegar así a una actualización de la ley establecida. Vemos que, en sentido estricto de la palabra, no hay ley en la cual la sugerencia de Shejanaia ben Yejiél pudiera encontrar apoyo. Al juntar los dos textos de Deuteronomio se crea una nueva ley. ¡El resultado de la *traditio* es incorporado en el *traditum* y llega a ser parte de él! El texto de Esdras es una exégesis de la Torá que quiso llevar a una nueva práctica.

No sabemos cómo terminó la medida sugerida en Esdras. Es curioso que el libro termine abruptamente, sin contarnos cómo terminó la historia. Sabemos que en los días de Esdras y Nehemías los extranjeros fueron sistemáticamente excluidos de la comunidad de Israel (Esdras 4.2-5; Neh.3-4). Es posible que Tritoisaías se esté levantando contra esta tendencia cuando enfatiza la importancia del extranjero (Is.60.10; 60.7; 61.5-6).

Continuemos con nuestro ejercicio. Las relecturas no siempre son introducidas por fórmulas estereotípicas; muchas veces ellas faltan. En estos casos es difícil ver si tal o cual texto es una interpretación posterior de otro texto más antiguo. Solamente a través de un detallado análisis del contexto y significado del texto es posible adquirir alguna certeza. Encontramos en Lev. 25 un ejemplo de una exégesis de un texto legal sin fórmula introductoria. Es la ley del año sabático y jubileo. Esta ley debe haber hecho surgir entre el pueblo campesino la pregunta de qué hacer en los tres (!) años en que ahora se prohibía sembrar los campos. El comentario se encuentra en los vss.20-22:

> Y si dijereis:
> ¿Qué comeremos el séptimo año?
> He aquí no hemos de sembrar
> ni hemos de recoger nuestros frutos;
> entonces yo os enviaré mi bendición el sexto año,
> y ella hará que haya fruto por tres años.
> Y sembraréis el año octavo,
> y comeréis del fruto añejo;
> hasta el año noveno,
> hasta que venga su fruto,
> comeréis del añejo.

La estructura del pasaje de Lev.25.1-55 (esp. 1-7, 9-13, 14-19, 23-55) deja entrever que los vss.20-22 son un agregado posterior. En los vss.14-19 el tema central es la compraventa de las tierras, en los vs.23ss es la redención de la tierra. Los vss.20-22 introducen una temática ajena a la central. Es muy probable que el pueblo campesino, que debe haber sentido la ley como impuesta, reclamara frente a esta medida. Este comentario, surgido en la discusión sobre el texto (*traditio*), fue agregado al *traditum* y llegó a ser parte del texto canónico. Lev.25.20-22 demuestra así que era posible, hasta muy tarde, hacer cambios en textos legales, adaptarlos, ablandarlos. Parece que también el *traditum* legal hasta tarde se prestaba a cambios y actualizaciones.

En los *textos proféticos* podemos encontrar numerosas referencias a las partes legales del Pentateuco. A veces se puede demostrar dependencia literaria, otras veces es más probable una fuente común. Nótese la similitud entre los siguientes textos.

> Amós 4.1
> Oíd esta palabra, vacas de Basán,
> que estáis en el monte de Samaria,
> que oprimís a los pobres
> y quebrantáis a los menesterosos...
> (הָעֹשְׁקוֹת דַּלִּים הָרֹצְצוֹת אֶבְיוֹנִים)

> Amós 8.4
> Oíd esto, los que explotáis a los menesterosos
> y arruináis a los pobres de la tierra.
> (שִׁמְעוּ־זֹאת הַשֹּׁאֲפִים אֶבְיוֹן וְלַשְׁבִּית עֲנִוֵּי־אָרֶץ)

> Dt.24.14
> No explotarás al jornalero, pobre y necesitado...
> (לֹא־תַעֲשֹׁק שָׂכִיר עָנִי וְאֶבְיוֹן ...)

En Dt.25.13-14 encontramos la prohibición de una práctica denunciada por Amós 8.5:

> Dt.25.13-14
> No guardarás en la bolsa dos pesas:
> una más pesada que otra.
> No tendrás en casa dos medidas:

una más capaz que otra.
Ten pesas cabales y justas,
ten medidas cabales y justas...

Amós 8.5
...Escuchad los que...pensáis:
¿Cuándo pasará la luna nueva
para vender trigo
o el sábado para ofrecer grano
y hasta el salvado de trigo?
Para encoger la medida
y aumentar el precio,
para comprar por dinero al desvalido
y al pobre por un par de sandalias...

Encontramos dependencia o correspondencia textual en:

Amós 2.8
...se acuestan sobre *ropas dejadas* en *prenda*
al lado de cualquier altar...
(וְעַל־בְּגָדִים חֲבֻלִים יַטּוּ אֵצֶל ...)

Dt 24.17
No defraudarás el derecho del emigrante y del huérfano
no *tomarás* en *prenda* las *ropas* de la viuda...
(וְלֹא תַחֲבֹל בֶּגֶד אַלְמָנָה׃)

Descubrimos que, en los textos citados, los comentaristas se permiten cierta libertad en la reproducción de los textos legales. Jeremías 3.1 nos ofrece un ejemplo del uso teológico de textos legales. Jeremías alude allí a lo que está escrito en Dt.24.1-4 y relee esta práctica legal de dos maneras. Su punto de referencia es religioso, el divorcio descrito en Deuteronomio es para Jeremías metáfora de infidelidad, separación de Dios. Pero mientras Deuteronomio prohibe la vuelta de la esposa a su primer marido, para Jeremías sí es posible, por la gracia: 'mas ¡vuélvete a mí!, dice Jhwh' (Jer. 3.1).

3) El ejemplo de Jeremías nos lleva a una tercera categoría, la de las *revisiones piadosas* y los *agregados teológicos*. Veamos

El ejemplo de Jeremías nos lleva a una tercera categoría, la de las revisiones piadosas y agregados teológicos.

el ejemplo de 1 Sam.3.13. El texto hebreo dice que la casa de Elí será juzgada por la iniquidad que han cometido sus hijos, porque 'sus hijos han blasfemado a Dios...'. Sin embargo, en su versión actual, el texto hebreo no dice a *Dios*, sino a *ellos mismos* (לָהֶם, *lahem* en hebreo). Es muy probable que la expresión original haya sido considerada ofensiva (¡maldecir a Dios!) por el escriba. Es posible que haya sido reemplazada por una expresión parecida (¡cambia solamente una letra!), pero gramaticalmente un poco rara y con un sentido diferente.

Encontramos otro ejemplo en 2 Crónicas. Comparemos 2 Sam.8.18 con 1 Cro.18.17:

2 Sam.8.18: 'Y Benayahu hijo de Yehoyada *y* los Kereteos y los Peleteos y los hijos de David (וּבְנֵי דָוִד) eran sacerdotes (כֹּהֲנִים)'.

1 Cro.18.17: 'Y Benayahu hijo de Yehoyada [estaba] *sobre* (עַל) los Kereteos y Peleteos y los hijos de David [eran] los primeros (הָרִאשֹׁנִים) bajo servicio del rey (לְיַד הַמֶּלֶךְ)'.

Es posible que el que escribió el texto de 1 Crónicas haya cambiado intencionalmente el texto ofensivo e incomprensible de 2 Samuel. Ni Benayahu, ni David eran sacerdotes y sabemos que los Kereteos y Peleteos eran mercenarios extranjeros. Así el *y* (ו) en 2 Sam.8.18 fue reemplazado por *sobre*, y la palabra 'sacerdotes' por 'los primeros en servicio del rey'.

Ciertos cambios de carácter teológico deben haber sido evocados, no por dificultades de carácter gramatical, sino por una sentida discrepancia o disonancia teológica entre el traditum y los valores religiosos del Sofer o comentarista mismo.

Ciertos cambios de carácter teológico deben haber sido evocados, no por dificultades de carácter gramatical, sino por una sentida discrepancia o disonancia teológica entre el *traditum* y los valores religiosos del *Sofer* o comentarista mismo. Y aunque los ejemplos mencionados muestran que la *traditio* no quiere sino servir el *traditum*, aclarar su sentido, hacerlo accesible para la lectora o el lector 'moderno', sin embargo han habido tensiones entre el contenido del *traditum* y lo que el comentarista necesitaba o sentía como apropiado.

Otro ejemplo de elaboración teológica de textos antiguos se encuentra en Deuteroisaías y es el uso de motivos y expresiones de la primera historia de la creación (Gé.1). Es posible que en el cautiverio, y también más tarde, bajo la influencia del régimen Persa con su dualismo y politeísmo, haya surgido la pregunta por la preexistencia de la luz, la oscuridad y el vacío (*tohu* en hebreo). El texto de Génesis simplemente habla de su existencia y no da ninguna información acerca de su origen: '...y la tierra estaba desordenada y vacía, y las *tinieblas* estaban sobre la faz del abismo...'. Textos como Is.45.7:

> Yo soy Jhwh...que formo la luz y creo las *tinieblas*...

e Is.45.18:

> Porque así dijo Jhwh,
> que creó los cielos;
> él es Dios,
> el que formó la tierra,
> el que la hizo
> y la compuso;
> no la creó desordenada (לֹא־תֹהוּ בְרָאָהּ)
> para que fuese habitada la creó (לָשֶׁבֶת יְצָרָהּ):
> Yo soy Jhwh, y no hay otro (אֲנִי יְהוָה וְאֵין עוֹד).

clarifican la procedencia de las tinieblas. La última parte del verso puede ser considerada como un comentario al famoso plural de Gé.1.26: '*hagamos* al hombre...'. En Gé.2.2-3 está sugerida una conexión entre crear (trabajar), cansarse y descansar. ¿Podrían leerse Is.45.24

> Así dice Jhwh, tu Redentor...
> Yo, Jhwh, que lo hago todo,
> que extiendo solo los cielos,
> que extiendo la tierra por mí mismo...

e Is.40.13-14

> ¿quién enseñó el Espíritu de Jhwh,
> o le aconsejó enseñándole.

A quién pidió consejo
para ser avisado...?

como comentarios a Gé.2.2-3?

El énfasis en la unicidad del Dios de Israel debe haber acallado toda tendencia especulativa y politeísta en el auditorio de Deuteroisaías.

Mientras que Deuteroisaías trata de corregir especulaciones erróneas acerca de Jhwh, Gé.9.1-7 relee teológicamente el importante pasaje de Gé.1.26-29. En Gé.1.26-29 hay tres temas centrales: la creación del ser humano a semejanza e imagen de Dios, el dominio del ser humano sobre los animales y la vegetación verde que le es dada al ser humano de comida. Correspondencias y diferencias entre los dos textos se grafican de la manera siguiente.

Gé 9.3
 Todo lo que se mueve y vive
os será para comer
(לָכֶם יִהְיֶה לְאָכְלָה):
así como la planta verde
(כְּיֶרֶק עֵשֶׂב),
os lo he dado todo...
(נָתַתִּי לָכֶם אֶת־כֹּל)

Gé.1.29-30
Dijo Dios: "Ved que os he dado toda planta
(נָתַתִּי לָכֶם אֶת־כָּל־עֵשֶׂב)
que da semilla, que está sobre la tierra, y todo árbol en que hay fruto y que da semilla; os serán para comer (לָכֶם יִהְיֶה לְאָכְלָה);
...toda planta verde les será para comer
(אֶת־כָּל־יֶרֶק עֵשֶׂב לְאָכְלָה)".

Gé. 9 usa lenguaje y motivos de Gé. 1, cambiando el orden de los elementos. Lo que se reutiliza o copia en Gé.9.3 es:

— 'os será para comer'
— 'os he dado todo...'
— 'toda planta verde...'

Hay también un *cambio* fundamental. La frase '...toda planta que da semilla, que está sobre la tierra y todo árbol en que hay fruto y que da semilla...' (Gé.1.29) es reemplazada por 'todo lo que se mueve y vive...'. Interesante es ver la *manera en que* se hace la ampliación. Llenando los vacíos con una paráfrasis, llegamos al siguiente texto: '...*así como* (en algún momento en el pasado les di...) las plantas verdes (para comer), ahora les he dado todo (lo mencionado)'. La relectura en Gé.9 se vincula explícitamente con su fuente (Gé.1) — el más antiguo *traditum* —, pero no la corrige o anula, sino que amplía el *alcance legal* del texto: ¡ahora, después del diluvio, el hombre puede comer carne de animales!

También la continuación de Gé.9 ofrece una relectura teológica de Gé.1.

Gé.1.26-29	Gé.9.4-7
Entonces dijo Dios: "Hagamos al hombre a *nuestra imagen conforme a nuestra semejanza*, y señoree...". Y creó Dios al hombre *a su imagen, a imagen de Dios lo creó*; hombre y mujer los creó.	Pero carne con su vida, que es su sangre, no comeréis. Porque ciertamente demandaré la sangre de vuestras vidas, de mano de todo animal la demandaré, y de mano del hombre; de mano del varón su hermano demandaré la vida del hombre.
Y los bendijo Dios, y les dijo: "*fructificad y multiplicaos...*"	El que derramare sangre de hombre, Por el hombre su sangre será derramada; *Porque a imagen de Dios es hecho el hombre. Mas vosotros fructificad y multiplicaos...*

El tema central de Gé.9.4-5 es el derramamiento de sangre; sangre de animales y de seres humanos. Se trata de explicar por qué sí es permitido derramar sangre de animales y no la de seres humanos. El texto trata de explicar teológicamente por qué se debe poner fin a la venganza y la retribución violenta. Es interesante descubrir cómo el texto, a través de una relectura libre y productiva de Gé.1.26-29, fundamenta la prohibición de venganza en Gé.1.27: '*porque a imagen de Dios es hecho el hombre*' (כִּי בְּצֶלֶם אֱלֹהִים עָשָׂה אֶת־הָאָדָם).

Ver para los conceptos Mishna y Talmud la próxima unidad.

Mientras que en Gé.1 la creación del ser humano a imagen de Dios sirve para subrayar su dominio sobre la naturaleza y los animales (vs.28), la imagen sirve en Gé.9 para terminar el derramamiento de sangre humana. Es seguramente una inserción (cf. el cambio de personaje: en Gé.9.1ss habla Dios a Noé, el vs.9.6b habla en tercera persona). ¡Pero es una inserción que produce una verdadera novedad teológica!

No es fácil definir la categoría a la que pertenece nuestro ejemplo en Gé.9. Algunos exégetas la definen como *exégesis agádica* (Fishbane, y.o.), otros y otras prefieren hablar de un Midrash. En todo caso debemos considerar a los escribas que compusieron este texto como verdaderos precursores de los autores de los grandes y exhaustivos comentarios que empiezan a aparecer en los primeros siglos a.C. y que están contenidos en la *Mishna* y el *Talmud*.

Con el ejemplo del uso de Gé.9 terminamos nuestra serie. Tratemos de sacar algunas conclusiones.

Hermenéutica y creatividad en el A.T.

Ver para los conceptos inter e intratextualidad: J. Severino Croatto, Hermenéutica Bíblica, Buenos Aires (Lumen) 1994, 85ss.

El proceso de la producción del texto del A.T. ha sido creativo y profundamente hermenéutico. No fue una mera reproducción de otros textos lo que los copistas y escribas hicieron, sino que crearon *textos nuevos* en base a textos antiguos. Sin exagerar mucho se puede decir que el A.T. es producto de un gran proceso de reflexión y diálogo. Nuestros ejemplos mostraron que el A.T. está lleno de lo que anteriormente llamamos *exégesis intrabíblica* (Fishbane). Resumamos algunos de los resultados de nuestro análisis.

1) Las tradiciones literarias y los complejos narrativos del A.T. fueron creciendo y actualizándose a lo largo de su

> *La intertextualidad es el fenómeno de la relación entre textos. J. Kristeva dio la siguiente, ya clásica definición: cada texto se construye como mosaico de citas, cada texto es una absorción y transformación de otro texto.*

historia. También textos ya recibidos, textos autoritativos, siguieron *abiertos* hasta muy tarde. Por las huellas que dejaron los *Soferîm* en los textos, sabemos que desde la época de la monarquía hubo una intensa actividad interpretativa en Israel. El texto del A.T., como lo tenemos ahora, es un verdadero tejido, una gran red de textos interconectados unos con otros. El concepto moderno de intertextualidad que se usa tanto en la ciencia de literatura, es también válido para la Biblia: la Biblia es un gran 'intertexto'.

2) Es sumamente difícil hablar con propiedad sobre las técnicas que fueron usadas por los exégetas antiguos. Podemos suponer que hubo una variedad de técnicas y criterios. Seguramente hubo también un significativo desarrollo de técnicas a través de los siglos y probablemente hubieron diferencias locales. La labor exegética ha sido esencialmente un servicio para hacer más transparente el significado de los textos. Los exégetas trataron de resolver dificultades gramaticales, así como problemas semánticos. Tampoco vacilaron en agregar elementos a los textos, si el momento actual lo requería.

> *Semántica: el significado de una expresión literaria a nivel de la frase.*

Vimos que a veces innovaciones exegéticas son introducidas a través de fórmulas técnicas ('así habló el Señor a Moisés', 'según la ley del Señor/Moisés'); otras veces faltan las fórmulas. Vimos cómo *textos legales* son actualizados y *releídos* en el Pentateuco mismo. Recordemos que hasta en Ex.20, los diez mandamientos, hay cambios de personaje y por lo tanto huellas de labor redaccional. Hemos visto cómo también en los libros históricos (Esdras, Crónicas) y en los profetas (Jeremías, Amós) se encuentran relecturas de textos legales.

Las *tradiciones teológicas* del Pentateuco y otros textos fueron precisados. *Preguntas* que pudieran haber quedado sin respuesta fueron resueltas (Gé.1 en Gé.9 y Gé.1 en Deuteroisaías). *Textos litúrgicos* y sacerdotales fueron insertados y *reutilizados* en los Salmos y otros textos (cf. cómo se reutiliza Nú.6.23-27 en el Salmo 67.2 y el Salmo 4 *passim*). *Oráculos* fueron libremente releídos (cf. Dan.9.2 que reutiliza libremente el texto de Jer.25.11, 12).

3) Debemos comprender que el texto actual del A.T. es producto de intenso *estudio*, lecturas minuciosas, relecturas meticulosas, uso y re-uso de textos ya estables y recibidos. Por eso podemos afirmar que los exégetas antiguos son verdaderos precursores de las mejores tradiciones exegéticas rabínicas posbíblicas.

4) La relación entre *traditum* y *traditio* seguramente ha sido tensa en más de una oportunidad. Sin duda hubieron rivalidades (teológicas e ideológicas) entre escuelas exegéticas y disputas sobre la legitimidad de ciertas relecturas. Textos como los siguientes son muestra suficiente:

> Cuidarás de hacer todo lo que yo te mando
> no añadirás a ello, ni de ello quitarás.
> Dt.12.32

> Estas palabras habló Jhwh a toda vuestra congregación
> ...
> y no añadió más.
> Dt.5.22

Otro ejemplo de posibles discrepancias es el gran énfasis puesto en la autoridad de Moisés en Dt.34.10-12. Es posible que ciertos conflictos se hayan resuelto en base a normas comúnmente aceptadas. Parece que podemos distinguir ciertos niveles de autoridad. Como fuente legítima de nuevos textos, de inserciones, explicaciones y adaptaciones, parecen haber valido especialmente las siguientes:

- revelaciones divinas a personas como los profetas o Moisés
- textos que debían ser considerados como regulaciones nuevas de la *Torá* de Moisés
- textos de personas investidas de autoridad (David, Salomón, Noé, Job, etc.)

Los conflictos deben haberse resuelto apelando a la jerarquía de autoridades.

5) Hemos dicho que es difícil detectar las técnicas precisas y los criterios usados por los exégetas antiguos. Más difícil aún es la pregunta acerca de cómo ellos mismos percibieron su trabajo. En su libro, M. Fishbane menciona una serie de actitudes de los escribas:

- La manipulación *tendenciosa* de nombres, rúbricas y enseñanzas autoritativas. A esta categoría pertenece el uso estratégico del *traditum* para promover ciertas ideas y convicciones. Como ejemplo se puede tomar la manera en que el autor de Daniel 9 (¡*vaticinium ex eventu*!) reutiliza el número 70 de Jeremías. Encontramos otros ejemplos en las expansiones legales de carácter político. Podemos colocar en esta categoría el texto de Esdras 9 que analizamos anteriormente: la palabra *de los profetas* sobre la contaminación de la tierra y los matrimonios mixtos. Es notorio que el texto de Esdras 9.10-12 falte en algunos manuscritos importantes de la LXX. Vimos que la cita no proviene de los profetas, ni tampoco del Pentateuco, sino que está hecho 'en el espíritu de la Torá' (ver por ejemplo Ex.34.16; Dt.7.1-4; 23.4-7 [3-6]). Hay cierto parentesco entre Esdras 9.11 y Lev.18.24ss; entre vs.12a y Dt.7.1a, 3; 23.7 [6]; vs.12b y Dt.11.8ss.

  Esto nos lleva a una advertencia. No todo, pero mucho, de lo que nosotros ahora tildaríamos de manipulación tendenciosa, seguramente fue elaborado 'en el espíritu' del autor o texto original. Por lo tanto podemos decir que, al lado de lo que *ahora* llamaríamos manipulación tendenciosa, hubo también otra actitud entre los *Soferîm*.

- La manipulación *no tendenciosa*. En general, los *Soferîm* han querido estar a disposición del *traditum*. A través de sus comentarios piadosos quisieron mejorar la comprensión de los textos. Desde luego que, desde el punto de vista del texto ya congelado, ya canonizado, cada actualización del texto antiguo es una aventura. Sin embargo, debemos partir de la buena fe e intención de los copistas. Debemos decir que la gran mayoría de las exégesis en el A.T. pertenece a esta categoría. Son comentarios hechos según las normas de una exégesis responsable.

Las consecuencias teológicas: estratos literarios son etapas de desarrollo de textos.

6) Las consecuencias teológicas de nuestros descubrimientos son importantes. Resulta que desde su nivel más rudimentario, *traditum* y *traditio* están entretejidos el uno con el otro. No hay *estrato literario* en el que no haya habido cambios, actualizaciones, una nueva revelación. Una de las implicaciones es que casi no es posible hacer una distinción estricta entre revelación divina y respuesta humana. Ellas están inseparablemente conectadas y constituyen ahora un solo texto, una sola narración. La revelación, que se vistió del texto bíblico, es, por lo tanto, progresiva, democrática y abierta.

Ver E. Tov, Textual Criticism of the Hebrew Bible, Assen -Minneapolis, 1992.

La ciencia bíblica moderna ha demostrado que la Biblia es producto de muchas generaciones de autores, comentaristas y copistas. Es imposible retornar al texto original. En su reciente libro sobre la crítica textual y la génesis del Antiguo Testamento, el científico judío E. Tov demuestra cómo el texto hebreo de nuestras ediciones del A.T. no es más que una *versión* de toda una colección de textos que existían en los últimos siglos antes de la era cristiana. Entre los rollos de Qumran hay fragmentos de textos que reflejan una etapa de desarrollo muy anterior a la de los textos actuales. En Qumran se encontró por ejemplo un rollo con el texto del libro de los Jueces, faltando los vss.6.7-10 de nuestras versiones. Estos versos parecen haber sido una inserción muy tardía y no conocida por la edición de Qumran (E. Tov 1992:344-345).

En un artículo reciente C.C. Lee comenta que Fishbane no dedica suficiente atención a factores socioculturales en el proceso de la exégesis intrabíblica. Ver: C.C. Lee, Returning to Hong Kong. Biblical Interpretation in Postcolonial Hong Kong, en: Biblical Interpretation VII, 2 (1999) 156-181, 170ss

El fenómeno de la exégesis intrabíblica nos ha mostrado que la producción del A.T. fue un proceso dinámico. Los textos, el *traditum* del antiguo Israel, llegaron a tener su forma final y actual, siendo no solamente copiados, sino también redactados, reformulados y, por qué no decirlo, transformados de lo que se había recibido. Los textos son mezclas complejas de *traditio* y *traditum*, nacidas de la interacción entre *traditio* y *traditum*. 'Son, en síntesis, las voces de muchos maestros...' (Fishbane).

Unidad 2:

Exégesis judía y patrística

Introducción

Hemos hablado brevemente del fenómeno de la exégesis 'intrabíblica'. Vimos que también durante el proceso de confección del A.T. existieron escuelas exegéticas y que se dio todo un proceso de actualización y ampliación de los textos recibidos. Ahora queremos analizar muy brevemente cómo la interpretación del A.T. sigue su camino por medio del N.T., a través de la Edad Media, Reforma y modernidad, hacia la posmodernidad.

Hablaremos primero del uso del A.T. en el N.T. Nos interesa descubrir cuáles fueron los métodos que los autores del N.T. usaron al interpretar el A.T. Después nos concentraremos en la interpretación judía (rabínica) y patrística. De ambos mundos, por lo demás muy extensos y diversos, discutiremos brevemente los métodos. Analizaremos algunos ejemplos de cómo se interpretan pasajes del A.T. y cuál es el *status* del texto.

Ver: G. von Rad, Teología del Antiguo Testamento II, Salamanca, 1976, 411ss.

2.1 El Nuevo Testamento como relectura

Se ha dicho que el Nuevo Testamento es una gran relectura del Antiguo. Ciertamente el fundamento literario y teológico del Nuevo Testamento es el Antiguo. El número de textos veterotestamentarios citados en el N.T. es muy grande. Se ha calculado que cada capítulo del evangelio de Marcos tiene un promedio de 10 citas del A.T. Se ha querido demostrar que en solamente 3 capítulos de Pablo (Ro.9-11) hay más de cien 'alusiones' y 'citas' del A.T. (H. Hübner). Lo que es cierto es que en la obra paulina hay más de 100 citas del A.T. Nos referimos a citas explícitas. El número de textos que se consideran como *alusiones* es mucho mayor.

Sabemos que algunos textos del A.T. eran más populares entre los primeros cristianos que otros. La Torá, los Salmos y ciertos profetas eran fuentes constantes de inspiración. En muchos casos las palabras del texto veterotestamentario debían ser alteradas para poder servir la intención del intérprete nuevo. Se han identificado docenas de lugares textuales donde los intereses apologéticos de la comunidad cristiana llevaron a los autores a cambiar o 'recrear' la cita del A.T. Se ha demostrado que un 60% de las más de cien citas que Pablo saca del A.T., fue adaptado para servir el nuevo contexto y sus propios intereses teológicos. Se puede afirmar que la teología paulina se desarrolla en un diálogo constante y fértil con la Escritura hebrea (A.T.). Se puede demostrar que la exégesis paulina del A.T. sirve única y totalmente la propia teología paulina.

Pablo coloca los textos veterotestamentarios totalmente dentro del marco de su propia teología.

Muchos motivos literarios y teológicos, tomados del A.T., recorren el testimonio neotestamentario. Veamos algunos ejemplos:

- La predicación cristiana, tal y como está formulada por Lucas en Hechos, ve en la Torá, los Salmos y los profetas prefiguraciones claras del Mesías. Allí está formulado lo que debe ser la misión cristiana.

Motivos teológicos y literarios del A.T.

- Se ha dicho que el Salmo 118 recorre toda la obra de Lucas como hilo rojo (J.R. Wagner).

- El prólogo del cuarto evangelio es parte de una larga tradición de reinterpretación de Génesis 1.

- En la carta a los Gálatas, Pablo usa frecuentemente imágenes del mundo de los patriarcas. Motivos del Exodo se encuentran en todo Gá. 4-6, actualizados por Pablo.

- Las citas del A.T. en el Apocalipsis son numerosas y destacadas.

No es fácil sintetizar la relación entre el Antiguo y el Nuevo Testamento. Se han usado imágenes como: sombra - luz, promesa - cumplimiento, pasado - presente, tipo - antitipo, precursor - esperado, etc. De muchas maneras y a través de métodos distintos los autores del N.T. han querido leer el A.T. e interpretar su mensaje. El enfoque del N.T. es cristológico. Este prisma es una herramienta importante para releer los textos del A.T. Los textos mesiánicos (Is.7) son interpretados cristológicamente, los textos sobre sufrimiento aplicados a Jesús de Nazaret (Sal.22). La figura del Siervo Sufriente de Deuteroisaías ha servido como modelo para pasajes neotestamentarios. Los Salmos, los profetas (Isaías, Zacarías, Miqueas, Habacuc, etc.) y los libros sapienciales son citados. En el Nuevo Testamento hay un constante proceso de actualización de situaciones pasadas.

De muchas maneras, a través de muchos métodos...

El proceso de 'cristianizar' la Escritura judía (A.T.) ha sido una empresa altamente subjetiva. El punto de vista hermenéutico parte del presupuesto de que toda la historia pasada de Israel debe considerarse como una gran prefiguración de la vida de Jesús de Nazaret y sus seguidores. Tomados desde ese punto de vista, los textos comienzan a demostrar los significados más sorprendentes e inesperados. La interpretación de la Torá (Pentateuco) debe aplicarse ahora a la nueva comunidad cristiana que por Cristo se *libró* del yugo de la ley. Las palabras proféticas — escritas para 'el fin del tiempo' — deben aplicarse al momento histórico de la nueva comunidad. En muchos Salmos se oye una voz que anticipa la venida y vida de Jesús. El principio hermenéutico fundante fue formulado por Pablo (Ro.15.4s.):

> Pues lo que fue escrito anteriormente fue escrito para nuestra enseñanza, a fin de que por la perseverancia y la exhortación de las Escrituras tengamos esperanza. Y el Dios de la perseverancia y de la exhortación os conceda que tengáis el mismo sentir los unos por los otros, según Cristo

Jesús; para que unánimes y a una sola voz glorifiquéis al Dios y Padre de nuestro Señor Jesucristo.

Hacia 250 d.C. Cipriano, obispo de Cartago, en su exégesis del Padre Nuestro lo diría de la siguiente manera:

> …Dios quiso que a través de los profetas, sus servidores, se dijeran y oyeran muchas cosas. Pero mucho más grandes son las cosas dichas por el Hijo. El da testimonio con su propia voz de la Palabra de Dios que era en los profetas. No más ordenando que se prepare el camino para su venida, sino el mismo viniendo y abriendo y mostrándonos el camino, para que nosotros, hasta ahora vagando en las sombras de la muerte, ciegos y sin vista, iluminados por la luz de la gracia, pudiéramos alcanzar el camino de la vida con nuestro Señor como líder y guía…

Hemos dicho que en el N.T. los textos veterotestamentarios son interpretados de muchas maneras. Debemos agregar que, contrario a lo que se sugiere, no es muy fácil definir el 'uso' que el N.T. hace del A.T. La gran variedad de términos usados en la literatura moderna muestra la complejidad del fenómeno. Para describir el uso del A.T. en el N.T. se usan términos como: cita, cita directa, exégesis, exégesis intrabíblica, Midrash, tipología, paráfrasis, alusión, eco, resonancia, etc. Resulta que hay mucha indefinición, hasta confusión.

Alegoría: decir lo mismo de otra manera. Interpretar como alegoría lo que no fue escrito como alegoría.

Lo que pasa es que no existió *un* solo método; el texto del A.T. no siempre tuvo el mismo *status* o peso. A veces importa mucho la historicidad de los hechos descritos en el A.T., a veces sirven nada más que para una alegoría o tipología (Gá.4). Resulta que los autores neotestamentarios exegetizan los textos del A.T. a través de todos los medios conocidos del mundo contemporáneo. Pablo aplica las reglas retóricas de su tiempo a textos del A.T. Usa la alegoría, la tipología (por ejemplo en 1 Co.10.1-4), figuras retóricas— en fin todos los medios conocidos para 'abrir' los textos antiguos y aplicarlos al momento actual.

> C.A. Evans/J.A. Sanders (eds.), Early Christian Interpretation of the Scriptures of Israel, Sheffield, 1997.

> Se puede considerar Mc.11.1-10 como un midrash de Gé.49.11, Zac.9.9 y Sal.118.25-26 respectivamente.

En el N.T. elementos de la retórica y filosofía griegas se combinan con métodos usados por los rabinos judíos. Anticipando lo que explicaremos más adelante podemos decir que hay huellas en el N.T. de todos los métodos y estilos: de *alegoría* (Gálatas 4) y *tipología* (Romanos 5) — la distinción no siempre es tan fácil de trazar —, de *(h)agadá, halajá* y *midrash* (podemos considerar Mc.11.1-10 como un *midrash* de, respectivamente, Gé.49.11, Zac.9.9 y Sal.118.25-26), de parábola, *mashal* (proverbio) y metáfora. A través de la práctica retórica contemporánea y sus técnicas más persuasivas, los autores del N.T. tratan de rendir aceptable su nueva interpretación de la esencia de fe del A.T. Una de las técnicas más conocidas para convencer al auditorio era la de 'citar' un verso del A.T. El verso citado debía hacer aceptable su *re*lectura de la fe de Israel.

Ahora bien, en todo esto debemos tener presente que en la literatura científica moderna, citar a un autor es algo diferente de lo que era en la antigüedad. Todavía no sabemos tanto como quisiéramos de los criterios que regían el proceso de citación entre los autores antiguos. En la antigüedad casi no era posible buscar una cita en los manuscritos disponibles. Los manuscritos eran caros y difíciles de obtener. No había tampoco un sistema de referencia. Los textos generalmente no estaban divididos en capítulos o secciones. Las páginas no tenían número.

> C.D. Stanley, The social environment of 'free' biblical quotations in the New Testament, en: C.A. Evans/J.A. Sanders (eds.), Early Christian Interpretation of the Scriptures of Israel, Sheffield 1997, 18ss.

Sabemos que ciertos estudiosos, al leer y estudiar los manuscritos, hacían su propia antología de los textos más destacados y que querían guardar. Otros se aprendían de memoria ciertos textos. Este último fenómeno es *una* fuente de la libertad que los autores del N.T. se tomaban al citar del A.T.

Es importante ver que el hecho de la multiplicidad de métodos exegéticos, propia tanto del cristianismo como del judaísmo, atestigua un fenómeno hermenéutico de gran importancia: los textos literarios tienen más de un aspecto y se pueden interpretar y usar de distintas maneras. El interés de la y el intérprete circula siempre en torno a solamente *algunos* aspectos del texto. Hay *ciertas* cosas que lectores y lectoras quieren saber de sus textos sagrados. Estas tienen que ver especialmente con la vida actual. ¿Qué me dice este texto acerca de mi vida? ¿Cómo debo actuar? ¿Qué me enseña sobre Dios? En todo proceso de lectura (que no sea el científico moderno) orientado hacia el pasado, el deseo de comprender el momento actual, de recibir una 'revelación', prevalece por encima del deseo de conocer más de cerca el origen histórico del texto o de su autor. Casi siempre lo histórico retrocede en beneficio de la posibilidad de actualizar el texto. Por ejemplo, en Mt.4 (//Lc.) el diablo tienta a Jesús tres veces a ser desobediente. Tres veces Jesús rechaza la tentación, las tres veces con citas del A.T. (Deuteronomio). De esta manera Mateo quiere clarificar que la posición de Jesús es similar a la de Israel. Jesús también debe experimentar las mismas tentaciones que se presentaron en la vida de sus antepasados.

¿Cuál es el 'interés' de los autores del N.T.? En todo proceso de lectura (que no sea el científico moderno) orientado hacia el pasado, el deseo de comprender el momento actual, recibir una 'revelación', prevalece por sobre el deseo de conocer más de cerca el origen histórico del texto o de su autor.

Dos hijos de un padre

Generalmente se dice que en la era posveterotestamentaria surgen dos tipos de exégesis bíblica: la de la iglesia cristiana y la del judaísmo. Queremos enfatizar aquí que estos no constituyen dos mundos totalmente separados, monolíticos o uniformes. Tanto en la interpretación patrística como en la judía hay mucha variedad y una gran riqueza de métodos de interpretación. En el seno de ambas surge la pregunta por el verdadero significado del A.T., por lo que el texto 'realmente' dice. Tanto dentro de la cristiandad, como dentro del mundo judío hay competencia, rivalidad y escuelas diferentes. Pero también *entre* los dos mundos hay rivalidad y diferencias, diferencias que se siguen dando hasta el presente siglo. Lo que los mejores intérpretes judíos y cristianos tienen en común es el deseo de respetar tanto el texto sagrado como el momento actual. Lo que los separa es la respuesta a la pregunta sobre cómo aplicar el texto sagrado —el *traditum*— a un nuevo momento histórico. Dan respuestas distintas a la pregunta por la legítima actualización del texto bíblico. En la era posveterotestamentaria ambos mundos se están enfrentando constantemente con la 'cuestión hermenéutica'.

Cuando hablamos de la exégesis posveterotestamentaria (judía y cristiana) debemos tomar en cuenta que en los primeros siglos de la era cristiana hubo frecuentemente coincidencia en la interpretación del significado de un texto. Esto se debe a que se usaban métodos exegéticos corres-pondientes. Los rabinos, que estaban leyendo la Escritura dentro de un contexto grecorromano, no podían escapar totalmente del pensamiento (neo-) platónico y de la influencia de la filosofía griega. Los exégetas cristianos, que trabajaron dentro de Palestina, estuvieron bajo la influencia de la exégesis rabínica. El traductor de la Vulgata, Jerónimo, trabajó durante años en un monasterio cerca de Belén. En una de sus cartas, Jerónimo dice haber tenido tres maestros de exégesis, entre ellos a un cierto judío llamado Bar Aninas:

> ¡Qué pena y esfuerzo me costó hacer que Bar Aninas me enseñara! El tenía que venir a mi casa bajo la vigilancia de la noche. Por su miedo a los Judíos se me apareció como un segundo Nicodemo.

Algunos de los padres conocían hebreo, otros no. Algunos de los grandes rabinos conocían griego o latín, otros no. En cuanto a los *padres* (de la iglesia), sabemos que discutieron con judíos acerca de cuestiones exegéticas. Orígenes, que vivió en Cesárea (Palestina) durante los años treinta y cuarenta del tercer siglo d.C y se hizo famoso por su interpretación alegórica del A.T., discute el significado de la palabra *pesaj* ('pascua'). Orígenes temía que los cristianos, al derivar el significado de la palabra *pascua* de *pasjein* (πασχειν: *sufrir* en griego) y no del hebreo *pesaj* (פֶּסַח: cojear, fiesta o sacrificio de la pascua), harían el ridículo frente a los judíos:

> Si alguien de nosotros (los cristianos, HdW) se encontrara con los judíos y, apresuradamente, dijera que la Pascua fue llamada así a causa del sufrimiento de nuestro Señor, ellos se pondrían a reír de él, porque él no entiende el significado de la palabra. Ellos, como Judíos, la comprenden bien.

Tanto en la interpretación rabínica del A.T. como en la cristiana, el *status* del texto es alternadamente el de 'amigo', 'consejero', 'consolador', 'fuente de revelación y conocimiento', 'fuente de esperanza para los días oscuros', 'última palabra', 'palabra de Dios' y 'presencia de Dios', entre otros. Vemos también, y en ambas corrientes, que los intérpretes encuentran que el texto muchas veces no es fácil de interpretar; el texto no es solamente luz. A veces resulta necesario alterarlo, cambiar su sentido textual, ampliar su significado, cambiar el orden de las palabras del texto, 'completarlo', considerarlo como palabra deficiente, palabra difícil, inaceptable a veces.

Hemos dicho que hay correspondencia entre la manera en que cristianos y judíos interpretaban la Escritura (A.T.). En ambas corrientes el texto del A.T. es visto como más que un mero testimonio del pasado. En ambas corrientes se distinguen tres o cuatro aspectos, o mejor dicho dimensiones fundamentales, del texto. Más adelante, cuando presentemos la interpretación patrística, veremos que cada aspecto corresponde a una faceta determinada de la vida humana. Para poder descubrir cada una de estas dimensiones se hacen tres o cuatro preguntas distintas a los textos. A estas preguntas también las podemos llamar métodos exegéticos.

Según los rabinos y los padres de la iglesia podemos distinguir un *aspecto histórico*, un *aspecto moral* o *ético* y un *aspecto místico o religioso*. Reiteramos que esta distinción, en esta forma proveniente del neoplatonismo, corresponde a aspectos fundamentales del ser humano mismo. Ya en los primeros siglos de la era cristiana, exégetas cristianos como Orígenes y Dídimo el Ciego aplicaron un esquema triple o cuádruple a la interpretación de los textos bíblicos. Se hablaba de los *sensus literalis, histórico, anagógico, alegórico, místico* y *spiritualis*, entre otros.

¿No hay diferencias entre la interpretación rabínica y cristiana de la Escritura? Sí las hay, a veces muy profundas. Mientras que en el cristianismo va predominando la interpretación simbólica (alegórica), no-histórica y no-contextual, en el

Marc Hirshman, A Rivalry of Genius. Jewish and Christian Biblical Interpretation in Late Antiquity (traducido por Batya Stein), Albany, 1996.

judaísmo va predominando la interpretación práctica y legal, dirigida hacia la pregunta por la práctica del creyente (*halajá*). Adelantándonos un poco, queremos dar brevemente un ejemplo de estas diferencias.

Hay un famoso comentario judío a (partes de) el libro Exodo que se llama *Mejilta* (*norma*). Su redacción final data probablemente de la segunda mitad del tercer siglo d.C., pero contiene materiales mucho más antiguos que datan del primer o segundo siglo d.C. Para entender bien los comentarios rabínicos debemos conocer el orden de los elementos que figuran en los comentarios. Casi siempre los rabinos ponen el texto bíblico que quieren comentar al inicio de una sección. Después plantean una pregunta y después viene el comentario de los mismos rabinos. El pasaje que aquí queremos citar se comenta en la Mejilta (sección Amalec 1):

> *Texto del A.T.:*
> Ex 17.11 Sucedió que cuando Moisés alzaba su mano, Israel prevalecía; pero cuando bajaba su mano, prevalecía Amalec.
> *Pregunta:*
> ¿Podían las manos de Moisés entregar la victoria a Israel o podían sus manos romper a Amalec?
> *Comentario:*
> Esto significa lo siguiente. Cuando Moisés alzaba sus manos hacia el cielo los Israelitas lo mirarían y creerían en El que había mandado a Moisés actuar como tal. Después Dios haría milagros y hechos poderosos para ellos.

Vemos cómo la *Mejilta* se atiene al sentido *histórico* del texto. No atribuye ningún poder mágico o milagroso a lo narrado. Por su gesto Moisés simplemente llama la atención de los Israelitas. Es un signo de confianza y fe.

Comparemos ahora con este comentario judío un pasaje que encontramos en la obra contemporánea de Justino el Mártir. Justino trabajó en un contexto judío. Vivió hacia el año 150 d.C. cerca de Siquem, en Palestina. Después de haber sido adherente de la filosofía estoica y platonista,

Justino se convierte al cristianismo. En una de sus obras Justino disputa con un cierto judío Tarifo, escapado de la última guerra judía (c.135 d.C.). Trifo representa, a veces en forma caricaturesca, el pensar de los judíos. En su largo diálogo Justino defiende la fe cristiana, enfatiza la importancia de la correcta interpretación de la escritura y da un ejemplo del método exegético que emplea:

> 'Llévanos hacia la Escritura', dijo Trifo, 'para que seamos convencidos por ti … Demuéstranos por qué El (Cristo, HdW) tenía que ser crucificado y muerto tan desgraciadamente y deshonrosamente, a través de una muerte maldita por la ley. Ni siquiera podemos llevarnos a imaginarnos aquello'.
>
> 'Uds. saben', les dije, 'que lo que los profetas dijeron e hicieron, lo 'cubrían' por parábolas y tipologías…, así que no era fácil comprender lo que habían dicho, porque escondían la verdad por estos medios, para que los que lo quisieran, con mucha labor, pudieran encontrar la verdad y aprender.
>
> Ahora bien, escuchad lo siguiente. Es Moisés quien hizo primero el signo de la maldición que Cristo recibió'. '¿De qué signo nos hablas?', me respondió (Trifo, HdW). Respondí: 'cuando el pueblo (de Israel, HdW) hizo la guerra con Amalec, y el hijo de Nave (Nun, HdW), llamado Jesús (Josué), conducía la batalla, Moisés mismo oró a Dios, alzando sus dos manos, y Hur con Aarón las sostenían durante todo el día, para que no se cansara y bajara sus manos.
>
> Pues, si desistiera de hacerse alguna parte de este signo, que fue una imitación de la cruz, el pueblo iba a ser derrotado, como está atestiguado en la Escritura de Moisés. Pero cuando seguía de esta forma, Amalec iba a ser derrotado. El que prevaleció, prevaleció por la cruz. Porque no era por la oración de Moisés que el pueblo fuera más fuerte, sino porque había alguien que llevaba el nombre de Jesús (Josué) y que estaba en la línea frontera de la batalla, haciendo el signo de la cruz'.

En su libro A Rivalry of Genius (Una Rivalidad de Genios), M. Hirshman describe que quedó impresionado por la gran creatividad literaria de los autores/ exégetas cristianos de los primeros cuatro o cinco siglos d.C.

Está clara la diferencia. Los rabinos toman el gesto en su sentido literal, Justino explica el pasaje cristológicamente, como referencia a la cruz. Más adelante veremos cómo esta tendencia a explicar la Escritura simbólicamente va dominando la exégesis cristiana. Hay otra diferencia más, muy notable en los primeros siglos. Es una diferencia que tiene que ver con la *forma* en que rabinos y autores cristianos se expresan.

En su libro *A Rivalry of Genius* (*Una Rivalidad de Genios*), M. Hirshman describe cómo quedó impresionado por la gran creatividad literaria de los autores/exégetas cristianos de los primeros cuatro o cinco siglos d.C. Hay diálogos, hay apologías, hay sermones, hay comentarios, monografías, cartas, biografías, homilías, charlas, ensayos, canciones y poemas rituales, historias de martirios, etc. En todas ellas hay exégesis. Mientras que los autores cristianos usaban todos los medios literarios ofrecidos por el mundo grecorromano, los rabinos se limitaban, conscientemente dicen algunos expertos, a uno o dos géneros, conocidos como *Midrash* y *Halajá*. El *Midrash* es un género literario preferido por los rabinos. Se ha visto en la riqueza de estilos y géneros literarios usados por los autores cristianos la razón principal por la que el cristianismo pudo divulgarse tan rápidamente en el mundo grecorromano.

Los cristianos y las cristianas tenían que defenderse contra los gnósticos, contra los judíos y contra los 'paganos'. Para hacerlo escribían en latín y griego, usando formas literarias aptas para convencer a su público grecorromano, bien educado. También los judíos tenían que defenderse contra muchos. Sabemos que también ellos pudieron convencer a muchos 'entre las naciones'. Sin embargo, en su expresión literaria ellos se quedaron siempre dentro del marco que habían fijado, el Midrash (interpretación, exégesis) del A.T.

La lucha por la auténtica interpretación de la Escritura fue un punto neurálgico en la polémica entre judíos y cristianos en los primeros siglos d.C. Uno de los argumentos principales de los cristianos era que los judíos no habían comprendido bien la Biblia (A.T.). De Agustín tenemos la formulación más radical de esta convicción. Agustín compara el papel de los judíos en la interpretación de la Biblia con el del hombre ciego que para otros ilumina con su antorcha el camino que él mismo no puede ver.

El ejemplo de Orígenes

Es instructiva la clase de exégesis que presenta Orígenes en su comentario a Exodo. Orígenes, nacido hacia el 185 d.C. en Alejandría, hijo de un mártir, muerto como mártir, fue el primer padre que se dedicó enteramente al estudio de la Escritura. Más tarde su interpretación (alegórica) fue condenada oficialmente. Orígenes aprendió mucho de los judíos y sus exégesis. A diferencia de muchos otros autores cristianos, Orígenes no siempre ataca a los judíos, sino que trata de ver la riqueza de la lectura judía de la Escritura. En su quinta homilía a Exodo (comenta Ex.12.37-14.30) toca el problema de la interpretación de la Escritura, surgido entre judíos y cristianos. Orígenes toma a Pablo como ejemplo. Para Pablo, afirma Orígenes, la posición e interpretación de la ley (Torá) era lo que diferenciaba las dos religiones:

> Los judíos, malinterpretando la ley, rechazaron a Cristo. Nosotros, al interpretar la Torá espiritualmente, mostramos que fue dada para la instrucción de la Iglesia.

Luego Orígenes se vuelve al pasaje de la salida (Ex.12.37) que dice así:

> Partieron, pues, los hijos de Israel de Ramesés a Sucot, unos 600.000 hombres de a pie, sin contar los niños.

En su comentario Orígenes explica el texto de la siguiente manera.

> … Los Judíos leen en el texto solamente lo que dice el texto, es decir que "los hijos de Israel salieron de Ramesés y llegaron a Sucot". Después explican que había una nube que los guiaba y la roca de la cual tomaban agua. También (creen, HdW) que cruzaron el Mar Rojo y que llegaron al desierto del Sinaí.

> Pero también debemos considerar la regla que el apóstol Pablo enseñó acerca de estas cosas. Escribiendo a los Corintios, Pablo dice en cierto pasaje: "Porque sabemos que nuestros padres estaban todos debajo de la nube y todos fueron bautizados en Moisés, en la nube y en el Mar, y tomaron el mismo alimento espiritual y bebieron la misma bebida espiritual. Y bebieron de la roca espiritual que los seguía, y la roca era Cristo" (1 Cor.10:1-4). ¿Ven cuánta diferencia hay entre las enseñanzas de Pablo y el sentido literal? Lo que los Judíos suponían que era el paso por el mar, Pablo lo llama el bautismo; lo que veían como nube, para Pablo es el Espíritu Santo.
> ¿Qué es lo que debemos hacer, los que recibimos tales instrucciones acerca de la interpretación, y bien las recibimos de Pablo un maestro de la Iglesia? ¿No parece justo que apliquemos este tipo de regla también a otros textos? ¿No significaría el abandono de estas enseñanzas, como algunos quisieran, el retorno a las 'fábulas judías'? (Tito 1:14). Me parece, que, cuando en este punto no se apoya a Pablo, se estaría ayudando a los enemigos de Cristo.

Orígenes aplica el esquema de los tres sentidos a la Escritura. Los textos tienen un sentido literal o histórico, un sentido moral y un sentido místico. El sentido místico o espiritual (*sensus spiritualis*) es el que une la Torá y el Evangelio. Dicho de otra manera: solamente a través de una lectura simbólica, alegórica, será posible conciliar lo que dice la Torá de Moisés y lo que dice Jesús en su evangelio.

> Pues, hasta el ciego puede ver que la Ley y el Evangelio fueron escritos por el mismo Espíritu.

Anotemos una última diferencia. Mientras que los cristianos divulgan sus exégesis del A.T. en forma escrita, mucha actividad exegética judía queda solamente al nivel de la tradición oral. También durante los primeros siglos d.C. la llamada tradición oral sigue teniendo un papel muy importante entre los judíos. Es posible que esto haya tenido que ver con medidas de protección y seguridad. Un texto antiguo del rabino Abba hijo de R. Jiyya bar Abba dice:

'Los que ponen *por escrito* las *Halajót* (las reglas para la vida actual, basadas en la interpretación de la Torá, HdW) son como alguien que quema la Torá; y el que enseña de ellas (estas reglas escritas, HdW) no recibe recompensa'.

Es difícil evaluar este comentario. No sabemos si realmente fue tan estrictamente prohibido poner por escrito los comentarios a la Torá. La evidencia no es tan consistente. Recién desde el siglo 3 d.C. surgen alusiones a tal prohibición. Si realmente existió, es posible que estuviera relacionada con el abuso que cristianos y paganos hacían de los comentarios judíos, cosa que de esta manera se quería evitar. Pues la tradición oral solamente es accesible para los iniciados.

Ahora bien, hemos mostrado algunos paralelos y también diferencias entre la interpretación judía y cristiana tempranas de la Escritura. Queremos dedicarnos ahora a representar brevemente algunas facetas de cada una de las corrientes.

2.2 La interpretación rabínica

H.L. Strack, Einleitung in Talmud und Midraš, München, 1930.

En aspectos importantes, la exégesis judía que se desarrolla en la época posveterotestamentaria, especialmente después de la última guerra de 135 d.C., está en sintonía con lo que los *Soferîm* habían hecho antes, en la época veterotestamentaria. Las técnicas de interpretar, copiar y, cuando era necesario, corregir los textos recibidos, siguieron válidas en los siglos de la era cristiana. Repetimos que, así como en el mundo cristiano, también en el mundo de los *rabinos* existían distintos métodos y enfoques exegéticos. Había lecturas más populares y había lecturas más sistemáticas, regidas por criterios y normas más o menos establecidas. En sus esfuerzos por seguir conectando el texto antiguo con la vida actual, los rabinos tocan dos dominios en particular: el ambiente de la praxis humana y la homilética. Con esto corresponden dos tipos de exégesis: *Halajá* y *Hagadá* (*Agadá*).

Dediquémonos un momento a la interpretación rabínica del A.T.

Desarrollo histórico

En la unidad anterior, donde hablamos de la exégesis intrabíblica, vimos algo de la labor de los Soferîm. Ahora bien, como ya fue sugerido, hay estudiosos que consideran la interpretación rabínica del Tenaj como una auténtica sucesora de lo que los Soferîm hicieron en la época de la producción del A.T. mismo. Sea como fuere, la interpretación rabínica, que tiene su período de mayor desarrollo desde el 70 d.C. (135 d.C.) hasta aprox. 1000 d.C. (decaída de las academias judías en Babilonia), comienza a desarrollarse después de la gran tragedia de la destrucción del templo y de la ciudad de Jerusalén en el 70 d.C. por los Romanos. En esta época muchos judíos abandonan Jerusalén. En la ciudad de Yamnia (Yavne, cerca del actual Tel Aviv) se desarrolla un gran centro de estudios. Ese movimiento de salida se intensifica después del 135 d.C., cuando la revuelta de Bar Kojba es apagada en sangre. Se inicia una deserción de judíos que se trasladan hacia el norte, hacia Galilea. En Galilea comienzan a nacer ahora las grandes escuelas de interpretación del Tenaj (A.T.). Después del 250 d.C. Tiberias llega a ser una centro de estudios rabínicos muy destacado.

Galilea no es el único lugar donde judíos huidos de Jerusalén se asientan. Otros judíos abandonan Palestina y se radican en Babilonia, donde, ya después del 587 a.C. (segundo cautiverio), había agrupaciones de judíos que nunca volvieron a la patria. A partir del 250 d.C. los judíos que viven en Babilonia consiguen cierta autonomía. Sus escuelas rabínicas comienzan a florecer. Después de la invasión arábiga (640 d.C.), las dos grandes escuelas — la de Palestina y la de Babilonia — llegan a estar bajo la misma autoridad política. En el 750 d.C., Bagdad llega a ser la gran capital del reino arábigo y es allí donde se concentran ahora las dos escuelas rabínicas mayores. La decaída del reino arábigo y las cruzadas significan el término de esas escuelas y declina su influencia después del 1100 d.C.

Dediquémonos un momento a la interpretación rabínica del A.T. Después de cada párrafo definiremos los términos técnicos usados.

Günter Stemberger, Introduction to the Talmud and Midrash, Edinburgh, 1996².

En el curso de los siglos 12 y 13 judíos comienzan a llegar a España y Portugal. Se inicia un período en que el comentario llega a ser más importante que el texto que se comenta. Un fenómeno paralelo se había dado ya en la iglesia cristiana, donde también los escritos patrísticos habían llegado a tener gran importancia y a ser objeto de profundo estudio.

La escuela como lugar de origen

El lugar de origen, la *situación vital*, de la literatura rabínica es la escuela, además del sermón en la sinagoga y la jurisprudencia. Encontramos evidencia de la existencia de las escuelas (primarias: *Bet Sefer, casa del libro*) después de 135 d.C. Hasta los 12 o 13 años de edad los niños iban a la escuela — solamente los hombres. El material de aprendizaje consistía en pasajes cortos de la Torá. Se leía el texto en voz alta y era costumbre repetir muchos pasajes. Al completar la lectura de toda la Torá, los niños habían terminado sus estudios. Si se quería seguir estudiando, era necesario ir a otra escuela (*Bet Midrash,* o *Bet Talmud*). Desde el siglo 3 d.C. comienzan a existir las academias, tanto en Palestina como en Babilonia. En ellas los grandes rabinos discutían, leían y enseñaban.

Definición de términos:
Talmud: [תַּלְמוּד] estudio. La palabra se deriva de un verbo hebreo *lamad* [לָמַד]: enseñar. Talmud significa también enseñanza. Pero el primer significado de *Talmud* no es estudio o enseñanza, sino que se refiere a la gran colección de interpretaciones del A.T., obra que consiste de muchos volúmenes y se terminó de coleccionar en la Edad Media. Hay dos Talmud: el Talmud de Babilonia — el mayor (redacción final hacia el 800 d.C.), y el Talmud de Palestina (redacción final hacia el 440 d.C.). El Talmud muestra la *tradición judía*. Cada página contiene, además del texto de la Torá, toda una cadena de comentarios. La interacción entre texto y comentario, que mencionamos anteriormente, se visualiza en el diseño de cada página del Talmud.

Hermenéutica rabínica

La matriz de la literatura rabínica es la necesidad de actualizar y adaptar el texto de la Torá a las nuevas circunstancias y al nuevo contexto. Este proceso de *relectura* se lleva a cabo a través de la tradición oral. Por muy arbitraria y *sui generis* que la interpretación rabínica a veces parezca, se establece en base a ciertas reglas hermenéuticas (*middot*). En el curso del tiempo se aceptaron 32 de estas reglas. Las reglas son la articulación oficial de lo que en la práctica de la interpretación se había hecho por mucho tiempo. Las reglas hermenéuticas se aplicaban más a lo que se llama *Halajá* (relectura de la Torá con miras a la práctica y ética actuales) que a la *Hagadá* (interpretación 'libre', homilética, narrativa de la Torá o Escritura en general).

Definición de términos:
Una distinción importante en el mundo de los comentarios rabínicos es la distinción entre *Halajá* y *(H)agadá*, como dos maneras de acercarse al texto bíblico. La exégesis de tipo *halájico* se acerca al texto desde la práctica de la fe y la vida. La exégesis halájica le pregunta al texto por directivas, por normas éticas, por la justa conducta. El Halajá busca aplicar una regla bíblica a la vida moderna; debe resolver ciertas contradicciones encontradas en la Torá; debe reconciliar el texto bíblico con prácticas existentes; debe encontrar apoyo en textos bíblicos para prácticas todavía no vistas o estipuladas por la Torá. En cierta medida la exégesis halájica se deja comparar con lo que los padres llamaban el *sensus moralis* (sentido ético) y el *sentido anagógico* (orientación, ¿hacia dónde va?) del texto bíblico. *(H)agadá* es una exégesis más libre, una exégesis que *juega* con el texto, se interesa por su sonido, sus giras inesperadas, su color, su composición, su extravagancia. La gran distinción entre *Hagadá* y *Halajá* recorre todos los tipos de interpretación bíblica judía.

Halajá: (הֲלָכָה, de un verbo *halej* [הָלַךְ]: ir, andar, caminar) el caminar de alguien, el camino que uno toma; en segundo lugar: enseñanza o regla que uno acepta, que uno lleva a la práctica.

Hagadá: (הַגָּדָה, de un verbo *higuid* [נגד/הִגִּיד]: comunicar, contar, relatar) está en contraposición con la exégesis de tipo halajá. La palabra *Hagadá* significa: comunicación; en segundo lugar: explicación homilética, predicación, *lectura popular* (M. Jastrow).

Middot: las *reglas* hermenéuticas. Conocemos las siete *middot* (מִדּוֹת) atribuidas a la escuela de Hillel. En el curso del tiempo crecerá su número hasta alcanzar 32. Son reglas para una exégesis correcta del texto sagrado. Veamos dos ejemplos.

1. *Conclusio a minore ad maius* (קַל וָחֹמֶר, desde ligero (קַל) hacia lo más importante (חֹמֶר). Gé.1.21 dice que Dios *creó* los grandes monstruos marinos. Surge la pregunta sobre por qué Dios también creó estos monstruos. En este caso los Rabinos aplican la regla *qal wayomér*. Dicen que si Dios creó los grandes *monstruos*, con cuánta más alegría debe haber creado al *hombre*.

2. La regla *Binyan 'Ab* (בִּנְיָן אָב מִשְּׁנֵי כְתוּבִים): una estipulación específica, encontrada en solamente dos textos de un grupo de textos interrelacionados, se aplica a todos los textos del grupo.

Consideremos el siguiente ejemplo. La norma de Ex.21.27 ['si el propietario de un esclavo hiciere saltar un diente de su siervo...por su diente le dejará ir libre'] se puede aplicar también a cada miembro irreemplazable del cuerpo humano. Pues, en el verso 26, así como en nuestro vs.27, se habla del 'ojo', que también pertenece a esta categoría. Los dos textos combinados (vs.26 y 27) permiten una ampliación del mandamiento del vs.27 a todos los miembros del cuerpo humano que no podrán ser reemplazados.

En gran parte las 32 *middot* son reglas gramaticales, semánticas y literarias. Explican el significado de ciertas partículas, palabras. Explican el fenómeno de la repetición de palabras; tratan de dar explicación de rasgos literarios de los textos. Entre estas 32 reglas encontramos también la regla del valor aritmético de cada letra: la A (א) = 1, la B (ב) = 2, etc.

Vale notar que a veces hay sorprendente coincidencia entre las *middot* (y la implícita percepción de lo que es un texto antiguo) y reglas hermenéuticas vigentes en la tradición cristiana. Pensemos en la antigua regla de que el texto individual se explica desde las partes mayores, y que las partes mayores se explican desde el sentido del texto individual.

Tradición oral - tradición escrita

La tradición oral juega en el judaísmo un papel muy importante. Según la tradición, Dios no solamente entregó a Moisés la ley escrita en el Sinaí, sino también un cuerpo de mandamientos que solamente existía en forma oral. Mientras que la Torá escrita fue transmitida como *manu*scrito, la Torá oral fue transmitida por boca, de generación en generación. 'Tradición oral' se refiere no solamente a la Torá oral que recibió Moisés, sino también a la interpretación rabínica hecha en las escuelas.

Debemos decir que *tradición oral* es un concepto difícil y muy poco definido. ¿En qué consistió esta ley oral que fue entregada a Moisés en el Sinaí? Debemos entender que, además de muchas otras cosas, tradición oral *también* es un concepto subversivo. La *Torá oral* distingue a Israel de las demás naciones, pues ellas nunca podrán traducir la Torá oral, interpretarla y decir "nosotros somos Israel".

Cualquiera que haya sido el papel de la Torá oral, sabemos que desde el siglo 3. d.C. en las escuelas se estaban usando colecciones de *hagadoth* escritas. Para los *halajót* vale una fecha más tardía: hacia el 550 d.C. En todo caso, debemos reconocer que la tradición oral habrá jugado un papel importante en el proceso de enseñanza - aprendizaje en las escuelas y academias.

Los Rabinos

Rabí (rabino). En la época del N.T. *Rabí* [רַבִּי] era un título honorífico: señor mío. Después llegó a ser el título de un maestro, instructor en la interpretación de la Torá. La cadena de comentarios del Talmud muestra cómo los rabinos reaccionan a los comentarios de sus predecesores.

Se ha dicho: Cuando Rabí Aqiba murió (el) Rabí nació y cuando (el) Rabí murió Rabí Yehuda nació y cuando Rabí Yehuda murió Raba nació. Cuando Raba murió Ashi nació. Esto nos enseña que ningún justo parte del mundo antes de que un justo como él haya sido creado. Está dicho: 'El sol sale y el sol se pone' (Ecl.1,5). Antes de que el sol de Elí se pusiera en Rama, el sol de Samuel había salido.

De esta manera se establece la lista: "Rabino X dice al comentario del Rabino Z...". Es difícil ubicar históricamente a los rabinos ya que nunca hay fechas y raras veces se mencionan acontecimientos históricos. Lo que vale para la literatura bíblica vale también para la literatura rabínica: es sumamente difícil reconstruir las *ipsissima verba* (las palabras *originalmente* dichas) de tal o cual rabino.

La literatura talmúdica

Debemos ver el Talmud como resultado final de un largo caminar. Muchas veces se usa la imagen de la cebolla y sus cáscaras. El Talmud se compone de varias cáscaras, cada una de una época y contexto especiales. El orden de las cáscaras es el siguiente, desde el centro hacia fuera: Texto bíblico → Mishna→ Tosefta → Talmud

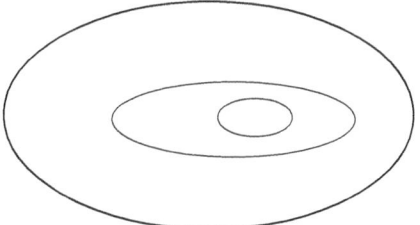

El núcleo es siempre el texto bíblico, muchas veces tomado de la Torá. Después sigue la *Mishna*. La palabra *Mishna* tiene un amplio espectro de significados: repetición, enseñanza a través de la repetición, la ley tradicional, etc. Así como en el caso del Talmud, también aquí el primer significado es el de un cuerpo literario. Por la *Mishna* se entiende una obra literaria, un conjunto de comentarios y leyes, terminado hacia el 200 d.C. y atribuido al Rabí Yehuda ha Nasí (el príncipe). La *Mishna* contiene seis secciones (*sedarim*) dedicadas a una gran variedad de temas que tienen que ver, en su mayoría, con la vida diaria: semillas, los días festivos, sobre la mujeres, cómo reparar daños, sobre las cosas sagradas, etc. Mucho material es de carácter *halájico*. Se refiere a la validez de las reglas de la Torá para una nueva situación. Como hemos dicho, la tradición rabínica ve a Yehuda ha Nasí como el autor de la *Mishna*. Análisis modernos prefieren hablar de él como redactor. Es posible que la *Mishna* haya obtenido su forma actual bajo auspicios de Rabí ha Nasí y su escuela.

En la *Mishna* suenan muchas voces. Culmina una larga cadena de comentarios dados por los Maestros. La pareja Hillel y Shammai son los más conocidos. Ellos pertenecen a lo que se llama la primera escuela de *Tanaitas*. Actúan durante el primer siglo d.C., el período en que Yavne (Yamnia) llega a ser importante. A la segunda generación de Tanaitas (90-130 d.C) pertenecen rabinos como el legendario Aqiba. Los *Tanaitas* son seguidos por los *Amoraim*. Los *Amoraim* son los maestros que hicieron su labor interpretativa después de terminada la *Mishna*. Vimos que la *Mishna* se termina de redactar hacia el 200 d.C. Después de esa fecha el trabajo exegético no se detiene, sino que continúa. El fruto de ese trabajo se llama *Tosefta*, suplementos.

Ahora bien, con los elementos expuestos hasta ahora es posible graficar la estructura del Talmud:
Torá (Tenaj)→Mishna (→Tosefta) →Guemara = Talmud

Definición de términos:
Mishna: (מִשְׁנָה, pron.: míshna): enseñanza, doctrina. Se deriva de un verbo shana (שָׁנָה, pron.: shaná) que significa: repetir, aprender (la tradición oral). La palabra *mishna* se refiere también muchas veces a una obra literaria puesta por escrito hacia el 200 d.C. La *Mishna* contiene las doctrinas y enseñanzas de los que en el judaísmo son llamados 'los Maestros', los *Tanaím*.

Tanaíta: (תַּנָּא, תַּנָּאִים: un Tanaíta), un maestro mencionado en la *Mishna*. Más en general: alguien que transmite enseñanzas tanaítas. El sustantivo viene de un verbo arameo: תְּנָה (*tenáh*), תְּנִי (*teni*): aprender, transmitir.

Amoraim: (singular: אֲמוֹרָא, lit.: el que habla (pl.: אֲמוֹרִין) son los maestros judíos activos entre los años 200-500, después de la terminación de la *Mishna*. Son los Maestros de la época pos-tanaítica. Ellos ya tenían bibliotecas a su disposición.

Tosefta: arameo (hebr.: tosafót). Significa: adiciones, agregados, suplementos. Tosefta son suplementos de carácter *halájico* a la Mishna.

Guemara: גְּמָרָא, de un verbo *guemar* [גְּמַר] que significa terminar. En el Talmud de Babilonia *Guemara* significa también: aprender. La *Guemara* es un cuerpo de comentarios de la *Mishna*. La *Guemara* es la interpretación de la *Mishna* de los *Amoraim*.

Midrash

Un tipo de interpretación que encontramos frecuentemente en los escritos rabínicos es el *Midrash*. El sustantivo se encuentra en el A.T. (2 Cró.13.22; 24.27). No está claro lo que el término significa en estos dos versos (¿libro?; ¿comentario?). En los documentos de Qumran, *Darash/ Midrash* significa: escudriñar, analizar. *Midrash* se refiere siempre al ambiente de la teoría, de la interpretación, de la ciencia, no de la práctica. En el primer siglo a.C. existía ya el llamado *Bet hammidrash*: la casa de estudio (del texto bíblico).

Siguiendo a Fishbane y muchos otros, afirmamos que el origen de la interpretación midráshica se encuentra en la época veterotestamentaria misma. Así como el Targum, también el *Midrash* se origina en el ambiente de la escuela y la sinagoga.

Definición de términos:
Midrash (מִדְרָשׁ del verbo *darash* [דָּרַשׁ]), significa en hebreo posbíblico, pero también ya en Esdras (7.10): escudriñar, explicar, aclarar, interpretar [un texto bíblico]. *Midrash* es interpretación. Generalmente *midrash* se opone a *halajá* como lectura popular frente a una lectura más jurídica, más legal, más práctica. Pero hay también midrashim de carácter halájico. Hay Midrashim *exegéticos* que ofrecen explicaciones sencillas de ciertas palabras o frases de un

---

F. Rosenzweig en una carta a la ortodoxia alemana: Nosotros también traducimos la Torá como un solo libro. Para nosotros, también, es el trabajo de un Espíritu. Entre nosotros lo llamamos por el símbolo que la ciencia crítica acostumbra usar para designar el supuesto redactor: R. Pero ampliamos este símbolo R de redactor a Rabbenu. Porque es nuestro maestro, su teología es nuestra enseñanza.

texto bíblico. Están permeados de dichos y parábolas que a veces no tienen mucho que ver con el texto mismo. (La famosa obra *Génesis Rabba* es un ejemplo de éste tipo de Midrash). Hay también Midrashim *homiléticos* (por ejemplo el *Midrash Rabbá Levítico* o *Midrash Rabbá Deuteronomio*, obras que consisten de una serie de sermones sobre los textos bíblicos y que reflejan la lectura sinagogal del texto).

Targum (תרגום) 'traducción' (arameo) del A.T. Muchas veces hay agregados y popularizaciones. El traductor se llama *Metúrgeman*. Era el que, en la sinagoga, debía traducir el texto hebreo en arameo porque el público ya no entendía hebreo. Entre los diferentes Targumîm y el texto hebreo (masorético) hay muchas diferencias.

Si tuviéramos que reemplazar la palabra *Midrash* por una palabra moderna podríamos hablar de *relectura (¿popular?)*. Aunque existan midrashim halájicos, en general el Midrash es más libre, más popular, más teológico, poético casi, que la exégesis formal que encontramos en las *Halajót*. La interpretación que llamamos *Midrash* busca, muy en la línea de los padres, el sentido espiritual del texto (*sensus spiritualis*). El *Midrash* nace en gran solidaridad con el Tenaj y parte de la idea, tan cara a la hermenéutica bíblica latinoamericana ('leemos la Biblia como un libro', dice J.S. Croatto), de que la Biblia constituye un gran texto, un gran libro coherente y transparente.

Terminemos nuestra representación de la interpretación rabínica con algunos ejemplos tomados tanto de *Halajá*, *Hagadá,* y del *Midrash*.

•Talmud de Babilonia (Yewamot 62b):
Texto: Gé.12.16
Comentario: Nuestros maestros enseñaban: "Quien ama a su esposa más que a si mismo, quien conduce a sus hijos y sus hijas por sendas justas … sobre él dice la Escritura: 'Experimentarás que habrá paz en tu carpa'" (Job 5.24)

•Midrash exegético, Génesis Rabbá II, 2:
Texto: 'Y la tierra era *tohu wabohu*' (vacía y desordenada), etc.

Midrash: R. Abbáhu y R. Judah dijeron: Esto puede ser comparado con el caso de un rey que compró dos esclavos al mismo tiempo, por una misma cuenta y por el mismo precio. El amo dijo que el primero fuera mantenido por el estado, mientras el segundo fue ordenado a trabajar duramente para su sustento. El último estaba confuso y extrañado ('su mente *desordenada* [por ser incapaz de pensar en una razón por esa diferencia] y *vacía*' [de tanto esfuerzo por comprender la razón de este tratamiento]). "Los dos fuimos comprados por el mismo precio", exclamó el segundo, "sin embargo, él está siendo apoyado por la tesorería del estado, mientras yo tengo que trabajar duramente para mi pan". Así también la tierra estaba sentada, confusa y extrañada, y dijo: "Los seres celestiales (los ángeles) y los seres terrestres (el hombre) fueron creados al mismo tiempo: sin embargo los seres celestiales están siendo nutridos por la presencia divina (*Shejina*), mientras que de los seres terrestres vale que ¡si no trabajan no comen!". Por eso el texto dice: 'Y la tierra: desordenada y vacía estaba' (*tohu wabohu*).

•Midrash halájico: Mejilta (tratado Pisha 1):
Texto: Ex.12.1: Y el Señor dijo a Moisés y Aarón en el país de Egipto...
Comentario: Se podría entender, en base a este texto, que la palabra divina se dirigía a ambos, tanto a Moisés como a Aarón. Pero cuando dice: 'Y sucedió en el día cuando el Señor habló a Moisés en el país de Egipto (Ex.6.28)...', el texto muestra que la palabra divina había sido dirigida solamente a Moisés y no a Aarón. Si es así, ¿qué quiere decir la Escritura cuando aquí dice: 'a Moisés y Aarón'? La Escritura enseña, que tanto Moisés como Aarón eran perfectamente aptos para recibir las palabras divinas. Surge la pregunta ¿por qué no habló a Aarón? Ahora bien, para garantizar cierta diferencia con Moisés. Es por eso que en ninguna parte de la Torá, con excepción de tres textos, la palabra divina está dirigida directamente a Aarón... De la misma manera se debe interpretar el texto 'en el comienzo creó Dios los cielos y la tierra' (Gé.1.1). Es posible interpretarlo como si Dios creó primero el cielo.... Pero en Gé.2.4 el texto dice: '...en el día que creó Dios la tierra y los

cielos'. Ahí se menciona a la tierra en primer lugar. Con esto la Escritura quiere decir que los cielos y la tierra fueron creados simultáneamente...

De la misma manera se debe interpretar el texto: 'Honra a tu padre y a tu madre' (Ex.20.12). Es posible comprender el texto como si el que precede al otro deberá tener la preferencia. Pero en el texto: 'Cada uno temerá a su madre y a su padre' (Lev.19.3), la madre precede al padre. Así la Escritura declara que ambos son iguales.

2.3 La interpretación patrística

¿Es posible llegar a características uniformes de ese mundo variado que se llama la interpretación patrística? Hemos dicho que una característica fundamental de la interpretación cristiana del A.T. es su enfoque cristológico. La interpretación del Salmo 22 de Justino Mártir, a quien nos referimos en las páginas anteriores, es completamente cristológica. Otra característica de la exégesis patrística es su uso frecuente de la alegoría. Será ella la que, hasta fines de la Edad Media, dominará la interpretación de la Biblia de los padres. En Orígenes (c.180-253), que trabaja en Alejandría, la alegoría encuentra un representante muy importante y llega a un punto culminante preliminar.

El nacimiento de la interpretación alegórica de textos data de los primeros siglos antes de Cristo. Era un instrumento que permitía actualizar los textos de Homero, que los griegos cultos encontraban ridículos y escandalosos, cuando los interpretaban literalmente.

Así como la alegoría daba a los filósofos estoicos la posibilidad de 'modernizar' los textos de las epopeyas de Homero, daba a los intérpretes cristianos la posibilidad de encontrar en el A.T. un sentido escondido, más allá de su literalidad. Así era posible aplicar los textos del A.T. a la figura de Cristo. Antes de Orígenes, Filón de Alejandría y Clemente habían practicado la alegoría.

Para la interpretación alegórica de (un alumno de) Orígenes, ver: J. Tigcheler, Didyme L'Aveugle et L'Exégèse Allégorique. Etude sémantique de quelques termes exégétiques importantes de son Commentaire sur Zacharie, Nijmegen, 1977.

No debemos ser demasiado rápidos en nuestro rechazo de la alegoría. Tenemos que comprender que para poder leer el A.T. cristológicamente, la alegoría era una necesidad. Desde el punto de vista hermenéutico, la alegoría es uno de los más importantes instrumentos para realizar lo que en la hermenéutica moderna se llama relectura. La alegoría prestaba excelentes servicios para actualizar el texto veterotestamentario. Así, el comentario del Cantar de los Cantares de Orígenes es totalmente alegórico. El Cantar describe, según Orígenes, la relación entre el alma del hombre y Jesucristo y su unión mística. El autor del Cantar, Salomón, es para Orígenes el tipo, el anticipo de Jesús. En el prólogo de su gran estudio hermenéutico *De Principiis*, Orígenes dice:

> Las Escrituras fueron escritas, por último, por el Espíritu de Dios. El significado que tienen no es solamente lo que aparentan a primera vista, sino tienen también otro, que escapa a la mayoría. Porque aquellas palabras, que fueron escritas, contienen ciertos misterios e imágenes de cosas divinas.
>
> En toda la Iglesia, que respeta el primer significado, se opina unánimemente respecto de la Ley que ella es espiritual. Se opina que el sentido espiritual de la Ley no es conocido por todos, sino solamente por aquellos a quienes la gracia del Espíritu Santo es impartida a través de la palabra de Sabiduría y conocimiento.

Al lado de la escuela de Orígenes, que era la escuela de Alejandría, existía también la escuela de Antioquía. En Antioquía se practicaba una interpretación más literal, más histórica. Adherentes de esta última escuela criticaban vehementemente a Orígenes y sus métodos. Entre ellos se encuentra también Jerónimo, quien hacia el año 400 d.C., trabajando en su monasterio en Belén, comenzó a traducir el A.T. en latín (Vulgata). Jerónimo es uno de los mejores representantes de una exégesis científica premoderna. Habíamos visto que entre sus maestros se encontraba un judío. Jerónimo estudió hebreo y escribió un libro sobre la arqueología y otro sobre la etimología de los nombres

Durante toda la edad media la interpretación alegórica sigue predominando. Instructivo es ver cómo se aplica el sistema cuádruple a la ciudad de Jerusalén. Sensus literalis: ciudad en Palestina, capital de Israel;
Sensus alegoricus: la iglesia militante aquí en la tierra;
Sensus moralis (tropologicus): el alma del creyente; Sensus mysticus: la ciudad celestial, la iglesia triunfante.
La crítica a la interpretación alegórica, ejercida por sus adversarios, no impidió que ella llegara a predo-minar la interpretación cristiana del A.T. durante gran parte de la edad media.

hebreos de lugares y personas. Jerónimo descubrió que el N.T. contiene citas del A.T. que no se encuentran en la Septuaginta. Se estableció un diálogo fecundo con interpretaciones rabínicas, que Jerónimo usa e incluye en sus obras. El comentario a Eclesiastés de Jerónimo es un gran testigo de esa influencia. En aquel comentario Jerónimo describe su método exegético como una combinación de la interpretación *histórica* de los judíos y 'nuestra interpretación tropológica' (espiritual). Es importante señalar que, así como en otros escritos de autores cristianos, el adjetivo *histórico* es sinónimo de *literal* (*peshat* en hebreo). En una de sus cartas (número 84) Jerónimo ataca vehementemente a Orígenes: '...Estos escritos Alejandrinos han vaciado mi billetera'.

La crítica de la interpretación alegórica ejercida por sus adversarios no impidió que ella llegara a predominar la interpretación cristiana del A.T. durante gran parte de la edad media. Es instructivo ver un ejemplo de Agustín (354-430 d.C.). Agustín vivió en la época posniceana. Su interpretación del Salmo 22 es cristológica y alegórica.

El Salmo 22 comienza con una pequeña instrucción musical: *Al músico principal; sobre Ayèlèt-shajar. Salmo de David.* Agustín no entiende la expresión *al músico principal* (en hebreo: *la-menatséaj*, לַמְנַצֵּחַ, *para el director del coro*) y toma la palabra usada en el texto, no como una forma de un verbo [*natsáj*, actuar como director], como debería ser, sino como el sustantivo *netsaj* que significa: *eternidad, hasta el fin*. Después asocia la expresión con la vida eterna y la resurrección de Cristo, quien, según Agustín, es el que habla en el Salmo:

- 'Al final...' (vs.1)', comenta Agustín, 'significa que el Señor Jesucristo mismo habla aquí. En la mañana del primer día de la semana resucitó y fue llevado a la vida eterna.

- Lo que sigue se dice del Crucificado. Las palabras que gritó, colgando en la cruz, provienen de éste Salmo. Es El quien habla aquí.

- '...Pero tú eres el que me sacó del vientre' (vs.10): Esto no significa solamente que (El Señor) fue sacado del vientre de la virgen, sino también del vientre de la nación judía; de la oscuridad por la que está cubierta —no nacida todavía en la luz de Cristo —; la nación judía pone su salvación en la observancia carnal del sábado y la circuncisión...

- 'Sobre ti fui echado desde la matriz...' (vs.11): la matriz es la matriz de la sinagoga, que no me llevó (Cristo habla, HdW), sino me echó: pero no caí, porque Tú (Padre, HdW) me llevabas.

- 'Contra mí abrieron sus bocas...' (vs.14): Abrieron sus bocas contra mí, no con palabras de tu Escritura, sino llevados por sus propios deseos.

- 'Como león voraz y rugiente...' (vs.14): Como un león que me quería devorar y que rugía: "¡Sea crucificado, sea crucificado!"

- 'Soy derramado como el agua; todos mis huesos se han desarticulado...' (vs.14): Fui derramado como agua cuando mis perseguidores cayeron; mis huesos se desarticularon: por temor mis discípulos fueron alejados de mí y desparramados.

- 'Mi vigor se ha secado como un tiesto...' (vs.16): Mi fuerza se secó a través de mi Pasión, pero no como paja, sino como una pieza de cerámica: hecha más fuerte a través del fuego.

- 'Los perros me han rodeado; me ha cercado una pandilla de malhechores...' (vs.16): Muchos perros me rodearon, no por la verdad, sino por costumbre.

- 'Puedo contar todos mis huesos...' (vs.17): Ellos contaron mis huesos extendidos en la Cruz.

- 'Libra mi alma de la espada; libra mi única vida de las garras de los perros...' (vs.20): Libra mi alma del poder del pueblo que ladra según su costumbre, libera a mi Iglesia.

- 'La posteridad le servirá; Esto será contado de Jehová hasta la postrera generación...' (vs.30): La generación del Nuevo Testamento será declarada para la gloria del Señor y Los Evangelistas declararán Su justicia.

- 'A pueblo no nacido aún, anunciarán que él hizo esto...' (vs.31): A un pueblo que será nacido en el Señor a través de fe.

Es elocuente cómo la alegoría permite a Agustín aplicar casi todo el texto del Salmo 22 al Jesús sufriente. Agustín, trabajando en Africa y deudor de las grandes escuelas retóricas romanas, interpreta el Salmo 22 totalmente alegórica y cristológicamente.

A los ejemplos de la interpretación alegórica de los primeros siglos d.C. queremos agregar dos ejemplos un poco más tardíos. Con el primero, del siglo 12, queremos demostrar la predominancia de la alegoría durante la edad media. El segundo, un siglo más tarde, atestigua un momento de transición. La edad media comienza a dar lugar a otra manera de pensar e interpretar la Escritura.

A. van Duinkerken (ed. y trad.), Bernardus Mariapreken, Bussum, 1946.

Nuestro próximo ejemplo proviene del que se ha llamado el último de los padres de la Iglesia, Bernardo de Clairvaux (1090-1153). El posterior viene del ambiente de la escolástica, de Tomás de Aquino (1225-1274). Esperamos que el lector o la lectora descubra los profundos cambios que experimenta la exégesis bíblica en estos siglos de la edad media tardía. El ejemplo de Tomás de Aquino demuestra que con él y su manera de pensar y comentar los textos bíblicos estamos entrando a una nueva era.

Bernardo de Clairvaux todavía está totalmente en la tradición patrística. Se ha dicho que ningún libro del A.T. recibió más atención en la Edad Media que el Cantar de los Cantares. Al menos fueron escritos 64 comentarios, de los

Bernardo de Clairvaux fue todavía un hijo de la tradición patrística preescolástica. Bernardo escribió sus comentarios en Francia y fueron recibidos y leídos con gran interés. Eran muy populares, especialmente entre los monjes de los monasterios. El estilo de Bernardo es asociativo y poético. En sus días existía todavía la gran polémica con la sinagoga acerca de la verdadera interpretación del A.T. En uno de sus sermones sobre el Cantar de los Cantares (sermón 14) encontramos una exposición sobre la diferencia entre la iglesia y la sinagoga. Bernardo usa aquí la conocida contraposición entre carne y espíritu, formulada por el apóstol Pablo. La sinagoga, que se entiende como la esposa o la novia (del Señor) es, según Bernardo, solamente el Israel verdadero según la carne, la Iglesia lo es según el *cuales 45 datan de después del 800 d.C. Con excepción de Agustín, todos los mayores intérpretes medievales hicieron su comentario a aquel libro de poética erótica, interpretada alegóricamente. Ver: G. Bray, Biblical Interpretation. Past & Present, Leicester, 1996, 150.*

espíritu. Según la *letra* de la promesa de la Escritura, la sinagoga es el verdadero Israel; según el *espíritu* la Iglesia lo es. Bernardo enfatiza que mientras el Israel de la carne queda 'fuera' de la comprensión verdadera de la Escritura, la Iglesia se esfuerza por penetrar en las Escrituras.

> La Sinagoga se atiene a la letra, por eso queda fuera, pero es *dentro* donde está la unción del Espíritu Santo.

En sus sermones sobre María, escritos después del 1140 — Bernardo tenía entonces 50 años — el autor usa muchos textos del A.T. ya que los considera como una directa referencia a María, la nueva Eva. El siguiente ejemplo es elocuente al respecto.

- ¿Qué significó el hecho de que la zarza, que ardía vehementemente, no se quemara? Es María quien dio a luz a un hijo sin sentir dolores de parto.

- ¿No es la vara de Aarón, que florecía sin ser regada, imagen de María que concibió sin haber conocido a un hombre? De éste gran milagro Isaías en su profecía explicó el secreto más grande: "Saldrá una vara del tronco de Isaí, y un vástago retoñará de sus raíces". La vara es la virgen y el vástago su hijo.

P. Verdeyen/R. Fassetta (eds.), B. de Clairvaux, Sermons sur le Cantique I (Sermons 1-15, Oeuvres complètes X), París (Ed. du Cerf), 1996.

- ¿Escuchemos a Jeremías, cuando, en base a lo antiguo, profetiza sobre lo nuevo.... El dice: "Porque Jehová creará una cosa nueva sobre la tierra: la mujer rodeará al varón" (Jer.31.22). ¿Quién es esta mujer? Pero, sobre todo, ¿quién es este varón? Si es hombre, ¿cómo puede estar rodeado por una mujer? ¿No reconocen en aquella mujer que rodea a un hombre a María, quien rodeaba en su vientre al hombre de buena voluntad, Jesús?'

Nuestro siguiente ejemplo muestra algo de la interpretación de la Biblia del *doctor angelicus*, Santo Tomás de Aquino.

Un ejemplo de la interpretación de la Biblia del doctor angelicus, Santo Tomás de Aquino.

La manera en que Tomás de Aquino se acercaba a la escritura es altamente filosófica, racional. La tradición y los padres (Agustín, Gregorio, etc.) jugaron un papel importante en su exégesis. El texto bíblico debía servir en la disputa filosófica que Tomás desarrolla con ciertos oponentes no-cristianos. El texto bíblico debía testimoniar que la verdad bíblica no es ingenua, sino inteligente, bien pensada, racional y defendible frente a un auditorio no cristiano. La filosofía platónica, Platón y Aristóteles fueron para Tomás instancias de gran importancia. Mucho en su exégesis obedece a esfuerzos por reconciliar la verdad contenida en los textos bíblicos con la verdad de la filosofía griega. *El filósofo*, del que Tomás habla mucho, es una figura importante en el comentario de Tomás y se refiere a Aristóteles. Muchos de sus comentarios bíblicos tienen la estructura de una disputa filosófica. *Quaestio*, *Objeción*, *Respuesta* (con otro texto bíblico) y *Contestación* se turnan. Un buen ejemplo es el comentario a Génesis.

Artículo 3

Q.: ¿La mujer fue confeccionada adecuadamente de la costilla del hombre?

Obj.1: La mujer no puede haber sido formada de la costilla del hombre. Pues, la costilla fue mucho más pequeña que el cuerpo de la mujer. Es imposible que de una cosa más pequeña se haga una cosa más grande. ... Por lo tanto Eva no puede haber sido formada de la costilla de Adán.

Obj.2: Además, en las cosas que fueron creadas en el comienzo no hubo nada superfluo. Por lo tanto, la costilla de Adán pertenecía integralmente a su cuerpo. Así que, cuando se hubiera removido una costilla, su cuerpo habría quedado imperfecto. No es razonable suponer que este haya sido el caso.

Obj.3: Además, una costilla no puede ser removida sin causar dolor. Pero antes del pecado no hubo dolor. Por lo tanto no puede ser que se haya tomado una costilla del hombre para fabricar de ella a la mujer.

Respuesta: No, contrariamente a todo lo que acaba de decirse, está escrito: (Gé.2.22) "Dios construyó de la costilla, que había tomado de Adán, una mujer".

Contestación: que la mujer perfectamente puede haber sido hecha de la costilla del hombre. Era primeramente para indicar la unión social entre hombre y mujer; pues, la mujer jamás debe 'ejercer autoridad sobre el hombre'. Por lo tanto no fue hecha de su cabeza (del hombre). Pero la mujer tampoco no puede estar expuesta al menosprecio del hombre, como su esclava; por lo tanto no fue hecha de sus pies. En segundo lugar había un significado sacramental: desde el costado de Cristo, durmiendo en la Cruz, fluyeron los sacramentos: sangre y agua; sobre ellos la Iglesia fue establecida.

El ejemplo de Tomás de Aquino demarca bien el momento de la transición de la interpretación patrística hacia la escolástica. La ingenuidad patrística, por decirlo así, es reemplazada por una manera de razonar mucho más filosófica y racional. Queda la alegoría, pero ahora enmarcada en una disputa filosófica que debe probar que la Biblia es una fuente de conocimiento racional y razonable.

Terminamos aquí nuestra breve representación de la interpretación rabínica y patrística del A.T. Vimos que hay paralelos y diferencias. Mientras que en el judaísmo el *sensus literalis* sigue siendo importantísimo, en la interpretación de los *padres* el énfasis recae sobre la posibilidad de comprender el texto veterotestamentario cristológicamente. La alegoría es el instrumento que más se aplica para posibilitar tal *re*lectura.

Unidad 3:

La Reforma protestante y el Renacimiento tardío

3.1. La Reforma: el retorno al *sensus literalis*

La interpretación medieval llega a su fin hacia el siglo 14 y 15. Durante el Renacimiento, el Humanismo y la Reforma protestante, la situación en el campo de la interpretación bíblica cambia drásticamente. Es un período de intenso debate teológico, no en último lugar acerca del *status* del texto bíblico.

Los grandes problemas con que se enfrenta la iglesia (Católica) — el cisma, el redescubrimiento de la cultura clásica por el Renacimiento y el Humanismo, el surgimiento de las *sectas* en los siglos 12 en adelante (Albiguenses, Valdenses) — todo pone en el centro del debate la pregunta por la verdadera autoridad en materia de fe e interpretación bíblica. ¿Podría ser la tradición? ¿Serían los Papas y sus encíclicas? ¿Podrían ser los comentarios hechos con tanto cuidado en los monasterios? ¿Los sermones predicados en las capillas en el campo, muchas veces por pastores sin educación teológica apropiada? Es en esta situación que los reformadores y otros comienzan a enfatizar la importancia de la Escritura. Se redescubre la Biblia como autoridad primaria y fuente de revelación, pues aún nadie dudaba de que era palabra de Dios. ¡*Sola Scriptura*! Ninguna otra escritura, ningún otro libro, ningún otro texto, sino solamente la Biblia se podía considerar palabra de Dios.

Para poder hacer justicia a la Biblia como fuente primaria de la fe, no contaminada por intervención humana, se necesitaba una lectura nueva del texto.

Para poder hacerle justicia a la Biblia como fuente primaria de la fe, no contaminada por intervención humana, se necesitaba una lectura nueva del texto. Una lectura no interrumpida por la intervención humana. Una lectura directa con énfasis en la primera significación (*prima significatio*) del texto. Fue la preocupación por la verdad lo que llevó a una renovación mayor en el campo de la interpretación bíblica. Gracias a reformadores como Lutero, Calvino y otros, y gracias a un nuevo interés en la gramática hebrea y el sentido literal del texto (lo que el texto 'realmente' dice), el modo de interpretar el texto bíblico cambia. Comienza a establecerse una nueva tendencia en la interpretación de la Biblia. Hay un retorno hacia el *sentido histórico* (*sensus literalis*), tan descuidado a veces por los *patres*. Lutero, Calvino, Melanchton y otros polemizan fuertemente contra la interpretación alegórica de la Escritura. Lo que para los *padres* fue el sentido verdadero — el *sensus alegoricus* o *spiritualis* — el sentido que les posibilitaba actualizar el A.T. desde una perspectiva cristológica, ahora llega a ser objeto de profundo y constante rechazo.

Es importante notar que este cambio en la percepción de *lo propio* de la Sagrada Escritura, se conecta íntimamente con las nociones teológicas fundamentales de la Reforma. La pregunta por la verdadera autoridad lleva a los reformadores a subrayar el lema de la Reforma: *Sola Scriptura* (desde el 1519). A su vez, el énfasis en el texto bíblico como lugar y fuente de revelación lleva a la pregunta por la correcta metodología e interpretación de aquella palabra. Es así que nace otro principio de la interpretación bíblica de la Reforma. Es el concepto de la *claritas* o *perspicuitas* (transparencia) de la Escritura. Este concepto quiere enfatizar que para comprender la Escritura, no es necesario tener acceso a sistemas y técnicas difíciles, pues la Sagrada Escritura es su propio intérprete: *Sacra Scriptura sui ipsius interpres*.

¿Por qué tanta resistencia contra la interpretación alegórica? Ya aludimos a esta pregunta. Es porque, según los reformadores, en la interpretación alegórica de la

Escritura, inconscientemente la voz humana se mezclaba con la palabra divina. Lo que pasa con la alegoría es que vemos al ser humano luchando por encontrar un lugar. Es precisamente en la alegoría que el ser humano interrumpe el texto donde debiera haber callado y escuchado. Los reformadores opinan que, a través de la alegoría, el lector humano *contamina* el texto; le quita al texto inspirado su espacio y su verdadero mensaje. Quien busca alegorías en la Biblia abandona la tierra firme de la letra y de la historia. Dios está presente y trabaja en la historia. Es en los hechos históricos donde se puede discernir la revelación divina. La alegoría convierte la palabra divina en una palabra humana y ficticia. La alegoría cambia la historia de liberación y salvación en apariencia sin esencia. La Escritura es suficiente en sí misma: *Sola Scriptura*. La letra de la Biblia no necesita para comprenderse todo un aparato, ajeno a ella. Una expresión conocida de Lutero, usada frecuentemente en ciertas corrientes de la hermenéutica Bultmaniana de la posguerra, es que 'en la lectura de la Escritura ocurre, se realiza (en alemán: *ereignet sich*) la Palabra de Dios'.

Los reformadores opinan que, a través de la alegoría, el lector humano contamina el texto; le quita al texto inspirado su espacio y su verdadero mensaje. G. Ebeling, Evangelische Evangelienauslegung, Darmstadt, 1962.

3.2 Lutero y la exégesis

Como es bien conocido, Lutero ha escrito una enorme cantidad de comentarios a casi todos los libros del A.T. y N.T. Lutero fue uno de los primeros teólogos del siglo 16 que — al menos en teoría — rompió con el famoso esquema de los tres o cuatro sentidos de la patrística de la Edad Media.

S. Raeder, Das Hebräische bei Luther untersucht bis zum Ende der Ersten Psalmenvorlesung, Tübingen, 1961.

Para Lutero el *sensus literalis* ocupa el primer lugar; después viene el *sensus spiritualis*, que, en la obra de Lutero, sigue teniendo importancia, bien para divertir, iluminar e ilustrar. Por su interés en el sentido literal Lutero comienza a estudiar el hebreo. Ya habían aparecido las primeras gramáticas del hebreo. En sus comentarios es posible ver el progreso de Lutero. Cuando escribe su comentario a Génesis, Lutero ya sabe leer el hebreo y puede ver lo que el texto original dice. La palabra רָקִיעַ (*raquía'* - firmamento) no debe ser traducida por firmamento, sino por expansión o extensión, porque el verbo *raqa'* significa expandir, comenta Lutero en su interpretación de Gé.1.6.

Por más interés que Lutero haya demostrado en los detalles técnicos del hebreo, y a pesar del énfasis en el *sensus historicus*, en la práctica de su interpretación de la Biblia sigue siendo deudor de sus predecesores medievales. El *sensus mysticus* sigue teniendo gran importancia para él. Cuando ocurre tres veces la palabra Dios en un salmo, Lutero lo toma como una alusión a la Trinidad; toma la duplicación de una palabra como referencia a la doctrina de las dos naturalezas de Cristo; considera las repeticiones de palabras como portadoras de una significación profunda, mística.

En sus lecturas sobre los Salmos (1518-1521) Lutero dice:

> Fue muy difícil para mi romper con mi celo habitual por la alegoría. Sin embargo, estaba consciente de que las alegorías eran especulaciones vacías y, por decirlo así, espuma de la Escritura. Es solamente el sentido histórico que da a conocer la verdadera y sana doctrina.

Parum latine loquitur, sed plurimum theologice (En la Biblia se habla muy poco Latín (idioma incomprensible), pero mucho sobre Dios).

Para Lutero el sentido histórico *es* el sentido alegórico, místico, teológico. Su énfasis en el sentido literal se une a su convicción de que el lenguaje de la Biblia es perfectamente comprensible. 'No hay retórica en el lenguaje de la Biblia', afirma Lutero. No es necesario conocer las técnicas retóricas clásicas como para penetrar en la esencia del texto.

El hebreo es para Lutero un lenguaje especial. Solamente el alemán es capaz de representar los modismos, las expresiones, el ritmo y las formas del hebreo, sostiene Lutero. Lutero es sensible ante ciertos fenómenos literarios del hebreo. Descubre que a veces las palabras hebreas tienen una dimensión extra, algo adicional, metafórico: mano es también poder, rostro es también presencia, etc.

Por más que se haya adherido al lema de la transparencia de la Biblia, Lutero y los demás reformadores deben también confesar que la Biblia es un libro difícil. La forma externa de la Biblia se debe comparar con la cáscara dura de una nuez. Hay que romperla contra la roca que se llama Cristo para poder encontrar el núcleo dulce.

> Los estúpidos creen haber encontrado todo en la Biblia y dicen: "de qué me sirve..., ya sé todo...". Sin embargo, para poder descubrir que el jardín es una nuez (*nucum*) hay que meditar en él.

3.3 Calvino y la exégesis

Johannes Calvijn, Génesis, 1554 y 1564 (nueva edición).

Más aún que Lutero, Calvino se opone a la interpretación medieval alegórica. Su exégesis del A.T. es mucho menos cristológica que la de sus predecesores. El sentido histórico del texto es el *sensus verus* (el verdadero sentido). Calvino es más sistemático que Lutero y sus trabajos carecen de la pasión que se encuentra en los comentarios de Lutero. El hilo conductor para la interpretación correcta de la Escritura es para Calvino el texto de 2 Timoteo 3.16-17:

> Toda la Escritura es inspirada por Dios y es útil para la enseñanza, para la represión, para la corrección, para la instrucción en justicia, a fin de que el hombre de Dios sea perfecto, enteramente capacitado para toda buena obra.

Un comentario de un texto bíblico debe ser breve y transparente. El principio interpretativo debe ser el descubrimiento de la intención del autor del texto. La interpretación del texto bíblico debe esclarecer el contexto histórico del texto, prestar atención a las circunstancias históricas en que se originó e investigar meticulosamente la gramática del texto. El sentido literal es lo más importante del texto, pero hay que matizar. El énfasis en el contexto histórico original del texto no debe negar la posibilidad de aplicarlo al momento actual.

Lo nuevo en la exégesis de Calvino es su manera de leer el A.T. Reiteramos que su interpretación del A.T. no es tan exageradamente cristológica como en otros autores. Calvino opina que hay muchos pasajes del A.T. que implícitamente pueden ser leídos como referencia a Cristo, pero no por esto pierden su valor histórico. Hay que oponerse a una interpretación del A.T. que sea exageradamente cristológica. Un ejemplo bello de esta resistencia encontramos en la interpretación de Calvino de Gé.3.15, un pasaje con un fuerte 'pasado cristológico'.

> *Gé.3.15* Y pondré enemistad entre ti y la mujer, y entre tu descendencia y su descendencia; ésta te herirá en la cabeza, y tú le herirás en el talón.
>
> *Comentario de Calvino*: 'Este texto es una excelente prueba de cuán grande es la ignorancia, el descuido, la negligencia de todos los maestros intérpretes, ligados al papado. Han traducido este pasaje, usando el género femenino en vez del género masculino o neutro. Nadie hubo entre ellos, que consultara los manuscritos hebreos o griegos, nadie que al menos comparara las copias latinas. Por este común error se ha adoptado la peor lectura. Es por eso que se ha inventado la interpretación impía que asocia lo que fue dicho de la serpiente con la santa madre de Cristo. En las palabras de Moisés, sin embargo, no hay la menor ambigüedad. ... Tampoco estoy de acuerdo con los que vinculan la palabra *descendencia* con Cristo. Como si el texto hubiera dicho que de la descendencia de la mujer (solamente) *uno* se levantaría para destrozar la cabeza de la serpiente... No, la palabra *descendencia* se refiere a *todos* los descendientes...' (Juan Calvino:1564).

Para Calvino la exégesis del texto bíblico es solamente una faceta o una fase de todo un proceso de interpretación. La exégesis debe ser seguida por la elaboración dogmática del significado del texto y, en particular, por la predicación.

Para Calvino la *exégesis* del texto bíblico es solamente una faceta o una fase de todo un proceso de interpretación. La exégesis debe ser seguida por la elaboración dogmática del significado del texto, y, en particular, por la predicación. Sin predicación la exégesis sigue siendo seca y académica. Pero también vale que la predicación sin exégesis es subjetiva y mera propaganda.

Calvino se opone a la interpretación alegórica, pero su polémica es también con la Sinagoga. Su comentario a

Génesis nos ofrece un ejemplo elocuente.

> *Gé.2.3b* Por eso Dios bendijo y santificó el séptimo día, porque en él reposó de toda su obra de creación que Dios había hecho...

> *Calvino comenta*: 'De su manera habitual, fútil y tonta, los judíos dicen aquí que Dios, impedido por la noche tardía, había dejado a algunos seres incompletos, entre ellos a los dioses silvestres. Como si Dios fuera un artista cualquiera que necesitaba más tiempo. Estas estupideces muestran que ellos fueron entregados por Dios para ser ejemplos horribles de su ira'.

Este comentario — grosero para nosotros hoy — marca el estilo polémico, directo y agresivo de Calvino.

Sea como fuera la disputa de los Reformadores con los demás intérpretes, debemos reconocer que en la Reforma nace una nueva manera de acercarse al texto bíblico. Es difícil sobrestimar el valor de los trabajos exegéticos que se producen en aquel entonces. Comentarios como los de Calvino son realmente nuevos. Es impresionante ver cómo y con cuánta disciplina y rigor metodológico se toma, analiza e interpreta el texto bíblico. Mucho de lo que en la hermenéutica y semiótica modernas se *reinventa*, recibe su primera forma de expresión en aquel tiempo. Exégetas como Calvino valorizan y explotan tanto la *gramática* del texto, como su aspecto *referencial* y su capacidad de *generar una nueva práctica*.

> *Calvino: Las alegorías de Orígenes y otros tales deben ser rechazadas. A través de un ardid las insertó en la iglesia el Diablo, para hacer ambigua la enseñanza de la Escritura, sin seguridad y certeza.*

Más adelante veremos cómo el retorno al *sensus literalis* desembocará, paradójicamente, en un cambio dramático de la percepción del status del texto. Con la Iluminación el texto bíblico deja de ser fuente de inspiración, amigo, compañero de caminata. El texto llega a ser un objeto que se puede analizar y, si es necesario, atomizar. La demanda de rigor científico en el trabajo de interpretación, enfatizado tanto por teólogos como Calvino, tendrá dos efectos no vistos ni esperados por los reformadores. Por un lado se comienza a descubrir el carácter humano de la Escritura. Por el otro, el incipiente debate Biblia versus ciencias naturales llevará a algunos a formular la inaceptable doctrina de la inspiración mecánica.

3.4 La Biblia y el Renacimiento

Mientras que se ha escrito mucho sobre la exégesis de los reformadores, poco es conocido sobre la época que abarca el Renacimiento tardío hasta los comienzos de la modernidad. Sobre el tiempo que dista de la obra famosa de Erasmo, *Novum Instrumentum* (1516), y los comienzos de la llamada *Alta Crítica* (hacia el 1700) no hay muchos estudios. Antes de entrar en la modernidad dedicaremos unas pocas páginas a esta época.

Debora Kuller Shuger, The Renaissance Bible, Berkeley-Los Angeles-London (Univ. of California Press), 1994.

Los siglos 16 y 17 constituyen una época de grandes traducciones, muchas veces llamadas 'estatales', es decir encargadas y autorizadas por los gobiernos. Se editan las primeras gramáticas. Aparecen ediciones científicas del texto hebreo y traducciones arameas. Entre la decaída de la alegoría (hacia el 1450) y Ricardo Simón, considerado el primero de 'los críticos', la interpretación bíblica vive un momento propio, un momento de transición. Los comentarios que aparecen en estos años se coleccionan en una gran obra de casi 10 volúmenes llamada *Critici Sacri*.

Durante los últimos dos decenios del siglo 16 y los primeros del siglo 17, nace una comunidad de intérpretes científicos de la Sagrada Escritura llamada *Respublica litterarum sacrarum: comunidad de científicos de la Sagrada Escritura*. Esta comunidad de científicos recluta sus miembros de Ginebra (Suiza), Suecia, Holanda, Alemania, Francia e Inglaterra. Los miembros se conocen, se escriben y comentan sus obras.

Critici Sacri, sive annotata doctissimorum virorum in Vetus ac Novum Testamentum, Amsterdam, 1698.

Una de las cosas importantes de los comentarios bíblicos elaborados en la época del Renacimiento tardío es que muestran la transición que experimenta la ciencia bíblica. Se trata de una época con una dinámica propia. Los intérpretes se encuentran entre la alegoría y la crítica histórica.

En el curso del siglo 16 comienzan a aparecer en Holanda e Inglaterra, después también en España y otros países, las grandes traducciones nuevas de la Biblia. Sabemos que para su confección, los traductores consultaron frecuentemente las obras rabínicas disponibles. Se ha podido demostrar, por ejemplo, que las traducciones y los comentarios hechos por judíos ejercieron una gran influencia en la traducción oficial holandesa, cuya *editio princeps* aparece en Holanda en el 1637. Desde el 1500 comienzan a aparecer los primeros diccionarios (árabe, hebreo, arameo). Desde comienzos del siglo 17 futuros pastores protestantes estarán obligados a estudiar hebreo y griego.

Los comentarios de Erasmo de Rotterdam (c.1466-1536) son un buen ejemplo de cómo cambia la manera de interpretar el texto bíblico.

Los comentarios de Erasmo de Rotterdam (c.1466-1536) son un buen ejemplo de cómo cambia la manera de interpretar el texto bíblico. La visión de lo que es un texto cambia. El texto deja de ser mera fuente de alegorías. El texto resulta mostrar giras retóricas, peculiaridades gramaticales y literarias. 'En Erasmo una comprensión *retórica* del texto toma el lugar de la *alegoresis* medieval', observa Débora Kuller (Kuller 1994:11ss). La función retórica del texto llega a ser importante. Los grandes filósofos clásicos, traducidos (del árabe) y redescubiertos por el Renacimiento, hacen sentir su influencia. Intérpretes como Erasmo usan lo que pueden de las observaciones de los autores clásicos sobre la retórica, la gramática y los aspectos literarios de textos. En vez de ser vehículo de sutilezas teológicas, el texto resulta tener una *referencia* social e histórica y un trasfondo histórico. Ahora los intérpretes quieren saber *lo que realmente pasó*. Se comienza a buscar la *intención del autor* (*voluntas auctoris*). Hay interés por los contornos sociales, políticos y culturales de la época en que vivieron los autores bíblicos.

Uno de los lemas de los humanistas: 'Lenguaje se refiere a la praxis social, no a sutilezas teológicas'.

Aquí los autores del Renacimiento pisan tierra desconocida. Las gramáticas, la filología, la lexicografía, las traducciones de comentarios rabínicos y judíos, el estudio de monedas e inscripciones, las cronologías del mundo del Medio Oriente Antiguo, las ediciones de los textos patrísticos tempranos, las nuevas ediciones del texto bíblico (hebreo y griego), la crítica textual con su estudio de las variantes textuales — todo está por ser creado, inventado, aprendido, hecho por primera vez.

Entre los años 1450-1650 hay un enorme desarrollo en la interpretación del texto bíblico, sobre todo de carácter filológico. Hay un cambio fundamental en la percepción de cómo es posible establecer el significado verdadero de un texto. Ahora la discusiones acerca de los aspectos filológicos de los textos ocupan el primer lugar. Se estudia el texto como *texto*, como *textura*. Los textos comienzan a considerarse conjuntos de palabras cuyo significado se puede establecer a través de medios *científicos* y *filológicos*. El diccionario, la concordancia, la exploración del contexto histórico, el conocimiento de los clásicos — todo contribuye a que haya una interpretación nueva.

Para la mente moderna que está tan interesada en la pregunta por el motor de la historia — ¿lucha de clases, economía, política, desarrollo técnico, civilización, intelecto, ciencia? —es difícil apreciar la fascinación del Renacimiento por la cultura de la Antigüedad.

Para la mente moderna que está tan interesada en la pregunta por el motor de la historia — ¿lucha de clases, economía, política, desarrollo técnico, civilización, intelecto, ciencia? — es difícil apreciar la fascinación del Renacimiento por la *cultura* de la Antigüedad. ¡Se quiere saber *todo*! Desde los utensilios más comunes (la greda, las ollas), hasta los ritos funerarios, los ungüentos, las monedas, las costumbres, el estilo de las casas, de las ciudades, la arquitectura, todo se investiga, todo se analiza. Esta manera de mirar el pasado es característica del Renacimiento tardío. Su apreciación de los textos bíblicos es grande. Científicos como Erasmo y, después, Grotius (Hugo el Grande), no tienen la mirada secularizada, atomizante, escéptica a veces, de la crítica histórica posterior. El Renacimiento parte del presupuesto de la analogía histórica: que entre el propio momento histórico y el de los autores bíblicos hay correspondencia y no ruptura. Como hemos dicho, se enfoca la cultura, no la política. La exégesis se dedica a la exploración de las prácticas sociales de las que los textos hablan y cuyo trasfondo constituyen. Se quiere saber cuáles eran los vestidos que la gente usaba, cómo se comía. Se quiere conocer la jurisprudencia, las estructuras familiares. Lo que se busca es *cultura*; se está atento a lo que, en la antigüedad, le daba profundidad a lo cotidiano y popular. Las nuevas fuentes, recientemente descubiertas, nutrían tal interés en lo histórico y popular: Flavio Josefo, Filón de Alejandría, los Targumîm, el *Midrash*, la *Mishna*, el Talmud. Se ha dicho que el acceso a aquellos textos marca la ruptura entre la interpretación patrística y la ciencia bíblica del Renacimiento.

En 1535 Sebastián Munster, instructor de Calvino, evalúa la diferencia entre la interpretación patrística y 'moderna' de la siguiente manera:

> En nuestra era tenemos la ayuda de una gran multitud de libros, no disponibles en épocas anteriores. Pues, San Jerónimo mismo, cuando interpretaba el Antiguo Testamento, no tenía ayuda sino de la Biblia misma y de un no muy educado (y desconfiado) instructor. No había ninguna traducción aramea o Targum, no había comentarios, ni siquiera había una gramática hebrea; sin estos instrumentos muchos textos de la Escritura no pueden ser explicados con precisión...

Muchos de los exégetas del Renacimiento eran profesores de hebreo o filología oriental. Es notable cómo el desarrollo y crecimiento de la ciencia bíblica ocurre muchas veces *fuera* de las facultades de teología, ya que, en general, las facultades siguen ocupadas en la defensa de la correcta y sagrada doctrina.

La primera gramática hebrea impresa aparece en el 1506. La edita Reuchlin y se intitula *De rudimentis linguae Hebraicae*. Después aparecen el primer diccionario arameo (1508), la primera edición del Targum (1546), la primera Biblia rabínica (texto hebreo, comentarios rabínicos y Targumîm en un sólo volumen), un resumen del Talmud (1518), una gramática del arameo (1527) y la primera traducción 'literal' del A.T. (1535).

Hacia el 1600, gracias a los nuevos instrumentos, se comienza a considerar el mundo del Antiguo Testamento como parte del mundo del Cercano Oriente Antiguo. El mundo del N.T. llega a verse como parte del mundo grecorromano del primer siglo de la era cristiana. Esto representó un gigantesco paso adelante.

Se ha sugerido que el interés histórico en los textos recién nace en la época de la Iluminación. Debemos decir, sin embargo, que el Renacimiento no es menos histórico. Hay diferencias entre Renacimiento e Iluminación. La manera de mirar el texto es diferente. El *status* del texto es otro. Las preguntas claves de la crítica de la Iluminación — ¿cuándo ocurrió, cuál es la génesis del texto, para quién(es) fue escrito, quién fue el (verdadero) autor? — no son las del pensador humanista. La *persona* del autor no despierta mucho interés entre los intérpretes humanistas. Las preguntas del humanista no giran en torno a la subjetividad o biografía, sino al lenguaje y la cultura; son de carácter filológico e histórico. Entre los humanistas no nos encontramos nunca con frases como: 'Lucas trata de demostrar aquí...'; 'Mateo usó este texto para clarificar...'. Son pocos los humanistas que leen los textos con sospecha histórica, desde una perspectiva atomista.

Capítulo 2
La Modernidad

Unidad 4:

Los métodos históricos

Introducción

Nace la investigación histórico-crítica.

El Renacimiento, el Humanismo y la Reforma establecen los cimientos de una nueva interpretación de la Biblia. Con razón se ha hablado de una vuelta *copernicana* en el campo de las ciencias bíblicas. El énfasis en la gramática del texto, su aspecto histórico (*sensus literalis*), el contexto en que nació, todo anticipa un tipo de exégesis que dominará el campo hasta mediados del siglo 20. Se llamará la *investigación histórico-crítica*.

De revolutionibus orbium coelestium, de Copérnico (1543), causó un tremendo choque.

En los siglos 16 y 17 se descubren nuevos mundos y nace una nueva cosmovisión. La publicación del libro *De revolutionibus orbium coelestium* de Copérnico (1543) causa un tremendo choque. El cambio revolucionario en la percepción del universo, el nuevo lugar que resultan ocupar la tierra y el ser humano en el universo — todo lleva a la necesidad de buscar una posición frente al emergente debate entre ciencia *moderna* y verdad bíblica. Es este el debate que dominará todo el siglo 17. La Biblia será examinada *críticamente*. Se preguntará si la cosmovisión bíblica es la verdadera o si es la de la ciencia.

En el siglo 18, la Iluminación llega a su punto culminante. Es el final de un proceso de 250 años durante el cual se produjo un inimaginable desarrollo y revolución científica.

Dentro de un espacio de dos siglos y medio surgen científicos como Copérnico (1473-1543), Galileo (1564-1642), Descartes (1596-1650), Locke (1632-1704), Espinoza (1632-1677), Newton (1642-1727), Voltaire (1694-1778).

Frente a la cosmovisión bíblica (geocéntrica, la tierra en el centro del universo) se constituye ahora la cosmovisión copernicana (heliocéntrica): la tierra es *uno* de los planetas que *vagan* (*planao*, en griego) o giran en torno al sol. En la filosofía griega el *movimiento* era considerado parte natural de un objeto. Una bala caía a la tierra, porque 'pertenecía' allí. Un astro permanece en el cielo — no cae a la tierra — porque 'pertenece' allí. Ahora, después de Galileo y Newton, se comienza a descubrir el fenómeno de la *gravitas*, la gravitación.

En la escolástica, teoría era comparada con teoría. La autoridad aún tenía valor. Ahora con Descartes nace la exigencia de la *deducción*:

> En nuestra búsqueda por la verdad, solamente deberíamos usar objetos que nos podrán ofrecer el mismo grado de certidumbre que ofrecen la aritmética y geométrica.

Hay que practicar la *estrategia de la duda*. Hay que dudar de todo y de toda teoría. Lo único seguro es que hay alguien que duda: yo. Por eso se puede decir: *cogito, ergo sum*; existo porque pienso, razono. En la línea de la *estrategia de duda* o sospecha de Descartes, John Locke, en el transcurso del siglo 17, fundará la escuela empírica. Son investigaciones empíricas, y no la intuición o el sentimiento, las que ofrecen conocimiento seguro. Es el análisis empírico lo que se debe aplicar a los terrenos de la ética, política y religión.

En su famoso *Tractatus Theologico-Politicus* (1670), Baruj de Espinoza hace una nítida separación entre pensamiento civil/político y religioso. Ninguna de las dos esferas tiene el derecho a interferir con la otra. En su libro, publicado en secreto, Espinoza aboga por mayor libertad de expresión en materia religiosa. La libertad de expresión es un derecho natural, sostiene Espinoza.

En la parte teológica de su *Tratado*, Espinoza desarrolla una nueva metodología de la interpretación de la Biblia. Mucho de lo que después serán los grandes presupuestos de la crítica histórica fue formulado ya por Espinoza. La Biblia, afirma Espinoza, debe ser considerada como literatura; la Biblia ha pasado por todo un proceso de crecimiento. Es cierto que en la Biblia hay grandes verdades reveladas, pero no es posible mantener la doctrina de la infalibilidad de la Escritura. Los profetas ciertamente fueron personas inspiradas, pero también entre otros pueblos hay expresiones proféticas. Es un error seguir buscando en la Biblia conocimiento exacto y científicamente confiable de fenómenos naturales. Se debe analizar la Biblia de la misma manera en que las ciencias naturales analizan la naturaleza. El marco general del estudio bíblico debe ser la *historia* de la literatura bíblica. Solamente cuando sea posible enmarcar los textos dentro de su contexto histórico, será posible comprender las mentes de los autores. Cada análisis debe guiarse por preguntas como estas: ¿quién fue el autor del texto?, ¿por qué ocurrió?, ¿en qué tiempo ocurrió? y, finalmente, ¿en qué idioma fue escrito?

Cada análisis debe guiarse por preguntas como son: ¿quién fue el autor del texto?, ¿por qué ocurrió?, ¿en qué tiempo ocurrió? y, finalmente, ¿en qué idioma fue escrito?

Así como para Descartes y otros, también para Espinoza conceptos como *naturaleza* (*natura*) y *razón* (*ratio*) son de gran importancia en el proceso de comprensión del texto. Con razón se ha dicho que Espinoza fue el primero en formular claramente los presupuestos y puntos de partida de la crítica histórica del Racionalismo. Lo que más impactó de su *Tratado*, fue la constatación de que Moisés imposiblemente puede haber sido autor del Pentateuco. En el Pentateuco, escribe Espinoza, hay repeticiones y contradicciones que hacen poco probable que una sola persona pudiera haber escrito los cinco primeros libros del A.T.

Espinoza (1670): "Ex his itaque omnibus luce meridiana clarius apparet, Pentateuchon non a Mose sed ab alio et qui a Mose multis post saeculis vixit, scriptum fuisse". Trad.: De todo esto resulta, más claramente que la luz del mediodía, que el Pentateuco no fue escrito por Moisés, sino por alguien que vivió muchos siglos después de Moisés.

Espinoza es un buen ejemplo del espíritu de la época de la Iluminación o Racionalismo (1650-1800). Los conceptos claves son *claritas*, racionalidad, ciencia, objetividad, optimismo, 'confeccionabilidad' (del mundo y de la historia), autonomía (del hombre) y liberación (de prejuicios ingenuos y estupideces de la Edad Media). Espinoza experimenta como profundamente liberador el nuevo conocimiento que producen ahora las ciencias. Hay un gran *despertar*. Hay un crecimiento vertiginoso en el conocimiento. A la ciencia bíblica contribuyen ahora enormemente la arqueología, que comienza a abrir el Cercano Oriente Antiguo, la filología y la crítica textual. Finalmente se comienza a estudiar el hebreo bíblico en las universidades europeas.

El resultado es que la interacción entre intérprete y texto cambia profundamente. Ahora, en la *Epoca de las Luces*, el texto llega a ser *objeto*. Se estudia el texto científica e históricamente. Se examina el texto según las leyes de la lógica. La Biblia llega a ser objeto de esta estrategia de sospecha y duda, tan importante en el quehacer científico de la Iluminación. La relativa ingenuidad del Renacimiento y de la Reforma, y la mirada confiada hacia los textos, ahora son reemplazadas por una mirada crítica, analítica. Entre los analistas surgen ahora preguntas por las lagunas, las incongruencias y las duplicaciones de los textos. Los intérpretes comienzan a analizar lo que, desde el punto de vista occidental y racional, se concibe como contradicción. La c*onfiabilidad* (histórica) y la *autenticidad* llegan a ser palabras claves en la investigación. Son ellas las que ahora definen la interacción entre lector y texto. ¡Los intérpretes perdieron su ingenuidad! En vez de ser reflejo confiable de la voz de Dios, el texto bíblico comienza a sentirse como complejo, problemático. Se comienza a cuestionar su confiabilidad.

Debemos esperar hasta mediados del siglo 20 para que la investigación europea comience a cambiar su rumbo nuevamente. Recien después de los años 50 o 60 de ese siglo, algunos biblistas comienzan a redescubrir nociones del texto que eran tan caras para los intérpretes del Humanismo y del Renacimiento. El descubrimiento de elementos como estilo y forma literarios, aspectos retóricos, sonido y ritmo, aspectos narrativos, etc., cambia la orientación exageradamente histórica de la ciencia bíblica de la Epoca de las Luces. Se comienza a ver la posibilidad de conversar con los textos bíblicos de otra manera además de a través de las preguntas por quiénes, cuándo y cómo fueron escritos.

> ...la interacción entre intérprete y texto cambia profundamente. Ahora, en la Epoca de las Luces, el texto llega a ser objeto. Se estudia el texto científica e históricamente. Se examina el texto según las leyes de la lógica. La Biblia llega a ser objeto de esa estrategia de sospecha y duda, tan importante en el quehacer científico de la Iluminación.

4.1 América Latina

No podemos seguir nuestro recorrido histórico sin dirigir nuestra mirada ahora a América Latina. No es posible entrar detalladamente en la historia de la interpretación de la Biblia durante y después de la *conquista* — todavía un campo fértil de investigación. En la literatura citada el lector o la lectora encontrará más referencias bibliográficas. Dibujemos primero el escenario histórico.

G. Gutiérrez, In Search of the Poor of Jesus Christ, New York, 1993.

Luis N. Rivera Pagán. Evangelización y Violencia: La conquista de América, Puerto Rico, 1991².

J. Attali, 1492, Haarlem, 1992.

> Había una vez, hace mucho tiempo, un gigante que fue a la lucha, vio y venció. Un día, tomado por cansancio, comenzó a tambalear. Fue abatido y después encadenado por muchos amos. Después de cierto tiempo comenzó a ablandarse un poco su sufrimiento; la alerta de sus vigilantes se debilitó. El gigante sacó nuevas fuerzas de su fe — que era muy antigua — y de su razón — que acaba de descubrir —, y sacudió de sí sus cadenas. De nuevo salió al combate, para conquistar el mundo. Todo lo que quería, hacía; como hombre de la razón, como bárbaro vengativo (J. Attali 1992:11s.).

Este gigante se llama Europa. Después de que el imperio de Carlos el Grande se desplomara, el gigante fue encadenado por muchos amos, y pasa adormeciendo por más de 1000 años. Entonces se deshace de todo lo que le rodea, sale para conquistar el universo, asesina a todo aquél que encuentra en su camino, se apropia de sus riquezas, roba sus nombres, su pasado y su historia. ¡Este es el año 1492! Europa conoce el chocolate, el tabaco, el maíz, la papa y la sífilis. América conoce la caña, el caballo y la viruela.

E. Dussel (ed.), Resistencia y Esperanza, Costa Rica, 1995.

En aquel tiempo las ciudades europeas crecen tanto que casi revientan; ya no pueden albergar sus ciudadanos. La higiene es terrible. El agua se toma del mismo río en que se bota la basura. Se desconfía de todos, especialmente de los 'extraños'. Los 'extraños' solamente se soportan cuando están marcados (rotulados): para la prostituta y el loco la rueda; la carraca para los leprosos; los mantos con la concha

T. Lemaire, De Indiaan in ons bewustzijn. De ontmoeting van de Oude met de Nieuwe Wereld, Baarn, 1986.

para los peregrinos; la estrella para los judíos. Se estima que en este momento el mundo tiene 300 millones de habitantes: más de la mitad vive en Asia, más de un tercio en el continente americano y solamente una quinta parte en Europa. Hacia 1490 Europa tiene casi 60 millones de habitantes; América Latina más de 100 millones. Una y otra vez Colón se sorprende por la gran cantidad de habitantes que encuentra en los lugares que descubre. Sin embargo, mientras que entre los años 1440 – 1560 la población europea se duplica, entre 1500 – 1650 la de Sudamérica se reduce a la mitad. El 'descubrimiento' de América ha confrontado al Europeo con un 'nuevo' mundo; *nuevo* también en su sentido de puro, paradisiáco.

Se ha dicho que el descubrimiento de América significó una nueva *situación hermenéutica* para el Europeo (T. Lemaire); una especie de "proyecto piloto" de cómo la Europa de aquel entonces se iba a encontrar con *el otro no-cristiano, no-blanco, no-europeo*. En el diario de su primer viaje, redactado por Las Casas, Colón escribe sobre ese otro lleno de ternura y amor. Admira su belleza, su generosidad, su carácter pacífico. Muy poco después se inicia la violencia a través de la cual el continente fue conquistado y despoblado.

La impresión del encuentro es diversa y depende de dónde se mire. Algunos ven la conquista de América dentro del marco del progreso, como una gran empresa. La mujer libertad que, con la antorcha de la moral noble, se adentra en la noche oscura del barbarismo. Sin embargo, un texto de los habitantes de la *Nueva España* da la siguiente impresión.

Profecía de Chumayel y Tizimín sobre la llegada de los extranjeros de barba rosa, en: M. León-Portilla, El reverso de la conquista, 1964.

¡Ay, seamos tristes, porque llegaron!
¡Ay, nuestros dioses ya no valen nada!
Este verdadero Dios, que viene del cielo,
no nos habla sino de pecados;
solamente de pecados nos enseña.
¡Inhumanos serán sus soldados,
crueles sus dogos bravos!

Consideremos también la siguiente reacción indígena a la llegada de la religión y el dios de los conquistadores.

E. Rodríguez Monegal, Noticias secretas y públicas de América, 1984.

> A causa del momento loco y de los sacerdotes locos, tristeza se apoderó de nosotros: ¡el cristianismo nos alcanzó!
>
> Pues, los cristianos llegaron con el dios verdadero. Esto significó, sin embargo, el inicio de nuestra miseria, el comienzo de la limosna, la causa de la disputa y la lucha con armas de fuego, el inicio de las violaciones, el robo de todo, el inicio de la esclavitud ... El dios de los cristianos esclaviza a las personas y chupa la sangre de los Indios (citado en: Rodríguez Monegal 88ss).

J.L. Rodríguez, A Bíblia e os conquistadores. Aspectos do uso ideológico da Bíblia no século XVI, por ocasiâo da invasâo da América, en: Estudos Bíblicos 31 (1991) 9-17.

J. Stam, Exégesis bíblica en la teología de los conquistadores, en: Misión Evangélica Hoy 4 (1993) 59-69.

En el transcurso de los primeros decenios del siglo 16 las dos imágenes se contrastaban cada vez más. Se puede decir que el período de la conquista, hermenéuticamente hablando, fue un momento de incomparable riqueza, la cual apenas ha sido explotada por los y las exégetas latinoamericanas. Por más nefastas que hayan sido las consecuencias de la conquista para los habitantes de Abya-Yala, debemos reconocer que la conquista es una fuente rica para analizar cómo funcionaban los métodos misiológicos europeos, para darnos cuenta de la autosuficiencia y arrogancia de la cultura, teología e iglesia europeas y para ver qué papel jugaba la Biblia en la obra misionera. Sería interesante usar la guía de lectura poscolonial que nos entrega la exégeta africana Musa Dube para el análisis de los documentos de Colón, Las Casas y Sepúlveda y otros.

Como es sabido, se han usado ciertos modelos literarios en la literatura colonial para describir a los integrantes de las culturas dominadas. Los subyugados son descritos como débiles y necesitados que buscan ayuda. Las tierras conquistadas supuestamente están vacías. Los intereses materiales se esconden; el imperialismo se presenta como una obligación moral y religiosa (Dube 1997).

Aquí queremos detenernos brevemente y ver qué papel jugó la Biblia en la disputa sobre la 'naturaleza' de los Indios y la legitimidad de la conquista. La confrontación entre los defensores de la conquista y los antagonistas desembocó en un debate famoso. Durante todo el debate, tanto los

P. Richard, La interpretación bíblica desde las culturas indígenas (mayas, kunas y quichuas de América Latina), en: RIBLA 26 (1997) 45-59.

El texto de las disputas está en, respectivamente: Bartolomé de las Casas, Apología, versión castellana antes del 1550 (posteriormente se incluye en varios manuscritos latinos); J. G. de Sepúlveda, Democrates Alter o Segundo, 1545.

Ver también: J.S.M.B. Specker, Die Einschätzung der Hl. Schrift in den spanisch-amerikanischen Missionen, en: J. Beckmann (Her.), Die Heilige Schrift in den Katholischen Missionen (Suppl. Neue Zeitschr. für Missionswissenschaft XIV), Immensee, 1966, 37-71.

antagonistas como los defensores apelaron a la Biblia y esgrimieron textos bíblicos para convencer su auditorio. Hacia el año 1540 comenzaron a llegar a Carlos V los rumores de que los Españoles robaban, violaban, saqueaban y asesinaban en *Las Indias*. Se inició una gran disputa entre los teólogos Bartolomé de las Casas y Juan Ginés de Sepúlveda acerca de la dignidad y 'naturaleza' de los habitantes de Abya-Yala (Richard 1997).

Es interesante ver las posturas hermenéuticas de ambos teólogos. Desde el punto de vista hermenéutico, Sepúlveda se ubica totalmente en la línea de la interpretación oficial y medieval clásica. Era inconcebible, para Sepúlveda, que la religión o moral del 'otro', no europeo, no blanco, no cristiano, pudiera tener un mensaje para los conquistadores y sus pastores. La hermenéutica de Sepúlveda se construyó sobre la base de oposiciones binarias y sencillas: nosotros – los otros, superior – inferior, verdadero – falso, bueno – malo, letrado – iletrado, moral - inmoral. Los textos bíblicos que entregan una similar oposición — la historia de la entrada a Canaán, por ejemplo — posibilitan la analogía. Nosotros = Israelitas = buenos, etc. Los otros = Cananeos = malos, etc. En ningún momento se le ocurre a Sepúlveda que muchas de estas historias de la conquista de Canaán llevan sus propios programas de *deconstrucción* y que los Israelitas no siempre fueron 'los buenos'. Pero en el tratado de Sepúlveda nunca hay una inversión de papeles.

Desde el punto de vista metodológico, la hermenéutica de Las Casas no difiere mucho de la de Sepúlveda. También Las Casas quiere construir analogías. Sin embargo, desde el punto de vista de identificación y actualización de los textos, la hermenéutica de Las Casas es osadamente nueva.

Un hecho que debemos tener presente en nuestra evaluación de la disputa es que Las Casas vivió por años en el nuevo continente. Sepúlveda nunca lo visitó y depende de fuentes, a veces muy secundarias y poco objetivas. Debemos regresar después a la pregunta de por qué, si los dos usan la misma hermenéutica, se produce una diferencia tan abismal entre ambos autores en la *actualización* de los textos.

Presentemos primero la argumentación de Sepúlveda. Se basa en tres fuentes: la Biblia, Aristóteles y la tradición de la iglesia (los *patres*). Los Indios son bárbaros, iletrados, hablan otro idioma, no saben de política. La obra aristotélica, *La Política*, afirma Sepúlveda, es instructiva al respecto. Podemos aprender de esa obra que los Indios, según la ley natural (*lex naturae*), que es la que garantiza la salvación y permanencia de la raza humana y de las especies, deben ser sometidos y esclavizados. También la Escritura conoce esta *lex naturae*, pues en Proverbios (11.29) se encuentra el famoso texto 'el insensato será esclavo del sabio' (ver Rodríguez 1991:*passim*). Así como el cuerpo obedece al alma, el animal al hombre, el instinto a la razón, y la mujer al hombre, así también los seres inferiores deben obedecer a los seres superiores. 'Estos bárbaros', escribe Sepúlveda, 'son tan inferiores a los Españoles en prudencia, virtud, humanidad, como niños a adultos, mujeres a varones (*mulieres a viris*)... monos a seres humanos. Compárese la sabiduría, conocimiento y habilidad de nuestros filósofos españoles con esos hombrecillos Indios (*homunculi*), en que falta toda huella de humanidad. No tienen ciencia, literatura, historia escrita, leyes... ¡son unos caníbales! Han formado su república de tal manera que nadie tiene propiedad privada; nadie posee casa o tierra, las que se pudieran dejar para los hijos. Todo pertenece al príncipe. El hecho de que no es necesario imponerlo a través de las armas... es signo de su absoluta rendición y espíritu servil'. Además de ser ingenuos, los Indios también son servidores de los ídolos, sostiene Sepúlveda. Los Indios sacrifican corazones y carne de hombres a sus dioses. Y, ¿acaso no nos enseña la Escritura que fue esta la razón del diluvio? ¿No fueron la sodomía y el libertinaje sexual (*libido nefanda*), tan practicada entre los Indios, la razón por la cual Dios hizo llover azufre y fuego sobre Sodoma y Gomorra?

Continúa así el discurso de Sepúlveda, página tras página. No pierde ni una oportunidad para construir analogías entre los sodomitas y los Indios, entre los cananeos y los

Indios, los idólatras y los Indios. Para Sepúlveda el asunto está claro: los textos del A.T. sobre los Cananeos y demás pueblos paganos, legítimamente se pueden actualizar aplicándolos a los Indios.

La defensa de los Indios que hace Las Casas está en su *Apología*, una obra de más de cincuenta capítulos. Se ha dicho que la *Apología* es 'el esfuerzo más impresionante de un Europeo, blanco, cristiano del siglo 16, por demostrar la integridad racional y la humanidad plena de los pueblos no blancos, no europeos y no cristianos' (Rivera Pagán). En el pensamiento de Las Casas, el Indio ocupa el lugar que ocupa el pobre en la Escritura. Dios tiene preferencia por ellos. Para Las Casas, los Indios son 'nuestros hermanos'. 'En los Indios azotados *Cristo* está presente' (G. Gutiérrez). Cristo ha dado su vida por ellos.

¿Cómo reacciona Las Casas al uso de la Escritura que hace Sepúlveda? Al igual que Sepúlveda, también Las Casas está convencido de que los Indios deben ser evangelizados, pero no está de acuerdo con la manera en que lo hace Sepúlveda. 'El doctor Sepúlveda tergiversa los textos y no estudia suficientemente'. Sepúlveda usa muchos textos de Deuteronomio y Josué. Vimos que construye una analogía: Israel = nosotros, Cananeos = habitantes originales de *Las Indias*. Basándose en argumentos exegéticos, Las Casas rechaza esta analogía. Las Casas insiste en una interpretación *literal* del texto bíblico. El texto de Deuteronomio y Josué debe leerse *literal* y meticulosamente. 'Aquí se debe aplicar la regla hermenéutica', escribe Las Casas, 'de que el texto individual se interpreta desde el contexto mayor y viceversa'. En estos textos se habla de 7 pueblos que serán exterminados. ¿Por qué habla de 7, y no de todos los pueblos que, como sabemos, se igualaban en crueldad? ¿Por qué no habla de Egipto o de Edom (Dt.23.7)? Evidentemente, Dios no manda la exterminación de todos los idólatras, sino solamente de aquellos que viven en Canaán, sostiene Las Casas. Solamente serán exterminados aquellos que, además de practicar la idolatría, recientemente han obrado contra Israel.

Como ejemplo puede servir Dt.20.10ss donde el texto dice que se debe ofrecer primero la paz a las ciudades lejanas. Esto implica que antes de emprender la guerra contra una nación fuera de su tierra, se debe ofrecer primero la paz. Es importante, afirma Las Casas, hacer una distinción entre extranjeros en general y apóstatas. Dt.13 no habla de extranjeros que, por ser idólatras, merecen la pena de muerte, como cree Sepúlveda, sino que habla de *apóstatas*. Recordemos, enfatiza Las Casas, que Moisés estaba casado con una negra, José con una egipcia, Ester con un Persa, Salomón con la prostituta Rahab.

Hermenéuticamente hablando Las Casas es muy moderno. Propone una manera *productiva* y *creativa* de lectura de la Escritura. Debemos admirar todas las cosas hechas en el pasado, pero no debemos copiar o reproducir todo, sin reflexionar.

¿Qué opinar de los argumentos de Sepúlveda, que los Indios cometen sodomía y comen carne humana? ¿Deben ser castigados? ¡No!, responde Las Casas. Solamente cuando estos crímenes son cometidos dentro del imperio existente. No afecta entonces al territorio de los Indios. Además, el castigo por estos pecados generalmente es un terremoto, una peste o hambruna. Dios los castigará, si es necesario. 'Además', argumenta Las Casas, 'en los largos años de mi estadía en América nunca he visto a un solo Indio que se estuviera ocupando de estas cosas. Lo que sé es que si hubiera alguien entre ellos que estuviera haciendo estas cosas, no escaparía de las manos de las mujeres rabiadas que se levantan contra tal persona'.

¿Cómo tomar el asunto de los sacrificios humanos? ¿No se justifica plenamente la guerra contra los Indios en base a ese hecho? A causa de los sacrificios, los Indios generan más víctimas inocentes que los Españoles, sostiene Sepúlveda. ¡Anualmente mueren más de 20.000 personas, solamente en Méjico!

La respuesta de Las Casas toca el corazón de la teología cristiana. ¿Es cierto, pregunta Las Casas, que Dios prohibe sacrificios humanos? Sabemos que en la antigüedad, cuando Roma peligraba, los Romanos sacrificaban a un Galo y a dos Griegos. Lo mismo ocurría en España. ¿No es Gé.22, el sacrificio de Isaac, un texto muy importante? ¿Qué pensar del sacrificio del Señor Jesucristo mismo? A veces ocurre, subraya Las Casas, que se sacrifica a Dios lo más precioso que se tiene. Los sacrificios humanos son parte de la religión de los Indios, no es causa de guerra. Los sacrificios se hacen en beneficio de todo el estado. Por eso muchos voluntarios se ofrecen.

Hasta aquí nuestra presentación de algunos de los argumentos de Las Casas. Se ha dicho que Las Casas salió venciendo en el debate. Pero no hay que olvidar, reiteramos, que lo que hace del debate una fuente tan rica, es que ambos autores usan la misma estrategia hermenéutica, usan los mismos principios hermenéuticos. *Los dos* interpretan la Escritura a su conveniencia, a veces alegóricamente, otras veces literal o históricamente. *Los dos* usan la regla hermenéutica antigua que anteriormente llamamos *conclusio a minori ad maius* (si x representa la verdad, mucho más x + 1). *Los dos* abogan por un uso creativo, no *r*eproductivo de la Escritura. *Los dos* dicen que la Biblia no siempre se debe seguir en todo. Además, para ninguno de ellos la Escritura es suficiente para resolver todos los problemas. *Los dos* usan también otras fuentes, nuevos criterios.

Ahora bien, volvamos a nuestra pregunta anterior. ¿Qué es lo que produce la diferencia entre los autores? No es fácil dar una respuesta convincente. Podemos decir que la mirada de Las Casas es más comprehensiva que la de Sepúlveda. Mira más lejos Las Casas. Muchas veces Las Casas usa lo que más tarde, en la teología y hermenéutica latinoamericana moderna, será un concepto importante, es decir la noción del *scopus* de la Escritura. Es lo que en la ciencia de la literatura se llamarán los *ejes semánticos*. El hilo rojo, el denominador común, que atraviesa toda la Escritura, aquello en base a lo cual se puede explotar también lo no-dicho-de-lo-dicho del texto bíblico. Las Casas explota lo no-dicho-de-lo-dicho de la Escritura — lo que solamente está implicado, pero no dicho — cuando dice que los Indios de América llevan los rasgos de los pobres (*Anawim*) de Jhwh.

Sin embargo, creemos que entre Sepúlveda y Las Casas, el conflicto de interpretaciones corresponde a un conflicto de praxis. La verdadera diferencia no está tanto en el método hermenéutico sino en la experiencia, en la aceptación de la vida sufrida y concreta como criterio de interpretación. Con todo, Las Casas interpreta en base a experiencia propia, no desde mera teoría. Para Las Casas los Indios son los que representan al Cristo azotado. La diferencia verdadera está, según Las Casas mismo, en la capacidad de 'dejarse tocar por el dolor y la miseria del otro'.

Respecto de la disputa de Valladolid entre Las Casas y Sepúlveda (1550), no cabe preguntar quién ganó. Después del debate, Pablo III, en su bula *Sublimis Deus*, prohibió la expropiación de las tierras indígenas y la esclavización de los habitantes Indios de Abya Yala. Durante los siglos venideros, sin embargo, la interpretación de Sepúlveda siguió siendo la dominante y más aceptada. Es una interpretación que encontramos también formulada de manera más teológica y concisa en otra disputa entre los Franciscanos y los caciques de México.

Autores Varios, La palabra se hizo India, RIBLA 26 (1997)

Los doce Franciscanos

C. Duverger (ed.), La Conversión de los Indios de la Nueva España, Quito (Ediciones Abya-Yala) 1990.

Sabemos con cuántos textos bíblicos y cuánta argumentación teológica sobre el 'orden natural' establecido por Dios y el gran padre (Papa), se ha defendido la inferioridad de los indígenas. Es elocuente la conversación (redactada por Bernardo de Sahagún, recién en 1564) entre los 12 Franciscanos y los caciques durante los primeros años de la conquista. La fase militar de la conquista de México termina el 13 de agosto de 1521, con fuego y sangre. Los españoles siembran la desolación. La capital azteca cae, pero la ciudad no es más que un campo de ruinas humeantes, alfombrada de cadáveres. ¿Dónde están las buenas disposiciones de Cortés, quien soñaba con una conquista amistosa en donde la magia del verbo habría reemplazado el lenguaje de las armas? Sin embargo, Cortés no renuncia a su proyecto de cristianización de los indígenas. Pide al Papa Adriano VI mandar a algunos expertos para evangelizar a México. El papa encarga a las Ordenes Mendicantes organizar la Iglesia mexicana. Llegan en el año de 1524 doce Franciscanos a las tierras de la *Nueva España*, gobernada entonces 'por el próspero señor Don Hernando Cortés'.

Es interesante ver los argumentos que los Franciscanos esgrimen en su diálogo con los caciques. En el prólogo de los Coloquios, Sahagún los resume. Brevemente los representamos, siguiendo a Duverger (Duverger 1990:61s.).

> A partir de este momento, estos hombres entregados totalmente a su apostolado, comenzaron a reunir diariamente a todos los jefes indios para hablarles en forma completa, por medio de intérpretes, de la razón de su llegada y de los dogmas de nuestra santa fe católica ... La argumentación utilizada muestra que estos predicadores apostólicos estaban inspirados por el Espíritu Santo.
>
> La *primera* enseñanza fundamental fue de hacerles comprender que ellos habían sido enviados para convertirles y que ellos, en este asunto, no intervenían por su propia voluntad. Y les hicieron comprender, justamente, quién era el que los enviaba; hablaron de su suprema autoridad de su grande sabiduría y de su santidad; les explicaron que él era representante directo de Dios Todopoderoso en la tierra, que era su Vicario. Este argumento no fue sólo utilizado por los apóstoles sino también por el mismo Redentor, quien lo utilizó para fundar su doctrina, como claramente aparece en varias partes del Nuevo Testamento: Cristo afirmaba haber sido enviado por su Padre y ellos, por su Maestro.
>
> El *segundo* argumento básico de su enseñanza era el explicarles que la doctrina que ellos debían enseñarles no era de origen humano, que ella no había sido inventada por el hombre sino que

venía del cielo, que había sido dada por el Señor Todopoderoso que vive en el cielo, que se llamaba Sagradas Escrituras y que habían recibido de la misión del gran Monarca, quien les había enviado a predicarles estas Sagradas Escrituras.

Su *tercer* argumento básico era el explicarles que ni el Gran Monarca que les había enviado, ni ellos mismos (viniendo de una tierra tan lejana y con peligro para sus vidas) no perseguían ningún interés temporal. Ellos deseaban únicamente el bien de sus almas y su salvación.

Su *cuarto* argumento básico era el explicarles que en el mundo existía un reino llamado Reino de los Cielos, regido y gobernado por el Señor Todopoderoso, que está en el Cielo y por el Monarca, su Vicario, el cual vive en la tierra y cuyo trono y residencia se encuentran en la gran ciudad de Roma; y este reino se llama Santa Iglesia Católica.

De manera general, estos argumentos fundamentales son eficaces para conducir a la fe católica a personas totalmente ignorantes del conocimiento de las cosas divinas y (por esta razón) mutiladas en su conocimiento de las cosas humanas. Habiendo puesto estas bases, los Doce pasaron revista, sistemáticamente, los errores en los cuales vivían los indios, y lo que les hacía falta para evitar la perdición, salvar sus almas del castigo eterno y ganar la recompensa de la vida eterna (que Nuestro Señor da en el cielo a aquellos que le han servido aquí en este mundo). Basaron todo su discurso en el testimonio de las Sagradas Escrituras y en la autoridad de la Santa Madre Iglesia. Y todo esto fue expuesto con claridad y transparencia, en términos bien adaptados a las capacidades de sus interlocutores, como se podrá juzgar leyendo la siguiente obra.

Después del prólogo viene la conversación propiamente tal. Sahagún le puso un título largo:

Aquí comienza la doctrina cristiana que sirvió para convertir a los Indios de esta Nueva España, de la cual los doce Frailes de San Francisco enviados por el Papa Adriano VI fueron los primeros predicadores (Duverger 1990:68).

Nuevamente son muy interesantes las referencias a la Sagrada Escritura. Consideremos unas largas citas de la representación de Sahagún.

> Señores de México que estáis aquí reunidos, escuchad con atención lo que queremos deciros: deseamos explicaros la razón de nuestra venida.
>
> ...
>
> Amigos bienamados, os hemos ya dicho de qué manera fuimos enviados a esta tierra que es la vuestra, por el Señor del mundo entero que se llama Santo Padre. Talvez, ahora os preguntáis –con el deseo de conocerle- ¿quién es este personaje, señor tan poderoso cuyo reino es el mundo? ¿Es un dios o es un hombre como nosotros? Estad atentos ahora, vosotros vais a saber quién es aquel que nos ha enviado. Vamos decíroslo para que no os equivoquéis sobre su persona.
>
> Este gran Señor que tiene el poder espiritual sobre el mundo, que se llama Santo Padre, es un hombre como nosotros; es santo, muy prudente y muy sabio. Es el Vicario de Dios sobre la tierra, él lo representa y posee su poder. Este gran Señor es mortal, no tiene más que una vida limitada y cuando él muere, otro lo sucede por elección; sube al trono para gobernar a los hombres de Dios en la tierra.
>
> Este gran Señor vive en una gran ciudad que se llama Roma y que se encuentra en la región de donde nosotros venimos; allá tiene su trono.
>
> Este gran Señor es el guardián de las Sagradas Escrituras. Bajo su autoridad son ordenados y escogidos los sacerdotes, los predicadores y todos aquellos que tienen a su cargo las cosas del culto divino. Este gran Señor y Padre Santo recibió el mismo una misión: El único verdadero Dios le encargó de difundir la santa fe en el mundo, de

enseñar a los hombres a conocerlo para que, conociéndolo, ganen su salvación y le sirvan. Casi todos los demás habitantes del mundo han recibido ya la palabra de Dios, pero vosotros acabáis de ser descubiertos. La noticia llegó hasta el gran Señor que nos ha enviado; desde el momento que supo de vuestra existencia, nos envió para que os predicáramos la buena nueva con la misión de esclareceros en el conocimiento del verdadero Dios, para que podáis temerle reverenciarle y servirle. Pues él es el único Señor del cielo y de la tierra y es por él que existen todas las cosas.

Nos hemos dado cuenta, amigos bien amados, no por lo que hemos oído decir sino por lo que hemos visto con nuestros propios ojos que vosotros no conocéis al único y verdadero Dios, principio de toda forma de vida, al cual no le teméis ni le respetáis. Y lo que es más, cada día y cada noche le ofendéis de mil y una maneras. Por esta razón vosotros habéis incurrido en su ira y en su desgracia. El está lleno de indignación contra vosotros. Es por eso que ha enviado delante de otros a sus vasallos, los Españoles, para que os castiguen y os hagan pagar el precio de vuestros innumerables pecados, pasados y presentes.

En lo que a nosotros se refiere, el gran Sacerdote del mundo entero nos ha enviado para que os enseñemos a apaciguar al único y verdadero Dios a fin de que no os destruya. Si nos ha enviado de ninguna manera lo ha hecho con una finalidad temporal; lo ha hecho únicamente movido por el amor que os tiene, sólamente para concederos su misericordia. Nosotros no esperamos ninguna retribución a cambio, no queremos enriquecernos, ya que ese es el mandamiento de nuestro Señor Dios: amaos los unos a los otros y ayudémonos con total desinterés.

...

Pero tal vez vais a preguntar ahora: ¿esta Sagrada Escritura de la cual nos habláis y que debéis predicarnos, ¿de dónde la tenéis vosotros? ¿quién os la dio? ¿de dónde la tiene el gran Sacerdote que os ha enviado aquí? Para comprender esto debéis poner gran atención. Escuchad bien, y dad fe de lo que vamos a deciros. Hace ya mucho tiempo, el único Dios verdadero, el Señor y Maestro de todas las cosas, se apareció a sus amigos y fieles servidores, los patriarcas y los profetas. Se apareció también a los apóstoles y a los evangelistas. Y a todos ellos les habló; les reveló la sagrada doctrina pidiéndoles la escriban para que sea conservada en este mundo. Y para que gracias a ella, los habitantes de este mundo puedan conocer la palabra de Dios. Quien posee esta Sagrada Escritura es el Santo Padre, el gran Sacerdote; él es su guardián. Ella nos ha sido transmitida por los amigos de Dios de quienes acabamos de hablaros. Estas Sagradas Escrituras las apreciamos en sumo grado.

Estas Sagradas Escrituras, esta palabra de Dios, debemos predicároslas, por pedido del gran Sacerdote. Y bajo sus órdenes la hemos traído con nosotros. Esta Sagrada Escritura sobrepasa todas las doctrinas que puedan existir en este mundo, pues es la obra de Dios. No es obra de los hombres. Ella les ha sido dada por el creador de todas las cosas, el redentor de la humanidad, el único Dios verdadero. Porque ella consigna las palabras de Dios, es infinitamente verdadera y debemos creerla firmemente. Nadie en este mundo, por docto y sabio que sea, tiene el poder de impugnarla y rechazarla.

Nosotros hemos venido a predicaros sobre el contenido de este libro divino; pues, vosotros que habitáis este país, no habéis jamás oído hablar de ella. Y sabed que en todo el mundo no existe ninguna otra doctrina, ni ninguna otra enseñanza capaz de aportar la sa1vación a los hombres. La única palabra salvadora es ésta que os la hemos traído, es ésta que os dirige el gran Sacerdote por medio de nuestra boca. Y sabed que nosotros no os predicaremos más que el contenido de este libro, sin añadir nada de nuestra propia invención. De esto podéis estar absolutamente ciertos (Duverger 1990:68ss).

Autores Varios, «501 años». La vigencia de los temas, Cuadernos de Teología XIII, 1 (1993).

Autores Varios, Biblia: 500 Años ¿conquista evangelización?, RIBLA 11 (1992).

Elsa Tamez, Quetzalcóatl y el Dios cristiano: alianza y lucha de dioses, en: Vida y Pensamiento XI, 1 (1991) 31-54.

Autores Varios, O Cativeiro como Chave de Leitura da Bíblia, Estudos Bíblicos 43 (1994).

Hasta aquí el informe de Sahagún sobre lo que se puede considerar el primer diálogo teológico en el Nuevo Mundo. Podemos decir que la disputa entre Sepúlveda y Las Casas muestra cuán difícil es 'no añadir nada de su propia invención...' a la interpretación de la Escritura. Con todo, debemos considerar un milagro el hecho de que un libro, que llegó acompañado de conquista, derramamiento de sangre, esclavitud y muerte prematura, haya despertado algún interés en las víctimas. ¿Será un aspecto del potencial revolucionario de la Biblia? En todo caso en América Latina, muy tempranamente, la Biblia llega a ser un libro prohibido, inaccesible para el pueblo.

No sabemos bien cómo se desarrolló la ciencia bíblica latinoamericana en la época colonial y poscolonial. Faltan estudios sistemáticos. La dominación de universidades católicas en el continente — hasta principios del siglo 20 en la iglesia Católica se prohibe la práctica del análisis histórico-crítico— hace suponer que durante la Epoca de las Luces hubo poca influencia latinoamericana en los grandes desarrollos de la exégesis europea. Recién después de la segunda mitad del siglo veinte nace, también en América Latina, un nuevo movimiento bíblico. Más adelante describiremos las características principales de lo que se ha venido a llamar la *lectura popular latinoamericana* de la Biblia.

4.2 Los métodos históricos

Volvamos a la Europa del siglo 17 y 18. El tema que nos estaba preocupando era las consecuencias que la Epoca de las Luces ha tenido para la investigación de la Biblia. Habíamos dicho que el nombre clásico del método de interpretación de la Biblia que ahora, desde mediados del siglo 17, va imponiéndose, es *análisis histórico-crítico*. Dos son los conceptos claves. En primer lugar *historia* e *histórico*. *Historia* se refiere al *objeto* que se busca analizar, es decir la *historicidad*, el *origen* o la *fuente*, la *transmisión* del texto. En segundo lugar el vocablo *crítico*. El término *crítica* se refiere al *método* que debe emplearse para tal búsqueda. Es muy importante, así se considera, que el método (griego: *meta-hodos*, el camino que lleva de un punto a otro) sea coherente y consistente. Lo que a través de ese método se encuentra debe ser un resultado controlable. El método que se usa ahora en las ciencias bíblicas se debe asemejar a lo que se hace en otras ciencias.

Los métodos históricos

Mucha confusión existe en torno a la palabra 'crítico'. Es importante ver que la palabra crítica o crítico no se refiere a los resultados de la investigación, ni tampoco a la (falta de) fe del investigador, sino a la manera de investigar el texto. Las preguntas que el o la intérprete hace al texto son 'críticas'. Crítica debe tomarse, entonces, en su sentido original, del griego *krinein* (κρινειν, investigar, discernir).

No es nuestra intención, ni es posible, reseñar detalladamente todo el período en cuestión. Hay otros estudios que lo han hecho (H.-J. Kraus). Trataremos de mostrar cuáles han sido y siguen siendo los principales enfoques de los investigadores. ¿Con qué preguntas se fueron acercando al texto? Y, más importante aun, ¿cuáles fueron las respuestas del texto? ¿Fueron descubiertos aspectos nuevos del texto bíblico, antes no vistos? ¿Cuáles son? ¿Cómo fueron descubiertos? ¿Qué nos enseñan acerca de la transmisión del texto, de su género literario y su procedencia, de su redacción final? En lo que sigue nos queremos limitar a solamente algunas observaciones. En el segundo tomo de esta obra iremos practicando los pasos propuestos por los métodos *críticos*.

E. Breuer, The Limits of Enlightenment. Jews, Germans and the Eighteenth-Century Study of Scripture, Cambridge etc. (Harvard Judaic Monographs 7), 1996.

El comienzo de la crítica histórica

El nacimiento de la crítica histórica constituye una paradoja. Lo habíamos señalado antes. Sus inicios se encuentran en la época de la Reforma con su giro programático al *sensus literalis* de los textos. Pero, ¿¡quién de los Reformadores podría haber sospechado que su afán de hacer justicia al sentido histórico del texto, un día desembocaría en una gran atomización del mismo texto que querían rescatar de la alegorización?! Además, los

H.-J. Kraus, Geschichte der historisch-kritischen Erforschung des Alten Testaments, Neukirchen, 1969.

intérpretes que empiezan a abogar por más rigor científico, más filología, más crítica textual y más control, lo hacen por reverencia hacia los textos. El movimiento renovador quiere sacar los textos de las garras de las aplicaciones demasiado rápidas y superficiales. La nueva generación de intérpretes no quiere sino probar la confiabilidad de la Escritura. Con gran integridad y entrega quieren reconstruir el texto y reubicarlo en su situación histórica. En la fase inicial (a partir de la segunda mitad del siglo 17) algunos de ellos, como el francés Ricardo Simón, sufren exclusión, censura (se quema su obra) y castigo.

Ricardo Simón

En el 1678 el padre francés Ricardo Simón publica su Histoire Critique du Vieux Testament (Historia Crítica del Antiguo Testamento).

Para R. Simón ver H.-J. Kraus, 1969:65ss.

En el 1678 el padre francés Ricardo Simón publica su *Historia Crítica del Antiguo Testamento*. Inmediatamente es excluido de su congregación. Muy en la línea de Espinoza, Simón se dirige hacia la cuestión que fascinará el próximo siglo y medio a una gran parte de los científicos veterotestamentarios: el origen, la génesis y la actual composición del Pentateuco. En su obra, dos conceptos claves ocupan un lugar predominante: tradición y fuentes. Simón pone gran énfasis en la importancia de la *tradición* (oral y escrita) en la génesis del Pentateuco. Se opone a aquellos exégetas (protestantes) que niegan la importancia del papel de la tradición. Gran interés hay en la pregunta por el origen y la prehistoria del Pentateuco. Simón está de acuerdo con Espinoza de que Moisés no pudo haber sido el (único) autor del Pentateuco. Más bien debe considerarse el proceso de su confección como obra comunitaria. Simón sostiene que desde la época de Salomón han habido *escribas* (*Soferîm*) en Israel. Fueron ellos los que coleccionaron los escritos y dieron instrucciones y orientaciones al pueblo (hebreo: *Torót*). Después del segundo cautiverio estos textos fueron recopilados y llegaron a formar el Pentateuco.

Cuando leemos su obra, vemos que para su análisis Simón usa criterios que después van a ser clásicos para las llamadas *hipótesis de las fuentes*. Simón supone que el Pentateuco no es (solamente) de la mano de Moisés porque los textos muestran repeticiones (innecesarias), inconsistencias, diferencias en estilo literario y secuencia narrativa ilógica.

Simón quiere dar una explicación aceptable a los problemas con los que la doctrina Católica sobre la Escritura se enfrenta en esos años. Después seguirá su camino el médico francés Jean Astruc. Con razón se ha dicho que en Simón el concepto *critique* llega a tener un gran *pathos*. Con gran fuerza y convicción promueve su manera de dialogar con el texto. Su método llega a ser programático.

> 'Aquellos, cuya profesión es "criticar", escribe Simón, 'no deben ocuparse sino de representar el sentido literal de los autores. Debe evitarse todo aquello que no sirva esta meta'.

Es este el programa que ahora se impone. Sobre la confiabilidad y autenticidad del texto bíblico deciden solamente la *crítica pura* de la *razón pura*.

Al igual que Simón y sus sucesores, estamos enfrentando hoy un momento decisivo en la historia de la ciencia bíblica. No es fácil evaluar el período en cuestión. Ha sido un período de más de 250 años (1750-2002) y de una inimaginable producción. Los métodos histórico-críticos no han perdido su vigencia; en ciertas partes del mundo de las ciencias bíblicas tienen todavía derecho exclusivo.

E. Breuer: ...Pero cualquiera que fuera el modo preferido de interpretación, había un sentido claro de que toda exégesis estaba sujeta a la rigurosa prueba de lenguaje, texto y razón'.

Tal vez debemos decir que hay pérdida y ganancia. La *ganancia* es enorme. Se está analizando el texto gramatical y literariamente. El interés por el contexto histórico está haciendo aumentar de una manera incomparable el conocimiento histórico. Está creciendo enormemente el conocimiento de la génesis del Pentateuco y de toda la Biblia. La crítica textual está ganando en peso como nunca antes. Ahora, todos y todas las intérpretes subrayan la importancia de una lectura controlable, crítica, científica. Se ha llegado a establecer una *opinio communis* que toda exégesis debe estar sujeta al control de lenguaje, texto y razón (E. Breuer).

Es evidente que se puede ver en el nuevo programa un llamado a un literalismo e historicismo esclavizante. Debemos reconocer que se ha dado esta tendencia. Y aquí nos encontramos con la *pérdida*. Con mucha rigidez y violencia se proclaman las exigencias racionales como único método legítimo de interpretación de textos históricos. Con tanto triunfalismo se proclama el inicio de un nuevo método, que el veterotestamentario alemán H.-J. Kraus en su libro clásico sobre aquel período, exclama: '¡de hecho, aquí estamos presenciando el nacimiento de la nueva crítica histórica!'.

¿Por qué hablamos de *pérdida*? Mirando hacia atrás podemos decir que el exclusivismo histórico, consistente en la rígida conexión entre lógica e interpretación, historia y confiabilidad, verdad y desarrollo histórico, ha hecho perder la sensibilidad por otros aspectos que también son parte de los textos literarios: la asociación libre, la asonancia, el sonido repetido, la coincidencia temática, la etimología popular, las convenciones literarias del mundo oriental, las relecturas *dentro* de la Biblia, la capacidad del texto de iluminar nuevas situaciones no vistas por el autor, en fin, el texto como *juego,* como *obra de arte* literaria.

Sería un acto de injusticia reprochar a los grandes científicos y las grandes científicas que en estos decenios publican sus obras, el no haber sido sensibles al mundo oriental o no haber tenido conocimiento de la gramática y estilo literario del texto. Científicos como Eichhorn, Vatke, Graf, Kuenen, Wellhausen y Gunkel hicieron sus interpretaciones con gran sensibilidad, experiencia y conocimiento de causa. Sin embargo, el método que ahora prevalece es el método de la duda, de la sospecha. Como lo *propio* del proceso de interpretación, como su *punto neurálgico*, se considera la pregunta por la conexión entre el texto y el contexto histórico al que se refiere. La pregunta central es en qué medida el texto revela historia realmente ocurrida.

Más adelante veremos cómo, desde mediados del siglo 20, las y los críticos *literarios* comienzan a polemizar con aquellos y aquellas intérpretes de la Biblia que usan única y exclusivamente los métodos históricos. Es imposible, dirán los y las estudiantes de la ciencia de la literatura, *reemplazar* métodos literarios por métodos históricos. Afirman que la pregunta histórica, por más justificada que sea, si se hace unilateralmente, puede ser también un *lastre* y comenzar a *esconder* aspectos importantes del texto.

Texto Masorético

'...Recuperar la versión hebrea original de la Escritura'.

Un buen ejemplo del quehacer científico bíblico de la época del modernismo es la actividad en torno al texto original hebreo, el texto masorético. Para su reconstrucción de 'cómo realmente fue', la crítica histórica quiere disponer de un texto confiable. Ahora bien, en el curso de los siglos 17 y 18, el análisis del *texto masorético* se había profundizado mucho. Pero se descubre que el texto del A.T. pasó por todas las vicisitudes por las que habían pasado los demás textos orientales. Se descubre que el texto canónico es producto de un largo caminar. Como resultado nace la desconfianza del *texto masorético*, ya que, al parecer, el texto original había sido otro. La salida, que por un momento parece atractiva y posible, es volver al *texto original* del A.T. Se quiere encontrar *la versión hebrea original de la Escritura*. Se quiere restaurar la Escritura *en su pureza primitiva* ('...recuperar la versión hebrea original de la Escritura').

Es instructivo ver cómo en la segunda mitad del siglo 18 los intérpretes estaban convencidos de tener que reinventar todo, rehacer todo. Su actitud irradiaba una profunda sospecha, no solamente frente al texto bíblico y su confiabilidad histórica, sino también respecto a lo que sus predecesores habían hecho. Se critica *todo*. Mucho de lo que fue hecho en los siglos anteriores ahora parece primitivo, ingenuo, superficial.

¡De hecho, un nuevo movimiento ha comenzado! En Alemania, entre los años 1780-1783, J. Eichhorn formulará su famosa *hipótesis documentaria*.

C. Houtman, Inleiding in de Pentateuch, Kampen, 1980.

El libro de Génesis está compuesto de *tradiciones escritas* que, al comienzo, fueron transmitidas oralmente, que son antiguas y que, en algunos casos, encuentran su origen entre otros pueblos del Antiguo Oriente. La mayor parte de Génesis se compuso de dos obras históricas o documentos. Estos documentos muestran diferencias en cuanto a estilo literario, uso del nombre divino; también conocen repeticiones. Una fuente usa el nombre Elohîm, otra el nombre Jehová. No sabemos si Moisés ha sido compilador de Génesis. No importa tampoco. Lo que importa no es su nombre, sino la lealtad y diligencia con la que ha compuesto Génesis (Houtman 1980:58).

Judíos y cristianos

¿Cómo era la relación entre exégetas cristianos y judíos en estos días?

Nuevas traducciones del Pentateuco en alemán: M. Mendelssohn, Die Fünf Bücher Mose, zum Gebrauch der Jüdischdeutschen Nation, Berlin, 1780. (Los cinco libros de Moisés, para uso de la nación judía-alemana)

Habíamos visto que desde la era cristiana hasta la Edad Media, la relación entre interpretación judía y cristiana ha sido polémica. ¿Cómo era la relación entre exégetas cristianos y judíos en los días de la Iluminación? Al comienzo, en el siglo 16 y durante los primeros decenios del siglo 17, no cambió mucho. Las polémicas eran amargas y continuas. Hubo más enfrentamientos que intercambios y aprendizaje. Se discutía mucho el valor y la confiabilidad del *texto masorético*. Para intérpretes de la incipiente escuela histórico-crítica como Simón, el *Talmud* —¡en la edad media rechazado, paradójicamente, por su interpretación *literal* e *histórica*!— no tenía mucho valor. Simón opinaba que los *talmudistas* debían ser considerados como *alegoristas*; su interpretación carecía de un fundamento sólido.

A pesar de todo, ocurre que después de las primeras escaramuzas y batallas, la nueva metodología comienza a arrastrar a sus adeptos dentro de las corrientes liberales del judaísmo. Las huellas se ven en las grandes obras judías elaboradas en el transcurso del siglo 18. También las nuevas traducciones del A.T., elaboradas por judíos, muestran claramente tanto la polémica como la influencia de la Iluminación.

La culminación de la crítica histórica: Julius Wellhausen (1844-1918)

Pasemos a los últimos decenios del siglo 19. Como es sabido, fue el alemán Julius Wellhausen quien dio a la crítica histórica su gran síntesis. Fue él quien dio a la hipótesis de los documentos su clásica formulación, usando los resultados de otros muchos exégetas. En la obra de Wellhausen culminó el programa de la crítica histórica. Así como a Simón, Astruc, Eichhorn y a la interminable comitiva de intérpretes de la época del Racionalismo, también a Wellhausen le interesó la historia. Las preguntas eran: ¿Qué relación puede haber entre hecho histórico y texto veterotestamentario? ¿Cómo se desarrolló la historia de Israel y de qué manera los textos son testimonio de ello? ¿Cómo es posible destilar de las diferentes *fuentes* (documentos) una imagen fidedigna del curso de la historia de Israel? ¿A qué momento histórico corresponde cada una de las fuentes del Pentateuco?

En su obra de mayor importancia (*Prolegomena a la historia de Israel*) Wellhausen formuló su *modus operandi* de manera programática. Cuando lo comparamos con el programa de Simón, vemos que, en esencia, no ha cambiado mucho. Todo el aparato técnico está al servicio de una sola cosa: ¡saber qué realmente pasó y cómo pasó!

J. Wellhausen, Prolegomena zur Geschichte Israels, Berlin-Leipzig, 1927[6].

Llegamos ahora al análisis de las leyes. Así como siempre, faltan aquí referencias explícitas al autor o a la época de origen; para orientarnos un poco debemos explorar el contenido y sacar de ahí los datos correspondientes. Estos datos debemos relacionar con lo que sabemos de la historia de Israel a través de otras y confiables fuentes (Wellhausen 1927:2).

Las leyes mismas (para Wellhausen, el Pentateuco) no dan indicaciones confiables acerca de su lugar y posición en el desarrollo de la historia de Israel. Por lo tanto es necesario dirigirse al contenido de ellas para ver si allí hay indicios que posibiliten vincular las leyes con algún momento histórico específico.

Lo que Wellhausen quiere es enmarcar la nueva teoría de las fuentes dentro de una concepción bien fundada del desarrollo de la historia de Israel. Pues, ¿por qué fue canonizado recién en la época de Esdras y Nehemías (como relata Neh. 8-10) un cuerpo de leyes (Pentateuco) que, según la teoría, había existido ya siglos antes como cuerpo literario *autoritativo*? Dicho de otra manera, si el Pentateuco es anterior a los profetas, ¿por qué no hay ningún libro profético que atestigüe haberlo conocido como colección de textos con *status canónico*? Además surge la pregunta ¿en qué medida las leyes del Pentateuco realmente están diseñadas para el momento de la *entrada*? ¿No debemos reconocer, en base a su contenido, que corresponden mucho mejor a otra época, es decir una época en que Israel ya por siglos había vivido en Canaán? Estos son los problemas centrales que Wellhausen c.s. quiere resolver. Lo que llevó a Wellhausen a su práctica histórico-crítica fue una experiencia de lectura. Cada vez que leía los textos sobre los comienzos, tenía la sensación de estar leyendo al revés. Los textos que *decían* describir los comienzos, parecían describir, desde el punto de vista histórico, momentos mucho más tardíos.

Wellhausen formuló su experiencia de la siguiente manera.

> Cuando comencé a estudiar teología leía las historias de los reyes, las de Elías y Eliseo, los textos de los profetas, Amós e Isaías. Pero siempre tenía la sensación de estar comenzando con el techo y nunca tocar los fundamentos de la casa. Después me dediqué al estudio de los libros Exodo, Números y Levítico, esperando que esos libros arrojaran una clara luz (histórica) sobre los libros proféticos e históricos. Pero en vano esperé a esa luz; ella nunca llegó. Lo que pasó fue que mi lectura de la Ley echó a perder más bien el gozo que había tenido, leyendo aquellos otros escritos. La Ley parecía un fantasma que hacía mucho ruido, pero no era visible, no tenía efecto… En el verano del 1867 me enteré de que Karl Heinrich Graf había colocado a la ley posterior a los profetas. Sin pensar mucho, hasta sin conocer su argumentación, me entregué a la tal hipótesis:

me atreví a aceptar que era posible conocer la antigüedad hebrea sin el libro de la Tora (Wellhausen 1927:3s).

Lo que Wellhausen se propuso escribir fue una historia del *culto* y de la *cultura* de Israel. Wellhausen creía que dentro de ese marco cultual y cultural sería posible ubicar los textos literarios. El desarrollo del culto sería como el esqueleto y fundamento histórico. En base a él sería posible componer una lista de fechas históricas bien aseguradas. Con esta herramienta sería posible decir a qué momento histórico perteneció un texto.

Está claro que Wellhausen buscaba explorar e iluminar el contexto histórico; quería vincular el texto con su momento de nacimiento, su momento de uso en la vida. Al evaluar sus preguntas debemos tener en cuenta un hecho importante. Wellhausen estaba convencido del hecho de que ciertos textos veterotestamentarios llevan una fuerte carga *ideológica*. Muchos textos del Antiguo Testamento, especialmente los del Pentateuco, llevan las huellas de aquellos que trataron de *re*crear la historia de Israel. Ellos ofrecieron una imagen de lo que nunca existió. Dado que el Pentateuco recibió su formulación final en la época del judaísmo, la historia (muy uniforme) que se describe en él es una gran *retroproyección*; es producto de los redactores finales que vivieron en aquella época del judaísmo. A pesar de la imagen muy uniforme que los primeros textos del A.T. ofrecen, Wellhausen detectó un desarrollo en la religión de Israel. Wellhausen pretendía poder demostrar que la religión de Israel, en su origen, fue una religión caracterizada por libertad, naturalidad y espontaneidad. Sin embargo, en el tiempo de Josías (hacia 620 a.C.), con la llegada de la *ley*, ocurrió una transición al judaísmo. Su religión legalista constituyó el polo opuesto de la religión del antiguo Israel. La religión nómada del inicio se desarrolló convirtiéndose en religión campesina, en religión profética y, finalmente, en la religión legalista de la época del judaísmo (Houtman 1980:80).

Los límites de la crítica histórica

No es fácil evaluar la obra de Wellhausen y sus predecesores. Debemos reconocer que la contribución de Wellhausen ha sido de un valor incomparable para la ciencia veterotestamentaria. De una manera genial, consistente y comprehensiva, ha sintetizado lo que la ciencia bíblica no logró captar. Todavía, después de más de un siglo, su gran *hipótesis documentaria* (J, P, E) parcialmente sigue vigente. En base a su reconstrucción de la historia de Israel hemos podido ubicar los textos históricamente, descubrir significados nunca antes vistos y comprender pasajes anteriormente totalmente confusos e incomprensibles.

A la vez debemos decir que el *programa* wellhausiano también ha funcionado como venda; ha hecho perder de vista otros aspectos de los textos literarios. Pues no es imposible que el interés por el contexto histórico se dé a costas de la valorización de la narratividad del texto. La historia de la interpretación de la Biblia ha enseñado que el enfoque histórico no da mucho lugar a lo teológico; muchas veces no es capaz de medir el peso propio de ello. La pregunta por *lo que realmente ocurrió* se puede oponer a la construcción de la realidad del relato mismo. Lógica narrativa es otra cosa que causalidad histórica. El análisis histórico tiende a sacrificar la *consistencia narrativa* por el *desarrollo histórico*. A veces *confiabilidad narrativa* es confundida por *secuencia histórica*. El mensaje del *texto* se sacrifica por estar a la escucha del *contexto*.

Podemos decir, sin ser injustos, que para Wellhausen el *texto* no era el objeto de primer interés. Wellhausen estaba fascinado por la interacción entre historia y texto.

El texto como ventana rota

Terminamos aquí nuestra representación de la crítica histórica. Esperamos haber demostrado que en la Epoca de las Luces, el *status* del texto del A.T. sufrió un cambio profundo. El texto ya no era en primer lugar fuente de revelación, compañero, consolación. El texto recibió el *status* de una vela que se debe encender para iluminar otra cosa. El texto llegó a tener el *status* de una ventana rota: solamente en parte da acceso a lo que describe.

Consideremos la siguiente cita de Wellhausen donde describe la relación entre historia y texto.

> El A.T. representa la historia muy uniformemente a través de todos sus libros. Pero esta representación de la historia fue hecha después; fue impuesta y su uniformidad exagerada. La nueva investigación ha roto esa imagen. Debajo de una superficie uniforme se muestran restos dispersos, de capas subyacentes, a los que se debe dar más relieve para llegar a la verdad histórica. Desde Astruc, el análisis literario ha reconocido el carácter roto, disperso de todo, y ha tratado de ordenar la composición según sus partes originales. Desde De Wette, la crítica histórica ha comenzado, a través de las contradicciones que se encontraron, a hacer más fluida la imagen cerrada de la historia. En el A.T. hay profundas contradicciones que obligan a presuponer que ha habido un desarrollo en la historia de la religión de Israel y también en el culto mosaico... (Wellhausen 1905:69).

J. Wellhausen, Israelitisch-jüdische Religion, Tübingen, 1905.

4.3 La Crítica de las formas literarias (*Formkritik*): H. Gunkel

El conocido programa de la Crítica de las formas (literarias) de Hermann Gunkel (1862-1932) debe entenderse como crítica y complemento de una crítica histórica demasiado unilateral y cerrada. En su ensayo, *Meta y Métodos de la Interpretación del A.T.* (1913), Gunkel explica su problema con la exégesis vigente. En las contribuciones exegéticas hay caos y confusión, opina Gunkel. No se distingue entre tipos de análisis y hay una gran pluralidad de datos. Las observaciones filológicas se conectan con observaciones teológicas; los datos históricos se ubican al lado de las etimologías; las observaciones gramaticales se confunden con el análisis de cultura. Lo peor es que en todo esto *una* instancia corre el peligro de desaparecer: el texto mismo.

A diferencia de Kuenen, Wellhausen y otros muchos interesados en descubrir 'lo que realmente pasó', Gunkel ve *la comprensión del autor y su obra* como meta central de toda exégesis. Esto implica que la percepción de Gunkel del valor del texto bíblico o del Pentateuco es diferente a la de Wellhausen c.s. En la crítica histórica el texto importa en la medida en que es portador del relato de algún testigo ocular de lo realmente ocurrido. Pero es necesario, opina Gunkel, relativizar el concepto 'historia'. Por lo tanto Gunkel comienza su famoso comentario a Génesis con una larga discusión acerca de la diferencia entre 'historia' y 'saga'.

H. Gunkel, Genesis (Göttinger HandKommentar zum Alten Testament), Göttingen, 1910.

'Génesis es una colección de sagas', afirma Gunkel. 'Pero *saga* no significa mentira. *Saga* es un relato, una narración, popular, poética e impactante, sobre personas o acontecimientos del pasado'. 'Ahora sabemos', dice Gunkel, 'que el libro de Génesis data de una época altamente desarrollada en la cual había también historiografía'. ¿Por qué Israel siguió produciendo sagas? Porque Israel se había enamorado de la saga. Pues, la saga 'dice' mucho más que la historiografía. Mucho más que la prosa del relato historiográfico, la saga es capaz de transmitir pensamientos y experiencias profundas. 'Sagas son infinitamente más profundas, libres y verdaderas que crónicas o historias'. La saga proviene de la tradición oral y es espejo del alma del pueblo.

Die ältesten Erzähler wären nicht im stande gewesen, umfangreichere Kunstwerke zu gestalten; sie hätten auch ihren Hörern nicht zumuten dürfen, ihnen tage-, ja wochenlang mit unverminderter Aufmerksamkeit zu folgen. Vielmehr begnügt sich die alte Zeit mit ganz kleinen Schöpfungen, die kaum ein Viertelstündchen ausfüllen (Gunkel 1910:XXXIV). (Traducción en el texto principal).

Las sagas son las perlas de la vida popular. Son las historias cortas con las que el pueblo se animaba. La saga, como historia breve, se opone a la gran narración. Los más antiguos narradores no compusieron obras de gran envergadura.

> 'No habría sido posible', escribe Gunkel en su *Génesis*, 'exigir de sus oyentes que siguieran sus narraciones con la misma concentración durante

días o hasta semanas. Los del tiempo de antaño se contentan más bien con creaciones bien pequeñas, creaciones que apenas ocupaban un cuarto de hora' (Gunkel 1910:XXXIV).

Mientras que para Wellhausen la reconstrucción del desarrollo histórico del culto y de la cultura del pueblo de Israel es central, para Gunkel es el *desarrollo y la historia de su literatura*. Wellhausen quiere datos 'duros', históricamente confiables. Gunkel busca emoción, vida, lo popular, la experiencia. Mientras que Wellhausen se orienta hacia lo oficial, la historia del estado, Gunkel se enfoca en lo privado, lo pequeño, la vida del pueblo anónimo. Mientras que Wellhausen se interesa por la historia oficial, Gunkel quiere encontrar asuntos que, desde el punto de vista histórico, son irrelevantes, de menor o de ninguna importancia. La escuela histórico-crítica *buscó* historia en Génesis, Gunkel *descubre* sagas.

De Gunkel, Wellhausen podría haber aprendido a ponerle más atención a los *géneros literarios*, al *tipo* de literatura con que el o la intérprete se encuentra. Saber de qué tipo de texto se trata puede prevenir mucha desilusión. No se buscaría *historia* en un libro que está lleno de *sagas*. En las sagas se relatan acontecimientos muy increíbles, pero no por eso de menor valor. Génesis está lleno de ellas. 'En el mundo de la historia real', dice Gunkel, 'el hierro no nada en agua, las serpientes no hablan, no se representa a Dios como ángel, — todo ocurre según las costumbres'. Mientras la *historia* quiere contar lo que realmente pasó, la *saga* quiere alegrar a su auditorio, tocarlo, entusiasmarlo.

Gunkel expresa su polémica con la rigidez de los críticos históricos en la frase: 'Quienquiera haya captado alguna vez la poesía de las sagas, se molesta con los bárbaros que solamente valorizan esas narraciones cuando están hechas en forma de prosa y relatan historia'. Gunkel está convencido del hecho de que las *sagas* son lo más bello que un pueblo puede producir durante su camino de vida. 'Y las sagas de Israel, especialmente las del Génesis, son probablemente las más bellas y profundas de todo el mundo'. La saga 'habla de cosas que son caras a la gente, al pueblo; habla sobre lo personal, lo privado y le gusta percibir las relaciones políticas de tal manera que es posible vincularlas con los intereses populares' (Gunkel 1910:VII). Su interés en la historia, la procedencia de la literatura de Israel lleva a Gunkel a valorar la fase pre-literaria de los textos, la fase de la *tradición oral*. Pues, la tradición oral marca el *comienzo* (popular) del desarrollo de la literatura.

Está claro que para Gunkel el texto bíblico tiene un *status* diferente del que tiene para Wellhausen c.s. El texto es revalorizado, por decirlo así, como portador de otras verdades además de las puramente lineal–históricas. La meta de la exégesis debe ser, según Gunkel, la comprensión del autor y de su obra. El o la exégeta debe penetrar en la personalidad única del autor y tratar de captar su creatividad. Desde luego que el o la exégeta debe disponer también de conocimiento, actitudes y aptitudes especiales, pero más que eso, el o la exégeta debe disponer de imaginación, fantasía, creatividad. El o la exégeta debe tener algo del artista. Exégesis, en el sentido más profundo de la palabra, se parece más al arte que a la ciencia. Gran conocimiento de la cultura y las costumbres de la sociedad israelita son una condición previa para la comprensión. Gunkel mismo fue un gran conocedor del Cercano Oriente Antiguo. En las palabras de Knierim:

R. Knierim, Formcriticism reconsidered, en: Interpretation 27, (1973), 435-468.

> Para su época, Gunkel tenía un conocimiento extraordinario de otras literaturas del Cercano Oriente Antiguo, y aprovechó sus formas y géneros, sus modos de discurso y sus elementos retóricos en su delineación y elucidación de textos bíblicos. Y más aún — y esto es algo significativo — tenía una perspicacia sicológica profunda, influenciada considerablemente por la *Völkerpsychologie* (sicología de los pueblos, HdW) de W. Wundt, que le sirvió positivamente en su búsqueda por representar las facciones y la naturaleza de la mente de los narradores y poetas bíblicos, pero también del israelita común a quién se dirigían sus palabras. No es demasiado decir que Gunkel nunca ha sido superado en su capacidad de representar el espíritu que animaba

a los escritores bíblicos, y no dudó en sus ponencias y seminarios en hacer uso de los eventos de la historia contemporánea o las experiencias del pueblo común para explicar el significado interior de una perícopa (R. Knierim 1973:435s).

El método de la Crítica de las formas no es menos exigente o científico que el de la crítica histórica. El o la intérprete debe disponer de conocimiento de la filología, la crítica textual, la historia política y la arqueología. La sensibilidad literaria es también muy importante — lo que Gunkel admiraba de Wellhausen no fue tanto su capacidad crítica, sino su capacidad de desarrollar una imagen sintética de la historia de Israel. Resumiendo, debemos decir que la Crítica de las Formas usa todo lo que está a su alcance para penetrar en la obra de arte que es el texto.

¿En qué se distingue la Crítica de las formas de la crítica histórica?

La Crítica de las formas (*Formkritik*), también llamada Historia de las formas (*Formgeschichte*), se ocupa de la pregunta por la forma literaria y la procedencia social del texto. ¿Es posible detectar algún *género*, algún *tipo* a que el texto obedece? ¿Cuál es la situación social que ha dado origen al texto? Los dos conceptos, *forma literaria* y *lugar social*, son entonces claves en la Crítica de las formas.

El presupuesto básico de Gunkel era que, especialmente en literatura como la bíblica, los textos literarios muchas veces poseen una forma literaria que los vincula con cierto lugar de procedencia. Los Salmos, los poemas, el saludo, la despedida, la carta, instrucciones para la guerra, leyes, enigmas, parábolas, historias, mitos — cada uno tiene su forma específica que los distingue de otros.

En los textos literarios es posible distinguir aspectos específicos y aspectos que tienen que ver con algo más general. Lo primero está relacionado con el texto literario propiamente tal, su peculiaridad literaria, su individualidad. Lo segundo, lo general, se llama *género literario*. El género literario es una *clase*, una *categoría* según la cual se puede clasificar el texto.

Desde el punto de vista de su forma literaria, el análisis de textos tiene su particularidad. Una vez descubierta cierta forma literaria fija, es posible definir la vinculación entre las características literarias y su función en la vida social. O sea, la forma y el contenido, la estructura y los materiales de construcción, están relacionados — aunque no tan estrechamente como algunos críticos han sugerido. Un texto hecho para uso público — por ejemplo una proclamación profética — tiene otra forma que una determinación legal. La función de cada uno es diferente.

Gunkel define *género* de la siguiente manera.

> *Género* ocurre donde podemos constatar que *ciertos* pensamientos fueron pronunciados en *cierta forma* durante *cierta* ocasión.

La Crítica de las formas se interesa por la relación entre el texto y su función en la vida popular. Es por eso que la crítica de las formas no restringe su análisis a la etapa netamente literaria de un texto. Quiere saber también cómo el texto ha funcionado en la tradición oral. ¿Dónde nació el texto?, ¿dónde tuvo su *situación vital* (*Sitz im Leben*)?, ¿cómo funcionó?, ¿cuál fue su impacto en la comunidad? Estas son preguntas importantes, pues conocimiento del lugar social donde nació un texto puede ayudar a la o el intérprete a comprender su mensaje.

Para entender la importancia de la crítica de las formas, es bueno recordar que entre el mundo actual y sus formas y *convenciones literarias*, y las del mundo del Cercano Oriente Antiguo, hay una profunda diferencia. No siempre es fácil captar la convención literaria que dio origen a tal o cual texto. Un análisis de las formas literarias puede conducir a una comprensión más adecuada y precisa del mundo en que se originaron los textos bíblicos. Se pueden clarificar las convenciones literarias que se usaron. Se puede demostrar que Israel no fue un ente tan aislado en el medio ambiente cultural oriental, sino que compartía formas y convenciones con los vecinos.

El análisis de la forma literaria de un texto es importante. Hay textos del A.T. que fueron compuestos usando ciertas formas literarias fijas o ciertos esquemas estables. Un análisis de su forma puede demostrar en qué medida el texto analizado corresponde totalmente o en parte al esquema fijo, y se puede analizar dónde y por qué el texto se desvía del esquema.

La Crítica de las formas comenzó su marcha triunfal en los años 20 del siglo pasado. Hasta ahora sigue vigente y se considera una herramienta muy importante para el análisis de los textos bíblicos. Sin embargo, en las últimas décadas han surgido algunas críticas a la *Formkritik*. No todo texto tiene un esquema fijo. La correspondencia entre forma y contenido no siempre es total. En la ciencia de la literatura se prefiere hablar de estructura y materiales de construcción. Forma o lugar de origen no son siempre decisivos para determinar el mensaje del texto. La vida es más caprichosa que la literatura y no se deja moldear siempre según formas fijas y preestablecidas. No sabemos nada de muchas de las 'situaciones vitales' presupuestas por los textos. También la Crítica de las formas es a veces muy *atomista*: ve en cada unidad menor de una narración o de un poema una 'forma' especial. No costaría mucho enumerar por lo menos 20 'situaciones vitales' que se han querido ver como origen de un texto como la canción de Débora (Jueces 5). El concepto de *género* aparenta ser más estable de lo que en realidad es. *Género* resulta ser una forma literaria no siempre totalmente fija. Los *géneros* cambian de estructura y de situación vital. Es posible usar ciertos géneros fuera de contexto, para efectos retóricos, para enfatizar, para autorizar, etc. Los profetas muchas veces 'desubican' ciertos géneros a propósito para dar más énfasis a sus proclamaciones.

Una de las grandes contribuciones de la Crítica de las formas ha sido la recuperación del valor de la pequeña unidad literaria. El libro de Génesis, pero también los evangelios, están compuestos de unidades literarias menores. Lo mismo vale para los Salmos y los textos proféticos. De tal modo que para la investigación de textos narrativos como los del Génesis y los evangelios, textos más cúlticos como los Salmos y también los textos de los Profetas, el método de Gunkel ha tenido y tiene un valor indiscutible.

El lector atento o la lectora atenta ya se había fijado en la afinidad que Gunkel tiene con temas que les son caros a las y los biblistas latinoamericanos: lo social, lo popular, el énfasis en la importancia de la pequeña unidad literaria como la saga. Efectivamente vemos en la obra de exégetas como Milton Schwantes y otros, afinidad con el programa y método de Gunkel. Muy en la línea de Gunkel, el brasileño Milton Schwantes retoma el concepto de las unidades literarias pequeñas. Las perícopas pequeñas constituyen la base del Pentateuco y son, por lo tanto, una prueba de su origen popular, sostiene Schwantes (Schwantes 1986; 1992). Pertenece a las sorpresas de la historia de la interpretación de la Biblia, el que los métodos practicados en un lugar y en una situación determinadas, con éxito pueden ser usados fuera de su contexto. Cuando hablemos de la hermenéutica de la liberación volveremos sobre el tema.

M. Schwantes, A Família de Sara Abraâo. Texto y contexto de Gênesis 12-25, Petrópolis, 1986.

Milton Schwantes, Am Anfang war die Hoffnung. Die biblische Urgeschichte aus der Sicht der Armen, München, 1992.

4.4 La Crítica de las tradiciones: G. von Rad y M. Noth

Saltemos más de 30 años y pasemos a otra escuela de la modernidad, la de la Crítica de las tradiciones (literarias), aunque no podemos tocar todos los aspectos de su complicada historia y terminología. Para comenzar por lo primero, la terminología que usa esta escuela ha dado lugar a mucha confusión (Deist, 1986:159ss). ¿Cuál es el campo en que la *Traditionskritik* se debe mover? Para algunos, la *Traditionskritik* se limita a la investigación de cierta tradición literaria, su origen, sus vicisitudes y su lugar actual dentro de un libro bíblico. ¿Cuál es la procedencia de la tradición de las plagas, o de la Pascua? ¿Qué lugar ocupan en el actual libro de Exodo? ¿De qué

F. Deist, De overleverings- en traditiekritische methoden, en: A.S. v.d. Woude (red.), Inleiding tot de studie van het Oude Testament, Kampen 1986, 159-172.

manera fueron incorporadas en los bloques literarios mayores? Para otros y otras la *Traditionskritik* abarca casi la totalidad del proceso exegético, incluyendo el análisis de la *redacción* final (*Redaktionskritik*, ver la siguiente sección).

Lo que aquí queremos presentar es cómo la Crítica de la Tradición se acerca a los textos del A.T. ¿Cuáles son sus preguntas?, ¿qué es lo que quiere descubrir?, ¿qué agrega a los métodos conocidos? Hemos visto que Hermann Gunkel y los suyos abandonan el análisis atomizante de sus predecesores y procuran un regreso hacia el texto como *unidad literaria*. A partir de Gunkel, los y las intérpretes comienzan a interesarse por la historia de la literatura. ¿De dónde vienen las pequeñas unidades? ¿Cómo llegaron a existir y a transmitirse de una generación a otra? ¿Qué lugar ocupaban dentro del pueblo? Debemos decir que lo que en la obra de Gunkel queda solamente aludido — la necesidad de conocer más de cerca el desarrollo de los grandes bloques literarios — 30 años después desembocará en todo un programa de análisis. Los interlocutores principales de ese nuevo movimiento se llaman Gerhard von Rad y Martín Noth. Sus obras atestiguan ampliamente el valor de la Crítica de las Tradiciones (Houtman 1980:119ss).

Siguiendo el interés de Gunkel, Von Rad se pregunta cómo las distintas tradiciones del Pentateuco fueron recopiladas. ¿Cuál fue el hilo conductor, el principio guía en todo ese proceso? Gunkel se interesó sobre todo en el *comienzo* de una tradición literaria, la forma que debe haber tenido en la tradición oral. Von Rad se enfoca en la *última* fase, la fase de la incorporación de la tradición en el gran conjunto del libro bíblico.

¿Qué debemos entender por 'tradición'? Cuando en la ciencia bíblica hablamos de *tradición* nos referimos generalmente a un fenómeno literario. Es lo que Fishbane definió como *traditum*, el *texto* que se transmite. Por *tradición* se puede entender un cuerpo *literario*, una colección de textos, con una temática y estructura más o menos fija. Algunas *tradiciones* (literarias) del A.T. son: la historia de la entrada en Canaán, el Exodo, los acontecimientos alrededor del Sinaí, las historias de los patriarcas, Sodoma y Gomorra. Entonces, en la literatura exégetica, tradición generalmente se refiere a un texto. Pero conocimos también otra connotación, la que Fishbane definió como *traditio*. El *proceso* a través del cual experiencias, normas, valores y conductas son transmitidas de una generación a otra.

Tradición, en ambas significaciones, es un concepto fundamental en la historia de la humanidad. Las tradiciones juegan un papel crucial en las religiones. Las tradiciones son constitutivas de religiones, son su columna vertebral. Las tradiciones religiosas son multifacéticas. Muchos pensamientos distintos están sintetizados en una tradición. La tradición sintetiza y es mediadora entre pasado y presente. Podemos decir que tradición es proceso y contenido, movimiento y núcleo. Es evidente que la manera en que una tradición será transmitida depende mucho de los o las que la transmiten, los *tradentes*. Es su 'lugar' social, geográfico e ideológico lo que determina en parte el significado de la tradición. Son ellos y ellas quienes actualizan la tradición (*traditum*) según una dinámica (*traditio*) que corresponde con su vida y momento histórico.

Ahora bien, también en la historia de Israel el fenómeno de la *tradición* juega un papel preponderante. El patrimonio religioso israelita ha sido expresado a través de tradiciones. Estas han tomado la forma de narraciones, relatos, poemas, leyes, proverbios y Salmos.

¿Cómo procede la Crítica de las tradiciones?

A través de la concordancia o computadora se analiza la existencia de combinaciones de palabras o motivos narrativos fijos. Consideremos algunos ejemplos conocidos. 1) Primero, la tradición de la lucha de Jacob con 'el ángel'.

¿Qué debemos entender por 'tradición'?
Por tradición se puede entender un conjunto literario con una temática y estructura más o menos fija. Algunas tradiciones son: la historia de la entrada en Canaán, el Exodo, los acontecimientos alrededor del Sinaí, las historias de los patriarcas, Sodoma y Gomorra, etc.

¿Cómo procede la Crítica de las Tradiciones?

Gé 32.23ss (RVA)	**Oseas 12.2ss (RVA)**
23 Los tomó y los hizo cruzar el río junto con todo lo que tenía. 24 Jacob se quedó solo, y un hombre luchó con él hasta que rayaba el alba. 25 Como vio que no podía con Jacob, le tocó en el encaje de la cadera, y el encaje de la cadera se le dislocó mientras luchaba con él. 26 Entonces el hombre le dijo: -Déjame ir, porque ya raya el alba! Y le respondió: -No te dejaré, si no me bendices. 27 El le dijo: -¿Cuál es tu nombre? Y él respondió: -Jacob. 28 El le dijo: -No se dirá más tu nombre Jacob, sino Israel; porque has contendido con Dios y con los hombres, y has prevalecido. 29 Entonces Jacob le preguntó diciendo: -Dime, por favor, ¿cuál es tu nombre? Y él respondió: -¿Por qué preguntas por mi nombre? Y lo bendijo allí. 30 Jacob llamó el nombre de aquel lugar Peniel, diciendo: «Porque vi a Dios cara a cara y salí con vida.» 31 El sol salió cuando él había partido de Peniel, y cojeaba de su cadera. 32 Por eso los hijos de Israel no comen hasta el día de hoy el tendón del muslo, que está en el encaje de la cadera, porque tocó a Jacob en el encaje de la cadera, en el tendón del muslo.	2 Jehovah tiene pleito con Judá, y dará a Jacob el castigo que corresponde a sus caminos. Le retribuirá conforme a sus obras. 3 En el vientre suplantó a su hermano y en su edad viril contendió con Dios. 4 Contendió con el ángel y prevaleció; lloró y le rogó. En Betel le halló y allí habló con él. 5 Jehovah, Dios de los Ejércitos, Jehovah es su nombre! 6 Tú, pues, vuélvete a tu Dios; practica la lealtad y el derecho, y espera siempre en tu Dios.

Vemos que la *tradición* sobre la lucha de Jacob con 'el ángel' existe en dos variantes. El lector o la lectora atenta descubre las diferencias. La versión más larga está en Génesis, mientras que Oseas es mucho más sucinto. En Génesis no está claro quién de los dos luchadores gana, parece que no hay vencedor. Oseas está seguro de la victoria de Jacob. En Génesis se habla sencillamente de 'un hombre', en Oseas se habla del 'ángel'. La *tradición* que conoció Oseas relata que Jacob lloró, un pequeño detalle que falta en la más extensa historia de Génesis. En Oseas, el contexto más amplio es el castigo del reino del Norte. Jacob figura aquí como 'padre de Efraim' y representa a Samaria. En Génesis la tradición sobre la lucha es parte del llamado ciclo de Jacob (Gé. 25-36). En Oseas falta el juego con la etimología del nombre Israel. El detalle importante, seguramente tardío, de que los Israelitas no comen 'hasta el día de hoy el tendón del muslo, que está en el encaje de la cadera' falta totalmente en Oseas 12.

2) El segundo ejemplo proviene también del libro de Génesis y es una tradición frecuente en las historias patriarcales. Es la conocida *tradición* de la persona X que hace pasar a su esposa Y por su hermana; así X, al sacrificar a Y, salva su propia vida. La tradición se encuentra al menos tres veces en Génesis. Dos veces Abram es la persona X y Sara la mujer Y, una vez son Isaac y Rebeca. Aquí no es necesario comparar detalladamente los tres textos. El lector o la lectora podrá hacerlo. Algunas preguntas elementales pueden ser punto de partida de tal proceso. ¿En qué medida explica el contexto mayor ciertos agregados en uno de los textos? ¿Es posible reconstruir la tradición original? ¿Cuáles son los elementos que los textos tienen en común? ¿Hay combinaciones típicas de palabras que comparten todos los textos? ¿Es posible explicar 'el crecimiento de una tradición' en base a la otra? ¿En qué medida muestran los textos un orden fijo de giros y elementos narrativos? Así el lector o la lectora podrá sacar sus propias conclusiones.

Gé 12.13ss (RVA)	Gé 20.1ss (RVA)	Gé 26.6ss (RVA)
13 Di, por favor, que eres mi hermana, para que me vaya bien por tu causa y mi vida sea conservada por causa de ti.» 14 Y aconteció que cuando Abram entró en Egipto, los egipcios vieron que la mujer era muy bella. 15 También la vieron los ministros del faraón, y la alabaron ante él. Y la mujer fue llevada al palacio del faraón, 16 quien favoreció a Abram por causa de ella. Este obtuvo ovejas, vacas, asnos, siervos, siervas, asnas y camellos. 17 Entonces Jehovah afligió al faraón y a su familia con grandes plagas por causa de Sarai, mujer de Abram. 18 Y el faraón llamó a Abram y le dijo: «¿Por qué me has hecho esto? ¿Por qué no me declaraste que era tu mujer? 19 ¿Por qué dijiste: 'Es mi hermana', poniéndome en ocasión de tomarla para mí por mujer?	1 Abraham partió de allí hacia la tierra del Néguev. Acampó entre Cades y Shur y residió en Gerar. 2 Abraham dijo de Sara su mujer: «Ella es mi hermana.» Y Abimelec, rey de Gerar, mandó y tomó a Sara. 3 Pero Dios vino a Abimelec en sueños de noche y le dijo: —He aquí que vas a morir por causa de la mujer que has tomado, la cual es casada. 4 Abimelec, quien todavía no se había acercado a ella, dijo: —Señor, ¿acaso has de matar a la gente inocente? 5 ¿Acaso no me dijo él: «Ella es mi hermana», y ella también dijo: «El es mi hermano»? Con integridad de mi corazón y con limpieza de mis manos he hecho esto. 6 Dios le dijo en sueños: —Yo también sé que con integridad de tu corazón has hecho esto. Yo también te detuve de pecar contra mí, y no te permití que la tocases.	6 Habitó, pues, Isaac en Gerar. 7 Y los hombres de aquel lugar le preguntaron acerca de su mujer. El respondió: —Es mi hermana. Tuvo miedo de decir: «Es mi mujer», pues pensó: «No sea que los hombres del lugar me maten a causa de Rebeca.» Porque ella era hermosa. 8 Sucedió después de estar allí muchos días, que Abimelec, rey de los filisteos, miró por una ventana y vio a Isaac que acariciaba a Rebeca su mujer. 9 Entonces Abimelec llamó a Isaac y le dijo: —He aquí, de veras ella es tu mujer! ¿Por qué, pues, dijiste: «Es mi hermana»? Isaac le respondió: —Es que pensé que quizás moriría a causa de ella. 10 Abimelec le dijo: —¿Por qué nos has hecho esto? Por poco pudiera haber dormido alguno del pueblo con tu mujer, y hubieras traído

Ahora pues, aquí está tu mujer. Tómala y vete.»
20 Entonces el faraón dio órdenes a sus hombres con respecto a Abram. Y éstos lo enviaron a él con su mujer y con todo lo que tenía.

7 Ahora pues, devuelve la mujer a su marido, porque él es profeta y orará por ti, y tú vivirás. Y si no la devuelves, ten por cierto que morirás irremisiblemente, tú y todos los tuyos.
8 Entonces Abimelec se levantó muy de mañana, llamó a todos sus servidores y dijo todas estas palabras a oídos de ellos. Y los hombres temieron mucho.
9 Después Abimelec llamó a Abraham y le preguntó:
—¿Qué nos has hecho? ¿En qué te he ofendido para que hayas traído sobre mí y sobre mi reino un pecado tan grande? Has hecho conmigo cosas que no debiste hacer.
10 —Dijo además Abimelec a Abraham—: ¿Qué has visto, para que hicieras esto?
11 Abraham respondió: -Porque pensé: «Seguramente no hay temor de Dios en este lugar y me matarán por causa de mi mujer.»

sobre nosotros culpabilidad.
11 Entonces Abimelec dio órdenes a todo el pueblo diciendo:
—El que toque a este hombre o a su mujer, morirá irremisiblemente.

12 Y a la verdad, también es mi hermana. Ella es hija de mi padre, pero no de mi madre; así que la tomé por mujer.
13 Cuando Dios me hizo salir errante de la casa de mi padre, yo le dije a ella: «Este es el favor que tú me harás: En todos los lugares a los que lleguemos dirás de mí: 'El es mi hermano.'»
14 Entonces Abimelec tomó ovejas y vacas, siervos y siervas; se los dio a Abraham y le devolvió a Sara su mujer.
15 Y le dijo Abimelec:
—He aquí mi tierra está delante de ti. Habita donde bien te parezca.
16 A Sara le dijo: —He aquí que he dado 1.000 piezas de plata a tu hermano. He aquí que esto constituye para ti y para todos los que están contigo una venda a los ojos. Así eres totalmente vindicada.
17 Entonces Abraham oró a Dios, y Dios sanó a Abimelec y a su mujer y a sus siervas para que dieran a luz.
18 Porque Jehovah había cerrado por completo toda matriz en la casa de Abimelec a causa de Sara, mujer de Abraham.

3) Como tercer ejemplo podemos tomar la famosa historia de la derrota del Filisteo Goliat. Parece que la tradición acerca de una milagrosa victoria israelita sobre un gigante filisteo ha circulado en Israel en distintas versiones. Conocemos a varios protagonistas: David, el (futuro rey), que mata a Goliat; un cierto Eljanán, hijo de Jair, que mata al *hermano* de Goliat el geteo; Eljanán, hijo de 'Jaare-oreguim', que mata a Goliat.

Nuestro texto de 2 Samuel 21.15ss muestra toda una lista de hazañas realizadas por David y sus servidores.

1Cró 20.5ss (RVA)	2 Sam 21.15ss (RVA)	1 Sam 17.1ss (RVA)
5 Hubo otra batalla contra los filisteos. Entonces Eljanán hijo de Jaír mató a Lajmi, hermano de Goliat el geteo, el asta de cuya lanza era como un rodillo de telar.	15 Aconteció que hubo otra batalla de los filisteos contra Israel. David descendió con sus servidores y combatieron contra los filisteos, y David quedó extenuado. 16 Entonces Isbi-benob, uno de los descendientes de Harafa, cuya lanza pesaba 300 siclos de bronce, ceñido con una espada nueva, trató de matar a David. 17 Pero Abisai, hijo de Sarvia, le socorrió, hirió al filisteo y lo mató. Entonces los hombres de David le juraron diciendo: «No saldrás más con nosotros a la batalla, no sea que apagues la lámpara de Israel.» 18 Aconteció después de esto que hubo otra batalla contra	1 Los filisteos reunieron sus tropas para la guerra y se congregaron en Soco, que pertenecía a Judá. Después acamparon entre Soco y Azeca, en Efes-damim. 2 También Saúl y los hombres de Israel se reunieron y acamparon en el valle de Ela y dispusieron la batalla contra los filisteos. 3 Los filisteos estaban a un lado sobre una colina, y los israelitas al otro lado sobre otra colina; y el valle estaba entre ellos. 4 Entonces, de las tropas de los

los filisteos en Gob. Entonces Sibecai, de Husa, mató a Saf, uno de los descendientes de Harafa.

19 Hubo otra batalla contra los filisteos en Gob. Entonces Eljanán hijo de Jaare-oreguim, de Belén, mató a Goliat el geteo, el asta de cuya lanza era como un rodillo de telar.

20 Y hubo otra batalla en Gat, donde había un hombre de gran estatura, el cual tenía seis dedos en cada mano y seis dedos en cada pie, veinticuatro en total. El también era un descendiente de Harafa.

21 El desafió a Israel, pero lo mató Jonatán hijo de Simea, hermano de David.

22 Estos cuatro eran descendientes de Harafa en Gat, y cayeron por mano de David y por mano de sus servidores.

filisteos salió un paladín que se llamaba Goliat, de Gat. Este tenía de estatura seis codos y un palmo.

5 Llevaba un casco de bronce en la cabeza y estaba vestido con una cota de malla de bronce que pesaba 5.000 siclos.

6 Sobre sus piernas tenía grebas de bronce y entre sus hombros llevaba una jabalina de bronce.

7 El asta de su lanza parecía un rodillo de telar, y su punta de hierro pesaba 600 siclos. Y su escudero iba delante de él...

Parece que llegó a formarse toda una serie de leyendas en torno al armamento del gigante filisteo. La tradición en la que Eljanán mató al *hermano* de Goliat se encuentra en el libro de Crónicas, un libro siempre muy a favor de la casa davídica. Es probable que esta versión se haya originado con el propósito de no quitarle nada al carácter legendario que David y su dinastía tienen para el redactor de Crónicas. Se debe notar que ambos textos, tanto 1 Crónicas, como 2 Samuel, hablan enfáticamente de 'otra batalla contra los Filisteos'.

4) Nuestro último ejemplo es la tradición en torno a la destrucción de Sodoma, tan conocida en la versión que encontramos en el libro de Génesis (Gé. 18s.). Sobresale el hecho de que en los textos proféticos la *tradición* de la destrucción de Sodoma *no* está relacionada con la homosexualidad, sino con el adulterio, y sobre todo con los pecados sociales.

Amós 4.11	**Jeremías 3.14**	**Jeremías 49.18**	**Jeremías 50.40**
«Os trastorné, como cuando Dios trastornó a Sodoma y a Gomorra, y fuisteis cual leño salvado del fuego. Pero no os volvisteis a mí», dice Jehovah.	Y en los profetas de Jerusalén he visto algo horrible: Cometen adulterio, andan en la mentira y fortalecen las manos de los malhechores, de manera que ninguno se convierta de su maldad. Todos ellos son para mí como Sodoma, y sus habitantes como Gomorra.	Como cuando fueron trastornadas Sodoma y Gomorra, y las ciudades vecinas, ha dicho Jehovah, no morará allí nadie, ni la habitará hijo de hombre.	Como cuando Dios trastornó a Sodoma, a Gomorra y a las ciudades vecinas, dice Jehovah, no morará allí nadie, ni la habitará hijo de hombre **Ezequiel 16.49** He aquí, ésta fue la iniquidad de tu hermana Sodoma: Orgullo, abundancia de pan y despreocupada tranquilidad tuvieron ella y sus hijas. Pero ella no dio la mano al pobre y al necesitado.

Así podríamos continuar yuxtaponiendo tradiciones literarias de la Biblia. Los mejores ejemplos provienen, desde luego, de los evangelios del Nuevo Testamento.

En general podemos decir que si es posible comprobar que los dos textos pertenecen al mismo género literario y estos dos textos muestran paralelos particulares en temática y trama narrativa, los dos textos podrán ser considerados como variantes de una misma tradición literaria. Es posible que dentro de un solo texto haya diferentes tradiciones. Isaías 51 abarca una tradición patriarcal, del éxodo, de la creación, etc. Es una gran actualización de tradiciones antiguas, ahora releídas para dar a los (ex-)cautivos nuevo coraje.

Una vez destilada una tradición, es la tarea de la Crítica de la tradición analizar su recorrido, determinar la fase de desarrollo en que se encuentra ahora, ver el 'lugar' que actualmente ocupa en la unidad literaria mayor. La tradición de las diez plagas es más reciente que la tradición del Exodo (las partes más antiguas). El hecho de que ahora constituyan *una sola* tiene una implicación de gran importancia teológica.

El método de la Crítica de la tradición enriquece mucho nuestra comprensión de los textos bíblicos. Nos da una visión del desarrollo de las distintas tradiciones de Israel. A través de ella es posible perfilar más precisamente la sociedad del antiguo Israel, sus convicciones, su fe y el desarrollo de su teología. En el segundo tomo de este libro, cuando analicemos Jueces 4 y lo comparemos con Jueces 5, veremos más de cerca la importancia de la *Traditionskritik*. Ahora es suficiente decir que la Crítica de la Tradición no está tan interesada en la prehistoria de una tradición bíblica, sino más bien en la posibilidad de comparar una versión con otra. Esta posibilidad enriquece enormemente el proceso de comprensión del texto, como veremos más adelante. Poder comparar una versión con otra nos da la posibilidad de ver ciertos énfasis, ciertas maneras de actualizar el *traditum*, ciertos matices, el desarrollo de ciertas líneas teológicas, etc.

Así como todos los métodos, también la Crítica de la tradición tiene sus limitaciones. Se ha dicho que 'el texto, así como se nos presenta, no llega a hablar' cuando se aplica la Crítica de la tradición (C. Houtman). Dicho de otra manera, para la Crítica de la tradición el texto siempre representa *cierta etapa del desarrollo de una tradición* de un texto literario con características propias. 'Así como encontramos en Gunkel una atención unilateral por los estadios más antiguos del texto, Von Rad se interesa casi exclusivamente por el Yahvista y la forma final de las tradiciones', afirma C. Houtman (Houtman 1980:119ss).

Así como todos los métodos, también la Crítica de la Tradición tiene sus limitaciones.

En su mejor forma, la Crítica de las tradiciones ofrece a la o el intérprete un marco de referencia para ubicar históricamente las tradiciones literarias. Un análisis de la tradición de Sodoma puede demostrar que aquella tradición estuvo vinculada originalmente con la destrucción de grandes ciudades (Is. 1.9, 10; 3.9; 13.19). Los motivos que juegan un papel en Gé. 18 (decadencia sexual) fueron agregados más tarde.

Los padres de la Crítica de las tradiciones son A. Alt y sus dos alumnos más famosos, G. von Rad y M. Noth. Podemos resumir sus tesis de la manera siguiente.

En 1936 Albrecht Alt formuló una nueva hipótesis acerca del origen del libro de Josué. El libro de Josué sería producto, afirmó Alt, de un proceso en que un gran número de sagas locales se habían convertido en una gran tradición de la entrada de Israel en la tierra prometida.

En 1938, en un libro famoso *Das formgeschichtliche Problem des Hexateuchs*, Gerhard von Rad llega a la conclusión de que los 6 primeros libros de la Biblia (Génesis hasta Josué inclusive) constituyen una gran obra literaria, un *Hexateuco*. Esta gran composición es producto de un proceso de fusión de lo que originalmente fueron unidades literarias aisladas, opina Von Rad. El hilo conductor en el proceso de transmisión de esas *tradiciones* fue un pequeño credo histórico (Dt. 26.5-9), procedente del santuario de Gilgal. A las tradiciones patriarcales, la del Exodo y la de la entrada, fue agregada posteriormente la historia de la legislación del Sinaí (Ex. 19-24 y 32-34). Es por eso que en el *pequeño credo* todavía falta una referencia a ella. Von Rad opina que, aunque las tradiciones mismas fueron creciendo lentamente, su inclusión en la composición final del Hexateuco fue obra de un solo hombre, el Yahvista.

En su importante libro *Ueberlieferungsgeschichtliche Studien I* (*Estudios de la historia de las tradiciones I*, 1943), Martín Noth defiende la tesis de que los libros de Deuteronomio hasta Reyes constituyen una gran obra literaria. La redacción final (hacia el 550 a.C.) fue hecha por una escuela marcada por una manera de pensar que encontramos representada en la teología del libro de Deuteronomio. Noth titula esta obra literaria la *obra histórica deuteronomística* y opina que los primeros *cuatro* libros del Antiguo Testamento (Génesis hasta Números) forman también una obra literaria, un *Tetrateuco*. A diferencia de Von Rad, Noth cree que la base del Tetrateuco está formada por *cinco* temas principales, originalmente aislados: éxodo, entrada, promesa a los patriarcas, caminata por el desierto, revelación en el Sinaí.

Crítica de la Crítica de las tradiciones

La crítica de las tradiciones ha contribuido mucho a la profundización de nuestro conocimiento sobre el origen de las grandes tradiciones de Israel y la actual composición de sus libros. Ella ha impedido que la exégesis se detuviera en una crítica histórica, obsesionada con el texto como portador de huellas rudimentarias de lo que 'realmente pasó'.

J. van Seters, Abraham in History and Tradition, New Haven – London, 1975.

La contribución de la Crítica de las tradiciones ha sido y sigue siendo de mucho valor. Sin embargo, crítica reciente ha hecho tambalear algunos de los resultados más seguros de la Crítica de las tradiciones. Cabe un *caveat* cuando se quiere usar la Crítica de las tradiciones. Lo que vale para todos los métodos modernos vale también para la Crítica de las tradiciones: se debe usar con prudencia y cautela. Grande es la tentación de reconstruir 'tradiciones' que nunca existieron. No toda perícopa contiene una *tradición*.

Ya en los años 70, exégetas como Van Seters, Schmid y Rendtorff formularon críticas importantes a los resultados de la Crítica de las tradiciones. Van Seters sostiene que las historias patriarcales corresponden a las circunstancias políticas y sociales, no del segundo milenio antes de Cristo (así Albright), sino del siglo 6 a.C., época del segundo cautiverio. El Yahvista no data de la época de Salomón, sino del segundo cautiverio. Las promesas a los patriarcas reciben su significado pleno, opina Van Seters, cuando son leídas desde la perspectiva del segundo cautiverio. Un resultado es que la interacción entre intérprete y texto cambia profundamente. Ahora, en la *Epoca de las Luces*, el texto llega a ser *objeto*. Se estudia el texto científica e históricamente. Se examina el texto según las leyes de la lógica. La Biblia llega a ser objeto de esa estrategia de sospecha y duda, tan importante en el quehacer científico de la Iluminación. Un análisis de las tradiciones de Abraham muestra que no han conocido un largo y complejo proceso de redacción.

Se ha criticado la hipótesis de Van Seters (Houtman 1980:142). Van Seters da la impresión de que todas las historias del Pentateuco son producto de la creatividad e imaginación de épocas tardías. ¿Por qué no puede haber elementos antiguos en cuerpos literarios que recibieron su redacción final en una época tardía? Seguramente, así opinan los críticos de Van Seters, debemos contar con elementos antiguos en las historias patriarcales. Pues, si las historias patriarcales son una creación de la época del segundo cautiverio, ¿qué sentido tendría pintar a los cautivos del siglo 6 en Babilonia, una imagen anacrónica tan fragmentada de la religión israelita antigua?

H.H. Schmid, Der Sogenannte Jahwist. Beobachtungen und Fragen zur Pentateuchforschung, Zürich, 1976.

H.H. Schmid defiende una fecha mucho más tardía para el Yahvista. El Yahvista no se debe ubicar en la época de Salomón, como lo hace Von Rad, sino en la época del deuteronomista. Argumentos de estilo, lenguaje, género y tradición llevan a Schmid a suponer una gran afinidad entre el Yahvista y el Deuteronomista. La representación de Israel como una nación grande en un reino grande pertenece a la época del cautiverio más bien que al tiempo de Salomón. Lo mismo vale del tema de la relación entre Jhwh y la historia, predominantemente presente en el Yahvista. Las promesas a los patriarcas se dejan interpretar mejor en la época del cautiverio que en el tiempo del reino unido, afirma Schmid.

Las observaciones de Schmid son importantes. Sin embargo, parece caer de un extremo en otro. No todo en el Pentateuco es reciente. El hecho de que profetas como Amós, Oseas e Isaías conozcan y usen las figuras de los patriarcas, hace suponer que no todo de los relatos patriarcales sea ficción literaria o muy tardío.

R. Rendtorff, Das überlieferungs-geschichtliche Problem des Pentateuch, Berlin –New York, 1977.

Rendtorff critica la teoría de las fuentes. Rechaza la tesis de Von Rad y niega la existencia de un Yahvista, percibido como autor de una obra literaria (documento) con una teología propia, constitutiva del actual Hexateuco. No es posible, opina Rendtorff, probar la existencia de una redacción final *sacerdotal* del Hexateuco. Ciertamente hay huellas de una mano sacerdotal en la redacción de partes de los dos primeros libros del A.T., pero no alcanzó más allá del libro Exodo. La crítica de Rendtorff es importante y constituye una advertencia contra representaciones demasiado superficiales y 'fáciles' del proceso de producción del Pentateuco. Debemos admitir que mucho del proceso de la formación del Pentateuco se nos escapa todavía. No podemos actuar como si hubiera sido un proceso totalmente transparente, o un proceso que se pudiera reconstruir hasta en sus detalles.

Respecto de las tesis de Rendtorff, el exégeta C. Houtman observa que no todo lo que Rendtorff sostiene es nuevo. El ataque de Rendtorff a la hipótesis de las fuentes es más vehemente que otros. Pero el mismo Rendtorff es muy poco preciso en el uso del argumento 'estilo'. Lamentablemente Rendtorff nunca se dedica a evaluar la solidez de los argumentos clásicos de la hipótesis de las fuentes que representamos anteriormente (incoherencia narrativa, contradicción, diferentes estilos literarios y 'teológicos', duplicación, diferentes nombres de Dios, etc.).

Resumiendo

El panorama que acabamos de dibujar muestra cuánto falta todavía para que haya un consenso entre los eruditos acerca del proceso de formación del Pentateuco. Desde esta perspectiva debemos también evaluar la solidez e importancia de los métodos históricos descritos en estos apartados. Debemos reconocer que el gran valor de la *Traditionskritik* es que ha despertado sensibilidad entre los y las intérpretes por el proceso de transmisión que ha rodeado todo el proceso de producción del texto bíblico. La Crítica de las tradiciones vuelve a enseñar que la Biblia es expresión literaria de una comunidad de creyentes. Durante mucho tiempo esta comunidad luchó por encontrar la manera más adecuada de articular su fe en el Dios liberador. Los textos bíblicos son profundamente *históricos*. Esto significa que son producto de un proceso constante de *re*lectura y actualización. Ahora bien, es precisamente esto lo que la Crítica de las tradiciones clarifica y subraya: que hubo una relación dinámica, dramática a veces, entre *traditum* y *traditio*.

4.5 La Crítica de la redacción

Un acontecimiento, *una* experiencia puede ser relatada y transmitida a través de distintos relatos. Un acontecimiento puede ser motivo de distintas tradiciones literarias. La tradición acerca de Jacob, conocida por Oseas, puede haber diferido de la que llegó a ser parte del ciclo de Jacob en Génesis. Parece que los profetas no conocían la extensa tradición acerca de la destrucción de Sodoma, incluida en Génesis.

Hemos visto que la Crítica de las tradiciones se interesa por la manera en que las tradiciones literarias fueron transmitidas en Israel, el lugar que ocupan ahora en el contexto literario mayor, etc. Ahora bien, un importante resultado de la Crítica de las tradiciones es la constatación de que ese proceso de transmisión no fue un proceso automático o mecánico, un proceso totalmente *re*pro-

Los redactores, los responsables de transmitir los textos, fueron más que meros copistas. Muchas veces ellos se parecían más a autores que a copistas. Para analizar la labor de esos redactores comienza a desarrollarse entre los años 1950 y 1960 otra forma de crítica histórica: la Crítica de la Redacción.

ductivo. No. Repetimos que entre *traditum* y *traditio* hubo una dialéctica. Los redactores, los responsables de transmitir los textos, fueron más que meros copistas. Muchas veces ellos se parecían más a *autores* que a copistas.

Para analizar la labor de esos redactores comienza a desarrollarse entre los años 1950 y 1960 otra forma de crítica histórica, una nueva escuela: la escuela de la Crítica de la redacción (*Redaktionskritik*). Una comparación entre los evangelios sinópticos había llevado a la conclusión de que los evangelistas han sido mucho más que *redactores* de tradiciones recibidas. Cada evangelio debe considerarse como una verdadera composición nueva, una obra de arte. Cada evangelio está fuertemente impregnado por su redactor final. El evangelio de Mateo lleva las huellas digitales de su compositor por todas partes. Lo mismo vale para los evangelios de Marcos y Lucas. Pero si los evangelistas dejaron tan fuertemente sus huellas en la obra literaria que lleva su nombre, es importante saber cuál fue el hilo conductor en toda esa labor. Fue, pues, aquella composición final la que llegó a tener peso autoritativo en la iglesia primitiva. Saber más de los motivos que llevaron a Mateo a incluir tal o cual pasaje — omitido en Lucas o Marcos — en tal o cual lugar, podrá arrojar luz sobre la comunidad en que Mateo se desenvolvió, su teología, el trasfondo socio-político de su evangelio, etc.

Es por eso que la Crítica de la redacción comienza a preguntar por lo propio de la redacción final de la tradición literaria. Debemos considerar a la Crítica de la redacción como una consecuencia y elaboración de sus predecesores, la Crítica de las formas y la Crítica de las tradiciones. Ahora el objeto de interés principal llega a ser el texto en su forma y composición *actuales*. ¿Cuáles fueron los criterios que llevaron a los redactores finales del Pentateuco a incluir material tan diverso y de épocas tan diferentes? ¿Cómo se redactó un libro que abarca material literario tan diverso como el libro de Isaías?

La diferencia entre la Crítica de las tradiciones y la Crítica de la redacción no siempre es muy fácil de trazar. Hemos dicho que la pregunta por la redacción final de la obra literaria interesa también a la Crítica de las tradiciones. Es por eso que algunos y algunas exégetas incluyen el análisis de la actual composición de un evangelio o libro profético dentro de la *Traditionsgeschichte*.

La labor de los redactores

Hemos visto que uno de los grandes descubrimientos de la crítica histórica es que los libros del A.T. y N.T. son producto de una larga historia de transmisión. Vimos que los *Soferîm* guardaban, coleccionaban y redactaban materiales que les fueron entregados. En la historia de la exégesis moderna se ha valorizado la labor de los redactores de diferentes maneras. Algunos, como Gunkel, opinaron que los redactores, al juntar las distintas tradiciones, produjeron un caos.

> Desde los escombros e hilos sueltos se debe reconstruir el personaje del profeta,

dice Gunkel sobre la redacción final de los libros proféticos. Otros autores son más positivos. Opinan que los redactores procedieron con gran creatividad y que agregaron una dimensión a textos sueltos que ahora aparecen como parte de un libro.

Sabemos que la labor del redactor fue muy variada. A veces era necesario borrar material recibido, otras veces adaptarlo, actualizar y ampliarlo. La labor redaccional quiere dar coherencia a tradiciones e historias de distintas épocas, lugares y esferas espirituales. Para llegar a tal coherencia los redactores aportan por lo menos cuatro contribuciones específicas:

- Amplias introducciones a la obra redactada. Estas introducciones ofrecen al lector y a la lectora cierto punto de vista, cierta perspectiva (cf. por ejemplo la historia del nacimiento de Esaú y Jacob (Gé. 26); también Jueces 2.11-23; Is. 7.1-2; 1 Sam. 16.14-23).

- Resúmenes al final de los grandes bloques narrativos para guiar a su auditorio en la interpretación de lo narrado (Gé. 30.43; 33.16-17).

- Eslabones entre una narración y la siguiente para cerrar las rupturas (Gé. 26.15; 29.24; 31.32).

- En muchos casos ordenaron el material recibido de una manera muy creativa, teológicamente significativa y muy emocionante desde el punto de vista narrativo.

No siempre es fácil determinar el papel de los redactores. Desde una perspectiva moderna debemos decir que los redactores son más que copistas y menos que autores. Los redactores pueden ser considerados teólogos que, al reordenar el material recibido, diseñaron su propio marco teológico. Debemos suponer que los redactores habrán ocupado una posición intermedia entre recibir mecánicamente su material y cambiarlo profundamente.

El filósofo judío Franz Rosenzweig, quien, junto a Martín Buber, hizo una famosa traducción alemana del A.T. (*Die Schrift Verdeutscht*), fue muy impactado por la coherencia y belleza narrativa y composicional de los libros del A.T. Rosenzweig tenía tan alta estima por los redactores que comenzó a usar la sigla *R* (con mayúscula). La sigla R no representa al redactor, sino R = *Redactor Rabbenu* (el *redactor* fue *Nuestro Maestro*). Con Rosenzweig podemos estar seguros de que el material que los redactores recibieron tuvo gran impacto en ellos. Sabemos que fue recibido y usado con gran reverencia. Más adelante veremos que Rosenzweig, en su apreciación de la composición literaria del A.T., es precursor de aquellos críticos que, desde los años 50 y 60 del siglo pasado, comienzan a abogar por un acercamiento más estético al texto veterotestamentario.

El papel de los redactores ha sido importante. Todos los libros del A.T. atestiguan una actividad redaccional. Las unidades menores funcionan generalmente muy bien dentro de la composición literaria mayor en la que fueron incluidas. De muchas maneras están vinculadas con la capa narrativa mayor. Con gran creatividad y fidelidad los redactores acogieron e incorporaron lo recibido.

Hemos visto que la pregunta central de la Crítica de redacción es cómo las unidades literarias menores fueron encapsuladas en la composición literaria mayor (libro o bloque narrativo). Mostremos aquí algo de su práctica y preguntas elementales.

- El redactor coloca el material recibido dentro de un marco. ¿Cómo se ve ese marco? ¿Cuáles son sus rasgos teológicos, geográficos, históricos, narrativos, etc.?

- Un fenómeno típicamente redaccional son las *palabras claves*. Son palabras que forman una cadena de asociaciones, un patrón de pensamientos con secuencia más o menos lógica. Muchas veces las perícopas de un texto están interconectadas a través de palabras claves. La ocurrencia de una misma palabra en más de una perícopa puede haber funcionado como eslabón entre las perícopas. Is. 1.4-9 está conectado con Is. 1.10-20 a través de las palabras Sodoma y Gomorra. Se muestra el siguiente patrón.

   Is. 1.4-9
   8 La hija de Sión ha quedado como una cabaña en una viña, como una choza en un melonar, como una ciudad sitiada.
   9 Si Jehová de los Ejércitos no nos hubiera dejado unos pocos sobrevivientes, seríamos ya como Sodoma y nos pareceríamos a Gomorra.

   Is. 1.10-20
   10 Escuchad la palabra de Jehová, oh gobernantes de Sodoma. Escucha la ley de nuestro Dios, oh pueblo de Gomorra.
   11 Dice Jehová: «¿De qué me sirve la multitud de vuestros sacrificios? Hastiado estoy de holocaustos de carneros y del sebo de animales engordados. No deseo la sangre de toros, de corderos y de machos cabríos».

J. Severino Croatto, Exilio y Sobrevivencia. Tradiciones contraculturales en el Pentateuco, Buenos Aires (Lumen), 1997.

- Es probable que originalmente los pasajes Gé. 2-3 y Gé. 4.1-16 no se hayan pertenecido. Sin embargo, hay muchos temas, cuestiones y puntos de vista que los conectan. Lo mismo vale para Gé. 4.1-16 y Gé. 4.17-26 (Severino 1997:45ss). Es probable que el extraño pasaje sobre el 'matrimonio' de los hijos de dios(es) y las hijas del hombre no haya formado parte del relato original del diluvio.

- Un ejemplo del Nuevo Testamento. Mc. 9.42-45 está conectado a Mc. 9.46-48 a través de la palabra *tropezar*; Mc. 9.46-48 con Mc. 9.49 a través de *fuego* y Mc. 9.49 con Mc. 9.50 a través de *sal*:

   Mc. 9.41-50
   41 Cualquiera que os dé un vaso de agua en mi nombre, porque sois de Cristo, de cierto os digo que jamás perderá su recompensa.
   42 Y a cualquiera que haga *tropezar* a uno de estos pequeños que creen en mí, mejor le fuera que se le atase una gran piedra de molino al cuello y que fuese echado al mar.
   43 Si tu mano te hace *tropezar*, córtala. Mejor te es entrar manco a la vida que teniendo dos manos, ir al infierno, al fuego inextinguible,
   44 donde su gusano no muere, y el *fuego* nunca se apaga.
   45 Si tu pie te hace *tropezar*, córtalo. Mejor te es entrar cojo a la vida que teniendo dos pies, ser echado al infierno,
   46 donde su gusano no muere, y el *fuego* nunca se apaga.
   47 Y si tu ojo te hace *tropezar*, sácalo. Mejor te es entrar con un solo ojo al reino de Dios que, teniendo dos ojos, ser echado al infierno,
   48 donde su gusano no muere, y el fuego nunca se apaga.
   49 Porque todo será *salado* con *fuego*.
   50 Buena es la *sal*; pero si la sal se vuelve insípida, ¿con qué será salada? Tened *sal* en vosotros y vivid en paz los unos con los otros.

- El redactor puede adaptar el material recibido. En la parte introductoria del presente libro vimos algunos ejemplos. A veces el redactor acorta el material, a veces lo desplaza o lo alarga. A veces el redactor estima necesario clarificar o explicar el mensaje de una perícopa. A veces el redactor quiere mejorar el estilo o precisar un poco la teología. De toda esa labor el redactor deja huellas y cicatrices.

Se ha comparado la labor del redactor con el trabajo de aquel que le da a una película cinematográfica su forma final. El dispone de varios *tracks*, trozos de película, escenas diferentes. El que monta la película está haciendo una labor redaccional. Junta, corta, elimina, ordena, pega, desplaza, perfila, da relieve, etc. Lo que complica la comparación con la película es la presuposición de que es posible hacer una clara distinción entre *texto recibido* y *labor redaccional*. En la práctica no es así. La relación entre material recibido y redacción del redactor no siempre es la misma. A veces el redactor no cambia mucho del material recibido; otras veces el redactor usa mucho material *y* hace muchos cambios. En cada obra literaria la labor redaccional es diferente. El redactor final del Pentateuco, el que redactó el gran rollo de Isaías, el que coleccionó los 150 Salmos, el autor del libro de Eclesiastés, Pablo como autor de la carta a los Gálatas, el redactor del evangelio de Mateo — cada uno es diferente, cada uno tuvo su propio *modus operandi*, sus propios énfasis, su propia actitud frente a la tradición. Es la tarea de la Crítica de la redacción detectar las huellas que dejaron los redactores y ver si es posible descubrir sus criterios, sus argumentos, sus énfasis.

4.6 Alcances y límites de los métodos históricos: un ejemplo

Acabamos de terminar nuestra representación de algunos métodos de exégesis clásicos. Nos concentramos en los métodos que comienzan a usarse desde la Epoca de las Luces. Su interés es fuertemente histórico y la terminología que usan lo atestigua. Se habla de la *historia* de las formas y tradiciones literarias, de la *historia* de la redacción final, etc. Sin exagerar mucho, podemos decir que la crítica histórica que nace en el siglo 17 y 18 ha llegado a dominar el mundo de las ciencias bíblicas. El último paso de la gran escuela alemana fue el de la Crítica de la redacción, que acabamos de representar. Sin embargo, con la Crítica de la redacción el método histórico no termina su marcha. En los años 70 y 80 nacen sus modernizaciones, por decirlo así. Por razones que explicaremos después, muchos de los últimos métodos de interpretación —algunos desarrollados en el Tercer Mundo— siguen teniendo una fuerte orientación histórica. Dedicaremos el próximo capítulo a representarlos: las lecturas sociológica, materialista, latinoamericana de liberación y negra.

Hemos dicho que el desarrollo de los métodos históricos ha significado una enorme riqueza. Pero también ha habido pérdida. Como parte de esa pérdida consideramos el hecho de que, a causa de la predominancia de los métodos históricos, se llegó a considerar la manera histórica de leer textos como la única. En general no se le enseña a la o el estudiante de métodos de exégesis que el método histórico es solo *una* manera de percibir y leer textos. Fácilmente se olvida que antes de los métodos históricos y modernos, existían otros métodos de dialogar con los textos bíblicos. En el judaísmo, en la iglesia cristiana y sus bases, en el pueblo, se ha estado practicando durante siglos otras maneras de conversar con los textos bíblicos. Son maneras no históricas, maneras *pre*modernas, pero no por eso menos creativas, ricas, legítimas. Con Carlos Mesters y muchos otros creemos que sería un desastre que la manera racional, 'occidental' e histórica fuera la única manera de entrar en contacto con el texto.

Complementariedad de métodos...

Cada método, como manera de interrogar al texto, tiene un momento de apertura, de hallazgo y encuentro. Cada método produce también momentos de *clausura*, cuando el texto comienza a *esconder* aspectos, a *ocultar* datos y facetas, por la sencilla razón que no se pregunta por ellos. Es por eso tan importante *creer* en la complementariedad en los métodos de exégesis y *practicarla*.

Ahora bien, para demostrar al lector o a la lectora la *orientación* del método histórico crítico queremos yuxtaponer dos formas de conversar con el texto bíblico. Al lado del análisis histórico, que es una manera *crítica* y *analítica* de mirar los textos, pondremos un ejemplo de una lectura más *sintética*. Al lado de un análisis histórico crítico de un pasaje del Exodo pondremos la *Mejilta* (Midrash del Exodo).

Es interesante la comparación. El método histórico-crítico *deshace* la redacción final y *desconecta* los textos, reduce el texto mayor a pequeños segmentos. Cree que esta es la única manera de vincularlos con la vida real, con alguna causalidad histórica. El segundo método, el rabínico, *deja intacta* la redacción actual. Cree que el texto así como está perfectamente puede reflejar un acontecimiento de la vida.

Es importante comprender que lo que determina la lectura *no* es el texto mismo. Pues los textos literarios nunca tematizan su propia falta de coherencia. Lo que determina si el texto, en su forma actual, debe ser deshecho o no, es la percepción de la factibilidad de lo narrado. Resulta que aquí la perspectiva occidental excluye la posibilidad de acontecimientos que desde una perspectiva rabínica son percibidos como perfectamente normales y naturales. Lo interesante de nuestro ejemplo es que muestra cómo lo que desde una perspectiva racional y causal no puede haber ocurrido (y por lo tanto debe ser *re*construido), *desde otra perspectiva* perfectamente puede ser considerado un hecho. Es importante constatar que esto implica que en la exégesis occidental, la percepción de lo que es posible y de lo que es *sencillamente* imposible ha llegado a ser un importante criterio. Lo que la racionalidad excluye como posible se convierte en hilo conductor de la interpretación. Conocemos el ejemplo de la datación de Marcos. Marcos no puede haber sido redactado antes del 70 d.C., ya que en Marcos hay referencias a la destrucción de Jerusalén ocurrida en el 70 y, en la opinión de muchos exégetas, no es posible que se haya predicho ese hecho. Para algunos intérpretes la predicción de la destrucción de Jerusalén constituye así un *terminus post quem* y no *ante quem*.

Vamos a nuestro ejemplo. Tomaremos algunos textos del gran bloque de Ex. 1-15, texto importantísimo desde el punto de vista de la hipótesis de las fuentes. Seleccionamos 4 textos que tematizan el acontecimiento de la salida de Egipto (Ex. 10.7; 11.1-6; 12.35-36; 14.5), cada uno a su manera. Presentamos los textos bíblicos en la secuencia en que están ahora en la Biblia. En seguida damos a conocer el modo de proceder y resultado del análisis histórico-crítico. Terminaremos representando la interpretación que del mismo pasaje da el Midrash (la *Mejílta*).

Los textos:

Ex. 10.7
10.7 Entonces los servidores del faraón le dijeron: —¿Hasta cuándo ha de sernos éste una trampa? Deja ir a esos hombres para que sirvan a Jehovah su Dios. ¿Todavía no te das cuenta de que Egipto está destruido?

Ex. 11.1-6
11.1 Jehovah dijo a Moisés: —Traeré una sola plaga más sobre el faraón y sobre Egipto. Después de esto, él os dejará ir de aquí. Cuando os deje ir, él os echará de aquí por completo.
2 Habla, pues, al pueblo para que cada hombre pida a su vecino, y cada mujer a su vecina, objetos de plata y de oro.
3 Jehovah dio gracia al pueblo ante los ojos de los egipcios. El mismo Moisés era considerado como un gran hombre en la tierra de Egipto, tanto a los ojos de los servidores del faraón, como a los ojos del pueblo.
4 Entonces dijo Moisés: —Así ha dicho Jehovah: "Como a la media noche yo pasaré por en medio de Egipto.
5 Y todo primogénito en la tierra de Egipto morirá, desde el primogénito del faraón que se sienta en su trono, hasta el primogénito de la sierva que está detrás del molino, y todo primerizo del ganado.
6 Habrá un gran clamor en toda la tierra de Egipto, como nunca lo hubo ni lo habrá."

Ex. 12.35-36
12.35 Los hijos de Israel hicieron también conforme al mandato de Moisés, y pidieron a los egipcios objetos de plata, objetos de oro y vestidos.
36 Jehovah dio gracia al pueblo ante los ojos de los egipcios, quienes les dieron lo que pidieron. Así despojaron a los egipcios.

Ex. 14.5
14.5 Y cuando informaron al rey de Egipto que el pueblo huía, el corazón del faraón y de sus servidores se volvió contra el pueblo. Y dijeron:
—¿Cómo hemos hecho esto de haber dejado ir a Israel, y que no nos sirva?

Análisis histórico-crítico

R. de Vaux, Historia Antigua de Israel I, Madrid, 1975.

Desde el comienzo de la crítica histórica se ha considerado el bloque de Ex. 1-15 como texto fuertemente trabajado y redactado. En su *Historia Antigua de Israel*, Roland de Vaux resume los logros de este tipo de crítica de la manera siguiente.

> …Está claro que esta unidad (Ex. 1-15, HdW) es fruto de una composición literaria. El relato incorpora elementos diversos: rasgos legendarios en la historia del nacimiento de Moisés y de las plagas; un colorido épico y recuerdos de mitos en el paso del mar y en el canto de victoria; una liturgia de la Pascua y unas leyes cultuales sobre la Pascua, los Azimos y los primogénitos. Existen dos relatos de la vocación de Moisés (Ex. 3-4 y 6.2-7,7) separados por Ex. 5.1-6.1, donde ya comienzan las disputas entre Moisés y el faraón. Es difícil determinar qué papel corresponde a Moisés y cuál a Aarón. La salida de los israelitas aparece unas veces (Ex. 3.20; 11.1; 12.31) como una concesión arrancada al faraón y otras como una huida a ocultas del faraón y contra su voluntad (Ex. 14.5, etc.). El relato actual tiene tras sí una larga historia.
>
> La crítica literaria no duda en absoluto en dejar a un lado el canto de victoria (Ex. 15.1-19). También distingue con bastante facilidad las aportaciones de la redacción sacerdotal (P o un redactor sacerdotal posterior) … Las fuentes J y E son más difíciles de distinguir una de otra. La crítica literaria clásica las reconoce aquí lo mismo que en otras partes, pero no hay dos autores que coincidan al detalle en la distribución. Los que no aceptan la existencia de una fuente elohista independiente, no descubren aquí (además de P) más que una fuente yahvista, la cual combinó tradiciones diferentes y sufrió adiciones posteriores o fue

«reeditada» con correcciones y complementos. El análisis literario más reciente admite las dos fuentes J y E, pero cambia un poco las atribuciones: concede la mayor parte a E y supone una transformación profunda por parte del redactor yahvista-elohísta… (de Vaux 1975:315ss).

Una dificultad especial en la interpretación de la historia de la salida de Egipto han ofrecido los textos que citamos más arriba. En Ex. 10.7 los servidores del faraón le aconsejan dejar salir al pueblo. ¿Cómo es posible reconciliar esto con el hecho de que en 11.1a se anuncia que el faraón *dejará ir* al pueblo? ¿Cómo se puede comprender el 11.1a en su conexión con el 11.1b donde se habla de una *expulsión*? Esquemáticamente:

> 11.1a Jehovah dijo a Moisés: —Traeré una sola plaga más sobre el faraón y sobre Egipto. Después de esto, él os dejará ir de aquí.

> 11.1b Cuando os deje ir, él os echará de aquí por completo.

Y, siguiendo el hilo, ¿cómo se relaciona con una *expulsión* lo que se relata en 11.2ss, es decir de que los israelitas piden plata y oro a sus vecinos egipcios (par.12.35s.)? Esquemáticamente:

> 11.1b Cuando os deje ir, él os echará de aquí por completo.

> 11.2 Habla, pues, al pueblo para que cada hombre pida a su vecino, y cada mujer a su vecina, objetos de plata y de oro.
> 12.35 Los hijos de Israel hicieron también conforme al mandato de Moisés, y pidieron a los egipcios objetos de plata, objetos de oro y vestidos.
> 36 Jehovah dio gracia al pueblo ante los ojos de los egipcios, quienes les dieron lo que pidieron. Así despojaron a los egipcios).

Entonces desde la perspectiva de la causalidad y lógica surge la pregunta ¿fue una *huida* la salida de Egipto (14.5a), o más bien una *expulsión* (14.5b)?

14.5a Y cuando informaron al rey de Egipto que el pueblo huía, el corazón del faraón y de sus servidores se volvió contra el pueblo.

14.5b Y dijeron: —¿Cómo hemos hecho esto de haber dejado ir a Israel, y que no nos sirva?

Podemos resumir el proceder de la crítica histórica de la siguiente manera:

- Es posible señalar muchas discrepancias entre los textos mencionados. Hay diferencias de estilo literario, vocabulario e imágenes. Todo eso es suficiente como para llegar a postular la existencia de distintas *fuentes* y tradiciones literarias.

- La solución se puede buscar en la existencia de (por lo menos) *dos tradiciones*: una tradición de *éxodo huida* y otra de *éxodo expulsión*. Ex. 14.5a (parte yahvista) pertenecería a la tradición huida. Pero '...el versículo 5b', escribe de Vaux, 'que vuelve al tema de «dejar salir», es de otra fuente. Es el único texto donde se menciona la huida, la cual se da por supuesta en lo que sigue (Ex. 14,6-9)', de Vaux 1975:359. La polivalencia entre los dos verbos *garaš* (expulsar) y *šillaḥ* (dejar ir) habrá contribuido a la fusión de las tradiciones (cf. Ex. 6.1 y 11.1).

- Sobre la *fusión* de las dos tradiciones dice de Vaux lo siguiente: 'La existencia de dos tradiciones, la del éxodo-huida y la del éxodo-expulsión, parece segura; pero su distinción sólo corresponde imperfectamente al reparto, por lo demás dudoso, de los textos entre las tradiciones antiguas. Parece que ambas tradiciones se combinaron muy pronto y que se influyeron mutuamente. En concreto, la décima plaga, en la que el tema del éxodo-expulsión es el más explícito, fue vinculada de forma inmediata al éxodo-huida del grupo de Moisés' (de Vaux 1975:361).

- Queda la pregunta de si los israelitas huyeron o fueron expulsados. La presentación del éxodo como huida es, según de Vaux, la más verosímil. Los pastores israelitas, sometidos al trabajo forzado, deben haberlo visto como una esclavitud insoportable y decidieron liberarse. El faraón, por su parte, no quiso perder una mano de obra barata. Por eso el éxodo-huida parece ser la tradición con más fundamento histórico. ¿Y la otra tradición? de Vaux: 'Como hubo varias entradas en Egipto, también pudo haber varios éxodos: unos grupos fueron expulsados y otros huyeron. Estos dos éxodos podrían explicar la dualidad de las tradiciones…'.

Terminamos aquí nuestro pequeño ejercicio. Vemos cómo procede la crítica histórica. Al señalar *discrepancias* o *contradicciones* en el texto se busca una solución en la 'decomposición' del texto. El texto está compuesto de textos provenientes de *fuentes* (contextos, experiencias) distintas. En seguida la crítica histórica se ocupa de la pregunta por la fusión de las tradiciones. Su actual redacción se explica en base a la ocurrencia de dos palabras parcialmente equivalentes.

Queda claro el modo de proceder del análisis histórico. Es crítico, aplica una estrategia de la duda, quiere ser objetivo y es *analítico*: des-liga lo que en el relato está conectado y en secuencia. Un criterio importante en su interpretación del texto es la lógica, la causalidad. Expulsión y huida no son combinables y por lo tanto debe tratarse de dos tradiciones (experiencias) distintas.

Vamos ahora a otro modo de mirar textos bíblicos. El ejemplo está tomado de la llamada *Mejílta* de Rabí Yišmael (sección *B°šalaḥ* 2 que comenta Ex. 13.7-17.16). Reiteramos que la *Mejílta* es uno de los comentarios rabínicos al Exodo más antiguos. Se supone que sus partes más antiguas son anteriores a Rabí Aquiba (hacia el 130 d.C.). Su redacción final parece datar del siglo 8 d.C.

Als een koning van vlees en bloed. Rabbijnse parabels in midrasjiem. Vertaald en toegelicht door Arie C. Kooyman, Baarn, 1997.

Así como otros comentarios rabínicos, también la *Mejílta* sigue un esquema hermenéutico interesante. Primero se representa el texto bíblico, después se ofrece su explicación (Midrash). A veces se quiere apoyar la explicación a través de una parábola (*Mashál*), que a su vez se compone de dos partes: la parábola propiamente tal (*Mashál*) y después su aplicación (*Nimshál*). En la aplicación de la parábola está presente la actualización del texto bíblico comentado. En nuestra representación del comentario seguimos el orden del comentario mismo (Kooyman 1997:29ss).

El texto comentado:

> 'Y cuando informaron al rey de Egipto que el pueblo huía, el corazón del faraón y de sus servidores se volvió contra el pueblo. Y dijeron: —¿Cómo hemos hecho esto de haber dejado ir a Israel, y que no nos sirva?' [Ex. 14.5]

Midrash (Comentario):

> Antes decía el texto:
> 'Entonces los servidores del faraón le dijeron: —¿Hasta cuándo ha de sernos éste una trampa? Deja ir a esos hombres para que sirvan a Jehovah su Dios. ¿Todavía no te das cuenta de que Egipto está destruido?' [Ex. 10.7].
>
> Y ahora dice:
> '...el corazón del faraón y de sus servidores se volvió contra el pueblo. Y dijeron: —¿Cómo hemos hecho esto de haber dejado ir a Israel...?' [Ex. 14.5]
> *Dijeron ellos (Los Egipcios, HdV)*: 'Si hubiéramos sido pegados y no los hubiéramos dejado ir, habría sido correcto. ¡Ahora fuimos pegados y los dejamos salir! O, si nos hubieran pegado y los hubiéramos dejado salir, pero no se nos hubiera quitado nuestra propiedad, esto habría sido correcto. Pero ahora fuimos pegados, los dejamos salir y nuestra propiedad nos fue quitada'.

I. Una Parábola (*Mashál*): ¿Con qué se puede comparar esta situación?

> I. Se puede comparar con un hombre que dijo a su esclavo: '¡Ve! ¡Tráeme un pescado del mercado!' El esclavo fue y del mercado le trajo un pescado que estaba podrido. Su señor le dijo: 'Te ordeno comerte el pescado, sino te darán 60 azotes o pagarás 100 minas. El esclavo dijo: 'me lo comeré'. Pero cuando comenzó a comérselo no pudo llevarlo a cabo. Y dijo: 'Que me den los azotes'. Le

dieron los 60 azotes, pero no pudo aguantarlo y dijo: 'pagaré las 100 minas'. Al final de la historia el esclavo comió el pescado, recibió los azotes y pagó la multa.

II. Aplicación (*Nimshál*): Así pasó también con los Egipcios.

Fueron pegados, los dejaron salir, su propiedad les fue quitada.

Es elocuente e instructivo el ejemplo. Para el análisis histórico una comparación entre Ex. 11.1 y Ex. 14.5 es motivo para *decomponer* el texto. La solución está en la presuposición de que en Ex. 1-15 hay por lo menos dos tradiciones distintas, reflejo de dos situaciones históricas distintas: la tradición éxodo-huida y la tradición éxodo-explusión.

La *Mejílta* reconoce el problema de la incongruencia entre un texto y otro. El Midrash lo formula explícitamente:
antes el texto decía... el primer texto que comentamos [Ex. 10.7] decía...
ahora el texto dice: el texto *que ahora toca comentar* [Ex. 14.5] dice...

Sin embargo, para la *Mejílta* la incongruencia textual llega a ser momento de creatividad e imaginación. No es necesario dividir el texto en fragmentos de distinta procedencia y época. La *Mejílta* se pregunta en qué medida la situación descrita en los textos realmente es imposible. ¿Es posible?, pregunta la *Mejílta*, ¿que, al mismo tiempo alguien sea pegado y *no* deje salir a quien lo pegó? La respuesta debe ser, dice la *Mejílta*, que es difícil pero no imposible. Pues, debiera haberse detenido y castigado a la persona que pegó al otro. ¿Es posible?, sigue preguntando la *Mejílta*, ¿la situación de que se pegue a alguien, se deje salir a quien lo pegó, pero *no* se permite quitarle toda su propiedad? No, responde la Mejílta, no es imposible, es más bien comprensible. Entonces, insiste la *Mejílta*, ¿qué pensar de la situación que le pegan a uno, salen libremente de su país y además toman las propiedades de su población? Bueno, responde la *Mejílta*, es lo que pasó con los Egipcios. Es difícil, casi imposible, que haya pasado, pero aconteció así. Lo que pasó con los Egipcios, por muy imposible que parezca, se parece a una historia que conocemos. Es la historia de un esclavo que tuvo que comprar un pescado para su amo...

¿Cuál es la conclusión que debemos sacar? Vimos que para la crítica histórica la supuesta falta de coherencia entre los textos se convierte en obstáculo para leerlos en secuencia. Para la crítica histórica no hay manera de leer los tres textos en conjunto. La solución es leerlos de manera 'atomizante', como producto de fuentes distintas.

Contrariamente la *Mejilta* interpreta los tres textos en secuencia y como parte de *un* acontecer. Los tres textos, leídos en conjunto, incrementan la *humillación* del Faraón y su gente. La crítica histórica soluciona su problema *deshaciendo* la secuencia actual de los textos y aislando cada texto como elemento de una tradición separada. El *Midrash* no necesita solucionar ningún problema. La parábola sobre un esclavo que compra un pescado podrido para su amo clarifica la situación en que estuvo el Faraón y su gente.

Unidad 5:

Los nuevos métodos históricos: lectura sociológica y materialista

Introducción

En la sección anterior terminamos nuestra representación de los métodos de la modernidad. Los definimos como métodos *modernos* porque hay un interés común que los une. Es el *aspecto referencial* de los textos lo que interesa en primer lugar a la crítica histórica. Más adelante explicaremos con mayor profundidad lo que debemos entender por el *aspecto referencial* o la *referencia* de los textos literarios. Ahora es suficiente decir que por el aspecto referencial o la referencia de un texto entendemos aquel aspecto del texto que lo conecta con el mundo exterior, el mundo *extralingüístico*, el mundo real e histórico.

Podemos considerar los textos literarios como sistemas con diferentes características. Todas ellas son importantes en el proceso de interpretación y una de ellas es la *referencia* del texto: la manera en que el texto apunta por encima de sí mismo y se vincula con el mundo extralingüístico. En este sentido, hemos visto, los métodos históricos se interesan sobre todo por el contexto histórico *detrás* del texto. Un criterio importante para determinar el valor del texto ha sido, muchas veces, la medida en que refleja *lo que realmente había pasado*.

> *Desde el punto de vista de su interés y metodología, estos métodos liberadores tienen mucho en común con los métodos histórico-críticos. Su interés principal es histórico. Sus practicantes quieren saber 'lo que realmente pasó' (Wellhausen). Se tiene mucho interés en lo popular, la suerte de la gente humilde (Gunkel). Se parte del presupuesto de que ciertas oposiciones binarias han sido el motor principal de la historia de Israel (A. Alt). Su práctica se caracteriza por una fuerte dosis de sospecha (Espinoza).*

Las últimas variantes de los métodos histórico-críticos (crítica de la tradición y redacción) se desarrollan en la época de la posguerra. Poco después, en los años 70s y 80s, comienzan a usarse nuevos métodos de interpretación. Nos referimos a la lectura sociológica y materialista. Con los métodos históricos clásicos comparten el interés en el *trasfondo histórico* de los textos. En estos mismos años, y como exigencia de las llamadas teologías del genitivo (negra, sudafricana, latinoamericana de liberación, Minyun, Dalit, etc.), se comienzan a usar lo que podríamos llamar los *métodos exegéticos emancipatorios*. Son métodos de lectura usados en la periferia. Las comunidades negras (de EE.UU. y Sudáfrica) comienzan a releer la Biblia, como también las Comunidades de Base en América Latina, las comunidades de parias en la India (Dalits), las mujeres (lectura feminista) y los pobres trabajadores en Corea (Minyun). Son métodos que se usan en la lucha de liberación de los pueblos oprimidos. Los y las practicantes de esos métodos los definen como *métodos liberadores* y hablan de una *exégesis de liberación* o *lectura liberadora de la Biblia*.

Desde el punto de vista de su interés y metodología, estos métodos liberadores tienen mucho en común con los métodos histórico-críticos. Su interés principal es histórico. Sus practicantes quieren saber 'lo que realmente pasó' (Wellhausen). Se tiene mucho interés en lo popular, la suerte de la gente humilde (Gunkel). Se parte del presupuesto de que ciertas oposiciones binarias han sido el motor principal de la historia de Israel (A. Alt). Su práctica se caracteriza por una fuerte dosis de *sospecha* (Espinoza).

Dedicaremos los próximos párrafos a una discusión sobre el método materialista, el método sociológico y una *lectura negra* sudafricana. En el siguiente capítulo analizaremos los métodos latinoamericanos.

Lo que los *métodos emancipatorios* tienen en común es su interés sociológico y su deseo de contribuir a la liberación. Veremos que el interés sociológico es un elemento que los coloca más allá de los métodos históricos clásicos. Sin embargo, el término paragüa, *lectura sociológica,* cubre una gran cantidad de modos de lectura. Es necesario distinguir entre lo que se ha venido a llamar *lectura materialista* y las demás *lecturas sociológicas*.

Mucho del discurso y de la práctica de la llamada lectura latinoamericana de la Biblia, tiene sus raíces en la lectura materialista.

No toda lectura sociológica es materialista. Veremos que la lectura materialista — en cierto sentido precursor de las lecturas sociológicas posteriores — siente afinidad con el *estructuralismo*. A diferencia de las lecturas sociológicas practicadas por exégetas como Norman Gottwald y muchos exégetas latinoamericanos, la lectura materialista se interesa por *aspectos lingüísticos* y *semióticos* del texto. Se dedica al análisis de los *papeles, funciones* y *personajes* en el texto. Analiza el *desarrollo narrativo* en el texto. Quiere saber cómo funcionan los *códigos* que el texto usa, etc. De los métodos orientados sociológicamente la lectura materialista ha tenido el papel más antiguo. Comencemos nuestro análisis por la lectura materialista.

5.1. La lectura materialista

La aproximación materialista a los textos bíblicos tiene su origen en la obra de Fernando Belo, un sacerdote portugués. En el verano del 1974 apareció en París un libro que, sobre todo en círculos de pensadores marxistas cristianos, causó mucho impacto: *Lecture matérialiste de l'évangile de Marc* (*Lectura materialista del evangelio de Marcos*, ver Pixley 1992). Belo había tenido que salir de Portugal por sus pensamientos 'izquierdistas'. Después de haber estudiado en Lovaina, fue a París donde recibió su formación.

M. Clévenot, Een materialistische benadering van de bijbel, Baarn, 1979. (introducción de Rochus Zuurmond).

Se ha dicho que es importante ver que la lectura materialista nació en una confrontación de ambos polos, de ambos mundos (Clévenot/Zuurmond 1979:11): el mundo de Portugal con su tremenda pobreza y una iglesia que apoyaba el régimen autoritario; y el mundo de la capital francesa con su gran libertad, su cultura cosmopolita, su *intelligentsia* y el constante encuentro de muchas disciplinas científicas. La escuela de París le ofreció a Belo el instrumentario para construir un marco teórico de una nueva lectura de la Biblia, una lectura bíblica que pudiera ir más allá de la lectura bíblica practicada en la iglesia (portuguesa). La situación que enfrentó Belo se parece a la de muchos países latinoamericanos de las décadas de los sesenta y setenta. Hacemos notar que mucho del discurso y de la práctica de la llamada lectura latinoamericana de la Biblia tiene sus raíces en la lectura materialista.

M. Clévenot, Approches matérialistes de la bible, Paris, 1976. (Aproximaciones materialistas a la Biblia).

El libro de Belo era difícil. Presuponía gran conocimiento de conceptos y códigos usados en otras ciencias (sociología, ciencia de la literatura, semiótica narrativa, estructuralismo, análisis marxista de las sociedades premodernas, etc.). Fue la popularización del libro por Michel Clévenot lo que resultó en el inicio de un verdadero *movimiento bíblico* en Europa. Especialmente en los grupos de base, las comunidades de cristianos críticos, comenzó un movimiento de cristianos que practicaban la *lectura materialista de la Biblia*.

En la lectura materialista se combinan los resultados y métodos de dos disciplinas:

- el materialismo histórico, y
- la teoría de literatura marxista, el estructuralismo.

El materialismo histórico afirma que cada texto es producto de una combinación de factores, pensamientos y experiencias. Cada texto proviene de un contexto especial y tiene como trasfondo convicciones, maneras de pensar y cierta percepción de la realidad. Una palabra que cubre esta combinación que hace la lectura materialista es la palabra *ideología*. Cada texto literario está impregnado por una ideología, por cierta manera de ver la vida. Contrario al estructuralismo (clásico), la lectura marxista quiere vincular el *texto* con el *contexto* que produjo el texto. La ideología, sostiene la lectura materialista, se produce en la interacción entre la realidad y su articulación.

El objetivo de la lectura materialista es doble:

1) *Liberar* la lectura de la Biblia 'de las manos de la burguesía'.

2) *Abrir* el texto para una lectura comprometida, una lectura que tome en cuenta aquellos factores que deben ser considerados como los motores de la historia: poder (político), dinero y religión.

La lectura materialista usa nociones fundamentales del estructuralismo, pero a diferencia del estructuralismo, trata de situar el texto dentro de su contexto económico, político y social. La lectura materialista quiere analizar también el *aspecto referencial* del texto. Quiere ver cómo el texto se relaciona con el mundo extratextual y extralingüístico.

La lectura del evangelio de Marcos, hecha por Belo y Clévenot, comienza deliberadamente con un análisis de la *situación histórica* en que el libro fue escrito. Clévenot comienza su comentario a Marcos con lo que después se llamará el *análisis de los cuatro lados*:

[1] la situación económica en el imperio romano,

[2] el clima político,

[3] el pensamiento ideológico,

[4] las ideas religiosas.

Al igual que en la hermenéutica latinoamericana, en la lectura materialista la difícil noción de *praxis* juega un papel importante. En la introducción de su comentario, Clévenot define *praxis* de la siguiente manera: '*Praxis* es el proceso de transformación a través de trabajo'. En el curso de este proceso de transformación los y las participantes emprenden relaciones sociales. Las relaciones sociales constituyen la estructura económica de la sociedad. En base a esta estructura económica se genera una estructura política y de conciencia. Como productos ideológicos se pueden definir todas las expresiones de una estructura-de-conciencia determinada, como son el arte, la filosofía y la religión.

Implicaciones de una lectura materialista de la Biblia

¿Qué implica una lectura materialista de la Biblia? ¿A qué se opone? ¿Qué quiere complementar? La Biblia, opina Belo, es una colección de textos de carácter y origen muy diversos. La exégesis clásica generalmente considera los trasfondos religiosos de esos textos, pero se interesa poco por los factores políticos y en nada por los factores económicos. La *lectura materialista* de la Biblia quiere 'leer la Biblia como *producto ideológico*; mejor dicho: como una colección de *productos ideológicos, que pertenecen a una praxis social determinada*'. La *lectura materialista* quiere investigar las circunstancias económicas, ideológicas y políticas en que se produjeron los libros bíblicos.

Los y las practicantes de la *lectura materialista* tienen una opinión muy definida acerca del carácter del canon. La formación del canon, así sostiene por ejemplo Clévenot, fue obra de la clase dominante, ayudada por los sacerdotes (Antiguo Testamento) y teólogos (Nuevo Testamento). Fueron ellos los que comenzaron a enseñar que la Biblia tenía un origen mágico y reclamaron el monopolio de la correcta interpretación. Ahora bien, la lectura materialista quiere romper con la dominación de la interpretación idealista. La Biblia tiene que ser leída desde la lucha social. La experiencia y perspectiva de una lucha contra el aparato eclesial de la clase dominante deben orientar la lectura.

La exégesis materialista quiere optar, tomar partido. Se basa en una hermenéutica militante. Neutralidad u objetividad son términos usados por los teólogos de la jerarquía. Importa mucho el método exegético que se use. Importa mucho también la percepción que el o la exégeta tenga de su objeto de estudio (el texto bíblico). Se debe mirar con sospecha a aquellas y aquellos intérpretes que ponen demasiado énfasis en el texto como *obra de arte* (*Literarisches Kunstwerk*) y lo desconectan de la vida real.

En muchos casos la contribución de la ciencia bíblica a la comprensión de la palabra de Dios ha sido pobre y contraproductiva. El exégeta materialista debe practicar una

---

Los y las practicantes de la lectura materialista tienen una opinión muy definida acerca del carácter del canon. La formación del canon, así sostiene por ejemplo Clévenot, fue obra de la clase dominante, ayudada por los sacerdotes (Antiguo Testamento) y teólogos (Nuevo Testamento). Fueron ellos los que comenzaron a enseñar que la Biblia tenía un origen mágico y reclamaron el monopolio de la correcta interpretación.

Ernst Bloch, Atheismus im Christentum, Frankfurt a. M. 1973.

lectura proletaria de la Biblia, pues la lectura de la Biblia hecha por los y las pobres arroja resultados asombrosos. Los y las pobres siempre han leído la Biblia desde una situación análoga a la situación en que la Biblia misma fue producida. Los y las pobres siempre hicieron preguntas correctas y muy concretas al texto, afirman los y las exégetas materialistas.

La percepción del proceso de producción de la Biblia constituye una pauta de trabajo para los y las exégetas materialistas. Aquí el filósofo marxista Ernesto Bloch ha tenido gran influencia (Bloch 1973:24ss). Según Bloch, las historias bíblicas tienen un carácter revolucionario, sin embargo, las capas revolucionarias originales de los relatos fueron cubiertas o 'tapadas'. En la época veterotestamentaria los responsables fueron las castas sacerdotales; en el N.T. fueron los teólogos destacados, meros instrumentos de la clase dominante. También Belo es de la opinión de que tendencias subversivas en la Biblia fueron borradas y eliminadas por los poderosos.

También en América Latina la convicción de que la Escritura tiene un origen revolucionario goza de mucha popularidad. La tesis de que la Biblia es el libro de los y las pobres fue ampliamente desarrollada por exégetas latinoamericanos. Debemos analizar más adelante la solidez de estas hipótesis. Ya adelantamos que aquella percepción del *status* del texto — producto mixto (texto original *tapado* por *re*lecturas reaccionarias posteriores) — en el curso de la década de los 80 se convertirá en una espada de doble filo. Particularmente dentro de las llamadas *lecturas emancipatorias* (lectura negra, feminista, sudafricana, etc.), llega a ser fuente de dos actitudes frente al texto bíblico. Una actitud demasiado militante y sospechosa, otra demasiado confiada. Para unos y unas, el texto bíblico se convierte en instrumento de lucha, para otros y otras llega a ser un gran problema.

El *método* materialista

¿Cómo se realiza una lectura materialista? Para analizar el texto en su *aspecto literario y lingüístico*, la lectura

---

Ver también: G. Sauter, 'Exodus' und 'Befreiung' als theologische Metaphern. Ein Beispiel zur Kritik von Allegorese und missverstandenen Analogien in der Ethik, en: EvTh 38 (1978) 538-559.

Para analizar el texto en su aspecto literario y lingüístico la lectura materialista usa métodos del estructuralismo (francés). Para analizar el trasfondo histórico de los textos usa herramientas del análisis marxista de las sociedades premodernas y de la sociedad de clases en general.

materialista usa métodos del estructuralismo (francés). Para analizar el *trasfondo histórico* de los textos, usa herramientas del análisis marxista de las sociedades premodernas y de la sociedad de clases en general. Conceptos como *sociedad tributaria, modo de producción asiático* —caros a la exégesis latinoamericana— pueblan los análisis materialistas de textos bíblicos. Belo se refiere frecuentemente a la sociedad *judía subasiática*.

En su análisis del texto como *textura* (tejido), como unidad *literaria*, la lectura materialista usa elementos del estructuralismo francés. Siguiendo a R. Barthes se habla mucho del *código*. El concepto *código* no se usa de una manera uniforme en el estructuralismo y la ciencia de la literatura; veremos que algunos y algunas prefieren definir *códigos* como clave de lectura (histórica, teológica, antropológica, temática, literaria, *género*, etc.) a través de la cual se busca acceso a un texto (Bal 1988).

Ver para el significado de 'código' en la ciencia de la literatura: M. Bal, Murder and Difference. Gender, Genre and Scholarship on Sisera's Death, Bloomington-Indianapolis, 1988.

El estructuralismo considera al *código* como una pequeña línea de significado. Así como en una tela los hilos están entretejidos unos con otros, también en una narración hay *líneas de significado*. Cada hilo es un código y el total de códigos constituye la trama de la obra. Para comprenderlo bien, el texto debe ser decodificado.

Triple decodificación

La triple decodificación

El análisis materialista del texto consiste en una *triple decodificación*

análisis funcional

1) Un primer paso es el *análisis funcional*. El análisis funcional quiere explorar la trama de la narración. Aquí se trata de descubrir la *gramática* del texto. Para esto se tienen que delimitar las secuencias pequeñas del texto. Por secuencia se entiende una unidad de acción, determinada por las mismas personas o personajes, una unidad de tiempo y de lugar. Cada historia, cada narración, conoce pequeños programas de líneas narrativas interrelacionadas. Siempre hay

juegos de conceptos relacionados que pueden llamarse relaciones o correlaciones. Son elementos que están interrelacionados: pregunta - respuesta, misión - cumplimiento, denuncia - proceso, etc.

El análisis *funcional* – en la ciencia de la literatura se habla de *análisis narrativo* – trata de analizar las correlaciones del texto, el desarrollo de la *trama* del texto. ¿Cómo siguen las secuencias? ¿Cuáles son los desarrollos de la trama del relato? Las correlaciones del núcleo determinan la línea narrativa o trama, las correlaciones del margen completan la línea narrativa principal. Al delimitar las secuencias pequeñas podemos ir captando la estructura narrativa del texto. Podemos ver cuáles son sus *transformaciones,* cómo se desarrolla su trama.

Análisis accional

2) Mientras que el análisis funcional se concentra en la *trama* de relato, el *análisis accional* pregunta por los *actores* del texto. ¿Cuál es su posición? ¿Cuál es el análisis que los mismos personajes hacen de la situación? ¿Qué actitud han decidido tomar y por qué? Este tipo de análisis se aplica sobre todo a textos narrativos.

Análisis cultural

3) El tercer tipo de análisis es el *análisis cultural*. La pregunta central aquí es: ¿cuáles son las referencias a los trasfondos económicos, políticos e ideológicos del texto? ¿Cuáles son las *normas* que rigen aquella sociedad que se esconde detrás del texto? ¿Cuál es el *mundo* del texto, su universo simbólico?

Hemos hablado de la importancia de los *códigos* para la lectura materialista. Al lado de la triple decodificación *del relato propiamente tal,* hay una serie de *códigos* particulares en cada texto. También estos códigos deben decodificarse.

• Belo menciona los *códigos mitológicos*. Son aquellos elementos del texto que dan a conocer el universo mitológico - religioso de su autor: infierno - cielo, ángeles, la voz celestial, juicio final, etc.

- Hay otros códigos como los *códigos topográficos* y *cronológicos*. El autor del evangelio de Marcos, por ejemplo, usa su propia *topografía*, su propia ubicación de lugares y ciudades. Los códigos usados por este evangelista no corresponden a la realidad histórica con la cual el autor – viviendo fuera de Palestina — no estaba muy familiarizado.

- Otro tipo de código es el *código histórico*. También la *cronología* de un relato o evangelio puede ser algo muy propio del autor, distinta de la real, la histórica. Descubrir el significado de ese código puede contribuir mucho a la comprensión de la obra literaria.

Importancia de la lectura materialista

La lectura materialista ha tenido gran impacto en círculos de lectores y lectoras críticas y comprometidas de la Biblia y no menos en el campo de la ciencia bíblica. Particularmente en círculos de exégetas latinoamericanos, se ha sentido su influencia. Las diferentes lecturas sociológicas de la Biblia le deben mucho a Belo y sus seguidores y seguidoras. La lectura materialista es un ejemplo del modo de pensar de los años 70 pero no por eso es menos válida. La lectura materialista es caracterizada por la sospecha con que mira la ciencia bíblica e iglesia establecidas. Hay gran confianza en la posibilidad de reconstruir el trasfondo histórico de los textos. Hay gran confianza también en la posibilidad de cambiar las estructuras de la sociedad. La participación de cristianos y cristianas en el proceso de transformación se considera de crucial importancia.

La influencia de la lectura materialista en América Latina ha sido enorme, así reiteramos. Debemos decir, sin embargo, que en América Latina se ha llegado a una aplicación un poco unilateral del método. Se ha privilegiado el análisis histórico-sociológico del texto, en desmedro de la exploración de sus aspectos literarios y narrativos. Permanece el desafío.

5.2. La lectura sociológica

En su clásico ensayo, *Sociological Method in the Study of Ancient Israel*, el norteamericano N.K. Gottwald pide atención a la lectura sociológica de la Biblia. Es importante ver que Gottwald considera la lectura sociológica como *complementaria* al análisis histórico-crítico. Pero mientras que el análisis histórico-crítico se concentra en asuntos como la cultura, literatura y religión, la lectura sociológica quiere dar un paso más. Se interesa especialmente por los *patrones*, las líneas recurrentes en la sociedad y las relaciones humanas. ¿Cuáles son los patrones *fijos* en las relaciones humanas? ¿Cómo es posible reconstruir la vida y el pensamiento del antiguo Israel? ¿Por qué se actuaba como se actuaba?

> Ver también N.K. Gottwald (ed.), Social Scientific Criticism of the Hebrew Bible and its Social World: The Israelite Monarchy, Semeia 37 (1986).

Al igual que la crítica histórica, la lectura sociológica usa todos los métodos disponibles de las ciencias humanas. La lectura sociológica quiere usar los instrumentos de las ciencias sociales, económicas y culturales. El conocimiento de investigaciones antropológicas, etnológicas y sociológicas forma parte integral de la lectura sociológica. La lectura sociológica ve a las personas como actores sociales dentro de sistemas sociales. La lectura sociológica implica el análisis de 'las interacciones comunales que abarcan las funciones, los roles, las instituciones, las costumbres, las normas, los símbolos y los procesos, y las redes particulares de los subsistemas de la organización social' (Gottwald).

> N.K. Gottwald, Sociological Method in the Study of Ancient Israel, en: M.J. Buss (ed.), Encounter with the Text. Form and History in the Hebrew Bible (Semeia Supplements), Philadelphia-Missoula 1979, 69-82.

La lectura sociológica pregunta entonces por la producción económica en el mundo que se esconde detrás de los textos, por su orden político, la defensa militar del país, la posición de la ciudad, la jurisprudencia, la organización religiosa. Se debe considerar a Israel como sistema social que a su vez debe ser comprendido como una totalidad de subsistemas. Ahora bien, ¿cómo se realizaba en Israel la producción de bienes, productos, servicios e ideas? En la manera en que Israel daba forma a sus ideas, pensamientos y convicciones religiosas, ciertamente hubo cierta regularidad. Se puede analizar esa regularidad pues ella

La lectura sociológica se ocupa de 'todas aquellas interacciones en la sociedad, que tienen que ver con funciones, roles, instituciones, costumbres, normas, símbolos y los procesos y 'redes' que son característicos de los subsistemas de la organización social'.

determinaba la conducta y el comportamiento de los segmentos y actores sociales en Israel de manera normativa. Ese sistema social que llamamos Israel *validaba* cierto uso de medios, personas y poder; *rechazaba* otros. Al analizar la regularidad y las variantes es posible constatar dónde el sistema producía *desperdicio social* y dónde producía *innovación social*, opina Gottwald.

La materia prima de la lectura sociológica de la Biblia evidentemente son los textos *bíblicos*. Pero también el análisis de los textos producidos por los sistemas sociales vecinos (Mesopotamia, Egipto, Ugarit, Canaán, Siria, etc.) le es de gran importancia. Los resultados de excavaciones arqueológicas deben ser considerados con gran diligencia. El resultado del análisis *sincrónico* y *diacrónico* de otros sistemas sociales puede contribuir mucho a la determinación de las características propias del sistema social Israel.

N.K. Gottwald, The Tribes of Yahweh, A Sociology of the Religion of Liberated Israel 1250-1050 B.C.E., New York,(Orbis books), 1979.

Hay traducción en castellano (Alicia Winters, Colombia) y portugués.

El análisis sociológico tiene como objeto central la reconstrucción del sistema social israelita como una totalidad. El más conocido y mayor ejemplo de lectura sociológica es la obra de Norman Gottwald, *Las Tribus de Yahweh*. Es un libro que, por razones muy comprensibles, ha tenido gran influencia en la ciencia bíblica latinoamericana. Con su análisis del origen de Israel como revuelta campesina, Gottwald, siguiendo la pista de otros y otras, forzó a la exégesis a mirar los textos bíblicos de otra manera y a perder un poco de su ingenuidad política. Ahora, después de haberles hecho preguntas 'políticas', los textos 'revelan' referencias directas a asuntos políticos, sociales y económicos. Se plantea nuevamente y desde otra óptica la pregunta, ¿qué fue realmente el Israel primitivo? ¿Cómo se realizó la llamada *entrada* a Canaán? ¿Se justifica todavía imaginar la génesis de Israel según modelos clásicos como la conquista, *anfiktionía*, o inmigración?

Al igual que la lectura materialista, la lectura sociológica es militante; se acerca con sospecha a los textos. Llega a la conclusión de que Israel mismo ha retroproyectado una imagen idealizada y optimista sobre su origen. En la

> Gottwald opina que la ciencia bíblica se caracteriza por: '...una resistencia innata a tratar de concebir al pueblo de Israel como una totalidad social viviente, como seres humanos en una red de relaciones vividas y significados compartidos'.
>
> C. Mesters, El Misterioso Mundo de la Biblia, Buenos Aires 1977 (Por Trás Das Palavras), Petrópolis, 1974.

investigación del origen de Israel la ciencia bíblica vigente ha sido poco crítica. La lectura sociológica quiere romper con una conducta demasiado pietista y prejuiciada de la ciencia bíblica. Una ciencia bíblica a la que le cuesta mucho percibir a Israel en términos de un sistema social. Al respecto, Gottwald habla de una *resistencia arraigada* muy profundamente en la ciencia bíblica a enfocar a Israel como una totalidad social (Gottwald 1979:5). Una de las razones por las que la ciencia bíblica, por más crítica que haya sido en otros aspectos, desde el punto de vista antropológico y sociológico no es suficientemente crítica, es la exagerada *reverencia* con la cual mira la historia de Israel. Pues Israel es precursor de la iglesia cristiana. Jesucristo es hijo de Israel. Otra razón son las superespecializaciones en el campo de la ciencia bíblica. Hay un temor grande a sintetizar, a llegar a juntar hilos, sumar resultados de diferentes especialistas. Cada exégeta está en su propio rincón, sostiene Gottwald, y nadie se atreve a reunir los materiales de varios rincones al mismo tiempo y construir de ellos un edificio. Es un poco la situación que desde hace dos decenios fue caracterizada muy lindamente por Carlos Mesters en su *parábola de la casa*. Los científicos llegaron a 'tomar' lo que un día fue casa del pueblo (Mesters 1977:13-19).

Podemos decir que la lectura sociológica quiere ser sospechosa y sintética. Sus preguntas son ¿cuán confiable es la representación que hace la exégesis clásica del semi-nomadismo en la Palestina del segundo milenio a.C.? ¿Cómo funcionaba realmente el sistema social de Israel? ¿Cuáles fueron las metas compartidas dentro de ese sistema social?

El modelo estructural-funcional

Hemos dicho que Gottwald subraya la importancia de la complementariedad en la exégesis y considera su método como *uno* de los métodos que el o la intérprete debe usar. El método sociológico tiene una misión que cumplir y llena lagunas importantes en la interpretación bíblica vigente, así afirma Gottwald. Se opone a una interpretación idealista no-sistemática de la historia de Israel y del A.T.

Frente a un método que:

- *separa* la religión de Israel de la *sociedad* israelita,
- o arbitrariamente *deduce* la sociedad israelita de la religión de Israel,
- o *no da suficiente importancia* a los fenómenos sociales en la religión de Israel,

se necesita un método capaz:

- de hacer un *mapa* de la correlación entre sociedad y religión,
- de *aclarar las relaciones causales* entre sociedad y religión según las leyes de la probabilidad,
- de *establecer*, a través de comparación con otros sistemas sociales, lo *propio de la red de relaciones socio-religiosas* en Israel.

Para poder realizar este programa, Gottwald opta por lo que llama el *método estructural-funcional*. Es un método usado por ciertos antropólogos y antropólogas y sirve para hacer un mapa de las correlaciones entre sociedad y religión en Israel. El método estructural-funcional considera la religión de una sociedad como un compartimento de toda la red social de una nación. También la religión debe ser percibida como servidora de intereses, ayudante en la satisfacción de necesidades, en fin, como *función* dentro de una totalidad mayor. Por *función* se entiende una relación de dependencia o interdependencia entre dos o más factores variables dentro de un campo de acción social (Gottwald 1979:609). Los cambios dentro de un campo afectan a otro campo. En palabras de Gottwald: el Yahvismo debe ser considerado como una *función* del tribalismo israelita. Dicho de otra manera, el Yahvismo está relacionado con el tribalismo israelita; esta relación se debe percibir en términos de dependencia. Si lo opuesto también es válido — el tribalismo es función del Yahvismo — se puede hablar de *inter*dependencia.

Es importante comprender, insiste Gottwald, que el modelo estructural-funcional no quiere ofrecer *fotos digitales* de las

Ana Flora Anderson / Gilberto Gorgulho, A Leitura Sociológica da Bíblia, en: Estudos Bíblicos 2 (1985(2)) 6ss.

sociedades y de todos sus subsistemas. Más bien el método funcional quiere hacer una tentativa *abierta* y *controlable* de visualizar y destacar ciertas relaciones dentro de una sociedad. Así, a través del método funcional, Gottwald llega a formular una de sus tesis más importantes:

> El mono-Yahvismo ha sido una función del sistema igualitario socio-político en el Israel pre-monárquico. Igualdad social y Yahvismo están mutuamente relacionados.

Observaciones críticas

La contribución de la lectura sociológica a una mejor comprensión de la historia de Israel, ha sido enorme. Las y los exégetas son invitados a perder su ingenuidad y considerar los textos bíblicos como portadores de datos sociológicos. Ya no es posible imaginarse el inicio de la historia de Israel sin considerar también la hipótesis de la *revuelta campesina*. Se ha podido crear una nueva sensibilidad frente a la conexión entre religión y sociedad. También la *religión* resulta defensora de 'intereses', portadora de necesidades insatisfechas. Enorme ha sido la influencia y el desafío de la lectura sociológica. Desde los años 70 ha crecido enormemente nuestro conocimiento del trasfondo histórico del A.T. y N.T. Un número de obras importantísimas ha sido publicado, tanto en el Tercer Mundo, como en los países del Norte. La relación entre el proceso de producción de la Biblia y la periferia de la sociedad israelita ha sido frecuentemente destacada en las últimas décadas. La exégesis latinoamericana ha sido profundamente marcada por la lectura sociológica y en la obra de muchos autores latinoamericanos hay un marcado interés sociológico. Brasil y Centroamérica tienen sus escuelas 'sociológicas'.

Obras con 'interés' sociológico fueron publicadas en Alemania por autores como: F. Crüsemann, G. Theissen, Willy y Luise Schottroff, W. Stegemann, W. Dietrich, Bernhard Lang, R. Albertz, etc. En España por: José L. Sicre, etc. En EE.UU por: N.K. Gottwald, W. Brueggemann, etc.

Es comprensible la popularidad del método sociológico en América Latina. La lectura sociológica quiere reconstruir el contexto social original de Israel, analizar las relaciones de poder, examinar la relación entre pobres y ricos, excluidos y poderosos. Sin embargo, en los últimos años han surgido preguntas críticas respecto de ciertos resultados y uso de términos de la lectura sociológica. Obtener resultados seguros a través del método socio-lógico no es tan fácil como se ha sugerido. Algunas de las interrogantes que han surgido son las siguientes:

Para los conceptos 'modo de producción asiático', ver por ejemplo: J. Pixley, Historia de Israel desde los Pobres, Managua, 1987. Id., Historia Sagrada, Historia Popular, San José 1991; también Gottwald 1979:757 nota 299.

- El análisis sociológico quiere investigar a Israel como sistema social y conjunto de sistemas sociales. Los datos conocidos de los pueblos vecinos (*sincronía*) y de otros sistemas sociales (*diacronía*) deben ser comparados con lo que sabemos de Israel. Pero, ¿qué otro sistema social puede ser comparado con el de Israel?

- ¿Es realmente posible aplicar indiscriminadamente y a *toda la historia* de Israel lo que Marx y Engels llamaron el *sistema de producción asiático* y que tenía que ver con la manera de producir en el siglo 19 en la China?

- El sistema tributario: ¿qué fue realmente?

- ¿Se puede retroproyectar el feudalismo medieval y compararlo con algún momento en la historia del sistema social que fue Israel?

Para un buen análisis del concepto 'sistema de producción asático' en Marx y Engels, ver: F. Tokei, Le Mode de Production Asiatique dans L'Oeuvre de K. Marx et F. Engels, en: La Pensée 114 (1964) 7-32; también: J. Chesneaux, Le Mode de Production Asiatique. Quelques Perspec-tives de Recherche, en: ibid. 32ss.

- ¿Cómo se realizó la revuelta campesina en Canaán durante el siglo 12 a.C.? ¿Fue realmente una revuelta?

- ¿Cuán seguros son los resultados de la arqueología que sugieren que el siglo 12 fue un momento de transición (crítica a Gottwald)?

- No todos los textos revelan los sistemas de producción vigentes en su época.

- Las complicaciones que trae el método sociológico pueden demostrarse a través de las historias patriarcales. Las huellas de los sistemas sociales vigentes en la época de su producción (¿cuál?) son rudimentarias, confusas. Una época está mezclada con otra; las huellas digitales de su redactor final se mezclan con vestigios de remotos tiempos. La *lectura* de los datos es complicada porque *los datos* son complejos porque *los sistemas* eran complejos.

- Así como las demás lecturas históricas, la lectura sociológica privilegia a *uno* de los aspectos del texto en particular, su aspecto referencial. Para completar todo el proceso de interpretación, sin embargo, es necesario dar también otros pasos (gramatical, literario, semántico y discursivo). Los y las practicantes de la lectura sociológica no siempre han seguido a Gottwald en su convicción de que la lectura sociológica es solamente *una* lectura entre muchas. No siempre se ha querido complementar la lectura sociológica con otras lecturas. La lectura sociológica tiende a reclamar tanto espacio que para otros métodos no queda casi nada.

- A veces la lectura sociológica peca de lo que todos los métodos históricos pecan y lo que más adelante llamaremos *la falacia de los orígenes*. Es el pensamiento de que el sentido verdadero del texto, su mensaje, no está en su letra, sino exclusivamente en algo que se encuentra *fuera* del texto (1), y de que el lector o la lectora, al reconstruir el trasfondo original, será capaz de sacar ese mensaje (2).

- Desde varios ángulos y disciplinas (antropología, sociología, sicología de la religión, etc.) se ha comenzado a interrogar el funcionalismo. Resulta que el factor religioso tiene un peso propio, es caprichoso y a veces incoherente; no se deja captar fácilmente y encajar dentro de un modelo. La religión y la fe no solamente están correlacionadas con otros sistemas, sino que tienen también algo propio, constituyen un mundo en sí y no solamente son una *función* dentro de un sistema más amplio.

- Podemos considerar como pérdida el hecho de que la lectura sociológica no haya seguido los principios de la lectura materialista: primero la exploración de la textualidad del texto, después el análisis de su aspectos referenciales.

- La lectura sociológica es profundamente interdisciplinaria. Usa métodos de la sociología, etnología, antropología, arqueología, etc. Esto no facilita su aplicación y puede llevar a cierta superficialidad.

La revuelta campesina

No es improbable que haya una relación íntima entre postura política, posición teológica y percepción del comienzo de Israel como entidad política. No es improbable que los defensores de la revuelta campesina tengan otra postura política y teológica que los defensores del modelo de inmigración o conquista. Sin exagerar mucho se puede afirmar que ciertas concepciones del inicio de Israel como entidad política llegaron a ser una clave de lectura de toda la Biblia. La convicción de que Israel fue producto de una revolución campesina tuvo un *efecto heurístico*, especialmente en la literatura exegética latinoamericana.

La popularidad de tal hipótesis fue tan grande que merece un análisis propio. El hecho de que Israel se haya iniciado a través de una revuelta campesina fue, por razones muy comprensibles, una imagen muy atractiva para muchos y muchas exégetas latinoamericanos. Ahora, después de casi veinte años, es posible tomar un poco de distancia y ver que la clave de lectura del Israel revolucionario también tuvo un efecto congelador y *cerró* el acceso a muchos textos.

V. Fritz, Die Entstehung Israels im 12. Und 11. Jahrhundert v. Chr., Stuttgart etc., 1996.

Cuando hablamos del origen de Israel como nación es necesario matizar. Cualquiera que haya sido la forma del asentamiento de Israel en Canaán — infiltración, conquista, revuelta, *anfiktionía*, inmigración — sabemos ahora que es casi imposible diseñar una imagen coherente del origen de Israel como entidad política. Los datos entregan una imagen mixta. En su reciente análisis del contexto cananeo de los siglos 12 y 11 a.C., Volkmar Fritz revisa las teorías principales y llega a la siguiente conclusión (Fritz 1996:110ss):

1) Las fuentes extrabíblicas de los siglos 12 y 11 a.C. son muy escasas. Las *cartas de Amarna* ofrecen material importante para definir las relaciones socio-políticas entre Egipto y Canaán, pero describen la situación del siglo 14. Por lo tanto no es una base sólida.

2) Las tradiciones sobre la época pre-monárquica son de la época de la monarquía. Esto significa que el A.T. mismo no es una fuente primaria de información. Solamente la canción de Débora ofrece, probablemente, una *imagen de momento* de las relaciones sociales y políticas de la época de la formación de Israel. Allí se habla de 10 tribus que de alguna forma, no definida, están interrelacionadas entre sí. La canción no ofrece información sobre su origen o forma de asentamiento.

3) La arqueología ha excavado numerosas capas de habitación del siglo 12 y 11. La imagen que se puede derivar de los resultados arqueológicos no es coherente. Es muy difícil sistematizar los resultados. Sin embargo, hay datos arqueológicos que no permiten sino presuponer que hubo una completa reestructuración de la forma de asentarse en aquella época. No está claro bajo qué condiciones aquellos cambios se han realizado. Cada teoría debe tomar en cuenta la enorme complejidad de la cultura de aquel momento (época de hierro temprano).

R.K. Gnuse, No Other Gods. Emergent Monotheism in Israel (JSOTSS 241), Sheffield, 1997.

4) La sociología y la etnología han precisado mucho la mirada de la ciencia a las condiciones y cambios sociales. Con más precisión que antes es posible describir las diferentes formas de apariencia del nomadismo. Sabemos más de la interacción entre las estructuras sociales y económicas. Sigue vigente, sin embargo, la advertencia de que no es posible mezclar sistemas. No todos los modelos pueden aplicarse a todas las sociedades. *Toda reconstrucción del comienzo de Israel como entidad política sigue teniendo un carácter altamente hipotético* (Fritz 1996:111).

En un estudio reciente sobre el monoteísmo emergente en Israel, Robert Karl Gnuse ha reiterado la íntima conexión entre postura teológica y opinión acerca del comienzo de Israel. Hay una afinidad entre teólogos y teólogas de la liberación y defensores de la revolución campesina interna, afirma Gnuse. En su estudio Gnuse resume algunas críticas que fueron formuladas a las hipótesis de Mendenhall y

Gottwald. La crítica es profunda y toma tres líneas: (1) los métodos (sociológicos) usados están obsoletos; (2) los datos no se usan correctamente, hay exageración en muchos aspectos, falta de conocimiento en otros; (3) se ha *impuesto* una visión demasiado moderna y romántica sobre la sociedad israelita antigua (Gnuse 1997:23ss).

1) Los y las oponentes subrayan la falta de evidencia concreta de una revuelta campesina, tanto en el Antiguo Israel, como en cualquier otro lugar del mundo antiguo.

2) Las ciudades cananeas no eran suficientemente grandes como para tener tensiones entre *clases* de ricos y *masas* de empobrecidos.

3) Los llamados *'apiru* (los vagabundos/mercenarios precursores de Israel) muchas veces tenían más poder que los reyes de las ciudades. El fenómeno de los *'apiru* es más complicado de lo que las hipótesis de Gottwald y Mendenhall demuestran.

4) Los defensores de la revolución social imponen a los Israelitas ideas e idiosincrasias modernas. En la obra de Mendenhall los antiguos Israelitas aparecen románticamente como revolucionarios americanos; en la obra de Gottwald son campesinos inspirados.

5) Los modelos antropológicos y sociológicos usados para fundamentar la teoría de la revolución social son débiles:

    • se fundamentan en la obsoleta *Escuela Americana de Evolución Cultural (American School of Cultural Evolution)*, cuya visión del desarrollo de la cultura humana debe considerarse como pasada de moda;

    • reflejan poco conocimiento de las estructuras de sociedades tribales y nómadas;

    • fallan en la construcción de las relaciones entre modos de existencia sedentarios y pastoriles;

- demuestran poco conocimiento de la geografía de Canaán;
- demuestran poco conocimiento de la existencia de vida igualitaria en las aldeas en otras regiones de Siria y Canaán en la antigüedad.

Gnuse cree, con muchos otros, que ya no es posible mantener la hipótesis de que 'Israel' fue resultado de una revuelta campesina.

Actualmente, en los años '90, concluye Gnuse, está emergiendo un consenso que va en otra dirección. Entre arqueólogos y arqueólogas encontramos el consenso de que la comunidad israelita se estableció *pacífica* e *internamente* en el altiplano de Palestina. Hay que pensar en una *simbiosis* más bien que en una *revolución interna* de campesinos cananeos empobrecidos, huyendo del sistema opresor estatal de las grandes ciudades-estado cananeas. Es preferible usar palabras claves como: *retiro pacífico, nomadismo interno, transición pacífica, amalgamación* y *síntesis* (Gnuse 1997:31ss). Son éstas las palabras que mejor resumen lo que las teorías más recientes dicen sobre el establecimiento de Israel en Canaán. Parte del emergente consenso entre arqueólogos y arqueólogas es que no es posible hacer una distinción entre Cananeos e Israelitas en las primeras fases del asentamiento. Se trata del mismo pueblo. La distinción entre ellos se establece más tarde.

Gnuse basa su argumentación en la gran continuidad que, según datos arqueológicos, hubo entre la cultura urbana cananea ubicada en las planicies y las aldeas israelitas en el altiplano de Judá. En la construcción de casas, la greda, las técnicas agrícolas, las herramientas — en todo hay una total semejanza entre las planicies cananeas y el altiplano israelita. Los datos arqueológicos hacen pensar más bien en una retirada pacífica que en una revolución campesina. Terminamos aquí nuestra representación del trabajo de Gnuse. No es necesario entrar en detalles y evaluar las críticas e hipótesis expuestas. Hemos querido dar a conocer algunas observaciones críticas a lo que se considera como uno de los resultados más importantes de la lectura sociológica del Antiguo Testamento.

Está claro que la hipótesis de la revuelta campesina está sujeta a revisiones. Lo que hemos querido subrayar también es la íntima relación entre postura teológica, método exégetico y percepción de la realidad (actual). La lectura sociológica muestra con claridad cómo para el o la intérprete la 'realidad del pasado' se basa en gran parte en la percepción de la realidad actual. La historia de Israel funciona como un espejo en que el o la intérprete ve reflejados sus deseos respecto al presente. El pasado pierde su función crítica. Por razones obvias la Teología de la Liberación muestra preferencia por la hipótesis de la revuelta campesina. Las teologías liberales se adherirán con más facilidad a la hipótesis de la *anfiktionía*. Las teologías del desarrollo se inclinarán por el modelo de la inmigración paulatina y pacífica. Las teologías más conservadoras optarán por el modelo de la conquista.

La crítica actual a la hipótesis de la revuelta campesina viene a subrayar nuestro alegato a favor de la complementariedad en la exégesis. No es que el o la intérprete no deba tener una postura teológica o política, pero no debe rendirse demasiado rápidamente a la unilateralidad. El uso exclusivo de un método puede desembocar en una conversación con los textos que, a la larga, no hace sino repetir la misma agenda.

5.3 El texto bíblico como problema

Habíamos dicho que las lecturas emancipatorias de la Biblia sienten gran afinidad con la lectura sociológica. Esto es comprensible. Mientras más analogía es posible construir entre la *situación histórica* y la actual, más cercanía se siente con los textos bíblicos y más 'bíblicamente' estaremos viviendo. La analogía comienza a funcionar como clave de lectura, prescindiendo de las diferencias que también existieron.

Hemos visto cómo la lectura sociológica puede servir cierta agenda política. Pasa lo mismo con cada método exegético, por más objetivo o 'desinteresado' que pretenda ser. En ciertas variantes de la lectura sociológica se complica la relación entre la agenda política de la o el intérprete y el método de lectura. La práctica de lectura del teólogo sudafricano Mosala es un buen ejemplo de cómo la lectura sociológica, manejada dentro de un modelo hermenéutico específico, *prohibe* al lector o a la lectora a acercarse *abiertamente* al texto. Mosala, a quien nos referimos en la introducción del presente libro, propaga una hermenéutica del lector o la lectora rebelde que implica una doble agenda. El lector o la lectora debe buscar en los textos las huellas de acciones liberadoras. Mientras más abiertamente los textos atestiguen su trasfondo liberador, más valiosos son (1). Pero no todo tipo de liberación 'sirve', según Mosala. El lector o la lectora debe buscar una forma *específica* de liberación. Debe buscar la liberación verdadera (2). Lamentablemente no todos los textos bíblicos hablan de ella. Por más que algunos textos del A.T. hablen de liberación, lo hacen de manera enajenante, sostiene Mosala.

Tomemos el ejemplo de un libro como Ester. El libro habla de liberación, cambio, la salvación del pueblo de Israel. Pero cuando lo comparamos con lo que sabemos de la liberación actual de la mujer negra en Sudáfrica, la liberación de la que Ester habla resulta inapropiada y alienante. El *lector o la lectora rebelde* se debe acercar con suspicacia al texto bíblico, afirma Mosala. El texto está rodeado por *antiprogramas*, programas que pretenden apuntar a la liberación, pero en realidad mantienen el sometimiento. Estos programas se descubren por doquier, no solamente en las teologías conservadoras o en las teologías que defienden el apartheid, sino también en las teologías de la tradición humanista liberal, que conoce sus variantes liberadoras y negras. El lector o la lectora descubrirá además que los textos bíblicos no siempre contienen programas liberadores, sino también antiprogramas. Lo que lleva al lector o a la lectora a un juicio apropiado no es tanto el texto bíblico, sino más bien lo que su visión (materialista) le enseña acerca de la liberación verdadera.

I.J. Mosala, The Implications of the Text of Esther for African Women's Struggle for Liberation in South Africa, en: R.S. Sugirtharajah, Voices form the Margin. Interpreting the Bible in the Third World, New York (Orbis), 1995, 168-178.

Un estudio de la relevancia de Ester para la lucha de liberación de las mujeres africanas deberá tomar en cuenta la tradición del lector o la lectora rebelde que se está convirtiendo en parte de la praxis liberadora de la Teología Negra. Esta hermenéutica no solo se rehusará a someterse a las cadenas impuestas por los y las exégetas bíblicos del apartheid, o aquellos de la tradición humanista liberal incluyendo sus versiones de teología negra y de la liberación, sino que también se enfrentará a los "regímenes de la verdad"...de estas tradiciones en tanto que se manifiestan en el texto de la Biblia misma (Mosala 1995:171).

Es necesario, escribe Mosala, practicar una lectura sociológica operativizada dentro de una hermenéutica que rompa con la 'hermenéutica de consenso'. Esa nueva hermenéutica implica una *hermenéutica bíblica cultural-materialista de lucha*.

La convicción que he articulado en otros lugares se debe reiterar aquí, es decir, que las comunidades oprimidas deben liberar la Biblia para que la Biblia las pueda liberar. Una Biblia oprimida oprime y una Biblia liberada libera... (Mosala:1995:178)

Un análisis del trabajo de Mosala se encuentra también en G. West, Biblical Hermeneutics of Liberation, Modes of rereading the Bible in the South African Context, Pietermaritzburg-New York (Cluster Publ. - Orbis), 1995².

La lucha debe apuntar hacia una liberación verdadera, no solamente del lector o de la lectora, sino también de la Biblia. Observamos que el problema que se presenta es que se confunden las exigencias del programa político de la o el intérprete y las exigencias del método que se aplica. El hilo conductor en la interpretación llega a ser la agenda política correcta de la o el intérprete. Se considera buena la interpretación que 'sirva'.

Lo que pasa en la hermenéutica de Mosala pasa también en otras hermenéuticas emancipadoras (cf. Kwok Pui Lan 1995:299ss). El texto bíblico no solamente lleva a la solución, sino que es parte del problema. Volveremos sobre esta cuestión cuando analicemos las lecturas liberadoras latinoamericanas de la Biblia.

Hacia la hermenéutica moderna

Kwok Pui Lan, Discovering the Bible in the Non-biblical World, en: R.S. Sugirtharajah (ed.), Voices from the Margin, New York, 1995, 289-305.

Terminamos aquí nuestra representación de los métodos históricos. En el siguiente capítulo comentaremos algunas corrientes de las lecturas practicadas en América Latina y otras partes del Tercer Mundo, que también definiremos como *históricas* y *modernas*. Algunas de ellas se apoyan fuertemente en la hermenéutica moderna europea, usan su terminología y presuponen conocimiento de ella. De ahí que sea necesario dedicarnos primero a una exploración de algunas nociones de la hermenéutica europea moderna.

Capítulo 3
La Hermenéutica moderna y sus conceptos

Unidad 6:

Hermenéutica de la apropiación (H.-G. Gadamer y P. Ricoeur)

Introducción

De gran importancia para la hermenéutica moderna son los filósofos H.-G. Gadamer y P. Ricoeur. Sus obras constituyen un marco teórico importante para muchos y muchas intérpretes de la Biblia. No solamente en el mundo occidental, sino también en el mundo austral hay muchos y muchas exégetas que refieren frecuentemente a los conceptos desarrollados por Gadamer y Ricoeur. Es necesario, por lo tanto, dedicarnos brevemente al análisis de sus teorías.

6.1 Definición de términos

Lo nuevo es que ahora, en la hermenéutica moderna, surgen una teoría de texto y una serie de conceptos nuevos a través de los cuales es posible comprender y seguir la ruta de lo que realmente es relectura.

'Cada lectura de un texto histórico es una *relectura* y *producción* de sentido' (J.S. Croatto). Desde los años sesenta han surgido en el primer, pero más aún en el Tercer Mundo, lo que puede definirse como *hermenéuticas del genitivo*. Son los diseños hermenéuticos que acompañan a las teologías emancipadoras: feminista, de liberación, negra, sudafricana, indígena, etc. En todas ellas encontramos esfuerzos por evocar de la tradición y de la Biblia una palabra para una situación propia y particular: del negro y la negra, de la y el indígena, de la y el pobre, del perseguido, de la excluida, de la mujer, etc. Evidentemente no es nueva esta situación. Siempre han habido lecturas 'interesadas'. Lo nuevo es que ahora, en la hermenéutica moderna, surgen una teoría del texto y una serie de conceptos nuevos a través de los cuales es posible comprender y seguir la ruta de lo que realmente es *re*lectura.

Antes de comenzar a ver lo que es un texto, queremos precisar algunos términos que surgieron en el campo de la hermenéutica moderna y que, en la literatura exegética latinoamericana, se usan muy indistintamente. Comencemos por el término mismo *hermenéutica*. Hay quienes entienden por hermenéutica la *práctica* de la explicación o interpretación de textos. En este caso la hermenéutica coincide con la exégesis u otra práctica de lectura. Se usa el término *hermenéutica* donde otros u otras hablarían de *hermeneusis*. Hay personas, sin embargo, que hablan de *lectura hermenéutica* y entienden por ello una práctica exegética que no se queda en la reconstrucción del significado histórico del texto, sino que trata de 'abrir' el texto, de 'ablandarlo' para que el lector o la lectora moderna pueda hacer su actualización (J.S. Croatto).

Por hermenéutica entendemos la teoría (práctica teórica) que se ocupa de la pregunta ¿cómo es posible explicar y comprender textos históricos?

Antes se hacía una distinción entre hermenéutica bíblica y hermenéutica filosófica. Mientras que la hermenéutica filosófica era la teoría general del comprender, la hermenéutica bíblica se consideraba una región de ella. La hermenéutica era la teoría de la exégesis que fijaba las reglas correctas para la explicación de los textos bíblicos. En la actualidad muchos y muchas exégetas ya no sienten esta diferencia, pues los textos bíblicos también son textos literarios. Por ende las leyes y los métodos de la ciencia de la literatura, la lingüística y la hermenéutica filosófica son igualmente válidas.

Nosotros usaremos una definición clásica y transparente de la hermenéutica. Por hermenéutica entendemos la teoría (o práctica teórica) que se ocupa de la pregunta ¿cómo es posible *explicar* y *comprender* textos históricos? En esta definición están delimitados tanto el campo de acción de la hermenéutica como su objeto principal: se trata de textos *literarios*, puestos por escrito, a cuyos autores ya no podemos entrevistar por estar muertos. La hermenéutica trata de definir las condiciones bajo las cuales es posible llegar a *explicar* y *comprender* textos históricos, entre ellos los textos bíblicos. Los y las hermenéutas preguntan si la distancia temporal que dista entre texto histórico y lector o lectora actual es un obstáculo en el proceso de comprensión, o más bien una ventaja. La hermenéutica pregunta si entre la *exégesis* (el esfuerzo por reconstuir el significado *histórico* del texto) y la actualización de un texto hay diferencias metódicas. ¿Cuál es la dinámica de la práctica exegética y cuál es la dinámica de la lectura que se practica en una iglesia pentecostal, por ejemplo? ¿Es lo mismo *explicar* un texto que *comprenderlo*? ¿Con qué derecho usamos aquellos textos históricos para fundamentar nuestras prácticas actuales, en situaciones no 'vistas' por el autor histórico?

Puede ayudar si consideramos al texto bíblico por un momento como una persona, un otro. En este caso la hermenéutica trata de definir las reglas para el diálogo con ese otro. ¿Qué debemos hacer para comprender realmente lo que el otro dice? ¿Cómo será posible comprender el mundo de ese otro si nunca hemos estado allí? ¿Qué debemos hacer para no interrumpir al otro? ¿Qué debemos hacer para evitar que en ese diálogo estemos escuchando siempre el eco de nuestra propia voz? En la actualidad hay muchas 'lecturas' diferentes de los textos bíblicos: ¿son todas equivalentes? Un texto puede decir varias cosas importantes al mismo tiempo: ¿es interminable el espectro de significados de un texto literario? ¿Qué es realmente un texto? Son éstos los problemas que constituyen lo que se ha llamado 'el problema hermenéutico'.

Se suele decir que el problema hermenéutico surgió por primera vez en círculos de los filósofos estóicos, cuando se empezó a sentir que una interpretación literal de los textos homéricos (siglo 8 a.C.) era escandalosa y ridícula. En la Odisea e Iliada las acciones de los dioses se pintaban con tanta plasticidad que para poder usar aquellos textos en la

Ver P. Ricoeur, Qu'est-ce qu'un texte?, en: P. Ricoeur, Du texte à l'action. Essais d'herméneutique II, Paris 1986, 137-160.

filosofía y teología, era necesario hacerlos 'decir lo mismo de otra manera' (alegoría). Y para eso se necesitaba una nueva teoría del texto y una nueva teoría de comprensión (hermenéutica).

Habíamos dicho que en la discusión hermenéutica latinoamericana se usan frecuentemente nociones fundamentales de la hermenéutica moderna. Se habla de relectura, lectura como producción de sentido, reserva-de-sentido y el adelante del texto. Estos son términos de la obra de filósofos europeos como Gadamer y Ricoeur. Son ellos los que, entre muchos otros, han dado una contribución importantísima al debate hermenéutico moderno y han desarrollado un marco teórico dentro del cual es posible 'captar' y 'seguir' los procesos de lectura y comprensión de textos. En la hermenéutica moderna los conceptos claves del proceso de comprensión se han concebido de una manera radicalmente nueva.

6.2 Hans-Georg Gadamer

En su libro clásico *Verdad y Método,* el filósofo alemán Hans-Georg Gadamer comienza su discusión del proceso de comprensión con una nueva definición de dos conceptos que tanto en la hermenéutica clásica como en la romántica fueron evaluados negativamente: el *círculo hermenéutico* y el *prejuicio*.

H.-G. Gadamer, Wahrheit und Methode, Grundzügen einer philosophischen Hermeneutik, Tübingen, 1975[4].

El círculo hermenéutico y el prejuicio.

En la hermenéutica del siglo 17 y 18 se había sentido como gran obstáculo la distancia histórica entre lector o la lectora actual y el texto histórico — el texto de Isaías, por ejemplo, u Homero (siglo 8 a.C). Para comprender realmente a Isaías el lector o la lectora debía hacer un salto hacia el tiempo del autor, dejando atrás su propio contexto y su propio mundo. El proceso de comprensión ideal recién se podía realizar, decían los teólogos del siglo 18, cuando el lector o la lectora actual se hacía contemporánea del autor histórico. Para poder entender realmente a Isaías, el lector o la lectora actual debía 'vaciarse' y tratar de penetrar en la mente del autor histórico y así re-producir lo que el autor original había tenido en mente. Usando nociones de la filosofía contemporánea (Heidegger y otros), Gadamer opina que no es necesario concebir negativamente los conceptos prejuicio, círculo hermenéutico y distancia histórica. No es necesario verlos como obstáculos en el proceso de comprensión. Pueden ser evaluados y tratados de una manera mucho más creativa y positiva.

La pre-comprensión es para Gadamer una estrategia de lectura.

Sabemos, sostiene Gadamer, que cada persona que lee un texto histórico lo hace desde su propio contexto, desde su propia experiencia. Y cuando una persona lee un texto histórico que no es de su propia época, hace una especie de precomprensión del significado del texto basada en su propia experiencia. A esta pre-comprensión se le puede llamar pre-juicio, siempre que se tenga en mente que no se trata de una cosa barata, una mera intuición o deformación, si no que la pre-comprensión, para Gadamer, es una estrategia de lectura. En el proceso de lectura, el lector o la lectora, desde el momento en que toma el texto y lo comienza a leer, se hace una imagen, se forma una idea de lo que el texto significa. Y no hay otra manera de hacerlo sino es a través de la experiencia del lector o de la lectora actual. Esta se esfuerza por comprender el texto, pero no puede escapar de su propio mundo, no puede suspender por completo su percepción del mundo, sus valores, sus experiencias.

Si el lector o la lectora actual es parte de un mundo, así también su pre-comprensión.

Ahora bien, no es necesario, afirma Gadamer, considerar la historicidad de la o el intérprete como obstáculo, sino que se debe ver como imprescindible, principio fundamental y generador de significado. Es una ilusión de las ciencias históricas creer que es posible acercarse a la historia *sin* pre-comprensión, es decir, 'objetivamente'. No hay que *eliminar* del proceso de comprensión el factor experiencia o la precomprensión. Es imposible. Más bien hay que distinguir la pre-comprensión adecuada, la que realmente es capaz de captar el mensaje de un texto, de una precomprensión que bloquea el proceso de comprensión.

Gadamer es enfático en decir que el *prejuicio contra los prejuicios* de la *Iluminación* debe ser contrastado con el hecho de que hay también prejuicios legítimos, adecuados. Hay prejuicios que llevan a lo que realmente está en juego en el texto histórico. Un pre-juicio, una pre-comprensión, basada en sabia experiencia puede llevar a la 'verdad' y al verdadero mensaje del texto histórico. Además debe comprenderse lo siguiente. Si todo comprender es histórico e influenciado por una *tradición*, los prejuicios o las precomprensiones son menos subjetivas y 'apegadas' a la persona de lo que puede parecer. Si el *lector* o la *lectora* actual es parte de un mundo, igualmente lo es su pre-comprensión.

¿Cómo es posible hablar de manera positiva de la distancia histórica entre texto y lecto o lectora actual? ¿Cuál es la implicación hermenéutica de la distancia?

¿Cómo es posible hablar de manera positiva de la distancia histórica entre texto y lector o lectora actual? ¿Cuál es la implicación hermenéutica de la distancia? La respuesta de Gadamer es que el significado profundo de un texto va siempre más allá de lo momentáneo y contingente. El significado de un texto no depende solamente del momento pasajero del autor histórico y su auditorio, sino que también la situación del lector o de la lectora actual es constitutiva para el mensaje.

Comprender nunca es mera re-producción, siempre es producción. En el proceso de comprensión no se trata de comprender el texto mejor que el autor - como se decía en la hermenéutica del romanticismo – , es suficiente que el o la intérprete diga que ha comprendido el texto. La distancia temporal no es meramente negativa. Quien haya sido confrontado o confrontada con la falta de perspectiva histórica en el proceso de comprender, conoce la dificultad de llegar a un juicio adecuado. ¡Cuánto nos cuesta comprender nuestro propio momento histórico! A través de la distancia histórica el sentido verdadero de un texto puede surgir. La distancia histórica implica que cada vez surgen nuevas fuentes de comprensión que pueden revelar nuevos mensajes, nuevos significados no vistos antes. La distancia histórica se puede considerar como un filtro. Pueden desaparecer los *pre*juicios precipitados y superficiales. Pues, entre presente y pasado no hay un abismo, sino que el pasado está relacionado con el presente a través de su *efecto histórico* (*Wirkungsgeschichte*).

La comprensión y la *pre*comprensión nunca son fenómenos aislados, sino que llevan consigo las huellas del pasado. Están impregnadas por el pasado. Comprender es como mirar en el espejo, donde, al lado de nuestra propia imagen, está proyectado también el efecto del pasado. Es el pasado que en cierta medida determina tanto nuestra comprensión como *la pregunta* que le hacemos al texto. Esto significa que la situación en la que nos encontramos frente al texto es profundamente hermenéutica.

El pasado está relacionado con el presente a través de su 'efecto histórico' (Wirkungsgeschichte). A través de la distancia histórica el sentido verdadero de un texto puede surgir.

Hemos dicho que todo comprender está determinado históricamente y es de carácter situacional. Al concepto situación pertenece el concepto horizonte. 'Tener un horizonte' significa que una persona es capaz de 'ver en perspectiva'. La vista no es infinita, sino que está determinada. No es posible considerar todas las relaciones, experiencias o aspectos de cierto momento. Pero así como el o la intérprete cambia — se desarrolla y 'camina por la vida' — también su horizonte. La situación en que una persona está se debe considerar como cambiante, como 'textura'. Es un tejido en el que las relaciones entre los hilos cambian constantemente. Esto significa que la situación del ser humano es profundamente hermenéutica. Por un lado hay una multiplicidad de fenómenos con los que el ser humano se debe enfrentar. Para comprender su mundo y ver las cosas en perspectiva es necesario que tenga un horizonte, algo que ponga un límite a la infinidad de fenómenos y experiencias. Pero a la vez hay que decir que este límite, que permite que podamos ver en perspectiva, siempre cambia.

Ni el texto, ni el o la intérprete tienen horizontes 'objetivos', estables, fijos, inmutables. Por lo tanto, comprender no es tanto el acto de incorporar un horizonte en el otro, sino más bien el acto a través del cual el horizonte del texto se funde con el horizonte de la o el intérprete. Entre dos horizontes cambiantes se establece una perspectiva con respecto al asunto tocado en el texto. Esta fusión de horizontes, concepto clave en el pensamiento de Gadamer, se realiza cuando el presente y el pasado entran en una relación mutuamente enriquecedora. El presente incorpora la perspectiva del pasado, el pasado deja de ser solamente extraño. El pasado y el presente están en una relación dinámica que constituye la base del acto hermenéutico.

La relación pasado - presente establecido, por ejemplo, a través de la lectura de un texto bíblico, tiene la forma de una conversación, un diálogo, así enfatiza Gadamer. La lectura de un texto se asemeja mucho a una conversación. Comprender un texto es ante todo descubrir la *pregunta* que el texto quiere contestar, la *cuestión* que el texto problematiza. La conversación con el texto no puede compararse a la interrogación de una prisionera, o a la terapia de un paciente enfermo. La hermenéutica, así sostiene Gadamer, no es una *ciencia de dominación* (*Herrschaftswissenschaft*). Es lo que en muchas relecturas se hace: interrogar al texto para ver si tiene una respuesta a la pregunta que *a mí* me interesa responder. En cambio, un verdadero diálogo con el texto hace que el *tema* del texto salga a la superficie.

Comprender un texto es ante todo descubrir la pregunta que el texto quiere responder, la cuestión que el texto problematiza.

Surge la pregunta de cómo el texto, dentro de esa relación yo - tú, puede mostrarse como respuesta. ¿Cómo llegar a la pregunta que el texto quiere contestar? Gadamer ha respondido que para esto no hay método. Es decir, por más métodos que existan, el método mismo no lleva a descubrir el secreto del texto. Debe haber otra cosa, es decir el vaciamiento (la *kenosis*) de la o el intérprete. Es lo que Sócrates definió como el acto del no-saber. Una combinación creativa entre el no-saber y una pre-comprensión adecuada constituye una situación inicial ideal para el proceso de comprensión, según Gadamer.

La hermenéutica de Gadamer es de gran importancia. Se escribió en los años '60, cuando en los círculos de exégetas y otros 'lectores profesionales de textos' el estructuralismo hizo surgir nuevamente el debate sobre el dilema método y/o verdad. La hermenéutica de Gadamer constituyó una manera nueva de hablar del acto de comprender. Gadamer concibió de una manera nueva y creativa los conceptos claves de la hermenéutica clásica. La apreciación de la distancia entre el texto histórico y la o el intérprete como distancia positiva, dinámica y generadora de nuevos significados; la definición del proceso de comprender como productivo y no reproductivo; el concepto del horizonte como algo que da perspectiva, pero que es siempre nuevo — todo esto constituyó una base firme para las hermenéuticas del genitivo que se formularían en el curso de los años 70 y 80 del siglo 20.

Si el pasado está siempre fuertemente presente en el presente ¿es posible independizarse de él?

Hay una pregunta respecto a la hermenéutica de Gadamer que dejamos pendiente. Pues si el pasado está siempre fuertemente presente en el presente ¿es posible independizarse de él? ¿Es posible criticarlo, o rechazarlo como a un huésped que llegó sin invitación? ¿No es necesario concebir la distancia entre presente y pasado de una manera un poco menos efímera? No siempre hay tradiciones que unen el presente y el pasado. Entre presente y pasado hay también discontinuidad. El hecho de que haya conciencia de que existe algo como el fenómeno del efecto histórico ¿no es prueba suficiente de que el ser humano puede tomar distancia del pasado? ¿No hay actitudes más objetivas, más distanciadas frente al pasado y sus textos? La actitud del no-saber, ¿es la única posible?

¿No existe manera de reconciliar verdad y método en la interpretación?

Parece que la teoría hermenéutica de Gadamer pone a la o el intérprete ante un dilema indisoluble. O se practica una actitud metodológica frente al texto, perdiendo la densidad existencial del acto de comprender, o se practica la actitud existencial y se renuncia a la objetividad de las ciencias humanas. ¿La manera genuina de entrar en conversación con el texto debe ser siempre ametódica? ¿No existe manera de reconciliar verdad y método en la interpretación?

6.3 Paul Ricoeur

Ahora bien, son estas las preguntas con las que el filósofo francés Paul Ricoeur entra el debate hermenéutico. Ricoeur opina que es posible una combinación de verdad y método. Es posible combinar el énfasis de Gadamer en una actitud

También la frase - y el conjunto de frases que llamamos discurso - debe considerarse como unidad lingüística básica y elemental. La diferencia entre signo (palabra) y frase es tan fundamental que se necesitan dos tipos de lingüística: una lingüística del signo y otra lingüística de la frase.

existencial con los resultados fundamentales de la lingüística y semiótica. Para describir adecuadamente la ruta que toma el acto de comprender, es necesario comenzar con una buena definición de lo que es el lenguaje, sostiene Ricoeur. El lenguaje se puede definir concentrándose en el signo lingüístico individual, la palabra. Es la actitud del semiótico. Así lo hacen ciertos estructuralismos. Pero no es a nivel del signo lingüístico individual donde se genera el *mensaje*, sino a nivel de la frase. Es por eso que también la frase - y el conjunto de frases que llamamos *discurso* - debe considerarse como la unidad lingüística básica y elemental. La tendencia a considerar el texto solamente como un sistema de signos — predominante en la lingüística clásica — debe ser superada, opina Ricoeur.

De la filosofía del lenguaje debemos aprender que en el lenguaje hay *dos* tipos de unidad, irreductible la una a la otra. El lenguaje es signo, pero el lenguaje es también frase, por decirlo así. El lenguaje, a nivel de la frase, es más que signo, es también *mensaje*. La diferencia entre *signo* (palabra) y *frase* es tan fundamental, afirma Ricoeur, que se necesitan dos tipos de lingüística: una lingüística del signo y otra de la frase. La frase es una unidad de signos, pero, observa Ricoeur, 'una frase está *compuesta* por signos, pero no *es* un signo'. Mientras que la *semiótica* se concentra en el signo lingüístico individual, es la *semántica* la que se ocupa de la frase y su significado. La semántica se concentra en el texto como *habla* (uso del sistema). La semántica pregunta por el significado del lenguaje a nivel de la frase.

Ahora bien, ¿qué es lo específico de una frase? En la frase — y en el discurso — hay un momento de movimiento: se comienza a usar el sistema de palabras que llamamos lenguaje. Pero más que movimiento — asunto que no le interesa a la persona que escucha — lo que importa es que *algo* fue dicho. Hay algo más que movimiento (*événement - acontecimiento -* diría Ricoeur*),* pues alguien ha dicho *algo*; algo que puede ser dicho otra vez o de otra manera.

Sentido

A ese algo se le llama *sentido*. Es lo dicho propiamente tal. Por el *sentido* de una frase se entiende *lo que* la frase *dice*. En una frase, en un discurso, el o la que habla ha formulado lo que quiso decir, ha entregado su mensaje. La persona que habló dejó sus huellas en la frase: la compuso como una obra; eligió las palabras, su forma gramatical, el tono, etc. Empero, el acto de expresar una frase o un discurso se puede comparar con lo que hace un artista cuando compone una obra de arte. El o la artista deja sus huellas en ella, crea de una roca amorfa una escultura. Pero después de terminada, la escultura tiene vida propia, *es* mensaje; el escultor desapareció. No hay ningún otro lugar donde es posible encontrar el mensaje del escultor más que en aquella escultura. Lo mismo ocurre con la frase, opina Ricoeur. Alguien la compuso en determinado momento, pero la frase, una vez creada, se independizó. Ganó su *autonomía semántica*. No hay otro lugar donde es posible encontrar el mensaje del que habla, más que en aquella frase. El o la que habla dejó la vida en su frase. Ahora la frase es la que habla.

El acto de expresar una frase o un discurso se puede comparar con lo que hace un artista cuando compone una obra de arte. El o la artista deja sus huellas en ella, crea de una roca amorfa una escultura. Pero después de terminada la escultura tiene vida propia, es mensaje; el escultor desapareció.

Referencia

A la par de *movimiento* y *sentido* hay otro aspecto que distingue a la frase del signo lingüístico: el aspecto *referencial* de la frase. Hemos dicho que una frase tiene un *sentido*. Es *lo que* una frase dice. Es el 'contenido objetivo e ideal (aún no llevado a la práctica) de una proposición'. Es la *composición interna* de sus signos. Además de sentido, la frase tiene también un aspecto *referencial*. En la frase *alguien* dice *algo*. El *sentido* tiene que ver con ese *algo*. El sentido es *lo que dice* la frase, el *algo*. Pero una frase es más que *movimiento* (el sistema que se comienza a usar) o *sentido* (lo dicho propiamente tal). A través de una frase alguien dice algo *sobre alguna cosa*. A través de la frase alguien comienza a *referirse* a algo que se encuentra fuera de la frase. La frase se conecta con el mundo exterior, el mundo extralingüístico. La frase *se dirige, se refiere,* al mundo real e histórico; la frase tiene una *referencia*.

Ahora bien, es la referencia al mundo lo que nos lleva del texto a la comprensión y comunicación. Ricoeur expresa la diferencia entre sentido y referencia de la manera siguiente: 'sentido es lo que una frase dice, referencia es aquello sobre lo que habla' (P. Ricoeur 1975:81).

P. Ricoeur, Biblical Hermeneutics, Semeia 4 (1975).

Sentido es lo que una frase dice, referencia es aquello sobre lo que se habla.

Acabamos de definir las tres dimensiones fundamentales de la frase o del conjunto de frases (el discurso): movimiento, sentido y referencia. Gracias a la frase puede haber diálogo y entendimiento entre dos personas. Y es en el diálogo que se puede pedir más explicación. Si es necesario, se puede indicar con el dedo el objeto al que la persona que habla se refiere. Pero hemos dicho que la hermenéutica tiene que ver con textos históricos, textos a cuyos autores ya no podemos entrevistar. ¿No es el texto escrito e histórico diferente al discurso hablado? ¿En qué medida son válidas para textos escritos las características del dialogo? ¿Cuáles son los cambios que sufre un texto cuando pasa de hablado a escrito? Ricoeur sostiene que, en contraposición con lo que se podría pensar, también el texto escrito mantiene su carácter como discurso. 'La escritura es la manifestación plena del discurso'. Cuando un texto se pone por escrito, lo dicho pasa a ser lo escrito y la persona que habla pasa a ser autor. Mientras que en el diálogo lo dicho puede ser clarificado y precisado, lo escrito es la manifestación plena de la autonomía semántica de lo dicho. Especialmente en el caso de textos históricos, la autonomía de lo que ahora está escrito 'empuja' la intención del autor hacia el trasfondo. En las palabras de Ricoeur: 'el recorrido del texto escapa al horizonte finito vivido por su autor. Lo que el texto significa ahora importa más de lo que el autor tenía en mente cuando lo escribió'.

El recorrido del texto escapa al horizonte finito vivido por su autor. Lo que el texto significa ahora importa más que lo que el autor tenía en mente cuando lo escribió.

La 'intención del autor' como lastre

Lo que puede parecer una gran desventaja en el proceso de comprensión, es decir que ya no es posible pedir explicación a la persona que habla, es en realidad una gran ganancia, sostiene Ricoeur. Aunque los textos no deben considerarse nunca como 'entidades sin autor', puede considerarse una liberación cuando el autor ya no está presente para decir lo que tenía en mente cuando escribió su texto. El texto se libera del lastre de la intención del autor. El texto, una vez muerto su autor, queda librado de su presencia y puede desplegar su plena autonomía hacia un nuevo público: toda persona que sabe leer.

Cualquier persona que haya publicado alguna vez un texto sabe por experiencia que sus lectores y lectoras sacan mensajes del texto que el autor o la autora nunca pretendió que aparecieran y que ni siquiera ha visto en el texto. Algunas de estas interpretaciones no hacen justicia al texto, otras sin embargo descubren profundidades no vistas por la autora misma. Un texto literario es siempre más que la *intención* de su autor o autora. ¡Que terrible sería poder interpretar un texto o una obra de arte o una pieza musical solamente dentro de las líneas dictadas por el autor o la compositora! ¡Cuánta riqueza se perdería! ¡Qué narcisismo! Pues así el o la artista no solo crearía la obra de arte, sino que sería también su propio público! Mientras que la situación de diálogo es fugaz y pasajera, el texto escrito se abre hacia adelante, hacia un público universal de diferentes épocas y contextos.

Diálogo versus texto escrito

Surge la pregunta, ¿la situación de comunicación no sufre un cambio dramático cuando ya no hay dos personas en diálogo, sino un *lector* o una *lectora* que lee e interpreta un texto? Ya no hay un horizonte de comprensión común; ya no es posible indicar el objeto del que se habla. Parece que el discurso ha perdido su aspecto referencial. El texto retorna al *status* de lo que en lingüística se llama *langue* – lengua, el *sistema* lingüístico. Ricoeur opina que aquí tocamos un punto neurálgico en el proceso de comprensión. Lo que parece una perdida, así sostiene Ricoeur, en realidad es ganancia y enriquecimiento. Así como el texto libera su significado de la intención mental de la autora o el autor cuando el texto hablado llega a ser texto escrito y el autor muere, de la misma forma el texto se libera de los límites de las referencias situacionales y contingentes del momento histórico de su gestación. La desaparición de la predominancia de las referencias cotangentes posibilitan al texto desplegar lo que Gadamer llamaba 'el asunto' del texto, y lo que Ricoeur llama 'el mundo del texto'.

Se trata de lo siguiente. Hemos dicho que cada texto tiene un aspecto referencial. El texto quiere que el lector o la lectora lo conecte con el mundo *extra*lingüístico, con el mundo de la vida. Las referencias de un texto histórico son contingentes. Conectan el texto con un momento al cual el lector o la lectora ya no tiene acceso. Es imposible identificar las referencias con situaciones o personas. Ya no es posible recrear plenamente la situación a la que se refiere el texto. Ahora bien, gracias a la desaparición de las referencias situacionales del texto, otras, más importantes para el lector o la lectora actual, pueden aparecer. Ahora puede mostrarse cómo el texto se relaciona, ya no frente a una *situación*, sino frente a la vida o al mundo. Donde se pierde una situación, se gana un mundo, dice Ricoeur. Por 'mundo del texto' Ricoeur entiende 'la totalidad de referencias, abiertas por el texto que he leído, comprendido y amado'.

Distanciación

Cuando más arriba tratamos de penetrar en el proceso de comprensión, hablamos, sin usar el término, de una doble distanciación. La distanciación es un concepto de gran importancia en la hermenéutica de Ricoeur. Por distanciación se entiende alejamiento, la toma de distancia entre dos objetos. Momentos de distanciación son momentos fértiles, generadores de sentido. Una primera distanciación ocurre cuando se comienza a usar lenguaje. Es la distanciación entre el sistema y su uso. Es un momento fructífero, ya que lenguaje es más que sistema o diccionario. El lenguaje está hecho para ser usado y para que haya comunicación. Hemos visto que la segunda distanciación no es menos fructífera: el discurso llega ser texto y abre su mundo hacia adelante, hacia un público universal.

Liberado de la 'intención del autor' y liberado del peso de las referencias contingentes, el texto se busca un nuevo contexto en el cual podrá desplegar su mensaje.

El arco hermenéutico

> Tanto el acto de comprender como el acto de explicar son momentos de un proceso mayor que Ricoeur llama el proceso de comprensión.

Hemos visto que Ricoeur, más que Gadamer, atribuye un papel importante a los métodos. Con Gadamer, Ricoeur es de la opinión que el proceso de comprensión de textos culmina en el momento de su apropiación o actualización por una comunidad de lectores. Surge la pregunta de cómo Ricoeur se imagina el proceso de lectura y en ella la relación entre método y actualización. Tratando de darle un lugar tanto a la cuestión métodica como al momento de comprensión y actualización, Ricoeur usa la imagen del *arco* y define su hermenéutica como 'arco hermenéutico'.

Tanto el acto de *comprender*, como el acto de *explicar* son momentos de un proceso mayor que Ricoeur llama el *proceso de comprensión*. Es clarificador y puede eliminar una confusión de términos cuando representamos brevemente los momentos constitutivos del arco hermenéutico. ¿Cuáles son los momentos principales del *proceso* de comprensión?

Gráficamente el arco hermenéutico se ve así:

> La descripción de P. Ricoeur del arco hermenéutico: 'La actividad de análisis aparece...como un simple seguimiento de arco interpretativo que va desde la comprensión ingenua a la comprensión sabia a través de la explicación'.

```
                    ex-plicación
                      exégesis

           ⌒⌒⌒⌒⌒⌒⌒⌒⌒⌒⌒
          /                    \
         /                      ↘
   lectura ingenua         saber comprensivo
   ─────────────────────────────────────────→
        proceso de comprensión
```

Ricoeur sugiere que en su diseño hermenéutico tanto una actitud analítica, métodica, como una actitud existencial, encuentran su lugar. En el proceso de comprensión se debe desarrollar una dialéctica fructífera y enriquecedora entre ambas. Tanto el o la *exégeta* (el lector o la lectora profesional), como la comunidad de creyentes pueden participar plenamente en el proceso de comprensión del texto bíblico.

Habíamos visto que Ricoeur percibe el acto de comprender como un *proceso*. Tanto la *exégesis* como lectura sistemática, como las lecturas no-sistemáticas, son solamente *fases* o *momentos* de este proceso. El proceso culmina cuando el texto antiguo es *recontextualizado*: se encarna en la situación del lector o de la lectora actual y su comunidad de fe.

Al poner en una relación dialéctica dos momentos cruciales del proceso de comprensión, Ricoeur opina que puede hacer justicia al carácter dialéctico del texto mismo. Es el carácter mismo del texto lo que exige un proceso dialéctico. Veremos más adelante que cada texto histórico tiene cierta objetividad - gramática, estilo, sonido, palabras particulares, etc. Pero un texto quiere también que su potencial referencial, que se había desplazado hacia el trasfondo en el proceso histórico de su transmisión, sea *actualizado* en un nuevo contexto. Los tres momentos que acabamos de indicar son constitutivos del proceso de comprensión. Es un proceso que sugiere *desarrollo*, progreso, crecimiento. De ahí que Ricoeur use la imagen del *arco* y no la del famoso círculo hermenéutico.

Los tres momentos: lectura ingenua, explicación, apropiación, son constitutivos del proceso de comprensión. Es un proceso que sugiere desarrollo, progreso, crecimiento. De ahí que Ricoeur use la imagen del arco, y no la del famoso círculo hermenéutico.

La primera fase: la lectura ingenua

Se imagina Ricoeur el primer momento del proceso, muy en la línea de la hermenéutica clásica europea, como un momento de adivinar, conjeturar, de hacer una apuesta. El lector o la lectora, usando su intuición, construye una *precomprensión* del significado del texto. *Precomprensión* significa aquí *anticipación-de-sentido;* algo preliminar, algo que deberá ser validado por otro instrumento que la intuición.

Es importante comprender que la expresión *lectura ingenua* no es peyorativa o despectiva. Es sencillamente un término técnico para describir cierta fase del proceso de interpretación. Por *lectura ingenua* Ricoeur entiende la *primera* fase del proceso de interpretación. Los instrumentos que el lector o la lectora usa en esta fase no son científicos, sino que vienen de otro 'mundo'. Vienen del mundo de la intuición, de la experiencia, de la cosmovisión de la lectora o del lector. Podemos hacer la comparación con el arte. También en la pintura hay corrientes que se definen expresamente como *ingenuas*. Hablar de pintores ingenuos no es lo mismo que hablar de pintores aficionados. Las pinturas ingenuas se caracterizan por su gran riqueza creativa, sus colores, su enorme capacidad imaginativa, la audacia de sus representaciones. Se caracterizan también por el hecho de que sus creadores y creadoras *no* son profesionales, no estudiaron arte. Y esto se nota en el hecho de que estos pintores muchas veces no saben manejar bien el problema de la perspectiva, el balance claroscuro, etc.

Hay muchos paralelos entre la *pintura* ingenua de escenas bíblicas y la *lectura* ingenua de textos bíblicos. Un lindo ejemplo son los *cuadros* de los pescadores/*lectores y lectoras* que, junto con Ernesto Cardenal, hicieron el famoso *Evangelio de Solentiname*. Se observa que en sus cuadros ocurre lo mismo que en sus lecturas: no hay perspectiva histórica. Hubo un proceso de *apropiación* por parte de la o el artista. *Incorporaron* figuras del pasado, las vistieron de ropa latinoamericana del siglo 20 y las pintaron con caras conocidas. Pilato llega a ser Somoza; Jerusalén se convierte en Managua; la gran plaza frente al palacio de Pilato llega a ser la plaza de la revolución en Managua; en el trasfondo están figurando siempre los volcanes de Nicaragua; los seguidores y las seguidoras de Jesús entran en 'Jerusalén' llevando pancartas con los textos 'abajo el Somocismo', 'viva Jesús liberador'.

En la historia del arte y de la interpretación de la Biblia, siempre se ha dado este proceso de apropiación. Incluso un pintor como Rembrandt copió las caras de sus familiares y la de sí mismo cuando pintó las figuras bíblicas que pueblan sus obras. Estos son lindos procesos de 'relectura' y apropiación del significado del texto.

L. Boff, Teologia â Escuta do Povo, Petrópolis (Vozes) 1984. C. Mesters, Seis Dias nos Porôes da Humanidade, Petrópolis (Vozes), 1977.

La lectura ingenua de la Biblia se practica en América Latina en situaciones descritas por autores como Carlos Mesters en su libro *Seis Dias nos Porôes da Humanidade* (Seis días en los sotanos de la humanidad) y Leonardo Boff en su libro *Teologia â Escuta do Povo*. Son situaciones de absoluta desolación y miseria: aldeas remotas, donde no hay ni sacerdote ni pastor, donde la mayoría de la gente no puede leer, donde la Biblia está presente de otra manera y no a través del estudio, análisis y conocimiento controlable. Son todas aquellas situaciones en que la Biblia está presente como fiesta religiosa, celebración, viacrucis, liturgia, juego popular, vidrio, fetiche, amuleto, novela, peregrinación, obra de teatro, voto, juego deportivo y alambre de púa.

En su 'balance de veinte años' del movimiento bíblico latinoamericano, Carlos Mesters describe bellamente las muchas formas en que está presente la Biblia en sectores del pueblo brasileño. Mesters muestra cómo en los últimos decenios la Biblia ha logrado ocupar un lugar importante en la religiosidad brasileña. La Biblia se usa en un sinnúmero de situaciones.

> ¡La Biblia es condimento para cualquier comida! El pueblo usa la Biblia para todo; y todo aquello donde la Biblia no entra o no puede entrar, disminuye en su valor. Bien o mal, la Biblia está siendo usada para: oraciones y rezos, cursos y concursos, capacitaciones y retiros, reuniones y encuentros, celebraciones y vigilias, sermones y discursos, catequesis y catecismo, misas y novenas, teatros y dramatizaciones, música y benditos, cuentos y cantos, competencias y charadas, lucha sindical y organización de gremios, construcción de capillas y minga para construir barracas, crítica al clero y revisión de la propia vida, reunión de política y comicio de partido, lucha por la tierra y defensa del indígena, cartas de apoyo y manifestaciones en contra de las injusticias, procesiones de la patrona y manifestación política para exigir los derechos, rosario de Nuestra Señora y Mes de Mayo, educación en familia y educación popular de base, clubes de madres y organi-

zaciones de barrio, romerías y peregrinaciones, lucha de operarios y bloqueos en las puertas de las fábricas, ayuno de protesta y resistencia contra los pistoleros de hacendados inhumanos, manifestaciones frente a la delegación de policía y apoyo a los presos políticos... (Mesters 188:2-3)

Carlos Mesters, Balanço de 20 Anos. A Bíblia lida pelo povo na atual renovação da Igreja Católica no Brasil 1964-1984, en: Suplemento do Boletím 'Por trás da Palavra' 7 (1988), 2-29.

Christopher Rowland and Mark Corner, Liberating Exegesis. The Challenge Of Liberation Theology To Biblical Studies, Louisville, Kentucky, 1989.

En su conocido estudio sobre el desafío de la teología de la liberación para las ciencias bíblicas, Rowland y Corner analizan la lectura bíblica en las comunidades de los y las pobres. Su descripción se asemeja mucho a la de Mesters.

La Biblia es usada por los y las pobres como parte de la reflexión sobre sus circunstancias en su búsqueda de formas apropiadas de respuesta y acción. En este proceso, la lectura de la Escritura frecuentemente deja atrás los métodos dominantes del primer mundo. Para aquellas personas formadas con el método histórico-crítico, las interpretaciones pueden parecer a menudo informales. Hacen poco caso a las circunstancias históricas del texto, su escritor y sus personajes. Frecuentemente hay una identificación directa de los y las pobres con personajes bíblicos y sus circunstancias, y poco interés en las formalidades hermenéuticas empleadas en la aplicación del texto a sus propias circunstancias. En su utilización de las Escrituras, los recursos del texto se enfocan desde la perspectiva de la pobreza y la opresión, y se elaboran una variedad de significados a la manera de la exégesis cristiana primitiva y judía antigua (Rowland/Corner 1989:45).

En su reciente estudio comparativo sobre las Comunidades Eclesiales de Base y algunas iglesias pentecostales en Brasil (Bahía, Salvador), David Lehmann confirma el peso y la presencia de la Biblia en las iglesias pentecostales. También entre pentecostales la Biblia *se usa* para todo. La Biblia entrega una gran cantidad de figuras y modelos éticos con los que los y las creyentes se pueden o se deben identificar, pero la forma de su presencia no es, generalmente, la de la lectura sistemática, crítica, analítica.

Un ejemplo extremo de lo que se podría llamar el «recetarismo» de la citación bíblica se puede encontrar en las publicaciones de la iglesia «Deus é Amor», cuyo librito titulado *Doutrina Bíblica para os días de hoje* contiene afirmaciones acerca de 137 temas, desde la fórmula correcta para la invocación en el momento del bautizo en agua, hasta los castigos por la mala conducta matrimonial o procedimientos para la administración de los recursos de la iglesia. Cada tema viene acompañado de varias referencias bíblicas abreviadas, mayormente de las Epístolas Paulinas.

...

La Biblia es una fuente de historias ejemplares acerca de individuos y pueblos ejemplares, y es una fuente de preceptos morales. Apenas se sugiere la posibilidad de un aprendizaje teológico elevado o de que exista alguna pericia aparte del conocimiento del texto.

...

Se considera que todos los textos bíblicos son de un mismo nivel, constituyendo un todo indivisible. Nuevamente, sin embargo, debemos poner atención a las diferencias entre las iglesias. Las diferencias entre las Asambleas y las iglesias "Deus é amor" pueden reflejar que existe un mayor grado de desarrollo institucional en las Asambleas, lo que llevaría a final de cuentas al pleno surgimiento de la pericia teológica. En tanto que el material que desarrollan se vaya volviendo más elaborado, y con el desarrollo de un cuerpo de expertos en la producción de textos, estarán bajo presión para producir los textos y sentirán presión de los expertos y desde afuera para competir en el mercado teológico, aunque sea solo para aumentar su respetabilidad — algo que las Asambleas en particular enfatizan fuertemente en el ámbito social y pueden llegar a enfatizar en el ámbito teológico también. Estas presiones tienden a producir un proceso de profesionalización del comentario bíblico y así una reducción en las interpretaciones literales de la Biblia. Esto es algo que puede suceder primero en las Asambleas y luego en otras iglesias.

D. Lehmann, Struggle for the Spirit, Religious Transformation and Popular Culture in Brazil and Latin America, Cambridge, 1996.

El resumen muestra el acercamiento 'gobbet' a los textos bíblicos: para una congregación sin formación, la Biblia se presenta como un vasto compendio de cuentos prácticos morales. Desaparecen las distinciones de estatus, período o autor entre los Profetas y los Evangelios, entre el Antiguo y Nuevo Testamento, entre el pueblo de Israel y el hijo pródigo. El texto no está envuelto en el ritual de veneración que encontramos en iglesias católicas (o anglicanas) o en las sinagogas: no hay ceremonias alrededor del trato del texto y no hay procedimientos o programas que establecen cuáles son los textos apropiados para ocasiones particulares. A menudo la relación que se establece es oscura, lo que implica nuevamente que el procedimiento no es leer la Biblia sino extraer de ella citas oportunas.

...

Estas citas ilustran lo que la inerrancia bíblica significa en la vida cotidiana de los y las fieles. Para los Pentecostales, la mera existencia de un versículo en el texto bíblico le otorga validez en sí misma con relevancia directa para la vida cotidiana. En vez de un aparato elaborado y aprendido que se impone sobre el texto y su contexto, encontramos un juego de prescripciones morales abiertas apoyadas por un repertorio de citas preparadas descontextualizadas. El resultado no es en lo más mínimo la ausencia de una interpretación: no hay menos interpretación ni menos imposición de lo que encontramos en el catolicismo. El poder de la palabra reemplaza el poder de los santos y su mediación (Lehmann 1996:173ss).

Lehmann presenta una imagen variada de la lectura bíblica en las iglesias pentecostales. Hay un creciente número de iglesias pentecostales en las que se ha comenzado a estudiar la Biblia. Lo que pasó en las Comunidades de Base en el ambiente católico está ocurriendo también en un número de iglesias pentecostales: se comienza a estudiar sistemáticamente la Biblia. Sin embargo, hay vastos sectores de las iglesias pentecostales (y otras) donde la lectura corresponde a lo que Lehmann llama el acercamiento a la

Biblia para extraer de ella citas aptas y oportunas, y no de su lectura. En general encontramos en las iglesias pentecostales en América Latina la posición hacia la Biblia que expresa Lehmann en la siguiente cita.

> En el discurso pentecostal, los textos bíblicos son una combinación de cuentos aleccionadores, fábulas morales y pronunciamientos prescriptivos (Lehmann 1996:175).

No es necesario profundizar más; es suficiente decir que en América Latina la Biblia tiene una presencia importante, pero no siempre en la forma de lectura, estudio y análisis.

Regresemos a nuestra definición de lo que Ricoeur llama la lectura ingenua. Vimos que Ricoeur hace figurar la lectura ingenua como la primera fase del proceso de comprensión. Por esta primera fase pasan *todos los lectores y las lectoras de la Biblia* en algún momento, como también los y las exégetas cuando leen un texto por primera vez o cuando lo leen sin sus instrumentos científicos.

En un lindo texto, el exégeta brasileño Milton Schwantes habla de los instrumentos con los que los y las pobres en América Latina diseñaron su hermenéutica.

M. Schwantes, 'Nuestra Vista Clareó'. Lectura Bíblica en América Latina, en: Presencia Ecuménica 7 (1987), 3-9.

> Ellos (los y las pobres, HdW) son, en el sentido bíblico de la palabra, los 'ángeles', los portadores y explicitadores de la nueva lectura. Experimentamos a los desheredados como el sujeto de la interpretación. Los heroicos levantamientos de los negros e indígenas, de las campesinas y obreras corren por las venas de nuestra hermenéutica... (Schwantes 1987).

Lo que aquí orienta la lectura, afirma Schwantes, no son las herramientas de las ciencias bíblicas, sino la experiencia de lucha y resistencia de los lectores y las lectoras. Schwantes está convencido de la gran contribución de lo que llama la *nueva lectura latinoamericana* de la Biblia. Lo atestigua la segunda parte de la cita.

> Estoy convencido que de ninguna manera somos capaces de agotar el potencial hermenéutico que es parte de la práctica histórica de gente empobrecida. Entre nosotros esta práctica se consolida como mediación hermenéutica calificada. Nuestra sabiduría respecto de la Biblia irradia la praxis liberadora de los pobres. Los intérpretes más cualificados son, dentro de nuestra experiencia, obreros y campesinos pobres (Schwantes 1987).

Ver para ejemplos y una evaluación de la interacción entre exégesis científica y lectura popular desde la perspectiva africana: Gerald West/Musa W. Dube (eds.), 'Reading With': An exploration of the Interface between critical and ordinary readings of the Bible. African Overtures: Semeia 73 (1996); ahora también: G. West, The academy of the Poor. Towards a dialogical reading of the Bible, Shefflield, 1999.

C. Mesters, The Use of the Bible in Christian Communities of the Common People, en: S. Torres/J. Eagleson(eds.), The Challenge of Basic Christian Communities, New York (Orbis), 1981, 197ss.

Schwantes habla aquí de la lectura bíblica de los y las pobres, fenómeno fascinante en América Latina que adelante analizaremos con más detención. Para esta lectura muchos y muchas exégetas latinoamericanas usan la expresión lectura popular. Es un término no muy preciso. Por popular se puede entender del pueblo, hecho con instrumentos no-científicos, usos de la Biblia que acabamos de describir. Para muchos y muchas biblistas latinoamericanas, popular significa precisamente lo opuesto: la pérdida de la ingenuidad y la simbiosis con una ciencia bíblica, generadora de temáticas, orientadora de la o el exégeta, etc. La cita de Schwantes lo expresa bien: 'Nuestra sabiduría respecto de la Biblia irradia la praxis liberadora de los pobres. Los intérpretes más calificados son, dentro de nuestra experiencia, obreros y campesinos pobres'.

Es importante comprender que no toda lectura popular es lo que Ricoeur calificaría como ingenua. Mucho depende de la situación, de la lectora o el lector y de los instrumentos que se usan. Enfatizamos que la palabra ingenua, como la usa Ricoeur, no contiene un juicio de valor. Se refiere más bien a una lectura hecha con instrumentos no científicos. Lo que aquí guía el proceso de interpretación son cosas como experiencia de vida, convicción, intuición, situación, emoción, etc. La lectura ingenua es, a veces, de gran profundidad e innovación. Pero es un tipo de lectura diferente a la lectura hecha por medio de herramientas científicas.

El pueblo, sobre cuya situación Mesters, Boff y Lehmann escriben en sus libros, no usa ni conoce los instrumentos científicos de los que dispone la exégesis moderna. El pueblo lee la Biblia como si no hubiera explicación científica del texto antiguo. 'El pueblo se pregunta si Abraham vivía antes o después de Jesús de Nazaret', escribe Carlos Mesters (Mesters 1981). La lectura ingenua, indiferen-temente de quién la hace — pobres o ricos, lectores profesionales o no profesionales — es una actitud frente al texto bíblico. Es una manera de preguntar. Ricoeur la caracteriza como actitud existencial; imprescindible, absolutamente necesaria para llegar a comprender un texto. Pero Ricoeur es muy enfático en decir que un texto literario requiere de dos actitudes. La actitud existencial defiende los intereses del lector o la lectora, por decirlo así. Parte de la lectora o el lector y trata de articular sus deseos y necesidades frente al texto. Pero además de la actitud existencial que quiere actualizar el texto, debe haber otra, más analítica y metodológica: una actitud que quiere concentrarse en el texto, que quiere hacerle justicia a su carácter histórico, que lo quiere comprender como sistema literario y lingüístico.

Las dos actitudes

Para la interacción entre exégesis crítica y lectura ingenua ver también: G. West, And The Dumb Do Speak: Articulating Incipient Readings of the Bible in Marginalized Communities, en: J.W. Rogerson e.a.(red.), The Bible in Ethics, Sheffield, 1996, 174-192.

Ahora bien ¿cómo se relacionan ambas actitudes en el esquema de Ricoeur? Habíamos dicho que cada *primera lectura* debe ser considerada como una primera *fase* del proceso de comprensión. Es aquella fase en la que el lector o la lectora toma el texto y comienza a construir su *pre*comprensión. Es lo que la hermenéutica clásica llamaba la fase *divinatoria*. Es la fase en la que el o la intérprete comienza a *adivinar* el significado del texto. Esto es lo que el término *precomprensión* significa: la construcción de una *primera* comprensión del texto. Esa construcción de significado se hace sin diccionario, sin gramática del hebreo o griego, sin concordancia, en absoluta dependencia de la traducción que se usa, sin conocimiento del contexto histórico, etc. Es por eso que se llama *ingenua*.

La segunda fase: exégesis

En la primera fase del proceso de comprensión el lector o la lectora quiere incorporar el texto en su propio mundo, muchas veces sin respetar lo propio, lo extraño, lo incomprensible y lo difícil del texto. Los prejuicios pueden llevar a una comprensión profunda del significado del texto, pero los preju-cios pueden también bloquear la comprensión del texto. Los prejuicios, que por naturaleza son subjetivos, necesitan ser validados.

Por razones obvias la fase anterior debe ser complementada y validada por otra. Mencionemos dos razones. (1) Los *prejuicios* pueden llevar a una comprensión profunda del significado del texto, pero los pre-juicios pueden también *bloquear* la comprensión del texto. Los prejuicios, que por naturaleza son subjetivos, necesitan ser validados. (2) En esta fase del proceso de comprensión el lector o la lectora quiere incorporar el texto en su propio mundo, muchas veces sin respetar lo propio, lo extraño, lo incomprensible y lo difícil del texto. Formulándolo en términos sicológicos, podemos decir que la lectura ingenua tiene un carácter *narcisista*. El o la intérprete está tan enamorada de su propia imagen y está tan ocupada mirándose que no es capaz de ver o escuchar a otra persona. La lectura ingenua se quiere apoderar del texto, lo quiere *interrogar* como prisionero. Es el o la intérprete quien determina las reglas de la conversación con el texto, y el lector o la lectora quiere que el texto responda a las preguntas hechas por ella misma. El o la intérprete no quiere, ni puede — por falta de herramientas — respetar la integridad del otro. Se evita el momento de confrontación y ... el crecimiento.

Ricoeur llama exégesis a la segunda fase del proceso de interpretación.

Aquí nos topamos con una de las razones por las que la lectura ingenua, dondequiera que se practique, no puede ser autosuficiente. Existe la posibilidad, cuando solamente se practica la lectura ingenua, de que no haya crecimiento. El lector o la lectora está condenada a seguir escuchando el eco de su propia voz.

Por exégesis se entiende aquella práctica teórica que trata de reconstruir controlablemente el significado histórico del texto.

Ahora bien, la implicación de lo que acabamos de decir es que la actitud no-analítica, que caracteriza la primera fase del proceso, debe ser complementada por otra, una actitud metodológica. Esta combinación es posible, afirma Ricoeur, porque el texto no es solamente una realidad *extra*lingüística. No es solamente una *referencia* al mundo histórico. Cada texto contiene también elementos *duraderos* o estables. Son los elementos en los que quedaron inscritos aspectos importantísimos de su identidad. Los textos tienen, pues, un aspecto gramatical, semántico y narrativo.

Parte del mensaje está inscrito en estos elementos y es posible investigarlos *científicamente*.

De esta manera la actitud existencial es completada o controlada; Ricoeur prefiere hablar de 'validada'. Otros hablan de llevar a una articulación crítica (Patte) o 'dar forma a' (West 1996:21ss). Ahora bien, Ricoeur llama exégesis a esta segunda fase del proceso de interpretación. Para la exégesis Ricoeur reserva una definición clásica, usada también en las ciencias bíblicas. Por exégesis entiende aquella práctica teórica que trata de reconstruir controlablemente el significado histórico del texto. La labor de la o el exégeta consiste en la explicación del espectro de significados que el texto posiblemente tuvo en su época de origen y su contexto (literario) original. La palabra explicar se usa muy conscientemente aquí. Explicar viene del latín *explicare* que significa: des-plegar, des-arrollar, ex-plicar. En la exégesis el texto es central. Se apunta, por medio de una serie de herramientas científicas, al despliegue del significado del texto. El o la exégeta explora el espectro de significados del texto.

Gerald West, Reading the Bible Differently: Giving Shape to the Discourse of the Dominated, en: Semeia 73 (1996), 21-42.

El o la exégeta explora el espectro de significados del texto. La exégesis quiere hacer justicia a lo que es la objetividad del texto. Ricoeur: Exégesis es la explicación del 'espectro de proposiciones y significados de un texto'. Ocurre un desastre cuando el exégeta se hace pasar por árbitro de significado (arbiter of meaning, Ricoeur).

Mientras que la actitud sicológica apunta hacia la incorporación del texto en el mundo de la lectora o el lector, la exégesis quiere reconstruir el mundo del texto. La exégesis quiere hacer justicia a lo que es la objetividad del texto. Es importante ver que las dos actitudes que corresponden a las dos primeras fases del proceso de interpretación no solamente pueden catalogarse como sicológica versus metodológica. Se trata también de prácticas diferentes. La exégesis usa herramientas propias, dirige preguntas propias a los textos, saca conclusiones propias. Aunque la distinción entre lectura ingenua y exégesis no siempre es impermeable y ningún proceso exegético es totalmente matemático, hay gran diferencia entre lectura ingenua y exégesis. Mientras que la lectura ingenua es una primera fase, tendiente a la incorporación, la apropiación y el sometimiento, la segunda fase — la exégesis — debe tratar de respetar la peculiaridad del texto al máximo.

La relación entre lectura ingenua y exégesis se debe ver como dialéctica. Es una relación de tensión, de confrontación a veces; basta pensar en las dramáticas relaciones entre iglesia o magisterio y ciencia bíblica. No puede ser tarea únicamente de la exégesis, ni se pueden eliminar las lecturas ingenuas. Durante siglos las iglesias han leído la Biblia como si no hubiera exégesis; gran parte de la tradición cristiana se basa en lo que ahora se definiría como exégesis errónea (la expresión es de J. Barr). La exégesis tiene un terreno propio en el proceso de comprensión. La exégesis no es más que una fase de todo un proceso, así reiteramos. A su vez debe ser completada por otra práctica de interpretación. Cuando el o la exégeta se hace pasar por árbitro de significado (Ricoeur) el resultado es un desastre. Donde esto ocurre, la exégesis se ha convertido en ciencia de dominación (*Herrschaftswissenschaft*). No, la exégesis tiene su terreno propio, debe leer el texto con instrumentos propios y no puede ni debe erradicar las lecturas ingenuas. Lo que la exégesis puede hacer dentro de esta relación dialéctica con la lectura ingenua es indicar modestamente los límites de legitimidad de las lecturas ingenuas.

Hemos dicho que no es posible ni deseable eliminar las lecturas ingenuas. Pero a veces es necesario indicar dónde y cómo cierta *re*lectura o cierto *uso* de los textos bíblicos se convierte en *abuso*. La exégesis puede subrayar el carácter arriesgado de cada relectura. No todas las preguntas pueden hacerse a todos los textos bíblicos. Aunque en la práctica no se respeta mucho, también los textos literarios tienen su integridad e indican el espacio para su propia relectura y apropiación.

Por otro lado la exégesis, más que 'controlar' o 'validar' las lecturas populares, puede también enriquecerlas. La exégesis puede mostrar aspectos del texto no vistos en una lectura ingenua. La exégesis puede mostrarle a la lectora o al lector actual nuevas posibilidades para aplicar el texto a su momento histórico. En estos momentos la relación entre lectura ingenua y exégesis se convierte en síntesis, pierde su aspecto dramático y llega a ser enriquecedora.

La tercera fase: el saber comprehensivo

La tercera fase

Hay una tercera fase en el esquema de Ricoeur. Es la fase en la cual, según la hermenéutica moderna, culmina el proceso de interpretación. Es su fase final. En la hermenéutica clásica se hablaba de la fase de aplicación o apropiación. C.S. Peirce, uno de los padres de la semiótica moderna, habla de la fase de la interpretación comu-nicativa. Ricoeur usa el término francés *compréhension savante* para esta fase. Podemos traducir esa expresión por *saber comprensivo*. Es un término no tan fácil de parafrasear.

Para la tercera fase del proceso de interpretación Ricoeur usa el término francés compréhension savante. Podemos traducir esa expresión por saber comprensivo.

Es la comprensión del texto que pasó por un proceso de validación (exégesis) y culmina ahora en la actualización del texto en el mundo histórico de la o el intérprete y su comunidad. Es el momento de una lectura productiva que desemboca en una nueva percepción del mundo y una nueva praxis. La tercera fase es el momento en que el texto es recontextualizado, provisto de una nueva referencia. El texto ilumina ahora un momento histórico no visto por el autor; el texto llama ahora a una praxis nunca prevista por la comunidad interpretativa del momento de su gestación.

'La interpretación termina como apropia-ción cuando la lectura produce algo como un evento... un evento en el momento actual'.
P. Ricoeur

Esta tercera fase se caracteriza por ser *comunitaria* y *pragmática*. Ahora la interpretación deja de ser meramente metódica; la referencia original del texto reclama un nuevo punto de conexión con la realidad, ahora es el lector o la lectora moderna. El potencial referencial del texto quiere actualizarse, ahora dentro del *mundo* de la lectora o el lector y su comunidad.

Más adelante veremos que en la ciencia de la literatura se distinguen tres aspectos fundamentales de los textos literarios: el aspecto gramatical, el aspecto semántico y el aspecto pragmático. La tercera fase del proceso de comprensión toca los aspectos *pragmáticos* del texto. El texto y su mensaje se encarnan en la vida social, política y religiosa de la persona que lo interpreta. Se comienzan a llevar a la práctica, a la *vida*, lo que Ricoeur llama las propuestas de vida del texto.

Actualización *no* es exégesis

También aquí es importante definir bien los procedimientos de la tercera fase del proceso de comprensión. Así como la exégesis dispone de instrumentos propios que sirven para la fase de la *explicación* del texto, también la fase *pragmática* necesita de un instrumentario propio. La tercera fase es la fase en que se lleva a cabo la *aventura* de la *re*contextualización del texto antiguo. En esta aventura el texto antiguo es invitado a iluminar una realidad sociopolítica no conocida por su autor. J.S. Croatto habla de la actualización del adelante-del-texto.

Para que esta aventura se realice de una manera adecuada, se necesita más que exégesis. Se necesita lo que Cl. Boff ha llamado la *mediación socio-analítica*. Se necesitan herramientas especiales, *de las que el o la exégeta no dispone.* Pues, no por ser exégeta — lector o lectora profesional de textos bíblicos — también se es economista o sociólogo. El o la exégeta puede *ablandar* o *abrir* el texto para su relectura posterior, pero no está *como exégeta* capacitado para llevar a un final feliz su *re*lectura. En la lectura final, la de la comunidad de fe, el papel de la o el exégeta debe ser muy modesto. Le corresponde a *la comunidad de fe* hacer la *re*lectura de aquellos textos bíblicos que se prestan para una lectura comunitaria.

Le corresponde a la comunidad de fe hacer la relectura de aquellos textos bíblicos que se prestan para una relectura comunitaria.

En el segundo tomo de esta obra analizaremos con mayor detenimiento la dinámica de la relectura de los textos bíblicos. Hablaremos de la hermenéutica del bricolaje (Cl. Boff) y la cuestión de las mediaciones sociales en el proceso hermenéutico. Aquí es suficiente haber reconocido un poco las características propias de cada fase del proceso de comprensión.

Hemos analizado el proceso de lectura. Hemos visto que el proceso se compone de fases, cada una con su dinámica y resultado propios. Lo que el texto le regala a la lectora y al lector es una visión, una manera de estar en el mundo: un contenido proposicional. El texto les propone cierta manera de vivir, de mirar el mundo, de pensar sobre el bien y el mal. Les ofrece una perspectiva. Lo que el texto regala a las personas que lo leen, es la posibilidad de mirar el mundo desde una nueva perspectiva. Para descubrir realmente esta perspectiva, esta nueva manera de mirar, es necesario respetar al máximo las diferentes dinámicas del proceso de comprensión.

Unidad 7:

Hermenéutica latinoamericana

Introducción

Las hermenéuticas de Gadamer, Ricoeur y otros han dado a las teologías emancipadoras, entre ellas la teología latinoamericana de liberación, una base firme para legitimar la relectura de la Biblia desde su propia experiencia. En las décadas recién pasadas se ha desarrollado en América Latina un movimiento riquísimo, que se ha venido a llamar el *movimiento bíblico latinoamericano*. Dentro de este movimiento mucho se ha reflexionado sobre la hermenéutica y la *re*lectura. Esto era necesario porque se necesitaba una teoría hermenéutica que hiciera legítima y posible la 'lectura de la Biblia desde la experiencia latinoamericana'. Las hermenéuticas de Gadamer y Ricoeur han sido fructíferas en la articulación de una hermenéutica latinoamericana.

La reflexión hermenéutica latinoamericana de las últimas décadas no ha resultado en una sola escuela, sino en varias. Las visiones sobre los métodos y la hermenéutica de estas escuelas no coinciden completamente. En algunos aspectos hay discrepancias profundas, mientras que en otros pueden considerarse como complementarias. Hay quienes se inclinan más por la lectura sociológica. Otros prefieren practicar una complementariedad de métodos de exégesis e incluyen también aproximaciones mucho más literarias y semióticas. Analizamos aquí tres diseños hermenéuticos, que, a nuestro juicio, son representativos del reflexionar hermenéutico latinoamericano actual: uno de Argentina (José Severino Croatto), otro de Brasil (Carlos Mesters) y otro de Centroamérica (Pablo Richard).

7.1 José Severino Croatto: la lectura hermenéutica

J. S Croatto, Befreiung und Freiheit. Biblische Hermeneutik für die 'Theologie der Befreiung', en: H.- J. Prien (Hg.), Latein-Amerika: Gesellschaft, Kirche, Theologie II (Der Streit um die Theologie der Befreiung), Göttingen, 1981, 39-59.

El exégeta argentino José Severino Croatto trata de fundamentar hermenéuticamente los puntos de partida de la teología latinoamericana de la liberación. Croatto usa conceptos fundamentales de la lingüística y hermenéutica filosófica. Así será posible, afirma Croatto, fundamentar la teología de la liberación como una teología verdaderamente bíblica.

Una pregunta que caracteriza la obra de Croatto es ¿cuál podrá ser el papel de la Biblia en la construcción de una teología *de* y *para* los oprimidos y las oprimidas en el Tercer Mundo? Es necesario, escribe Croatto, desarrollar una 'hermenéutica de los signos de los tiempos' (Croatto 1981:44). Aquella será una hermenéutica que no percibe el proceso de interpretación de los textos antiguos como un proceso autónomo, realizándose fuera de la historia y del momento actual, sino como una hermenéutica dispuesta a analizar cómo es posible conectar la lectura del texto antiguo con el descubrimiento de la presencia de Dios hoy.

J. S. Croatto, Dios en el aconte-cimiento', en: Rev.Bibl. 35 (1973) 52-60. 'En la teología clásica se interpreta la revelación como si fuera un depósito ya hecho, un acontecimiento cerrado, realizado en el pasado. En ella, el presente no puede tener una función complementaria, crítica o desmitologizadora. De ahí la falta de interés de la teología y hermenéutica clásicas en el presente.

Al igual que toda teología cristiana, también la teología de la liberación quiere fundamentar su reflexión sobre las fuentes de revelación, de las cuales la Biblia es una fuente principal. El problema es que tanto la teología y hermenéutica clásicas, como los métodos de exégesis tradicionales no están suficientemente equipados para la tarea ante la cual los pone la teología de la liberación. 'En la teología clásica se interpreta la revelación como si fuera un depósito ya hecho, un acontecimiento cerrado, realizado en el pasado. En ella el presente no puede tener una función complementaria, crítica o desmitologizadora. De ahí la falta de interés de la teología y hermenéutica clásicas en el presente' (Croatto 1973: 52-53).

La exégesis tradicional — histórico-crítica — tiene interés solamente en el *pre-texto* del texto; se interesa solamente en su pasado y su *génesis*. Se dirige a lo que está *detrás* del texto y trata de reconstruir la primera *producción-de-sentido*. Esta exégesis busca al autor original, al referente original y al destinatario original. *El* sentido del texto coincide, según la perspectiva de este tipo de análisis, con la intención del autor y el significado *original* del texto. No puede haber una *segunda* producción-de-sentido, por la sencilla razón que el texto tiene el *status* de *depositum* — algo depositado cuyo significado se 'agotó' la primera vez que se manifestó.

No puede haber una segunda producción-de-sentido, por la sencilla razón que el texto tiene el status de depositum, algo depositado cuyo significado se 'agotó' la primera vez que se manifestó.

Esta crítica vale no solamente para los métodos interesados en la (pre-)historia del texto, sino también para los diversos métodos estructurales o estructuralistas. También estos métodos, especialmente sus variantes más clásicas y rígidas, desvinculan el texto de la vida. Son métodos reduccionistas que exploran el texto desvinculado de la vida del texto, de las circunstancias sociales en que nació, de su historia, de su mundo social y religioso.

Surge la pregunta ¿qué modelo hermenéutico, qué método de lectura podrá resolver el dilema? ¿Podrían ser los métodos existenciales, aquellas hermenéuticas, de la escuela de R. Bultmann, que ponen mucho énfasis en el acto de lectura como evento (acontecimiento)? Croatto opina que son, paradójicamente, precisamente los métodos estructurales que, con sus énfasis en la 'objetividad' del texto (su condición como conjunto lingüístico, relativamente autónomo), constituyen una crítica implícita a las hermenéuticas existencialistas. En la lectura del texto, opina Croatto, la lectora o el lector no está siendo confrontado solamente consigo mismo, sino también con todo un mundo histórico y textual-lingüístico objetivamente presente en el texto. La lectura es más que decisión personal; la lectura es también confrontación y exposición de la objetividad del texto.

Fácilmente el proceso de lectura puede desembocar en la mera búsqueda de correspondencias entre el texto histórico y la actualidad.

Croatto está consciente del peligro que corre la teología de la liberación cuando pone tanto énfasis en la praxis de fe como primer paso del quehacer teológico. Fácilmente el texto de la Biblia podría desaparecer detrás del 'texto' de la realidad actual. Fácilmente se podría caer en un nuevo tipo de concordismo. Fácilmente el proceso de lectura podría desembocar en la mera búsqueda de corres-pondencias entre el texto histórico y la actualidad.

En vez de considerar el texto como un residuo del pasado, una hermenéutica latinoamericana de liberación deberá encontrar una nueva respuesta a la pregunta sobre cómo las coordenadas texto y praxis actual pueden estar relacionadas de tal manera que el texto bíblico pueda ser mensaje para la praxis y para que la actual praxis informe la comprensión del texto bíblico. Esta es la tarea de la nueva hermenéutica latinoamericana.

En numerosos artículos Croatto se ha concentrado en la cuestión hermenéutica. Su libro *Hermenéutica bíblica* (1985, 1994²) resume su teoría. Croatto basa gran parte de su hermenéutica en los diseños de Gadamer y Ricoeur. Al igual que en la hermenéutica de Ricoeur, para Croatto la exégesis constituye una fase de todo un proceso de comprensión. La hermenéutica debe fundarse en la semiótica (la ciencia general de los signos), pero va más allá. Mientras que la semiótica provee la clave interna de lectura del texto (composición, sentido y peculiaridad del texto como texto), la hermenéutica es el ejercicio de lectura que usa estas claves.

Croatto usa los conceptos distanciación, clausura/apertura, reserva-de-sentido, acuñados por Ricoeur. También Croatto enfatiza la importancia de la distinción entre el sentido de un texto (lo que dice, su textura) y su referencia (aquello a que se refiere, la realidad histórica sobre la que habla). También Croatto parte del carácter polisémico del texto literario. Los textos literarios no tienen un solo significado. Si fuera así sería cuestión de hallar ese único sentido y con eso congelar para siempre el proceso de interpretación. Los textos son polisémicos. Lo que cada lector o lectora lee y explora es un tejido, una red de significados capaz de decir varias cosas al mismo tiempo.

Una hermenéutica latinoamericana de liberación deberá encontrar una nueva respuesta a la pregunta ¿cómo pueden las coordenadas texto y praxis actual ser relacionadas de tal manera que el texto bíblico puede ser mensaje para la praxis y la actual praxis para la comprensión del texto bíblico?

Los textos son polisémicos. Mientras que la semiótica provee la clave interna de lectura del texto (composición, sentido y peculiaridad del texto como texto), la hermenéutica es el ejercicio de lectura que usa estas claves.

Cada texto puede ser leído desde varios ángulos y a través de varios códigos. Cada una de estas lecturas produce un discurso en base al texto y es un texto sobre un texto. Cada lectura entra en el texto seleccionando, ordenando, priorizando, excluyendo. Cada lectura produce sentido. Cada texto literario tiene la capacidad de abrirse hacia adelante, hacia el mundo de la lectora y el lector actual. Ricoeur llama a esta capacidad *réserve-de-sense*, reserva-de-sentido.

La relectura, la actualización del texto, se hace posible precisamente por esta calidad del texto de poder abrirse hacia el mundo del lector y de la lectora y así iluminar situaciones no vistas por su autor. Hemos explicado lo que pasa en este proceso: la referencia original pierde su importancia en beneficio del sentido (lo dicho del texto) y un nuevo contexto, actualizado por el nuevo lector o la nueva lectora. La vinculación con el anónimo Faraón del siglo 13 o 12 antes de Cristo, hecha en Ex. 1-15, es reemplazada por un nuevo contexto donde un nuevo opresor juega su papel. El texto 'se abre' hacia adelante, es actualizado y provisto de un nuevo contexto. Para el proceso de apropiación, la referencia original del texto es un obstáculo, es un lastre. Para que el texto realmente se sienta como cercano, la referencia original debe ser eliminada y reemplazada por una referencia al mundo del lector o de la lectora actual. Solamente así el texto puede reclamar y explotar su reserva-de-sentido.

Cada lectura, también las que tienen un interés exclusivamente histórico, entra en el texto ordenando y seleccionando valores. Ninguna lectura puede repetir o reconstruir todo lo que pasó en el acto primitivo de enunciación del texto. Cada lectura es, por eso, una re-lectura; cada acto de interpretación es a la vez un acto cumulativo.

Al igual que para Ricoeur, también para Croatto el proceso de interpretación de textos representa una gran paradoja. Mientras que el texto, por su carácter polisémico, permite una gran variedad y pluralidad de lecturas, en la práctica del proceso de lectura, el o la intérprete desea poseer la significación total del texto sin dejar algo para otro. Es decir, mientras que en teoría los textos despliegan todo un espectro de significados, el lector o la lectora empuja el texto hacia una nueva clausura. 'Se origina una especie de dependencia del texto interpretado', dice Croatto, 'y con eso el deseo de poseer toda su significación' (Croatto 1994:37). Precisamente porque cada lector y lectora quiere apropiarse del sentido y el significado del texto, cada lectura es totalitaria y excluyente. Y aunque en la historia de la interpretación de la Biblia, significado siempre resultó ser significado parcial, preliminar, nunca definitivo, ningún intérprete puede vivir con la idea de tener que contentarse con significados parciales. Cada intérprete quiere 'agotar' el texto por completo.

A pesar de que el texto, por ser una estructura abierta y polisémica, sugiere una pluralidad de lecturas, en la práctica se origina lo que Ricoeur llamó 'el conflicto de interpretaciones'. Este conflicto puede ser enriquecedor. Las lecturas pueden resultar complementarias. Pero el conflicto es muchas veces amargo pues, especialmente en el caso de la Biblia, hay conductas morales distintas, muchas veces mutuamente excluyentes, que se fundamentan en el texto bíblico.

La transición de la semiótica (concentración en los signos que constituyen el texto como sistema) a la hermenéutica está marcada, opina Croatto, por los factores que producen el conflicto de interpretaciones. Al tocar esta temática, Croatto introduce un elemento nuevo respecto a la hermenéutica de Gadamer y especialmente la de Ricoeur. Es el papel de la praxis en el proceso de comprensión.

Praxis es un concepto clave en la teología de la liberación, pero no tan fácil de definir (Chopp 1986; Gonzalez 1995). Por praxis Croatto entiende la praxis social. La praxis es un conjunto de acciones de cierto grupo de personas, situado y sentido como significativo. La praxis es uno de los factores constitutivos de la cosmovisión de un grupo. La tradición genera cierta forma de praxis. La relación entre

R.S. Chopp, The Praxis of Suffering. An Interpretation of Liberation and Political Theologies, New York (Orbis), 1986; E. Arens, Christopraxis. A Theology of Action, Minneapolis, 1995. A. Gonzalez, Vigencia del 'método teológico' de la teología de la liberación, en: Sal Terrae (1995), 667-675. La praxis es uno de los factores constitutivos de la cosmovisión de un grupo. La tradición genera cierta forma de praxis. La relación entre praxis y tradición es dialéctica.

praxis y tradición es dialéctica. La tradición y la praxis se pueden recrear mutuamente; tradición y praxis también se pueden anular mutuamente. En todo caso 'situación' y 'praxis' son factores decisivos para la manera en que una comunidad percibe la vida y la tradición en la que está. Es importante comprender, afirma Croatto, que la praxis constituye un factor elemental en el proceso de lectura. Por lo tanto es posible afirmar que también los procesos hermenéuticos tienen dimensiones profundamente praxiológicas. La base o la fuente de cada texto es siempre cierta experiencia, cierta práctica, cierto acontecimiento, cierta cosmovisión, una situación de opresión, un proceso de liberación, una experiencia de gracia y redención.

De la interminable red de prácticas humanas y acontecimientos, algunas se muestran como muy significativas. Cuando ocurre la primera distanciación — en la que el acontecimiento llega a ser palabra escrita — ocurren dos cosas. El acontecimiento es interpretado, lo que significa que hay una selección de datos. Algunos son incluidos en el relato, otros se dejan fuera. La interpretación cierra el acontecimiento, es un momento de clausura.

El acontecimiento original se interpreta y se continúa en un nuevo acontecimiento o evento. Este último evento no absorbe el acontecimiento original, sino que lo considera como fundante.

Ahora bien, los acontecimientos llegan a ser significativos cuando tienen un efecto histórico (la *Wirkungsgeschichte* de Gadamer). Y tienen efecto histórico en la vida de otros cuando tienen influencia en la praxis de otras personas y comunidades. Entre acontecimiento e interpretación no hay una relación causal, sino una relación de significado. El acontecimiento original se interpreta y se continúa en un nuevo acontecimiento o evento. Este último evento no absorbe el acontecimiento original, sino que lo considera como fundante. En la Biblia la memoria del evento del Exodo es acogida una y otra vez y a través de géneros literarios siempre nuevos, dice Croatto, pero nunca como mera repetición del significado del Exodo original, sino siempre como exploración de su reserva-de-sentido.

Los acontecimientos que marcan el nacimiento de un pueblo nunca se agotan en su primera lectura, sino que 'crecen' cuando son proyectados sobre la vida del pueblo.

El primer éxodo revela un nuevo, más profundo sentido cuando el pueblo enfrenta situaciones en que un nuevo éxodo es sentido como única salida. Se origina la famosa circularidad hermenéutica en la cual la praxis es un factor fundamental. Hay un acontecimiento que precede el texto. El texto lo interpreta y permanece después como estructura lingüística autónoma que se proyecta hacia adelante y reclama la manifestación de su reserva-de-sentido a través de nuevos acontecimientos. Lo que realmente posibilita la circulación hermenéutica y la manifestación de la reserva-de-sentido del texto es la praxis desde la cual se realiza su interpretación. 'Es una forma de praxis humana que constituye la llave que da acceso a la lectura y comprensión de los textos'.

Así como los textos bíblicos mismos son una forma constante de lectura de situaciones, también la circularidad hermenéutica se pone en marcha desde (nuevas) situaciones. Así como texto y acontecimiento se determinan mutuamente, también la praxis y la interpretación — *eis-egesis* y *ex-egesis*. Desde el punto de vista hermenéutico es una ilusión creer que se puede reducir la exploración del sentido del texto a un quehacer puramente literario o académico. Es, sobre todo, el lugar o la praxis del crítico o de la crítica lo que da el parámetro para la lectura. Cada praxis o práctica constituye un horizonte de comprensión desde el cual el texto es interpretado. La exploración del sentido del texto se funda siempre en la dimensión praxiológica del mismo proceso hermenéutico. 'La correlación entre el efecto-del-acontecimiento y el efecto-de-sentido del texto es muy fuerte y se prolonga en la relación entre la praxis y la lectura de una tradición o de un texto' (Croatto 1985, 1994). El eco de la *eis-egesis* siempre es muy audible en la lectura de un texto. La relación entre interpretación y praxis no es de líneas paralelas, sino de líneas que se cruzan y se determinan constantemente.

En las observaciones hermenéuticas de Croatto está definida su percepción del papel de la o el exégeta. Los métodos tradicionales deben ser criticados, opina Croatto. Los métodos históricos han tenido un inestimable valor y

En la circularidad hermenéutica la praxis es un factor fundamental. Hay un acontecimiento que precede el texto. El texto lo interpreta y permanece después como estructura lingüística autónoma que se proyecta hacia adelante y reclama la manifestación de su reserva-de-sentido a través de nuevos acontecimientos. Lo que realmente posibilita la circulación hermenéutica y la manifestación de la reserva-de-sentido del texto es la praxis desde la cual se realiza su interpretación (J.S. Croatto).

son todavía muy válidos. En su propia práctica exegética Croatto siempre hace uso de estos métodos. El problema es que los métodos tradicionales sufren de reduccionismo histórico. Creen que con la exploración de la fase precanónica del texto, de lo que está detrás de los textos, se cumple todo el proceso de comprensión. Es cierto que la exégesis 'historicista' puede ser una contribución a la explicación del (sentido histórico del) texto, pero nunca a la exploración de su sentido actual. La persona que quiere limitarse a la explicación del sentido primero y explícito del texto comienza a ocultar las posibilidades del texto. El texto es precisado de tal manera que se congela. Se da preferencia a un contexto (el original) que después se 'eterniza'. Dicho de otra manera: se agota el texto.

Cuando todo el proceso exegético se agota en la reconstrucción del contexto original del texto (¿cuál?), la exégesis clausura el sentido del texto, por mejor y más correctamente que haya determinado su significado. La interpretación de un texto no tiene como meta única la identificación del lector y autor originales, sino que debe contribuir a la apertura del texto como estructura polisémica que se abre para la interpretación desde un contexto nuevo.

Al igual que Ricoeur, Croatto opina que la complementariedad debe guiar el proceso exegético. En la opinión de Croatto, el o la exégeta debe hacer más que explicar el texto en su aspecto histórico. La interpretación, de la cual la exégesis es solamente una fase, debe desembocar en lo que Croatto llama la lectura hermenéutica. ¿Qué significa el pleonasmo "lectura hermenéutica"?

La lectura hermenéutica

Lectura hermenéutica

Por lectura hermenéutica Croatto entiende lo que Ricoeur llama el saber comprensivo. Es la última fase del proceso de comprensión.

Lectura hermenéutica es la lectura que se ocupa de la inolvidable tarea de abrir el texto hacia adelante, hacia la vida (Croatto 1985, 1994).

Croatto no clarifica bien de qué habilidades o instrumentos el o la exégeta debe disponer para ejecutar adecuadamente esta fase de la interpretación. Una lectura de textos se puede definir como 'hermenéutica', dice Croatto, cuando la interpretación va más allá de un esfuerzo por reconstruir el primer significado del texto. Una lectura es hermenéutica cuando pone de manifiesto, en base a una nueva pregunta y una nueva situación, el exceso-de-sentido del texto. Por lectura hermenéutica Croatto entiende entonces lo que antes llamamos actualización o recontextualización. 'Es la lectura que se ocupa de la inolvidable tarea de abrir el texto hacia adelante, hacia la vida' (Croatto 1985, 1994). La lectura hermenéutica no busca puras analogías entre nuestro momento actual y el de los autores bíblicos. Más bien la lectura hermenéutica quiere generar un mensaje para nosotros y nosotras, los y las que hoy vivimos. La lectura hermenéutica se ve frente a la tarea de convertir el texto antiguo en mensaje para la actualidad. Debe actualizar la potencialidad del texto de hablar sobre el presente. Por 'potencialidad' se puede entender lo no dicho del texto. Aquello que el texto dirá en su actualización, pero no ha dicho todavía.

> El núcleo del acto hermenéutico es evocar lo no dicho de lo dicho del texto a través de una interpretación contextualizada (Croatto 1985, 1994).

Gadamer reservó para este proceso la expresión 'la infinidad de lo no dicho del texto'. Solamente a través de una nueva contextualización el texto podrá tener un mensaje para la actualidad. No es el análisis de 'lo que realmente pasó' en el Exodo, ni la investigación de los procesos de redacción o transmisión del texto de Exodo, lo que hace crecer el significado del texto, sino más bien las relecturas posteriores del evento. Son las relecturas que han surgido de los movimientos históricos que, para su propia práctica, se basaron en el Exodo. La Biblia llega a ser nuevamente mensaje o Sagrada Escritura en la medida en que el texto bíblico es releído dentro de un contexto histórico nuevo. El motivo del Exodo es recreado, dice Croatto, desde los procesos y la lucha de liberación de grupos de personas oprimidas.

> *En sus relecturas posteriores los textos se recrean. No se trata de una mera actualización concordante, ni tampoco de una popularización verbal (nueva traducción del texto o algo por el estilo) del mensaje bíblico.*

Croatto usa el verbo recrear a propósito. Quiere expresar que no se trata de una mera actualización concordante, ni tampoco de una popularización verbal (una nueva traducción del texto o algo por el estilo) del mensaje bíblico. La confrontación con un nuevo o una nueva oyente y su contexto crea una nueva y original situación vital (*Sitz im Leben*) del texto. El texto puede iluminar dimensiones de la realidad que no fueron vistas por otras lecturas, ni por el texto mismo. Efecto opuesto es que en este proceso el texto mismo consigue también nuevas dimensiones.

Entre texto y lector o lectora se origina una especie de afinidad, nutrida por la praxis. Este proceso adquiere una dimensión extra en el caso de experiencias límites: muerte, liberación, opresión, esclavitud, etc.

> Los textos que tematizan la liberación no tienen mejor intérprete que el oprimido que va en busca de su liberación. El académico nos puede enseñar todo acerca del pasado del texto … pero el oprimido nos da, desde su praxis de liberación, lo no-dicho-de-lo-dicho del texto, o sea su actual valor querigmático (Croatto 1985, 1994).

> *'...Los pobres y oprimidos poseen la "pertenencia" y la "pertinencia" más adecuada para releer el querigma de la Biblia', J.S. Croatto, Hermenéutica Bíblica.*

Lo que pasa en la lectura hermenéutica es que se repite el proceso a través del cual la Biblia misma se produjo, en la cual dos factores fundamentales jugaron un papel. (1) En primer lugar la praxis socio-histórica de Israel, afin con los grandes hechos salvíficos y las promesas de Dios. (2) En segundo lugar la articulación de la experiencia de la presencia de Dios: el texto y, finalmente, el canon. Es importante subrayar que este proceso de producción de la Biblia es parte de su mensaje. La Biblia es una gran colección de relecturas y actualizaciones. Por lo tanto el proceso de su relectura no puede sino hacer justicia a ese hecho.

Los y las pobres

A diferencia de otros exégetas latinoamericanos, Croatto no cree que la Biblia, en cuanto al proceso de su producción, provenga de las capas más bajas de la sociedad israelita.

Croatto opina que fueron sectores más acomodados los que produjeron la Biblia. Sin embargo, los y las pobres toman un lugar especial en la hermenéutica de Croatto.

La Biblia es testimonio de una contracultura, afirma Severino (J.S. Croatto: —Yo Soy El Que Estoy (Contigo). La Interpretación del Nombre 'Yahve' en Ex 3,13-14, en: V. Collados/E. Zurro (eds.), El mis-terio de la Palabra (Fs. Luis Alonso Schokel), Madrid 1983, 147-159; idem, Exilio y sobrevivencia. Tradiciones contraculturales en el Pentateuco, Buenos Aires (ed. Lumen), 1997.

Croatto es más prudente que otros exégetas latinoamericanos en su definición del papel de los y las pobres en la interpretación de la Biblia. Sin embargo, también Croatto considera a los y las pobres como 'lectores privilegiados de la Biblia'. Entre el y la pobre y Biblia hay más bien una relación hermenéutica y no tanto una relación de producción. En la siguiente frase Croatto expresa cómo percibe la relación pobre – Biblia.

> Como la realidad de los hombres es más bien de sufrimiento, miseria, pecado, opresión, no es difícil reconocer que los pobres y oprimidos poseen la "pertenencia" y la "pertinencia" más adecuada para releer el querigma de la Biblia. Este les pertenece preferencialmente (Croatto 1985:69).

Hay pertinencia porque los *ejes semánticos* (las grandes temáticas que recurren el A.T. y N.T.) giran en torno a la vida y experiencia de los y las pobres. Mientras que la lectura hecha en la iglesia o en la academia es fragmentada, los y las pobres leen la Biblia como los Rabinos y los padres de la iglesia: como *un* texto con *una gran temática*. Es por su opción preferencial por los y las pobres, entre otras características, que la Biblia puede y debe ser considerada como libro de una contracultura.

Observaciones críticas

Terminamos aquí nuestra representación del diseño hermenéutico de Croatto. El se imagina el proceso de comprensión del texto bíblico de la misma manera que Ricoeur. La fase de la validación (exégesis) es importante, pero no es más que una fase. No podemos discutir extensamente su contribución a la hermenéutica latinoamericana, aunque la consideramos de un inestimable valor. Uno de los grandes méritos de su hermenéutica es haber mostrado la legitimidad de una relectura *latinoamericana* de la Biblia; una relectura hecha desde experiencias de opresión, pobreza flagrante, muerte prematura, desperdicio de vidas y también liberación.

Otro punto importante es la nueva concepción del papel de la o el exégeta. En la hermenéutica de Croatto la o el exégeta debe ser más que exégeta, por decirlo así. La o el exégeta también debe *ablandar* y *abrir* el texto para su relectura. Así contribuirá al proceso en que el texto antiguo se convertirá nuevamente en *mensaje* para la actualidad. Creemos que las implicancias de tal percepción de la tarea de la y el exégeta son importantes.

Quisiéramos plantear brevemente algunas preguntas:

Ver la relectura de Croatto en: J.S. Croatto, Crear y Amar en Libertad. Estudio de Génesis 2.4-3.24 (El Hombre en el Mundo II), Buenos Aires, 1986.

1) En su hermenéutica Croatto atribuye una gran responsabilidad a la o el exégeta. Croatto opina que la o el exégeta no solamente tiene responsabilidad por la fase de la explicación del texto, sino que también debe estar presente en el momento de su actualización. ¿Pero, son estos papeles realmente compatibles? No por ser exégeta se es también científico social o economista. Nuestra pregunta es si Croatto no exige demasiado de la o el exégeta. Croatto mismo, en su práctica exegética, es muy modesto y prudente en sus 'relecturas' (ver por ejemplo Croatto 1986:204-210). En ninguna parte de su obra responde la muy difícil pregunta de qué instrumentos o habilidades el exégeta comprometido debe disponer. Creemos que la participación de la exégeta en la fase de la actua-lización debe ser muy modesta. Allí, en esta fase, le corresponde a la comunidad de fe encarnar el texto bíblico en su vida y situación. No hay razón por la cual el o la exégeta siga dominando el proceso de lectura. Es la comunidad de creyentes la que debe construir la analogía, no la exégeta. Creemos que, en su práctica, Croatto está de acuerdo con esta visión, pues acabamos de constatar que la práctica de relectura de Croatto es más modesta de lo que prescribe su teoría.

2) Nuestra segunda pregunta gira en torno al concepto praxis. Con Croatto estamos convencidos de la gran importancia de la praxis socio-histórica del lector, lectora o comunidad lectora. Creemos también que la praxis es muchas veces motor y eje en el proceso de comprensión de textos. Al mismo tiempo hay que reconocer que praxis no es un concepto muy transparente. Es difícil que la praxis sea una instancia de control en el proceso hermenéutico. ¿Es realmente posible que una praxis actual verifique o valide la significación de un texto histórico? ¿La praxis realmente puede validar o más bien es una instancia que debe ser validada? La praxis entrega conocimiento y visión, pero no lo es. ¡Cuán difícil y poco transparente es la relación entre praxis y comprensión!

Se destaca también que en el diseño hermenéutico tan abierto de Croatto hay un momento de clausura, y bien alrededor del concepto praxis. Croatto escribe que no toda praxis lleva a la comprensión auténtica de la Biblia, sino solamente la praxis de liberación. Surge la pregunta sobre qué es lo que se debe entender por praxis liberadora.

J.S. Croatto, Exodus, A Hermeneutics of Freedom, New York, 1981.

Pensemos por un momento en la historia del Exodo. En Ex. 1-15, cuerpo literario clave en la teología de liberación (Croatto 1981), se trata de la liberación de la esclavitud y la salida del país de la opresión. Un acercamiento crítico al texto muestra que Ex. 1-15 no relata una sola praxis, sino muchas praxes de liberación o salida. Dicho de otra manera, el Exodo no representa un relato monolítico con una sola praxis. Hay una gran variedad de actitudes y prácticas representadas en Ex. 1-15; hay diferentes momentos históricos. Anteriormente mostramos cómo el análisis histórico-crítico de Ex. 1-15 cree haber descubierto al menos dos modalidades de éxodo (de Vaux 1975). El éxodo-huída se debe distinguir del éxodo-robo. Al lado del coraje de algunos hubo también cobardía de muchos. ¿Por cuál de las praxis implícitas debemos optar? ¿Ex.1-15 puede ser un modelo transparente para nuestra práctica actual?

Esta pregunta nos lleva a otra cuestión. En Ex. 1-15 hay mucho énfasis en el papel de Jhwh. Finalmente es Jhwh quien, a través de sus acciones liberadoras, procura la salida. Se plantea la pregunta sobre cómo será posible sacar de tal hecho directrices para nuestro quehacer. Es lo que se ha definido como el problema de la doble analogía. Situaciones se perciben como análogas y se confunden los papeles. A causa de la analogía no se discierne bien quién hizo qué cosa. En beneficio de los paralelos, se descuidan las diferencias.

3) Una tercera pregunta es la siguiente. Cuando tratamos de ver cómo Croatto precisa el concepto praxis, descubrimos que en su obra praxis liberadora abarca un espectro de fenómenos y actitudes. En la obra de Croatto, el término praxis liberadora cubre casi todos los temas centrales de la teología cristiana. El eje semántico (temática clave en la terminología de Croatto) éxodo-liberación resulta tener correlativos antitéticos como 'alienación, enajenación, exilio, egoísmo, ley, muerte y muchas otras' (Croatto 1985, 1994). El problema es que si el término praxis liberadora tiene correlativos antitéticos tan diversos, el término pierde mucho de su valor. Pues la victoria sobre el egoísmo requiere otra praxis liberadora, y otros instrumentos y estrategias a las de una praxis liberadora política que quiere romper la dependencia de un grupo, país o continente de otro.

El término 'praxis liberadora' tiene correladas antitéticas muy diversas, según Croatto. Esto no facilita una buena definición del término. Pues, la victoria sobre el egoísmo requiere otra praxis liberadora, con otros instrumentos y otras estrategias a las de una praxis liberadora política que quiere romper la dependencia de un grupo, país o continente de otro.

4) Hacemos una última observación acerca de la hermenéutica de Croatto. Muy acorde con la hermenéutica de Ricoeur, Croatto enfatiza la importancia del comprender productivo y no *re*productivo o fundamentalista. No debemos caer en concordismos y buscar puras analogías entre nuestra situación y la que se nos describe en la Biblia, escribe Croatto. La pregunta es si este comprender productivo no vale también para el Exodo. ¿En qué medida debemos dejar abierta la posibilidad de que el paradigma del Exodo, y todo lo que ha venido a implicar, *no* represente o no represente totalmente, la

situación latinoamericana? Es necesario verificar si el modelo del Exodo es realmente pertinente a la situación latinoamericana. Pues cuando se habla de la relevancia del Exodo para la situación latinoamericana, se involucra tanto el presente como el pasado. La analogía se nutre tanto del texto bíblico como de la percepción de la realidad que uno tiene y la solución de sus problemas. Hablar de la relevancia del éxodo, o de cualquier otro paradigma bíblico para América Latina implica siempre también una percepción determinada de la problemática que rodea el continente, su procedencia y la manera de solucionarla. Darle preferencia a *un* modelo o a *un* paradigma implica también clausura y exclusión. Es necesario que exégetas, también y quizá en primer lugar los y las del Primer Mundo, se sigan preguntando qué factores median en la construcción de sus analogías y teologías bíblicas. Pertenece a la tarea del teólogo *comprometido* y de la teóloga *comprometida* mantener abierto este debate.

7.2 Carlos Mesters: el triángulo hermenéutico

Es difícil sobrestimar la influencia que en América Latina ha tenido el exégeta brasileño de origen holandés Carlos Mesters. Desde 1963, Carlos Mesters ha estado trabajando en América Latina y ha sido una de las figuras de mayor impacto en el campo de la lectura bíblica. Mesters ha contribuido mucho al desarrollo de lo que se ha venido a llamar el *movimiento bíblico* en América Latina y a la reflexión sobre lo que se suele llamar la lectura popular de la Biblia.

C. Mesters, El Misterioso Mundo de la Biblia. Estudio sobre la puerta de entrada al mundo de la Biblia, Buenos Aires, 1977, 63.

C. Mesters, Deus, Onde Estás?, Belo Horizonte, 1976[6].

El tema central de la obra de Mesters es la pregunta por la relación entre la lectura científica y la lectura que el pueblo hace de la Biblia. ¿Los problemas que el pueblo lleva al texto bíblico podrían constituir una agenda para la exégesis? Pues lo que ahora existe es un profundo desequilibrio entre la inmensa oferta de la ciencia bíblica y las preguntas que el pueblo hace.

> *Lo que existe es un profundo desequilibrio entre la inmensa oferta de la ciencia bíblica y las preguntas que el pueblo hace. Entre exégesis científica y lectura popular hay, sin embargo, un abismo profundo. La exégesis no respeta al pueblo como destinatario. Los y las exégetas deben aprender a ser fieles a las preguntas del pueblo, antes de que puedan ser fieles a las respuestas de su propia ciencia.*

Las tesis más importantes de Mesters se dejan resumir de la siguiente manera. La exégesis es confrontada con un nuevo sujeto: el *pueblo de los pobres de América Latina*. El pueblo pobre es un destinatario nuevo de los textos bíblicos y exige un lugar propio en el proceso de interpretación. Entre exégesis científica y lectura popular hay, sin embargo, un abismo profundo. La exégesis no respeta al pueblo como destinatario. Los y las exégetas deben aprender de nuevo ser fieles a las preguntas del pueblo, antes de que puedan ser fieles a las respuestas de su propia ciencia. 'De nuevo', escribe Mesters, porque, en comparación con la interpretación patrística, y con los principios de los autores bíblicos mismos, se puede decir que la exégesis se ha alienado de sus principios e intereses clásicos.

Frente a los resultados de la exégesis moderna, el pueblo guarda un silencio que puede ser considerado como una crítica fuertísima a su quehacer y orientación. La exégesis se queda en el pasado; las preguntas del pueblo pobre se están dando en el presente. La exégesis debe aprender a acompañar al pueblo en su movimiento, sus preguntas y preocupaciones. La exégesis debe aprender a participar; a participar en la lucha que se exige para que haya futuro y vida (en abundancia) también para los y las pobres. La exégesis debe aprender a moverse, junto con el pueblo, desde la vida hacia la Biblia y viceversa.

> *La exégesis debe aprender a moverse, junto con el pueblo, desde la vida hacia la Biblia y viceversa.*

Al igual que Croatto, Mesters opina que la exégesis debe estar al servicio de la lectura de los signos de los tiempos y de las directrices que emanen de tal lectura. La escritura, o mejor dicho la voz de Dios — que es más que la escritura — debe comprenderse hoy de nuevo y bien desde el triángulo hermenéutico dentro del cual el pretexto (la realidad socio-histórica actual), el texto (texto bíblico en relación con su contexto histórico) y el contexto (comunidad de fe) están interconectados orgánicamente.

La categoría pueblo constituye para Mesters una categoría hermenéutica de primer rango. La relación entre pueblo y Biblia tiene un carácter confuso. Por un lado, la lectura popular pone de manifiesto que se trata de una relación

La escritura, o mejor dicho la voz de Dios—que es más que la escritura—, debe comprenderse hoy de nuevo y bien desde el triángulo hermenéutico dentro del cual el pretexto (la realidad socio-histórica actual), el texto (texto bíblico en relación con su contexto histórico) y el contexto (comunidad de fe) están interconectados orgánicamente.

muy creativa, sorpendentemente fecunda. El pueblo lee la Biblia con familiaridad y considera la Biblia como su libro. 'Somos Abraham', dice el pueblo; 'Isaías y los profetas son nuestros padres'; 'la Biblia fue escrita para nosotros'. Las circunstancias duras en que el pueblo vive producen una especie de connaturalidad entre el pueblo de ahora y el pueblo de la Biblia. Es sobre la base de esta analogía que el pueblo, muchas veces, puede comprender plenamente lo que el texto bíblico dice. La lectura popular se caracteriza por aquella connaturalidad y familiaridad, pero también por libertad y fidelidad. La lectura popular, hecha desde los sótanos de la humanidad, descubre en el texto bíblico dimensiones que muchas veces quedan escondidas para los y las exégetas profesionales. ¡La Biblia llega a ser un libro nuevo!

> La exégesis tiene una nueva visión que hace de la Biblia un libro viejo, la lectura popular tiene una visión antigua que hace de la Biblia un libro nuevo (Mesters).

C. Mesters, Flor sin Defensa, Una explicación de la Biblia a partir del pueblo, Bogotá, 1984.

C. Mesters, Biblia y Comunidades Cristianas Populares, en: Solidaridad 30 (1981) 29-39 (= Mesters 1983) y: C. Mesters, The use of the Bible in Christian Communities of the Common People, en: S. Torres/J. Eagleson (eds.), The Challenge of Basic Communities, New York 1981 197-210. También en: N.K. Gottwald (ed.) The Bible and Liberation, New York 1983, 119-133.

Por otro lado hay que reconocer, sostiene Mesters, que la lectura popular también puede tener sus lados negativos. Las modalidades *fidelidad, libertad* y *familiaridad* no siempre acompañan la lectura del pueblo. La Biblia es un libro difícil de comprender. La Biblia no solamente confirma al pueblo en su fe, sino que también siembra duda, confunde, evoca problemas, no da claridad o certidumbre, complica la comprensión. Muchas veces la lectura popular es demasiado espiritualista o fundamentalista. A pesar de las dificultades, escribe Mesters, debemos reconocer que el *pueblo* pertenece a los *pequeños* de quienes se habla en los evangelios (Mt.11.25-26). El texto de Mateo 11 es un texto clave para Mesters.

> En aquel tiempo, respondiendo Jesús, dijo: "Te alabo, Padre, Señor de los cielos y de la tierra, porque escondiste estas cosas de los sabios y de los entendidos, y las revelaste a los niños".

Mesters, como Croatto, expresa frecuentemente su crítica a la exégesis clásica. Pero no es muy preciso en sus formulaciones. Muchas veces no está muy claro a qué tipo de exégesis se refiere. Seguramente su crítica se dirige a aquellos métodos que realizan su trabajo abstraídos de la *vida*. En toda su obra Mesters presupone que en la vida del pueblo sufriente y que vive en cautiverio, está escondida la clave que da acceso a la comprensión auténtica de la Escritura. Esta vida podría dar también un nuevo impulso a la ciencia exegética.

En su visión de lo que es buena exégesis, Mesters comparte mucho con Croatto. Mesters opina que en el proceso de interpretación debemos seguir dos rutas. La primera ruta — todo lo demás emana de élla — es la investigación del sentido histórico del texto bíblico. Pero no es suficiente limitar la exégesis a la dimensión histórica del texto y explorar solamente lo que el texto ha dicho en el pasado. En un segundo momento la significación del texto debe ser llevada hacia el presente. Para tal proceso la interpretación patrística puede servir como modelo. La hermenéutica de los padres había desarrollado gran sensibilidad para discernir los distintos aspectos del texto. Se distinguía entre el aspecto histórico (*sensus literalis*), el aspecto ético del texto (*sensus anagógico*), su capacidad de proyectarse hacia adelante (*sensus alegórico, sensus spiritualis*), etc. La distinción básica era entre *sensus literalis* y *sensus spiritualis*. Es notable, sostiene Mesters, cómo los padres, en su interpretación de la Escritura, sistemáticamente se rehusaron a buscar solamente el sentido histórico y literal (*sensus literalis*) del texto o a fijarse solamente en su sentido espiritual (léase: actual). Los padres hacían dos cosas: exploraban el significado histórico y también el significado que el texto tenía para su propia situación.

La exégesis moderna, escribe Mesters, anda con su espalda vuelta hacia el presente. Se ha concentrado enteramente en el pasado, porque cree que allí, en el pasado, se puede encontrar el significado verdadero del texto. En la visión de la y el exégeta clásico el significado verdadero del texto debe ser considerado como un *depositum fidei*, como un objeto de fe, depuesto y anclado en el pasado. Pero mientras

En toda su obra Mesters presupone que en la vida del pueblo sufriente que vive en cautiverio, está escondida la clave que da acceso a la comprensión auténtica de la Escritura. Esta vida podría dar también un nuevo impulso a la ciencia exegética.

C. Mesters, Biblia, El Libro del Pueblo de Dios, La Paz, 1983 (= La Biblia: Libro del pueblo de Dios, Managua s.a. = Bíblia, Livro feito em mutirão. Uma introdução à leitura de Bíblia, São Paulo, 1982).

la exégesis esté orientada totalmente hacia el pasado, el pueblo pregunta si Abraham vivía antes o después de Cristo. Si la exégesis no quiere continuar respondiendo a preguntas que nadie ha hecho, debe cambiar su orientación, enfatiza Mesters. Si no cambia su mirada, el cortocircuito entre la exégesis y las preguntas del pueblo se agravará hasta llegar a ser irreconciliable. Es la miseria en que vive el pueblo lo que determina el espacio dentro del cual la exégesis debe llevarse a cabo.

El modelo de Mesters combina tres factores importantes. Se puede graficar de la siguiente manera.

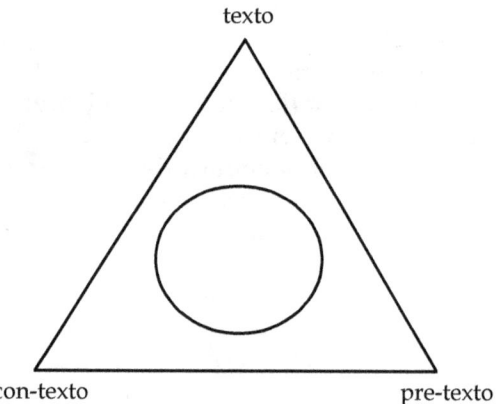

El texto bíblico se lee correctamente solo cuando los tres componentes, *comunidad de fe, texto bíblico* y *situación actual*, son los componentes orientadores del proceso de interpretación.

Las Comunidades de Base

La lectura de la Biblia practicada en las Comunidades Cristianas de Base (CEBs) constituye para Mesters un modelo ideal. Mesters la describe de la manera siguiente.

El texto bíblico se lee correctamente solamente cuando los tres componentes, comunidad de fe, texto bíblico y situación social actual, están siendo validados como componentes orientadores del proceso de interpretación.

- Los y las pobres leen a partir de problemas que están relacionados con la vida. Leen la Biblia desde una perspectiva de su realidad y de lucha.

- La lectura es comunitaria. Es ante todo un acto de fe, una práctica de oración, una actividad comunitaria.

- Su lectura es una lectura obediente. Las y los pobres respetan el texto, porque quieren escuchar lo que Dios hoy les dice y están dispuestos a cambiar si Dios lo exige.

La actualización del texto puede hacerse a través de tres procesos. Los tres procesos se describen con los términos usados arriba: *contexto, pretexto, texto*. Por *pretexto* Mesters entiende la situación en que vive el pueblo y que, por lo tanto, constituye su primer marco de referencia. El horizonte de comprensión del pueblo está íntimamente relacionado con su situación. Es este pueblo que ahora, desde su situación, escucha el texto y lo quiere comprender. ¿Cuál es la situación socioeconómica en que vive? ¿Cuáles son sus mayores problemas? ¿Cuáles sus conflictos? Por *contexto* se entiende la praxis de fe de la comunidad de creyentes, en este caso la Comunidad de Base. Allí se escucha la palabra de Dios comunitariamente, a partir de un compromiso comunitario. El *pretexto* y el *contexto* determinan el *lugar desde el cual* se lee el *texto* bíblico. Se trata de entender cuál es la posición de ese texto frente al contexto conflictivo en que se originó.

Como Croatto, Mesters basa su modelo hermenéutico en nociones fundamentales de la hermenéutica moderna. No despliega un gran aparato teórico; Mesters habla en parábolas y metáforas. Al igual que Croatto, Mesters busca establecer un puente entre ciencia exégetica y lectura popular. Saca de la Biblia un importante argumento para construir y legitimar su modelo hermenéutico. El triángulo no solamente es producto de la hermenéutica moderna, sino que es profundamente bíblico. Se encuentra en la Biblia misma.

La famosa historia de los caminantes de Emaús (Lc.24.13ss) tiene todas las características del triángulo, dice Mesters.

El triángulo no solamente es producto de la hermenéutica moderna, sino que es profundamente bíblico. Se encuentra en la Biblia misma.

La historia de los caminantes de Emaús muestra que los tres componentes del triángulo (texto, pretexto, contexto) son constitutivos, no solamente de nuestra relectura, sino también de la formación del texto bíblico mismo.

(1) Hay una conversación sobre la realidad conflictiva en que viven los caminantes. (2) Hay una pequeña lectura comunitaria de los tres (el viaje de Jerusalén a Emaús se parece a un viaje por el A.T. hacia el N.T. y la figura de Cristo mismo) y (3) el texto del pasado (ley y profetas, A.T.) comienza a iluminar el presente dentro de una circulación hermenéutica. Vemos en el texto de Lucas que los tres componentes del triángulo son constitutivos no solamente de nuestra relectura, sino también de la formación del texto bíblico mismo.

En otras palabras, *relectura* no es solamente un fenómeno *fuera de* o *posterior a* la Biblia, sino que es un fenómeno a través del cual la Biblia misma se formó. La Biblia, escribe Mesters, debe ser considerada como un gran depósito de relecturas. Para poder comprender mejor el presente se quería sacar lecciones del pasado. El interés en el pasado no se daba sino por la urgente necesidad de comprender bien el presente. Especialmente en momentos de desintegración y desesperanza se necesitaba una nueva interpretación del pasado para poder comprender de una manera constructiva el presente. Con gran libertad, creatividad y fidelidad los autores bíblicos construían cada vez sus nuevos espacios de interpretación. La Biblia es la expresión literaria de este *revisionismo* a través del cual la *palabra hablada* llegaba a ser nuevamente *palabra hablante*. El fenómeno de la relectura en la Biblia nos enseña, afirma Mesters, que los autores de la Biblia conectaban el pasado y el presente dinámicamente. Esto sucedía sencillamente porque había una gran necesidad de encontrar *modelos de acción* capaces de animar el viaje del pueblo hacia el futuro. En la Biblia el pasado se veía como una *experiencia modelo* que era interpretada por los autores bíblicos de una manera actualizante y en términos de una *praxis a realizar ahora*.

Lectura popular y exégesis

Hemos representado el diseño hermenéutico de Mesters que es de gran valor y ha contribuido mucho a la formulación de una hermenéutica latinoamericana. Hay

El fenómeno de la relectura en la Biblia nos enseña, afirma Mesters, que los autores de la Biblia conectaban pasado y presente dinámicamente. Esto sucedía sencillamente porque había una gran necesidad de encontrar modelos de acción capaces de animar el viaje del pueblo hacia el futuro.

Lectura popular y exégesis

una profunda sensibilidad a las preguntas del lector mayoritario de la Biblia en América Latina: el pueblo pobre. Es importante el debate con la exégesis. Es urgente, enfatiza Mesters, comprender la complementariedad entre exégesis y lectura popular. *Pueblo* es más que ingenuidad; *pueblo* constituye también un mensaje para la lectura científica de la Biblia. Si la exégesis se limitara a hablar solamente a los iniciados, distanciándose de la 'vida', se empobrecería enormemente. Más adelante queremos profundizar en la problemática relación entre exégesis y lectura popular. Ahora queremos formular algunas preguntas que, a nuestro juicio, plantea el modelo hermenéutico de Mesters.

¿Lectura popular o lecturas populares?

A través de su triángulo, Mesters describe el proceso de lectura 'ideal'. Cuando uno de los tres factores falta, todo el proceso se derrumba, por decirlo así. Pero cumplir las exigencias del modelo no es tan fácil como parece. Tanto para el pueblo que lee la Biblia, como para la o el exégeta que la analiza, el modelo es exigente. Creemos que la lectura popular, así como Mesters la define, cumple ya con una serie de prerequisitos. Pero Mesters mismo admite que no siempre se dan. Para Mesters la lectura popular *ideal* es la lectura que se practica en las Comunidades Eclesiales de Base. Es una lectura envolvente. Exige de la o el participante una participación activa en la comunidad de fe, exige del lector y de la lectora cierta capacidad analítica de la situación socio-política en que se encuentra, exige de la o el participante cierto compromiso social y, por último, exige de la o el participante interés en el texto bíblico. No todos los y las pobres cumplen con estas exigencias. Podemos decir que grandes sectores del *pueblo* latinoamericano caen fuera de este esquema. No leen la Biblia según la definición de *lectura popular* de Mesters. En América Latina hay muchos pobres que no leen la Biblia o la leen de otra manera — una manera que no solamente no corresponde con el esquema de Mesters, sino que constituye otra entrada a la Biblia, basada en otra hermenéutica. ¿Qué pensar de las muchas lecturas fundamentalistas de la Biblia? Acabamos de ver una breve tipología del lugar de la Biblia en algunas iglesias pentecostales en Brasil. ¿Corresponde con lo que Mesters llama lectura popular?

El mayor problema que se da con el término *lectura popular* usado por Mesters y otros biblistas latinoamericanos, es de carácter terminológico. Se usa la expresión *lectura popular* en un doble sentido. En el vocabulario de un gran número de biblistas latinoamericanos y otros, el término *lectura popular* se usa en un sentido descriptivo y normativo. El término se usa para definir *sociológicamente* a cierto grupo de lectores y lectoras de la Biblia (los y las pobres). Como término *hermenéutico* se usa *lectura popular* para hablar de una lectura de la Biblia que se estima ideal, correcta y auténtica *desde el punto de vista teológico*. Es el mismo problema que se da con el uso del concepto pobre, como veremos más adelante (de Wit 1991; Vijver 1985; Lehmann 1996:78ss).

La ejemplaridad de la patrística

J.H. de Wit, Leerlingen van de Armen, Amsterdam, 1991. Vimos que la Reforma comienza a redescubrir la importancia del sentido histórico del texto. El redescubrimiento del carácter socio-político del texto bíblico lleva a la actualización de su potencial revolucionario.
H.W. Vijver, Theologie en Bevrijding, Amsterdam, 1985.

Una segunda pregunta surge en torno a la ejemplaridad de la lectura patrística en la obra de Mesters. Con razón Mesters enfatiza la importancia de la *actualización* del texto por los padres. Vimos que tanto los Rabinos como los *padres* se esfuerzan mucho por vincular el texto histórico con el presente. La pregunta es si el *método* usado por los padres es compatible con lo que las y los exégetas latinoamericanos enfatizan en su práctica. Recordemos que la lectura de la Biblia hecha desde la Reforma constituyó una *ruptura* con el marco de interpretación de los padres. Reformadores como Lutero y Calvino fueron muy enfáticos, casi groseros, en su rechazo de lo que consideraron una gran herejía, es decir la interpretación alegórica de la Escritura. La vuelta hacia el *sensus literalis* del texto en la Reforma, constituyó un hecho hermenéutico de primer rango. Tuvo que ver con la percepción del carácter del texto bíblico y la relación entre fe, texto, revelación y situación histórica del destinatario.

Hemos visto que la Reforma comienza a redescubrir la importancia del sentido histórico del texto. El redescubrimiento del carácter socio-político del texto bíblico lleva a la actualización de su potencial revo-lucionario. Si bien padres de la iglesia como Orígenes y Jerónimo siempre partían por la exploración de la *prima significatio* — el sentido histórico del texto —, en la práctica de la exégesis medieval se hacía prevalecer mucho el *sensus alegórico* o *místico* del texto. Hemos visto que *el* método de lectura medieval es la alegoría (de Lubac 1950; 1959ss).

El siguiente ejemplo puede clarificar lo que en la práctica de la interpretación puede significar la diferencia entre lectura alegórica e histórica. En una lectura alegórica, el Exodo — tema clave en la teología de la liberación — deja de tener importancia como evento socio-político-histórico y llega a ser la prefiguración del bautismo (Tigcheler 1977). Debemos comprender que el método alegórico interpreta como alegoría *también* lo que, desde el punto de vista del texto mismo, no es alegoría. Se impone un esquema ajeno al texto.

H. de Lubac, Exégése Médiéval. Les quatre sens de l'Écriture I-IV, Paris, 1959-1964.

H. de Lubac, Histoire et Esprit. L'Intelligence de L'Écriture d'après Origène, Paris, 1950.

Con eso llegamos a nuestra pregunta. ¿Es posible considerar la lectura patrística como modelo para la lectura popular latinoamericana? Lo que exégetas como Mesters, Richard y otros entienden por sentido espiritual (*sensus spiritualis*) ¿realmente mantiene el significado que tenía entre los padres medievales? ¿No es precisamente la lectura de la Biblia hecha desde y por las y los pobres la que busca reconstuir lo que realmente pasó? ¿En absoluto quiere 'espiritualizar' todas aquellas historias bíblicas sobre la liberación del pueblo? Los 'modelos de acción' que Mesters busca destilar de los textos antiguos, ¿realmente se encontra-rán cuando se alegorizan el texto y su referencia histórica?

La exégesis y los problemas del pueblo

Una tercera pregunta toca la manera en que se define la labor exegética. Mesters, Croatto y otros exégetas latinoamericanos buscan una respuesta a la pregunta sobre cómo reorientar la exégesis. ¿Cómo podrá la exégesis ponerse al servicio del pueblo y sus preguntas y

La exégesis puede producir conocimiento sobre los textos bíblicos que son portadores del querigma, pero exégesis no es querigma. ¿Es realmente el discurso exegético el que podrá formular las reglas de una praxis liberadora?

problemas? Hemos dicho que Mesters espera mucho también de la o el exégeta. La o el exégeta debe contribuir a la lectura de 'los signos del tiempo' y también 'participar en la lucha que se exige de nosotros', escribe Mesters. Sin embargo, no es fácil realizar tal tarea. Como exégeta, puede producir algún conocimiento acerca del contexto histórico en que se generó el texto. Puede producir algún conocimiento acerca de ciertas prácticas liberadoras de las cuales el texto da testimonio. Pero no por eso el o la exégeta será capaz de producir una praxis liberadora actual. La exégesis puede producir conocimiento sobre los textos bíblicos que son portadores del querigma, pero exégesis *no es* querigma. ¿Es realmente el discurso exegético el que podrá formular las reglas de una praxis liberadora? Con razón se ha dicho:

> *Compromiso* pertenece a la categoría de la praxis, no a la categoría del análisis. *Compromiso* invita a trabajar, no a comprender (Cl Boff, 1980).

En su conocido estudio sobre la relación entre teología y realidad social, Clodovis Boff toca el tema del status de los resultados de la ciencia. Dice acertadamente

> ...*Conocimiento* de liberación es tan poco liberador como *conocimiento de la composición química de azúcar es dulce* ...

Cl. Boff, Teología de lo político, Salamanca, 1980.

La relación entre la práctica liberadora y el conocimiento de una situación histórica es complicada. Debemos volver sobre el tema más adelante. Lo que ahora quisiéramos tener claro es que, cuando se exige de la o el exégeta un compromiso con la causa popular o una participación en la lucha de liberación, se le exige algo que no por naturaleza está presente en su oficio como exégeta. No por saber leer el hebreo bíblico, la o el exégeta también sabe de procesos económicos actuales.

La exégesis europea

Surge una cuarta observación. Con sorpresa se toma conocimiento de la manera en que biblistas latinoamericanos muchas veces definen *la* exégesis europea o norteamericana. ¿Estas definiciones realmente hacen justicia a lo que actualmente hay en el mundo de esa exégesis? El presente libro tratará de presentar un número considerable de nuevas escuelas, nuevos énfasis, nuevos métodos. Seremos enfáticos en la necesidad de la complementariedad en la exégesis. Mientras más preguntas se le haga al texto, más rico será el proceso de comprensión y más dará el texto de sus secretos al lector o a la lectora.

No olvidemos que durante las últimas décadas, en la exégesis 'occidental' ha surgido no solo una verdadera multitud de métodos nuevos, sino que también el papel de la y el lector ha recibido mucha atención. Más adelante, cuando toquemos la *teoría de la respuesta del lector* trataremos de demostrar que el *lector* es un concepto de gran importancia, no solamente en la ciencia de la literatura, sino también en la exégesis moderna.

Al hablar de la exégesis occidental, Mesters usa la imagen de 'exégetas que están con la espalda hacia el presente'. Creemos que esta imagen no ha perdido su vigencia para ciertos sectores del campo exegético. Al mismo tiempo debemos reconocer que ha cambiado mucho en la exégesis moderna. Ciertas corrientes exegéticas, orientadas literariamente, son fuertemente antihistóricas. Un creciente número de exégetas sabe cuánto pesa el lector o la lectora en el proceso de la *semiosis*. Las hermenéuticas feministas, negras, asiáticas, sudafricanas, poscoloniales — y todas las demás hermenéuticas del genitivo — son testimonio de ello. Creemos que una visión un poco más positiva de la exégesis occidental podrá beneficiar mucho la lectura bíblica latinoamericana.

7.3 Hermenéutica de liberación - exégesis liberadora (P. Richard, J. Comblin, M. Schwantes y.o.)

La interpretación de la Biblia en América Latina, vinculada con las y los pobres, no es uniforme en sus métodos. Es posible discernir dos grandes escuelas. Una escuela es la que desde los años '80 comenzó a usar las herramientas de la semiótica y la ciencia de la literatura y que se mueve desde la exploración del *sentido* del texto hacia la exploración de su *referencia*. Un representante importante es J. Croatto Croatto, cuyo modelo hermenéutico y manera de trabajar presentamos anteriormente. Entre la hermenéutica de Mesters y la de Croatto hay mucha semejanza. La aproximación de Croatto a los textos se basa en nociones fundamentales de la hermenéutica moderna (Ricoeur y.o.) y la filosofía de lenguaje (Benviste y.o.). Primero explora el *sentido* del texto, recién después su *referencia*. En el análisis usa una *serie* de métodos, desde el esctructuralismo hasta métodos más históricos. Su perspectiva exegética es profundamente complementaria.

Queremos terminar nuestro resumen de las escuelas hermenéuticas latinoamericanas con la descripción de otra escuela. Su orientación es mucho más sociológica. Se interesa casi exclusivamente por la *referencia* del texto. Sus hipótesis tienen mucha influencia en América Latina. Esto es comprensible, porque ha invertido mucha energía en aclarar la relación entre la Biblia y los y las pobres. Lo que, en parte, define esta escuela es el uso frecuente de términos como *hermenéutica de la liberación* y *exégesis liberadora*. En lo esencial la *hermenéutica de la liberación* se parece mucho a los modelos anteriormente expuestos. Las diferencias están en la percepción de la relación entre Biblia y pobre (1), y la opción casi exclusiva por un método exegético específico (2).

Ahora bien, ¿cuáles son las hipótesis de la hermenéutica de la liberación? Nos concentraremos brevemente en dos características principales de esa escuela, es decir la relación entre la y el pobre y la Biblia (1) y la opción por el método sociológico (2). Después representaremos los argumentos en más detalle. Terminaremos formulando algunas observaciones como contribución al debate.

Los y las pobres son los productores de la Biblia

Una hipótesis importante y de gran popularidad entre biblistas y agentes pastorales latinoamericanos es la

J. Pixley, Las Escrituras no tienen dueño: son también para las víctimas, en: *RIBLA 11 (1992), 123-132.*

G. Gorgulho, La memoria y el espíritu de los pobres, en: *Eduardo Bonín (ed.), Espiritualidad y Liberación en América Latina*, San José s.a., 71-86.

propuesta de que el texto bíblico fue producido por los y las pobres. Exégetas como Croatto y Mesters son muy prudentes cuando hablan de la pregunta de quién produjo la Biblia. Pero un gran número de exégetas latinoamericanos opina que el A.T. y el N.T. fueron hechos directamente por los y las pobres. La relación entre Biblia y pobres se percibe no solamente en términos hermenéuticos — ¡los pobres son los mejores intérpretes! (Schwantes, Croatto, Pixley 1992) —, sino también como *una relación de propiedad*. De hecho, podemos decir que los y las hermenéutas de la liberación perciben la relación entre la Biblia y los y las pobres como una relación de propiedad con implicancias hermenéuticas (Pixley 1992:123ss; ver también Gorgulho s.a.; 1978; 1985; 1986; 1989; 1993).

El método exegético

En el trabajo de los y las exégetas de la liberación, como en el de todos los y las exégetas, se detecta una relación estrecha entre su percepción de lo que es un texto (bíblico) y el método que se usa para su exploración. Ambas cosas tienden a reforzarse mutuamente. Mientras más convencido estoy de la importancia del aspecto literario del texto, más análisis literario utilizo. Lo mismo vale para los y las exégetas pertenecientes a la escuela cuyo proceder estamos analizando.

G. Gorgulho, Leitura da Bíblia e Compromisso com a Justiça, en: *RE8 38 (1978), 291-299*. *J. Comblin, Criterios para un Comentario de la Biblia*, en: *Servir XIX, 104 (1983) 537-578;* ver también: *J. Comblin, Introdução General ao Comentário Bíblico. Leitura da Bíblia na perspectiva dos pobres*, Petrópolis, 1985.

Mientras que exégetas como Milton Schwantes enfatizan la importancia de la crítica de las formas (*Formgeschichte*), otros van mucho más en la línea de la lectura materialista, aunque sea en una forma mucho menos literaria, detallada y compleja que Belo mismo. Hemos visto que lo que la exégesis liberadora latinoamericana y la lectura materialista tienen en común es el gran interés en la referencia del texto, su trasfondo histórico, su génesis, la historia de su redacción. Pero mientras que Belo estaba profundamente influido por el estructuralismo y deconstructivismo francés (Barthes, Derrida, Kristeva, etc.), su pendiente latinoamericana no usa los principios de la semiótica narrativa ni de la ciencia de la literatura. Más adelante argumentaremos que este hecho constituye una paradoja en un modelo hermenéutico que tiene tanta confianza en el potencial liberador del texto bíblico. Veamos primeramente con mayor detalle los argumentos que exégetas latinoamericanos usan para definir la relación entre las y los pobres y la Biblia como una relación de propiedad.

La Biblia como 'memoria histórica' de los y las pobres

G. Gorgulho,.A Promessa ao Rei Davi, en: Vida Pastoral XXVII/130 (1986), 9-15.

Uno de los exégetas que más ampliamente ha tratado de defender esta hipótesis es el teólogo Pablo Richard. En la sociología moderna el concepto *memoria* ha jugado un papel importante. Mucho se ha analizado la confiabilidad de la memoria popular, su peso en la vida política de una nación. También en la teología moderna el concepto *memoria* ha jugado un papel importante. Basta pensar en la noción *memoria peligrosa*, acuñada por J.B. Metz en su teología política. *Memoria* y *pobres* marcan profundamente la obra de Richard. Su largo trabajo con las comunidades de pobres le ha significado una fascinación con los y las pobres. Con gran entusiasmo, compasión y expectativa Richard habla de su mundo (Richard 1984a, 1984b, 1987, 1997, 1998). En numerosos artículos en la revista *Pasos* Richard sigue manteniendo su optimismo. Desde luego que después de 1989 ha habido un cambio en el pensar de Richard. Pero no sería apropiado hablar de una ruptura. Richard mismo habla de un *cambio de ejes*. Así como en las obras de otras y otros teólogos latinoamericanos, en la obra de Richard hay una aproximación a y una valorización de lo cultural, lo cotidiano, lo indígena, la pequeña acción. En un artículo reciente el teólogo argentino Juan Carlos Scannone define el *ajuste* de Richard de la manera siguiente.

> ...El (Richard, HdW) afirma que el "poder de los pobres en la historia" - que previamente se concebía como primordialmente político — es, ante todo, ético, religioso y cultural. Solo con este poder puede el pueblo enfrentar el fuerte neoliberalismo de hoy (Scannone 1998:96).

En toda la obra de Richard el *pobre* sigue teniendo el mismo peso y lugar. Podemos concentrarnos, por lo tanto, en lo que Richard dice del pobre en relación a la producción del texto bíblico y su lectura en la actualidad.

En el año 1980 Richard publicó un artículo, muy frecuentemente citado, con un título un poco enigmático: *La Biblia, memoria histórica de los pobres*. En muy poco tiempo este título llegó a ser un *refrán*, recorriendo toda América Latina. En el año 1983 el teólogo José Comblin escribió:

> En estos días todo el mundo repite que la Biblia es la memoria de los oprimidos y el libro de los pobres … La Biblia fue escrita por los pobres. A pesar de haber sido abusada frecuentemente por los ricos, la Biblia siempre resiste y es finalmente recuperada por los pobres. Pues, ella es el relato de la historia de los pobres (Comblin 1983).

También Milton Schwantes (Schwantes 1988; 1992:22) y Jorge Pixley están convencidos de los orígenes populares de la Escritura (para Pixley ver Fricke 1997:132ss, 223ss). Pixley escribe

> La lectura que vienen haciendo ya por algunos años las comunidades populares ha recuperado estos orígenes y nuestro propio trabajo como biblistas vinculados con estas comunidades ha confirmado con las técnicas «científicas» de la academia la validez de estos orígenes populares (Pixley 1992:129).

La hipótesis de que la Biblia fue escrita o producida por los y las pobres en Israel, en gran parte analfabetas, es muy desafiante. El uso del concepto *memoria* es muy sugerente. *Memoria histórica* sugiere pureza, originalidad, algo no contaminado. Pero, ¿cómo imaginarnos tal proceso en el mundo del primer milenio a.C.? No es fácil. Es por eso que no todas las y los exégetas latinoamericanos se adhieren a la hipótesis de Richard. Vimos cómo Croatto y otros atribuyen el proceso de producción de la Biblia a una clase social un poco más acomodada. Pues, ¿qué habilidades

---

G. Gorgulho, *Sofonías y el valor histórico de los Pobres*, en: *RIBLA 3* (1989) 31-41. G. Gorgulho, *Zacarias. A vinda do Mesias Pobre*, Petrópolis, 1985. G. Gorgulho, *Biblical Hermeneutics*, en: I. Ellacuría & J. Sobrino (eds.), *Mysterium Liberationis. Fundamental Concepts of Liberation Theology*, New York, 1993, 123-149.

J.C. Scannone, "*Axial Shift*" instead of "*Paradigm Shift*", en: G. de Schrijver, *Liberation Theologies on Shifting Grouds*, Leuven, 1998, 85-103.

P. Richard, *La Biblia, Memoria Histórica de los Pobres*, en: *Servir XVIII, 98* (1982) 143-150 (portugués: *Bíblia: Memória Histórica dos Pobres*, en: *Estudos Bíblicos 1* (1984) 20-30; inglés: *Bible and Liberation: The Bible as Historical Memory of the Poor*, en: *Liaisons Internationales COELI 27* (1983) 10-14; francés: *La Bible, Mémoire Historique des Pauvres*, en: *Liaisons Internationales COELI 32* (1982), 3-7.

literarias, qué conocimiento exige de su autor un libro como Job? ¿Es posible pensar que haya sido escrito por un colectivo de pobres? Otra pregunta: ¿cómo se relaciona la hipótesis de que la Biblia fue 'hecha' por los y las pobres con la comúnmente reconocida *pluralidad* de tradiciones bíblicas? ¿La experiencia de los y las pobres realmente está presente en *todos* los textos bíblicos? ¿Los y las pobres bíblicos hablaron siempre de *pobreza*? ¿No implicaría esto una reducción de la y el pobre a una mera condición social; hecha por no-pobres? ¿Es tan decisiva en el proceso de interpretación la condición *social* de la o el intérprete?

> M. Schwantes, A Origem Social dos Textos, en: Estudos Bíblicos 15 (1988), 31-51.

Al lado de estas preguntas surge el problema hermenéutico. Acabamos de ver que en la hermenéutica moderna se ha abandonado por completo el concepto de propiedad. Los textos literarios no tienen propietario histórico. El autor murió en el acto de escribir, dejó su texto y no hay otro lugar donde es posible encontrar a su propietario original, más que en el texto que dejó. Propietario de un texto literario es cada uno y cada una que sabe leerlo. En verdad no es fácilmente defendible la percepción de la relación entre la Biblia y pobres en Israel en términos de producción o propiedad. ¿Qué podría significar propiedad aquí, además de pertinencia (Croatto)? Está claro que hay una íntima relación entre aquella hipótesis de Richard y la muy legítima voluntad de biblistas latinoamericanos de devolverles a los y las pobres su dignidad y respetar su capacidad interpretativa. La pregunta es si la hipótesis de Richard es la herramienta más apropiada para hacerlo.

> *Propietario de un texto literario es cada uno y cada una que sabe leerlo.*
>
> P. Richard, La Iglesia que nace en América Central, en: Cristianismo y Sociedad 79 (1984b), 71-94.
>
> P. Richard, La Fuerza Espiritual de la Iglesia de los Pobres, San José, 1987.
>
> P. Richard, Lectura popular de la Biblia en América Latina (Hermenéutica de la liberación), en: RIBLA 1 (1988) 8-25 (= P. Richard, Bibellektüre durch das Volk in Lateinamerika. Hermeneutik der Befreiung, en: EvTh 51, I (1991) 20-39).

Argumentos exegéticos

Veamos un poco más de cerca los argumentos *exegéticos* sobre los que se funda la hipótesis, pues no es suficiente subrayar que hay tantos textos sobre pobres y pobreza en la Biblia. La opción preferencial de la Biblia por los y las pobres no implica al mismo tiempo que la Biblia haya sido escrita por pobres.

La Biblia fue hecha por los pobres, escribe Richard en su mencionado artículo.

> Nuestra hipótesis es que los pobres son el autor humano de la Biblia y son ellos, en última instancia, quienes tienen la llave de su interpretación. La Biblia pertenece a la memoria histórica y subversiva de los pobres (Richard 1984a:20).

Muy en la línea de la lectura materialista, Richard afirma que en el curso de su historia han habido muchos esfuerzos por robar la Biblia y alejarla de las manos de los y las pobres. Las clases acomodadas de la sociedad trataron de impedir que los y las pobres tuvieran acceso a su patrimonio. No lograron alcanzar su fin. Los y las pobres usaron diversos medios para defender su propio patrimonio, entre ellos la ficción literaria. Por *ficción literaria* Richard entiende lo que comúnmente se llama *seudoepigrafía:* cuando textos que son de la mano de un autor no conocido se atribuyen a personalidades famosas de los días de antaño.

> ...Los pobres atribuían sus tradiciones y textos a un personaje famoso: un rey o un profeta o un maestro famoso... (Richard 1984a:26)

La ficción literaria, afirma Richard, protegía la literatura de los y las pobres contra cualquier intento manipulador. También la tradición oral fue uno de los instrumentos usados para contrarrestar el imperialismo de los ricos. Los y las pobres utilizaron formas literarias específicas, escribe Richard, para proteger su patrimonio. Tanto la poesía como el relato histórico esquemático fueron instrumentos usados por los y las pobres. Pensemos también en los Salmos. Los Salmos llevan las características de la literatura de los y las pobres, sostiene Richard. Las parábolas y el carácter narrativo de muchos textos son como las huellas digitales de los pobres (Comblin 1983; Schwantes 1981; 1986); así como el uso de símbolos y enigmas (Comblin 1983; Richard 1984) y la existencia de pequeñas perícopas en el Pentateuco (Schwantes 1986).

No hay espacio para discutir extensamente el valor de todos los argumentos usados. Creemos que los interlocutores de la hermenéutica de la liberación han hecho una importante contribución al debate hermenéutico. Sin embargo, vale la

---

P. Richard, The Hermeneutics of Liberation: Theoretical Grounding for the Communitarian Reading of the Bible, en: Fernando F. Segovia / Mary Ann Tolbert (eds.), Teaching the Bible. The Discourse and Politics of Biblical Pedagogy, New York, 1998, 272-282.

Michael Fricke, Bibelauslegung in Nicaragua. Jorge Pixley im Spannungsfeld von Befreiungstheologie, historisch-kritischer Exegese und baptistischer Tradition (Exegese in unserer Zeit Bd.2), Münster, 1997.

Los pobres usaron diversos medios para defender su propio patrimonio.

pena analizar más en detalle algunos de sus argumentos. Así podremos también nosotros y nosotras contribuir al debate en torno a la lectura popular de la Biblia.

Analizaremos brevemente los siguientes argumentos importantes: la seudoepigrafía o la ficción literaria en la Biblia; el papel de la tradición oral; la procedencia de los Salmos y la existencia de las pequeñas perícopas en el Pentateuco.

1) La seudoepigrafía

El hecho de que los y las pobres hayan atribuido parte de su producción literaria a grandes personajes implicó el rescate de la Biblia, afirma Richard. De hecho, debemos decir que hay muchos textos bíblicos de los cuales sencillamente no sabemos quien fue su autor. Pensemos en *deuteroisaías* o *deuterozacarías*; pensemos en la carta a los Hebreos. Por literatura seudoepigráfica no entendemos literatura a cuyo autor desconocemos, sino más bien aquella literatura cuyos autores verdaderos usan nombres de otros personajes, usan seudónimos.

J.H. Charlesworth (ed.), The Old Testament Pseudepigrapha I y II, London, 1983.

Sabemos que en la época intertestamentaria (200 a.C. - 100 d.C.) se produjo mucha literatura seudoepigráfica. Un ejemplo es Daniel (ver Ezequiel 14.14), otro es Enóc. ¿Qué pensar de todos los *testamentos* que tenemos de esta época? Hay un testamento de Adán y Eva, un testamento de Moisés, un testamento de Job, los Testamentos de los Tres Patriarcas, de los Doce Patriarcas. ¿Qué pensar de toda la literatura apocalíptica producida en estos años? Hay Apocalipsis de Adán, Baruj, Elías, Sofonías, etc. Hay libros apocalípticos que se llaman Vida de Adán y Eva, 4 Esdras, 2 Baruj, Salmos de Salomón, etc. (Charlesworth 1983). Podemos suponer que esta literatura seudoepigráfica fue bastante popular en el período intertestamentario. En un clásico artículo sobre el origen de la literatura seudoepigráfica, W. Bousset atribuye grandes partes de esa literatura a laicos. La seudoepigrafía es una característica de la literatura popular entre vastas capas de la población y producida por laicos, afirma Bousset (Bousset 1982 (1903):134).

Ahora bien, es precisamente por eso que surge una pregunta en torno a la hipótesis de Richard. Si la 'ficción literaria' o literatura seudoepigráfica del período intertestamentario fue patrimonio del pueblo ¿por qué tanta literatura seudoepigráfica del período intertestamentario no fue canonizada? ¿Se debió enteramente a la censura de la clase dominante de la época de su canonización?

Podemos acercarnos al problema también desde otro ángulo. Sabemos que el libro de Daniel es seudoepigráfico (Lacocque y.o.). Sin embargo, una lectura sociológica del libro, especialmente de sus primeros capítulos, no nos coloca precisamente en las capas más humildes o pobres de la comunidad judía en exilio (ver Albertz 1992:649ss; de Wit 1990). El contenido, la cosmovisión y la teología del libro de Daniel hacen suponer que su situación vital, relatada por el texto mismo, no es una mera proyección de los y las pobres. En todo caso no se tematiza mucho en el libro, redactado en momentos de extrema crisis, la cuestión de la pobreza, sino la amenaza cultural y religiosa del mundo helenístico. Además, debemos preguntarnos cuánto de esa literatura seudoepigráfica, que de hecho muchas veces tiene un carácter y procedencia popular, autores como Schwantes, Richard y Comblin considerarían producto de superstición y religiosidad enajenada.

2) La tradición oral

En su introducción al Antiguo Testamento, N.K. Gottwald llama nuevamente la atención a la importancia de la tradición oral en el proceso de producción del A.T.

> Al trazar la formación de la Biblia Hebrea, debemos estar atentos a la poderosa influencia de la tradición oral que, directa e indirectamente, ha contribuido mucho más a la estructura literaria de lo que solemos percibir dada nuestra orientación libresca hacia el texto (Gottwald 1985:95).

Esto no es nuevo. No solamente la sociología, sino también la ciencia veterotestamentaria se han ocupado mucho de la

---

W. Bousset, Die Religionsgeschichtliche Herkunft der jüdischen Apokalyptik, en: K Koch/ J.M. Schmidt (Her.), Apocalyptik (WdF 365), Darmstadt 1982, 132-145.

A. Lacocque, The Book of Daniel, Atlanta s.a;. Hans de Wit, Libro de Daniel, Santiago, 1990.

R. Albertz, Religionsgeschichte Israels in alttestamentlicher Zeit 2, Göttingen, 1992.

N.K. Gottwald, The Hebrew Bible. A Socio-Literary Introduction, Philadelphia, 1985.

tradición oral. La ciencia bíblica moderna ha atribuido un papel importante a la tradición oral.

Podemos encontrar la argumentación de Richard a grandes rasgos ya en las obras de los y las exégetas de la llamada escuela de Uppsala (J. Pedersen; ver Nielsen 1954:11ss). Debemos preguntarnos si se justifica la aguda oposición que Richard crea entre la tradición oral y la tradición escrita. Cuando Richard dice que la tradición oral ha funcionado como medio de control de la tradición escrita, repite lo que otros también han dicho y por lo cual fueron criticados fuertemente (Houtman 1980:137). Presuponer que hubo una relación jerárquica entre tradición oral y tradición escrita y dar la hegemonía a la tradición oral implica una gran confianza en la confiabilidad de la tradición oral. En un excelente estudio K.A.D. Smelik demuestra que el análisis moderno de la tradición oral ha llegado a distinguir entre dos formas (Smelik 1977). Hay *tradición oral improvisada* y hay *tradición oral memorizada*. En la tradición oral improvisada se mantiene la temática general de la narración, pero el narrador tiene toda la libertad para llenar los vacíos en el texto y adaptarlo a su propia situación. Este tipo de tradición oral nunca puede funcionar como 'control' de una tradición escrita. La otra tradición oral, la memorizada, es mucho menos libre, pues memoriza textos ya puestos por escrito. En este caso la instancia de control no es la tradición oral, sino la tradición ya escrita. Sea como fuere, debemos imaginarnos el proceso de transmisión del texto bíblico como un proceso en que la tradición oral y la tradición escrita han tenido una relación complementaria.

Parece que desde los orígenes, la tradición oral y la tradición escrita más bien se completaban y no competían. Casi siempre es sumamente difícil discernir si un texto es producto de una tradición oral o de una tradición escrita. Además, no hay razón especial para conectar la tradición oral con los y las pobres. Así como entre otros pueblos, también en el antiguo Israel la tradición oral, en sus dos formas, habrá sido un oficio ejercido por especialistas; entre ellos trovadores, sacerdotes, sabios, bardos y cantantes. No todos los textos que aún llevan, más o menos visiblemente,

E. Nielsen, Oral Tradition. A Modern Problem in Old Testament Introduction, London, 1954.

Hay tradición oral improvisada y hay tradición oral memorizada. No todos los textos que llevan todavía más o menos visible-mente las huellas de la tradición oral, giran en torno a la temática de la pobreza u opresión.

las huellas de la tradición oral giran en torno a la temática de la pobreza u opresión. Debemos suponer que la tradición oral ha arrojado una gran cantidad de expresiones literarias: narraciones, sagas, canciones, proverbios, dichos, poemas, leyendas, dichos proféticos, modismos, etc.

3) Los Salmos

Los Salmos son considerados por Richard y otros como un ejemplo clásico de la producción literaria de los y las pobres. Pues se trata de poesía y, a veces, seudoepigrafía. Los y las pobres, oprimidos y perseguidos, ocupan un lugar muy importante en los textos del salterio. Podemos afirmar sin reserva alguna que en los Salmos se trata verdaderamente de Israel ante Jhwh (von Rad). Richard y otros son de la opinión que la actividad de los sacerdotes vinculados con los centros religiosos, los santuarios y templos, debe ser vista con la mayor sospecha posible. Asimismo la centralización del culto debe haber significado cierta unificación de las tradiciones bíblicas y por lo tanto el riesgo de manipulación de los textos por la jerarquía más alta (Richard 1984a:26s).

> K.A.D. Smelik, Saul, de voorstelling van Israels eerste koning in de Masoretische tekst van het Oude Testament, Amsterdam, 1977.

> K. Seybold, Die Wallfahrtspsalmen. Studien zur Entstehungsgeschichte von Psalm 120-134 (Biblisch-Theologische Studien, 3), Neukirchen-Vluyn, 1978.

Debemos preguntarnos si esta argumentación puede mantenerse frente a un análisis crítico. Es imposible imaginarse el proceso de gestación del salterio sin la participación de los funcionarios de los templos, los sacerdotes y los levitas. Su contribución a la composición y colección de las canciones ha sido importante. Es en gran parte gracias a su musicalidad y su habilidad litúrgica que, finalmente y al menos en el canon palestinense, se llegó a canonizar un cuerpo de 150 canciones y alabanzas de una enorme variedad. Al mismo tiempo se reconoció, ya en la antigüedad, la centralidad de los *'anawim* (עֲנָוִים) y *'aniim* (עֲנִיִּים), los pobres de Jhwh. Sus quejas, la injusticia y persecución que sufrieron, son parte importantísima de nuestras liturgias. Los estudios de la forma y procedencia de los Salmos (*Formgeschichte*) han mostrado su gran diversidad. Tanto sus formas, como su procedencia son muy variadas. Limitar la procedencia de los salmos a *una* capa social o *una* situación de la vida humana sería negar por completo la gran variedad y riqueza.

M. Schwantes, Das Recht der Armen. Eine Untersuchung zu den Begiffen dal, 'ebywn und 'any in den alttestamentlichen Gesetzen, bei den Propheten und in der Weisheit, Frankfurt am Main, 1977.

Con muchos otros creemos que datos importantes — diversidad de géneros literarios, relativa centralidad de los y las pobres, uso en la liturgia oficial — nos llevan a una conclusión opuesta a la de la hermenéutica de la liberación. Hay más bien razón para suponer que fueron los sacerdotes y otros oficiales del templo que, en vez de censurar, canonizaron las quejas amargas de los y las pobres. Es posible que de esta manera el templo haya ejercido una crítica a la realeza y los ricos. Los sacerdotes y demás liturgos deben haber compuesto muchos salmos, para una gran variedad de ocasiones. Una parte de los salmos se originó dentro del ámbito del templo. Pero sabemos también que otra parte se originó fuera del alcance del templo. Algunos salmos seguramente fueron llevados al templo, acogidos por los funcionarios, elaborados, musicalizados y después incorporados en la liturgia.

En un análisis muy fino y sutil, K. Seybold demuestra que el hebreo de los salmos de peregrinación (Sl.120-134) es una mezcla de lenguaje de laicos, un lenguaje no literario o cultivado, y otros elementos mucho más sofisticados y letrados (Seybold 1978:19ss). Sobre la génesis de los Salmos, H.-J. Kraus había dicho en su conocido comentario:

> Es difícil y casi imposible hacer una diferencia entre los cantos llevados al culto y los cantos que se originaron en el ambiente del santuario (Kraus 1972:LXIIs).

H.-J. Kraus, Psalmen (BKAT XVI), Neukirchen-Vluyn, ⁴1972.
M. Schwantes, Interpretaçâo de Gn 12-25 no contexto da elaboraçâo de uma Hermenêutica do Pentateuco, en: Estudos Bíblicos 1 (1984), 31-49.

La evidencia que disponemos en cuanto a la génesis de los Salmos nos lleva a presuponer una relación complementaria y creativa entre pueblo y sacerdotes y no tanto una relación de censura. No nos parece necesario mantener siempre una imagen tan negativa del sacerdocio. Recordemos que también grandes partes de las leyes más sociales, el año sabático, el año de jubileo, etc., fueron redactadas y finalmente canonizadas por intermedio de los sacerdotes. Creemos que hay suficiente evidencia para considerar los Salmos como un buen ejemplo de co-producción: tanto el pueblo como el templo son responsables del salterio. Los salmos son el reflejo de la vida popular, en eso estamos de acuerdo con Richard. Pero agregamos que no fue a pesar de, sino gracias a, los levitas, sacerdotes y músicos del templo.

4) Las pequeñas unidades literarias

Llegamos al análisis de un último argumento. Es sobre todo el exégeta brasileño Milton Schwantes quien ha enfatizado la importancia de las *pequeñas unidades literarias* en el Pentateuco. Es otro argumento a favor de la autoría de la Biblia por las capas populares de Israel, afirma Schwantes (Schwantes 1977; 1981; 1982; 1984; 1986; 1987; 1996).

Muy en la línea de la lectura materialista de la Biblia, Schwantes está convencido de que en la sociedad israelita hubo una constante oposición entre campo y ciudad. Esta oposición tiene también su expresión literaria. El *campo* es representado por las pequeñas unidades literarias; la *ciudad* (templo o estado) por los grandes bloques literarios, como 2Sam.6-1R.2. La unidad literaria pequeña tiene como trasfondo de producción la periferia. 'Nace' en las comunidades: la casa, la puerta, los círculos proféticos, el ejército popular y las comunidades cristianas. La tradición oral ha jugado un papel importante en la génesis de la perícopa. La perícopa nace en la tradición oral, es elemento básico de la narración.

> Es la memoria lo que consolida el texto, no su puesta por escrito (Schwantes 1986).

Para nuestra interpretación del Pentateuco, parte elemental del Antiguo Testamento, es importante que tomemos en cuenta la procedencia de los textos, sostiene Schwantes. El hecho de que el Pentateuco esté compuesto de pequeñas perícopas es una clave de lectura. Nos remite a la periferia, a la estepa, a otra clase social que la de los grandes bloques literarios. El Pentateuco se originó en las pequeñas comunidades en el campo, en el ambiente familiar. Lo que para el Pentateuco es la perícopa, para los textos proféticos es el panfleto o el dicho breve (Schwantes 1982, 1987). El origen de muchos textos se halla en círculos proféticos campesinos, según Schwantes.

M. Schwantes, A Família de Sara e Abraâo. Texto e contexto de Gênesis 12-25, Petrópolis, 1986, 11-29.

M. Schwantes, La ciudad y la torre. Un estudio de Gen.11:1-9, en: Cristianismo y Sociedad XIX, 69/70 (1981), 95-101 (= A Cidade e a Torre (Gn.11, 1-9). Exercícios Hermenêuticos, en: Estudos Teológicos XXI, I (1981) 75-106).

M. Schwantes, Profecia e Estado. Uma proposta para a hermenêutica profética, en: Estudos Teológicos XXII, 2 (1982), 105-145.

W. Dietrich/M. Schwantes (Hrsg.), Der Tag wird kommen. Ein interkontextuelles Gespräch über das Buch des Propheten Zefanja, Stuttgart, 1996.

Con la teoría del origen popular y quizás campesino de muchos textos bíblicos (Pentateuco y profecía), Schwantes se encuentra en la buena compañía de otros muchos exégetas. Recordemos cómo también Gunkel y Wellhausen han subrayado el origen popular de muchos relatos del Pentateuco. En la obra de Gunkel el término 'popular' es clave. Sin embargo, valdría la pena analizar en qué medida la definición de 'popular' de los exégetas alemanes de aquel entonces (alrededor del 1900) coincide con la definición de los exégetas latinoamericanos de ahora. Aquí es suficiente recordar que también Gunkel considera el libro de Génesis como 'una colección de sagas', es decir una colección de historias que se originaron en el ambiente familiar.

¿Por qué es importante enfatizar que el Pentateuco se originó en las comunidades del pueblo? En primer lugar es posible e importante constatar, responde Schwantes, que el Pentateuco ha guardado mucho de su carácter original. En el proceso de su transmisión, los redactores, vinculados con los centros de poder, no han sido capaces o no se atrevieron a cambiar los textos demasiado. Hubo una razón política para ello. Los textos provenían del campesinado que tenía mucho poder en la sociedad israelita. Es por eso que el Pentateuco ha podido guardar su carácter como libro del pueblo campesino.

M. Schwantes, Amós. Meditações e Estudos, San Leopoldo, 1987.

En segundo lugar, la exégesis debe tomar en cuenta el hecho de la procedencia de un texto. Es importante, subraya Schwantes, practicar una exégesis que busque explorar, no solamente la estructura lingüística actual del texto, sino también, y en primer lugar, su *forma*, su procedencia, su *referencia* y su lugar de origen.

El Pentateuco ha podido guardar su carácter de libro del pueblo campesino (Schwantes).

Con las observaciones de Schwantes estamos tocando un fenómeno que habíamos señalado durante nuestra representación de las hermenéuticas latinoamericanas. La *ruta* que sigue un exégeta como Croatto consiste en *tres* pasos: exploración del *sentido* del texto (semiótica narrativa, análisis literario, retórico, etc.), después el análisis del *referente histórico* (métodos históricos, incluyendo el método sociológico), finalmente: aplicación o *actualización* ('nuestra relectura actual', Croatto 1986). A diferencia de Croatto, Schwantes y los demás portavoces de la hermenéutica de la liberación tienden a obviar el primer paso. Están orientados mucho más 'sociológicamente'. En sus obras no se usan mucho los métodos literarios o estructurales. No hay mucha atención a la estructura lingüística del texto, ni a las peculiaridades sintácticas o literarias. Los aspectos narrativos o discursivos del texto generalmente no se analizan. El mayor interés está en la *referencia histórica* del texto. Importa saber quiénes son los productores del texto. Es por eso que los y las exégetas de esta escuela tienen una preferencia casi exclusiva por los métodos históricos, a los cuales pertenece la lectura sociológica. La práctica exegética de la liberación tiende a tomar solamente *dos* pasos: (1) lectura histórico-sociológica del texto, (2) actualización.

La práctica exegética de la liberación tiende a tomar solamente dos pasos:
1. lectura histórico-sociológica del texto,
2. actualización.

Volvamos a nuestro análisis del argumento de las pequeñas perícopas de Milton Schwantes. Schwantes hace una contribución importante a la exégesis latinoamericana cuando retoma la tesis y los métodos de Gunkel (*Formgeschichte*). Nuevamente se ubica como centro de atención la pregunta — obviada muchas veces en el estructuralismo y el análisis literario — por el origen de los textos bíblicos. Con otras hermenéuticas del genitivo — hermenéutica negra (Mosala) y feminista (Schüssler Fiorenza) — comparte la conclusión de que el origen de la Escritura debe buscarse en la periferia, entre las pequeñas comunidades marginadas.

Con Schwantes, Mosala, Schüssler Fiorenza y muchos otros compartimos la visión de que una gran parte de los textos bíblicos lleva todavía, de una manera u otra, las huellas digitales de las y los pobres y oprimidos. Estamos conscientes del hecho de que debe haber costado mucho lograr que ciertos textos se incluyeran en el canon. Con Bertold Brecht podemos decir que muchos textos bíblicos fueron llevados hacia la segunda generación por la puerta de atrás. Sin embargo, debemos preguntarnos si la argumentación de Schwantes no es demasiado rígida y esquemática y si, por lo tanto, corre el riesgo de congelar el proceso exegético. ¿No son demasiado binarias las oposiciones que orientan la interpretación de Schwantes c.s.? Veamos las siguientes observaciones.

- ¿Es realmente posible mantener *siempre* una conexión rígida entre el tamaño de un texto, su procedencia y su mensaje? La lógica de esta hipótesis obliga a negarles siempre a las grandes narraciones todo potencial revolucionario o liberador. No nos parece defendible tal hipótesis. Pensemos solamente en el ciclo de José (Gé. 37-50), profundamente mesiánico. Ya hace tiempo Frank Crüsemann demostró convincentemente el carácter 'disidente de la gran historia de sucesión de David (2 Sam. 9-20, etc.; Crüsemann 1978). Pensemos en un libro como Job, pensemos en ... los evangelios.

    F. Crüsemann, Der Widerstand gegen das Königtum, Neukirchen, 1978.

- ¿No hay ninguna unidad literaria pequeña en la Escritura que irradie otra procedencia, la de la corte real, la de la aristocracia?

- También del libro profético, H. Gunkel dijo que su origen está en ciertos dichos, proverbios cortos, exclamaciones y acciones simbólicas. Del *status* social de los profetas no sabemos mucho, pero seguramente no todos pertenecieron a las clases sociales pobres.

- El Pentateuco *no se lee* como colección de pequeñas perícopas, sino como un libro, como una *historia grande*.

- Repetimos que desde el punto de vista hermenéutico el concepto 'propiedad' no existe (Pixley 1992). Surge la pregunta: ¿hasta qué punto la autoría o procedencia de un texto realmente puede ser decisivo para su comprensión?

Observaciones finales

Hemos visto que autores como Richard, Schwantes, Comblin y otros hacen una conexión indisoluble entre clase social, (producción de) textos bíblicos y capacidad

La tesis de la hermenéutica de la liberación es: los y las pobres de Israel son productores de (gran parte de) los textos bíblicos y por lo tanto los y las pobres actuales (de América Latina) son los mejores intérpretes de esos textos.

interpretativa. Con esto construyen una forma específica, sociológica, del famoso círculo hermenéutico. Su tesis es: los y las pobres de Israel son productores de (gran parte de) los textos bíblicos y *por lo tanto* los y las pobres actuales (de América Latina) son los mejores intérpretes de esos textos. La equiparación vale para los dos lados del proceso comunicativo: tanto para la interacción entre el autor y 'su' texto, como para la interacción entre el texto y su lector o lectora actual. Ahora bien, es precisamente esta conexión la que nos parece problemática y nos lleva a formular algunas observaciones finales sobre la hermenéutica de la liberación.

La hermenéutica de la liberación es una hermenéutica militante, que formula sus convicciones de manera muy enfática. Pablo Richard, en su clásico artículo sobre la Biblia como memoria de los pobres, expresa las oposiciones más características de la hermenéutica de la liberación. Richard habla de 'robo' y recuperación, pobres y jerarquía, resistencia y opresión (Richard 1984a; más matizado en el artículo de 1998). En la hermenéutica de la liberación vemos cómo el propietario orgullosamente retorna a su patrimonio y lo recupera de sus ladrones.

Las tesis centrales de la hermenéutica de la liberación son transparentes y atractivas. ¿Quién no quisiera tener una exégesis que se preocupe de la suerte de los excluidos y las excluidas? ¡No hay mejor exégesis que la exégesis que se compromete con el destino de las y los pobres y oprimidos! Ha sido enorme y rica la producción de los portavoces de la exégesis de liberación. Sin embargo, hay una pregunta que nos preocupa. ¿El círculo hermenéutico que construye la hermenéutica de la liberación es virtuoso o vicioso (Cl. Boff 1980)? En nuestra opinión no es imposible que la hermenéutica de la liberación, por la carga ideológica que orienta sus puntos de partida, tienda a reducir el proceso de interpretación a la mera confirmación de las oposiciones sociales, económicas y políticas que constituyen su punto de salida. Resumimos nuestras preguntas de la siguiente manera.

1) Hemos visto que es difícil defender la hipótesis de que la Biblia fue escrita por los y las pobres.

> *Desde el punto de vista exégetico es difícil defender la hipótesis de que la Biblia fue escrita por los y las pobres.*

2) La fijación del lugar *social* original de los textos lleva a la exégesis liberadora al uso casi exclusivo del método sociológico. Los aspectos narrativos, discursivos o sintácticos de los textos no reciben la misma atención que sus aspectos referenciales (extratextuales). Es lo que, a nuestro juicio, podría llamarse una anomalía o paradoja. Es más o menos lo mismo que el teólogo brasileño Jung Mo Sung constata respecto a la ausencia del tema de la economía en la teología de la liberación que, a su juicio, también constituye una anomalía.

> *Jung Mo Sung, Economía. Tema ausente en la Teología de la Liberación, San José, 1994.*

> … utilicemos el término "anomalía" para designar una cierta incongruencia entre la práctica teórica actual, los paradigmas aceptados originalmente, y/o un cierto "desacuerdo" o inadecuación entre el lenguaje teológico de la liberación y las prácticas históricas y los desafíos que de ahí brotan. En otras palabras, ciertos temas y procedimientos que se esperaría que fuesen estudiados y profundizados, a causa de la evolución de las prácticas históricas de liberación o a causa de las propuestas originales, desaparecen o se vuelven secundarios en las reflexiones de los teólogos de la liberación (Sung 1994:82).

Una anomalía análoga se produjo, a nuestro juicio, en el campo de la exégesis de la liberación en América Latina. Si el texto bíblico es producto de los y las pobres en Israel — tesis fundamental de la hermenéutica de la liberación — era de esperar que la exégesis de la liberación hiciera una *exploración exhaustiva* de *todos* sus aspectos y no solamente, ni en primer lugar, de sus aspectos *extra*textuales (contexto histórico). Era de esperar que la exégesis liberadora mantuviera el interés literario, narrativo y semiótico en el texto, mostrado por el fundador de la lectura materialista, el sacerdote F. Belo.

(3) En la hermenéutica de la liberación hay gran resistencia a la ciencia bíblica 'occidental' que por décadas ha

monopolizado la ciencia bíblica. Constatamos que también exégetas latinoamericanos usan (y casi exclusivamente) los métodos a los que se oponen tan fuertemente. La conclusión es doble. (a) Los métodos históricos pueden satisfacer también intereses latinoamericanos. (b) Era de esperar que entre exégetas de la liberación existiera más interés en los muchos métodos nuevos.

'Pobre' se usa tanto en un sentido normativo (intérprete privilegiado del texto bíblico), como en un sentido descriptivo (categoría sociológica: pobres económicos).

4) Lo que pasó con el término lectura popular, pasa también con el término pobre. Hay cierta ambigüedad en su uso. 'Pobre' se usa tanto en sentido normativo (intérprete privilegiado del texto bíblico), como descriptivo (categoría sociológica: pobres económicos). La categoría social se convierte en categoría hermenéutica: respecto a la comprensión del texto bíblico, ser pobre es una ventaja, casi una condición previa. Esto nos lleva a un quinto punto.

5) El movimiento bíblico latinoamericano señala una relación nueva entre pueblo y Biblia. Pablo Richard percibe esa nueva relación como una recuperación de una propiedad robada.

> La Biblia, como libro de los pobres, fue un terreno de innumerables luchas y conflictos. Los pobres tuvieron que defenderse para conservar la propiedad de sus libros. Pero a pesar de todo, ese proceso tuvo innumerables traiciones. En esa lucha podemos distinguir dos etapas: durante la gestación del texto bíblico y después. El estudio de esa lucha, en la elaboración del texto y en su posterior conservación, donde los pobres, como autor, se confrontan con las clases dominantes como "ladrones" de un texto de los pobres, nos puede dar una metodología adecuada, para que también hoy los pobres puedan recuperar el texto bíblico en un proceso de evangelización liberadora (Richard 1984:25, 26).

Podemos decir que también la iglesia cristiana ha tenido un papel activo en el distanciamiento entre Biblia y pueblo. Sabemos que desde el siglo 13, en España, la iglesia le prohibió al pueblo iletrado leer la Biblia. El presupuesto era que, para comprender realmente el difícil texto, el lector o la lectora debía disponer de cierto status social y cultural. Si no lo tenía, podían ocurrir desastres. Ahora bien, cabe la pregunta de si los y las exégetas de la liberación no están pecando del mismo error que reprochan haber cometido la iglesia y las 'capas dominantes' de la sociedad occidental. En la hermenéutica de la liberación ocurre lo que pasa en otras hermenéuticas del genitivo: sexo, color de la piel, condición social, adherencia política llegan a ser *conditio sine que non* de la *auténtica* comprensión de la Biblia. Nos preguntamos, ¿no es lo mismo que la iglesia cristiana del occidente ha estado afirmando y practicando durante siglos? Creemos que, desde el punto de vista hermenéutico, no corresponde definir como competencia hermenéutica lo que está determinado por los genes, la economía, la política. No es pobreza lo que produce conocimiento del hebreo bíblico o griego.

En un artículo al que ya nos referimos, el exégeta Jorge Pixley observa que el texto bíblico no tiene dueños.

> Desde que los obispos de las ciudades imperiales tomaron el poder en las iglesias, se declararon dueños de las Escrituras. El movimiento de lectura popular reivindica la libertad de las Escrituras. Urge consolidar esta lectura para liberar la fuerza de la Biblia... (Pixley 1992:123)

P. Richard, "La teología de la liberación en la nueva coyuntura", en: Pasos 34 (1991), 1-8.

Ni la iglesia, ni los ricos, son los dueños del texto. Estamos de acuerdo con Pixley. El título de su artículo es sutil; evita la inversión de los papeles y resuelve el dilema: "Las Escrituras no tienen Dueño: son también para las Víctimas". Decir que los y las pobres son los propietarios de la Escritura es caer en el mismo error que por siglos ha estado cometiendo la iglesia cristiana.

6) Por razones obvias le importa mucho a la exégesis liberadora el trasfondo sociológico del texto bíblico. Creemos que el uso exclusivo del método sociológico puede llevar a lo que podríamos llamar una *doble* falacia. En primer lugar la falacia que la ciencia de la literatura siempre ha reprochado a los métodos exegéticos demasiado históricos y que se ha llamado la *falacia de los orígenes*: la

idea de que el significado de un texto coincide con su origen. A la primera se agrega una segunda, una variante de la primera falacia. La podríamos llamar *falacia sociológica*: la idea de que el peso de un texto depende del trasfondo *social* de su autor. Cuando hablemos de la relación entre ciencia de literatura y métodos de exégesis volveremos sobre este problema. Lo dejamos señalado aquí.

7) La observación anterior nos lleva a otro punto. Hemos visto el papel crucial que los y las pobres juegan en la obra de exégetas latinoamericanos. Muchas veces encontramos en sus hermenéuticas tipologías del pobre. En décadas anteriores el pobre tenía características típicamente socio-económicas. Ahora son más culturales. El pobre es parte de una nueva (contra)cultura que incorpora elementos del modernismo y posmodernismo y construye su propia red de relaciones y de poder. Especialmente en los suburbios de las grandes metrópolis se está generando lo que se puede llamar *neocomunitarismo*, afirma Scannone (Scannone 1998). Richard, Scannone y otros mantienen su esperanza en las masas populares y su transformación de la sociedad (Richard 1991; también en: Pasos 49 (1993); Pasos 5 (1995) [Número especial]; Scannone 1998). Dicho de otra manera, en la descripción de estos teólogos, 'pobre' corresponde al clásico concepto marxista del pobre como sujeto de la revolución social, económica, cultural u otra. Varía el adjetivo, la idea básica es la misma. Pero, debemos preguntar en qué medida todas esas tipologías están reduciendo al pobre a algún aspecto que el o la *exégeta* estima importante. Estas tipologías ¿representan la vida real de los y las pobres o son más bien construidas por otros? Así como pueblos blancos y negros son más que el color de su piel, el o la pobre es más que su pobreza.

En un estudio reciente, José Comblin plantea la cuestión de la percepción del pobre que tienen los y las exégetas y teólogos de la liberación. Es difícil, pero necesario, concluye Comblin, llegar a otra manera de hablar del pobre y de la pobreza (Comblin 1996, Schreiter 1998:99). En su análisis del nuevo perfil de la teología de la liberación, el teólogo norteamericano R.J. Schreiter pregunta cómo será posible cambiar el modo de análisis.

> El surgimiento de la globalización ha sido uno de los cambios que estamos tratando de seguir aquí. Recordaremos que uno de los momentos claves en la consolidación de las fuerzas de la globa-lización fue el colapso del socialismo en Europa Oriental. Esto terminó, tanto en términos económicos como políticos, con una bipolaridad importada en el mundo que fundamentó, a su vez, una forma de pensamiento bipolar acerca del mundo. Habiéndose acostumbrado a un pensamiento bipolar, ¿cómo se hace el cambio a otro tipo de pensamiento? ¿Cómo manejamos la pluralidad de los centros, en vez de dos polos opuestos? (Schreiter 1998:98)

El punto que queremos enfatizar fue formulado ya hace tiempo por el teólogo Samuel Escobar cuando durante un simposio dijo:

> ...la teología de la liberación optó por los pobres, los pobres optaron por las iglesias pentecostales.

Terminamos esta larga observación con la siguiente pregunta. ¿Por qué hay tan poco análisis empírico en una teología que quiere tener tanto que ver con la realidad empírica?

8) Otra observación toca el papel de la y el exégeta. Los y las exégetas latinoamericanos opinan que la relación entre exégesis y praxis de fe es muy íntima.

> La exégesis debe convivir con la lectura de la Biblia practicada en las comunidades de los pobres ...La exégesis debe establecer el significado actual de los textos (Richard 1984).

'Necesitamos nuevos métodos para la lectura y explicación de la Biblia', había escrito J. Comblin en 1983 (Comblin 1983). Comblin se refiere a métodos de exégesis capaces de orientar la praxis social de los lectores y creyentes:

> Lo específico de estos nuevos métodos consistirá en la evocación, estimulación, articulación y

orientación de las acciones de los pobres ... Lo que las comunidades necesitan es una exégesis que busque el significado del texto para el momento actual (Comblin 1983).

Richard está convencido del hecho de que los y las profesionales necesitan pasar por

... un profundo proceso de conversión espiritual y profesional... (Richard 1984)

Ahora bien, nuestra pregunta es si aquí no se está siendo demasiado exigente. La exégesis ¿realmente puede entregar lo que las comunidades piden? ¿No sería un desastre que el lector o la lectora profesional dominara *todo* el proceso de comprensión? ¿No pertenece, así repetimos, el ejercicio de actualización y encarnación del texto a la comunidad de creyentes?

José Comblin, Cristãos rumo ao século XXI: Nova caminada de libertação, São Paulo, 1996.

Más adelante, cuando hablemos de la relación entre pertinencia y relevancia en la exégesis, volveremos sobre las cuestiones que acabamos de plantear. Ahora es suficiente decir que la exégesis, en base a su estatuto epistemológico, no puede ni podrá entregar lo que los y las exégetas de la liberación exigen.

8) Nuestra última observación constituye un puente entre la presente unidad y la siguiente y toca la cuestión del *status* del texto bíblico. Me refiero a lo siguiente. Cuando se percibe la realidad en términos de oposiciones bipolares — pobre *versus* rico, ciudad *versus* provincia, profeta *versus* sacerdote, etc. — y cuando se analiza el texto bíblico según este mismo esquema, inevitablemente se tendrá que responder a la pregunta por el carácter del texto bíblico mismo. O sea, muchas y muchos exégetas latinoamericanos están convencidos del contenido liberador de la Biblia. Hubo una especie de avivamiento, un redescubrimiento del carácter popular y 'comprometido' de la Escritura. Pablo Richard caracterizó la hermenéutica latinoamericana, por lo tanto, como una *hermenéutica de recuperación*. También el hermenéuta norteamericano Anthony Thiselton clasifica la hermenéutica de la liberación como *hermenéutica*

de recuperación (hermeneutics of retrieval) (Thiselton 1992). Hay que *recuperar* el carácter y contenido original de la Escritura. Pero, ¿qué pasa con el *status* del texto cuando las flechas de la sospecha y resistencia se dirigen hacia el texto mismo? ¿Qué pasa cuando resulta que no *toda la Biblia* es producto de los y las pobres y producida en la periferia? ¿Es también posible que algunos textos bíblicos provengan de fuentes sospechosas?

Vemos algo de esta problemática en el análisis que hace Milton Schwantes de la historia de Sara y la esclava egipcia Agar. El núcleo original del texto es muy antiguo y proviene del ambiente de las esclavas mismas.

> No puede haber duda en cuanto a la autoría de esta perícopa. ¡Proviene de las esclavas! Es, pues, memoria popular de los sótanos de la esclavitud y opresión de la mujer (Schwantes 1984:47).

Sin poder anular todo el potencial revolucionario, una redacción masculina posterior trató de cambiar el significado del texto ('humíllate bajo la mano de Sara, tu maestra'), afirma Schwantes (de Wit 1991:302ss). Los dos estratos literarios corresponden a dos proyectos sociales distintos.

> Es evidente que las adiciones provienen de los coleccionadores de las diversas perícopas. Estos coleccionadores fueron hombres. Consecuentemente, tenemos dos capas de Gé 16: la perícopa antigua proveniente de las esclavas y las adiciones más recientes agregadas por hombres. Por haber dos propuestas sociales divergentes, podemos contar con dos capas literarias. La segunda capa quiere corregir la primera. Se opone a ella, aunque no ha conseguido eliminarla, porque la rebelión de las esclavas no puede ser negada (Schwantes ibid.).

La tarea de una hermenéutica confrontada con dos capas literarias de intención opuesta es, según Schwantes, analizar la procedencia del texto y señalar que la capa liberadora, hecha por las esclavas, es la más original. En la redacción final del texto, la voz del hombre predomina.

Una hermenéutica orientada por el Exodo y la cruz estará atenta a que la voz de los excluidos y las excluidas no desaparezca.

> El análisis de Gé 16 se mostró particularmente complejo, porque en el dos voces disputan la hegemonía. Proponemos no nivelar tales disonancias, sino valorarlas a la luz de las prioridades de la Escritura: éxodo y cruz (Schwantes 1984:48).

No sabemos si la solución de Schwantes es suficiente. ¿Podría orientarnos suficientemente una hermenéutica orientada por el Exodo y la Cruz? Creo que se mantiene el problema de que un criterio *extra*textual y *extra*bíblico debe decidir aquí – es decir *mi* percepción de la verdadera liberación. Pues, el *texto* no nos orienta y no da a conocer su preferencia por tal o cual capa literaria, ya que también la redacción posterior se hizo parte de la Sagrada Escritura y es texto autoritativo.

En el análisis de Schwantes se manifiesta el problema del *doble status* del texto bíblico. Es un problema que se manifestará dramáticamente y con fuerza en muchas de las hermenéuticas del genitivo. Surge la pregunta fascinante sobre la medida en que la *hermenéutica de recuperación* realmente puede existir sin asumir aspectos de una *hermenéutica de rechazo*. De amigo y compañero fiel el texto se convierte en traidor y aliado del enemigo. Este problema nos lleva al próximo apartado en el que hablaremos de la *hermenéutica del lector rebelde*.

Unidad 8

El lector y la lectora rebeldes

Introducción

E. Schüssler Fiorenza, Bread Not Stone, The Challenge of Feminist Biblical Interpretation, Boston, 1984.

En un artículo reciente sobre la hermenéutica de la liberación, Pablo Richard se refiere a los cambios ocurridos después de la caída del muro de Berlín. Hemos visto que Richard señala un 'cambio de eje'. La sociedad política evoluciona hacia una sociedad civil. Una nueva conciencia está naciendo en América Latina y el mundo, afirma Richard. Ya no se trata de la toma del poder, sino de la reconstrucción de un poder nuevo. Es el poder de abajo — un proceso de globalización desde las bases y los marginados — que se va construyendo y que ofrecerá una salida de la actual crisis en que se halla nuestra civilización.

R.S. Sugirtharajah, Biblical Studies in India. From Imperialistic Scholarship to Postcolonial Interpretation, en: F.F. Segovia/M.A. Tolbert (eds.), Teaching the Bible. The discourses and Politics of Biblical Pedogogy, New York 1998, 283-296.

Estamos experimentando un desplazamiento de la sociedad política a la sociedad civil, en el corazón de la cual ya no importa la toma de poder, sino la reconstrucción de un nuevo poder. En la construcción de este nuevo poder, la cultura, el género y la naturaleza juegan un papel crucial. Dichos factores emergen de los nuevos movimientos sociales, entre los cuales movimientos culturales, movimientos de liberación de la mujer y movimientos ecológicos resultan ser especialmente desafiantes. Está surgiendo una nueva conciencia en la cuál cultura, género y naturaleza están integrados a las dimensiones políticas y económicas más

> tradicionales. Esta reconstrucción de la sociedad civil se percibe como una estrategia profunda y duradera: una reconstrucción de la sociedad desde abajo, un proceso de globalización desde las bases como la única salida de la actual crisis de la civilización en la que nos encontramos. (Richard 1998:274).

La Biblia es un instrumento importante en la construcción de la nueva contracultura, pero tiene que ser recuperada. También en sus obras más recientes, Richard sigue fiel a su hermenéutica de recuperación. Se trata de una reconstrucción de la Sagrada Escritura, a la cual nos referimos anteriormente.

> En América Latina como en el occidente cristiano, la Biblia ha sido transformada profundamente por ciertos paradigmas de interpretación distorcionadores. Así, encontramos paradigmas autoritarios, patriarcales, racistas, fundamentalistas e historicistas involucrados en una manipulación de la Biblia. Igualmente, encontramos también modelos de cristianismo en los que la interpretación bíblica está sujeta a los intereses eclesiásticos y políticos; expulsando el Espíritu y así vaciando la Palabra de Dios de todo su valor salvífico y liberador. Como resultado, tanto la reconstrucción de la sociedad civil como la reconstrucción del Espíritu requieren de un proceso de la reconstrucción de las Sagradas Escrituras. Este es precisamente el objetivo de la lectura comunitaria de la Biblia y la hermenéutica de la liberación (Richard, ibíd.).

La confianza en el carácter liberador de la Escritura y el optimismo de Richard no son compartidos por todos y todas. Esto es comprensible.

A. Brenner, C. Fontaine (eds.), A Feminist Companion to Reading the Bible, Approaches, Methods and Strategies, Sheffield, 1997.

8.1 Las hermenéuticas del genitivo

Desde los años '60 se comenzaron a desarrollar las hermenéuticas que denominamos hermenéuticas del genitivo. Primeramente surgieron la negra (EE.UU.), la feminista y latinoamericana de liberación; después

*Ph. Chia, Postcolonization and Recolonization. A response to Archie Lee's "Biblical Interpretation in Postcolonial Hong Kong", en: Biblical Interpretation VII, 2 (1999),174-181.
A.C.C. Lee, Returning to China: Biblical Interpretating in Postcolonial Hong Kong, en: Biblical Interpretation VII, 2 (1999), 156-173. Kwok Pui-Lan, Overlapping Commun-ities and Multicultural Hermeneutics, en: A. Brenner & C. Fontaine (eds.), A Feminist Companion to Reading the Bible. Approaches, Methods and Strategies, Sheffield 1997, 203-217.*

surgieron muchas otras más, desde la indígena hasta la poscolonial (Kwok Pui-lan 1997; Sugirtharajah 1997, 1998; Dube 1996, 1997; Lee 1999; Chia 1999). Lo que tienen en común es un cambio en la actitud hacia el texto bíblico. Surge la sospecha de que las interpretaciones clásicas y dominantes, las del mundo occidental, no han considerado toda la evidencia exegética; no han hecho justicia a todas las preguntas; no han considerado todas las situaciones de los lectores y las lectoras. No importa cómo se llamen las hermenéuticas nuevas, se caracterizan por el hecho de que, dentro de toda la gama de factores que influyen en el proceso de comprensión, quieren privilegiar a uno de ellos Es un factor que siempre está relacionado con el lector o la lectora actual. Puede ser sexo/género, color de la piel, condición social, situación política, etc. Este factor llega a ser un lente con el que se mira y analiza el texto.

¿Qué vemos, cuando tratamos de resumir los pasados treinta años en los cuales estas hermenéuticas emancipadoras se comenzaron a articular? Algunas de ellas, incluyendo la latinoamericana de la liberación, descubren el enorme valor del texto bíblico para la propia situación. Una vez recuperado, el texto bíblico se convierte en fuente de vida. El texto se muestra como partidario y aliado; ¡llama al cambio! La Biblia llega a ser apropiada por el pueblo, por la y el pobre, por la y el indígena. 'Abraham es nuestro padre' (Carlos Mesters) y 'La Biblia es nuestro libro', dicen los y las pobres de América Latina… y los y las hermenéutas de la liberación.

El texto como problema

Lo que vale para la hermenéutica de la liberación no vale para todas. Inevitablemente las nuevas hermenéuticas, orientadas por el principio de la sospecha (J.L. Segundo 1980) se tuvieron que enfrentar al fenómeno de la ambigüedad del texto bíblico. En su afán por recuperar el texto bíblico y sacarlo de las manos de quienes lo robaron, se aumenta la sospecha, no solamente de las lecturas dominantes, sino también en cuanto al carácter liberador del texto mismo. Descubren que los opositores, desde el punto de vista exegético, ¡no siempre se equivocaron! Descubren que los textos bíblicos no solamente se prestan para una lectura liberadora, sino también para lecturas reaccionarias, altamente opresivas. Vimos cómo surge el problema en el análisis que hace Milton Schwantes de la historia de la esclava egipcia Agar (ver también Mercedes Brancher 1997).

M. Brancher, De los ojos de Agar a los ojos de Dios, en: RIBLA 25 (1997), 11-27.

El problema es enorme y significará para algunos y algunas una despedida definitiva de las hermenéuticas y los métodos de interpretación de la modernidad. El texto bíblico comienza a perder su estabilidad. Se le contrapone la fluidez y la ambigüedad. Veremos, cuando toquemos el deconstructivismo, que no es sin razón que en la hermenéutica posmoderna se hable tanto de la postergación de significado. El problema del status ambiguo del texto bíblico va surgiendo en el corazón de muchas hermenéuticas emancipadoras. Antes de presentar la *hermenéutica del lector rebelde*, que, a nuestro juicio, representa tal proceso, queremos acercarnos brevemente a dos ejemplos más: la hermenéutica feminista y la poscolonial.

La hermenéutica feminista

Pamela J. Milne, Toward Feminist Companionship: The Future of Feminist Biblical Studies and Feminism, en: A. Brenner & C. Fontaine, o.c. 39-60. Elisabeth Schüssler Fiorenza, But She Said: Feminist Practices of Biblical Interpretation, Boston, 1992.

En su resumen de la historia de la lectura feminista de la Biblia, Pamela Milne distingue tres fases. La primera culmina a fines del siglo pasado con la edición de *The Woman's Bible*, conectada con el nombre de Elizabeth Cady Stanton. La segunda etapa comienza en los años '60 y termina a fines de los '80 (Schüssler Fiorenza 1984:49ss; 1992). Es una etapa que, desde el punto de vista hermenéutico, se caracteriza por un profundo deseo de *recuperar* textos que tematizan la relación hombre – mujer, que relatan la acción de una mujer, etc. Predomina un interés teológico y dogmático; no se quiere perder el *status* especial de la Sagrada Escritura. Milne la describe así:

> ...no importa qué tan grande sea el prejuicio patriarcal en contra de las mujeres dentro de la tradición bíblica, biblistas feministas seguirán sosteniendo el valor de los materiales bíblicos (Milne 1997).

La hermenéutica de la recuperación

Milne sospecha que durante esta segunda fase mucha de la interpretación de la Biblia hecha por mujeres subordinó las ideologías feministas a los intereses teológicos. Se querían encontrar caminos, cualquiera y por más difícil que fueran, para convertir la Biblia en un *recurso positivo* para las mujeres. De hecho fue una hermenéutica de *recuperación* o *reclamo*. El objetivo era redimir la tradición bíblica a través de la recuperación de madres y modelos fuertes, personajes con quienes las mujeres contemporáneas de las comunidades e instituciones religiosas se podrían identificar (BC 245).

A fines de esta segunda fase, afirma Milne, hay un cambio.

> Más recientemente, sin embargo, ha habido un aumento significativo en la cantidad de trabajo feminista sobre la Biblia que no busca específicamente 'recuperar' o 'recobrar' la Biblia como un texto sagrado más bondadoso hacia las mujeres (Milne 1997).

Mientras que exégetas como Phyllis Trible y otras siguen elaborando su programa de recuperación (orientado siempre por la sospecha), otras han cambiado radicalmente su óptica (Thiselton 1992:430-470; Bible and Culture Collective 225-271; Brenner & Fontaine 1997). Se cansaron de tener que contentarse con las migajas que los textos bíblicos entregaban. Además, afirma Schüssler Fiorenza, el texto bíblico no debe ser la única brújula en la interacción entre la Biblia y la praxis liberadora. Se necesita un cambio de paradigmas. Se necesita un nuevo paradigma. Un paradigma que tome como punto de partida, no tanto el texto bíblico, sino la praxis emancipadora. En estos términos formula Schüssler Fiorenza, a mediados de los años '80, su conocido mensaje a los exégetas de liberación.

> Los teólogos de la liberación deben abandonar el paradigma hermenéutico-contextual de interpretación bíblica y dentro del contexto de una teología de liberación crítica, construir un nuevo paradigma, que tenga una praxis emancipadora como objetivo. ... Este nuevo paradigma de praxis emancipadora debe generar nuevos modelos heurísticos capaces de interpretar y evaluar tradiciones bíblicas y su función política en la historia en términos de sus propios cánones de liberación (Schüssler Fiorenza 1984:63).

Las dificultades con las que se enfrenta quien quiera tomar en serio la propuesta de Fiorenza, se han analizado y comentado suficientemente en los últimos años (Boff 1980; de Wit 1991). Muestran la complejidad de la mediación socio-analítica. Más adelante argumentaremos que *pertinencia* en la exégesis difiere de *relevancia*. Mientras que *pertinencia* pertenece al ambiente del análisis, *relevancia* pertenece al ambiente de la acción, del programa de cambio que se quiere realizar. Los dos términos no son equivalentes, ni reducibles el uno al otro. No es fácil destilar de prácticas *sociales* actuales métodos *exegéticos* nuevos. No siempre las preguntas nuevas al texto incluyen los nuevos métodos necesarios para resolverlas. La exégesis latinoamericana — que sigue usando métodos exegéticos clásicos (de Wit 1991) — es un ejemplo de esto.

De recuperación a rechazo

Mirando de los años '90 hacia atrás, la teóloga norteamericana Cheryl Exum afirma que no quiere seguir con su práctica y la de muchas otras teólogas, de ir 'extrayendo' imágenes positivas de textos que fueron creados principalmente para servir intereses androcéntricos. Exum desafía la idea misma de extraer imágenes positivas de un texto reconocido como androcéntrico, separar caracterizaciones literarias de los intereses androcéntricos que fueron creados para servir (citado en Milne 1997:47).

A. Reinhartz, Feminist Criticism and Biblical Studies on the Verge of the Twenty-First Century, en: A. Brenner & C. Fontaine, o.c. 30-38.

Recién cuando se reconoce que también en los textos bíblicos la experiencia de las mujeres ha sido distorsionada y desplazada, se contribuye realmente al progreso de la crítica bíblica feminista, afirma Exum.

En la tercera fase del desarrollo de la lectura feminista de la Biblia ocurre un cambio, consecuencia del desarrollo anterior. Lo atestigua en un artículo reciente Adele Reinhartz. La lectura feminista de la Biblia de la década de los noventa está en una encrucijada, afirma Reinhartz. Hay dos opciones. O se reconoce que el paradigma bíblico *no* sirve para poner en tela de juicio a la autoridad centralizada (patriarcal) y que se *rehusa* a favorecer una multiplicidad de voces, o habrá que reescribir las historias bíblicas de tal manera que sirvan los intereses que se quiere servir.

> Esta desafortunada situación me deja con dos opciones. Una es reconocer las limitaciones de mis intentos por contar esta historia (es decir, encontrar apoyo bíblico para desafiar la autoridad centralizada y para apoyar la multiplicidad de voces, HdW) sobre la base de paradigmas bíblicos...La segunda es seguir la tradición y simplemente reescribir estas historias según mis propósitos (Reinhartz 1997:36).

En una contribución a la revista *RIBLA*, la teóloga brasileña Nancy Cardoso hace entrever que la lectura feminista latinoamericana de la Biblia está en la misma encrucijada. Mientras que *los* exégetas latinoamericanos siguen usando, en gran parte, la estrategia de *recuperación*, la misma estrategia de sospecha significa para *las* exégetas no solamente *recuperación*, sino también *pérdida*. Cardoso reconoce la situación descrita por Reinhartz.

Nancy Cardoso Pereira, Pautas para una hermenéutica feminista de la liberación, en: RIBLA 25 (1997), 5-10.

> Como tierra que pide ser arada, así es la Biblia para las mujeres. Biblia, tierra difícil, con partes endurecidas, a veces pantanosas... pero con innumerables lugares fértiles que pueden ser trabajados. Descubrir la fecundidad liberadora del texto bíblico es la tarea de mujeres y varones que creen que es posible recrear las relaciones sociales de género. Hay que trabajar la Biblia como se trabaja la tierra: con ahínco, determinación, sabiduría y placer (Nancy Cardoso 1997:5).

La *recuperación* no es la única estrategia o posibilidad de encuentro con el texto bíblico. Si es necesario, afirman teólogas como Cardoso y Tamez, el lector y la lectora deben atreverse a crear un texto o canon *nuevo*. Tamez escribe:

> En la aplicación de la nueva teoría de la reconstrucción de textos, se tiene necesariamente que romper con las fronteras del canon, recurrir a otros textos, y construir nuevos evangelios con categorías inclusivas (Tamez 1996:201).

E. Cardenal, El Evangelio de Solentiname, Salamanca, 1976.

De estos nuevos evangelios, a los que alude Tamez, existen actualmente ejemplos en América Latina (y también en otros continentes). Pensemos en el famoso *Evangelio de Solentiname* (Cardenal 1976) y el *Evangelio de Lucas Gavilán* (Avalos 1996). Son dos recreaciones 'evangélicas' ciertamente poscoloniales. La creación de textos nuevos en base a antiguos es un fenómeno que se produjo frecuentemente en la historia de la Biblia misma. Hemos visto ejemplos. Autores como Pablo actualizan y cambian, cuando es necesario para su teología, el texto fuente del que disponen (el texto del A.T.).

Cardoso y Tamez definen la labor de recrear los textos (Croatto) en términos de una de las empresas más características de la posmodernidad: *la deconstrucción*. Más adelante veremos que la labor de *deconstrucción* quiere no tanto *re*construir los textos, sino sobre todo poner de manifiesto cómo ciertos textos no son más que *otra toma de poder*. Se quiere revelar lo que el texto esconde, lo que *no* quiere tematizar.

Contrario al deconstructivismo, Cardoso quiere también *reconstruir* el texto. Una vez que se muestre cómo el texto tematiza lo que tematiza, el texto se puede *re*construir y puede ser liberador nuevamente, escribe Cardoso. Esta labor de reconstrucción la realiza Schwantes en su análisis de Gé. 16. El carácter liberador (original) del texto se puede reconstruir una vez demolida la estructura actual y desaparecidos los elementos reaccionarios del texto.

> Las teorías de género son herramientas de análisis, que permiten descomponer o destejer el texto, sacando a la luz las relaciones que aparecen estructuradas en el discurso, lo que hace posible construir un nuevo texto que busca ser liberador, también en las relaciones de género ... Este es el proceso de deconstrucción. Partimos del presupuesto de que el texto está genéricamente construido, es decir, que es cautivo de intereses y relaciones asimétricas que subordinan a las mujeres y, por eso mismo, es necesario deconstruirlo (Cardoso 1997:5-7).

W. Brueggemann, Theology of the Old Testament, Minneapolis, 1997.

Se propone resolver el problema del doble status del texto a través de un programa de deconstrucción. La perícopas se separan en partes. Se hace distinción entre capas redaccionales. Hermenéuticamente esta solución se parece un poco a la clásica solución del canon en el canon. Aquí se explicita lo que en la historia de la iglesia cristiana nunca estuvo ausente.

O. Plöger, Theokratie und Eschatologie, Neukirchen-Vluyn, 1986⁹.

Recordemos la preferencia de autores neotestamentarios por ciertos pasajes del Antiguo Testamento. ¡Recordemos cómo Lutero, en el año 1522, define la carta de Santiago! 'La carta de Santiago no predica a Cristo. ¡No tiene nada de evangélico!' Son el evangelio de Juan, la primera carta de Juan, las cartas de Pablo, en particular Romanos, Gálatas y Efesios, y la primera carta de Pedro las que dan testimonio de Cristo y enseñan todo lo que se necesita. En comparación con las epístolas mencionadas y la teología paulina, la carta de Santiago es como paja, no resiste ni el más mínimo soplo de la teología de Pablo:

Frente a ella (la teología paulina, HdW) es una carta realmente de paja, no tiene nada de evangélico (M. Luther, Vorrede auf das NT 1522, WA VI, p.10).

Ein rechte strohern Epistel gegen sie, denn sie doch kein evangelisch Art an ihr hat, M. Lutero, 1522.

Después del 1534, en versiones posteriores de la *Vorrede* (Introducción, Prolegomena) al N.T., Lutero matiza un poco su apreciación de la carta de Santiago. 'La carta de Santiago enfatiza la importancia de las obras y de la ley, por lo tanto', dice Lutero, 'yo no la quiero tener en mi Biblia, no la contaría entre los libros canónicos. A ninguno impediré, sin embargo, leerla y usarla, pues, la carta tiene también algunas cosas buenas' (Lutero WA VI, p.384ss).

Retornemos al problema del doble status del texto bíblico. El problema ha sido formulado teológicamente por exégetas como Brueggemann (1997) y Plöger (1986). En el Antiguo Testamento se encuentran dos corrientes competitivas. Una corriente profética-escatológica y otra corriente teocrática, más conservadora y a veces reaccionaria influida por los sacerdotes. También Cardoso ve el texto bíblico como un campo que tiene partes muy fértiles y otras menos utilizables.

> Algunos textos se muestran estériles para las mujeres, textos en los que aparentemente no hay posibilidad de germinación. En la deconstrucción del texto, al abrir y limpiar la tierra, se descubren aquellos insumos que han estado allí por años, que al removerlos vemos que solo producían esterilidad para esta tierra. Hay que arrancarlos. A partir de allí, la tierra necesita recibir otros insumos, ser mezclada y removida, restaurando su equilibrio y, quien sabe, su capacidad para germinar frutos de vida. Excavando y profundizando van surgiendo historias de mujeres, cuerpos mutilados que estaban escondidos y enterrados por siglos (Cardoso 1997:8).

Con todo, el texto bíblico mantiene su valor. Hay partes inspiradoras. Es importante conocer los mecanismos de control con los que se ha querido dominar el proceso de significación.

> Esto no significa eliminar las ambigüedades u homogeneizar estilos y recursos de los textos... reconstruir el texto es volverlo liberador, procurando mantener alternativas de interpretación que inviabilicen cualquier tentativa de control del texto y su mensaje (Cardoso *ibid.*).

Así será posible retener lo bueno, sacar lo malo. El *status* mixto del texto bíblico provoca una actitud doble. Al lado de la suspicacia hay también esperanza y la expectativa de que el texto, ciertos textos, ofrecerán elementos para una estrategia de *resistencia* y *sobrevivencia*. Es por eso que muchas hermenéuticas de la sospecha se caracterizan por estos dos elementos y por la sospecha de que con una buena y nueva interpretación, el texto, ciertos textos, se convertirán en ayuda.

> ...de muchas maneras la Biblia es ajena y antagónica a la identidad de las mujeres modernas; sin embargo de otras maneras, inspira e impulsa aquella identidad (Rita Weems, citada en BBC 251).

En la hermenéutica de la sospecha, nutrida por la esperanza y el deseo de sobrevivir y resistir la dominación, la heterogeneidad ha llegado a ser la clave de la resistencia.

'La Biblia nos ofrece insumos para nuestra sobrevivencia', escribe Kwok Pui Lan. Es importante notar la diferencia con aquellas teologías y exégesis que consideran la Biblia como una obra monolítica que representa *una* verdad, *una* manera de amar y liberar. En la hermenéutica de la sospecha, nutrida por la esperanza y el deseo de sobrevivir y resistir la dominación, la heterogeneidad ha llegado a ser la clave de la resistencia. Es en este marco que Elsa Tamez habla de la importancia de la *transversalidad*. Tamez recuerda el lema de la revuelta zapatista que soñaba con *un mundo donde quepan muchos mundos* y comenta:

> La frase en sí convoca a la transversalidad, es decir a incluir en los análisis todas las situaciones posibles, y a considerar el sujeto como un ser de relaciones infinitas (Tamez 1996:201).

Sin embargo, también esa infinidad tiene sus límites. La *transversalidad* se amarrará con la preocupación por los excluidos y las excluidas en su sentido más amplio (Tamez 1996:201).

8.2 La hermenéutica poscolonial

Laura E. Donaldson, Postcolonialism and Biblical Reading: An Introduction, en: Semeia 75 (1996), 1-14.

Lo que actualmente ocurre en la lectura feminista se manifiesta con mucha claridad en la hermenéutica que se quiso llamar *hermenéutica poscolonial*. Hay quienes consideran el surgimiento de la crítica y teoría poscolonial como uno de los más importantes desarrollos en la teoría literaria y cultural contemporánea (Donaldson 1996:1). Desde el siglo 15 el imperialismo europeo no solamente va produciendo un enfrentamiento entre culturas y sistemas sociales diferentes, sino también entre Sagradas Escrituras. El siguiente dicho parece ser conocido en todas las ex-colonias de Europa:

> Cuando vino el blanco él tenía la Biblia y nosotros la tierra. El blanco nos dijo: 'oremos'. Después de la oración el blanco tenía la tierra y nosostros la Biblia (citado en: Musa W. Dube 1996:37).

M.W. Dube, Reading for Decolonización (John 4:1-42), en: Semeia 75 (1996), 37-59.

Musa Dube, Toward a post-colonial feminist interpretation of the Bible, en: Semeia 78 (1997), 11-26.

Se ha señalado que la literatura teológica latinoamericana está profundamente influida por el poscolonialismo. La teología de la liberación de Gustavo Gutiérrez se puede considerar como una gran reflexión sobre la situación colonial o poscolonial de América Latina. El colonialismo, ahora en el disfraz de la globalización, es un tema fundante de la teología latinoamericana moderna (Avalos 1996:87ss). El surgimiento de una *hermenéutica* poscolonial es, sin embargo, reciente y comprensible. El imperialismo nunca es solamente una empresa militar, sino que es también, en las palabras de Musa Dube, un proyecto textual. Basta leer el famoso libro de E. Wolf, *People without History (Gente sin historia)*, para comprender un poco las secuelas y consecuencias de la colonización europea del mundo (Wolf 1982).

La hermenéutica poscolonial opera desde dos ópticas, dos enfoques (Lee 1999; Dube 1997; Sugirtharajah 1997, 1998). La primera es el hecho de que la Biblia llegó a muchos países como instrumento de opresión del invasor. En segundo lugar, la Biblia misma se gestó en una situación dominada por poderes imperialistas. La lista es larga y penosa: Egipto, Asiria, Siria, Babilonia, los persas, el

E. Wolf, Europe and the People without History, Berkeley-Los Angeles-London, 1982.

H. Avalos, The Gospel of Lucas Gavilan as Postcolonial Biblical Exegesis, en: Semeia 75 (1996), 87-105.

helenismo, los tolomeos, los seléucidas, los romanos. ¿Cuánto de toda esta larga experiencia ha sido interiorizado por Israel mismo? Así como los demás pueblos, Israel, ni en sus mejores momentos, pudo escapar enteramente del imperialismo. ¿Es posible caracterizar de otra manera su relación con Edom en tiempos de David, por ejemplo, o, mucho más tarde, la relación entre judíos y Samaritanos (Dube 1996)?

Una perspectiva poscolonial interroga nuestro uso de agendas coloniales. Una lectura poscolonial llama la atención a 'otros' textos canónicos, a otras perspectivas y alternativas. Una lectura poscolonial de la Biblia critica aquellas lecturas que privilegian un elemento particular, sea raza, género, condición social, cultura, etc. La lectura poscolonial quiere atender *todas* las complejidades; quiere exponer e investigar la *intersección* de anti-judaismo, sexismo, imperialismo religioso y cultural en la historia de la interpretación del texto (Donaldson 1996:7s). La interpretación poscolonial exige adoptar un marco de referencia y una perspectiva 'multiaxial' o multidimensional. Según Donaldson la lectura poscolonial debe considerarse como complemento y crítica de aquellas lecturas feministas que despliegan una alarmante miopía frente a la cuestión del colonialismo y la causa indígena (Donaldson 1996:10). A su manera, también los y las que abogan por una perspectiva poscolonial proponen un cambio de paradigma. En vez de identificarnos con los israelitas del Exodo, debemos identificarnos también con los cananeos. Pues son ellos quienes representan a todos aquellos cuyas tierras han sido robadas y expropiadas.

> Las implicaciones del poscolonialismo para los estudios bíblicos son inmensos. Sus amplios parámetros abarcan los efectos del proyecto imperial anglo-europeo como también del romano y del israelita...La crítica poscolonial enuncia poderosamente la necesidad de que las y los estudiosos bíblicos se enfrenten al colonialismo y también a sus "pos", no solo como temas oficiales de investigación, sino también como algo presente dentro de sus propias prácticas de lectura. Nos

enseña, en otras palabras, a leer como cananeos (Donaldson 1996:11).

En vez de identificarnos con los Israelitas del Exodo, debemos identificarnos con los Cananeos.

Es obvio que tal postura constituye una crítica al uso unilateral del Exodo. 'De hecho', afirma Donaldson, 'cuando escuchamos las voces silenciadas por lecturas canónicas del relato, el Exodo pierde su propiedad como modelo de liberación del hombre'. Para el habitante indígena, una lectura apropiada del Exodo se realiza, no desde los textos que hablan de la entrada triunfal, sino nutrida por el subtexto suprimido de la experiencia cananea. La defamiliarización del Exodo a través del testimonio de sus víctimas cananeas funciona como microcosmos del impacto que el poscolonialismo podría tener. Lectoras, lectores e intérpretes profesionales de la Biblia no podrán

> ignorar la existencia de los colonizados en los textos de la Biblia ni promover prácticas de lectura e interpretaciones que borren su existencia (Donaldson 1996:12).

El status del texto bíblico

¿Cuál es la implicación de la hermenéutica poscolonial para el estudio del texto bíblico? ¿De qué manera cambia su *status*? En su contribución al reciente número de *Semeia* sobre el poscolonialismo, Elsa Tamez formula bien el dilema:

> ... es la ambivalencia en los textos bíblicos: cómplices del colonialismo y a la vez liberadores (Tamez 1996:199).

Tamez hace notar cómo esta mezcla de colonialismo y anticolonialismo es parte de la historia de América Latina misma.

E. Tamez, El salto hermenéutico de hoy, en: Semeia 75 (1996), 199-205.

> Esta experiencia hermenéutica colonial y anticolonial ... ha estado presente en A.L. desde la invasión española y portuguesa (Tamez *ibid.*).

L.E. Donaldson & R.S. Sugirtharajah (eds.), Postcolonialism and Scriptural Reading, Semeia 75 (1996).

La historia de la Biblia en América Latina, sostiene Tamez, está marcada profundamente por esta pugna entre hermenéuticas opuestas y lecturas opuestas, tanto la del colonialismo como la del anticolonialismo.

> ... la lectura colonialista de la Biblia ha estado siempre presente desde la llegada del cristianismo hace 500 años, y la lectura contestataria, anticolonialista, ha ido a la par (Tamez 1996:200).

Esta experiencia hermenéutica colonial y anticolonial ... ha estado presente en A.L. desde la invasión española y portuguesa (Elsa Tamez).

Es terrible la empresa de deshacerse de los vestigios del colonialismo. Aunque haya desaparecido, quedaron sus huellas, no solamente en la arquitectura, los edificios, la cultura, la religión y la economía, sino también en la mente del individuo. La preposición *pos* en el término poscolonialismo no indica, por lo tanto, *después de borrado o desaparecido el colonialismo*, sino más bien nutrido por aquella experiencia. Kwok lo formula así:

La preposición 'pos' en el término poscolonialismo no indica después de borrado o desaparecido el colonialismo, sino nutrido por aquella experiencia.

> La descolonización de una colonia implica no simplemente un cambio político, sino también cambios complicados, controvertidos y conflictivos en las prácticas culturales y de significado. La descolonización de la mente y de la imaginación involucra desenmascarar los regímenes de la verdad impuestos por los colonizadores y colaboradores, desalojar de la mente patrones familiares de pensamiento, desintegrar discursos aparentemente coherentes, revelar los silencios y las clausuras de los textos, descomponer la basura que ha llenado las células cerebrales durante demasiado tiempo y mucho más (Kwok 1996:211).

Desde la sospecha hacia la no-recuperación

En su reciente libro sobre la hermenéutica asiática y poscolonial, Sugirtharajah (1998) describe cómo en su propia interpretación de la Biblia la *sospecha* comenzó a predominar tanto que las posibilidades de recuperación rápidamente desvanecieron. Así como la hermenéutica feminista y la hermenéutica de la liberación, también la hermenéutica poscolonial quiere *descentralizar*, 'deseuropeizar', el proceso de interpretación de la Biblia (Schüssler Fiorenza 1988; Sugirtharajah 1997, 1998; Kwok Pui-lan 1996, 1997). Los dos términos que actualmente determinan la discusión hermenéutica, afirma Sugirtharajah, son posmodernismo y poscolonialismo. Mientras que el posmodernismo no parece ser capaz de librarse de cierto eurocentrismo, el poscolonialismo se comienza a presentar como una alternativa para Asia, sostiene Sugirtharajah (1997:292).

Kwok Pui-lan, Response, en: Semeia 75 (1996), 211-217.

> Me imagino que el poscolonialismo será el lugar desde donde se trabajará la interpretación bíblica futura en la India, incluso en toda Asia.

Kwok Pui-lan, Overlapping Communities And Multicultural Hermeneutics, en: Brenner & Fontaine (eds.), o.c. 203-215.

La interpretación poscolonial de la Biblia surgirá de personas que en el pasado fueron colonizadas por los europeos y consiguieron cierta libertad política, pero siguen viviendo con la carga del pasado y experimentan nuevas formas de colonialismo económico y cultural. Dicha interpretación va surgiendo desde los márgenes de la sociedad, desde las víctimas de la vieja colonización y desde las víctimas de la nueva globalización. Será una interpretación crítica; producirá una literatura beligerante, revolucionaria.

Schüssler Fiorenza, The Ethics of Biblical Interpretation: Decentering Biblical Scholarship, en: JBL 107, 1 (1988), 3-17.

> Será una manera de criticar las formas universalistas y totalizantes de la interpretación europea (Sugirtharajah 1997:293).

R.S. Sugirtharajah, Asian Hermeneutics, New York, 1998.

La hermenéutica poscolonial buscará romper con la hermenéutica de la recuperación, reconociendo una multiplicidad de voces y significados. La interpretación poscolonial se concentrará en las voces de oposición y protesta en los textos. En los textos bíblicos suenan por lo menos cuatro voces que representan los intereses de cuatro lados: la voz hegemónica, la voz profesional, la voz negociada y la de protesta u oposición. Mientras que la exégesis clásica ha hecho sonar las tres primeras, la poscolonial quiere hacer audible también la cuarta.

> El poscolonialismo buscará la protesta de voces de oposición en los textos (Sugirtharajah 1997:293).

Con el posmodernismo la lectura poscolonial comparte su interés por los elementos marginales del texto. Lo que la crítica poscolonial quiere hacer es enfatizar esos elementos marginales del texto y subvertir así el significado tradicional. Así tendrán finalmente eco las voces que fueron sometidas al olvido institucional.

La primera característica de la hermenéutica poscolonial es, entonces, la ruptura con la hegemonía de la interpretación eurocéntrica. La segunda quiere decentralizar y romper la hegemonía de la Biblia misma. La agenda hermenéutica propuesta debe ser amplia y debe incluir el análisis de aquellas escrituras que en la época precolonial eran Sagrada Escritura. Al lado de la Biblia hay otros pozos, pozos propios, de los que se debe beber. La interpretación de la Biblia en los países poscoloniales debe ir acompañada del análisis de la confrontación entre esta Sagrada Escritura, nueva y de otro contexto, y las originales. Del posmodernismo se puede aprender, sostiene Sugirtharajah, que la multiculturalidad es un fenómeno innegablemente rico. Así será posible una nueva intertextualidad, abierta y enriquecedora.

> Reemplazará las pretensiones totalitarias y totalizantes de las narrativas bíblicas con la afirmación de que deben ser entendidas como las estrategias narrativas negociadas de una comunidad y deben ser leídas y escuchadas junto con otras narraciones sagradas inspiradas en la comunidad. Verá a estos textos dentro del continuo intertextual que abarca una multiplicidad de perspectivas (Sugirtharajah 1997:294).

Es notable cómo en las publicaciones más recientes de Sugirtharajah, distancia y sospecha comienzan a dominar su hermenéutica (Sugirtharajah 1998). El texto bíblico nació en un ambiente y en una historia coloniales. Por lo tanto es tarea primordial de la o el exégeta buscar las huellas del pasado colonial de Israel. Lo que para la lectura feminista es patriarcado, para la hermenéutica poscolonial es el colonialismo. El texto bíblico no solamente surgió en un ambiente profundamente patriarcal, sino

R.S. Sugirtharajah, Biblical Studies In India. From Imperialis-tic Scholarship to Postcolonial Interpretation, en: Segovia & Tolbert (eds.), o.c. 283-296.

también colonial. La historia de Israel es la historia de la confrontación con poderes coloniales. Por un lado Israel fue víctima de esa situación, por el otro llegó a ser uno de esos poderes.

Apertura *versus* sospecha

No podemos evaluar extensamente la hermenéutica poscolonial. Quisimos presentarla como ejemplo de esas hermenéuticas en las que el *status* monolítico, autoritario y positivo del texto bíblico comienza a tambalear. Una pregunta interesante es cómo se relaciona esa actitud de apertura hacia otras Sagradas Escrituras inspiradas en la comunidad con la actitud selectiva que, según la hermenéutica poscolonial, se debe desplegar respecto a la Biblia. No hay razón para sospechar que en las otras Sagradas Escrituras uno de los cuatro códigos mencionados falte. Aunque no se tematice mucho, es de suponer que la hermenéutica poscolonial reclamará la misma actitud frente a otros textos que exige para la lectura de la Biblia. También de los demás textos sagrados se deberá hacer sonar la voz de resistencia y protesta.

Atractiva encontramos la revalorización de la cultura propia: mil flores florecerán. La misma revalorización se da los últimos años entre exégetas latinoamericanos (Croatto 1973; 1992). Pensemos en el reciente y fructífero diálogo con los habitantes originales de Abya-Yala (Richard 1992; Rodríguez 1992). Nos subraya un hecho que tendemos a olvidar frecuentemente, es decir, que los cristianos y las cristianas no creemos en un libro, sino en el Dios de la vida (J. Barr).

Quedan dos interrogantes que no solamente valen para la hermenéutica poscolonial, sino también para otras.

1) La primera es ¿cómo será posible redefinir adecuadamente la tarea de la o el exégeta? Si los textos literarios no solamente requieren una actitud existencial, sino también analítica, ¿en qué medida lo colonial o poscolonial

---

J.S. Croatto, Creación y designio. Estudio de Génesis 1:1-2:3 (El hombre en el mundo I), Buenos Aires, 1973.

J. Severino Croatto, La destrucción de los símbolos de los dominados, en: RIBLA 11 (1992), 37-48.

P. Richard,
Hermenéutica India,
en: RIBLA 11 (1992),
9-24.

podrá ser una brújula adecuada para la exégesis? Para poder desechar lo colonial y retener lo anticolonial debe descubrirse primeramente lo que puede ser desechado y por qué. Reiteramos que más adelante argumentaremos que el salto desde la *relevancia* (lo actual) hacia la *pertinencia* (lo científico) se hace con demasiada velocidad en ciertas hermenéuticas.

2) La segunda es una pregunta hecha enfáticamente a la exégesis europea y norteamericana por Kwok Pui-lan pero que vale para todas las y los exégetas.

> ¿Qué decide cuál lectura es válida y verdadera?
> ¿Quién decide cuáles preguntas son buenas?
> (Kwok 1997:215).

Esperamos haber podido destacar los paralelos en los diseños hermenéuticos expuestos. A pesar de todo, la lectura feminista, la lectura liberadora y la lectura poscolonial comparten la actitud doble hacia el texto bíblico. Además de contener muchos textos que deben leerse muy críticamente, hay otros que siguen siendo fuente para la sobrevivencia y resistencia. Ahora bien, veremos que en la *hermenéutica del lector rebelde* se abandona ese esquema. No queda prácticamente nada para la cosecha. Hay que sacar todo. La Biblia llegó a ser un gran *anti*texto. Para funcionar bien la Biblia debe ser liberada de si misma.

8.3 La hermenéutica del lector rebelde

La hermenéutica de recuperación está siendo abandonada por completo en el modelo hermenéutico del teólogo sudafricano Itumeleng Mosala. Lo analizamos aquí porque muestra lo que parece ser para algunos la última consecuencia de los resultados de sus exégesis y sus hermenéuticas de *sospecha*. La hermenéutica de Mosala pone de relieve el enorme *problema* que enfrentan las hermenéuticas de la liberación. Mosala quiere ofrecer una *solución* al problema del *status doble* del texto bíblico, que surge en el seno de las hermenéuticas modernas.

En una serie de publicaciones sobre Gé. 4, Miqueas, Lc. 2 y otros textos, Mosala elabora su hermenéutica del lector rebelde. Analizamos aquí un artículo reciente sobre Ester. El artículo apareció tanto en el volumen *Voices from the Margin*, como en el número 59 (1992) de la revista *Semeia* (Mosala 1995:168ss).

El camino del lector y de la lectora rebeldes

G. West, Biblical Hermeneutics of Liberation. Modes of Reading the Bible in the South African Context, Pietermaritzburg, 1995².

La situación sudafricana, especialmente después del año 1976, demuestra que la Biblia es un documento profundamente político. Por un lado la Biblia siempre ha sido abusada por los adherentes del *Apartheid*. El *Apartheid* se fundamentó y se fundamenta todavía en textos bíblicos. 'No conozco otro sistema político que se fundamente tan directamente en la Biblia', dice Mosala. Por otro lado, en las últimas tres décadas la Biblia ha sido compañera fiel en la lucha de los pueblos negros contra el sistema del *Apartheid*. 'Confrontados con la muerte, la persecución y los asesinatos, la lectura revolucionaria de la Biblia llegó a ser parte integral del levantamiento social de las masas negras'. La situación hermenéutica ambigua lleva al lector o lectora y a la intérprete a una opción frente al texto bíblico. Surge la pregunta, ¿con qué comunidad (de creyentes) quiere comprometerse? Mosala no tiene ninguna duda: el o la intérprete debe vincular su práctica teórica con las comunidades que luchan contra el *Apartheid*. Así como en la exégesis latinoamericana, también en la hermenéutica de Mosala el concepto de *lucha* es clave. La Biblia debe leerse desde la experiencia de la lucha y liberación.

I.J. Mosala, The implications of the Text of Esther for African Women's Struggle for Liberation in South Africa, en: R.S. Sugirtharajah, Voices from the Margin, New York, 1995.

La situación hermenéutica ambigua lleva al lector o lectora y a la intérprete a una opción frente al texto bíblico. Surge la pregunta con qué comunidad (de creyentes) quiere comprometerse.

La conexión entre situación histórica – texto – lector y lectora actual, es la que conocemos de la interpretación latinoamericana. En la época de la Biblia hubo lucha, el texto da testimonio de ello. Entre el lector o la lectora actual y el autor histórico y sus respectivas situaciones hay analogías. La lucha que se espera del lector o la lectora actual tiene su precedente y justificación en el contexto histórico del texto. Mosala elige una actitud — la de lucha — como la actitud adecuada con la que el proceso de lectura

U. King (ed.), Feminist Theology from the Third World. A Reader, London-New York (SPCK - Orbis), 1994.

llega a la comprensión verdadera del texto. De esta manera se construye un paralelo entre el movimiento político de la insurrección de los negros y las negras oprimidas y el proceso de lectura en que el lector o la lectora se libera y desarrolla su propia actitud frente al texto.

La hermenéutica adecuada es aquella que parte de la convicción de que la liberación y no la opresión es el mensaje clave de la escritura. Las *armas hermenéuticas* provienen de la lucha que apunta a preservar lo bueno de la tradición cristiana y a criticar lo malo, en la búsqueda de un mundo mejor. En las palabras de Mosala:

> ...una *negación crítica*, una *preservación sabia* y una *transformación insurgente* del linaje negro que protege la tierra y proyecta un mundo mejor (Mosala 1995).

Ver también: Ch. Townsend Gilkes, 'Mother to the Motherless, Father to the Fatherless': Power, Gender, and Community in an Afrocentric biblical tradition, en: Semeia 47 (1989), 57-86.

Pero, ¿qué hacer cuando el texto *no* habla de lucha y ofrece formas de liberación o salvación no apreciadas por el lector o la lectora? ¿Qué hará el lector o la lectora en este caso? ¿Debe comenzar a practicar una hermenéutica negativa y dejarse guiar por *lo no dicho del texto*? Es precisamente en ese punto que la hermenéutica de Mosala es más radical. Análogo a la lucha contra el *Apartheid*, el lector negro y la lectora negra deben romper las cadenas de las hermenéuticas clásicas y *construir su propio texto*. De hecho, Mosala practica una especie de hermenéutica negativa; quiere evocar lo que el texto *no* dijo, lo que el texto silenció y, como lector rebelde, quiere *re*construir el texto en su forma 'original', en su forma 'adecuada'. Lo hace con la historia de Caín y Abel, lo hace con Miqueas y lo hace con el libro de Ester. El ejemplo de Ester es elocuente.

> Un análisis de la relevancia de Ester para la lucha de liberación de las mujeres africanas necesita tomar en cuenta la tradición de la revuelta del(a) lector(a) que está formando parte de la praxis de la teología negra. Esta hermenéutica no solamente rehusará a someterse a las cadenas impuestas por los exégetas del Apartheid o de la tradición liberal humanista, incluyendo sus versiones negras y

Messias de Oliveira y.o., Métodos para ler a Bíblia, en: Estudos Bíblicos 32, (1991).

liberacionistas, sino que también luchará contra los 'regímenes de la verdad' (*regimes of truth*, expresión de C. West) de esas tradiciones *cuando se manifiestan en el texto de la Biblia misma* (cursiva mía, HdW).

¿Cómo procede una lectura de Ester desde la óptica del lector y la lectora rebeldes? La crítica histórica ubica el libro en la época de los Macabeos, escribe Mosala, pero no saca las consecuencias ideológicas. Así como la lectura de toda la Biblia, también la de Ester debe enmarcarse dentro del proyecto que apunta a la construcción de una civilización *pos*occidental. Dicha hermenéutica será, por lo tanto:

I. Richter Reimer, Reconstruir historia de mujeres. Consideraciones acerca del trabajo y status de Lidia en Hechos 16, en: RIBLA 4 (1989), 47-64.

- *polémica* frente a la historia, los instrumentos, la cultura, las ideologías y agendas tanto del texto como de sí misma;

- será *apropiativa* de los recursos y victorias inscritas tanto en el texto bíblico como en el contexto actual, contemporáneo;

- será *proyectiva* en el sentido de que su tarea será ejecutada al servicio de un nuevo orden transformado y liberado.

Mary Judith Ress, Ute Seibert-Cuadra, Lene Sjørup, Del Cielo a la Tierra. Una Antología de Teología Feminista, Santiago de Chile (Sello Azul), 1994.

Muy en la línea de la lectura materialista, Mosala opina que es necesario aplicar a los textos un análisis marxista. Importante es descubrir la actitud o posición que Ester toma frente a su propio contexto. Esta posición se descubre a través del análisis de lo que el texto dice, pero también a través de lo que no dice. El libro de Ester fue escrito en una época caracterizada por un modo de producción tributario, afirma Mosala. Era una sociedad estructurada jerárquicamente en diferentes clases sociales; una sociedad patriarcal en la cual el poder estaba vinculado con los hombres. Ese último hecho — poder *versus* género —es, según Mosala, el problema real del libro. Un análisis detenido del libro arroja como resultado la existencia de *dos* formas de opresión: patriarcado y opresión social. Es instructivo descubrir cómo el texto se posiciona aquí. El texto entrega mucha información socioeconómica (Est. 1.5-

9 muestra una situación de mucho lujo), ¡pero *no* habla de los oprimidos! La trama demuestra que el libro se contenta con una situación en que la desobediencia es reprobada y el poder sigue en manos de los hombres. La revuelta de la reina Vasti es reprobada por el texto; Ester es la que realmente lucha, pero es Mardoqueo quien saca el fruto de esa lucha. Realmente Ester es un *texto de sobrevivencia*. Las condiciones para sobrevivir son:

- desistir del poder político
- aceptar la explotación económica
- aceptar la alienación cultural y nacional.

Es precisamente esto lo que pasa en el libro. El texto no desarrolla una teología de la liberación, sino que soluciona los problemas de otra manera. El precio que se tiene que pagar es alto. Ester — las mujeres — se tiene que vender al rey. Desde la óptica de una hermenéutica del lector rebelde, el texto de Ester es muy rechazable. Usa o abusa la figura de una mujer para lo que en realidad son intereses patriarcales. El héroe no es Ester, sino Mardoqueo, ¡quien no se sacrifica!

El resultado del análisis de Mosala es que el texto del libro no es precisamente una fuente de mucha inspiración. Entonces, surge la pregunta ¿qué es lo que las mujeres africanas pueden aprender de Ester? Es allí donde lo que el texto ha silenciado o rechazado se convierte en lección, así sostiene Mosala. Hay que hacer lo que el texto no propone. Surge una estrategia de resistencia: solidarizarse con la ex-reina, no aceptar la implícita condenación de la reina Vasti; no aceptar las estrategias de sobrevivencia propuestas por el texto.

Solamente cuando se analizan las condiciones sociales, políticas e ideológicas de la génesis del texto a partir de una hermenéutica cultural-materialista, los temas de género, clase social, proyecto político, raza y edad recibirán un tratamiento adecuado, opina Mosala. Podemos resumir a través de su adagio lo que implica, en

---

L.E. Tomita, A autoridade das mulheres na evangelização primitiva, en: *Estudos Bíblicos 31 (1991), 47-58.*
B. Hüfner/S. Monteiro, *O Que Esta Mulher Está Fazendo Aqui?*, São Bernardo do Campo (Editeo), 1992.

Julie M. Hopkins, *Towards a Feminist Christology*, Kampen (Kok Pharos), 1994.

I. Foulkes (ed.), *Teología desde la mujer en Centroamérica*, San José, 1989.

la óptica de Mosala, una hermenéutica de lucha para la lectura de un libro como Ester:

> ...Las comunidades oprimidas deben liberar a la Biblia para que la Biblia pueda liberarlas a ellas. Una Biblia oprimida oprime, una Biblia liberada libera (Mosala 1995).

Observaciones

No es fácil hacer una ponderación adecuada de la hermenéutica de Mosala. Lo nuevo es la radicalización de la necesidad de reconstruir el texto cuando no entrega inmediatamente los elementos requeridos, necesitados para la lucha. Mosala radicaliza lo que está presente en las otras hermenéuticas que presentamos. Es el lector o la lectora quien toma el poder y construye, si es necesario, su propio texto. Aquí se abandonan las hermenéuticas de Gadamer o Ricoeur, que parten del equilibrio, del diálogo, del peso y horizonte propio del texto, de la fusión de horizontes entre el de la lectora o el lector y el del texto. Aquí se hace lo que el posmodernismo quiere evitar: una nueva toma de poder, anulando la del texto. Aquí la hermenéutica y la interpretación tienden a ser *Herrschaftswissenschaft* (ciencia para dominar). Todo el peso recae sobre el lector o la lectora, *su* percepción de la realidad y *su* concepción de lo que es liberación verdadera y las estrategias para obtenerla. Es *su* percepción de la manera en que la nueva sociedad deberá ser construida la que es altamente decisiva en el proceso de interpretación.

C. Navia Velasco, La Mujer en la Biblia: Opresión y Liberación, en: RIBLA 9 (1991), 57-80.

Autoras Varias, A Mulher na Sociedade Tribal, en: Estudos Bíblicos 29 (1991).

Analizando la hermenéutica del lector rebelde uno se pregunta si no peca exactamente del error que le reprocha a otros modelos hermenéuticos, por ejemplo los clásicos del occidente. De hecho, la hermenéutica del lector rebelde, por más fascinante que sea, hace surgir algunas interrogantes. Las formulamos como contribución al debate.

1) Es difícil sustraerse de la impresión de que la gran víctima del análisis de Mosala es el texto bíblico. Esto vale para todas sus interpretaciones. Esto es comprensible porque de alguna manera está implicado en su propio modelo hermenéutico. Lo que Mosala llama la *negación crítica* implica — casi de antemano — la negación del valor de lo que el texto explícitamente dice. No es fácil ejecutar la negación crítica. Pues, ¿cómo hacer justicia al *texto* cuando me propongo hacer valer lo que *no* dice, lo que *censura*, lo que *esconde*, lo que *no* quiere tematizar, lo que *no* toca? No es fácil definir lo que debemos entender por *lo-no-dicho* del texto, concepto usado ampliamente en la hermenéutica moderna (Gadamer, Ricoeur, Croatto y muchos otros). ¿Es lo que el texto *implica* o *podría estar proyectando hacia adelante*, pero no dice (Gadamer, Ricoeur, Croatto)? ¿O es más bien lo que el texto *rechaza*? Para Mosala *lo no dicho del texto* es lo que el texto rechaza, lo que el texto no quiere. Si es así, surgen dos preguntas más: (a) *lo no dicho del texto* ¿podrá tener el mismo *status* que el texto *bíblico mismo*?, (b) *lo no dicho del texto* ¿es igualmente accesible al análisis, al control y a la validación que lo dicho? Parece que en la hermenéutica de Mosala *lo no dicho* del texto obtiene *status canónico*. Caín representa el agricultor que, con mucha razón asesina a Abel, el publicano, porque vino a recolectar los impuestos para su amo, el rey David o Salomón.

2) A diferencia de lo que Mosala sostiene, *no* hay consenso acerca de la época de la que data el libro de Ester. Muchos y muchas intérpretes siguen pensando más bien en épocas *pre*macabeas (persa o helenística). ¿Nos atreveríamos a considerar la pretensión de Mosala, de que hay un *consenso* sobre la datación del libro, como una pequeña toma de poder?

3) Hemos dicho que una lectura exclusivamente sociológica o materialista — Mosala habla de una hermenéutica cultural-materialista — puede 'abrir' el texto y hacer que aspectos negados o no vistos se

E. Auerbach, Mimesis, trad.: Princeton, 1953.

pongan de manifiesto. Pero esa lectura exclusiva puede también *obstaculizar* el proceso de lectura y *cerrar* el texto. Los textos literarios son más que su trasfondo histórico, repetimos. Mosala parece pecar de la *falacia sociológica* a la que nos referimos anteriormente: el valor de la obra depende del trasfondo social de su autor. Creemos que lo que vale para muchas hermenéuticas en que lucha, liberación y cambio social son palabras claves, vale también para la hermenéutica de Mosala: falta una perspectiva más literaria. Es importante hacer notar que, desde el punto de vista literario, hay razones para caracterizar el libro de Ester como *sátira* (Auerbach 1953). ¿Qué pasaría si el libro fuera una sátira? Para la evaluación del valor del libro 'para la lucha', el análisis del género literario es de importancia fundamental. ¿No podría haber manipulación tendenciosa del trasfondo histórico, que ridiculiza a cada lector y a cada lectora que cree que deber oponerse vehementemente a la trama del libro? El autor ¿no podría haber creado *a propósito* una trama tan 'transparente' — y escandalosa para algunos — burlándose de cada lector y cada lectora que cree saber más de liberación que él?

4) En la *hermenéutica del lector rebelde* ¿es posible no pecar de lo que se le reprocha al enemigo, que son las llamadas 'hermenéuticas de consenso? ¿Qué influencia podrá tener *el otro*? ¿La *hermenéutica del lector rebelde* estará escuchando siempre el eco de su propia voz? Me acerco al texto buscando lo que necesito. Si el texto no me lo da, lo reconstruyo; creo un texto nuevo, capaz de satisfacer mis expectativas y necesidades.

5) Este punto nos lleva a otro, más importante quizás. ¿Cómo hacer que hayan algunos matices y aperturas en una teoría hermenéutica tan beligerante? ¿Cómo abrirse a la crítica, aprender de ella? ¿Cómo hacer que en el caso de la *hermenéutica de la lucha* haya alguna posibilidad de validación externa? Tomemos como ejemplo el concepto lucha, tan importante para Mosala y, según cree, para las mujeres negras sudafricanas. El

tipo de lucha que Mosala propone (¿de qué tipo de lucha habla realmente?), ¿es el único legítimo, posible y requerido? ¿Tiene suficiente peso y claridad como para poder ser piedra angular de su sistema de interpretación? Valdría la pena preguntar en qué medida la definición de *lucha* que Mosala da y la que orienta casi *toda* su interpretación del libro de Ester, está determinada por su *propio* contexto, cultura, sexo (masculino) y desarrollo (intelectual). Dicho de otra manera: creemos que es menester preguntar si el camino hacia la liberación que propone Mosala es realmente el único.

Mosala no precisa en qué tipo de lucha está pensando. Se pone en el lugar de la mujer negra sudafricana y quiere reflexionar desde su perspectiva. Su discurso hace entrever que se tratará de una lucha heroica, masiva, revolucionaria y radical. Creemos que hay momentos en la historia en que este tipo de lucha, un levantamiento masivo, es la única solución. Pero no vale para siempre y para todos los casos. Hay también otras maneras, igualmente o más adecuadas, pero menos machistas, menos 'heroicas'. Una pregunta picante sería ¿en qué medida el modelo de resistencia que representó *Nelson Mandela* corresponde con lo que Mosala se había imaginado? ¿Es realmente necesario rechazar todo lo que el libro de Ester dice de liberación? O sea, la forma de cambio de la sociedad que nos imaginamos nunca es neutra, objetiva, 'ideal', sino que está impregnada también de lo que somos. ¿No es precisamente del movimiento feminista que los hombres podemos aprender a enriquecer y *desmasculinizar* nuestros conceptos teológicos y políticos? Pues nuestra percepción de la sociedad está impregnada profundamente por la cultura intelectual y masculina en que nos envolvemos (Tamez 1995). Existen también poderes suaves. Y, como ha dicho la poetiza, *vencerán al final los poderes suaves*.

6) Terminemos nuestras observaciones acerca de la hermenéutica de Mosala con la siguiente. Se podría

definir la hermenéutica de Mosala como *utilitaria*. Quiere *usar* el texto bíblico. Si el texto no es utilizable se tiene que desechar ... o reconstruir. Es lo que se ha hecho durante toda la historia de la cristiandad, para bien o para mal. En la obra de Mosala, la pregunta sobre la medida en que los textos bíblicos realmente podrán ofrecer directrices para el momento actual, no recibe contestación. Sin embargo, antes de establecer una relación *cualitativa* entre texto histórico y momento actual, creemos que es necesario contestar la pregunta sobre la medida en que una propuesta política puede ser herramienta adecuada para comprender un texto histórico.

E. Tamez, Women's rereading of the Bible, en: R.S. Sugirtharaja (ed.), Voices from the Margin, New York 1995, 48-57.

8.4 La escritura es más que texto

En nuestra descripción de ciertas hermenéuticas modernas hemos visto la gran variedad de maneras de leer el texto bíblico y percibir su valor para la vida actual. En algunos casos, la sospecha ha llevado a la negación total del valor del texto bíblico. Un libro reciente de Wilfred Cantwell Smith lleva el título *What is Scripture*? (Cantwell Smith 1993; ¿*Qué es la Escritura*?). También Cantwell Smith constata esa enorme variedad, que obviamente no se limita a la Escritura cristiana.

P. Ricoeur, 'De moeilijke weg naar een narratieve theologie', en: H. Häring, e.a (red.), Meedenken met E. Schillebeeckx, Baarn 1983, 80-92.

> Confrontados y confrontadas por la extensión de las escrituras, por la diversidad de interpretaciones de textos específicos, por las alteraciones de énfasis entre escrituras específicas, por profundos cambios en el uso de la palabra y en la concepción que articula, por la ambigüedad en la consecuencia social y moral, nos preguntamos: ¿que haremos de cara a esta variedad? (Cantwell Smith 1993:15).

En su libro, Cantwell Smith trata de responder a una pregunta que enfrentamos durante todo el segundo tomo de este libro. ¿Por qué se sigue interpretando un libro con textos que repugnan, que decepcionan y abandonan, difíciles de entender, que contradicen a veces nuestras más profundas convicciones? ¿Para qué seguir leyendo un libro cuyo texto constantemente tiene que ser *re*construido? ¿Por qué sigue siendo tan fascinante un libro que, en las palabras de Mieke Bal, está dotado de la capacidad de matar?

> De todos los libros, la Biblia es el más peligroso, el libro que ha sido dotado del poder de matar (Mieke Bal, citada en BCC 272).

Creemos que la respuesta a nuestra pregunta es que los textos bíblicos son parte de algo que es más que texto. Los textos bíblicos constituyen lo que llamamos *Sagrada Escritura*.

> Proponemos que ninguna teoría de la escritura, ningún significado asignado al término, ningún concepto que lo acompañe, servirá que no le haga justicia a esta variedad. Además, y este es mi segundo punto básico junto con el de la variedad: ninguna comprensión de la escritura servirá que no le haga justicia también a la absoluta riqueza y profundidad con la cual la vida humana ha sido infundida durante largos periodos para la mayoría de los seres humanos y sociedades, por medio de su uso de y su involucramiento con la escritura. Es difícil exagerar esta riqueza y esta profundidad (Cantwell Smith 1993:16).

La Escritura es más que texto. Pero ¿por qué sigue siendo tan fascinante, también para sus adversarios, la lectura e interpretación de la Sagrada Escritura? De hecho, si la Escritura es más que texto, ¿qué es, entonces, la Escritura?

Si la Escritura es más que texto, ¿qué es, entonces, Escritura?

Cuando hablamos de la Escritura, nos referimos a más que textos literarios e históricos. Veamos algunas características de lo que es la Escritura. (1) La Escritura se compone de textos, pero es también fascinante por los acontecimientos que se esconden detrás de ellos. (2) Hablar de la Escritura implica hablar también del efecto histórico de la gente que puebla los textos. Hablar de la Escritura implica hablar de tradición. (3) Hablar de la Escritura implica hablar de la convicción de muchos de que estos textos y estas historias son inspiradas, son un regalo de Dios.

Podemos decir que la Escritura no es un hecho, sino un proceso. ¿Qué es lo que debemos considerar como lo esencial en ese proceso que llamamos Escritura? ¿Son los textos o los acontecimientos a los que se refieren?; ¿son las historias y su aspecto narrativo? (Ricoeur 1983:84ss); ¿es el efecto histórico y la tradición? La Escritura se genera por lo que las personas hacen. Ningún texto es la Escritura. La Escritura llega a existir por la manera en que las personas se acercan a los textos. En ese sentido podemos decir que la Escritura es una actividad humana. La Escritura es la expresión de una relación particular entre las personas y los textos. La Escritura no es un atributo de un texto, sino una característica de la actitud de comunidades de fe respecto a lo que no iniciados consideran como texto.

Para comprender realmente lo que es la Sagrada Escritura es necesario volver la mirada del texto hacia el lector o la lectora que experimenta el texto como una dádiva, como un don, de Dios. Cualquiera que sea la tradición religiosa de la que provengan y cualquiera que sea el papel de la Escritura en sus vidas, las personas siempre encuentran la Escritura buena y utilizable. La Escritura funciona para ellos como una ventana a la bondad, la justicia y la verdad (de Wit 1995:56; Cantwell Smith 1993:221, 232ss), frente a un mundo lleno de sufrimiento, egoísmo y dolor. La Escritura tiene que ver con el desciframiento del secreto de la realidad. Es una manera de percibir el mundo y la realidad. Una manera en que las personas expresan su confianza en las personas que las precedieron.

> Porque los pueblos han hallado buenas sus escrituras; se han comprobado como buenas. Podríamos decir, extremadamente buenas. En verdad aquellos involucrados, *engagés*, han consistentemente reportado que sus escrituras — y esto es en verdad la *raison d'etre* de esas escrituras — abren una ventana, o constituyen la ventana, a un mundo de realidad última y verdad y bondad (Cantwell Smith 1993:232).

En todo el debate que acabamos de analizar sobre el *status* de la Biblia en la cultura moderna, es importante reconocer que no cabe colocar la Escritura a la par de otra *literatura*, sino a la par de otros sistemas de significación y praxis de fe. Solamente así será posible determinar lo que significa para la iglesia cristiana vivir en una fase poscanónica de la Biblia. Por eso el deseo de iniciar la conversación con otras Sagradas Escrituras es un aspecto tan interesante de la hermenéutica poscolonial. Creo que la pregunta por la confiabilidad de la Escritura va por el mismo camino. La confiabilidad de la Escritura no depende tanto de la confiabilidad histórica de sus relatos, como de la confiabilidad del sistema de significación y la cosmovisión ofrecidas por ella.

Es obvio que hay miles de maneras en que la Escritura ha sido abusada: como fetiche, como hacha, como cuchillo, como piedra. Es comprensible el fuerte rechazo de parte de las víctimas de todas estas armas. Las lecturas superficiales, ideológicas, fundamentalistas han sido desastrosas y provocaron innumerables heridas y profunda miseria. Pero el hecho de que muchos y muchas, a pesar de todo, siguen usando, leyendo y recibiendo los textos bíblicos tiene que ver con su pertenencia a la Escritura.

J.H. de Wit, 'Ons leven lijkt erg op het Evangelie' Heilige Schrift als engagement, en: C. van der Kooi/E. Talstra/J.H. de Wit, Het uitgelezen boek. Opstellen over de omgang met de bijbel als het Woord van God, Zoetermeer, 1995, 50-78.

La Escritura requiere de una actitud escritural o escriturística, por decirlo así. Esto es lo que insisten, en el fondo, todas las hermenéuticas latinoamericanas: explicar textos históricos es diferente a comprender la Escritura desde una praxis de fe. Es esto lo que Mesters enfatiza en su triángulo hermenéutico y lo que Croatto, en el fondo, entiende por lectura hermenéutica. Podemos considerar el movimiento bíblico latinoamericano como un ejemplo bello de la diferencia entre lectura analítica y lectura escriturística. Podemos decir que las hermenéuticas de recuperación y sospecha han descubierto algo de lo que es una característica esencial de Escritura. Palabras como luz, ver, ventana, espejo, faro, etc., son usadas frecuentemente por las comunidades para describir su experiencia con la Escritura.

Hemos dicho que la Escritura requiere una actitud 'escritural'. Por ello se puede entender lo siguiente. Los textos literarios llegan a ser Escritura cuando cumplen ciertas condiciones. La Escritura es una actividad, un compromiso de personas. Las condiciones bajo las cuales textos llegan a ser Escritura tienen que ver con, por lo menos, tres factores. Cantwell Smith habla de los tres siguientes factores: personas, transcendencia y un texto. En la hermenéutica latinoamericana se habla de: la vida de la comunidad de fe, el texto histórico y su contexto y Dios.

Ahora bien, leer escriturísticamente los textos bíblicos implica reactivar uno de los factores que alguna vez convirtió el texto antiguo en Escritura. Dicho de otra manera, la Escritura como proceso, compromiso, confianza, tradición, vida, encuentro con los predecesores y con Dios, implica o refleja las características de aquella actitud que llamamos actitud escriturística. Explorar la Escritura con esa actitud significa reactivar factores responsables por la génesis de la Escritura misma. ¿Cómo se vería tal proceso de lectura? Creemos que mucho de esto se encuentra en los procesos de lectura descritos por teólogos como Carlos Mesters y muchos otros. Sería una lectura comunitaria, diacrónica y sincrónicamente; una lectura que toque la vida de la gente, sincrónica y diacrónicamente; una lectura hecha con imaginación crítica; una lectura que toque transcendencia, en la que haya un encuentro con Dios. Sería también una lectura hecha en confianza, partiendo de la idea de que no todo lo que los predecesores han hecho, dicho o visto es para oprimir y decepcionarnos.

Hacia la cuestión de pertinencia y relevancia

Además de la gran variedad, encontramos otro problema en las hermenéuticas que acabamos de reseñar. La Escritura requiere de una actitud y lectura escriturísticas, hemos dicho. Carlos Mesters habló de una lectura creyente. Surge la pregunta cuál será el lugar de la exégesis, de la *actitud analítica,* en este proceso. ¿Cómo debemos percibir la relación entre la exégesis y el contexto actual? ¿Qué es lo que exégetas pueden o deben hacer para cambiar los problemas actuales? ¿Es posible que la exégesis haga una contribución en este proceso? ¿La interpretación científica de la Biblia es realmente un instrumento de lucha o de cambio? Hablemos de pertinencia y relevancia en la exégesis.

Unidad 9

Relevancia y pertinencia en la exégesis

Introducción

Relevancia y pertinencia en la exégesis.

Queremos terminar nuestro análisis de los métodos y las hermenéuticas modernas reflexionando sobre un problema que encontramos en todas las hermenéuticas que analizamos. Es el papel de la o el exégeta. En la interpretación bíblica latinoamericana de los últimos años se ha puesto mucho énfasis en la *relevancia* de la práctica teórica que llamamos exégesis. Por *relevancia* se entiende la preocupación de la o el exégeta por los problemas y desafíos que caracterizan el momento latinoamericano actual: la pobreza, la muerte prematura, el neoliberalismo, el fracaso de los modelos socialistas, el avance del neopentecostalismo, la desaparición paulatina de las iglesias históricas protestantes, el incipiente debate con las religiones indígenas y africanas, la creciente secularización, el surgimiento de la cuestión de género y raza, entre otras.

Clodovis Boff le dedicó a esto una parte de su famoso libro sobre teología y política (Cl. Boff 1980). Boff clarifica una vez más que la práctica del científico conoce diferentes aspectos. Debe hacerse una distinción fundamental entre dos modalidades del quehacer científico.

9.1 Dos modalidades

Por relevancia se entiende la preocupación de la o el exégeta por problemas que caracterizan el momento latinoamericano actual.

Cada práctica científica es caracterizada por dos aspectos, dos modalidades. Estas dos modalidades se pueden definir con los términos *pertinencia* y *relevancia* (Boff 1980). Por *relevancia* puede entenderse *la importancia para el momento actual* del resultado de la búsqueda exegética. Una 'exégesis relevante' es aquella exégesis cuyo resultado toca e ilumina los problemas del momento actual, la situación de ahora. Un listado de los temas tocados en revistas como *Estudos Bíblicos* (Brasil), *RIBLA* y otras revistas latinoamericanas clarificaría inmediatamente cómo los respectivos consejos de redacción y autores perciben el contexto latinoamericano y sus problemas. Ser *relevante* significa: tocante a la actualidad; tocando, iluminando y, en lo posible, solucionando los problemas presentes.

Veremos que no existe ningún argumento en base al cual el deseo de producir resultados exegéticos relevantes puede ser rechazado. Pero el criterio de *relevancia* no está ausente de problemas. (1) En primer lugar: lo que para uno es relevante no necesariamente lo es para otro u otra. El hecho de que un tema sea 'relevante' depende de la percepción de la o el intérprete. En ese sentido 'relevante' es siempre un criterio excluyente. (2) En segundo lugar, y más importante aún: el problema del uso único del criterio de *relevancia* para medir el valor de un resultado obtenido a través de la práctica exegética. Es allí donde el criterio de *relevancia* se convierte en un criterio no adecuado. Pues, *relevancia* se refiere sobre todo a un posible aspecto *del resultado* del trabajo de la o el exégeta. No dice nada sobre la manera en que el o la exégeta realizó su trabajo y en qué medida este resultado es nuevo, innovador, impactante — no en la comunidad de creyentes, sino en otra comunidad, la de los y las demás exégetas. No dice nada sobre la *pertinencia* de la práctica exegética y su resultado. Con eso está dicho que *relevancia* y *pertinencia* no se refieren solamente a dos aspectos, *distintos* y *distinguibles*, del quehacer de la o el intérprete, sino que clarifican también que la o el intérprete le debe responsabilidad a dos *públicos*, dos *comunidades* distintas.

El término exégesis liberadora puede referirse solamente a un posible resultado obtenido, no al método mismo.

La primera y primordial tarea de la o el exégeta es proveer conocimiento (nuevo) sobre los textos antiguos del A.T. y N.T. La práctica que el o la exégeta realiza para obtener resultados es sobre todo científica. Allí rigen criterios como coherencia, consistencia y continuidad con la ciencia establecida. Es lo que hace controlable y repetible el resultado de su exégesis. Esto tiene implicancias para nuestra definición de los métodos que usamos en la interpretación. Así como la palabra azúcar no es dulce y el conocimiento de su composición química no sabe a azúcar, tampoco el método de la o el exégeta puede denominarse liberador. Un diccionario no es liberador, una gramática no está comprometida, una concordancia no es concientizadora. Son sencillamente conceptos que no son aplicables unos a otros. Por lo tanto, el término exégesis liberadora puede referirse solamente a un posible resultado obtenido, no al método mismo.

9.2 La primera comunidad

La primera comunidad a la que el o la exégeta debe rendir cuenta es la *civitas disputantium*, la comunidad de los y las demás exégetas. Es en el diálogo con ellos y ellas que se juzga la *pertinencia* del resultado exegético. Son ellos y ellas quienes medirán si el resultado exegético es nuevo, innovador, controlable, obtenido 'correctamente'. El lugar que ocupa el o la exégeta como científica — su *lugar epistémico* — es distinto al lugar que ocupa como persona o como creyente (*lugar social*). Son dos comunidades con intereses y discursos diferentes.

Ahora bien, especialmente en el ambiente de las teologías del genitivo (liberación, negra, mujer, indígena, africana, asiática, etc.), ha sido y sigue siendo una cuestión de mucho debate la forma en que las dos modalidades se relacionan. ¿Es posible que el o la exégeta, al llevar a cabo su práctica, suspenda su personalidad, experiencia y percepción del mundo? Una comparación entre las temáticas elaboradas en el Tercer Mundo y las que están siendo trabajadas en Europa y EE.UU. arroja inmediatamente una respuesta negativa a esta pregunta. Mientras que en América Latina pobreza, hambre, marginación, negritud, esclavitud, arrogancia del poder, apocalíptica y deudas son los temas trabajados, en Europa se invierte en este momento gran energía en el desarrollo de programas computacionales para el estudio del texto del A.T. y el análisis de las estruc-turas gramaticales del hebreo bíblico. E.S. Gerstenberger hizo un elocuente estudio al respecto (Gerstenberger 1984:202ss). Son notables las diferencias entre 'el interés' de la exégesis occidental y la del Sur.

E. S. Gerstenberger, Exegese Vétero-testamentária e sua Contextualização na Realidade, en: Estudos Teológicos XXIV/4 (1984), 202ss.

Sin embargo, el problema es complicado y no se soluciona al obligar a la o el exégeta a producir resultados relevantes. Pues, desde el punto de vista científico no existe ley que obligue a la o el exégeta a trabajar en temas que interesarán a la iglesia o la comunidad de fe. El quehacer científico tiene su propia dinámica, su propio desarrollo y genera temáticas propias. Es por eso, repetimos, que relevancia no puede ser tomada como único criterio para juzgar la calidad de un trabajo exegético. De hecho, muchos y muchas exégetas hacen su trabajo como si no hubiera iglesia, comunidad de fe, pobreza o muerte prematura. Y debemos decir que, para poder hacer exégesis, es necesario que procedan así. La exégesis no es capaz, de por sí, de resolver los problemas sociales que aquejan un país. Para dedicarse a la práctica (teórica) que llamamos exégesis es necesaria una ruptura, aunque sea momentánea, con lo social y político, con lo que se estima relevante.

9.3 Relevancia y pertinencia entremezcladas

Desde el punto de vista científico es difícil que el o la exégeta cumpla el papel del famoso intelectual orgánico. Y en realidad son pocos los y las exégetas que no han sucumbido al peso del compromiso social.

J. Barr, The Bible as a political document, en: J. Barr, The scope and authority of the Bible (Explorations in Theology 7), London 1980, 18-29.

Además debemos tomar en cuenta que no hay siempre una relación directa transparente entre exégeta comprometido y resultado relevante. El teólogo inglés James Barr nos da un muy ilustrativo ejemplo de las paradojas producidas cuando se mezclan *relevancia* y *pertinencia*. Barr cuenta que cuando el científico neotestamentario inglés S. Brandon publicó su libro *Jesus and the Zealots* (Jesús y los Zelotas), hubo una gran acogida, especialmente en círculos de la izquierda política de los años '60 y '70 (Barr 1980:18ss). Brandon defiende la tesis de que Jesús estuvo profundamente involucrado en la política (partidista) de sus días. Jesús, sostiene Brandon, fue un gran revolucionario, un nacionalista activo y dispuesto a provocar un conflicto armado con Roma. Para mucha gente el libro de Brandon venía a legitimar su participación en movimientos revolucionarios. Pero cuando Brandon supo de estas reacciones a su libro, se sorprendió mucho. 'Brandon mismo', agrega Barr, 'era, por supuesto, un hombre muy entregado al imperio británico y enteramente conservador frente a tales movimientos'.

El ejemplo de Barr nos enseña que no debemos confundir a la o el exégeta como persona con el resultado de su trabajo. Ni tampoco debemos dejarnos guiar en la evaluación de un trabajo exegético enteramente por el criterio de *relevancia*. Para que crezca nuestra comprensión del espectro de significados de un texto, para que se desarrolle realmente un *proceso* de comprensión, la exégesis necesita ser *pertinente*.

Pertinencia como ruptura de la dependencia

El exclusivo énfasis en el aspecto de la *relevancia* — frecuente en América Latina — puede llevar, a mediano o a largo plazo, a una gran pobreza teórica, falta de desarrollo, repetición superficial de *slogans*. Puede llevar nuevamente a aquella dependencia — de Europa por ejemplo, o de Estados Unidos — que tan ansiosamente se quiso romper.

Debemos ser muy modestos y prudentes al evaluar los resultados de una práctica exegética. Además, las exégesis muy *pertinentes*, no hechas al calor de la guerra o la revolución, sino *en* y *para* la academia, pueden conseguir una enorme e inesperada relevancia en otro momento histórico. Dicho de otra manera, son muchas veces las teorías elaboradas por científicos que trabajaron sin 'relevancia' alguna, desde un lugar social no muy vanguardista, las que nos posibilitan ahora a *releer* la Biblia desde la perspectiva de las y los pobres y desheredados.

La relación correcta

La relación adecuada entre pertinencia y relevancia.

¿Cómo debe ser entonces la relación entre pertinencia y relevancia? Es una relación delicada, difícil de juzgar. Hay exégesis pertinentes de inestimable valor y peso. Hay exégesis muy relevantes, sobre temas muy importantes para el momento actual, que no contribuyen en nada a que se mejore la situación. Los y las que tendemos a poner énfasis en la importancia de la relevancia en la exégesis, deberíamos ponderar por un momento si la lectura analítica, la lectura 'pertinente', no toma una posición de mucha más *reverencia* frente al *texto*. Vimos que la actitud que Ricoeur define como analítica, se concentra en el *texto*. Trata de suspender por un momento las preferencias personales de la o el intérprete. Es evidente que también la lectura científica tiene sus propios intereses. Sabemos que no hay lecturas totalmente desinteresadas. Sin embargo, al menos en teoría, la exégesis *posterga* la apropiación del significado del texto. Mientras tanto, en las lecturas que definimos como relevantes, la *apropiación* del significado del texto es, muchas veces, inmediata.

Otra pregunta que deberíamos hacer dentro del marco de esta problemática es ¿qué es lo que realmente sabemos acerca del *efecto* de las lecturas relevantes de la Biblia? Lamentablemente y curiosamente, el campo de la hermenéutica empírica es uno de los menos desarrollados. Por más que hablemos de la vinculación entre 'vida y texto', en realidad es un campo aún no explorado.

Liber et speculum

> *Liber e(s)t speculum*: el libro (bíblico) es el espejo en que descubrimos la verdad del momento presente.

Ahora bien, debemos volver sobre esta relación al final del presente texto. Por ahora es suficiente decir que creemos en un sano equilibrio entre *relevancia* y *pertinencia*. Así como, visto desde la dinámica de su práctica, no hay razón para que una exégesis sea 'relevante', no hay tampoco razón para prohibirle a la o el exegeta que toque temas que marcan su propio momento histórico. ¿Qué exégeta realmente se puede sustraer siempre y totalmente de la necesidad de convertir el texto bíblico en espejo? ¿Quién puede escapar siempre del lema tan amado por los *padres* de la iglesia: *Liber e(s)t speculum*? Para los *padres* ese adagio fue un hilo conductor para su práctica de lectura.

Los y las exégetas que ponen todo el énfasis en la importancia de la pertinencia en la exégesis, deben reconocer que el texto bíblico, además de ser texto y sufrir la suerte de todos los textos literarios e históricos, es también un regalo. No fue hecho por el o la exégeta, ni tampoco fue hecho para ser meramente objeto de estudio.

Ambos se empobrecerán

> E. Schüssler Fiorenza, The Ethics of Interpretation: De-Centering Biblical Scholarship en: JBL 107 (1988), 3-17.

Quisiéramos dar aquí la siguiente respuesta a nuestra pregunta. Las operaciones constitutivas para la práctica exegética pueden ser desarrolladas perfectamente bien sin que el o la exégeta participe en la vida de alguna comunidad de fe o sin que la o el exégeta esté comprometido con la causa latinoamericana o la liberación. Los resultados de una exégesis sin relevancia alguna, algún día podrán ser sumamente relevantes para comunidades de fe perseguidas, para las y los pobres, para las personas marginadas. Por otro lado, no es imposible que la vida de la comunidad de fe se desarrolle en gran fidelidad y lealtad a la Escritura, sin que la exégesis juegue un papel. Pero es probable que, si no hay punto de encuentro entre ambas, si no hay equilibrio entre pertinencia y relevancia, ambas lecturas se empobrecerán mucho (Cl. Boff 1980; Schüssler Fiorenza 1988; de Wit 1991).

Capítulo 4
La Posmodernidad

Introducción

El fenómeno de la posmodernidad no es fácil de comprender. La palabra es usada de muchas maneras, muy indistintamente. A veces *posmodernidad* o *posmodernismo* toman el significado negativo de *libertinaje*, todo es posible y permitido. Pero a pesar de su uso negativo, el concepto posmodernidad tiene sentido y representa todo un *movimiento* que tiene sus ramas y representantes en la arquitectura, el arte, la filosofía y también la hermenéutica. Usado en forma positiva, el posmodernismo se refiere a un *movimiento de protesta* contra el modernismo y sus pretensiones de objetividad, su optimismo y su fe en las capacidades de la persona humana para dar curso a la historia. En su reciente antología, el teólogo belga De Schrijver define los cinco pilares de la modernidad de la manera siguiente (de Schrijver 1998:9ss): (1) gran confianza en el complejo ciencia-tecnología; (2) la soberanía de los estados nacionales; (3) gran desarrollo de las burocracias y la racionalidad burocrática; (4) maximización de las ganancias e (5) ilimitada fe en el progreso.

Una excelente antología con textos fundamentales ofrece: L. Cahoone (ed.), From Modernism to Postmodernism. An Anthology, Oxford-Malden, 1997².

Interpretación y modernidad

En su reciente libro, *Zwijgen over God* (Guardar silencio sobre Dios), el exégeta holandés Patrick Chatelion Counet ofrece una tipología de las interpretaciones de la Biblia que la modernidad ha producido (Chatelion Counet 1998:11ss).

Patrick Chatelion Counet, Zwijgen over God. Postmodern bijbellezen, Zoetermeer, 1998.

- En la modernidad *temprana* el interés en la *referencia* del texto es central. El texto funciona como vidrio o ventana que 'da' a algún acontecimiento, objeto. El punto de partida de tal interpretación es que el texto presenta o representa alguna realidad ausente (extratextual). El lugar natural del texto, su *habitat*, es la historia. Los métodos históricos conocen su pleno desarrollo en esta época.

- En las lecturas de la *alta* modernidad el texto es considerado como un vaso de un vidrio precioso. Es un objeto de arte que vale por sí mismo. El estructuralismo, el formalismo literario y la crítica literaria en general confiesan su simpatía por esta visión del texto.

- En las lecturas de la modernidad *tardía* el texto y el lector o la lectora han hecho un pacto. Ninguno de los dos puede existir por sí solo. El texto tiene sus estrategias de lectura, el lector o la lectora las operacionaliza en su acto de lectura. *Significado* es el resultado de una interacción entre el texto y el lector o la lectora. Mucho depende de su respuesta. En algunas corrientes, por ejemplo la lectura psicoanalítica (E. Drewermann y otros), se entiende por lector el lector individual. En el o ella están reflejados los problemas universales de la persona humana (culpa, miedo, dependencia). En otras lecturas, como la liberadora, feminista, negra, india, etc., el lector es más bien una categoría, un colectivo o una comunidad de lectores (pobres, indígenas, negros, mujeres, etc.).

Chatelion Counet demuestra cuántos paralelos existen entre la variedad de lecturas modernas con sus más variados énfasis y ciertas lecturas patrísticas e intrabíblicas. ¡Cuánto se parecen a ciertas lecturas rabínicas, explotando la arquitectura y composición del texto y la crítica literaria! ¿Hay realmente tanta diferencia entre la antigua lectura tipológica y la lectura estructuralista? La lectura sicológica aprendió mucho de las antiguas alegorías. Por estas semejanzas y por que no hay un solo método posmoderno, Chatelion Counet no quiere hablar de métodos *pos*modernos.

Interpretación y posmodernidad

Contrario a Chatelion Counet, nosotros sí queremos hablar de métodos *pos*modernos. Actualmente hay una serie de métodos exegéticos que conscientemente se oponen al modelo de la modernidad, se entienden como contra-movimiento y quieren percibir e interpretar los textos literarios de manera distinta a lo que en el modernismo se ha hecho. Por métodos de exégesis posmodernos queremos entender aquellos métodos cuyo primer interés no se dirige a la exploración de la *referencia histórica* o la *génesis* del texto, sino a otros aspectos del texto: el texto como *obra literaria*; el texto como *relato* (*story*; ver Hope Felder 1991:25); el texto literario como obra de arte; el papel del *lector o la lectora* en el proceso de comprensión; el *proceso* de lectura; el peso del *contexto actual*, etc.

> *Por métodos de exégesis posmodernos queremos entender aquellos métodos cuyo primer interés no se dirige a la explora-ción de la referencia histórica o la génesis del texto, sino a otros aspectos del texto.*

Se ha dicho que las metodologías dominantes de la crítica histórica no han sido solamente la base de la interpretación moderna de la Biblia, sino también el mayor obstáculo para captar la influencia de la Biblia en la cultura y sociedad actuales. Como hemos dicho, la crítica histórica quiere poner entre paréntesis, suspender, la situación actual en que se desarrolla la comprensión del texto. Cuando la interpretación bíblica comenzó a abrazar los principios articulados en la época de la Iluminación, trató de eliminar al máximo la ambigüedad, la subjetividad y la emoción. Se trató de aislar el texto y su comprensión del mundo de los intereses de la o el intérprete. Es precisamente ese procedimiento el que se viene a criticar en los métodos posmodernos.

> *En la cultura negra 'la historia' es lo que establece la autoridad de la Biblia, porque en su historia, los pueblos negros encuentran la esencia de su historia en la vida moderna. En: Cain Hope Felder (ed.), Stony the Road We Trod, Minneapolis (Fortress Press) 1991, 25.*

Para muchos y muchas intérpretes modernas, la ciencia bíblica, en su uso unilateral del método histórico, llegó a ser

> ... una ciencia curatorial por la cual el texto está siendo fetichizado, sus lecturas sometidas a rutina, sus lectores burocratizados' (*Bible and Culture Collective*).

Está cada vez más claro que los eruditos eurocéntricos quienes típicamente reflejan sus preferencias culturales, no aportan la única ni la mejor perspectiva para interpretar la Escritura. Teólogos y teólogas latinoamericanas, afroamericanas y feministas han enfatizado con razón que el texto no es el único enfoque para la interpretación bíblica; ambos el texto y el o la intérprete deben ser examinados... Cain Hope Felder: 1991, 24s.

Muchas de las interpretaciones posmodernas quieren abandonar o al menos completar algunos de los principios básicos de la crítica histórica. Se está exigiendo una crítica bíblica *transformada*. Se aboga por una crítica bíblica que reconozca que durante el siglo 20 han habido cambios profundos en nuestra percepción de lo que es un texto y de lo que es un *proceso de lectura*. Se necesita una crítica que tome en cuenta la influencia y el impacto de la Biblia en nuestra cultura, y que a la vez esté consciente del impacto de nuestra cultura en el proceso de comprensión. Pues sabemos que factores como sexo, género, color de la piel y clase social determinan el proceso de interpretación en alto grado. Son ópticas que no deben ser percibidas como contaminación del proceso de interpretación, sino como parte integral de él, sumamente fecundas y enriquecedoras.

Se puede decir que el posmodernismo constituye un nuevo movimiento de sospecha y duda, ahora frente a las pretensiones del modernismo. El posmodernismo no quiere anular el modernismo, sino completarlo, abrirlo como sistema cerrado con pretensiones cerradas. Repitamos la cita con la que abrimos nuestro libro:

> La posmodernidad no es más (ni tampoco menos) que la mente moderna mirándose fija y sobriamente a sí misma, a sus condiciones, y a sus obras pasadas, no enteramente satisfecha con lo que ve y sintiendo la urgencia de cambiar. La posmodernidad es la modernidad que llega a la mayoría de edad: la modernidad viéndose de lejos en vez de desde adentro, haciendo un inventario completo de sus ganancias y pérdidas, sicoanalizándose, descubriendo las intenciones que nunca había enunciado, encontrándolas mútuamente anuladoras e incongruentes. La posmodernidad es la modernidad lidiando con su propia imposibilidad; una modernidad que se automonitorea, que conscientemente hace a un lado lo que antes hacía inconscientemente (Zygmunt Bauman).

Las hermenéuticas posmodernas quieren romper las pretensiones exclusivistas de la crítica histórica *y* la dominación blanca, eurocéntrica y masculina en la interpretación científica de la Biblia. La palabra *eurocéntrica* no es una palabra muy común, pero

> ...aptamente describe el mundo en el que estudiosos de la Biblia, incluyendo estudiosos bíblicos negros, se mueven cada día. Hay, por supuesto, mucho estudio de la Biblia en Norteamérica y otras regiones además de Europa, pero las convenciones, los estándares, los procedimientos y los presupuestos del estudio de la Biblia, como los de casi todo ámbito de estudio, han sido establecidos y fijados por académicos blancos, hombres y europeos durante los últimos siglos (Cain Hope Felder 1991:6).

El científico norteamericano David Bleich dedica su conocido libro *The Double Perspective* (La doble perspectiva) al mismo problema. Bleich describe la situación que lo llevó a escribir su libro.

> También estoy escribiendo este libro porque me siento avergonzado de las condiciones de mi empleo. De mis sesenta y cinco antiguos colegas en el Departamento de Inglés de la Universidad de Indiana, diez son mujeres y uno es negro; de los treinta y seis docentes de planta, tres son mujeres. Durante los últimos diez años, y con la supuesta autoridad de las medidas en favor de las minorías, el balance de género y etnia no ha cambiado. Además, la diferencia de salario entre docentes nuevos y docentes de planta ha incrementado considerablemente.
> ...
> Somos cada vez menos escuela, cada vez más un monasterio impulsando los esfuerzos aislados de hombres individuales. Hay un temor obsesivo en mi departamento de que estudiantes de posgrado «débiles» vayan a «pasar» y un número creciente de memos aparece en mi casillero urgiéndome a presentar juicios escritos discursivos sobre los estudiantes para estar completamente seguros de excluir a los estudiantes que no hayan recibido las mejores notas, en vez de enseñarles y

> acompañarles para que alcancen un lugar de dignidad dentro de nuestra profesión.
> ...
>
> Lo que quizá me alarma más que todo es que hay tan pocas personas en la mayoría de mis comunidades que piensan que algo está malo en la forma en que hacemos las cosas. La ideología del individualismo es tan automática; tan inconsciente; tan parte de la historia de nuestra cultura y civilización; tan enraizada en las prácticas religiosas y empresariales, en los deportes, en el entretenimiento; tantos están enamorados de las «estrellas» y otras personas ricas; se hacen tan pocas quejas respecto a los escandalosos salarios y contratos que se hacen públicos; es tan generalizada la aceptación del ideal de hacerse rico en forma individualista; que las circunstancias destructivas colectivas que este ideal genera parecen ser, para la mayoría de las personas, peculiaridades necesarias e instancias de inequidad e injusticia (Bleich 1988: vii-ix).

Debemos comprender que recién en las últimas tres décadas exégetas no-europeos han comenzado a aparecer en el escenario. Falta mucho todavía para que haya un diálogo serio y *sistemático* entre la exégesis occidental y la del Tercer Mundo. De mil maneras los y las exégetas del Tercer Mundo están haciendo sentir su peso. Es un movimiento lento. Tiene muchas expresiones: los movimientos bíblicos, los innumerables grupos que *re*leen la Biblia, las nuevas traducciones; los nuevos comentarios y revistas, las nuevas hermenéuticas. Todo ese movimiento está contribuyendo a que cambie la percepción de lo propio y más esencial del proceso de interpretación.

Repetimos que los *métodos* posmodernos quieren llamar la atención a otros aspectos del texto además del histórico. ¿Cuáles son los efectos que ejercen los textos en su auditorio? ¿Cuáles son las políticas y estrategias de lectura adecuadas? ¿Cuál es realmente el potencial transformador de un texto? ¿Cuál, de todos los factores involucrados en el proceso de comprensión, es central, decisivo?

Desde la relación entre *contexto histórico* y *texto histórico* el énfasis posmoderno se desplaza hacia la interacción entre *texto histórico* y *lector o lectora actual*. El posmodernismo llama la atención al fenómeno de la *intertextualidad*. El posmodernismo pide atención a la influencia del *lector o la lectora* en el proceso de comprensión. El posmodernismo llama la atención al hecho de que el lector o la lectora, también el lector o la lectora profesional, está vinculado con el texto de muchas maneras, a veces muy confusas y contradictorias.

En nuestra descripción de algunos métodos posmodernos seguiremos la ruta y el desarrollo del posmodernismo mismo. El texto como *obra literaria* se tocará en la unidad 10. En la unidad 11 hablaremos de *estructuralismo* y *semiótica*. La unidad 12 se concentrará en la *relación entre texto y lector o lectora* y hablará de la *nueva retórica*. La unidad 13 analizará la corriente que enfatiza la importancia del lector o la lectora: el *lector o la lectora como coautor* (crítica de la respuesta del lector). La unidad 14 hablará de la *relación entre interpretación e ideología*. La unidad 15, finalmente, presentará lo que podemos considerar uno de los mayores desafíos para la lectura liberadora: el deconstructivismo que propone una *postergación de significado*.

Unidad 10:

El texto como obra literaria. Exégesis y ciencia de la literatura (crítica literaria)

Introducción

La ciencia de la literatura se aproxima a los textos desde un punto de vista *literario*. Comenzó a desarrollarse durante los años 40 del siglo 20. Robert Alter, uno de los primeros críticos literarios del A.T., afirma que recién en las décadas de 1970 y 1980 la ciencia de la literatura empezó a ejercer alguna influencia en el campo de las ciencias bíblicas. Anthony Thiselton describe el impacto de la ciencia de la literatura en la interpretación bíblica de la manera siguiente.

> El giro hacia la teoría literaria en los estudios bíblicos constituye uno de los tres desarrollos más significativos del último cuarto de este siglo. Su importancia es comparable al impacto de la hermenéutica posgadameriana y el surgimiento de la teoría socio-crítica y los relacionados movimientos de liberación. Sin embargo, algunos biblistas todavía parecen considerar este vuelco hacia la teoría literaria como poco más que *"un lustre opcional en el queque"*.
>
> La teoría literaria, para bien o para mal, trae a los estudios bíblicos una impresionante y complicada red de presuposiciones y métodos que en su origen no fueron diseñados para tomar en serio la

naturaleza particular de los textos bíblicos. Ellos traen consigo su propia agenda de cuestiones profundamente filosóficas acerca del *status* del lenguaje, la naturaleza de los textos, y las relaciones entre lenguaje, el mundo y teorías de conocimiento (Thiselton 1992:471s).

El término 'literario'

Cuando hablamos aquí de *literario, ciencia de la literatura* o *teoría literaria*, nos referimos a un aspecto elemental de los textos. La crítica literaria de la que hablamos aquí se interesa en primer lugar por *lo que el texto dice*, su *forma de expresión*, su *estructura*, y luego por el proceso de lectura. Es el análisis que quiere estudiar el texto *sincrónicamente*, enfocando su *expresión literaria actual*.

Hay cierta confusión terminológica. También a la crítica histórica se le llama a veces crítica histórico-*literaria*, pero en esta expresión *literaria* significa algo distinto. Lynn Poland formula bien la diferencia.

> Se debe notar que, para la mayoría de los críticos históricos 'crítica literaria' significa 'crítica de las *fuentes*'. Allí el adjetivo 'literario' se usa principalmente en conexión con la noción de *historia* literaria, término que se refiere a la historia de la forma y el estilo del material usado en la composición de los escritos bíblicos. Como resultado de ese uso, hasta hace muy poco, exégetas han carecido de una comprensión adecuada de la literatura, como aquella que encontramos entre los críticos literarios (Poland 1985).

Lynn Poland, Literary Criticism and Biblical Hermeneutics: A Critique of Formalist Approaches, Chico (Scholars Press), 1985.

Es importante señalar que el término *literario*, tal y como se usa dentro de la ciencia de literatura, se opone al método de la crítica histórica. Las y los críticos literarios consideran que la crítica histórica es demasiado atomizante e historicista. La crítica histórica, por más que se llame crítica histórico-*literaria, no* hace justicia al texto literario, así opina la ciencia de la literatura. Un texto literario — entre ellos

los textos bíblicos — debe considerarse *en primer lugar* como una obra de arte única e integral; una obra de arte única y 'holística' (entera, comprehensiva).

Una aproximación literaria quiere analizar el texto primeramente como *tejido de palabras, expresiones verbales, estilo, ritmo* y *sonido*. Es la característica que en la hermenéutica de Paul Ricoeur se llama: *lo dicho como tal*. Se refiere a la autonomía del texto como texto; a su autonomía semántica y literaria.

M. Bal, *De theorie van vertellen en verhalen. Inleiding in de narratologie,* Muiderberg, 1990.

En el tomo II de esta obra, cuando nos toque la práctica de la exégesis misma, optaremos conscientemente por comenzar nuestra propia búsqueda con un análisis literario. Por varias razones creemos que este paso, el *análisis sincrónico*, debe ser el primero. Recién después viene el análisis de la génesis del texto (*análisis diacrónico*), su origen, su redacción, la tradición a que pertenece, etc.

10.1 Ciencia de la literatura y retórica

Se ha dicho que la ciencia de la literatura es la continuación de la antigua retórica. Sea como fuere, en la época de la Romántica (siglo 18) toda clase de nociones de la retórica clásica fueron retomadas. Se consideraba el texto desde el punto de vista estético. Palabras claves eran: emoción, belleza, composición, arte, forma, placer, encuentro, experiencia, armonía, sensación, etc. La atención se dirigía hacia el texto mismo como obra de arte, hecha con gran diligencia y preocupación.

Algunos críticos literarios se concentraron completamente en el texto como obra autónoma. El crítico se quería encontrar con el *texto*; su trasfondo histórico no importaba (tanto), ni su desarrollo histórico. Era una tendencia que encontraremos en el estructuralismo clásico que quiere cortar todo lazo que conecte el texto con el mundo extralingüístico, el mundo histórico. Para otros el trasfondo histórico en que nació el texto importaba, pero siempre en segunda instancia.

Ciencia de literatura versus crítica histórica

El término 'narratología' según la definición de su inventor Todorov: Narratología es un 'término paraguas para cubrir diferentes teorías de literatura'. Uso actual del término: 'narratología es la teoría que se ocupa de la pregunta por la manera (estrategia) en que el autor o la obra literaria hace que el lector 'se comprometa' con la obra'.

Ahora bien, en los años '40 del siglo pasado surgió lo que ahora llamamos la ciencia de la literatura (en los años '70 se comienza a hablar de *narratología*, término propuesto por Todorov en el 1969). ¿Cuáles fueron las objeciones de los críticos literarios a los intérpretes bíblicos? Respondemos con una cita.

> Una obra de arte (literaria) 'lograda' ya no refleja las huellas de su época de origen (Staiger 1951).

Staiger seguramente no tenía razón, conocimiento del contexto histórico en que se produjo la obra de arte puede agregar una dimensión al proceso de interpretación. Sin embargo, la cita refleja bien la postura de los críticos literarios.

R. Wellek/A. Warren, Theory of Literarture, 1949.

La falacia de los orígenes: la obra literaria se reduce a su origen histórico o social

En sus conocidas obras, que aparecieron en los años '40, los pioneros de la ciencia de la literatura Wellek y Warren han tratado de formular la relación entre crítica bíblica y la ciencia de la literatura. Ya tocamos su problema fundamental. La crítica histórica, sostenían Wellek y Warren, pretende poder reemplazar la crítica literaria (Wellek & Warren 1949). La explicación de los textos a partir de su trasfondo histórico y social, escribieron Wellek y Warren, llega a ser generalmente una explicación causal. Con esto nació lo que comienza a llamarse *falacia de los orígenes*: la obra literaria se *reduce* a su origen histórico o social.

Wellek y Warren fueron muy enfáticos en decir que no había duda de que el análisis histórico tuviera su derecho y valor, pero no podía *reemplazar* un acercamiento *literario* al texto. Si los textos son (a veces) obras de arte literaria, necesitan ser analizados como tales. Este sería el término usado en las décadas siguientes: obra de arte literaria (alemán: *sprachliches Kunstwerk*, inglés: *work of literary art*). Mucho énfasis recayó sobre el *estilo* de la obra. Se comenzó a hablar de un acercamiento *ergocéntrico*, concentrado en la obra (*ergon* en griego), de *interpretación inmanente* de la obra, etc.

Al igual que Gunkel, el crítico literario quería tomar en cuenta el género literario del texto, pero no como categoría sociológica, sino como manera de penetrar en el estilo literario del texto. Gunkel preguntaba por los materiales de construcción, la crítica literaria por las formas y el diseño. El énfasis en el aspecto literario y estilístico del texto debe considerarse como complemento absolutamente necesario de la crítica histórica, afirmaban los críticos literarios. ¡No se trata solamente de lo que el texto relata, sino también cómo lo relata! Se debe analizar la técnica narrativa. Los textos tienen también estrategias persuasivas. Es más que eso, los textos son estrategias narrativas y persuasivas. Es necesario, sostenía el crítico literario, descubrir las características de su composición actual. El análisis debe ser estructural. El término estructural significa aquí 'análisis de cada palabra y secuencia de palabras; de figuras retóricas; de la sintaxis del texto; de sus aspectos narrativos, — en fin: todo lo que convierte un conjunto de palabras en texto (textura)'.

La omisión de las ciencias bíblicas

L. Alonso Schökel, Erzählkunst im Buche der Richter, en: *Bíblica* 42 (1961) 143-172; también: *Estudios de Poética Hebrea*, Barcelona, 1963.

En los años '60 el exégeta español Luís Alonso Schökel constata un gran vacío en el campo de las ciencias bíblicas. No existe ninguna introducción *literaria* a la Biblia. No hay ningún manual que describa los estilos literarios usados por los autores del A.T. 'Ni siquiera se siente la necesidad', se queja Alonso (Alonso Schökel 1963). Lo que según Alonso se necesita, es una exposición del *arte narrativo* del A.T., pues el análisis estilístico y literario muchas veces puede dar respuesta a problemas que la crítica histórica solamente puede responder a través de una *atomización* del texto.

Hemos visto que los críticos literarios consideraban su metodología como complemento necesario. La crítica histórica descuida el aspecto artístico y estético del texto, afirman los estilistas.

10.2 Origen de la crítica literaria

¿De dónde viene el énfasis en los aspectos literarios de los textos? Hemos dicho que su origen remonta a la retórica clásica. La retórica es la técnica de la persuasión. Veremos más adelante que Aristóteles, en sus obras *Poética* y *Retórica*, distinguía entre *logos* (el asunto mismo), *ethos* (la integridad del orador) y *pathos* (el impacto del mensaje en el público). La perfecta comunicación o persuasión no cae del cielo, sino que es fruto de una *construcción* literaria, demuestran Aristóteles y los *retorici*.

En el siglo 20 habrá para cada una de estas líneas estratégicas un método de análisis propio. Lo que Aristóteles llamaba *ethos* (integridad del autor o *rhetor*) ahora es objeto de lo que llamamos la *crítica ideológica*. Lo que ahora llamamos *crítica de la respuesta del lector* se dedica al análisis de lo que Aristóteles llamaba *pathos*. Ahora bien, repetimos que en la época del Romanticismo renace el interés por la obra literaria como obra de arte. Imaginación, entereza y metáfora son palabras importantes para el intérprete del romanticismo. Es en la primera mitad del siglo 20 que las *hijas* de la crítica literaria y retórica se comienzan a levantar.

La primera hija se concentra en la forma literaria del texto

(1) Uno de los cambios grandes ocurridos después del Romanticismo tiene que ver con el 'autor' de un texto. En la hermenéutica moderna la instancia literaria 'autor' llega a ser problemática. Veremos que para hermenéutas como Gadamer y Ricoeur, el autor físico, histórico de los textos bíblicos ha dejado de tener mucha importancia. El autor ha muerto en el texto, ahora el texto es autor y ya no hay ninguna instancia donde sea posible interrogar al autor, sino en el texto. Bajo la influencia de la hermenéutica moderna, la primera hija de la antigua retórica se comienza a concentrar en el texto mismo y pregunta por las instancias literarias *dentro* del texto. Si el autor ya no existe y si el autor *ahora* se llama texto ¿cómo se realiza entonces el proceso de comunicación? De alguna manera el autor está

presente *en* el texto, pero ¿cómo? ¿Cuáles son las instancias de comunicación *dentro* del texto?

La segunda hija se concentra en la objetividad del texto

(2) La segunda hija se llama estructuralismo y usa nociones fundamentales de la *lingüística* o *semiótica narrativa*, cuyas teorías se originan desde los comienzos del siglo pasado. El estructuralismo mismo, aplicado a los textos bíblicos, nace en los años '60 y '70 del siglo 20. Esta hija comienza a mover el lente desde el autor histórico hacia *el texto como estructura lingüística*, como *sistema de signos lingüísticos*.

La tercera hija se concentra en el lector o la lectora del texto

(3) La tercera hija se interesa por el *lector o la lectora actual* y su papel en el proceso de comprensión. Son las corrientes que analizan el contenido ideológico, tanto del texto como de sus intérpretes. Se interesan en el *proceso de lectura* en cuanto es respuesta de algún lector o alguna lectora.

10.3 La Nueva Crítica: formalismo en la interpretación

Comenzaremos nuestro bosquejo describiendo a la primera hija. Es la hija que problematiza el valor de los conceptos *trasfondo histórico, autor histórico, intención del autor*. Se pregunta quién realmente decide sobre qué cosa en el proceso de lectura. Veamos algunos conceptos y preguntas claves de una corriente que, en su época de nacimiento, fue muy atractiva para algunos y algunas exégetas y que se llama la *Nueva Crítica*.

El texto como obra de arte

Lo que une a los y las representantes de la Nueva Crítica en toda su diversidad es la convicción de que una obra literaria es una unidad completa, comprehensiva. La obra literaria

La Nueva Crítica fue, desde los años 1930 hasta el 1960, la corriente más importante dentro de la ciencia de literatura norteamericana. De la corriente también se habla en términos de 'Formalismo literario'. J. van Luxemburg, M. Bal, W.G. Weststeijn, Inleiding in de Literatuurwetenschap, Muiden, 1992, 67.

debe ser considerada como un fenómeno estético, que, al ser terminada, deja atrás las *condiciones subjetivas* de su génesis. El significado del poema o del texto literario *no* se encuentra en el conocimiento de su génesis, sino solamente en su sintaxis, su vocabulario y su forma literaria, sostiene la Nueva Crítica. La ciencia y tecnología modernas son responsables por todo un proceso de deshumanización. La imagen de la existencia humana que la ciencia da es incompleta. La literatura y poesía, afirma la Nueva Crítica, pueden ofrecer una expresión más completa de lo que es el ser humano-en-el-mundo. La poesía es una forma especial de conocimiento; la poesía es *conocimiento obtenido por la experiencia*. Es la tarea de la crítica literaria, opina la Nueva Crítica, guardar el conocimiento especial — único y comprehensivo — que la literatura del mundo nos ofrece. Para comprender realmente la literatura, se deben analizar la *construcción* y *organización* del texto como la de una obra de arte.

El texto es autosuficiente

Al igual que la crítica literaria en general, la Nueva Crítica es apologética. Es defensora del valor propio de la poesía, de la literatura. La poesía y la literatura deben ser consideradas como la puerta de entrada a la verdad. La defensa del valor propio del poema vincula la Nueva Crítica y el llamado Formalismo a la época del romanticismo. Es allí, y frente a la creciente importancia de la razón y la ciencia analítica, donde ciertos autores reclaman un dominio propio para la literatura y la poesía. Frente a la razón se pone la emoción, frente al análisis la imaginación. La literatura es una forma propia de análisis de la realidad. La literatura, paralelamente a la filosofía y la religión, ofrece su propia descripción de la realidad y de la verdad. Un poema es producto de la imaginación y como tal una obra autónoma. La obra literaria, escriben autores del siglo 18, es una obra completa, tiene su propia razón de ser y dejó de ser cautiva del *mundo* o *alma* de su hacedor.

En la distinción entre obra literaria y realidad, el filósofo I. Kant (1724-1804) ha jugado un papel importante. Según Kant, el objeto estético es un objeto sin propósito. La experiencia estética se fundamenta en una experiencia subjetiva. Por lo tanto, la obra de arte, en este caso el texto literario, debe ser *desinteresada*, indiferente frente a la realidad histórica, sin utilidad para el mundo extratextual. Para el crítico literario que sigue los principios de Kant, la coherencia interna, belleza, forma, unidad y unicidad de la obra literaria ocupan el primer lugar. La 'verdad' del texto se juzga en base a su coherencia interna y no por su correspondencia con alguna situación fuera de la obra (Poland 1985:73).

La Nueva Crítica es apologética, hemos dicho. Lucha contra las pretensiones de la ciencia de poder describir *toda* la realidad existente. La Nueva Crítica *usa* nociones del romanticismo: la importancia de la imaginación, la obra literaria como creación autónoma, etc. La Nueva Crítica también *se opone* a su exagerada subjetividad, su culto de 'originalidad', su inquebrantable optimismo. No por nada se ha dicho que 'el romanticismo carece de conocimiento del pecado original'.

10.4 La falacia de los orígenes

Está claro que la Nueva Crítica también se opone a la crítica histórica que, desde el siglo 18, comenzó a dominar el análisis de textos profanos. Poland formula bien la esencia de su crítica.

La crítica histórica analiza todo del texto — su época de origen; su trasfondo histórico; la corriente teológica con que simpatizó el autor — ¡menos ... el texto!, sostienen los críticos literarios.

> La presuposición de que la literatura puede ser explicada a través de factores determinantes externos — la personalidad artística, ciertos antecedentes causales en la esfera política, social o económica — significó que el significado del texto literario fue transferido a su contexto genético (Poland 1985:76).

Es aquí que nos encontramos con una de las preocupaciones centrales de la crítica literaria. Es lo que se conoce como la *falacia de los orígenes* o *falacia genética*, a la que nos referimos anteriormente. La crítica histórica analiza todo del texto — su época de origen, su trasfondo histórico, la corriente teológica con que simpatizó el autor — ¡menos ... el texto!, sostienen los críticos literarios.

Otras falacias

Para demostrar la debilidad y los vacíos de la crítica histórica, la crítica literaria denuncia sus herejías y sus falacias. Ya hemos hablado de la falacia de los orígenes o falacia genética (el significado del texto no coincide con su origen). Hay dos falacias más que debemos mencionar. Fueron acuñadas por W.K. Wimsatt y M.C. Beardsley con el nombre falacia intencional y falacia afectiva.

W.K. Wimsatt y M.C. Beardsley, The Verbal Icon, Lexington, 1954.

Falacia intencional

La intención del autor o de la autora nunca existe separada de la obra literaria misma. ¿Cómo saber en el caso de los textos bíblicos, a cuyos autores ya no podemos entrevistar, si el poeta logró hacer lo que quiso?

La falacia intencional es en cierto sentido una subcategoría de la *falacia genética*. Por *falacia intencional* se entiende la confusión entre la capacidad creativa del autor o de la autora que efectivamente generó la obra literaria y *la intención del autor,* como *norma* para juzgar la obra. La intención del autor o de la autora nunca puede ser la norma en base a la cual se juzga la obra. El objeto de una evaluación crítica es la obra literaria, no la intención del poeta. La intención del autor o de la autora nunca podrá tener el *status* de un objeto que se puede examinar. La intención del autor nunca existe separada de la obra literaria misma. ¿Cómo saber en el caso de los textos bíblicos, a cuyos autores ya no podemos entrevistar, si el poeta logró hacer lo que quiso?

Falacia afectiva

La falacia afectiva se mueve en el terreno de la pragmática. Por falacia afectiva se entiende la confusión entre la obra literaria y el efecto que tiene en el lector, entre lo que la obra es y lo que hace.

La *falacia afectiva* se mueve en el terreno de la pragmática. Por *falacia afectiva* se entiende la confusión entre la obra literaria y el *efecto* que tiene en el lector o la lectora, la confusión entre lo que la obra *es* y lo que *hace*.

10.5 El programa de la crítica literaria

Surge la pregunta sobre qué es lo que la crítica literaria misma, con toda su polémica contra la crítica histórica, ofrece. ¿En qué consiste su programa? ¿Cómo complementa los vacíos de la crítica histórica?

R. Alter y F. Kermode (eds.), The Literary Guide to the Bible, London, 1987.

Uno de los programas más importantes del formalismo literario fue formulado en el libro de Wellek y Warren (1942) al que nos referimos anteriormente. La literatura, escriben Wellek & Warren, conoce dos aproximaciones. Desde la Iluminación, la aproximación predominante es extrínseca. Las ciencias no-literarias — historia, sicología, teología, arqueología, sociología y filosofía — se usan para el análisis de textos. Lo que se necesita, escriben Wellek y Warren, es una aproximación intrínseca. El contexto apropiado para el análisis de textos literarios, opinan Wellek y Warren, son otros textos literarios: es el texto mismo.

La aproximación intrínseca debe partir de los siguientes principios:

- La obra de arte (el texto) debe ser considerada como obra autónoma, holística-integral.

R. Alter, The Art of Biblical Narrative, New York, 1981.

- La obra literaria se merece una aproximación que tome en cuenta su autonomía. Esa aproximación se puede llamar intrínseca: usa métodos que corresponden al carácter del objeto (texto) que investigan.

- El texto es todo un sistema o una estructura de signos, sirviendo cierto propósito estético.

- Cada elemento particular del texto recibe su significado por su lugar dentro de la estructura (la totalidad) de la obra.

- En vez de la clásica distinción entre forma y contenido, Wellek y Warren proponen hablar de *materiales* (todo lo que en el texto estéticamente es indiferente) y *estructura* (la manera en que estos materiales adquieren 'eficacia estética').

El retorno al texto

J. Fokkelman, Narrative Art and Poetry in the Books of Samuel, Assen, 1981-1993.

La realización del programa de la crítica literaria, los métodos usados — todo ha significado una vuelta al texto mismo y una enorme riqueza. Recién en las últimas décadas, la crítica literaria está produciendo fruto dentro de las ciencias bíblicas. Los estudios de Kermode, Alter, Gunn, Gros Louis, Ackerman, Fokkelman y muchos otros, son novedosos y subrayan la importancia de una aproximación literaria.

También en América Latina exégetas están convencidos de la importancia de una aproximación literaria. En el prólogo de su reciente comentario a Gé. 4-11, Croatto escribe:

> En cuanto a la perspectiva del comentario de Génesis 4-11, se mantienen los enfoques de los dos primeros volúmenes, pero aumenta el interés por el análisis literario y narratológico, referido a la *construcción* del relato como elemento retórico en la producción del sentido. "Seguir" el texto como productor minucioso de significaciones ha sido una tarea fascinante y llena de sorpresas y descubrimientos (Croatto 1997:6).

El texto dejó de ser huérfano

D.M. Gunn y D. Nolan Fewell, Narrative in the Hebrew Bible, Oxford, 1993.

La ciencia literaria ha sido capaz de liberar el texto de su papel de huérfano en el proceso de la interpretación. Las debilidades de la crítica histórica, su reduccionismo genético, su historicismo, fueron demostradas ampliamente. La crítica literaria es capaz de iluminar un sinnúmero de aspectos y facetas de los textos bíblicos antes escondidos.

K.R.R. Gros Louis y J.S. Ackerman (eds.), Literary Interpretations of Biblical Narratives, Abingdon, 1982.

Conceptos como personaje y función, roles o papeles de los personajes, tiempo narrado/tiempo real, cronología, trama, congruencia, estilo, carácter, tono, rima, ritmo, atmósfera, vocabulario — todos los rasgos realmente literarios — reciben ahora mayor atención dentro del campo de la ciencia bíblica. También entre exégetas está naciendo la conciencia de que la aproximación de la crítica literaria es un complemento muy necesario en su interpretación, siempre orientada demasiado históricamente. Ahora, entonces, analizamos detenidamente las técnicas de repetición, el 'montaje' de los elementos de la narración, los silencios y las convenciones literarias usadas. Hacemos un inventario del vocabulario del relato, analizamos la manera en que los diálogos están construidos, el papel del narrador, lo que los personajes dicen. Todo esto enriquece enormemente el proceso de lectura. En la parte práctica de nuestro estudio (Tomo II) lo trataremos de aprovechar al máximo.

Complementariedad en la interpretación

La crítica literaria es *uno* de los métodos de interpretación. Así como un análisis exclusivamente histórico del texto tiende a ser reduccionista, también lo sería un análisis puramente literario. Abogamos en este libro por una complementariedad en la interpretación. Mientras más preguntas podamos hacerles a los textos, más profundo y más rico será el proceso de interpretación. La complementariedad tiene los dos aspectos, tanto el aspecto de agregar y completar como el aspecto de corregir, democratizar, compartir.

10.6 Los límites de la crítica literaria

También dentro de la crítica literaria han habido escuelas demasiado rígidas, unilaterales y abstraídas de la vida. En el curso de los años se han formulado las siguientes críticas al formalismo.

1) La relación entre la autonomía de la obra de arte (texto) y su interpretación sigue siendo muy problemática en la crítica literaria. Especialmente en el caso de textos religiosos, que, según su propio testimonio, apuntan a la conversión y transformación de la lectora o el lector, el énfasis de la crítica literaria en la autonomía del texto tiende a obstaculizar la posibilidad de que la literatura

ejerza aquellos poderes cognitivos y transformativos que la teoría también le atribuye (Poland 1985:159). ¿Cómo puede ser un texto autosuficiente cuando su primer objetivo es proclamar un mensaje a algún auditorio?

El formalismo es una forma de crítica literaria rígida, sin interés alguno en la referencia del texto o el momento de su génesis.

2) El énfasis en la autonomía de la obra de arte (el texto) tiende a desconectar el texto de su referencia extralingüística. No está claro cómo, dentro del *formalismo*, se percibe la relación entre texto y contexto extratextual. Lynn Poland ha demostrado cómo esta ambigüedad perjudica el trabajo de aquellos y aquellas exégetas que se adhirieron al programa de la Nueva Crítica (D.O. Via, H.W. Frei, J.D. Crossan). Es una imposibilidad querer interpretar una obra literaria desconectándola del mundo histórico.

3) Las formas más rígidas de la crítica literaria comparten con el estructuralismo (más rígido) el no querer admitir que no solamente *las palabras en la página*, sino también los propios ideales, prejuicios, experiencias, convicciones políticas e ideas de la o el intérprete orientan el proceso de interpretación. Por esa omisión (la podríamos llamar *falacia literaria:* el valor de una obra literaria coincide con las giras de sus elementos) la crítica literaria ha sido y sigue siendo criticada fuertemente y, a nuestro juicio, con razón.

Hemos visto que críticos literarios como Wellek y Warren de ninguna manera quisieron desechar el valor de otras aproximaciones, entre ellas la histórica. Pero dijeron que la crítica histórica, por lo que es, no puede hacer *todas* las preguntas a los textos. No puede *reemplazar* la crítica literaria.

La obra literaria como estrategia de lectura

Sin embargo, en los últimos años vemos un cambio de rumbo, una leve corrección, tanto dentro de la ciencia de la literatura misma, como en la nueva semiótica y otras corrientes interpretativas. En sus publicaciones recientes, que más adelante comentaremos, Umberto Eco enfatiza que los textos literarios no solamente deben ser interpretados *a través de* ciertas estrategias, sino que también *son* estrategias de lectura (Eco 1992). Es una manera de revalorizar el muy criticado concepto de la *intención del autor*. Lo mismo pasa en ciertas formas de crítica literaria y la llamada *crítica de la respuesta del lector*. También los conocidos conceptos del *autor implicado* y *lector implicado* son, de alguna manera, un esfuerzo por destacar que de la interacción entre el autor histórico y su obra quedó más de lo que muchas veces se ha sugerido.

Por otro lado, es dentro de las corrientes de la *crítica ideológica*, la *crítica de la respuesta del lector* y el *deconstructivismo* donde se problematizará el papel del lector y la lectora en el proceso de lectura. ¿Cuáles son *sus* estrategias de lectura?

En marcha hacia el estructuralismo

Antes de presentar estas aproximaciones nos dedicaremos primeramente a la segunda hija de la crítica literaria y retórica. Es la corriente que quiso destacar la importancia de la objetividad del texto; su estructura, su aspecto semiótico. Es la hija que se llama estructuralismo y que, a veces, ha llevado al formalismo literario a un grado extremo.

Unidad 11:

Estructuralismo y semiótica

Introducción

El texto como estructura

En la actualidad, la definición de los conceptos *estructuralismo* y *estructura* no son transparentes. Han devaluado mucho los términos y se usan para todo lo que tiene que ver, de alguna manera, con la interpretación de textos. Es importante, por lo tanto, definir bien lo que nosotros entendemos por *estructuralismo*.

En este momento hay un gran número de métodos 'estructurales'. A veces se hace una distinción entre *estructuralismo* (movimiento específico) y métodos estructurales (todos los métodos que quieren explorar *el sentido* del texto, lo que el texto *dice*).

G. Aichele, Sign, text, scripture: semiotics and the Bible, Sheffield, 1997.

11.1 Definición de términos

Por estructura se entiende las relaciones fijas entre determinadas clases de fenómenos.

Hemos visto que también dentro de la crítica literaria el concepto *estructura* juega un papel importante. El término *estructura* viene del mundo de la construcción y de la arquitectura. Las metáforas para representar la manera en que los textos están 'construidos' se toman de aquel mundo. Vimos cómo Wellek y Warren usan el término para indicar que los *materiales* de los que un texto literario está compuesto no están puestos en desorden, como un montón de piedras (Polzin 1977), sino en forma *estructurada*. La estructura — el orden en el texto, su *arquitectura* — es lo que determina el lugar y valor de los materiales, su lugar en el edificio. *Por estructura se entiende las relaciones fijas entre determinadas clases de fenómenos* (Van Luxemburg 1992).

Más adelante veremos que es posible clasificar a los personajes de una novela según ciertas clases. Esta división se basa en *relaciones*. La relación entre héroe y ayudante es de colaboración y ayuda. Entre ayudante y adversario hay una relación de enemistad, odio o lucha. Estas relaciones son *fijas*. No dependen del poema o del cuento como tal. Lo que aquí vale de los personajes, vale también de otros elementos de los textos: su aspecto fonético, su aspecto gramatical, su aspecto narrativo, etc. Todos estos aspectos de los textos se generan en base a ciertas leyes, en base a relaciones *fijas*.

Por estructura se entiende, pues, un sistema cuyos elementos están relacionados unos con otros de una manera controlable y fija.

> *Estructura* tiene que ver con las leyes que rigen las relaciones que pueden ser descubiertas entre los elementos de una totalidad. El comedor de una casa puede ser reconfeccionado como dormitorio, pero el techo no puede ser reconstruido como subterráneo, y el muro exterior no se puede sacar sin que la *estructura* de la casa cambie radicalmente. *Casa* se llama aquella construcción que tiene ciertos aspectos, ciertas características *estables, permanentes* (Polzin 1977).

Por estructuralismo queremos entender una determinada manera de aproximarse a los textos literarios. La aproximación a los textos que se llama estructuralismo y que queremos presentar aquí nace en el curso de los años '60 y '70, especialmente en Francia, y está vinculado con los nombres de Saussure, Propp, Kristeva, Lévi-Strauss, Barthes, Greimas, Bovon y otros. En América Latina exégetas como Croatto, René Krüger, Pablo Andiñach y otros usan la semiótica narrativa en su práctica exegética.

11.2 La polémica del estructuralismo

R. Krüger, El Magnificat de Lucas 1,46-55: ...Recuerdo agradecido convertido en anuncio de una auténtica alternativa para la humanidad, en: Cua-dernos de Teología IX,1 (1988), 77-83. P.R. Andiñach, *Amós: Memoria y Profecía, Análisis estructural y hermenéutica*, en: Rev.Bibl. 45 (1983), 209-303.

Dentro del formalismo literario al que pertenece, el estructuralismo se distingue por las teorías que usa. El formalismo ruso (V. Propp) y la semiótica lingüística de F. de Saussure son fuentes principales. Así como el formalismo literario, también el estructuralismo es polémico. Se opone al vigente positivismo, al reduccionismo histórico de los métodos clásicos, al exagerado subjetivismo de la filosofía existencial. El estructuralismo rechaza la gran subestimación del peso propio del texto como obra autónoma. Así como la crítica literaria en general, el estructuralismo enfatiza, a veces exageradamente, que el valor de una obra literaria no está en la reconstrucción de 'la mente de su autor', ni en el trasfondo político-social vigente, sino en la obra misma. El estructuralismo aspira hacer una lectura del texto lo más objetiva posible. El análisis estructural es practicado tanto en la ciencia de la literatura como en la etnología, filosofía, historia, sicoanálisis y antropología. Cuando hablamos aquí de estructuralismo, nos referimos al estructuralismo aplicado a textos literarios.

Por *estructuralismo* entendemos una aproximación al texto literario que se interesa en primer lugar en la configuración *interna* de los elementos del texto. Los autores del clásico cuaderno *Iniciación en el Análisis Estructural* (traducción castellana del 1980) usan la imagen del reloj. Es posible mirar el reloj para ver la hora, pero también hay otra manera de 'ver' el reloj:

Varios, Iniciación en el Análisis Estructural, Estella, 1980².

> Puedo también pasar a la otra orilla, desmontar los mecanismos del reloj y escrutar por qué, cómo dicho reloj marca la hora (Iniciación 1980:6).

Significado, ¿qué es lo que es?

Al igual que el formalismo literario, también el estructuralismo está interesado en la pregunta *por qué el texto da sentido*. ¿Cuáles son los elementos estructurantes en los textos? ¿Qué es realmente un texto? ¿Cuáles son las leyes que determinan la gestación de sentido o de significado? ¿Cuáles son los elementos *duros* de los textos que permiten a la o el intérprete escapar del círculo vicioso de su propia subjetividad?

Hemos visto que en la tradición hermenéutica, desde el siglo 18 hasta Gadamer y Ricoeur, los textos literarios son considerados como ventanas que ofrecen cierta perspectiva de la realidad. Son como espejos en los que se proyectan o se reflejan acontecimientos ocurridos en el mundo real. Los textos muestran aspectos del mundo histórico (mundos de vida abarcados por horizontes de comprensión, A. Thiselton). El estructuralismo quiere considerar al texto como abstraído de la vida histórica. El texto es puesto en aislamiento, entre el polo de la interacción autor-texto y el otro polo de la interacción texto-lector o lectora. El texto recibe el status artificial de sistema. Los problemas de su contingencia (¿sobre qué habla?) y de su particularidad (condiciones de su génesis) han sido vencidos, al menos momentáneamente. El texto se analiza como estructura formal en la que hay relaciones fijas entre los materiales de construcción. El estructuralismo no se interesa, entonces, por la vida que se esconde detrás de los textos, sino por las leyes que rigen el proceso de significación (semiosis). El estructuralismo ve al texto como un sistema cerrado, como un conjunto de transformaciones y oposiciones, responsables de la generación de significado. Veremos más adelante que estos términos — transformación y oposición — son claves en el estructuralismo.

Ahora bien, surge la pregunta sobre si es realmente posible acercarse al texto como sistema cuando el texto mismo no quiere sino hablar de la vida, del contexto histórico, de la experiencia humana. ¿Qué elemento de los textos literarios permite una actitud tan analítica, tan estéril? ¿Qué es realmente un texto?

11.3 ¿Qué es un texto?

En su conocido artículo "¿Qué es un texto?" Paul Ricoeur defiende la posibilidad *y* la necesidad de lo que llama la

---

E.V. McKnight, Postmodern Use of the Bible, Nashville 1990² El estructuralismo no se interesa en la vida que se esconde detrás de los textos, sino en las leyes que rigen el proceso de significación (semiosis).

P. Ricoeur, Qu'est-ce qu'un texte? (¿Qué es un texto?), en: P. Ricoeur, Du texte à l'action, Paris 1986. Trad. Inglesa: What is a text?

actitud explicativa frente al texto. Ricoeur se refiere al concepto de *distanciación* que mencionamos anteriormente. A diferencia de lo que generalmente pensamos, un texto escrito *no* es idéntico a un discurso o un diálogo. Cuando un texto se emancipa, abandona su estado oral y hablado, es puesto por escrito y es leído por un público no contemporáneo del autor, ocurren dos rupturas. La primera ruptura ocurre entre el texto y el mundo a que se refiere. La segunda es entre el texto y los sujetos involucrados en la situación de su primera gestación (autor y lector o lectora). Debemos decir que, en el sentido estricto de la palabra, lectura *no* es diálogo. En el diálogo el orador puede indicar a qué se refiere. Es la función *deíktica* de la situación del diálogo (*deiknumi* en griego es indicar alguna cosa). La *referencia* del texto se puede explicitar y explicar. Se puede *decir* de qué cosa se habla.

<small>P. Ricoeur, *Del conflicto a la convergencia de los métodos en exégesis bíblica*, en: R. Barthes y.o., *Exégesis y Hermenéutica*, Madrid, 1976, 33-50.</small>

Se anula la referencia del texto

Hemos visto que en la situación de lectura (de un texto cuyo autor está muerto), la función referencial del texto es absorbida; desaparece. Ya no es posible apuntar con el dedo e indicar *sobre qué asunto* habla el texto. Cuando la palabra escrita toma el lugar de la palabra hablada, el diálogo se interrumpe y la referencia del texto se anula, se priva de su validez. Sin embargo, afirma Ricoeur, la desaparición (momentánea) de la relación del texto con el mundo no significa solamente *pérdida*. Ahora el texto puede entrar libremente en relación con todos los demás textos que vienen a ocupar el lugar del contexto histórico a que el lenguaje siempre se refiere.

Las dos actitudes

Esta ruptura entre la situación de diálogo y la de lectura (*distanciación*, en los términos de Ricoeur) es importante para comprender la posibilidad de la *actitud explicativa*; aquella actitud que quiere analizar el texto como *estructura*. Apartado del mundo real, suspendido su referencia, el *texto* llega a ser un mundo, constituido de elementos (signos o palabras) que pueden ser analizados en su coherencia y relación interna. El texto llega a ser autónomo. El texto es ahora un sistema sin autor y sin mundo externo al que se refiera.

El texto permite *dos* actitudes, sostiene Ricoeur. Una aproximación que quiere analizar la *estructura* del texto, la configuración de sus elementos, y otra aproximación que quiere devolver el texto a la vida, reinsertarlo en un contexto histórico, conectarlo de nuevo con el mundo empírico. Es lo que Ricoeur llama el acto de *re*contextualizar el texto. Ricoeur es enfático en decir que

> ambas posibilidades forman parte del proceso de lectura y lectura es la dialéctica de ambas actitudes (Ricoeur 1986).

El texto permite dos actitudes. La actitud existencial y la actitud analítica o explicativa. Ambas posibilidades forman parte del proceso de lectura y cada lectura es la dialéctica de ambas actitudes.

La primera actitud — Ricoeur la llama actitud explicativa — toma la ruptura entre texto y mundo, la prolonga y la explota, por decirlo así. Aquí el texto no tiene lado exterior, solamente hay lado interior. El texto no tiene objetivo trascendente, no habla 'sobre algo'. Al lado de la actitud existencial, la actitud explicativa es legítima y necesaria porque en el proceso de lectura el texto se manifiesta en una forma que requiere tal aproximación.

El conjunto de oposiciones y combinaciones dentro de un sistema lingüístico (texto) es lo constitutivo para el concepto estructura (Ricoeur).

En el estructuralismo es fundamental la distinción entre el lenguaje como sistema (*langue*) y su uso (*parole*). Lo analizaremos más adelante. Ahora notamos que el análisis estructural aplica esta distinción no solamente al lenguaje en general, sino también al relato. Se considera el relato, la narración, todo texto escrito, como *langue*, como sistema regido por las leyes de la lingüística en el que cada unidad (sea fonética, sea lexical u otra) no tiene significado propio sino que está definida por oposición. El conjunto de oposiciones y combinaciones dentro de un sistema lingüístico, dentro de un texto, es lo constitutivo de su estructura, escribe Ricoeur. El análisis estructural se esfuerza, entonces, por comprender cómo las relaciones de oposición y transformación en un relato producen sentido.

11.4 ¿Cómo se alimenta el análisis estructural?

El análisis estructural se esfuerza, entonces, por comprender cómo las relaciones de oposición y transformación en un relato producen sentido.

Se plantea la pregunta de cómo se alimenta el análisis estructural. ¿Cuáles son sus materiales de trabajo? ¿Con qué se nutre? ¿Qué es lo que *realmente* analiza? ¿Qué debemos entender por aquellas *oposiciones* y *transformaciones* sobre las que hablamos anteriormente? Es del lingüista suizo Ferdinand de Saussure que el estructuralismo obtuvo algunas de sus nociones más fundamentales.

F. de Saussure: Curso General de Lingüística

F. de Saussure, Course de linguistique général, París, 1916.

Una ciencia que estudia la vida de los signos dentro de la sociedad podría concebirse. Sería una parte de la sicología social y por lo tanto de la sicología general. La llamaré *semiología* (del griego *semeion*, signo). La semiología demostraría lo que constituye un signo, cuáles son las leyes que los gobiernan. Nadie puede decir lo que podría ser, porque todavía no existe esa ciencia. Pero ella tiene el derecho a existir, a tener un lugar preparado desde ya. La lingüística es solamente una parte de la ciencia general de la semiología; las leyes descubiertas por la semiología serán aplicables también a la lingüística ...', (F. de Saussure 1916).

Por semiótica se entiende la teoría que analiza el funcionamiento de los signos y los procesos de significación. El estructuralismo es una subregión de la semiótica, es semiótica aplicada al análisis de textos.

Esta cita de F. de Saussure es importante. Habla de una nueva ciencia, la *semiología* o *semiótica*, que se ocuparía del análisis del *signo*. La cita muestra cómo Saussure percibía la relación entre semiología (actualmente se prefiere el término semiótica) y lingüística. La lingüística se debe considerar como región particular de una ciencia general del signo. En la lingüística (la ciencia del lenguaje) se aplican las leyes de la ciencia general del signo: la semiótica. Por semiótica se entiende la teoría que analiza el funcionamiento de los signos y los procesos a través de los que se origina la significación. Los signos lingüísticos (palabras) son parte de una clase mayor de signos, los signos en general. Entre la semiótica y el estructuralismo no hay diferencia metódica. Debemos considerar el estructuralismo como región de la semiótica. Los estructuralistas analizan textos, los semióticos analizan todo el proceso de comunicación (Van Luxemburg 1992:58ss). Vemos que el concepto *signo* ocupa aquí un lugar clave. Más adelante lo definiremos con mayor precisión. Ahora queremos dirigirnos a la teoría de uno de los teóricos principales del estructuralismo.

Con razón se ha dicho que el movimiento 'estructural' comienza con el lingüista suizo Ferdinand de Saussure (1857-1913). Después de su muerte se publicó su obra principal bajo el título *Curso General de Lingüística* (1916, traducido al inglés recién en 1959). Los y las que después tomaron conocimiento de su estudio quedaron muy impactados. El semiótico francés Roland Barthes cuenta cómo la lectura del libro de Saussure le impresionó como pocas cosas en su vida. La influencia e importancia de Saussure han sido enormes. Saussure hizo posible nuevas aproximaciones a textos y al lenguaje que, especialmente en el campo de las ciencias bíblicas, son de enorme valor.

Principios básicos

Podemos resumir la teoría de Saussure en tres o cuatro principios básicos:

Signos son unidades de significado que toman la forma de palabras, imágenes, sonidos, gestos u objetos.

- el signo lingüístico (la palabra) tiene un carácter arbitrario;

- el lenguaje funciona como sistema de términos interdependientes; el significado se genera por las diferencias entre los signos;

- es posible hacer una distinción entre lenguaje como sistema (*langue* en francés, *lengua* en castellano) y su uso (*parole* en francés, *habla* en castellano).

1) El signo es arbitrario

El signo es un término elemental en el estructuralismo. Hay muchos signos, muchas clases de signos. Los signos son *unidades de significado* que toman la forma de palabras, imágenes, sonidos, gestos u objetos. En la pintura, arquitectura, música, literatura —en todo hay signos. Cuando damos significado a objetos hablamos de signos. Entre semióticos como Peirce y Saussure, la definición de lo que es un signo difiere un poco. En la teoría de Saussure un *signo* es un elemento de lenguaje *que se compone* de la relación entre un *significante* (sonido-imagen) y un *significado* (la *idea* que es expresada).

Podemos clarificar lo que es un signo de la manera siguiente. Tomamos la palabra *árbol* y la colocamos en un cuadro. No la tomamos solamente del español, sino también de tres otros idiomas: holandés, griego y hebreo clásico. Son respectivamente las palabras: árbol, boom, δενδρον, עץ. Al analizar las cuatro palabras vemos diferencias fundamentales, aunque las cuatro se refieren a la misma cosa, al mismo concepto, a la misma 'idea'.

Signo	1: imagen gráfica	2: sonido/suena como	3: objeto-concepto o 'idea'
árbol	Árbol	árbol	🌳
boom	Boom	boom	🌳
δενδρον	δενδρον	dendron	🌳
עץ	עץ	Ets	🌳

Un signo se compone de A y B:
A = significante: sonido, imagen gráfica (1 + 2) y
B = significado: la 'idea', el objeto, el concepto árbol (3)
Entonces: (1+2) + (3) = signo

Podemos explicarlo también de una manera un poco menos aritmética. La pregunta es ¿qué es un signo, elemento de importancia fundamental en el lenguaje? Ahora bien, el mundo está poblado por objetos: piedras, árboles, mares, montañas, etc. Estos objetos no son capaces de llamarse a sí mismos. Sin embargo han recibido nombres. Significan algo; se pueden llamar por su nombre, se pueden identificar. Esto implica que, algún día, seres humanos llamaron a la montaña montaña, a la piedra piedra y al árbol árbol. Con eso tenemos la primera distinción: hay un objeto y, por otro lado, un nombre que se le aplica. En nuestro ejemplo (árbol) el objeto es materia. Para el *objeto* o la *idea* a que se refiere cierto vocablo, cierta palabra, Saussure usa el término *significado*. La palabra que se refiere al objeto (árbol), sin embargo, tiene dos formas de expresión: una forma escrita, gráfica y un *sonido*. El vocablo árbol se escribe como ... *árbol*, y suena como ... *aarvol*. Sonido e imagen son características fundamentales de cada palabra. Más arriba las representamos como (1) y (2). Saussure llama la combinación de (1) y (2) *el significante*. Ahora bien, ¿qué es un signo? Un signo se constituye, llega a ser signo, cuando el sonido (1) y la imagen (2) se aplican a, se vinculan con cierto objeto (3).

¿Qué es un signo? Un signo se constituye, llega a ser signo, cuando el sonido (1) y la imagen (2) se aplican a, se vinculan con cierto objeto (3).

Hay una cosa más. Vimos que en griego la palabra para árbol es dèndron. Pero en holandés es boom; en inglés tree, etc. Significa que la misma 'idea', el mismo objeto, en diferentes idiomas 'se llama' de manera diferente. El objeto sigue siendo el mismo, el vocablo a través del cual se 'habla' del objeto difiere sustancialmente. Pues, entre el sonido/imagen árbol (español) y el sonido/imagen 'ets (hebreo) no hay ninguna relación.

La relación entre significante y significado (Peirce usa el latín y habla de significans y significatum), aunque los dos son tan inseparables como los dos lados de una hoja de papel, es arbitraria.

¿Qué significa esto? Esto significa que la relación entre significante (aspecto perceptible y audible del signo) y significado (aquello a que se refiere el signo) es arbitraria. En el objeto árbol no hay nada que lo vincule causal o naturalmente con la palabra árbol. La relación entre árbol-objeto y árbol-palabra se da por convención dentro de un grupo. 'No se debe percibir un signo lingüístico como la relación o el "contrato" entre una palabra y un objeto extralingüístico', escribe acertadamente E.V. Mcknight (McKnight 1990). La relación entre significante y significado (Peirce usa el latín y habla de *significans* y *significatum*), aunque son tan inseparables como los dos lados de una hoja de papel, es arbitraria. En el hebreo bíblico el significante de 🌳 no es árbol, sino ץע/'ets. Esto nos lleva al segundo principio básico de Saussure.

El signo, escribe Saussure, recibe su más preciso significado por lo que otros signos no son.

2) El lenguaje funciona como sistema de términos interdependientes; el significado se genera por las diferencias entre los signos.

Hemos visto que la significación no se produce por alguna relación 'natural' entre objeto y palabra, sino porque un signo determinado está rodeado de otros signos no-idénticos. El signo, escribe Saussure, recibe su más preciso significado por lo que otros signos no son. Es por eso que Saussure formula su famoso adagio que en el lenguaje hay solamente diferencias. El azul no es azul por una calidad intrínseca, — porque algo en el color azul sea 'azul' (ese algo sería blue en inglés; blauw en holandés) — sino porque no es negro.

> *En el lenguaje mismo hay solamente diferencias.* Más importante que eso es el hecho de que ... en un lenguaje hay solamente diferencias y *no términos positivos.* ...el lenguaje no incluye ni ideas ni sonidos existiendo anteriormente al sistema lingüístico, sino solamente diferencias conceptuales y fonéticas *surgiendo* de este sistema. Lo que importa en un signo, más que cualquier idea o sonido asociado con él, es qué otro signo lo rodea (Saussure 1916).

Cada signo es un nudo de diferencias y correspondencias.

Una cifra sobre la esfera de un reloj adquiere su valor por su relación a las restantes cifras, y un billete de banco de 500 lo adquirirá por su relación a los de 100 y de 1000. El significado se genera por la diferencia. Los signos 'significan' solamente en su relación a otros signos del sistema. Dentro de un texto los signos significan en su relación a otros signos del texto. Cada signo es un nudo de diferencias y correspondencias. La noción de que el significado de un signo (una palabra) depende de otros signos dentro del sistema más amplio, es de gran importancia. Es especialmente importante para la interpretación bíblica que, hasta los años '60, derivaba el sentido de las palabras hebreas no tanto de su contexto literario directo, sino de su desarrollo histórico y etimológico. Sin embargo, lo que según Saussure decide el significado de una palabra no es su aspecto histórico, su etimología (su aspecto diácronico), sino su lugar en el texto actual (su aspecto sincrónico). Esta oposición se puede formular también de otra manera.

3) La distinción entre lenguaje como sistema (lengua) y su uso (habla)

> Las palabras adquieren su valor por su uso 'a través del tiempo' (diacronía), tal como las latas de conserva de la caseta del perro conservan las huellas de su primer uso. Pero, sobre todo, reciben su valor de su uso actual, de su nuevo contacto dentro de un sistema nuevo (sincronía): esos trozos de chapa ya no son 'latas de conserva', sino "techo de una perrera". O para tomar un ejemplo dado por Saussure, si observamos una partida de ajedrez en un momento dado del juego, cabe examinar la situación actual como el resultado de todos los movimientos jugados hasta aquí (diacronía), o, simplemente, interesarse por la relación actual de las piezas entre sí (sincronía) (Iniciación 1980:11).

La lengua es lenguaje como potencial de posibilidades.

J. Barr, The Semantics of Biblical Language, London, 1961.

La conocida distinción saussuriana entre diacronía y sincronía está bien explicada en esta cita. El lenguaje puede ser considerado bajo dos aspectos. Cuando tomamos el diccionario vemos listas de palabras. Los significados que se entregan valen para cuando estas palabras están conectadas con otras, cuando entran en uso. El diccionario muestra el lenguaje en su potencialidad y abstracción, antes de que comience a moverse. Para ese aspecto del lenguaje Saussure usa el vocablo francés: *langue*, lengua en castellano. Es el juego de ajedrez antes de que los jugadores comiencen a competir. Es la descripción abstracta del valor de las piezas, los saltos que pueden hacer. Es la descripción del sistema y sus reglas. La lengua es lenguaje como potencial de posibilidades. Pero el lenguaje no existe solamente como lengua. Al lado de la lengua existe el lenguaje como habla; Saussure habla de *parole*. Es cuando alguien comienza a usar los elementos del sistema e inicia un diálogo, comienza a escribir. Es el juego de ajedrez en movimiento.

No es la procedencia de la palabra o del relato lo que decide sobre su significado, sino el contexto actual.

¿Es útil la distinción entre sincronía y diacronía? Para la exégesis es fundamental. Si palabras, frases y relatos reciben un nuevo significado cuando son colocados dentro de un nuevo sistema o contexto literario, el primer paso de su interpretación debe ser sincrónico. Se deben analizar primero dentro del sistema al que ahora pertenecen. No es la procedencia de la palabra o del relato lo que decide sobre su significado, sino el contexto actual. El hecho de que la palabra inglesa 'nice' significaba estúpido, tonto (*nescius*) en la Edad Media, no dice nada de su significado actual (lindo, agradable). Más adelante veremos que en los años '60 el teólogo inglés James Barr, en un libro revolucionario sobre la semántica del lenguaje bíblico, usa estas y otras nociones de la lingüística para denunciar las falacias de la interpretación bíblica, de esos días y de hoy.

Para la exégesis la distinción entre diacronía y sincronía implica una ruta. El proceso exegético comienza con el análisis sincrónico, recién después inicia la exploración de la prehistoria del texto. También Ricoeur aboga que el primer paso de la fase exegética del proceso de lectura debe ser el análisis sincrónico. Una aproximación sincrónica posterga la exploración de la referencia del texto y le posibilita a la o el intérprete suspender, momentáneamente, sus prejuicios. En un ensayo clásico, R. Barthes describe el proceder del análisis estructural. Cada relato individual es como el habla de una lengua de relatos. Esa lengua (*langue*) sería la gran reserva de reglas o de la gramática de los relatos en general. El relato se debe investigar desde la pregunta de cuáles reglas, de todas las reglas, son vigentes en el caso que se estudia. 'Cada relato de esta masa aparentemente heteróclita de relatos', escribe Barthes, 'es el habla, en sentido saussuriano, el lenguaje, de una lengua general del relato'. En su análisis el investigador o la investigadora debe tratar de ver cuáles son las reglas de la gramática aplicables al texto que se estudia. '… no se tratará de explicar ese texto', escribe Barthes, 'sino de situarse ante el mismo como un investigador que intenta reunir materiales para elaborar una gramática'.

Roland Barthes, El análisis estructural del relato. A propósito de Hechos 10-11, en: Varios, Exégesis y Hermenéutica, Madrid 1976 (orig. francés del 1971), 145s.

> …Nosotros pensamos que cada relato (recordemos que en el mundo y en la historia del mundo y en la historia de todos los pueblos de la tierra, el número de relatos producidos por el hombre es incalculable), cada relato de esta masa aparentemente heteróclita de relatos es el habla, en sentido sausuriano, el lenguaje, de una lengua

general del relato. Esta lengua del relato es con toda evidencia reconocible más allá de la lengua propiamente dicha, la que estudian los lingüistas. La lingüística de las lenguas nacionales (en las que se escriben los relatos) se detiene en la frase, que es la última unidad a la que un lingüista puede hacerle frente. Más allá de la frase, la estructura ya no depende de la lingüística, sino de una segunda lingüística, de una translingüística, que es el lugar del análisis del relato: más allá de la frase, allí donde varias frases se encuentran puestas en relación. ¿Qué sucede entonces? Aún no lo sabemos; durante mucho tiempo se ha creído saberlo y quien nos informaba al respecto eran la retórica aristotélica o la cicerónica; ... pero esta (nueva, HdW) lingüística es algo aún por hacer. Y el análisis del relato, la lengua del relato, forma parte, al menos como postulado, de esa translingüística futura ...

Para nosotros, un texto es un habla que remite a una lengua, un mensaje que remite a un código, una "ejecución" que remite a una "competencia", términos todos ellos de lingüistas. El análisis estructural del relato es fundamentalmente, constitutivamente comparativo: persigue formas, y no un contenido. Cuando hable del texto de los Hechos, no se tratará de explicar ese texto, sino de situarse ante el mismo al modo del investigador que intenta reunir materiales para elaborar una gramática; por ello, el lingüista está obligado a reunir frases, un *corpus* de frases. El análisis del relato tiene exactamente la misma tarea, y tiene que reunir relatos, un *corpus* de relatos para intentar deducir su estructura (Roland Barthes 1976).

Es del programa del análisis estructural postergar la búsqeda de contenido durante el momento del análisis sincrónico, por más difícil que sea. El o la intérprete se concentra al máximo en los elementos *duros* y *controlables* del texto; en las leyes que rigen el proceso de significación. En el análisis sincrónico se analizan las *formas* del texto, su gramática como texto o relato.

Creemos que la distinción entre diacronía y sincronía es importante. Representa una ruta para la exégesis, así repetimos. Muchas veces la reconstrucción de la referencia del texto necesita mucho más de nuestra imaginación que la exploración del sentido del texto. Es por eso que en el proceso de la reconstrucción de la referencia del texto, generalmente nuestros prejuicios son mucho más operativos que en la exploración de la gramática del texto. Mejor es, por lo tanto, analizar primero lo que dice el texto (sentido) y después preguntar de qué habla (referencia). También nosotros, cuando toque practicar la exégesis, seguiremos la ruta propuesta: primero la sincronía, después y en base a ella, la diacronía.

Mejor es, por lo tanto, analizar primero lo que dice el texto (sentido) y después preguntar de qué habla (referencia).

4) La cuarta oposición: sintagmático - paradigmático

Hemos dicho que significado se genera porque entre las palabras de un texto hay relaciones de diferencia. ¿Cómo son estas relaciones? ¿Cómo operan las diferencias? Los términos sintagmático y paradigmático (también se habla de asociativo) son usados por Saussure para determinar los dos tipos de relación principal que hay entre los signos (palabras). Cuando leemos un texto, lo leemos en dos direcciones. Esto es posible porque cada texto tiene dos ejes, por decirlo así: un eje vertical y un eje horizontal. El eje vertical genera diferencias fundamentales en el contenido de la frase, el eje horizontal genera diferencias fundamentales en la gramática de la frase. En el eje vertical es posible conectar cada palabra de una frase con otras de la misma categoría gramatical y de la misma esfera, pero con otro significado.

Significado se genera porque entre las palabras de un texto hay relaciones de diferencia.

En el eje vertical es posible conectar cada palabra de una frase con otras de la misma categoría gramatical y de la misma esfera, pero con otro significado.

A. Thiselton (1992:85) usa el conocido ejemplo del semáforo. Es posible leer la frase ´el semáforo estaba en rojo´ verticalmente (paradigmáticamente):

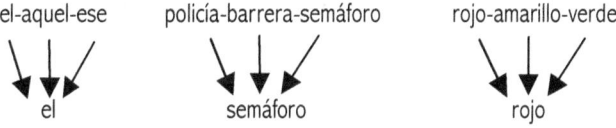

'El', 'semáforo' y 'rojo' significan lo que significan por su *oposición* con otras palabras *emparentadas*, palabras de la misma 'esfera'. A nivel *paradigmático* (asociativo) las palabras reciben su significado por oposición a otra, cuyo uso cambiaría el contenido de la frase. El uso de las palabras 'el', 'semáforo' y 'rojo' es excluyente. La frase: *aquella barrera estaba verde* tiene otro significado.

En el eje horizontal los elementos de la frase están según un orden fijo desde el punto de vista gramatical.

En el eje horizontal los elementos de la frase están colocados según un orden fijo desde el punto de vista gramatical. Un análisis del aspecto sintagmático de los elementos de la frase cataloga su lugar en la sintaxis (la construcción gramatical) de la frase. Se puede leer la frase ´el semáforo estaba en rojo´ horizontalmente: el ↔ semáforo ↔ estaba ↔ en ↔ rojo. Se lee la frase respetando el orden 'horizontal' de las palabras, conectando cada palabra con la anterior y/o la siguiente. La frase: estaba ↔ semáforo ↔ el ↔ en ↔ rojo no tiene sentido. A nivel horizontal (sintagmático) las palabras significan lo que significan por el lugar que ocupan en la (construcción de la) frase. Relaciones paradigmáticas se encuentran fuera del texto, relaciones sintagmáticas se encuentran dentro del texto.

> En el sintagma un término adquiere su valor solamente porque está en oposición a todo lo que le precede y/o le sigue (McKnight 1991:18).

E. Talstra, Het gebed van Salomo, Synchronie en Diachronie in de kompositie van 1Kon.8,14-61, Amsterdam 1987. Hay traducción en inglés.

Para la exégesis también esta distinción importa. El análisis (*sintagmático*) del orden de los elementos de la frase en el hebreo, actualmente a través de la computadora, ocupa un lugar importante en la exégesis moderna y arroja resultados asombrosos. Trae a la luz aspectos del hebreo bíblico hasta ahora desconocidos y la arbitrariedad de ciertas traducciones.

Vladimir Propp: La morfología del cuento

Otra fuente de la que bebe el estructuralismo es la teoría de Vladimir Propp. El estructuralismo está interesado en las relaciones *fijas* en el texto. Habíamos dicho que el estructuralismo ve el texto como un sistema cerrado de

La transformación tiene que ver con el desarrollo (narrativo) en un relato.

transformaciones y *oposiciones*. Hasta ahora hemos hablado de las oposiciones a través de las cuales palabras y textos reciben su significado. Ahora corresponde tocar las *transformaciones*. Al lado de las relaciones formales ya expuestas, hay otra relación en los relatos, y bien a nivel de su *trama*, a nivel del relato como narración. Es la manera en que las *acciones de los y las personajes* están entretejidas unas con otras. La *transformación* tiene que ver con el desarrollo (narrativo) en un relato. Y el desarrollo se produce siempre según líneas estables, según patrones que se pueden investigar. Para el análisis del aspecto narrativo de relatos, el estructuralismo usa nociones fundamentales de las teorías del ruso V. Propp, que posteriormente fueron elaboradas por Greimas, Eco y otros.

En su cuaderno *Iniciación en el análisis estructural* los autores escriben

> Es un ruso, V. Propp, a quien cabe colocar en el origen del método del análisis estructural. En su *Morfología del cuento* (1929), intentó dar una definición del cuento folklórico a partir del estudio de numerosos cuentos rusos.
>
> En esos relatos, hay personajes que hacen algo: son personajes diferentes, pero sus acciones son siempre parecidas. Propp llama a estas acciones "funciones", y establece algunas leyes (Iniciación 1980:13).

Vladimir Propp estaba interesado en la reconstrucción de la *langue* (lengua) que se esconde detrás del *parole* (habla) del cuento particular. Para eso analizó cientos de cuentos populares rusos y descubrió que mostraban un patrón fijo. La trama tomaba siempre una ruta fija, se desarrollaba según líneas estables. Era como si en cada cuento hubiera un nivel más profundo que determinaba la ruta del desarrollo, la cantidad de personajes, las relaciones internas entre personaje y personaje, etc. Detrás del *parole* de cada cuento parecía haber una *langue* de algún sistema estable, alguna estructura fija y repetitiva. Esta *estructura* (profunda), que regía el desarrollo de los cuentos, la llamaba Propp la *gramática narrativa*. Esa gramática corresponde, en la visión de Propp y otros, a formas arquetípicas del ser, de la existencia humana. Expresa las relaciones más profundas entre los seres humanos: odio, amor, competencia, rivalidad, antipatía, debilidad, dependencia, etc.

Cuando, en el año 1928/1929, Propp publicó su libro sobre la estructura de los cuentos, lo intituló *Morfología del Cuento*. Quería expresar que los cuentos muestran un patrón, una forma (*morfè*, en griego) común. La Caperucita Roja no es solamente la niña desobediente del cuento, sino que representa algún rasgo, alguna característica más profunda del ser humano. Representa el ser humano que quiere escapar de la tutela de la tradición, de los padres. Es el ser humano que quiere descubrir nuevos caminos, traspasar las fronteras establecidas.

Es importante, afirma Propp, distinguir en un texto narrativo entre personajes, roles y funciones.

Vladimir Propp, Morfología del cuento, Madrid: Akal, 1998.

Propp descubre que en los cuentos hay siempre un limitado número de personajes que juegan un papel: el malo, el dador, el ayudante, la princesa (la persona buscada, deseada) y su padre, el que envía, el héroe, el antihéroe o héroe falso. Es importante, afirma Propp, distinguir en un texto narrativo entre personajes, roles y funciones. Al nivel del cuento concreto puede haber una gran variedad de personajes. Pero lo que hacen estos personajes se puede reducir siempre a siete papeles o roles. Acabamos de enumerarlos (dador, princesa, héroe, antihéroe, etc.). Esto significa que 'princesa' no es solamente un personaje en el cuento, sino también un papel, es decir: la persona deseada, buscada. Para la contribución del personaje al desarrollo del cuento — el nivel de la trama, de la intriga — Propp reserva la palabra función. Función significa aquí algo como 'efecto de', 'cualidad de', 'contribución de'. 'Función es una acción de un carácter (personaje), definida desde el punto de vista de su importancia para el desarrollo de la intriga'. En la frase 'Pedro se casa con María', Pedro es un personaje y 'casarse con María' es una función (de Pedro).

Función es una acción de un carácter (personaje), definida desde el punto de vista de su importancia para el desarrollo de la intriga.

Veamos la siguiente comparación (citado en Van Luxemburg, 1992:56):

a) El abuelo le da a Sutchenko un caballo. El caballo lleva a Sutchenko a otro reino.

b) La reina le da un anillo a Iván. Hombres valientes que 'emergen' del anillo llevan a Iván a otro reino.

En este ejemplo, acontecimientos diferentes cumplen la misma función (trasladar a una persona de un lugar a otro). En la terminología de Propp estos acontecimientos o acciones son (las mismas) funciones. Generalmente las funciones se encuentran en un orden fijo en el relato. Es posible describirlas y definirlas. Propp quiso distinguir en los cuentos un total de 7 papeles y 31 funciones. Más tarde Greimas modificó el número. El análisis de los personajes, sus roles y funciones se llama análisis narrativo. En el segundo tomo de la presente obra descubriremos en detalle cómo funciona. Por el momento es suficiente decir que, en nuestro análisis narrativo de Jueces 4, haremos uso de nociones fundamentales del análisis narrativo, como fue elaborado por Umberto Eco en años recientes.

El análisis de los personajes, sus roles y funciones se llama análisis narrativo.

El cuadro semiótico: la gramática narrativa

También otros, usando nociones fundamentales de Propp, han tratado de desarrollar modelos de análisis de los patrones fijos en textos narrativos. Las (limitadas) posibilidades de la ruta de la trama de un texto narrativo han sido dibujadas por A.J. Greimas.

R. Barthes, The Semiotic Challenge, London, 1988.

Hemos visto que en la lingüística saussuriana los conceptos diferencia y oposición son claves. Son el lugar donde se genera significado. Ahora bien, el mecanismo de construir oposición entre una y otra cosa parece estar enraizado profundamente en el desarrollo de la civilización humana. Se ha observado que la primera operación lógica de un niño es la construcción de oposiciones binarias. Las oposiciones binarias que empleamos en nuestra práctica cultural o religiosa (dualismo) ayudan a generar orden en la dinámica complejidad de la realidad. A nivel más básico de la sobrevivencia, los seres humanos comparten con otros animales la necesidad de distinguir entre 'la propia especie' y otra, dominancia y sumisión, disponibilidad sexual y la falta de disponibilidad, lo que es comible y lo que no se puede comer. Desde la época clásica se ha creído en el caracter fundamental de oposiciones binarias. Aristóteles define en su *Metafísica* como primarias las oposiciones: forma – contenido, activo – pasivo, totalidad – parte, unidad – variedad, antes – después, etc.

En su conocido cuadro o cuadrado semiótico, Greimas usa estos conceptos y clarifica gráficamente cómo se desarrolla la intriga de un relato. El cuadrado semiótico quiere hacer un mapa de las conjunciones y disyunciones lógicas relacionadas con las características semánticas principales en un texto. El cuadrado semiótico representa una especie de *gramática narrativa*. Son las líneas de confrontación entre héroe, princesa, ladrón, padre, etc. En la morfología de Greimas hay 6 roles que son básicos: Sujeto, Objeto, Emisor, Receptor, Ayudante y Opositor. Estos están en relaciones determinadas por 'deseo' (S. quiere obtener O.) o 'búsqueda' (S. busca O.), 'comunicación' (el Emisor manda al Receptor) y 'lucha' (el Opositor lucha con el Ayudante). Muchas veces la noción 'contrato' es fundamental para el orden en el relato.

El acto de 'significación' sigue siempre un mismo patrón, según Greimas. Se desarrolla de un nivel abstracto profundo a través de un nivel antropomórfico de superficie hacia un nivel figurativo, donde los actores están situados en el tiempo y lugar. Para poder detectar bien las oposiciones en un relato o unidad literaria narrativa se usa el llamado *cuadro semiótico*. Las oposiciones revelan la estructura narrativa fundamental de una narración.

Distinción puede generarse por varios tipos de 'oposiciones'. Las más importantes son las siguientes:

- oposiciones (contradicciones lógicas): términos que se excluyen mutuamente (vivo/muerto, donde 'no-vivo' solamente puede significar 'muerto')

- antónimos ('contrariedades' lógicas): términos como bueno/malo, donde 'no-bueno' no necesariamente implica 'malo'.

cuadro semiótico

En el cuadro semiótico los dos tipos de 'oposiciones' están contemplados.

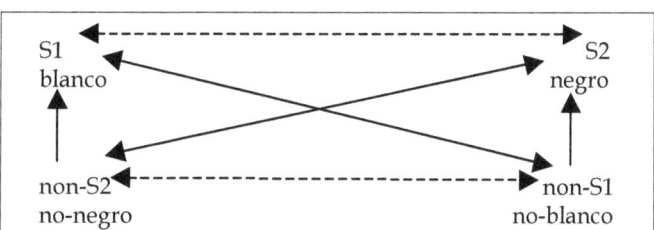

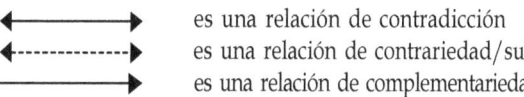
es una relación de contradicción
es una relación de contrariedad/subcontrariedad
es una relación de complementariedad/implicación

Las líneas diagonales S1 « -S1 y S2 « -S2 indican *contradicción*. Partiendo de S1 (blanco) se produce por negación su contradictorio –S1 (no-blanco), que es un término que no puede coexistir con S1. Seguidamente se asevera non–S1 (no-blanco), actualizando así una relación de *implicación* o complementariedad que produce un nuevo término: S2 (negro), que mantiene con S1 la relación de *contrariedad* u *oposición* (negro - blanco). Non-S1 es más que S2. Términos contrarios (blanco - no-blanco) se excluyen mutuamente; términos subcontrarios pueden coexistir: no-negro y no-blanco pueden coexistir como rojo. Además hay una relación de *implicación*: negro implica no-blanco (pero no al revés).

Un texto, una narración, se mueve dentro del cuadro semiótico siempre hacia una dirección determinada: S1 va hacia non-S1, non-S1 hacia S2; desde S2 hacia non-S2, desde non-S2 hacia S1. El texto siempre sigue una dirección lógica, pero puede comenzar en cualquier punto:

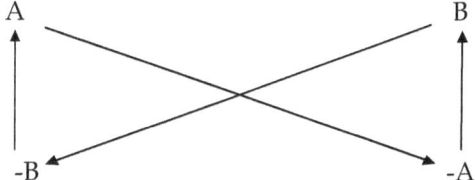

Por muy difícil o artificial que parezca, un análisis de una narración (en prosa o poesía) que se deja guiar por el cuadro semiótico, puede arrojar luces nuevas sobre el significado de un texto. La ventaja del esquema de Greimas es que ayuda a analizar más precisamente la *ruta* de la trama de una narración. A través del cuadro semiótico es posible visualizar los puntos fijos de una narración. Se puede descubrir cómo el relato se desarrolla desde el punto A hacia el punto Z y cuáles son los momentos semánticos más importantes en este desarrollo.

El cuadro semiótico de Greimas parte del presupuesto de que no importa dónde comience una historia, pero una vez iniciada, el desarrollo de su trama puede seguir solamente un limitado número de vías. Estas vías constituyen la *gramática narrativa*, las reglas que relatos o narraciones, a nivel de su intriga, respetan.

Podemos clarificar lo que acabamos de decir también a través de la siguiente pregunta: ¿De cuántas maneras es posible dibujar la siguiente imagen sin usar líneas ya trazadas? (El ejemplo fue tomado de un número de la revista del *Pato Donald*).

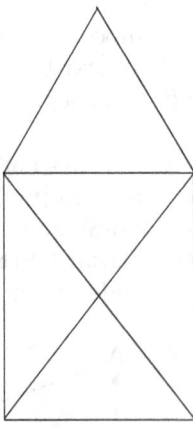

Aquí indicamos *una* manera.

El cuadro semiótico del Pato Donald

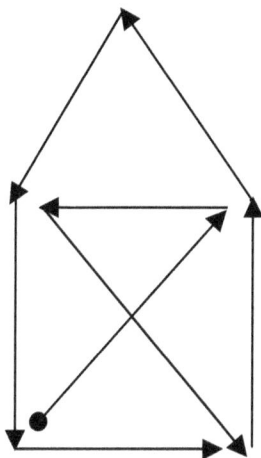

¿Cuántas más hay?

R. Jacobson: Estructuras bajo el aspecto de comunicación

La última fuente del estructuralismo se ocupa del aspecto de la comunicación. ¿Es posible formalizar el aspecto *comunicativo* de un texto? El formalista ruso Roman Jacobson ha distinguido seis factores que siempre son operativos en los procesos de comunicación: emisor, receptor, mensaje (el texto mismo), la realidad o contexto a que se refiere, el código en que el mensaje está puesto y, finalmente, el medio a través del cual el mensaje es transmitido. Es posible aplicar este esquema a los textos literarios. Se produce el siguiente esquema de equivalencias:

- emisor = autor
- receptor = lector
- contexto = referencia del texto
- código = género literario, código literario (convenios implicados entre emisor y receptor acerca del significado del signo)
- mensaje = el texto mismo como conjunto de significados
- medio = libro, sermón, imagen

Es importante definir bien el tipo de texto que se analiza. En la ciencia de la literatura se distingue entre:

- textos referenciales

    — *textos informativos* (que contienen información directa sin reflexión: guías de viaje, noticias, etc.)

    — *textos discursivos* (textos científicos que rinden cuenta de lo que dicen, de los conceptos que usan y conexiones que hacen)

    — *textos instructivos* (libros de instrucción, manuales, etc.);

- textos expresivos (objetivo principal es dar expresión de sentimientos, emociones y juicios del autor);

- textos persuasivos (objetivo principal es influir en actitudes y convicciones del lector. Textos de propaganda comercial, política, etc.); y

- textos literarios (objetivo principal es hacer que el lector se concentre en su mensaje, en el texto mismo).

11.5 Observaciones finales

Terminamos nuestra representación del estructuralismo con algunas observaciones. En nuestro análisis hemos destacado la importancia del método. Consideramos las teorías de Saussure, Propp, las elaboraciones de Greimas, Barthes, Eco y otros, de gran utilidad para la interpretación bíblica. Ahora, a principios de los años 2000 es posible analizar el movimiento estructural en retrospectiva. Las teorías posestructuralistas han criticado el estructuralismo. La fe en la relativa objetividad del método, que podemos atestiguar en autores como Ricoeur y otros, ha desvanecido un poco. Resumimos algunos de sus argumentos:

1) Una pregunta es la siguiente. ¿A qué ha llegado realmente la lectura estructural? Este esfuerzo penoso, el aparato técnico gigantesco, su manera matemática de expresarse, a veces tan difícil de descifrar — ¿realmente ha contribuido al nacimiento de algo totalmente nuevo respecto de la comprensión del texto bíblico?

2) Más importante es la pregunta por la pretensión principal del movimiento, es decir su objetividad. ¿Cuán objetivos son realmente los resultados del estructuralismo? Se ha observado que un análisis hecho a través del cuadro semiótico no se libera de subjetivismo. Pues, ¿a cuál de las muchas oposiciones en un texto se le dará la preferencia? ¿Por qué?

Resulta que las pretensiones de objetividad del estructuralismo clásico no se pueden mantener. Los textos no son modelos universales. Los 'modelos universales' tienden a ser exclusivistas y producto de la cultura en que fueron producidos. La lógica de oposiciones y abstracciones, tan característica del estructuralismo rígido, resultó sospechosa y, muchas veces, ilógica. Esto nos lleva a otro punto, es decir, la relación entre el texto y el mundo exterior.

U. Eco, The role of the reader, London, 1981.

P. Ricoeur, Sobre la Exégesis de Génesis 1,1-2,4a, en: Roland Barthes y.o., Exégesis y Hermenéutica, Madrid, 1976, 59-82.
P. Ricoeur, Hermenéutica y Estructuralismo, Buenos Aires (La Aurora), 1975 [Le Conflit des Interprétations I, 1969].

3) ¿Es realmente posible completar el proceso de interpretación a través de un análisis estructural del texto? Ricoeur, que destaca el valor de la aproximación estructural, es muy enfático en decir que la exploración del texto como sistema cerrado es solamente una fase de todo el proceso de interpretación. En su mencionado artículo "¿Qué es un texto?", Ricoeur demuestra cómo Cl. Lévi-Strauss, en su famoso análisis estructural del mito de Edipo, frecuentemente recurre al mundo exterior. El exagerado énfasis en la autonomía y la supuesta autosuficiencia del texto que encontramos en las obras de Barthes y Greimas, significa para Ricoeur y Eco y muchos otros precisamente una *ruptura* con el estructuralismo. Frente a la actitud *explicativa* debe haber una actitud *comprehensiva* y *existencial*, sostiene Ricoeur. Debe haber un momento interpretativo que lleve el análisis del texto desde un nivel superficial a un nivel más profundo, un nivel en el que toque la existencia del ser humano.

4) Pero no solamente la percepción del estructuralismo acerca del proceso de interpretación es incompleta, tampoco es posible mantener su definición de textos como sistemas cerrados y autosuficientes. Y bien por dos razones.

a. El concepto *signo* es importante en el estructuralismo, lo hemos visto. Un texto se compone de una serie de signos lingüísticos. Estos signos tienen su aspecto referencial. El signo lingüístico ´mesa´ se refiere a un objeto con cierta forma básica, reconocible como mesa. Es la relación entre *significante* y *significado* al que nos referimos antes. Para que un signo signifique es necesario explorar su significado. Ahora bien, la correlación entre significado y significante no es solamente arbitraria, sino que está determinada por ciertas convenciones, ciertos convenios entre grupos o comunidades. Estas convenciones se llaman *códigos*. Muchas de esas convenciones están determinadas histórica y socialmente. Ya que los códigos están anclados en la vida social, y especialmente en la vida de un grupo, inevitablemente representan los 'intereses' del grupo particular. Son, entonces, muchas veces intereses particulares los que orientan la correlación entre signo y significante. Con esto queremos decir que, para un sistema en el cual la oposición entre signos es tan importante como en el estructuralismo, *no es posible explorar el significado del signo sin recurrir al mundo histórico, al mundo extratextual.*

Tomemos un ejemplo de Barthes mismo. Se trata del siguiente texto.

> 1 Había en Cesarea cierto hombre llamado Cornelio, que era centurión de la compañía llamada la Italiana.
> 2 Era piadoso y temeroso de Dios, junto con toda su casa. Hacía muchas obras de misericordia para el pueblo y oraba a Dios constantemente.
> 3 Como a la hora novena del día, él vio claramente en visión a un ángel de Dios que entró hacia él y le dijo: —Cornelio.
> 4 Con los ojos puestos en el ángel y espantado, él dijo: —¿Qué hay, Señor? Y le dijo: —Tus oraciones y tus obras de misericordia han subido como memorial ante la presencia de Dios (Hechos 10.1-4)

En estos versos Barthes descubre una serie de códigos. En el primer versículo se encuentra un código topográfico: el signo lingüístico Cesarea.

> "En Cesarea..." He aquí un código *topográfico*, relativo a la organización sistemática de los lugares en el relato. En este código topográfico hay, sin duda, reglas de asociación ... y hay una funcionalidad narrativa de los lugares: encontramos un paradigma, una oposición significante entre Cesarea y Jafa. ... El código topográfico es evidentemente un código cultural: Cesarea y Jafa implican determinado conocimiento del lector, aun cuando se suponga que el lector posee ese conocimiento naturalmente. Más aún: si incluimos en la lengua del relato la forma como nosotros, en nuestra situación de lectores modernos, recibimos el relato, descubriremos en ella todas las connotaciones orientales de la palabra Cesarea, todo cuanto incluimos en la palabra Cesarea, porque lo hemos leído después en Racine o en otros autores... Lo que es necesario para la historia, aquella establecida bajo la instancia del discurso, parece determinado por lo real, por el referente, por la naturaleza (Barthes 1976:153).

Para que el *código* Cesarea sea operacional en el análisis estructural, para que pueda funcionar como signo positivo o negativo, etc., es necesario recurrir al mundo externo y preguntarse cuál podrá haber sido la correlación entre el signo ´Cesarea´ y el autor/lector original del texto.

b. Aunque cada texto es un objeto dinámico, con sus propias estrategias de lectura, es el lector o la lectora quien debe empezar a operacionalizar las potenciales significaciones del texto.

En la semiótica moderna los textos literarios son considerados sistemas con características *pragmáticas* (el uso de lenguaje en ciertos contextos sociales), *sintácticas* (gramaticales) y *semánticas* (significado a nivel de las frases).

5) La crítica que se le ha hecho al estructuralismo enseña una cosa muy importante. En el proceso de interpretación hay que guardar el equilibrio entre dos polos. Por un lado hay que decir que el texto no es una obra totalmente autónoma, autosuficiente. Por el otro hay que admitir que el lector o la lectora no se puede mover libremente en el proceso de significación del texto. El lector o la lectora está siendo orientada y guiada por las estrategias narrativas, semánticas y discursivas del texto. Se pueden considerar las restricciones impuestas por el texto como las condiciones básicas para su interpretación (Croatto 1985). El lector o la lectora tiene a la vez cierto margen, cierto espacio para moverse. Cada lector o lectora, al leer e interpretar el texto, usa las *posibilidades* del texto, llena sus *espacios*. Pues, cada texto tiene un carácter elíptico: no 'agota' el acontecimiento que cuenta, se *limita* a contar ciertos aspectos o elementos del acontecimiento; cuenta lo esencial, no todo.

Hacia la crítica retórica

Terminamos aquí nuestra representación de la aproximación estructural al texto bíblico. De lo que hemos estudiado hay ciertas implicaciones, cierto cambio de enfoque. Pues cuando hemos comprendido que los textos literarios no son sistemas autónomos universales, sino que están condicionados cultural y socialmente; cuando hemos visto que la interpretación es regida no solamente por leyes universales, sino también por convenciones y maneras o costumbres de leer, entonces nuestra atención se desplazará automáticamente del polo *autor - texto* hacia el polo *texto - lector o lectora*. El lector o la lectora aparecerá como factor importante. En vez de hablar del proceso de análisis del *texto*, se comenzará a hablar del proceso de análisis de la *lectura*.

Ha sido *esta* la ruta de ciertas teorías *posestructuralistas*. Muchas de estas, como son la crítica ideológica, el deconstructivismo, la crítica cultural y otras, opinan que el estructuralismo está en bancarrota. Se habla de un *cambio de paradigma* desde el texto hacia el lector o la lectora (Thiselton 1992:494). Se opina que es necesaria una semiótica que tenga interés en los factores contingentes de la vida social y cultural de la persona humana.

Antes de dedicarnos al análisis de las escuelas que cambiaron su enfoque del texto hacia el lector o la lectora, queremos analizar una escuela que quiso guardar el interés en el texto mismo. Es una escuela que retoma técnicas y conocimientos de la antigüedad clásica. Quiere analizar las estrategias de persuasión del texto. Es la nueva crítica retórica.

Unidad 12:

El texto y el lector o la lectora: estrategias de persuasión. Nueva crítica retórica

Introducción

L. Wierenga, De macht van de taal, de taal van de macht. Over literatuurwetenschap en bijbelgebruik, Kampen, 1997.

Entre las aproximaciones que consideran a los textos como un mundo cerrado, como entidades sin autor (Ricoeur), y aquellas que se interesan solamente en las actividades del lector o la lectora, está la nueva crítica retórica. Queremos presentar ahora esta aproximación a los textos como parte de la crítica literaria.

12.1 La terminología

Entendemos aquí por retórica la teoría que investiga las estrategias de persuasión de un texto/autor.

Por *crítica retórica* se entiende el análisis de las estrategias que un autor/texto usa para persuadir al lector o a la lectora a convertirse a su punto de vista (Wierenga 1997). Se ha definido la crítica retórica como la forma más antigua de la crítica literaria. La crítica retórica se ha convertido en un campo de investigación enorme, y constituye una subregión de la ciencia de literatura.

El término retórica es un poco ambiguo. Por retórica se puede entender una aproximación específica a los textos (1), por retórica se puede entender también la estrategia misma usada en un texto para convencer al lector o a la lectora (2). Retórica 1 es análisis, retórica 2 es, entonces, una función de un texto. Aquí queremos entender por retórica la teoría que investiga las estrategias de persuasión de un texto/autor.

12.2 Trasfondo histórico

La retórica moderna (la *nueva* retórica) recupera una larga y muy rica tradición. En la antigüedad, la retórica era una práctica común. Desde el 400 a.C. retórica fue un término conocido en Atenas. En la edad media desapareció el interés en las estrategias retóricas de la literatura clásica, pero durante el Renacimiento y Humanismo se recuperaron nociones importantes. Vimos cómo Erasmo, en su interpretación de la Biblia, se interesó por los aspectos netamente literarios y retóricos de los textos. La decaída de la aplicación de los principios retóricos se produjo por la idea de que la 'verdad' solamente puede expresarse a través de la lógica y el lenguaje científico y no a través de textos literarios y poéticos bien construidos. Los lenguajes de la poesía y del arte eran considerados como medios de expresión secundarios, que podían expresar sentimientos y estética, pero no la verdad. La retórica llegó a ser considerada como ornamento.

En su libro *El desafío semiótico*, Roland Barthes recupera la antigua memoria de Cicerón quien, por la autoridad de Aristóteles, relacionó la invención de la retórica con los problemas que surgieron en torno a la jurisprudencia acerca de la posesión de las tierras (Barthes 1988:16ss). En el 485 a.C., escribe Barthes, dos tiranos de Sicilia deportaron a mucha gente. Cuando fueron destituidos por una revuelta popular y los deportados volvieron, surgió el problema de la pertenencia de las tierras. En los litigios populares que fueron realizados era muy importante saber convencer al pueblo.

Fueron los filósofos griegos (Sofistas) quienes, en el curso del siglo 5 a.C., comenzaron a analizar el arte de persuasión que se llama retórica.

Sea como fuere el origen de la retórica (¿es posible indicar *un* lugar de procedencia?), fueron los filósofos griegos (Sofistas) quienes, en el curso del siglo 5 a.C., comenzaron a analizar el arte de persuasión que se llama retórica. Ellos enfatizaban la importancia de la probabilidad (más que la verdad) para el discurso, describían la 'construcción' adecuada del buen discurso (introducción, relato, prueba, finalización) y hablaban de estilo y ritmo. Basándose en su trabajo, Aristóteles se dedicó a describir los procesos y las teorías de la retórica. Todos los elementos básicos de los grandes manuales antiguos provienen de Aristóteles. En su *Retórica* (350 a.C.) Aristóteles habla de la retórica como 'arte (*tejnè*) de persuasión'.

> 'Persuasión es claramente una especie de demostración, ya que la persona humana es más completamente persuadida por lo que le ha sido demostrado', escribe Aristóteles.

Nos hemos referido a los conceptos que, según Aristóteles, estructuran el proceso de persuasión:

— el carácter personal del orador (*ethos*, es la integridad del orador y su mensaje);

— la impresión en el auditorio (*pathos*, nuestro juicio depende de nuestra disposición de ánimo);

— la prueba entregada por las palabras o el discurso del orador (*logos*, el asunto mismo del discurso y su poder demostrativo).

Quien quiere convencer usa pruebas: ejemplos o deducciones (silogismos).

Quien quiere convencer, sostiene Aristóteles, usa pruebas: ejemplos o deducciones (*silogismos*):

— algunos hombres cojean → Socrates cojea → Socrates es un hombre;
— Alejandro le pega a Isabel, su esposa → pegarle a alguien es humano → Isabel le pega a Alejandro.

Aristóteles, Poética y Retórica

Los tres ambientes en que se usaba la retórica en particular eran, según Aristóteles, la política, la jurisprudencia y las fiestas.

M. Pfister, Das Drama, München, 1997⁹.

Después de Aristóteles la retórica llegó a mantener su importancia. Muchos han sido los *rhetores* (oradores) griegos. Sus teorías llegaron a ser usadas en diálogos, discursos, oraciones, defensas y muchas otras situaciones. También en el mundo romano, el arte de la retórica se enseñaba en las escuelas. Muchos de los autores del N.T. — entre ellos Pablo — y muchos de los padres de la iglesia, usaron técnicas retóricas vigentes en el mundo grecorromano (pensemos en Orígenes, Tertuliano, Agustín y muchos otros).

Retórica recuperada

Durante la época de la Iluminación la retórica comenzó a perder su valor. Nació la convicción de que la verdad tiene que ver con ciencia y no con poesía. Lo habíamos visto anteriormente.

El interés por las técnicas retóricas, usadas en la composición y construcción del texto bíblico, es muy reciente. Robert Alter estima que recién a fines de los años '60 del siglo 20 comenzaron los primeros esfuerzos por analizar el texto bíblico desde el punto de vista retórico.

> En su mayoría, los exégetas fallan, realmente, al tomar en cuenta las semánticas afectivas de la literatura bíblica y el poder de la Biblia para *mover*. Se debe decir que lo que hasta ahora ha aparecido bajo el nombre 'crítica retórica' falla en desarrollar el potencial del método... Lo que muchas veces es elaborado como 'estructura retórica, disposición, herramientas', no es mucho más que la reconstruida coherencia literaria y estilística del texto y no su intencionalidad de mover al lector precisamente a través de su heterogeneidad (R. Alter).

Hasta los años '70 del siglo 20 para muchos exégetas la *crítica retórica* no era mucho más que crítica literaria. Desde los setenta comenzó un nuevo movimiento que se llamó *nueva retórica*. Felizmente la situación ha cambiado. En su libro *The Postmodern Bible* los autores presentan la nueva retórica de la siguiente manera.

Durante los últimos veinticinco años hemos sido testigos de una explosión de publicaciones sobre la retórica de los textos bíblicos. El rico legado de la retórica occidental, que ha sido ignorado por los eruditos durante varios siglos, está siendo recuperado ahora. Como resultado, la retórica ya no se reduce al estudio del estilo del escritor bíblico. Se está recuperando la retórica como el uso, por parte de los escritores bíblicos, de reglas y técnicas comúnmente aceptadas para persuadir a sus lectores a aceptar ciertos puntos de vista, o para reafirmarlos. El resurgimiento de la crítica retórica, concebida como un juego de reglas y técnicas aprobadas por el gremio académico, deberá realzar el acercamiento del intérprete a textos específicos, a la Biblia como tal y al proceso de interpretación (Bible and Culture Collective, 149).

12.3 Definición y objetivo de la nueva retórica

¿Cómo podemos definir la nueva retórica? ¿Cuál es su objetivo? Repetimos que la retórica tiene que ver con la relación entre autor/orador y público. Patrick y Scult dan la siguiente definición de la retórica. La retórica es

> el estudio de los medios a través de los cuales un texto establece y maneja su relación con su audiencia para obtener un efecto particular (Patrick & Scult 1990:12).

D. Patrick/A. Scult, Rhetoric and Biblical Interpretation, Sheffield, 1990.

La retórica es parte de todo lenguaje, sea prosa, poesía o avisos comerciales. La crítica retórica, escriben Patrick y Scult, aspira a un encuentro *total* con el texto. En la nueva retórica se trata de recuperar el gran aparato, la gran técnica, que en la antigüedad clásica fue usado para producir textos. La retórica analiza, entonces, las estrategias de persuasión que, consciente o inconscientemente, fueron usadas en la obra literaria.

B.K. Blount, Cultural Interpretation, Reorienting New Testament Criticism, Minneapolis, 1995.

La crítica retórica se interesa por lo que se ha llamado la *situación retórica* (el término es de A. Brinton 1981). La *situación retórica* es lo que mide entre texto y autor. Es un interés que la retórica tiene en común con la sociolingüística (Blount 1995:8ss). La pregunta es cuál es la *situación del autor* que, a través de su texto, trata de persuadir al otro o a la otra. Sin embargo, la *situación retórica* no es solamente un concepto sociológico, ni coincide (totalmente) con la situación social del autor. El concepto trata de contemplar también las convenciones retóricas vigentes en la época del autor, su uso de ellas, su oposición a ellas.

12.4 La nueva retórica y la Biblia

Todos los textos literarios quieren convencer, quieren que el lector o la lectora se convierta y comparta el punto de vista ofrecido en el texto. Este deseo de convencer, de persuadir, vale *a fortiori* para textos religiosos. Sin exagerar podemos decir que la Biblia es el libro religioso de mayor influencia en la cultura occidental. La Biblia está llena de momentos retóricos. Tenemos muchos ejemplos de cómo los autores bíblicos usaron estrategias retóricas en sus textos.

Tenemos muchos ejemplos de cómo los autores bíblicos usaron estrategias retóricas en sus textos.

Con razón se ha dicho que la Biblia es el ejemplo más impactante de cómo los textos pueden ejercer poder. El atractivo y la novedad de la crítica retórica para muchos y muchas exégetas está en el hecho de que la retórica enfoca la relación entre texto y poder. Hagamos algunas observaciones acerca de la relación entre Biblia y retórica.

La retórica enfoca la relación entre texto y poder.

- E. Auerbach ha dicho que entre la retórica del mundo grecorromano y judeocristiano han habido diferencias fundamentales (Auerbach 1953). En el mundo helenístico-romano la retórica dependía de 'juegos de valores comunes'. Lo que, según Auerbach, unía la retórica judía con la cristiana temprana fue su resistencia a las normas dominantes del mundo grecorromano. Las retóricas judía y cristiana se oponían a y desafiaban las ideologías y normas vigentes en la cultura romana. La *nueva* retórica judía y cristiana de resistencia, afirma Auerbach, apuntaba a 'recrear una

E. Auerbach, Mimesis. The Representation of Reality in Western Culture, Princeton, 1953.

percepción de Dios como familiar, íntimo, cercano. Un Dios que se dirige a los seres humanos'. Por muy atractiva que sea la hipótesis de Auerbach, no es fácil juzgar sus aseveraciones y las de otros. Lo menos que se puede decir es que autores como Pablo, Lucas y otros usaron plenamente las herramientas y los medios que les ofrecía la retórica clásica. Abundan los ejemplos. Es difícil clasificar una retórica como *retórica de resistencia* si los medios literarios usados siguen siendo los mismos. La diferencia no debe haber estado en las estrategias retóricas, sino en el *contenido* de lo dicho.

- La nueva crítica retórica de los textos bíblicos está abriendo un gran campo. Es enriquecedor descubrir cómo y en qué medida los autores bíblicos usaban mecanismos retóricos, conocían los caminos para producir efecto, utilizaban las herramientas disponibles para 'convertir' al público a su punto de vista.

La 'nueva' retórica judía y cristiana de resistencia, afirma Auerbach, apunta a recrear una percepción de Dios como familiar, íntimo, cercano. Un Dios que se dirige a los seres humanos.

12.5 ¿Cuál es el proceder de la nueva retórica?

¿Dónde es posible encontrar huellas de las estrategias de persuasión en los textos? Un autor de un discurso retórico *se adapta* (en latín: *aptum*), prepara y combina los elementos de su discurso de tal manera que tengan el mayor impacto en su público. Repetimos que no se trata en primer lugar de la 'verdad', sino del *efecto*. Todos los medios deben colaborar para que el discurso tenga el resultado deseado. La presentación del autor, la (supuesta) importancia del tema, la paciencia y los intereses del público — todo debe ser tomado en cuenta. Todos los medios literarios, todos los medios estilísticos son usados para 'hacer llegar' el mensaje.

¿Cómo hacer un análisis retórico? Hay una gran variedad de posibilidades. Partiendo del todavía vigente esquema de Aristóteles, un resumen esquemático podría ser el siguiente:

- **Ethos**: ¿Cómo el autor o la autora se presenta a si mismo o a si misma? Importa la persona del orador, su competencia, su carácter, su procedencia, su compromiso, su emocionalidad, — en fin, todo lo que Aristóteles entendió por *Ethos*.

- **Logos:** ¿De qué manera ha sido 'manipulado' el tema? ¿Cuáles son los medios literarios o estilísticos usados (vocabulario, ejemplos, sintaxis, etc.)? ¿Cómo se presenta el *asunto* (abstracto, concreto, difícil/fácil, frío/emocionado, técnico/metafórico, etc.)?

- **Pathos:** ¿Cómo apela el autor o la autora a las emociones del público, sus intereses, su necesidad de seguridad y protección, su competencia, su nivel y status social, intelectual, etc.?

Los pasos de la crítica retórica

En su análisis retórico de 1 Corintios 9.1-10.13 los autores del *Bible and Culture Collective* dan los siguientes pasos (BCC 150ss):

Bible and Culture Collective, Rhetorical Criticism, en: The Postmodern Bible, New Haven – London, 1995, 149-186.

1. Identificar las unidades retóricas. Unidades retóricas son las unidades que son constitutivas dentro del contexto retórico. No coinciden (siempre) con las unidades literarias. Por contexto retórico se entiende: la estrategia persuasiva diseñada para 'mover' al auditorio para estar de acuerdo con el orador.

2. Analizar la situación retórica que produjo el texto y el problema retórico con que se encontraba el autor/orador.

3. Identificar el género literario y el estilo retórico que usa el autor (apología, sátira, oración, sermón, carta, preguntas, etc.).

4. Establecer la estrategia retórica usada en la obra.

El lector o la lectora atenta se habrá dado cuenta de que no es fácil seguir el procedimiento de la crítica retórica. A veces son imperceptibles las diferencias entre aspectos literarios y retóricos. Mucho queda por ser precisado todavía.

12.6 Crítica retórica y crítica ideológica

Son notables los paralelos entre la crítica retórica y la crítica ideológica. Ambas realizan tareas *cínicas* (Wierenga). Sabemos que la entrega de información 'a secas' no es eficiente. En textos cuya meta primaria es persuadir al lector o a la lectora, todo gira en torno a efecto, impacto, poder evocativo. De hecho, tanto la crítica retórica como la crítica ideológica preguntan por el poder. Lo que vincula ideología *y* retórica es el hecho de que ambas entregan a sus usuarios medios para manipular, tergiversar, distorsionar. Es por eso que la crítica retórica se interesa también por lo que el texto *no* dice, lo que el texto *no* revela, lo que el texto *no* quiere explicitar. Pregunta ¿cuáles son las lagunas en el texto? ¿Qué información *no* entrega al lector o a la lectora? Debemos reconocer que textos literarios no solamente son *elípticos* porque es *imposible* contar todo, sino también porque no se *quiere* contar todo.

A veces la información que el texto entrega es manipulada, cambiada, suavizada, alterada, adaptada. Es posible que esto se haga por razones pastorales (muerte repentina, desastres, accidentes, etc.). Muchas veces, sin embargo, la información completa no se entrega por motivos ideológicos. Cualquiera que sea el caso, se adapta el texto. Una manera muy conocida para adaptar un texto es a través de omisión o silencio. La elipsis no es solamente un medio estilístico, es también una manera de argumentar basada en omisión o silencio. Pues la omisión de definiciones adecuadas, de argumentos válidos, evita aburrimiento, ahorra tiempo, previene intranquilidad. La crítica retórica aspira a detectar la información implícita o ausente, las falacias, la propaganda, los valores no explicitados del texto. Para eso mira atentamente a lo que el texto explícitamente dice.

La situación retórica del lector o la lectora

Hay otro paralelo con la crítica ideológica. Al igual que la crítica ideológica, la crítica retórica también está interesada en la situación retórica del *lector* o de la *lectora*.

Capítulo 4 / Unidad 12: El texto y el lector o la lectora: estrategias de persuasión ♦ **371**

> La tarea de la crítica retórica no se cumple hasta que se analice la situación retórica del lector. La situación retórica forma parte de la estrategia de lectura del texto. Cuando se considera la agenda del *lector* como otro texto a leer, la situación llega a ser más complicada aún (R. Alter, citado en BCC 1995:164ss)

Entre crítica retórica y crítica ideológica también hay diferencias. Podemos afirmar que para la crítica retórica los elementos textuales tienen mayor peso. Acabamos de ver que algunos abogan por una crítica retórica que incluya el análisis del contexto 'retórico' del lector o de la lectora actual. No compartimos la facilidad con que ciertos autores hablan de la situación retórica del lector o de la lectora. ¿Es un concepto que podrá mantener vigencia? Tanto la crítica ideológica, la lectura cultural, y la crítica de la respuesta del lector o lectora quieren analizar la misma cosa, es decir la situación del lector o la lectora. ¿Es posible distinguir nítidamente entre situación sociológica y situación retórica? ¿Qué elementos incluye una situación retórica? Nos parece urgente precisar términos y aclarar conceptos.

12.7 Observaciones finales

En las últimas décadas la crítica retórica ha comprobado su importancia. Enorme es la riqueza producida. Muchos problemas de carácter redaccional han recibido una nueva solución a través de la crítica retórica. Sin embargo, hay también algunas observaciones un poco más críticas que se podrían hacer.

- En primer lugar repetimos que los conceptos *situación retórica* y *contexto retórico* siguen siendo vagos. ¿Es realmente posible destilar del proceso de comunicación algo como una situación retórica? ¿Qué elemento es social, qué elemento es retórico? En la actualidad la tarea de distinguir entre elementos textuales y elementos contextuales parece cada vez más imposible. Creemos que esta cuestión le da al análisis retórico a veces un carácter especulativo. Pues, ¿qué es lo que debe considerarse como 'típico' desde el punto de vista retórico?

- El análisis retórico clásico se realizó dentro de una situación más o menos cerrada de convenciones aceptadas y estrategias que seguían demostrando su eficacia. Ahora la situación es diferente.

- Un problema especial es el hecho de que muchos textos bíblicos no tienen *una* situación retórica, sino varias. Las vicisitudes de la literatura bíblica son a veces muy enigmáticas. Muchas son las manos responsables de esa gran colección de libros que se llama Biblia. Sus textos datan de muchas situaciones y épocas diferentes.

- La estrategia de sospecha, usada también por la crítica retórica, la vincula tan estrechamente con otras críticas que no siempre es fácil descubrir lo propio de crítica retórica.

M. Bal, On Story-Telling, en: D. Jobling (ed.), Essays in narratology, Polebridge, 1991, 59-72.

- Habíamos visto que, desde el siglo 18, la crítica retórica había perdido importancia. Atestiguamos ahora un renacimiento de la crítica retórica, especialmente en el campo de la ciencia bíblica. Sin embargo, debemos observar ese 'regreso a la teología' con cierta distancia. La crítica literaria holandesa M. Bal ha demostrado por qué sobre todo las teologías más conservadoras se sienten atraídas por la crítica literaria: les da la posibilidad de evitar la pregunta histórica (Bal 1991:59ss).

- Hemos dicho que entre algunos críticos retóricos existe una tendencia a ampliar su radio de acción. Es uno de los factores por los cuales se está produciendo una especie de confusión babilónica en el campo de las ciencias bíblicas. ¿Dónde comienza la crítica retórica?

¿Cuáles son sus instrumentos? ¿Dónde comienzan la crítica ideológica, cultural, contextual, sociológica, etc.? La complementariedad en los métodos — la propagamos y aplicamos en el presente libro — es distinta a la reduplicación. Aunque la crítica retórica tiene derechos muy antiguos, sería bueno que delimitara su campo de trabajo. No toda crítica literaria es retórica, no todo análisis que se interesa por el contexto del autor es retórico.

El mejor texto

Para los y las exégetas la crítica retórica ha significado una renovación de su comprensión de cómo los pasajes bíblicos fueron 'construidos'. En la carta a los Gálatas, Pablo se presenta a si mismo en una manera que, desde el punto de vista retórico, es muy significativa. Analizar retóricamente cómo Elifaz plantea su *causa o asunto* (logos) en Job 4 y 5, arroja resultados asombrosos (Snoek 2000).

J. Snoek, Antwoorden op het lijden. Een bijdrage aan de discussie over contextueel bijbellezen: Job 4-5 in het licht van opvattingen van Nicaraguaanse pinkstergelovigen, Nijmegen (Narratio), 2000.

Creemos que la mayor contribución de la crítica retórica ha consistido en la recuperación del *autor* como instancia retórica, como alguien que, en determinado momento y determinada situación, *optó por cierta configuración de elementos lingüísticos*. La retórica enfatiza la importancia de analizar, no solamente la instancia textual misma (el texto), sino también el efecto que pudiera haber tenido. Con todo, la retórica llama la atención de la y el exégeta por un asunto apenas desarrollado en su campo, es lo que hemos llamado la hermenéutica empírica. Los y las exégetas, así afirman los autores de la *Postmodern Bible*, ya no pueden contentarse con solo analizar el texto, sino que deben desarrollar también instrumentos para medir su efecto.

> Las y los exégetas ya no pueden solo comentar el texto sino que necesitan representar, a través de su ejecución del texto, su impacto sobre la escena misma, y podemos ampliar esta escena para incluir toda la cultura occidental (BCC:177).

Desde la retórica hacia la Crítica de la respuesta del lector

En la crítica retórica el texto y el autor son centrales. Su lindo e importante adagio es:

> Interpretar el texto para que sea el mejor texto posible (R. Dworkin).

Debemos considerar a la retórica como la hermana de la segunda hija de la crítica literaria. Comparte con el estructuralismo su interés por la objetividad del texto. Quiere analizar su *construcción*, la manera en que produce significado, cómo genera efecto y trata de convencer al lector. La profunda diferencia es obvia. Contrario al estructuralismo, la crítica retórica se interesa tanto por la situación histórica en que se originó el texto, como por la situación retórica actual del lector y la lectora.

En el próximo apartado cambiamos el enfoque. Representaremos otra hija, la tercera, de la critica literaria. Su interés ya no se centra en el texto, sino en la persona que lo lee.

Unidad 13:

La lectora o el lector como coautor

Introducción

El lector o la lectora y el texto: Crítica de la respuesta del lector (Reader Response Criticism).

Una de las lecturas posmodernas que ha despertado más debate es una corriente que surgió particularmente en los Estados Unidos. En inglés se llama *Reader Response Criticism*, y aquí le llamaremos crítica de la respuesta del lector (*CRL*). Se concentra en el efecto del texto, en la respuesta que el lector o la lectora da al texto. El programa de la *CRL* trata de dar voz al cambio radical que se ha dado en el campo de la ciencia de la literatura en las últimas décadas. Por *lector* o *lectora* no se debe entender el lector o la lectora individual y su conciencia, sino más bien el lector en su sentido de *comunidad de lectura*, determinada por ciertas circunstancias sociales y culturales. *Lector* o *lectora* equivale aquí a ciertas convenciones, costumbres, códigos culturales y expectativas y normas históricamente determinadas.

The Bible and Culture Collective, Reader Response Criticism, en: The Postmodern Bible, New Haven - London, 1995, 20ss.

El énfasis en el lector de la *CRL* ha llevado a una terminología nueva. En vez de teoría o interpretación de textos se prefiere hablar de interpretación de procesos de lectura. Son los procesos y convenciones de lectura que constituyen el centro de atención de la *CRL* (BCC 1995:20ss).

13.1 Los objetivos del intérprete orientan el proceso de lectura

La *CRL* parte del presupuesto de que el significado de un texto depende casi exclusivamente de los objetivos que el o la intérprete se ha formulado. Cada intérprete interpreta dentro del marco que se ha puesto. La *CRL* se concentra en la interacción entre texto y lector o lectora.

Lector equivale a ciertas convenciones, costumbres, códigos culturales y expectativas y normas determinadas históricamente.
Son los procesos y convenciones de lectura que constituyen el centro de atención de la CRL.

También la *CRL* es polémica. Despierta un vehemente debate sobre el *status* del texto. ¿Es realmente posible considerar estos textos como obras de arte autónomas? En oposición al énfasis de los formalistas en la autonomía del texto, surge ahora el interés en el proceso de su recepción. Renace la pregunta por el efecto real que los textos literarios pueden ejercer. Para desarrollar su marco teórico la *CRL* usa nociones fundamentales de la hermenéutica europea. En las hermenéuticas de Gadamer y Ricoeur el o la intérprete ocupa un lugar importante. La *CRL* radicaliza el peso del lector o lectora y su situación. Hemos visto que es una característica común de las hermenéuticas del genitivo. Presenciamos que también en la hermenéutica latinoamericana el lector o la lectora tiene un peso considerable.

'Cada interpretación de un texto es determinada, no solamente por la exégesis, sino también por la *eis-egesis* y la práctica social del intérprete', afirma Croatto. En el triángulo de Mesters, el contexto y la comunidad de fe son elementos fundamentales para una correcta realización del proceso hermenéutico. En la hermenéutica de la liberación la *pobreza* es *conditio sine qua non* para la adecuada comprensión de la Biblia, según sostienen muchos y muchas exégetas latinoamericanas. Hay también una *diferencia* entre la *CRL* y las demás hermenéuticas del genitivo. Contrario a las hermenéuticas del genitivo, la *CRL* no quiere privilegiar a un sujeto en particular (mujer, indígena, negro, etc.), sino que quiere teorizar sobre la interacción entre texto y lector en general.

Contrario a las hermenéuticas del genitivo, la CRL no quiere privilegiar a un sujeto en particular (mujer, indígena, negro, etc.), sino que quiere teorizar sobre la interacción entre texto y lector en general.

El estructuralismo no se ocupa de la pregunta por el *efecto* de los textos literarios, ni por el papel del lector en el proceso de lectura. La *CRL* trata de llenar ese vacío. Los vehementes debates de los años '80, dirigidos por autores como Holland y Fish, tienen un tema central, es decir la pregunta por la autonomía del texto y el papel del lector en el proceso de lectura.

La *CRL* surge en el curso de los años '70 y '80. Se debe considerar como una corriente particular dentro de la ciencia de la literatura. La *CRL* está vinculada con los nombres de S. Fish, M. Holland, D. Bleich, W. Iser, H. Frei, E.D. Hirsch, R. Barthes, U. Eco y otros. No todos los nombres mencionados pertenecen a los simpatizantes del movimiento. La *CRL* ha ejercido también cierta influencia en las ciencias bíblicas.

13.2 La crítica a la aproximación histórica

Puede considerarse la CRL como una crítica radical a los principios básicos de la crítica histórica.

Hemos dicho que se puede considerar la *CRL* como una reacción al llamado *formalismo*. La *CRL* parte del presupuesto de que la obra literaria *no* es autónoma, sino que necesita un lector o una lectora para tener efecto. Necesita un lector o una lectora para operacionalizar sus estrategias de lectura y desplegar el espectro de significados. No es suficiente explorar la estructura, el estilo o el vocabulario del texto. La interacción entre el texto y el lector o la lectora importa, así como los lazos que vinculan el texto con el mundo extratextual.

Por otro lado la *CRL* puede considerarse como una crítica radical a los principios básicos de la crítica histórica. La crítica histórica ve al texto como una ventana que da a un referente extratextual, cuyo significado se puede establecer con algún grado de certidumbre. La crítica histórica está convencida de que la comunidad de intérpretes establece un *espectro* (limitado) de significados del texto. Pero la *CRL* no se interesa tanto por "*el atrás*" del texto, sino más bien por "*el adelante*". La *CRL* quiere explicitar la *interacción entre texto y lector o lectora*, las estrategias que usa *el lector o la lectora* para evocar del texto un mensaje. La *CRL* llama la atención por el papel activo de *comunidades de lectores* en la construcción de lo que 'el texto quiere decir'. La *CRL* pretende dar un primer paso en el análisis de las *experiencias de lectura* del lector o de la lectora, de nosotros y nosotras.

Diversidad

No es suficiente explorar la estructura, estilo o vocabulario del texto. La interacción entre texto y lector importa, así como los lazos que vinculan el texto con el mundo extratextual.
La respuesta del lector no es respuesta al significado, es el significado...
(S. Fisch)

La CRL es un movimiento y no es tan uniforme. Es posible distinguir escuelas, énfasis e intereses diferentes. La diversidad tiene que ver con la diversidad de perfiles de lector o lectora que cada corriente construye. Algunos consideran el acto de lectura como un acto necesariamente comunitario y social; a otros u otras interesa más el efecto sicológico del texto a nivel del individuo. Algunos entienden por 'lector' el lector o la lectora profesional (exégeta), otros piensan más bien en el lector o la lectora común y corriente. Para algunos autores, entre ellos S. Fish, 'lector' es solamente un componente significativo en el acto de lectura. El texto no tiene significado, afirman ellos. Famoso se hizo el adagio de S. Fish de que la respuesta del lector o la lectora no es una respuesta *al* significado del texto, *es* el significado'.

U. Eco, The Role of the Reader. Explora-tions in the Semiotics of Texts, London, 1981.

Otros críticos literarios, entre ellos el italiano Umberto Eco, dan más peso al texto. El 'lector ideal', afirma Eco, es aquel lector que será capaz de seguir la *estrategia propuesta por el texto mismo* (Eco 1981).

13.3 Programa y objetivos

S. Fish, Is there a text in this class? The authority of interpretive communities, Cambridge – London, 1980.

Uno de los promotores más pronunciados de la CRL es el norteamericano S. Fish. Fish opina que, contrario a lo que predican las hermenéuticas clásicas y modernas, no existe tal cosa como un proceso de lectura 'correcto' o 'natural'. Hay solamente *caminos de lectura*, afirma Fish. Estos caminos no son más que una extensión de perspectivas de la comunidad de lectura correspondiente.

> La interpretación es la *fuente* de textos, hechos, autores e intenciones .... Todo eso es *producto* de la interpretación (Fish 1980).

Lo que en gran medida ha determinado el debate, es la pregunta acerca de quién determina qué cosa en el proceso de lectura. ¿Es el texto o el lector-lectora? W. Iser, por ejemplo, considera el texto como una entidad autónoma con un potencial de significados que debe ser actualizado por el lector o la lectora. Fish, en cambio, niega la existencia de textos autónomos con lectores autónomos. W. Iser y U. Eco insisten en el peso propio del texto. El texto tiene cierta autoridad por cuanto es capaz de controlar, a través de sus patrones narrativos, la subjetividad de la interpretación del lector o la lectora. Los textos contienen elementos duros o duraderos, estables y capaces de guiar el proceso de lectura, sostiene Eco (Eco 1984, 1992).

U. Eco, Semiotics and the Philosophy of Language, London, 1984.

W. Iser, The Implied Reader, Baltimore, 1974.

13.4 El lector o la lectora ¿dónde está?

El énfasis en la interacción entre texto y autor hace surgir la pregunta por el papel del lector o la lectora. Mucho se ha tratado de refinar la figura del lector. ¿No hay, en realidad, dos o más tipos de lectores? ¿El lector o la lectora se encuentra siempre fuera del texto? ¿No hay también un *lector o una lectora implicada, un lector o una lectora dentro del texto*? ¿Es posible ver al lector o a la lectora como instancia aislada, totalmente fuera del proceso de *semiosis*?

Para una exposición de la teoría de Iser, ver: A. Thiselton 1992:83ss; 516ss ¿No hay también un lector o una lectora implícita, un lector o una lectora dentro del texto?

Fue W. Iser quien comenzó a llamar la atención por el problema del lector. Iser descubre que también es posible ver *dentro del texto* a un lector o a una lectora. Es la figura que Iser llama el *lector implicado*.

El lector implicado

W. Iser es uno de los representantes más importantes de la *CRL*. Central en su obra es el concepto del *lector implicado*. Iser comenzó a usar el término *lector implicado* análogo al famoso concepto de Wayne Booth: *autor implicado*. Por *autor implicado* Booth había entendido un conjunto de valores, percepciones, juicios y normas que se encuentran *en* el texto y que no necesariamente coinciden con los del autor del texto.

Por autor implicado W. Booth entiende un conjunto de valores, percepciones, juicios y normas que se encuentran en el texto y que no necesariamente coinciden con los del autor (histórico) del texto.

'El lector implicado encarna todas aquellas predisposiciones necesarias de una obra literaria para ejercer su efecto', sostiene W. Iser.

Lector implicado es la norma para la lectura adecuada del texto, implicada en el texto. Autor implicado es la imagen que el lector del autor se forma en base a la lectura de la obra literaria.
Es el sistema de valores que un autor representa.

Para clarificar lo que Booth entendió por autor implicado podemos tomar como ejemplo el libro de Daniel y su autor. El libro de Daniel consiste en dos partes. La primera parte (Daniel 1-6) es una colección de *Agadót*, historias sobre el comportamiento de los judíos en la diáspora. La segunda parte es apocalíptica y describe la suerte de la pequeña comunidad de fieles durante la persecución de Antíoco Epífanes IV. Ahora bien, sabemos que algún autor o redactor anónimo usó la figura Daniel, conocida por Ezequiel (14.14) como *autor implicado* del libro que lleva su nombre. Más que una persona histórica, *Daniel* es un punto de referencia, un sistema de valores y normas importante para la composición y el contenido del libro. Para el autor histórico del libro, la figura de Daniel — gran héroe de los días de antaño (ver Ez.14.14)— constituye un punto de orientación. El autor histórico escribe *en el estilo de Daniel*, el gran sabio. Lo mismo puede ser dicho de Moisés y el Pentateuco, Isaías y el libro que lleva su nombre, etc.

Regresemos al *lector implicado* de W. Iser. El término *lector implicado* muestra cierto parentesco con el autor implicado que acabamos de presentar. Es importante, pero no fácil, comprender lo que Iser entiende por *lector implicado*. Por *lector implicado* Iser no entiende una figura *en* el texto, ni *fuera* del texto. *Lector implicado* es el producto del encuentro ideal entre texto y lector o lectora. *Lector implicado* es

> ... una realización de las potencialidades que se encuentran *en* el texto, producida *por* un lector real El término (*lector implicado*, HdW) incorpora tanto la preestructuración del significado potencial en el texto, como la actualización de este potencial en el proceso de lectura (Iser 1974; Thiselton 1992:83, 516ss).

El lector implicado es, según Iser, una especie de punto de encuentro donde se genera significado. Es el punto de encuentro entre el significado en la estructura del texto está dado y espera a un lector, y el acto de lectura de algún lector o lectora.

En la visión de Iser, la *apertura de sentido* de un texto es una *co*producción. Es un esfuerzo compartido por el texto y el lector o la lectora. El texto *espera* a su lector, y lo espera con *algo*, con una especie de significado preestructurado. Un texto *necesita* a un lector o a una lectora para poder proyectar su significado hacia 'adelante'. Texto *implica* lector y lectura. Pero a la vez debemos decir que lectura es movimiento. Durante el acto de lectura se da un punto de vista que se mueve *dentro* del texto. El lector mira constantemente hacia atrás, hacia adelante, anticipa, espera, es defraudado, se reconoce. Leer es un acto a través del cual el lector es educado. El lector está envuelto en un constante proceso de decisión, desafío, aprendizaje, rendición, ampliación de su horizonte. Constantemente el lector o la lectora trata de crear coherencia en el acto de lectura; está llenando los vacíos, complementa lo *no* dicho, lo *no* definido, lo *no* detallado del texto.

A través del concepto *lector implicado* críticos literarios como Iser subrayan la *dinámica* del proceso de lectura y la gran importancia del lector o la lectora. Cuando hablemos de las *instancias narrativas* de los textos tendremos otra oportunidad para explicar lo que son el lector y el autor implicados.

La elipse

Nos encontramos anteriormente con la figura de la elipse. En la obra de Iser, y la CRL en general, la figura literaria de la elipse es importante. El hecho de que los textos literarios son elípticos por definición — dejan entrever, conjeturar, adivinar, no dicen todo — significa que el lector siempre será activo en el proceso de lectura. En las palabras de Iser:

> ...toda percepción implica algo incompleto. El sujeto que percibe, ''completa'' lo que falta construyendo lo que no está ''dado'' (Iser 1974).

Cuando se le muestra a alguien un objeto de tres dimensiones, la observadora percibe solamente dos. La observadora, inconscientemente, construye o completa mentalmente, el dorso del objeto. No lo ve. Lo mismo vale, según Iser, para el proceso de lectura de textos.

Cuando se le muestra a alguien un objeto de tres dimensiones, el observador percibe solamente dos. El observador, inconscientemente, construye o completa mentalmente el dorso del objeto. No lo ve. Lo mismo vale, según Iser, para el proceso de lectura de textos. El lector o la lectora actualiza y concretiza significados que están presentes en el texto en potencia, 'virtualmente'. En su libro *The Implied Reader* (1974) Iser anota:

> La convergencia de texto y lector da a luz la obra literaria.

Si entendemos bien, esto implica, en la visión de Iser, que la *obra* literaria es más que el texto.

El análisis del proceso de lectura de Iser es atractivo. Nos presenta el proceso como ejercicio en que el lector o la lectora participa activamente. El proceso de lectura llega a ser así un proceso creativo y decisivo.

El peso del texto

Vimos que para Iser el texto sigue teniendo un papel importante. Hay quienes opinan que Iser pone demasiado énfasis en la importancia del texto. En su conocido libro *Is There A Text in This Class?* (¿Se encuentra un texto en esta clase?, 1980) S. Fish critica a Iser precisamente por eso. Según Fish no hay nada *en* el texto que se pueda interpretar. Todo *es* interpretación. En su libro Fish da el ejemplo de cómo en una clase de semiótica había puesto en la pizarra una pequeña lista de nombres de conocidos críticos literarios y lingüistas. Antes de que entrara el siguiente grupo había encabezado el pequeño listado de nombres con 'p. 43'. Cuando entró el siguiente grupo, al que le tocaba historia de la literatura medieval, y los estudiantes vieron los nombres puestos en la pizarra, rápidamente comenzaron a darle un significado totalmente diferente a los nombres. Los leyeron, respectivamente, como jeroglífico, poema medieval, referencia a una escena del Génesis (por la ocurrencia en la lista del nombre de Jacobs-Rosenbaum), referencia a María (por lo de *Rosenbaum*, árbol de rosas, símbolo asociado con María), etc. (Fish 1980:322ss).

El experimento llevó a Fish a una pregunta, no fácil de responder: ¿cómo podemos reconocer un poema cuando lo vemos? Los críticos literarios, sostiene Fish, responderán que el reconocimiento se produce por la presencia de las características distinguibles. El poema se caracteriza como poema por su *forma* literaria. Es común en la interpretación de textos opinar que las *características literarias* llevan a la determinación del género. Pero en su ejemplo, escribe Fish, esto de ninguna manera fue válido.

> Más bien fue el acto de reconocimiento lo que sucedió primero — sabían con anticipación que estaban tratando con un poema — y luego le siguieron los elementos distintivos (Fish 1980:826).

Fish afirma que un consenso acerca del carácter de un texto literario, en vez de ser una prueba de la estabilidad del objeto, es más bien un testimonio del poder interpretativo de la comunidad interpretativa (Fish 1980:338). El ejemplo de Fish quiere demostrar cómo es posible hacer que alguien reconozca como poema un texto que de ninguna manera fue escrito como poema. La implicación para la comprensión del contenido del texto es obvia.

13.5 El lector o la lectora ¿quién es?

Un segundo punto de la crítica de Fish es que Iser maneja un concepto del lector demasiado individualista. El lector o la lectora no puede considerarse como individuo, enfatiza Fish. Cada lector o lectora es representante de una comunidad de lectores, una comunidad interpretativa con sus propias convenciones, intereses y contextos.

Creemos que la crítica de S. Fish, según se ha dicho, no siempre es muy consistente en sus obras, es demasiado unilateral. De Iser, Eco, Ricoeur, Hirsch (1967) y muchos

---

Cada lector o lectora es representante de una comunidad de lectores, una comunidad interpretativa con sus propias convenciones, intereses y contextos.

E.D. Hirsch, Validity in Interpretation, New Haven, 1967.

otros, podemos aprender que los textos literarios son como sistemas construidos de elementos duros. Debemos reconocer que elementos de construcción como gramática, sintaxis, vocabulario, características literarias del texto, son capaces de guiar un poco al lector o a la lectora en su búsqueda. En base a estos elementos es posible que el lector o la lectora desarrolle su hipótesis interpretativa (Hirsch 1967). Es en ese sentido que el lector o la lectora podrá actualizar el potencial de significados latentemente presente en el texto.

Lo que el ejemplo de Fish en el fondo clarificó, fue que en la fase de la lectura ingenua, todo puede pasar con un texto. En la fase exegética, sin embargo, el lector o la lectora, ahora profesional, con actitud analítica, operacionalizará al máximo los elementos estratégicos *entregados por el texto mismo*. Es de esperar que en esta fase se le ocurra a la o el intérprete pensar en la posibilidad de que el texto en la pizarra no es un poema medieval, sino un sencillo listado de apellidos. Contrario a lo que implica el ejemplo de Fish, no creemos que el lector o la lectora esté 'condenada' a practicar siempre una lectura ingenua. Hemos visto cómo Ricoeur clarifica que los textos permiten también que el lector o la lectora, además de usar su imaginación, tenga una actitud analítica. Esta observación nos lleva a otro punto.

Entre 'lector crítico' y 'lector común'

R.M. Fowler, Who is 'The Reader' in Reader Response Criticism?, en: Semeia 31 (1985), 5-26.

Muchas veces la actitud del crítico es la de un señor soberano y dueño del texto. La actitud del lector o lectora común es de quien 'sirve' al texto, que está al servicio del texto.

También R.M. Fowler se ha dedicado a delimitar las características de lo que es un lector. Fowler observa que en el debate de los años '70 y '80 hubo mucha confusión. El lector o la lectora profesional no coincide (siempre) con el lector o la lectora común y corriente. Por lo tanto, dicen Fowler, Ricoeur y otros, es necesario distinguir entre dos *maneras* de leer. El crítico profesional, el o la exégeta, lee en forma diferente que el lector o la lectora común. Aunque las dos maneras no son totalmente distinguibles y siempre se tocan e influyen mutuamente, es importante la distinción porque permite reflexionar acerca de dos posibles actitudes hacia el texto (Fowler 1985). Fowler cita a George Steiner que distingue entre '*critic*' (el lector crítico, 'profesional') y '*reader*' (el lector común). Muchas veces la actitud del crítico es la de un señor soberano y dueño del texto. La actitud del lector o de la lectora común es la de quien 'sirve' al texto, que está al servicio del texto. El crítico quiere *dominar* el texto, 'juzgarlo'; el lector o la lectora común le quiere servir.

Se puede expresar la distinción también de otra manera. Es la oposición entre distancia y cercanía o proximidad; entre análisis de un objeto y la presencia del texto en la vida del lector; entre sílaba y canon. El crítico habla el idioma de la comunidad interpretativa en que está y a la cual debe rendir responsabilidad. Es la *civitas disputantium*, la comunidad de científicos, a que nos referimos antes. Su modo de interpretar y sus intereses provienen de esta comunidad. El lector común lee 'para la vida' y no para dominar el texto.

El lector común no siempre quiere servir

Creemos que la distinción que hacen Fowler y otros es válida. La habíamos presentado en nuestra representación del arco hermenéutico de Ricoeur. Sin embargo, creemos que cabe una advertencia. Es necesario tomar nota de que la lectura hecha por el lector o la lectora común también puede ser muy superficial, muy narcisista, mientras que la lectura hecha por el lector o la lectora profesional muchas veces es muy reverente, profunda a veces, hecha con mucha paciencia y respeto por el texto.

Quien escribe un relato se hace narrador, toma la posición del narrador. J. Fokkelman, Vertelkunst in de bijbel, Zoetermeer 1995.

13.6 Instancias narrativas

Más importante que la distinción entre dos o más tipos de lectores es la representación que entrega Fowler de las *instancias narrativas* que pueblan los textos literarios. Fowler recurre a una distinción básica e importante proveniente de la ciencia de la literatura y usada también en la ciencia bíblica. Las *figuras* que *siempre* juegan un papel en la confección e interpretación de textos se pueden representar esquemáticamente de la siguiente manera:

Instancias narrativas autor real - lector real autor implicado -lector implicado narrador - "narratee"

autor real	lector real
narrador	narratario
autor implicado	lector implicado

En un análisis del relato de la torre de Babel, U. Berges clarifica la función de estas instancias narrativas a través del siguiente ejemplo.

U. Berges, Lectura pragmática del Pentateuco: Babel o el fin de la comunicación, en: Estudios Bíblicos 51 (1993), 63-94.

Es de suma importancia entender el concepto del autor/lector implicado. Un ejemplo de la vida diaria puede ayudar. Uno se encuentra en su casa y escucha desde la calle una voz que dice: "¡Hola Juan!, lávame el carro, por favor". Esta frase basta para hacerse una hipótesis sobre la situación fuera de su casa: un señor (autor implicado) pide a un joven (receptor implicado) que limpie su carro. La frase queda perfectamente inteligible sin conocer el nombre y los datos personales de estas dos personas. Además, se puede inferir de este enunciado que existe una relación de subordinación entre los dos; en condiciones normales, no habla así, por ejemplo, un nieto a su abuelo. La misma colaboración interpretativa exige el autor implicado de su lector implicado. Sin esta participación activa, ningún texto puede funcionar: "un texto postula un destinatario como condición indispensable no sólo de su propia capacidad comunicativa concreta, sino también de la propia potencialidad significativa. En otras palabras: un texto se emite para que alguien lo actualice; incluso cuando no se espera (o no se desea) que ese alguien exista concreta y empíricamente... Autor y lector implicado son estrategias dentro del texto mismo..." (Berges 1993:66).

En textos narrativos el tiempo es tiempo narrado y el narrador es el que habla; no son tiempo actual o autor físico. En un relato histórico es una persona que relata. A esa persona se le llama narrador.

Trataremos de comprender el valor de estas figuras narrativas. Veamos lo que representan y cuál es su función.

Autor real y lector real

Por *autor real* y *lector real* entendemos autor y lector físicos; el que escribió el texto y el que lo lee.

Narrador y narratario

Además de estas instancias literarias 'físicas', por decirlo así, hay otras. Pues, cuando leemos un texto histórico, *no* encontramos a un autor de carne y hueso, sino a la *persona del autor*, es decir a la persona que el autor tuvo que crear para poder narrar su historia.

El narrador es el jefe del circo (Fokkelman).

Narrador

En textos narrativos el tiempo es tiempo narrado y el narrador es el que habla; no es tiempo actual ni autor físico. En un relato histórico es una persona la que relata. A esa persona se le llama narrador. Así como la palabra latina *persona* significa *máscara*, el narrador es una actitud, una posición que el autor físico asume. 'Quien escribe un relato se hace narrador, toma la posición del narrador' (J. Fokkelman 1995:56). Es el narrador quien compone el relato, traza las grandes líneas, incluye los detalles o los omite. El narrador es el jefe del circo (Fokkelman). Es como el malabarista que hace volar muchas pelotas de una vez. El narrador ordena el tiempo, dibuja el espacio, inventa la geografía, engaña a su auditorio, lo cautiva, lo persuade. El buen narrador conoce las leyes de la comunicación, no aburre a sus oyentes. El narrador es omnisciente. Sabe lo que pasó en los días de antaño, sabe lo que pasará en el futuro. El narrador puede ser omnipresente. Se mueve en una frase del norte al sur. Es, por último, el narrador quien presenta a los personajes en el relato. El narrador cuenta cómo se portan, lo que hacen, cómo nacen, cómo mueren.

Narratario

El narrador es la *persona* que relata la historia, la figura que *narra*. Por *narratario* se entiende el personaje que *escucha* una historia. El *narrador* cuenta su relato al *narratario*. Así como el narrador, también el *narratario* es una instancia *del* relato. A veces el narrador y el *narratario* están explícitamente presentes en la historia, otras veces están presentes pero no en forma explícita. En el famoso ejemplo de Sheherazade en

> Por "narratee" no entendemos una persona de carne y hueso, sino más bien cierto horizonte de comprensión del autor. 'Autor implicado': es un sistema de valores en el texto. El 'autor implícito' es un punto de vista para el autor no de el autor. Otro término que se usa es: "narratee": aquel al cual el narrador cuenta su historia.

los cuentos persas, el autor hace figurar al personaje de Sheherazade. Ella es la *narradora* que cuenta un sinnúmero de historias al personaje 'rey' (= *narratario*). En Gé. 2-3 hay un autor que hace figurar a una persona omnisciente (*narrador*), que cuenta que Dios creó del polvo al hombre, etc. Así como en Gé. 2-3 el narrador es una instancia implícita (el personaje anónimo que cuenta), también lo es el *narratario*. Desde luego, en Gé. 2-3 el narrador relata su historia sobre la toma del fruto a alguien, pero no se explica a quién. Por *narratario* no entendemos una persona de carne y hueso, sino más bien cierto horizonte de comprensión del autor. Al hacer su historia o relato, el autor, inconscientemente, tiene en mente a alguien a quien quiere dirigir su historia. Cada autor se crea un público, lo ubica en cierto espacio, dotado de cierto conocimiento, contexto y convicción. A ese alguien, esa instancia artificial, colectiva, podemos llamar *narratario*. Veremos más adelante que entre lector implicado o lector modelo y *narratario* no hay mucha diferencia.

Autor implicado – lector implicado

"Un texto narrativo es un texto en el que una instancia narra un relato" (Bal 1990:25). Por 'instancia' podríamos entender narrador. Pero el narrador no coincide, ni con el autor físico, ni con la instancia que se llama autor implicado. En torno a los conceptos *autor implicado* y *lector implicado*, usados con gran frecuencia y ambigüedad, hay mucha confusión. El concepto *autor implicado* es usado por W. Booth, por S. Chatman y por W. Iser, cada uno en un sentido un poco diferente.

Autor implicado

> Para Booth, el autor implicado es el constructo literario que determina cómo o lo que leemos.
> P. Ricoeur, Foreword, en: A. Lacocque, The Book of Daniel, Atlanta, s.a. XVIII.

Ya habíamos hablado del *autor implicado*. Presentamos a Daniel como autor implicado del libro Daniel.

El concepto autor implicado fue introducido en el 1961 por W. Booth, quien lo usó para poder diferenciar entre el autor físico y los puntos de vista morales e ideológicos presentados en su texto. Mieke Bal ha observado que, en la concepción de Booth, el *autor implicado* es el resultado del análisis de la o el intérprete y no el productor de significados. Para Booth el autor implicado es el constructo literario que determina cómo leemos. Mientras que el narrador comunica inmediatamente con el lector, el autor implicado es más bien un campo, un marco de referencia dentro del cual el narrador se mueve.

Volvamos a nuestro ejemplo de Daniel. El libro de Daniel es un libro anónimo, mejor dicho seudepigráfico. El autor físico usa el nombre de una figura conocida de la antigüedad. Hemos dicho que Daniel es uno de los grandes de los días de antaño. Al tomar a ese Daniel, el autor físico crea a un autor implicado (P. Ricoeur). Con esa figura el autor expresa la necesidad de entregarse a algún autor ficticio del pasado. Podría haber tenido varias razones para hacerlo. El autor podría estar convencido de la extinción de la inspiración profética en la época en que él mismo está trabajando; es por eso que elige a Daniel y no a algún profeta. De esta manera el autor define un marco de trabajo, una 'cancha de juego', por decirlo así. A este espacio de trabajo, a este marco de referencia, le podemos llamar: *autor implicado*.

Antes de dedicarnos a la presentación del lector implicado, debemos observar que es bueno comprender que conceptos como autor implicado no siempre carecen de problemas. La diferencia que se construye entre autor físico y autor implicado es muchas veces demasiado rígida. La separación entre el autor dentro del texto y el autor fuera del texto nunca puede ser total. Creemos que el valor del concepto autor implicado es sobre todo heurístico: le da al lector (empírico) un instrumentario que le permite determinar posiciones y actitudes en el texto.

Para Iser el lector implicado es: 'una estructura textual que anticipa la presencia de un receptor sin necesariamente definirlo'.

Lector implicado, lector modelo, lector ideal, etc.

Alrededor del *lector* se ha construido en décadas pasadas un gran aparato de términos. Se comenzó a hablar del *lector ideal*, *lector informado*, *superlector*, *lector competente*, *lector educado*, etc. En esencia casi todos los términos apuntan a lo mismo. Tratan de expresar el hecho de que cada autor empírico conoce el deseo de que su texto sea leído por alguien que lo entienda perfectamente; alguien que sea capaz de seguirlo y comprenderlo. Diferenciar entre lector histórico y lector implicado, por ejemplo, permite distinguir entre la recepción empírica del texto y la recepción ideal que el autor tenía en mente cuando escribió su texto.

Repetimos que las diferencias entre los términos son mínimas. Todas apuntan a clarificar al máximo los movimientos del autor cuando escribe y del lector cuando lee un texto. Veamos un poco más de cerca cómo los autores definen sus conceptos.

13.7 Nuevamente el lector implicado

W. Iser

El término *lector implicado* fue acuñado, como hemos visto, por W. Iser. Por *lector implicado* Iser entiende el *hecho* de que cada autor, al escribir su texto, espera que haya alguien que lo lea. El *lector implicado* es la *expectativa de actualización* que el autor tiene cuando escribe su texto. Vimos que Iser hace una distinción entre texto y obra. El autor espera que su *texto* se convierta en *obra*. La instancia que podría ejecutar este cambio de texto en la obra lo llamamos *lector implicado*. El *lector implicado* es, entonces, el conjunto de estrategias o propuestas de lectura presentes en el texto.

Booth, Chatman y Fish

Un matiz diferente recibe el concepto de lector implicado en las definiciones de Booth y Chatman. Así como el autor físico no despliega todo su ser en la obra que escribe — la obra literaria es generalmente mucho más interesante que su autor — igualmente nosotras y nosotros no somos totalmente nosotros mismos en el acto de leer. En el acto de leer somos quien el texto nos invita a ser. Es para subrayar el hecho de que entre texto y lector o lectora se establece una interacción especial que autores como Chatman, Booth y otros llaman lector implicado. Leer un

---

Lector implicado es la expectativa de actualización que el autor tiene cuando escribe su texto.

Lector implicado es, según Iser, el conjunto de estrategias o propuestas de lectura, implícitamente presentes en el texto. En el acto de leer somos quien el texto nos invita a ser.

texto implica para un lector o una lectora jugar un papel, conformarse al lector ideal que el autor tenía en mente. S. Fish prefiere hablar de lector informado y lo caracteriza como 'un hablador competente del lenguaje del texto, con suficiente conocimiento semántico del texto, y con gran competencia literaria' (Fish 1980 177-8). Para Fish el lector informado es una instancia fuera del texto, pero se parece mucho a lo que Eco y otros han definido como lector ideal o lector modelo.

13.8 Lector ideal, lector modelo

Muy cerca del *lector implicado* se encuentra el *lector ideal* o *lector modelo*. Umberto Eco lo define de la manera siguiente.

> *Por lector modelo o lector ideal se entiende aquel lector o lectora ficticia a quien el autor quiso dedicar su libro. El mejor lector que el autor se haya podido imaginar.*

> Cada artista aspira a ser leído. En todas las correspondencias privadas ... vemos que cada autor, aunque no pudo responder a las expectativas de sus lectores contemporáneos, aspiraba a un lector futuro quien lo pudiera comprender y apreciar. Es un signo de que escribió su trabajo como sistema de instrucciones para un Lector-Modelo, que podría comprenderlo, apreciarlo y amarlo (U. Eco 1997:107).

Por *lector modelo* o *lector ideal* se entiende aquel lector ficticio a quien el autor quiso dedicar su libro. Es el mejor lector que el autor se haya podido imaginar.

> Ningún autor quiere ser ilegible o incomprensible. Eventualmente aspira ... a poder crear un lector ideal, pero espera con todo su ser que un día ese lector realmente se dará empíricamente... (U. Eco 1997:107)

En teoría es posible que el *lector modelo* coincida con un lector empírico. Aquella situación se da cuando el lector físico es capaz de hacer lo que se espera del lector modelo: *construir*, en nosotros mismos como lectores y lectoras, al lector a quien el libro fue dedicado. Por supuesto que en el caso de textos históricos, no hay instancia de control y todos los lectores pretenden pertenecer a la categoría de *lector ideal*.

Queremos observar que, al igual que los otros términos, el término *lector implicado* tiene cierto valor. Cabe cierta prudencia, sin embargo. Para evitar confusión, lo mejor es tomar el término como instancia *del texto*. El lector implicado es, entonces, el lector implicado *en* y *por* el texto. No es necesario decir que diferentes lectores empíricos descubrirán diferentes 'lectores implicados'.

La importancia de las diferencias

Dentro de ese contexto de diferentes interpretaciones de diferentes lectores y lectoras, consideramos importante hacer breve mención de la *teoría del interés común de las diferencias* de Fish. Es muy instructivo, afirma Fish, tomar un problema interpretativo reconocido por todos y todas. En vez de concentrarse en las *diferencias* y los *desacuerdos*, valdría la pena evaluar cuál es la experiencia de lectura que constituye la *base* de los desacuerdos. ¿Cuál ha sido la experiencia de lectura compartida por los y las intérpretes que los ha llevado a *estar de acuerdo en estar en desacuerdo* respecto a un texto? Es importante, afirma Fish, descubrir *por qué* tal texto causa problemas de interpretación. ¿Cuál es la común aporía que constituye la base de la diversidad de ciertas opiniones? De esta manera las controversias críticas llegan a ser informes disfrazados de lo que lectores y lectoras hacen en última instancia, observa Fish (1980).

13.9 La importancia de la *CRL*

¿Es importante la contribución de toda esa corriente de la *Crítica de la respuesta del lector* con su gran debate teórico y su extenso aparato terminológico? Creemos que sí. En el tomo II de esta obra, en nuestra propia práctica exegética, usaremos elementos y preguntas que surgieron en el debate que despertó la *CRL*. Consideramos importante e iluminadora la distinción entre una y otra instancia narrativa. El o la intérprete llega a ser más sensible a la cuestión de las estrategias de escritura y lectura. Algunos de los conceptos desarrollados posibilitan, en cierta manera, la reaparición de aquella instancia de la que muchos y muchas se habían despedido para siempre: *el autor*. Es útil la distinción entre lector empírico y lector implicado. La *CRL* nos ayuda a reconocer nuestra aporía frente a lo que realmente es un lector o una lectora.

La *CRL* ha problematizado la cuestión del poder en la interpretación. La *CRL* ha preguntado, insistentemente, quién decide qué cosa en el proceso de lectura. Nos ha hecho sensibles al hecho de que ni el proceso de escritura, ni el proceso de lectura se realiza al 'aire libre'. Tanto el autor como el lector o la lectora están sujetos a convenciones y costumbres. Conceptos como autor implicado, lector implicado, narrador y narratario tienen valor heurístico. La *CRL* ha abierto nuestros ojos a la manera en que, en el proceso de comprensión, se construyen estrategias de lectura. La *CRL* ofrece modelos de experiencia de lectura. Y, una cosa muy importante, la *CRL* ha dado un paso importante para que después la crítica ideológica y retórica pudieran llevar adelante el programa de la *CRL*.

Norman Holland, The Dynamics of Literary Response, New York, 1968.

La *CRL* y América Latina

Para América Latina el trabajo hecho por algunos representantes de la *CRL* tiene una importancia especial. Me refiero al trabajo de Bleich, Holland y Labberton.

Norman Holland

Holland afirma la importancia del lector o la lectora. El enfoque de Holland es psicoanalítico y se concentra en el lector o la lectora individual. La personalidad del lector o de la lectora determina, decisivamente, su percepción del mensaje del texto (Holland 1975; Thiselton 1992:530s). *Lectura*, afirma Holland, es interacción entre el yo y el otro (el texto). La comprensión del texto muchas veces refuerza la autocomprensión y autoestima del lector o de la lectora. En el lector o lectora hay muchos mecanismos psicológicos que son decisivos en el proceso de lectura. Holland los resume bajo la sigla DEFT: defensas, expectativas, fantasías y transformaciones.

Norman Holland, 5 Readers Reading, New Haven, 1975.

Al igual que la contribución de ciertas variantes de la lectura psicoanalítica de la Biblia, el aporte de Holland también es importante. Nos enseña cuáles son los mecanismos presentes en cada uno de nosotros y nosotras, y que son activados cuando vamos al encuentro de ese otro que se llama texto. La *transformación* es solamente *un* resultado del encuentro con el texto, y no el que más frecuentemente ocurre. Frente a una lectura bíblica que sólo considera la transformación social como logro, la lectura psicológica es un complemento. Puede enseñar a la o el hermeneuta la gran importancia del factor psicológico en el proceso de comprensión. Se ha criticado, sin embargo, el enfoque exageradamente individualista de Holland (Thiselton 1992:530-1). El problema de la lectura de la Biblia exclusivamente individualista es que fácilmente puede desembocar en lo que Ricoeur ha llamada un *acto de idolatría*. Thiselton se apura en observar que, de esta manera, podemos proyectar nuestros propios deseos, intereses y personalidad en lo que los textos proclaman. Así podremos recrear y construir a Dios según nuestra propia imagen (Thiselton *ibid.*). Una lectura individualista fácilmente se puede convertir en lectura *anti*social y pietista. En este sentido debemos considerar la lectura comunitaria de la Biblia como crítica legítima y complemento de una lectura privada propuesta por autores como Holland y otros.

F.F. Segovia, The Text as Other: Towards a Hispanic American Hermeneutic, en: D. Smith-Christopher (ed.), Text & Experience. Towards a Cultural Exegesis of the Bible, Sheffield, 1995, 276-298.

También Fernando Segovia habla del texto como otro. Pero para Segovia ese otro no es solamente una persona, sino también incluye una situación social, un contexto histórico, un yo colectivo. En un artículo intitulado El Texto Como Otro, Segovia muestra cómo 'la irrupción del texto como otro', trae consigo el fenómeno social e histórico de la contextualidad. Representamos la opinión de Segovia a través de una larga cita.

> Creo que ha llegado el momento de introducir al lector de carne y hueso plena y explícitamente a la práctica de la crítica e interpretación bíblica; de reconocer que ninguna lectura, informada o desinformada se realiza en un vacío o desierto social; de permitir una contextualización plena en

> la cultura y experiencia, no solo con respecto a los textos, sino también con respecto a los lectores, percibiendo a los textos como procedentes de, dependientes de y respondiendo a una ubicación social particular. Veo esta irrupción de la contextualidad no como anarquía y tribalismo, como la ven muchos que insisten en la imparcialidad y objetividad, sino como justicia y liberación, como resistencia y lucha contra su propio autoritarismo sutil y tribalismo disimulado. En efecto, considero la admisión e intromisión de la contextualidad como la aceptación del mundo por lo que es, en la riqueza y amplitud de su diversidad, especialmente en este tiempo de creciente e irreversible globalización en toda esfera de la vida, incluyendo la teológica e interpretativa – una aceptación del otro no como un otro impuesto y definido sino como un otro independiente y autodefinido (Segovia 1995:285).

Muy en la línea de la lectura latinoamericana de la Biblia, Segovia agrega que por aquel *lector o aquella lectora de carne y hueso* no se debe entender el lector privado, sino que se trata de un 'miembro de una configuración social identificable, alguien que lee desde cierto *lugar social*'. Ese lugar social es, por ejemplo y en el caso del autor, la identidad hispano-norteamericana. Un lector o una lectora consciente de su lugar social practicará una lectura específica. Tal proceso de lectura, afirma Segovia, reflejará una hermenéutica basada en un equilibrio entre alteridad y compromiso; un equilibrio entre el abandono de todo lo que uno es y la resistencia a todo lo que el otro ofrece (Segovia 1995:286).

David Bleich: lectura igualitaria

El crítico literario norteamericano David Bleich desarrolla un modelo teórico para analizar y describir experiencias comunitarias de lectura. La interpretación se funda, sostiene Bleich, en la respuesta personal, emocional y afectiva del lector o de la lectora. Son su percepción de la realidad, su experiencia y su manera de asociar el texto con la realidad, lo que orienta el proceso de comprensión.

Bleich invita a sus estudiantes a formular sus respuestas a los textos en términos de *"response statements"*. Estos *informes de respuesta* son discutidos y conducen a una interpretación comunitaria y a un compartir de conocimiento. Bleich valoriza mucho el concepto de la *comunidad interpretativa*. Una *comunidad interpretativa* es una comunidad, afirma Bleich, que se constituye *ad hoc* en el proceso de negociación durante la interpretación comunitaria del texto. La contribución de Bleich es importante. Ofrece un modelo de lo que considera la experiencia de lectura ideal, y, más importante aún, un modelo para analizarla.

En su trabajo Bleich muestra afinidad con lo que se hace en las comunidades de base (CEBs) de América Latina. Contrario a muchos, Bleich insiste en que a la categoría de lector o lectora importante no solamente pertenece la comunidad académica, sino también el lector o la lectora común y corriente, el lector o la lectora no-experta. Bleich se interesa por las connotaciones sociopolíticas de la 'respuesta del lector' (Thiselton 1992:531s). Al igual que muchas y muchos intérpretes latinoamericanos, Bleich subraya el papel creativo de las comunidades interpretativas. Bleich critica fuertemente a Stanley Fish porque mantiene una definición demasiado academicista de lo que es una adecuada comunidad interpretativa. La comunidad interpretativa ideal, sostiene Bleich, es la comunidad en que dos perspectivas (*The Double Perspective*) están siendo compartidas: masculina y femenina, individual y comunitaria, subjetiva e intersubjetiva, institucional y personal, tradicional y creativa, etc. (Bleich 1988). Exégetas latinoamericanos agregarían, entre otras, la doble perspectiva pobre – rico, primer mundo – tercer mundo, oprimido – opresor, privilegiado - excluido. En la obra de Bleich, la complementariedad es condición previa de una comprensión real del texto.

A. Thiselton aprecia el programa de descentralización de Bleich, pero no está de acuerdo con todas sus afirmaciones. Bleich exagera, afirma Thiselton, en su énfasis forzado en la lectura igualitaria. Bleich ha convertido su programa en una norma militante, sostiene Thiselton. Ahora toda

---

David Bleich, The Double Perspective. Language, Literacy and Social Relations, Oxford - New York, 1988. La comunidad interpretativa es una comunidad, afirma Bleich, que se constituye ad hoc en el proceso de negociación durante la interpretación comunitaria del texto.

diferencia es sospechosa; toda desigualdad debe desvanecer en beneficio de la igualdad.

> La política social igualitaria manda a des-privilegiar al autor y a los y las intérpretes académicos, e incluso a des-privilegiar un canon literario y teológico de "clásicos", para que toda la comunidad mixta sea coautora de textos: todos y todas construyen y ninguna construcción es "mejor" que otra porque la teoría crítica ya predispone una respuesta en favor de la elite (Thiselton 1992:534-5).

Estamos de acuerdo con Thiselton. Igualdad de lectores no implica automáticamente igualdad de lecturas. Con Bleich creemos que es menester que la lectura académica se dé cuenta de su posición dentro del espectro de todas las actividades interpretativas que implica el proceso de lectura. Ella es solamente *un* aceso al texto, lecturas espontáneas son otro. Con Thiselton opinamos que no es necesario automáticamente considera que todas las lecturas de un texto tienen el mismo valor y la misma calidad. Tal postura, artificial e innecesaria, va en desmedro del principio de la complementariedad.

Labberton: lectura comunitaria como noción teológica de la Reforma

También Mark Labberton aboga por una descentralización de la lectura bíblica 'experta', centrada solamente en la academia. En su estudio sobre la tradición reformada y la lectura cotidiana de la Biblia (*Ordinary Bible Reading* 1990) Labberton comparte nociones fundamentales con autores como Mesters, Croatto, Schwantes, Pixley, Richard, Gorgulho y otros. Hay un principio *teológico* involucrado en la lectura comunitaria de la Biblia, afirma Labberton. Las lecturas cotidiana y comunitaria son principios caros a la Reforma. Labberton demuestra cómo en el Estrasburgo de Calvino, después del 1540, el porcentaje de personas letradas en la población urbana creció dramáticamente.

Luego de haber sido una actividad "profesional", la lectura se convirtió en no profesional, privada y demócratica (Labberton 1990:10-13).

> Mark Labberton, Ordinary Bible Reading: The Reformed Tradition and Reader-Orientated Criticism, Cambridge, 1990.

La democratización de la lectura de la Biblia — antes privilegio de una elite — corresponde al principio de la *claritas* o *perspicuitas Sacrae Scripturae*, la claridad y la transparencia de la Sagrada Escritura. Recordemos el conocido adagio de los Reformadores

Sacra Scriptura sui ipsius interpres (La Sagrada Escritura es su propio intérprete).

El principio de la claridad de la Escritura es un principio teológico que toca nociones fundamentales de la teología bíblica y expresa que la Escritura está abierta a todos y todas (Barth KD I, 2 606-637) y puede ser leída y comprendida por todos y todas. También 'el pueblo' tiene acceso directo a la Escritura. *Perspicuitas*, afirmaban los Reformadores, es una calidad de la Escritura misma. La Escritura es clara y transparente en su mensaje, no necesita ni la tradición, ni lectores expertos intermediando entre lector o lectora común y texto.

13.10 Observaciones críticas

> *Perspicuitas, afirmaban los Reformadores, es una calidad de la Escritura misma. La Escritura es clara y transparente en su mensaje, no necesita ni la tradición, ni lectores expertos intermediando entre lector o lectora común y texto.*

Todo esto no significa que no haya observaciones más críticas que hacer. Un problema de la CRL es que el debate desarrollado en los '70 y '80 del siglo 20 tuvo un carácter altamente teórico. Las instancias narrativas, definidas por los diferentes autores, no siempre se encuentran en los textos. Lo que realmente representan es, a veces, algo muy sutil, apenas palpable, casi nunca empíricamente controlable. Por eso muchas veces es imposible poner en práctica los 'descubrimientos' de los críticos de la *CRL*. Felizmente, en el curso de los años, las críticas hacia la *CRL* han obligado a que precise su terminología y sea un poco más empírica. Sin embargo, más importante que el debate teórico son *las implicancias* de la *CRL*. Esto nos lleva a otra observación.

Hermenéutica empírica

El debate teórico sobre la *respuesta del lector* ha revelado un gran vacío, es decir la investigación empírica, el análisis de las *prácticas de lectura*. Vimos cómo Fernando Segovia pone el dedo en lo que considera uno de los mayores vacíos de la hermenéutica moderna (Segovia 1995:285ss).

En aquella rama de la ciencia de la literatura que se llama sociología de la literatura, se investigan el efecto de los textos y la manera en que lectores se identifican con los personajes de la novela. Repetimos que la *hermenéutica empírica* es todavía un campo apenas desarrollado. Por más que hablemos de lectura popular, comunidades interpretativas, la fuerza del texto bíblico — en realidad no sabemos mucho *del efecto del texto* en la vida del lector o la lectora. La pregunta por la *recepción histórica* de los textos es una gran preocupación de críticos como Hans Robert Jauss, alumno de Gadamer. Es de Jauss el concepto *horizonte de expectativa*. Por *horizonte de expectativa* Jauss entiende el hecho de que cada lector o lectora trae al texto un punto de vista finito. Este punto de vista es definido por cierto marco de referencia, experiencias y expectativas. Hay una relación recíproca entre texto y horizonte de expectativa.

> Todo lector y toda lectora trae al texto un horizonte de expectativa. Es una forma de pensar o un sistema de referencia que caracteriza la perspectiva finita del lector o la lector en medio de su ubicación en el tiempo y la historia. Los patrones habituales de las actitudes, experiencias, prácticas de lectura y vida de los lectores y las lectoras, definen y fortalecen su horizonte de expectativa (citado en Thiselton 1992:33-4).

Algunas de las preguntas de Jauss son las siguientes. ¿Cómo han reaccionado las audiencias históricas a los textos? ¿Cuáles fueron las expectativas históricas, culturales y éticas de lectores particulares en momentos históricos particulares? ¿Cuál fue el *horizonte de expectativa* del lector o la lectora y cómo la reforzó la obra literaria? Es importante la siguiente observación de Jauss en la que

---

La hermenéutica empírica es todavía un campo apenas desarrollado en las hermenéuticas modernas.
H.J. Jauss, Towards an Aesthetic of Reception, Minneapolis, 1982.

aboga por una nueva hermenéutica. Debería originarse, afirma Jauss, una hermenéutica bíblica *empírica*, una hermenéutica que no solamente analice al autor o lector *en* el texto, sino que también investigue la *recepción del texto por el lector empírico*.

> ...en los estudios bíblicos no se ha empezado a responder seriamente a la historia de la recepción de los textos bíblicos. Mientras que los críticos bíblicos de la CRL se concentren en el lector implicado y el narratario *en* los textos bíblicos, seguirán ignorando la recepción *de* textos bíblicos por lectores y lectoras de carne y hueso (H.R. Jauss 1982).

El factor lector importa

En su fase más rígida semióticos como Barthes negaron toda importancia del factor lector en el proceso de comprensión. El famoso adagio de Derrida 'fuera del texto no hay nada' se aplicó rígidamente al proceso de lectura. En la nueva semiótica el factor lector importa. A nuestro juicio es una exageración decir que debemos considerar al lector como *co-autor* del texto. De todas maneras hemos aprendido de la *CRL* que el lector es por lo menos la instancia que dinamiza o actualiza el potencial de significados presentes en el texto. Sin lector o lectora los textos se quedarían mudos. Lo sabe cada autor. No hay autor que no tenga, consciente o inconscientemente, a algún lector o alguna lectora modelo en mente a quien se dirige. Es por eso que semióticos como Eco enfatizan mucho la importancia del equilibrio. Es necesario reconocer que tanto el texto como el lector o la lectora tienen estrategias que guían el proceso de lectura y comprensión. El texto y el lector o la lectora están en una relación de dependencia y complementariedad. La siguiente cita de U. Eco, tomada de uno de sus ensayos sobre el *lector modelo*, es elocuente al respecto.

> ¿Qué es lo que comprendemos aún hoy de Robinson Crusoé? Mucho, y valdría la pena

Lo que realmente representan las famosas instancias narrativas es, a veces, algo muy sutil, apenas palpable, casi nunca empíricamente controlable. Hemos aprendido de la CRL que el lector es por lo menos la instancia que dinamiza o actualiza el potencial de significados presentes en el texto.

U. Eco, De tekst, het leesgenot, de consumptie, en: Wat Spiegels betreft, Amsterdam, 1997². (orig.: U. Eco, Sugli specchi e altri saggi, Milán, 1985).

preguntarnos insistentemente por qué un autor que fascinó a sus lectores y lectoras en el pasado puede seguir fascinándoles en el presente también. Es una pregunta que Marx ya hizo referente a la fascinación por los clásicos. Creo que la respuesta está en la explicación de que cada libro contiene una indicación para comprender el código a que se refiere. Esto quiere decir que todo gran libro describe la figura del lector-modelo de tal manera que al leer Robinson Crusoé, nos convertimos en un burgués inglés del siglo 19. Pero a la vez existe la posibilidad de que se lea el libro hoy para gozar superficialmente de la historia que cuenta, un proceso en el cual se pierde todo el gozo de lectura reservado para el lector original. De hecho podemos definir dos maneras de lectura de esta novela: una manera crítica, que nos muestra cómo funcionaba en su propia época, una manera de lectura crítica, para el lector individual, y una manera gastronómica. En este último caso el libro nos relata una historia que ya conocemos tan bien que no tendrá ningún éxito en la gran masa. Aunque se compre por obligación, (es reeditado regularmente), sin embargo Robinson Crusoé no es un "bestseller". Me temo que el libro ahora es lo que en los Estados Unidos llaman un GUB, un "Great Unread Book" (Un gran libro sin leer), así como lo es la Biblia ... (U. Eco 1997:107ss).

Desde el lector implicado hacia el lector empírico

La *CRL* deja un vacío. En el debate teórico de la *CRL* cuestiones como poder, pobre - rico, género, y la asimetría en el mundo, apenas han jugado un papel. Felizmente vemos en la *crítica ideológica*, a la cual dedicaremos la próxima unidad, corrientes que se dedican también a estos elementos, tan decisivos en el proceso de interpretación.

Unidad 14:

Interpretación e ideología

Introducción

En nuestra presentación de la crítica ideológica somos deudores del excelente ensayo del Bible and Culture Collective, Ideological Criticism, en: Idem, The Postmodern Bible, 272ss.

Hay una serie de métodos y teorías de la interpretación que quieren llevar el programa de la *CRL* a un nivel más práctico y más refinado. El término que los une es ideología. Hemos visto que la *CRL* se concentra en la pregunta por la interacción entre texto y lector o lectora. Enfatiza la importancia del factor lector/lectora en el proceso de comprensión. Pero el debate queda muchas veces en un nivel muy teórico. La *CRL* opera con instancias a veces muy difíciles de palpar o controlar: autor implicado, lector implicado, estrategias de lectura, comunidad interpretativa, etc.

La crítica ideológica parte del presupuesto de que el proceso de comprensión, consciente o inconscientemente, está guiado por intereses.

La crítica ideológica se interesa por lo que la *CRL* llama estrategias de lectura. La crítica ideológica parte del presupuesto de que el proceso de comprensión, consciente o inconscientemente, está guiado por intereses. Es un esfuerzo por hacer transparente el proceso de apropiación de significado del texto y comparte con la *CRL* el interés por la interacción entre texto y lector o lectora. La crítica ideológica quiere analizar de qué manera ese lector o esa lectora se apodera del texto y se apropia de su sentido.

14.1 El término

El término 'crítica ideológica' es problemático. En vez de identificar una corriente bien definida, la 'crítica ideológica' es más bien un nombre paraguas que aglutina a varias escuelas y teorías. A veces se trata más de una actitud o una sensibilidad que de un método. Se puede decir que la crítica ideológica atraviesa un gran número de métodos de interpretación usados actualmente. Al igual que la nueva crítica retórica, también la crítica ideológica es una práctica cínica. La crítica ideológica quiere revelar de qué manera el lector o la lectora comienza a ejercer dominio sobre el texto. Quiere revelar cuáles son las mediaciones en el proceso de actualización del texto, pues cada lector o lectora se acerca a un texto con expectativas, con intereses. El 'compromiso' con el texto casi siempre es conflictivo: se produce tensión, lucha y ruptura entre las expectativas y lo que el texto realmente trae. La crítica ideológica quiere seguir la interacción entre expectativas del lector o la lectora y la recepción del texto. Quiere problematizar esa interacción y acercarse a ella con suspicacia.

La crítica ideológica levanta la imprescindible pregunta por la presencia del poder en los métodos. ¿Cómo se establece en la exégesis el significado de un texto? ¿Cómo se valida una interpretación? ¿Cuáles son los criterios que guían el proceso de interpretación? ¿Cómo se establece la identificación de roles y lugares sociales? La crítica ideológica quiere revelar los conflictos internos y los sistemas de privilegio que determinan el proceso de semiosis. Con razón se ha querido calificar la crítica ideológica como lectura de resistencia. Se resiste a lo que se da por sentado, a lo que supuestamente fue 'probado' pero nunca explicado o discutido. Se resiste a una clausura del texto. Comienza a interrogar ahí donde el proceso de interpretación se asemeja a una toma de poder.

Definición

Uno de los mayores problemas de la *crítica ideológica* es precisamente la definición de su concepto central: *ideología*.

M.D. Chapman, Ideology, Theology and Sociology: From Kautsky to Meeks, en: J.W. Rogerson e.a. (ed.), *The Bible in Ethics*, Sheffield, 1995, 41-65.

La crítica ideológica quiere revelar en qué manera el lector o la lectora comienza a ejercer dominio sobre el texto.

La crítica ideológica levanta la imprescindible pregunta por la presencia del poder en los métodos.

La definición de Michèle Barret (citada en BCC 1995:272) es clarificadora. Define ideología como

> un término genérico de los procesos a través de los cuales significado es producido, desafiado, reproducido y transformado.

Michèle Barret define ideología como un término genérico para los procesos a través de los cuales significado es producido, desafiado, reproducido y transformado.

El terreno de la crítica ideológica evidentemente no se limita al campo de la literatura, sino que se extiende al arte, a la política, al ambiente social y a lo económico. La crítica ideológica *literaria* se ocupa de analizar y teorizar sobre los procesos de producción de significado de los textos en el ambiente social y político. Como hemos dicho, aquí la crítica ideológica aglutina una serie de teorías y diseños hermenéuticos. Entre ellas están muchas de las hermenéuticas presentadas anteriormente: la hermenéutica de liberación, feminista, negra, indígena, la crítica retórica, ciertas críticas literarias marxistas o neomarxistas, la lectura materialista, la lectura sociológica, etc.

La crítica ideológica aglutina una serie de teorías y diseños hermenéuticos.

Louis Althusser

Las obras del neomarxista francés Louis Althusser son importantes en el debate sobre la ideología. Althusser enmarca la ideología en el terreno de la práctica social.

T. Eagleton, Ideology: An Introduction, New York, 1991.

> La ideología es como el espejo, la articulación de significaciones encarnadas en prácticas.

Por ideología Althusser entiende

L. Althusser, Lenin and Philosophy and Other Essays, New York, 1972.

> el sistema de representaciones localizadas en las prácticas cotidianas de una sociedad, especialmente en sus rituales (Althusser 1972).

La ideología se pone de manifiesto, según Althusser, en la relación vivida entre un pueblo y su 'mundo' (Althusser 1972:155ss; Eagleton 1991:18-23). Una de las tareas de la crítica ideológica es, entonces, 'leer' esa relación. La crítica ideológica presta una atención especial al papel de la interpretación y al papel de los y las intérpretes dentro de esa relación vivida. ¿Qué es lo que la interpretación y los y

La materia prima de la crítica ideológica es la formación social real de una sociedad.

las intérpretes contribuyen al establecimiento de la 'verdad', de ciertos valores, de la justificación de ciertas acciones y praxis? La materia prima de la crítica ideológica es la formación social real de una sociedad.

Según la crítica literaria ideológica, la ideología se encuentra en cada texto, tanto en lo que dice, como en lo que no dice. Poder y relaciones de poder son conceptos centrales en la crítica ideológica. En esta línea va también la definición de J.B. Thompson cuando define ideología como 'significado al servicio del poder' (BCC: 1995:274).

14.2 Descifrar las estructuras de poder

T. Eagleton, Criticism and Ideology: A Study in Marxist Literary Theory, London, 1976.

Una tarea primaria de la crítica ideológica es descifrar la estructura de las relaciones de poder, su génesis, su construcción y las dinámicas que la mantienen. Uno de los teóricos más consultados en el campo de la crítica ideológica, Terry Eagleton, enfatiza la relación entre poder, ideología y lenguaje. Según Eagleton, el lenguaje es el vehículo más importante de la ideología. Es a través de los textos que la ideología recibe su mayor y más poderosa expresión. La literatura expresa y reproduce la ideología, en particular a través de sus signos. La ideología se manifiesta en la manera en que el signo lingüístico (significado) y la realidad a que se refiere (significante) se definen mutuamente.

Una tarea primaria de la crítica ideológica es descifrar la estructura de las relaciones de poder, su génesis, su construcción y las dinámicas que la mantienen.

La crítica ideológica pregunta cómo se expresan las relaciones de poder en el lenguaje, tanto en los textos mismos como a través de la interpretación de lectores y lectoras. ¿Cuál es el efecto en los respectivos contextos y relaciones sociales concretas del lector y de la lectora?

La lucha es la madre del significado

Podemos distinguir entre tres dimensiones de lucha presentes en la producción de significado a través del lenguaje. La crítica ideológica:

La ideología se manifiesta en la manera en que el signo lingüístico (significado) y la realidad a que se refiere (significante) se definen mutuamente.

- revela la relación tensa entre la producción de significado y el lenguaje,
- destaca la multiplicidad de discursos presentes en un mismo texto,
- revela la naturaleza compleja entre el contexto original, el texto y el efecto en el lector o la lectora y su contexto (BCC 1995).

14.3 Crítica ideológica y ética

Los textos literarios, especialmente los textos religiosos y sus interpretaciones (que también son textos), están implicados en la construcción y reproducción de la ideología. Decir que ninguna interpretación de textos escapa de la ideología equivale a subrayar el carácter ético del proceso de lectura. Lo mismo pasa cuando decimos que se debe considerar el texto bíblico como "otro" (Segovia 1995, Holland). La cuestión de la ética en la exégesis pertenece, por lo tanto, al corazón de crítica ideológica. En su ensayo sobre la crítica ideológica, el *Bible and Culture Collective* define la crítica ideológica como un acto ético de resistencia contra aquellos textos e interpretaciones que mantienen estructuras de poder que son responsables por la asimetría en el mundo y el sufrimiento de muchos y muchas.

D. Patte, Ethics of Biblical Interpretation. A Reevaluation, Louisville, 1995.

Decir que ninguna interpretación de textos escapa de la ideología, implica subrayar el carácter ético del proceso de lectura. La cuestión de la ética en la exégesis, de los procesos de relectura pertenece, por lo tanto, al corazón de crítica ideológica.

> En el mundo actual cargado de una atmósfera altamente teórica ... la crítica ideológica debe ser vista como un acto de resistencia positivo y ético. Es una acción crítica designada para exponer los sistemas culturales de poder que forman las relaciones vividas, no solamente de los lectores de la Biblia, sino también de la vasta mayoría de los pueblos del mundo; pueblos que en varias maneras han sufrido pobreza, opresión y violencia (BCC 1995:301ss).

Desde que Ricoeur escribió su famoso libro sobre el *Conflicto de Interpretaciones* (1969), la crítica ideológica nos ha hecho más sensibles aún a la cuestión del poder en la

> P. Ricoeur,
> Le Conflit des Interprétations. Essais d'herméneutique, Paris, 1969.

interpretación. Para describir la situación en el 'campo' de la interpretación de la Biblia a fines del siglo veinte, los autores del *Bible and Culture Collective* usan una metáfora marcial: hoy en día el texto bíblico es un campo de batalla interpretativo en el que todos buscan el poder y la verdad es reclamada por todos (BCC 1995:278).

14.4 Poder y Biblia

En el debate sobre lenguaje e ideología, la Biblia ocupa un lugar especial. Esto es comprensible. No hay otro libro que haya tenido tanta influencia en la cultura occidental (Auerbach). Hemos visto que en las últimas décadas un número de hermenéuticas 'especiales' ha tratado de llevar a la práctica la estrategia de sospecha formulada por Juan Luis Segundo en su libro sobre la liberación de la teología: (1) una *sospecha fundamental* acerca de la construcción de la percepción de la realidad lleva a la *sospecha teológica*; (2) la *sospecha teológica* lleva a una *sospecha exegética*, que es la sospecha de que la interpretación dominante de la Biblia *no* ha incluido o visto *todos* los datos del texto bíblico; (3) la *sospecha* exegética lleva a la nueva relectura latinoamericana de la Biblia (Segundo 1979).

> *La crítica ideológica se puede definir como un acto ético de resistencia contra aquellos textos e interpretaciones que mantienen estructuras de poder que son responsables por la asimetría en el mundo y el sufrimiento de muchos y muchas.*

Muchas de las hermenéuticas recientes comparten el elemento de la sospecha. Pero desde el punto de vista metodológico, no es fácil descubrir un denominador común. La lectura materialista opera según líneas diferentes que la feminista; la nueva crítica retórica interpreta el texto de otra manera que la lectura psicoanalítica. Lo que las hermenéuticas nuevas tienen en común, además de la sospecha, es una pregunta nueva y un sujeto nuevo. Es esto lo que orienta la interpretación de las críticas y los críticos ideológicos.

> J.L. Segundo, The Liberation of Theology, New York, 1979.

La crítica ideológica de la Biblia apunta a descentralizar. Se quiere producir una descentralización de poder, tanto del lector o de la lectora como de las temáticas dominantes. Schüssler Fiorenza ha señalado lo que implica tal programa:

La crítica ideológica consiste en decolonizar el proceso de lectura.

- revelar la identificación privilegiada que existe entre el 'interés' de la lectora o el lector y el relato que lee;

- problematizar la validez exclusiva de dicha identificación; hacer que el texto sea también 'texto' para otro lector u otra lectora; hacer que haya otra experiencia de lectura (Schüssler Fiorenza 1988).

El programa de la crítica ideológica consiste en decolonizar el proceso de lectura de la Biblia. Se quiere abrir ese proceso para otros lectores y otras lectoras y para que otros temas sean tocados. La crítica ideológica quiere ver dónde están las huellas de opresión sociopolítica en el texto y dónde hay vestigios de un mensaje liberador, captado por lectores y lectoras oprimidas. La crítica ideológica quiere incorporar a la comunidad de lectores y lectoras a aquellos que no son lectores habituales; quiere hacer sonar la voz de lectores y lectoras cuyas voces no se escuchan con frecuencia; quiere reservar espacio para lectores y lectoras atípicas.

La crítica ideológica quiere incorporar a la comunidad de lectores y lectoras a aquellos que no son lectores habituales; quiere hacer sonar la voz de lectores y lectoras cuyas voces no se escuchan con frecuencia; quiere reservar espacio para lectores y lectoras atípicas.

Diferencia y confrontación

Dos palabras claves de la crítica ideológica son diferencia y confrontación. La crítica ideológica es un esfuerzo por ir en contra de lo usual, en contra de la corriente principal, de las normas disciplinarias, de las tradiciones y 'culturas' establecidas. La crítica ideológica quiere leer la Biblia partiendo de que hay muchas culturas, muchos contextos y muchos intereses. La crítica ideológica es una lectura 'oposicional' que critica, 'mina', interroga y quiere descentralizar y 'deseuropeizar' la lectura de la Biblia. Podemos resumir la práctica de la crítica ideológica de la siguiente manera.

La crítica ideológica es una lectura 'oposicional' que critica, 'mina', interroga y quiere descentralizar y 'deseuropeizar' la lectura de la Biblia.

- Se dirige a la dupla texto histórico y su contexto. Se lee el texto en busca de contenido ideológico.

- Analiza la interacción entre texto y lector o lectora actual; trata de identificar el carácter ideológico de las lecturas contemporáneas.

14.5 La irrupción de la periferia

La crítica ideológica se caracteriza por su resistencia a lo que se denomina la interpretación dominante de la Biblia. Sospecha es un término clave en muchas lecturas actuales de la Biblia, pero no es un término muy transparente. Pues cada exégesis, cada interpretación nueva de un pasaje bíblico tiene cierta carga de sospecha. La práctica teórica de la exégesis moderna es analítica y pretende producir nuevo conocimiento. Por eso debemos considerar a cada nueva exégesis como un acto de sospecha y rebeldía contra exégesis anteriores.

Cada nueva exégesis es un acto de sospecha y rebeldía contra exégesis anteriores.

D. Miguez, 'To Help You Find God'. The Making of a Pentecostal Identity in a Buenos Aires Suburb, Amsterdam, 1997.

El término 'interpretación dominante' tampoco es un término fácil de comprender y definir. ¿A cuál de las muchas corrientes nos estaríamos refiriendo? O, si queremos vincular el concepto con la iglesia, ¿de qué iglesia queremos hablar? ¿De qué sector dentro de ella? En su estudio reciente sobre una iglesia pentecostal en los suburbios de Buenos Aires, Daniel Miguez demuestra cómo se practican dos tipos de lectura bíblica en una sola iglesia, una de tipo más fundamentalista y otra más en la línea de la teología de la liberación (Miguez 1996). Volveremos sobre este problema en nuestras observaciones finales. Por el momento es suficiente destacar la gran importancia de la crítica ideológica. A través de las hermenéuticas de la sospecha fue posible discernir el perfil del lector o la lectora común. Parafraseando una conocida expresión de Gustavo Gutiérrez, podemos decir que en los últimos años se ha producido una irrupción de lectoras y lectores silenciados y temáticas 'omitidas'. Esta irrupción no solamente se produjo en la teología o en la iglesia, sino también en la hermenéutica y la ciencia bíblica. Consideramos la presencia de los marginados en el proceso de comprensión de la Biblia de una importancia crucial.

14.6 Legión es mi nombre

La crítica ideológica también ha tenido efectos negativos. Lo que en la época de posguerra se inició como una batalla contra los dueños de la Escritura, ahora se está convirtiendo en una especie de tribalismo. La batalla resulta ser no más que una interminable serie de escaramuzas. Resulta mucho más difícil de lo que se había pensado atrapar y vencer al enemigo. El dominador es legión y resulta no estar ausente en ninguna interpretación. En la introducción del presente libro nos referimos a esta situación. No se trata de la conocida y clásica oposición entre escuelas exegéticas más marxistas y otras más conservadoras. Mostramos los antagonismos incluso entre lecturas que se definen como liberadoras. Vimos cómo la interpretación de un mismo pasaje bíblico puede llevar a resultados totalmente opuestos. Repasemos algunos ejemplos.

El dominador es legión y resulta no estar ausente en ninguna interpretación.

N.S. Ateek, Justice and only Justice: A Palestinian Theology of Liberation, New York 1989. Id., A Palestinian Perspective: Biblical Perspectives on the Land, en: R.S. Sugirtharajah (ed.), Voices from the Margin, New York, 1995², 267-276.

La relectura de la historia de Caín y Abel (Gen.4) de I.J. Mosala es un rechazo vehemente de la interpretación dada por su coterráneo A. Boesak.

- Crüsemann y Nakanose difieren sustancialmente en su evaluación de la teología del deuteronomista. Crüsemann la considera como una escuela muy progresista, Nakanose la ve como una corriente bastante reaccionaria.

- El mismo autor (Mosala) rechaza fuertemente toda lectura feminista que quiera convertir el libro de Ester, en su redacción final, en ejemplo para la lucha de las mujeres. Ester, opina Mosala, es un libro antirrevolucionario, la trama está definida por intereses y valores patriarcales.

- El teólogo palestino Ateek problematiza el uso del motivo del Exodo en la teología de la liberación. La salida de Egipto y la entrada en Canaán han tenido consecuencias nefastas para la población indígena.

- El autor norteamericano indígena Robert Allen Warrior, refiriéndose a la conquista de América del Norte y la exterminación de gran parte de su población original, formula de manera impactante cómo la liberación de un pueblo puede implicar la muerte de otro. En las palabras de Warrior:

> Mientras se crea en el Jahvé liberador, el mundo no estará a salvo de Jahvé el conquistador' (Robert Allen Warrior 1989).

Robert Allen Warrior: 'Mientras se crea en el Yahvé liberador, el mundo no estará a salvo de Yahvé el conquistador'. R.A. Warrior, Canaanites, Cowboys, and Indians: Deliverance, Conquest, and Liberation Theology today, en: Christianity and Crisis 29, (1989), 261-265; cf. también la propuesta de N.K. Gottwald para una lectura del libro de Josué en tres niveles: N.K. Gottwald, Theological Education as a Theory-Praxis Loop, en: J.W. Rogerson e.a. (ed.), The Bible in Ethics, Sheffield, 1995, 107-118.

- Lo mismo podría haberse dicho de la conquista de Sudamérica.

- Una de las contribuciones más importantes de la crítica feminista es su insistencia en que la crítica ideológica reconozca cómo ella misma, también, puede estar involucrada en una política de omisión, en este caso omisión de género (BCC 1995).

- Un ejemplo es la teología de la liberación. Por más simpatía que autoras como Elisabeth Schüssler Fiorenza hayan expresado por la teología latinoamericana de la liberación (*Bread not Stone*), no han faltado representantes de la teología feminista que denuncien su fuerte carga de machismo y androcentrismo. Conocido es el ejemplo de la teóloga Rita Brock. En su interpretación de la historia de la pasión en el evangelio de Marcos, Rita Brock entra en debate con teólogos de la liberación (J. Sobrino, entre otros). Hay teólogos de la liberación que, según Brock, comparten con la teología tradicional la glorificación del sufrimiento. La glorificación del sufrimiento ha servido como base para el abuso de mujeres. La historia de la pasión en Marcos, que relata el sacrificio de Jesús, no obliga a las mujeres a sacrificarse. La muerte de Jesús no fue un evento inevitable, sino producto de los sistemas políticos de la sociedad patriarcal. La muerte de Jesús en la cruz, escribe Brock, es un evento trágico que no debería seguir imponiendo cargas sobre la vida de las mujeres.

R.N. Brock, Journeys by Heart. A Christology of Erotic Power, New York, 1988.

14.7 La crítica criticada

Los incontenibles movimientos de tropas en el campo de batalla que se llama la interpretación hacen surgir una serie de preguntas elementales. ¿Cómo podemos leer la Biblia sin ser cooptados, sin ser cómplices? O debemos decir más bien: ¿cómo podemos leer la Biblia de tal manera que seamos cómplices de lo bueno? ¿Cuáles son las implicaciones en nuestra cultura posmoderna actual para los y las que queremos practicar una lectura de resistencia? ¿Qué consecuencias tiene para la vida del lector o de la lectora?

La pregunta no es si una lectura es ideológica, la pregunta es en qué manera la lectura se relaciona con la justicia, la verdad y la transformación de la sociedad para el bien.

Creemos que el reconocimiento de la situación de dispersión ya significa un paso hacia adelante. La crítica ideológica no solamente se debe aplicar a la(s) lectura(s) dominante(s), sino también a cada lectura que se presenta como alternativa. Repetimos que ninguna lectura escapa del juego de intereses y poder. También la crítica ideológica misma debe estar dispuesta a rendir cuenta de sus intereses y estrategias de análisis. La pregunta no es si una lectura es ideológica, la pregunta es en qué manera la crítica se relaciona con valores éticos como justicia, verdad, integridad y la transformación de la sociedad para el bien.

14.8 La importancia de la confrontación: observaciones finales

La contribución de las lecturas ideológicas al progreso de la hermenéutica y la ciencia bíblica es inestimable. Después de la gran ofensiva inicial y el subsiguiente refinamiento, la lectura ideológica ha llegado a una tercera y quizá más importante etapa. Es el momento de reflexión acerca de su propia ética y de sus propios criterios. ¿Cómo deberá comportarse la crítica ideológica en un mundo caracterizado por dos problemáticas mayores? Por un lado tenemos la (creciente) asimetría en el mundo; por el otro el avance de la racionalidad occidental y la correspondiente secularización frente a un interminable pluralismo religioso. ¿De qué manera determinará esa realidad la crítica ideológica en el siglo 21? ¿Será inevitable perder su carácter de interpretación de resistencia? ¿Quiénes encontrará a su lado? ¿Será posible llegar a la articulación de una metacrítica que ofrezca una salida del tribalismo? (Patte 1995).

Casi nunca se considera el hecho de que los textos son portadores de opresión y liberación; que están en una relación de simbiosis.

Hemos visto que muchas críticas ideológicas ponen de manifiesto el carácter 'mixto' del texto bíblico. Esto lleva a algunos a reconstruir el texto. Para otros y otras la Biblia deja de tener importancia. Pero casi nunca se considera el hecho de que los textos son portadores de opresión y liberación; que están en una relación de simbiosis.

Croatto subraya el carácter paradójico de cada lectura: mientras que el texto, por su carácter polisémico, sugiere una pluralidad de lecturas, cada interpretación, en un acto de dominación, quiere agotar el texto y no dejar nada para otra.

Lo que R.A. Warrior señala vale también para los Boer en Sudáfrica. Una lectura que vincule demasiado rápidamente la liberación de Egipto con alguna entrada triunfal a alguna tierra prometida, fácilmente puede convertirse en herramienta de opresión. Los oprimidos llegan a ser opresores. La importancia de una crítica ideológica aquí es que puede mostrar las estrategias de detención, de clausura, de ambigüedad, presentes en aquellas lecturas 'liberadoras' y en el texto bíblico mismo. La crítica ideológica, en su mejor forma, revela el carácter paradójico de cada interpretación. Recordemos la acertada observación de Croatto cuando dice que mientras que el texto, por su carácter polisémico, sugiere una pluralidad de lecturas, cada interpretación, en un acto de dominación, quiere agotar el texto y no dejar nada para otra.

Creemos que la crítica ideológica, o mejor dicho las críticas ideológicas, están entrando en una etapa muy importante de su existencia. No solamente deberán mantener su carácter denunciante, sino que también deberán participar plenamente en el debate sobre los criterios de una metacrítica capaz de quitar, de ciertas formas de interpretación bíblica, su carácter 'tribal' o excluyente. Queremos contribuir al debate sobre la validez de la crítica ideológica a través de las observaciones siguientes.

Lectura dominante

Muchas veces la interpretación dominante es un constructo, hecho intuitivamente, en base al silencio u omisión de temas. A veces se entiende por interpretación dominante la exégesis occidental.

Hemos visto que el concepto de interpretación dominante es importante para la crítica ideológica. Este concepto muchas veces nutre la crítica ideológica, la sustenta y es su objeto principal. La resistencia a la interpretación dominante constituye un programa para muchas lecturas ideológicas, y con razón. Pero ya hemos dicho que es un concepto que no se puede definir con facilidad. Muchas veces la interpretación dominante es un constructo, hecho intuitivamente en base al silencio o la omisión de temas. Creemos que la lectura dominante llegó a ser un enemigo tan difícil de atrapar, que el uso del término mismo se ha hecho ideológico. En la América Latina de la década de 1990, ¿cuál sería la lectura dominante? ¿La de la iglesia pentecostal que crece tan rápidamente? (¿cuál de ellas?), ¿la de la iglesia Católica tradicional?, ¿la de la iglesia Católica carismática? ¿O más bien la lectura de las iglesias 'históricas' del occidente, que están en una lucha de sobrevivencia?

La exégesis occidental

A veces se entiende por interpretación dominante la exégesis occidental. Es cierto que muchos temas, más que relevantes para la periferia, fueron 'omitidos', no fueron 'vistos' (Gerstenberger). Todavía vale la observación de Schüssler Fiorenza que la interpretación de la Biblia es predominantemente eurocéntrica. Queremos, sin embargo, observar lo siguiente. En el mundo actual de las ciencias bíblicas ¿cuál escuela podrá reclamar el derecho de llamarse dominante? En segundo lugar, y más importante, repetimos una vez más una pregunta que acabamos de hacer. ¿No es cada exégesis, responsablemente hecha, un acto de sospecha ante exégesis anteriores? ¿No es cada exégesis que arroja resultados nuevos, una denuncia de la manipulación de datos de exégesis anteriores? ¿No debemos afirmar que cada nueva exégesis, iniciada por alguien, es una denuncia de la toma de poder de exégesis anteriores?

Comer del plato del enemigo

Finalmente, frecuentemente resulta que las críticas a la interpretación dominante, para ejercer su trabajo se nutren de trabajos hechos por las exégesis a las que se oponen. Cuando abogamos por un equilibrio entre pertinencia y relevancia tocamos esta temática y constatamos que las leyes que rigen la ciencia bíblica tienen su propia dinámica de la que emanan temáticas propias a las cuales no corresponde siempre aplicar la palabra 'relevante'.

Lectura de resistencia se convierte en lectura dominante

Cuando el filósofo francés Jean-François Lyotard, en su conocido libro *Posmodernismo explicado para niños*, habla del fin de las grandes historias (*master narratives*, *méta-récits*, *metanarraciones*), se refiere a todos los relatos cerrados que reflejan el optimismo de la modernidad y su fe en la 'confeccionabilidad' de la historia. Según Lyotard hay una conexión íntima entre terror, represión y *méta-récits*. Hay dos tipos de metanarraciones que Lyotard toma como ejemplo. Unas son las narrativas hegemónicas del conocimiento absoluto. Ellas afirman poder describir adecuadamente (y dominar eficientemente) al mundo 'así como realmente es'. Otras son las narrativas de emancipación, convencidas de ser capaces de guiar a la humanidad a su plena realización (Boeve 1998:303).

J.-F. Lyotard, Le postmoderne expliqué aux enfants: Correspondence 1982-1985, Paris, 1986 (trad. Inglesa, 1993).

Ahora bien, podemos construir una analogía y decir que también ciertas lecturas de la Biblia pueden ser consideradas como metanarraciones. De la actualización del gran tema del Exodo se esperaba alguna transformación social. Sin embargo, los levantamientos de pobres, mujeres, negros y negras, indígenas, se hacen esperar. En muchos casos las lecturas liberadoras o feministas de la Biblia no trajeron los cambios sociales esperados. La relación entre lectura del texto y el efecto esperado resultó muy complicada. A veces parece que la historia no escucha bien a sus intérpretes y toma rumbos inesperados. Somos de la opinión de que una de las grandes dificultades de las lecturas ideológicas está precisamente en el hecho de haber llegado a ser un sistema cerrado. Muchas veces importa más la postura política 'correcta' o cierta característica biográfica de la o el intérprete, que el resultado de su investigación.

L. Boeve, Lyotard's Critique of Master Narratives, en: G. de Schrijver, Liberation Theologies on Shifting Grounds, Leuven, 1998, 296-314.

¿Despedida de la ideología?

P. Ricoeur, Lectures on Ideology and Utopia, New York, 1986.

Resulta siempre muy difícil despedirse de tal o cual ideología. Esto es comprensible. No es necesario, como se ha hecho en la tradición marxista y neomarxista, ver la ideología solamente como distorsión de la realidad. En su conocido estudio sobre la relación entre ideología y utopía, Paul Ricoeur trata de rehabilitar el concepto de ideología (Ricoeur 1986). La ideología reconoce la estructura simbólica del mundo, sostiene Ricoeur. Antes de que pueda haber distorsión, la realidad debe haber desplegado primeramente una dimensión social e ideológica, afirma Ricoeur. Con C. Geertz Ricoeur está de acuerdo de que la ideología tiene también un lado integrativo y positivo. La ideología no solamente es distorsión, sino también significación. La ideología entrega modelos para interpretar la praxis, las relaciones sociales, etc. Una función importante de la ideología es su papel mediador entre la realidad social y la percepción que se tiene de ella. La ideología tiene que ver con poder. Se encuentra balanceándose entre la aceptación del poder (por el pueblo) y los esfuerzos del dominador por perpetuarse en el poder. Es allí, cuando el frágil equilibrio entre aceptación y proclamación del poder se rompe, que la significación se convierte en distorsión (Ricoeur 1986:8ss).

Cuando el frágil equilibrio entre aceptación y proclamación del poder se rompe, significación se convierte en distorsión.

No estamos conscientes de nuestra propia ideología. Siempre se habla de la ideología del otro, nunca de la nuestra. Es otra razón por la cual es tan difícil para una persona despedirse de su ideología. Vivimos en la ideología como en una casa. Me ofrece tranquilidad, una perspectiva. Me ofrece un horizonte, un panorama de 'cómo es la realidad, de cómo es la vida'. En ella basamos nuestras convicciones, nuestros principios, nuestros anhelos. Sin embargo, la ideología es una maestra severa, que muchas veces exige elegir entre entrega total o abandono total. Matizar aquí fácilmente podrá ser considerado como traición. Es por eso que Ricoeur habla del lado patológico de la ideología. Otro factor que dificulta romper la hegemonía de cierta ideología es que la relación entre postura ideológica, métodos exegéticos y resultado deseado siempre es muy íntima.

Vivimos en la ideología como en una casa.

Vulnerabilidad

Ahora bien, surge la pregunta ardiente ¿cómo abrirnos?; ¿cómo hacer que, al menos, podamos conocer nuestras

Es importante hacernos vulnerables y estar dispuestos y dispuestas a rendir cuenta de nuestras lecturas. Nuestra manera de comportarnos en el campo de batalla dependerá mucho de nuestra disposición de confrontación con las interpretaciones de otros u otras.

propias convicciones ideológicas? Creemos que es importante hacernos vulnerables y estar dispuestos y dispuestas a rendir cuenta de nuestras lecturas. Nuestra manera de comportarnos en el campo de batalla dependerá mucho de nuestra disposición de confrontación con las interpretaciones de otros u otras. Es muy importante saber que ninguna lectura escapa a la ideología. Es importante reconocer que ciertas lecturas liberadoras de la Biblia llegaron a ser como metanarraciones. Es importante saber que la conexión inquebrantable entre postura ideológica, métodos usados y resultado a veces lleva a castración en el proceso de interpretación y mantiene sometido a la o el intérprete.

Creemos que todo esto ayudará a la crítica ideológica a no ser cooptada por su propia dinámica. La disposición a la confrontación y al diálogo, y la resistencia a una vida de parásito, nos parece una necesidad primordial de toda lectura de la Biblia y, por ende, también de lecturas que se confiesan explícitamente 'interesadas'.

Marco de análisis marxista

Hemos visto que la crítica ideológica usa las teorías de autores marxistas o neomarxistas como Marx, Althusser, Eagleton y otros. En los últimos años han surgido nuevas concepciones de lo que es ideología y de cómo opera. Las oposiciones binarias se están abandonando y resulta que la ideología funciona de una manera mucho más complicada y refinada. Citemos otra vez al *Bible and Culture Collective*.

> Otras comprensiones más recientes de la ideología y la crítica ideológica se han ido alejando de los sistemas totalizantes (basados en estructuras de clase) que el marxismo asume. Por ejemplo, los estudios que enfocan el modo de producción en el antiguo Israel o del mundo del Nuevo Testamento, están siendo reexaminados para incluir un enfoque más amplio de la producción literaria, en la cual los métodos posestructuralistas ... prometen jugar un papel muy dinamizante. Además, clase social,

raza y género ya no son considerados como categorías totalizantes o sistemas, sino que se entienden como representantes de estructuras y matrices de relaciones más complejas (BCC 1995:304s).

Lo que ha nutrido muchas lecturas ideológicas de la Biblia es la percepción de la realidad en términos de oposiciones claras: opresor - oprimido, rico - pobre, provincia - ciudad, clase alta - clase oprimida, hombre - mujer, blanco - negro, etc. Anteriormente mostramos cómo la lectura latinoamericana se sirve frecuentemente de estas oposiciones. Para la lectura de la Biblia esta percepción de la realidad ha sugerido la existencia de dos lecturas opuestas: una de la clase dominante, una lectura no-ética, opresora, sustentadora de las estructuras de opresión; otra liberadora, hecha en un contexto de solidaridad con los oprimidos y las oprimidas y con un efecto que se espera que sea liberador. Ahora bien, es precisamente la crítica ideológica la que enseña que no existen lenguajes, categorías, conceptos y contextos 'simples'. La posmodernidad y los métodos posmodernos nos enseñan enfáticamente que la crítica ideológica debería ser más que un análisis de oposiciones transparentes. Es la tarea de la crítica ideológica examinar la 'conducta del poder' en lo que son las redes, infinitamente complicadas, que constituyen la realidad actual.

Es la tarea de la crítica ideológica examinar la 'conducta del poder' en lo que son las redes, infinitamente complicadas, que constituyen la realidad actual.

Textos como nudos de intereses

Nos hemos referido al hecho de que la crítica ideológica muchas veces consistió en el análisis de textos en términos de oposiciones simples. Hemos visto cuán decisiva esta ruta fue para las hermenéuticas modernas. Recordemos cómo distinguimos tres actitudes diferentes, a veces consecutivas, frente a la Biblia. Las definimos de la manera siguiente.

1) La actitud de reconquista o recuperación (toda la Biblia es producto de los y las pobres);

2) la actitud de reconstrucción (la redacción final debe ser separada de las capas liberadoras originales);

3) actitud de abandono o ruptura (la Biblia pertenece al campo enemigo, no sirve mis intereses, acudo a otras fuentes de inspiración).

Creemos que una tarea primordial de la crítica ideológica es ajustar su teoría de textos y articular una teoría que contemple ese hecho.

Un resultado importante de la crítica ideológica, pero no suficientemente analizado todavía, es la constatación de que los textos bíblicos tienen el carácter de una convivencia. Habíamos hablado de simbiosis. Hay más de un interés; el texto bíblico no es solamente portador de salvación y liberación, sino que hay intereses contradictorios que pueden estar en una relación de simbiosis en un solo texto. Creemos que una tarea primordial de la crítica ideológica es ajustar su teoría de textos y formular una teoría que contemple ese hecho y las interrogantes que deja. ¿Cuáles son los criterios para privilegiar un interés sobre otro? ¿A cuál de las muchas voces en un texto se le dará preferencia? ¿Por qué? ¿Criterios vigentes en la convivencia humana, como son democracia, complementariedad, buen diálogo, consenso, intereses compartidos, pueden ser válidos aquí? El diálogo sobre esta temática tendrá implicancias profundas para nuestra ética de la interpretación y nuestra percepción del carácter de la Biblia como primera fuente de revelación de la fe cristiana.

La meta-crítica

Si todo es ideología, la ideología no es una sino muchas cosas. Con todo, nace la necesidad de una metacrítica. Una crítica, un conjunto de reglas que vaya más allá del nivel de tal o cual ideología o interés particular. Un conjunto de reglas que determine el campo ético dentro del cual lecturas responsables de la Biblia deberían desarrollarse.

Hemos visto que ninguna lectura se escapa de ser ideológica. Cada lector o lectora se acerca al texto con expectativas, con intereses. Cada lector o lectora y cada lectura toma una opción. No hay lecturas no-ideológicas. Pero el descubrimiento de que si todo es ideología, la ideología no es una sino muchas cosas, constituye un nuevo programa para la crítica ideológica. Si toda lectura es ideológica, ¿qué es lo que la crítica ideológica puede hacer más que decir que cada lectura es una opción? ¿Cómo es posible hacer que cierta práctica ideológica no sea devorada por su propia teoría? Debemos estar conscientes de que no es posible 'congelar' los procesos de interpretación. En el momento en que se haya denunciado el carácter ideológico de una lectura, se presentan dos nuevas, no menos ideológicas. Esto tiene que ver con el carácter propio de la interpretación. Interpretación tiene que ver con progreso, con movimiento. Las interpretaciones no esperan tranquilamente hasta recibir el visto bueno de los examinadores ideológicos.

Con todo, nace la necesidad de una metacrítica. Una crítica, un conjunto de reglas, que vaya más allá del nivel de tal o cual ideología o interés particular. Un conjunto de reglas que determine el campo ético dentro del cual lecturas responsables de la Biblia deberían desarrollarse. Un conjunto de reglas y tareas a las que intérpretes responsables de la palabra bíblica deberían atenerse.

14.10 Etica e interpretación

La interpretación tiene que ver con progreso, con movimiento. Las interpretaciones no esperan tranquilamente hasta que sean examinadas por su carga ideológica.

¿Es posible dibujar los contornos de una ética de la interpretación bíblica? Es una pregunta difícil. Una ética de la interpretación debe disponer de un instrumentario para analizar los aspectos éticos de la práctica exegética, debe formular reglas sobre la responsabilidad de la o el intérprete, debe precisar los aspectos éticos de la relación entre intérprete y destinatarios. Ahora bien, por más difícil que sea, tratemos de formular algunas líneas, y bien en tres pasos. En primer lugar trataremos de indicar brevemente algunos aspectos del proceso de interpretación del texto bíblico que debemos considerar éticos (1). Después hablaremos de la práctica exegética misma (2); y luego clarificaremos nuestra propia postura y hablaremos de una hermenéutica de responsabilidad (3).

'Interpretar de...' siempre es a la vez 'interpretar para...' (Schüssler Fiorenza). El acto de análisis es un acto de construc-ción de significado en base a opciones.

1) Aspectos éticos de la interpretación

1.1) Implicaciones éticas del descubrimiento semiótico

En su conocido libro *Bread not Stone*, Elisabeth Schüssler Fiorenza observa acertadamente que 'interpretar de...' siempre es a la vez 'interpretar para...' (Schüssler Fiorenza 1984:141). La interpretación de un texto bíblico siempre se hace para alguien. Los y las exégetas siempre quieren servir algún interés. En el proceso de la interpretación el 'de' queda siempre muy claro, el 'para' casi nunca. El hecho de que la interpretación siempre sea 'interpretación para...' constituye una de las raíces del problema ético de la exégesis. El problema ético en la interpretación nace en el momento en que se obtiene conciencia de que exegetizar o 'explicar' un texto nunca es un proceso matemático, sino una práctica teórica que solamente puede llevarse a cabo a través de una interminable serie de opciones. En la lectura de la Biblia, ese proceso comienza cuando el o la intérprete toma el texto bíblico en su forma original (¿cuál?, ¿de qué edición 'crítica'?) y debe delimitar una de las muchas significaciones que ha tenido la palabra que investiga. Exegetizar siempre es más que explicar, exegetizar siempre es también interpretar. La idea de poder separar el análisis de una obra de su interpretación es una ilusión, escribe Mieke Bal acertadamente.

Exegetizar siempre es más que explicar, exegetizar siempre es también interpretar.

> El rechazo a interpretar es, en el análisis final, una actitud no semiótica. Es ingenuo creer que podemos analizar sin interpretar, que podemos trabajar y vivir sin prestar significado al mundo que nos rodea (Bal 1988:136).

El acto de análisis es un acto de construcción de significado en base a *opciones*. Surge la pregunta sobre las opciones de las cuales se trata. ¿Son todas de carácter científico? Si fuera así, ¿habría tanta diversidad en la interpretación? No. Parece que las opciones que el o la exégeta toma no se limitan al ambiente de la exégesis misma. Ahora bien, de la semiótica hemos aprendido que el acto semiótico no tiene límite. Un mismo texto se presta para la construcción de más de una línea narrativa; todas resultan cumplir con los criterios de coherencia y consistencia. Por lo tanto es imposible ser completo en la interpretación.

> Cada crítico es libre para declarar ciertas cuestiones como significativas, a costa de otras. Esta es una de las reglas del juego: la perspectiva semiótica nos ha enseñado que el acto semiótico no tiene límite. Por ende es imposible ser, o incluso tratar de ser, completo (Bal 1988:136).

De la semiótica hemos aprendido que el acto semiótico no tiene límite. Un mismo texto se presta para la construcción de más de una línea narrativa.

En su libro *Murder and Difference* (1988), Mieke Bal analiza las diferentes interpretaciones que se han dado de Jueces 4. Bal demuestra cómo distintos autores y autoras, usando instrumentos y criterios científicos, pero *distintos códigos disciplinarios*, destilan distintos significados de una misma narración. Quien aplica el *código historiográfico* se concentra en un aspecto (carácter histórico de Jc.4 y 5) y halla una significación diferente a la de quien aplica el *código antropológico* (¿qué aspectos de la vida cultural y social reflejan Jc.4 y 5?), *literario* (¿cuál es su composición literaria, cuáles sus fuentes de belleza?, Bal 1988:74) o *teológico* (¿cuáles son los sentimientos y convicciones religiosos expresados por el texto?; Bal 1988:37). Bal demuestra cómo cada *código* (perspectiva de búsqueda) abre cierta perspectiva y encubre otra que también 'está en' el relato. El 'texto original', dice Umberto Eco en su conocido libro sobre el papel del lector (*The Role of the Reader*, 1979), constituye un *tipo* (una base, HdW) flexible del cual muchas *significaciones* pueden ser realizadas legítimamente.

> La misma existencia de textos que no solo pueden ser interpretados libremente sino también generados en forma cooperativa por el lector o la lectora (el texto 'original' constituye un tipo flexible del cual muchas significaciones pueden ser realizadas legítimamente) plantea el problema de una estrategia de comunicación algo peculiar, basada sobre un sistema de significación flexible (Eco 1979:3)

Cada código lleva de manera crítica, coherente y controlable a la construcción de un significado particular.

Bal demuestra en su estudio cómo los códigos disciplinarios — las llaves de búsqueda — corresponden a preocupaciones, preguntas, experiencias e intereses de ciertos grupos y momentos históricos distintos. Cada *código* lleva de manera crítica, coherente y controlable a la construcción de un significado particular. Desde el punto de vista semiótico este nacimiento de una pluralidad de dimensiones significativas de un texto es totalmente legítimo.

> Por ende la diversidad de lecturas que corresponde a la diversidad de dimensiones productoras de significado de un texto, se puede considerar como

potencialmente legítima desde una perspectiva semiótica (Patte 1995:28).

La validez del *descubrimiento semiótico* (un texto, múltiples significaciones) viene a ser confirmada por lo que se ha llamado la *explosión de métodos*. Hemos visto cómo en las últimas décadas ha habido una verdadera explosión de métodos; todos críticos, todos científicos y todos reclamando cierto derecho de propiedad sobre el texto.

Ahora bien, surge una pregunta importante. El descubrimiento de que los textos bíblicos pueden decir más de una cosa a la vez ¿es realmente nuevo? ¿No es precisamente ese hecho lo que constituye el fundamento de la exégesis clásica? ¿No fueron precisamente las *contradicciones, discrepancias, repeticiones y diferencias de estilo* la cuna de la crítica histórica? Debemos reconocer que no es nuevo el descubrimiento de que los textos representan más de un interés. Ya hace tiempo también la exégesis clásica había reconocido que

> ... una pluralidad de dimensiones textuales provee la base para una pluralidad de lecturas legítimas diferentes de un texto dado (Patte 1995:37).

Lo nuevo de la situación actual se caracteriza por dos elementos: la explosión de nuevos métodos y la explosión de nuevos lectores y nuevas lectoras. Lo nuevo es el problema de la evaluación de la autoridad de todas esas nuevas lecturas y lectores o lectoras.

Lo nuevo no es el descubrimiento de la polisemia de los textos bíblicos o su carácter y composición 'mixtos', lo nuevo es la cuestión de la responsabilidad ética ante la cual la nueva situación nos coloca. Lo nuevo de la situación actual se caracteriza por dos elementos: la explosión de nuevos métodos y la explosión de nuevos lectores y nuevas lectoras. *Lo realmente nuevo es el problema de la evaluación de la autoridad de todas esas nuevas lecturas y lectores o lectoras.*

1.2) Las opciones en la interpretación van más allá de argumentos críticos

En su reciente estudio sobre la ética de la interpretación bíblica, el exégeta norteamericano Daniel Patte demuestra cómo la exégesis clásica pretendía poder solucionar el problema en base a argumentos críticos. Si había dos 'fuentes' o 'redacciones' presentes en un texto, una perícopa o un evangelio, se afirmaba la relativa autoridad de una (por representar las *ipsissima verba* de Jesús, por ejemplo) y se descartaba la otra (por representar una fuente posterior, teología de la comunidad o algo por el estilo). Abundan los ejemplos de esta manera de proceder, no solamente en la exégesis tradicional, sino también en las exégesis más recientes, la liberadora, negra, feminista, indígena, poscolonial, etc. Vimos cómo Schwantes, orientado por una hermenéutica del Exodo y de la Cruz, reconoce la relativa autoridad de partes de Génesis 16 y descarta otras. Vimos cómo Mosala reconstruye Gé. 4, Miqueas y Ester. Sabemos que Schüssler Fiorenza usa el criterio de 'originalidad' para establecer su jerarquía de lecturas (Schüssler Fiorenza 1983).

> E. Schüssler Fiorenza, In Memory of Her, A Feminist Theological Reconstruction of Christian Origins, New York, 1983.

Ahora bien, lo que el descubrimiento semiótico implica es que el conflicto de interpretaciones no puede ser resuelto solamente en base a argumentos científicos (Patte 1995:38). Desde el punto de vista exegético, dos o más tradiciones presentes en un texto son igualmente legítimas y reclaman autoridad con el mismo derecho. Desde el punto de vista crítico su relación es neutra. En otras palabras, la opción por un código y no otro, la preferencia por una línea de significado en desmedro de otra, desde el punto de vista semiótico no es defendible en base a argumentos críticos. Es importante reconocer que la jerarquización de valores no siempre es dada por el texto. En ningún lugar de Gé. 16 dice que la redacción posterior ('humíllate debajo de la mano de tu maestra...') sea de menor valor que la versión 'original'.

> Usar un código y no otro, dar preferencia a una línea de significado en desmedro de otra, desde el punto de vista semiótico no es defendible en base a argumentos críticos.

Podemos concluir, por lo tanto, que en las opciones que conducen al establecimiento de la relativa autoridad de una línea semántica por encima de otra, hay siempre una fuerte carga ideológica relacionada con la conexión íntima entre el de, el desde y el para; entre lugar social y lugar epistémico; entre opción política y ciencia; entre fe y argumento crítico. No es necesario decir que aquí nos encontramos con un elemento fuertemente ético en la interpretación.

> Podemos concluir que en las opciones que conducen al establecimiento de la relativa autoridad de una línea semántica por encima de otra, hay siempre una fuerte carga ideológica relacionada con la conexión íntima entre el de, el desde y el para; entre lugar social y lugar epistémico; entre opción política y ciencia; entre fe y argumento crítico.

1.3) Métodos y ética

¿Por qué parece tan nueva la cuestión de la ética en interpretación? Ya hemos dado algunos argumentos. Hay otro más. Cuando observamos la manera en que, en décadas pasadas, se percibía la cuestión ética, debemos decir que ha cambiado radicalmente de carácter. El problema ético ya no está relacionado solamente, ni en primer lugar, con la pregunta por el método correcto. En su mencionado libro Daniel Patte describe cómo para él y muchos de sus colegas, en décadas anteriores, la ética en la interpretación solamente tenía que ver con la metodología de la investigación. Exegetizar un texto correctamente desde el punto de vista ético era simplemente usar un buen método.

La problemática de la ética en la exégesis parece ser mucho más complicada porque ya no está relacionada solamente, ni en primer lugar, con la cuestión del método correcto.

> Para mí, y muchos otros científicos bíblicos, los problemas éticos eran exclusivamente de carácter metodológico: irresponsabilidad ética equivalía al uso de métodos no apropiados; conducta no ética era el uso erróneo de una metodología (i.e. el uso artificial de un método para imponer las visiones del intérprete al texto). La solución de los problemas muy graves, que a veces había, consistía en dar más atención a las cuestiones metodológicas. La preocupación metodológica era, por lo tanto, una preocupación primaria — una preocupación ética (Patte 1995:18).

Los métodos semióticos y estructurales parecen estar íntimamente relacionados con la sociedad tecnológica; los métodos sociológicos con el modernismo y la época de la posguerra (guerra fría); los métodos históricos con la Iluminación, la revolución industrial y el modernismo en general; la deconstrucción con la decepción provocada por el modernismo; la Crítica de la respuesta del lector con los procesos de democratización; los métodos literarios con ciertas corrientes del Romanticismo.

Acabamos de decir que la cuestión de la ética en la interpretación va más allá de la metodología. Pero eso no significa que la pregunta por los métodos no se abra al debate ético. Todos esos nuevos métodos que nacieron en las décadas pasadas son críticos y científicos, pero no todos parten de los mismos presupuestos acerca de lo que es conocimiento seguro y evidencia confiable. Sabemos que cada uno de esos métodos representa lo que se ha llamado una moralidad de conocimiento (Van Harvey, citado en Patte 1995:18). Cada uno de esos métodos tiene una visión propia sobre lo que es más interesante, valioso y 'propio' de un texto literario. Se ha demostrado la interrelación entre método, momento histórico e intereses de ciertos grupos en la sociedad. Los métodos semióticos y estructurales parecen estar íntimamente relacionados con la sociedad tecnológica; los métodos sociológicos con el modernismo y la época de la posguerra (guerra fría); los métodos históricos con la Iluminación, la revolución industrial y el modernismo en general; la deconstrucción con la decepción provocada por el modernismo; la Crítica de la respuesta del lector con los procesos de democratización; los métodos literarios con ciertas corrientes del Romanticismo, etc.

Se nos ofrece una nueva situación ética porque el descubrimiento semiótico dificulta el proceso de jerarquización de los nuevos métodos y de los nuevos lectores y las nuevas lectoras. No es posible, repetimos, en base a criterios meramente exegéticos, establecer una jerarquía de autoridad entre una y otra 'redacción', una y otra 'fuente', una y otra lectura.

1.4) El problema ético de la opción exclusiva por un método

El descubrimiento semiótico ha sido de una gran importancia. Arroja luz sobre la interminable serie de opciones que el o la intérprete profesional del texto bíblico debe hacer; sobre el hecho de que la opción por un solo método implica, inevitablemente, el establecimiento de una jerarquía de lecturas. Pero una jerarquización de métodos implica, a su vez, el establecimiento de una pluralidad de moralidades de conocimiento (Patte). Hemos hablado de la conexión íntima entre la opción por un método y lo que se considera como lo propio de un texto literario (Tiffany & Ringe 1996:222ss). Falta, sin embargo, un debate sobre las implicancias éticas de este hecho. Cuando el crítico literario se esfuerza por revelar las fuentes de belleza del texto ¿maneja un criterio menos ético que la exégeta de liberación que quisiera convertir el texto en instrumento de liberación? Cuando la Crítica de la respuesta del lector concentra su trabajo en el lector o la lectora actual como coautor del texto ¿está trabajando con un criterio menos ético que el o la exégeta tradicional que busca el significado del texto, ubicándolo en su contexto histórico? ¿Qué es, realmente, una lectura correcta? (Tiffany & Ringe 1996:205ss; 217). Una lectura éticamente correcta es, por supuesto, otra cosa que una lectura aceptable (Fish 1980:338) o válida (Hirsch 1967) desde el punto de vista crítico.

La opción exclusiva por un método puede ubicar a la o el intérprete dentro del famoso círculo vicioso y, por lo tanto, en cierta especie de idolatría. De alguna manera también podemos considerar la explosión de métodos como una gran rebeldía contra lo que Patte ha llamado la doble idolatría de la exégesis — su androcentrismo y su eurocentrismo — cuyas consecuencias para los afectados y las afectadas son graves. A juicio de Patte, la situación es grave. Mientras que seamos esclavos de estos dos ídolos, seguiremos produciendo destrucción y alienación y no seremos capaces de rendir cuenta de nuestra lectura a los afectados y las afectadas.

> Nuestra incapacidad de responder a aquellos que son afectados por nuestras idolatrías y nuestra destrucción, opresión y alienación de estos grupos continuará mientras permanezcamos cautivos a estos dos ídolos (Patte 1995:50)

Es cierto lo que Patte observa aquí. Debemos preguntarnos, sin embargo, si la contraposición que Patte crea — métodos eurocéntricos ...y sus víctimas — no es demasiado rígida. Patte no tematiza el hecho paradójico de que precisamente muchos y muchas exégetas del Tercer Mundo siguen usando, a veces de manera muy tajante, métodos eurocéntricos. La conclusión es obvia. Los métodos eurocéntricos tienen que ofrecer a intérpretes de otros continentes algo que consideran de gran importancia y que está relacionado con lo que consideran lo más propio del texto bíblico. Observamos, de paso y nuevamente, que es comprensible, pero a la vez muy curiosa la predominancia — para no usar otra palabra — del método sociológico entre exégetas latinoamericanos. Es comprensible porque el método sociológico ve como lo más propio del texto bíblico las huellas de las oposiciones entre pobre y rico, opresor y oprimido. Es curioso, porque de alguna manera alarga la dependencia con la que se quiso romper. En todo caso esperamos haber clarificado aquí que la opción por un método, particularmente cuando es exclusiva, tiene implicancias éticas y no se deja determinar ni legitimar únicamente en base a criterios exegéticos.

1.5) Lecturas correctas de textos equivocados

En su reciente libro sobre la interpretación de la Biblia, Frederick Tiffany y Sharon Ringe aluden a otra cuestión ética relacionada con la interpretación de la Biblia, es decir la 'correcta', justa interpretación de textos que, desde el punto de vista moderno, son considerados por cristianos y cristianas como 'injustos' o 'equivocados'. ¿Qué hacer, preguntan Tiffany y Ringe, con los textos que propagan la esclavitud (Ef. 5.21-6.9) o la inferioridad de la mujer? ¿Cómo interpretar los textos que se oponen fuertemente a la homosexualidad? En estos casos una exégesis *aceptable* o *válida* no puede sino reconocer que el mensaje del texto va en contra de convicciones modernas.

Si nuestros valores morales incluyen la afirmación de que ningún ser humano puede ser propietario de otro ser humano, la lectura exegéticamente válida, desde el punto de vista ético, estaría 'equivocada'. Si decimos, en base al texto, que el texto llama a la anulación del sistema de esclavitud porque sabemos que la esclavitud es mala, sacaríamos una conclusión éticamente 'correcta', pero exegéticamente incorrecta (Tiffany & Ringe 1996:218). Entonces, el o la intérprete se enfrenta con la situación, difícil desde el punto de vista hermenéutico y ético, de que la Escritura contiene una diversidad de voces.

> A el o la intérprete le queda entonces la pregunta de cómo valorar y hacer juicios morales acerca de la diversidad de voces en la Biblia, como palabras éticas en el contexto de la o el intérprete y no la tarea de aplicar cada texto específico en forma individual (Tiffany & Ringe *ibid.*).

Por supuesto que la inquietud que tocan Tiffany y Ringe no es nueva. La historia del judaismo y cristianismo nos entrega una interminable lista de ejemplos de este enfrentamiento entre la moral actual y el texto histórico. No es necesario entrar aquí en las diferentes soluciones que se han dado al problema. Es importante ver que todas ellas, tanto la *halajá* como la interpretación cristiana, apelan a alguna instancia mayor al texto individual. Se puede llamar *skopus* de la Biblia, *espíritu* del testimonio bíblico o *ejes semánticos*; todos los términos usados apuntan a lo mismo. Se trata de una instancia que la exégesis del texto individual apenas puede captar. Es el *espíritu* con el que fue escrita la Escritura (Tiffany & Ringe 1996:218ss).

Con todo, debemos reconocer que honestidad exegética y moral actual no siempre se sustentan. No solamente es una pregunta complicadísima cuando preguntamos en qué medida una ética moderna podrá basarse en la Escritura, sino que también las lecturas que van *contra el texto bíblico* (la expresión es de Tiffany & Ringe 1996:220) — presentes en todas las tradiciones religiosas — tienen que ver con opciones éticas que se sustentan generalmente fuera del texto mismo.

1.6) Los afectados y las afectadas

Nos referimos aquí a los afectados y las afectadas por nuestras lecturas e interpretaciones. El término 'afectados' es un poco pesado. Puede dar la impresión de que ciertas lecturas de la Biblia han tenido muchas víctimas.

I. Gebara, Prólogo, en: Ress/Seibert-Cuadra/ Sjorup, 1994, 15-20.

Antes de entrar en el tema queremos hacer dos observaciones. En primer lugar debemos reconocer que, si es verdad que las lecturas producen víctimas, esto no puede hacerse valer solamente para las lecturas eurocéntricas practicadas en Europa o Estados Unidos, sino también para las que son producidas en otras partes del mundo. Las lecturas androcéntricas y sexistas no se practican solamente en el continente antiguo, sino por todo el mundo (Mosala 1996:43-58). Es con razón que un creciente número de exégetas latinoamericanas está denunciando aspectos fuertemente masculinos de la llamada lectura liberadora latinoamericana (Gebara 1994:19ss). En segundo lugar debemos decir que no es fácil establecer nítidamente la relación entre un o una exégeta y sus lectores o lectoras. Al lado de las afectadas y los afectados siempre hay también beneficiados y beneficiadas. No toda exégesis se produce para un gran círculo de lectores o lectoras. Hemos dicho anteriormente que el o la exégeta también, y en primer lugar, debe responsabilidad a la *civitas disptutantium*. En este caso los 'afectados' son los o las colegas del gremio. De Ricoeur aprendimos que un texto, una vez puesto por escrito, deja de ser propiedad del autor y se abre a otro público: cualquiera que pueda leer. Esta situación complica la pregunta por la responsabilidad de un autor. Su público ¿quiénes son? El o la exégeta ¿realmente conoce sus lectores o lectoras? ¿No debería hacerse una distinción entre un público y otro? Es obvio que las y los exégetas que escriben a un nivel más popular y amplio tendrán un mayor número de 'afectados'. Cuando tocamos la diferencia entre relevancia y pertinencia relatamos el ejemplo del exégeta inglés S.Brandon. Honestidad exegética llevó a Brandon, un exégeta conservador, a producir resultados que beneficiaron mucho a ciertos afectados 'progresistas'. ¡Qué caprichoso es el proceso de lectura!

I.J. Mosala, Race, Class, and Gender as Hermeneutical Factors in the African Independent Churches' Appropriation of the Bible, en: Semeia 73 (1996), 43-58.

Podríamos seguir interrogando el término 'afectados o afectadas' hasta anularlo como vocablo usable. No lo queremos hacer y bien por la siguiente razón. Los autores que hablan de la responsabilidad de la o el exégeta y de los afectados de su interpretación no se refieren tanto a destinatarios individuales, sino más bien a la situación hermenéutica en que nos encontramos. Se nos permita usar una vez más el término *explosión de métodos*. Lo que las hermenéuticas del genitivo y la explosión de métodos de las últimas décadas nos han enseñado es que la exégesis tradicional no fue capaz de satisfacer las necesidades de todos los lectores y todas las lectoras de la Biblia. En muchos lugares del mundo se ha sentido como deficiente y muda frente a los problemas propios. En muchos lugares se ha sentido como deficiente en su tratamiento del texto.

Debemos decir que cada hermenéutica nueva es una protesta contra el silencio y la omisión de lecturas anteriores. Lo que la explosión de métodos y nuevas lecturas elucida con impactante claridad es que la cantidad de las y los que se sienten afectados, menospreciados, no tomados en cuenta, es inmensamente grande. La irrupción de grandes masas de hombres y mujeres, en Asia, Africa y América Latina, que se presentan como nuevos lectores dignos de atención, reclamando su derecho de leer el texto, constituye un hecho nuevo y nos coloca ante una nueva situación hermenéutica con implicancias éticas profundas. No solamente ofrece la posibilidad de liberar al proceso de lectura del texto bíblico de su cárcel eurocéntrica y moderna, sino que también arroja luz sobre el hecho de que la dinámica científica no es tan autónoma como se ha sugerido. Si no fuera así no podría explicarse por qué tantos lectores nuevos, del Tercer Mundo especialmente, no se sienten representados por métodos y lecturas clásicos. La misma dinámica que lleva a la investigación de un tema, excluye el análisis de otro. El problema ético está en el hecho de que la *civitas disputantium* ahora está configurada de manera diferente. Lectores y lectoras no-europeas forman parte importante de ella. Ahora bien, la exigencia de que un exégeta se comunique con los demás integrantes de la *civitas disputantium* no puede hacerse valer unilateralmente para los y las exégetas del Tercer Mundo, sino que es aplicable también a los integrantes tradicionales de la *civitas disputantium*. Dicho de otra manera: hay una multiplicidad de nuevas voces que deben ser escuchadas.

1.7) ¿Jerarquización de lectores y lectoras?

Respecto a la pregunta por la autoridad y legitimidad de una lectura de un texto bíblico estamos acostumbrados, consciente o inconscientemente, a partir de una jerarquía de lectores. Primero viene el lector profesional, el o la exégeta. En este esquema, la o el exégeta figura a veces como como *árbitro* que ha descubierto cierta cantidad de líneas de significado en el texto y valida aquella interpretación que se base en una de ellas. Debe estar claro que discrepamos profundamente con esta imagen. No consideramos a la o el exégeta como la única instancia autoritativa en el proceso de interpretación. Por más que la o el exégeta tenga su propia responsabilidad, creemos que la interacción entre lector profesional y lector común es un complemento de gran importancia. Comunidades de lectores y lectoras pueden revelar aspectos del texto no vistos por el lector o la lectora profesional. *La crítica del lector* y *la nueva semiótica* nos enseñan que la interacción entre texto y lector o lectora son parte elemental del proceso de *semiosis*. Esto implica a su vez, hecho enfatizado por exégetas del Tecer Mundo, que la interacción entre lector profesional y lector común pertenece al acto de interpretación mismo. No solamente el texto mismo, sino también su recepción por el lector o la lectora, constituye una fuente de conocimiento primordial para la o el exégeta. Pero, como hemos dicho, además del lector o la lectora profesional, se ofrece ahora una gran comunidad de lectores y lectoras nuevos; pobres, iletrados en muchos casos. Esta gran comunidad lee la Biblia *diferentemente*. Esta situación es nueva y trae consigo dos preguntas de carácter ético.

a) ¿Qué pasa cuando lectores y lectoras comunes de las comunidades pobres y marginadas llaman a los y las biblistas para acompañarles en su lectura de la Biblia? (West 1996:21).

G. West, Reading the Bible differently: Giving shape to the discourses of the dominated, en: Semeia 73 (1996), 21-41.

b) Si la exégesis realmente es una operación dirigida a la *apertura de los textos* y no a su *clausura*; si la *primera* tarea de la exégesis es, en lealtad al texto, su *ex*plicación (*des*plegar) y no simplificación; entonces no hay razón que impida que el o la exégeta esté a la escucha de las muchas voces nuevas que dan forma a su recepción. No hay razón para que el o la exégeta no se haga alumno de los y las pobres (Mesters; de Wit 1991)

Daniel Patte, en su respuesta en el número de *Semeia* dedicado a la relación entre lector profesional y lector común, formula bien lo que está en el juego.

> No podemos dejar de considerar la relación entre lecturas críticas y comunes, y por ende cómo nos comportamos como lectores y lectoras críticas hacia lectores y lectoras comunes (p.ej. estudiantes) en nuestra práctica real de estudio bíblico crítico, como por ejemplo cuando enseñamos en el aula o a través de nuestros escritos. Según la concepción tradicional propagada por académicos varones euroamericanos, los lectores críticos tienden a presentarse como poseedores de un conocimiento (sobre la Biblia y cómo interpretarla) que imparten a los y las lectores comunes quienes carecen de dicho conocimiento y por ende están destinados a lecturas inaceptables de la Biblia mientras no reciban la instrucción apropiada. En estas prácticas comunes, los lectores críticos transmiten una forma de lectura a los lectores comunes quienes presumiblemente tienen formas equivocadas de leer que deberían abandonar (Patte 1996:264).

Daniel Patte, Biblical Scholars at the Interface between Critical and Ordinary Readings: A Response, en: Semeia 73 (1996), 263-276.

Resumiendo, podemos decir que el surgimiento de las nuevas comunidades de lectores y lectoras ha significado para el y la exégeta una situación nueva en que se articulan cuestiones que son de carácter ético. Tienen que ver con la división de trabajo, la pregunta por la fidelidad primaria del exégeta, el equilibrio frágil entre pertinencia y relevancia, su responsabilidad por los que apelan a él o a ella por su conocimiento o experiencia, su relación con los nuevos lectores como fuente de conocimiento, etc.

2) La ética y la práctica exegética

2.1) Optimismo defraudado

¿Cómo salir de la encrucijada? ¿Cómo encontrar un equilibrio entre la amistad y enemistad, entre compromiso con los oprimidos y la lucha contra los opresores, entre respeto para unos y odio de otros, entre aceptación y rechazo, entre simpatía por las convicciones de unos y el más enfático rechazo de los valores de otros, entre integridad académica y compromiso con los y las pobres, entre las exigencias del contexto particular y el desafío de la manutención de la universalidad?

¿Cómo salir de la encrucijada? ¿Cómo encontrar un equilibrio entre la amistad y enemistad, entre compromiso con los oprimidos y la lucha contra los opresores, entre respeto para unos y odio de otros, entre aceptación y rechazo, entre simpatía por las convicciones de unos y el más enfático rechazo de los valores de otros, entre integridad académica y compromiso con los y las pobres, entre las exigencias del contexto particular y el desafío de la manutención de la universalidad? Para no morir debemos comer, para no estancar debemos crecer.

¿Cuál es la solución en ese campo de minas que se llama la interpretación bíblica, para aquel o aquella exégeta que quiere ser fiel tanto a las obligaciones de su lugar epistémico como a las de su lugar social? La palabra mágica de los años '70 y '80 del siglo 20, cuando se comenzó a descubrir el problema que estamos analizando, fue la complementariedad o, como lo formula Patte, la exégesis crítica multidimensional. Es un término que nosotros usamos también fecuentemente en el presente libro. Exégetas (europeos) eran optimistas sobre la posibilidad de llegar a un método comprehensivo, una gran caminata interpretativa que usara e incorporara resultados de todos los métodos 'particulares'. Surgieron, empero, varios problemas. Lo que predicaba la teoría, raras veces se llevaba a la práctica (1). Era más difícil de lo que se había pensado integrar nítidamente los resultados de métodos particulares. Llegar a la mejor interpretación posible no era cuestión de sumar los resultados parciales de una gran gama de métodos (2). Un exégeta europeo o norteamericano, por más buena voluntad que tuviera, no podía cumplir la tarea de los a las intérpretes de otro sexo, continente, situación social y cultura (3).

2.2) Complementariedad crítica y doble

Se trata de una complementariedad crítica y doble: complementariedad a nivel de la práctica exegética y a nivel de la comunidad de lectores.

Creemos, y lo hemos afirmado una y otra vez, que la complementariedad es un primer paso, no hacia una *solución* al problema que señalamos, sino hacia su primera acogida. Se trata de una complementariedad crítica y doble. Una complementariedad crítica a nivel de la *práctica exegética* y una complementariedad a nivel de la *comunidad de lectores y lectoras*. No es posible, ni necesario, ser completos en la interpretación. Exégetas y hermenéutas son llamados a *servir*, no a dominar. Es un desastre y se promueve la dependencia cuando todo en el proceso de interpretación apunta a la relevancia. ¿Qué harían las y los exégetas sin diccionarios, sin concordancias, sin gramáticas — todas obras elaboradas con infinita paciencia? Sería absolutamente imposible explicar textos bíblicos si no dispusiéramos de todo ese trabajo fundamental hecho por exégetas que no tenían idea de los problemas que estamos discutiendo ahora. Tampoco es posible usar *todos los métodos*, ni es posible dialogar con *todos los lectores y las lectoras* del texto. No es necesario responsabilizarnos por *todos los papeles* dentro del proceso de interpretación. En nuestras reflexiones sobre la ética de la exégesis debemos cuidarnos de no crear una imagen de la o el intérprete ideal tan surrealista que nadie la pueda cumplir.

No es posible usar todos los métodos, ni dialogar con todos los lectores y las lectoras del texto. No es necesario responsabilizarnos por todos los papeles dentro del proceso de interpretación.

Ahora bien, frente a la nueva situación que acabamos de dibujar ¿cuáles son los rasgos de una conducta exegética éticamente responsable? ¿En qué consiste la doble complementariedad crítica? ¿Cómo podemos dibujar los contornos de una ética de la interpretación?

2.3) Hacia una nueva catolicidad

Por catolicidad se puede entender la habilidad de mantener juntos elementos que están en tensión unos con otros. Puede ser lo global y lo local, culturas diferentes, situaciones de profunda asimetría económica y social.

En su nuevo libro sobre la tensión entre lo global y local, Robert Schreiter habla de una nueva catolicidad (1998:127ss). Por catolicidad se puede entender la habilidad de mantener juntos elementos que están en tensión unos con otros. Puede ser lo global y lo local, culturas diferentes, situaciones de profunda asimetría económica y social. Sus características principales serían la entereza y plenitud; el intercambio sería de una importancia fundamental. Creemos que es posible construir una analogía con la exégesis y definir aspectos de una ética de la interpretación del texto bíblico según las líneas de una nueva catolicidad.

a) Complementariedad de métodos

Después de todo lo dicho debe estar claro que enfatizamos, con un gran número de exégetas, la urgente necesidad de la complementariedad en el uso de los métodos exegéticos. La opción exclusiva por un método, repetimos, tiende a ver la relación entre distintas interpretaciones como jerárquica. La crítica literaria holandesa Mieke Bal habla de la necesidad de usar códigos (claves de lectura) interdisciplinarios. Bal habla de una aproximación interpretativa

> ... que combina, de manera racional y disciplinada los aportes de varios códigos; cualquiera de los cuáles, tomado por sí solo, sería demasiado unificador (Bal 1988:viii).

Muchas aproximaciones se enriquecerían enormemente si su orientación y presuposiciones fueran evaluadas y pesadas más abiertamente. Daniel Patte habla de una exégesis multidimensional y propone una exégesis que no tome la decisión por sus destinatarios.

Los aspectos principales de una ética de la interpretación serían la entereza, plenitud e inclusividad, servicio y responsabilidad.

> Lo que se necesita es una exégesis que no tome esta decisión por aquellos a quiénes se dirige nuestro trabajo exegético, sino más bien que presente las dos (o más) posibilidades que ofrece el texto como igualmente legítimas y autoritativas. Esta sería una exégesis verdaderamente multidimensional (Patte 1995:45).

Sabemos que los textos literarios son un poco como los seres humanos, es decir, son objetos multifacéticos. Además de su aspecto gramatical y sintáctico, tienen un aspecto literario, semántico, discursivo, referencial, etc. Lealtad al texto trae consigo el deber de la mayor exploración posible del texto. Pertenece a la ética de la exégesis tomar conocimiento de los resultados de otras aproximaciones además de la propia.

b) Complementariedad a nivel de la comunidad de lectores y lectoras

La exégesis no es la única manera de establecer el significado de un texto. Lo hemos subrayado una y otra vez. Desde la Iluminación se comienza a mirar a la lectura analítica, la exégesis, con gran reverencia. Pero ahora estamos descubriendo cuántos aspectos del proceso de lectura quedaron sin explorar. Una exégesis éticamente responsable se dará cuenta de sus omisiones y de esos campos aún no explorados. Enumeramos aquí algunos.

Multiplicidad de lectores y lectoras profesionales

Debemos decir que desde el punto de vista crítico ningún método puede ser considerado autosuficiente, completo o comprehensivo. Sabemos ahora que dar preferencia a *un* método implica una opción *meta*crítica. Por lo tanto las y los exégetas deben dar cuenta de las opciones metodológicas que toman. Es hora de que la 'academia' comience a ver la nueva situación, comprenda su responsabilidad y cambie lo que Daniel Patte elocuentemente denuncia.

> Somos confrontados con una pluralidad de metodologías autoritativas coexistentes y por ende con una pluralidad de moralidades de conocimiento. Sin embargo, la concepción de la responsabilidad ética se maniene: la academia y el gremio siguen actuando como guardianes de la moralidad del conocimiento, aunque hay ahora una pluralidad de moralidades (y metodologías) específicas (Patte 1995:19).

Creemos que es parte de la ética exegética no seguir difundiendo imágenes caricaturales de métodos exegéticos o escuelas. En círculos de exégetas que prefieren usar métodos exegéticos no-históricos, ocurre frecuentemente que se divulga una imagen caricatural de la exégesis europea, o de los métodos 'clásicos' o 'tradicionales'. Lo opuesto también ocurre. A veces exégetas del occidente demuestran, de antemano y sin mucho conocimiento, cierto menosprecio por métodos exegéticos usados fuera de su propio mundo.

La multiplicidad de métodos y lectores y lectoras profesionales constituye un hecho innegable. La fijación, los prejuicios y las actitudes de clausura no desaparecen automáticamente, sino solamente a través de la confrontación. Por eso es urgente que las y los exégetas sean confrontados de *manera sistemática* con lo que tienden a excluir o 'desconocer': los y las del Tercer Mundo con el trabajo analítico y sistemático de los y las exégetas del Primer Mundo; los del Primer Mundo con las lecturas 'alternativas' hechas en las comunidades de fe en el Tercer Mundo en situaciones de probreza y marginalización. De esta manera, en general, podemos decir que la o el exégeta cristiano será un seguidor más consecuente de las reglas éticas precisas de su profesión: evitar que haya carteles de citas, escuelas cerradas y dominantes, postergación de mujeres u otras exégetas frecuentemente excluidas del gremio. Más bien se practicará la hermandad, la colegialidad, la apertura y la honestidad (Berger 1988; Patte 1995:1-16).

Multiplicidad de lectores y lectoras comunes

Queremos abogar aquí por la anulación de una relación jerárquica entre lector profesional y lector común.

Afortunadamente la comunidad de lectores abarca no solamente lectores y lectoras profesionales, sino también lectores y lectoras 'comunes'. Por lo demás, todos los lectores profesionales son también muchas veces lectores comunes. Queremos abogar aquí por la anulación de una relación jerárquica entre lector profesional y lector común. La práctica exegética realmente multidimensional que propone Patte junto con muchos otros, tomaría en serio la multidimensionalidad del proceso de lectura.

> Nuestra práctica multidimensional debe hacer explícito que todas las dimensiones textuales y todas las lecturas legítimas tienen la misma autoridad (Patte 1995).

Por lecturas legítimas debemos entender todas las lecturas realizadas con integridad y lealtad al texto. Reiteramos que nosotros consideramos los procesos de lectura de lectores y lectoras comunes como fuentes importantes e inspiradoras de conocimiento. Desde el punto de vista exegético no hay ninguna razón por la cual un o una exégeta no podría llevar a una comprensión crítica los resultados de una lectura de lectores y lectoras comunes. Muchas veces las lecturas practicadas en las comunidades de fe arrojan una nueva luz sobre los textos.

En su libro sobre la interpretación cultural del Nuevo Testamento, Brian Blount subraya el valor de lo que llama la investigación micro-interpersonal.

> También encontramos que la investigación con orientación interpersonal ofrece un servicio valioso a las comunidades de creyentes.
> ...
> Cuando vemos a dichas interpretaciones basadas en lo micro interpersonal, no como una alternativa opuesta de significado, sino como un componente previamente no descubierto del significado potencial del texto, transformamos las formas en que personas dentro y fuera de la comunidad entienden el material. La nueva interpretación se convierte en parte del proceso interpretativo y por ende cambia el proceso en vez de aparecer como una visión imponente (Blount 1995:177).

Los lectores y las lectoras comunes descubren muchas veces facetas no vistas por el lector o la lectora profesional. Cuando los y las exégetas latinoamericanos hablan de la plusvalía de una lectura compartida con el pueblo, no se equivocan.

Asimetría

Entereza en la interpretación implica, a nuestro juicio, tomar en cuenta la situación socio-cultural profundamente asimétrica en la que se realizan las lecturas de la Biblia. Los y las exégetas deberían estar presentes ahí donde se tocan las líneas fronterizas entre los y las que benefician grandemente de la nueva globalización y sus víctimas. Tomar conocimiento de esas diferencias en las situaciones de recepción también podrá beneficiar enormemente el proceso de comprensión del texto bíblico. La gran mayoría de las personas en el mundo tiene una experiencia de profunda fragmentación. Las culturas nunca son ejemplos de homogeneidad total. Las experiencias de dispersión, fragmentación, asimetría — todo esto determina radicalmente la situación hermenéutica en que se lee la Biblia en el mundo. Las lecturas que quieren descentralizar la dominación del eurocentrismo deben tomar en cuenta esta situación de profunda asimetría.

> Las asimetrías de poder, la experiencia de pérdida por migración forzada, el sentido de riesgo y

Las experiencias de dispersión, fragmentación, asimetría — todo esto determina radicalmente la situación hermenéutica en que se lee la Biblia en el mundo.

contingencia en un mundo amenazado ecológicamente y de otras formas – todo contribuye al sentido fragmentado de cultura. El concepto de totalidad que ha sido parte de la catolicidad bien puede aspirar a ver las culturas como un todo integrado, pero debe haber consciencia de que esta no es la experiencia actual de la mayor parte de las personas del mundo. Una nueva catolicidad mostrará mayor sensibilidad hacia la asimetría en el proceso de comunicación. Las iglesias ya están tratando de hacer esto por medio de acciones de solidaridad con los pobres y oprimidos, y por medio de acciones abogando en su favor (Schreiter 1998:129-130).

Multiplicidad de culturas y dimensiones metaculturales de la Escritura

La interpretación de la Biblia se lleva a cabo en las culturas más distintas. Casi siempre ha sido así. La diferencia es que en la actualidad hay mucho material disponible que da testimonio de ello. Están naciendo las hermenéuticas interculturales (Schreiter 1998:28-45). Ellas se ocupan muchas veces solamente por la pregunta sobre cómo la comunicación del evangelio se podrá llevar a cabo de la manera más eficaz. Es por eso que esas hermenúeticas no le ofrecen mucho a la o el exégeta. Pues, el o la exégeta no está interesada en el 'qué', sino sobre todo en el 'cómo'. El o la exégeta quiere disponer de herramientas que posibiliten operacionalizar y analizar el factor 'cultura' en los procesos de interpretación de la Biblia. El exégeta está interesado en la pregunta *cómo* es que un texto, hecho en un contexto tan diferente como fue el oriental, está siendo asumido y apropiado en contextos totalmente distintos de una manera, desde el punto de vista antropológico, absolutamente sorprendente, es decir como si no hubiera diferencia cultural alguna. Parafraseando una expresión de Mesters que habla de la lectura de la Biblia de los pobres en América Latina: 'los textos bíblicos se leen como una carta dirigida a ellos mismos'. Sabemos que valores e incluso conocimiento están determinados por culturas. Lo que en una cultura pasa como aceptable o deseado, en otra

Sabemos que los valores e incluso el conocimiento son determinados por culturas. Lo que en una cultura pasa como aceptable o deseado, en otra cultura puede ser rechazado. Lo que en una cultura se considera como conocimiento importante, en otra no tendrá ningún valor.

cultura puede ser rechazado. Lo que en una cultura se considera como conocimiento importante, en otra no tendrá ningún valor.

Lo que las nuevas hermenéuticas interculturales todavía no hacen es entregarle a la o el exégeta un instrumentario para medir cómo y en qué medida el factor cultura determina o media en el proceso de interpretación y actualización de textos bíblicos. Ya estamos profundamente concientes del hecho de las diferencias. Pero ¿de dónde vienen?, ¿es posible detectar en las diferencias alguna estructura que posibilite llegar a nuevos diálogos?

Ahora bien, para clarificar a lo que nos estamos refiriendo, y anticipando un poco lo que ofreceremos en el segundo tomo del presente texto, podemos discutir un modelo que nos ofrece el sociólogo holandés Geert Hofstede. Es usado muy frecuentemente en el análisis de diferencias culturales y es fructífero también, así creemos, para la hermenéutica y las ciencias bíblicas. Hofstede ha desarrollado una teoría de cultura y un modelo que posibilitan comparar culturas. Para la exégesis es interesante, porque explica en parte la facilidad con que la Biblia es apropiada en culturas muy distintas. Además de tener que ver con civilización, ciencia, literatura y arte (= cultura 1), la cultura tiene también otras facetas. Estas facetas tienen que ver con procesos humanos más fundamentales, con experiencias que duelen (=cultura 2). Las culturas conocen dimensiones de profundidad, escribe Hofstede. Por dimensión de la cultura debemos entender algo profundo y algo que está presente en todas las culturas. Una dimensión de la cultura es un conjunto de valores en base al cual las culturas pueden ser comparadas unas con otras y en base al cual la comunicación entre culturas se puede establecer. Hay valores que van más allá de la cultura boliviana o mozambiqueña. Parece que hay un número limitado de dimensiones de profundidad. Hofstede llega a cinco.

i) *desigualdad social* (la cuestión del poder, distribución desigual de riqueza, etc.)

Además de tener que ver con civilización, ciencia, literatura y arte (= cultura 1), la cultura tiene también otras facetas. Estas facetas tienen que ver con procesos humanos más fundamentales, con experiencias que duelen (=cultura 2). Las culturas conocen dimensiones de profundidad, escribe Hofstede. Por dimensión de la cultura debemos entender algo profundo y algo que esté presente en todas las culturas.

Hay valores que van más allá de la cultura boliviana o mozambiqueña. Parece que hay un número limitado de dimensiones de profundidad: desigualdad social, género, las generaciones, colectivismo versus individualismo, el manejo del tiempo.

ii) *género* (relación hombre – mujer; culturas que priorizan valores masculinos *versus* culturas que priorizan valores femeninos)

iii) *el problema de las generaciones* (jóvenes – ancianos; experiencia nueva – tradición; revelación – tradición, etc.)

iv) *relación entre grupo e individuo* (colectivismo *versus* individualismo; cómo se enfrenta angustia, inseguridad, prejuicios, agresión)

v) *tiempo* (¿mañana?; el manejo del tiempo; 'orientación de largo plazo' *versus* 'orientación de corto plazo').

Estas cinco dimensiones son, según Hofstede, *meta*culturales. Van más allá de la cultura particular. Ahora bien, con el modelo de Hofstede no es difícil responder nuestra pregunta. Un gran número de temas tocados en la Escritura son *meta*culturales. El modelo de Hofstede entrega a los y las exégetas una herramienta valiosa para determinar de qué manera una *re*lectura bíblica toma posición frente a las particularidades de la propia cultura. Una de las directrices que emana de esta situación es que la influencia de la cultura en el proceso de interpretación debe ser tomada en cuenta con mayor seriedad.

Hay una cosa más relacionada con la cultura. Debemos decir que en la actualidad, tanto en el occidente como en otros continentes, la situación en la que los y las exégetas están llamadas a ejercer su profesión es intercultural. El Tercer Mundo no se limita al Tercer Mundo, sino que está presente, en forma creciente, en el llamado Primer Mundo, y viceversa. Tanto en Europa como en Estados Unidos y América Latina se atestigua la existencia de un gran número de subculturas. El surgimiento de las hermenéuticas particulares es testimonio de ello. Con todo, creemos que tomar conocimiento de valores y propiedades vigentes en otras culturas puede ayudar a la o el exégeta en la confrontación y enriquecerá el proceso de lectura. Voces de afuera pueden estar comunicando mensajes de gran importancia y podrán ayudar a descubrir las limitaciones de la (sub)cultura en que la o el intérprete mismo está.

Geert Hofstede, Allemaal andersdenkenden. Omgaan met cultuurverschillen, Amsterdam, 1991. El Tercer Mundo no se limita al Tercer Mundo, sino que está presente, en forma creciente, en el llamado Primer Mundo y viceversa.

Recepción del texto

Uno de esos aspectos descuidados en la exégesis es la recepción del texto. Hemos afirmado que la recepción del texto constituye una contribución a la comprensión de su sentido. Atención por la recepción del mensaje es un elemento de la conversación entre lector o lectora profesional y lector o lectora común al que nos referimos antes. Es curioso que sepamos tan poco y que haya tan poca investigación científica, al menos en el campo de la hermenéutica bíblica, sobre el *efecto* que la lectura de textos bíblicos tiene en sus lectores y lectoras. ¿Lo que se hizo en el campo de la ciencia de la literatura se podría hacer fértil para la ciencia bíblica?

Vemos aquí un enorme desafío. La práctica de lecturas interculturales de la Biblia podría contribuir mucho. Es posible leer un mismo pasaje de la Biblia en situaciones y continentes distintos.

Vemos aquí un enorme desafío. La práctica de lecturas interculturales de la Biblia podría contribuir mucho. Es posible leer un mismo pasaje de la Biblia en situaciones y continentes distintos. A través de estos procesos, logísticamente complicados por cierto, es posible determinar con relativa precisión los factores que median en la interacción entre texto y lector o lectora. Esto lleva a otra cosa, es decir, al papel de la praxis en el proceso de lectura.

La praxis

Es la praxis social lo que en última instancia orienta la interpretación del texto. También aquí se necesita más investigación.

Hemos visto que Croatto y otros atribuyen gran importancia a la praxis sociopolítica del lector y de la lectora. Es la praxis social lo que en última instancia orienta la interpretación del texto. También aquí se necesita más investigación.

Indeterminación versus esencialismo: una pluralidad de lecturas

Debemos reconocer el derecho de existencia de una pluralidad de lecturas. Schreiter relativiza nuestra eterna preocupación por el establecimiento de la verdad, la esencia, lo real, el núcleo del mensaje bíblico. Acertadamente nos aconseja ser un poco menos espasmódicos con estas cosas. Frente a toda certidumbre cerrada, verdad determinada, la indeterminación puede considerarse como valor central

Acertadamente Schreiter nos aconseja ser un poco menos espasmódicos con estas cosas. Frente a toda certidumbre cerrada, verdad determinada, la indeterminación puede considerarse como valor central de la tradición cristiana, sostiene Schreiter.

de la tradición cristiana. El núcleo de nuestra fe, escribe Schreiter, es una narración (de la Cruz y Resurrección). Y como todas las narraciones también esta es elíptica: necesita nuestra contribución para llenar los vacíos.

> La indeterminación, en vez de ser un defecto, es más bien un aspecto importante de la plenitud del mensaje, porque sin él, el mensaje podría no ser capaz de ser expresado en algunas culturas.
>
> Mientras que la indeterminación podría inicialmente ofender sensibilidades dogmáticas, no debería ser tan chocante cuando recordamos que el centro del mensaje cristiano no es una proposición, sino una narrativa: la historia de la pasión, muerte y resurrección de Jesús. La narrativa florece con cierta cantidad de indeterminación que permite que la historia se vuelva a contar. Así seguiremos encontrando nuevas formas de expresión del mensaje cristiano en tanto que circula en nuevos códigos por medio de nuevos significantes (Schreiter 1998:130-131).

Ahora bien, terminando este párrafo hemos hablado de una doble complementariedad *crítica*. Doble en su sentido de complementariedad de *métodos* y *lectores* (tanto profesionales como comunes). ¿En qué consiste lo crítico? Hemos visto que interpretar sin tomar opciones es imposible. Todas las hermenéuticas, no solamente las del genitivo, toman una opción, por algún sujeto, por alguna situación, por algún lugar desde el cual quieren ir construyendo significación. ¿Cuál es la nuestra?

3) Ética y hermenéutica: responsabilidad por lo excluido

Hemos dicho que, en su práctica teórica, el o la exégeta se está enfrentanda a una interminable serie de opciones. La preferencia por *una* lectura, en contra de otras, muchas veces se hace en base a argumentos no-críticos. Consciente o inconscientemente el o la intérprete deja que un punto de vista meta-crítico, ideológico, político, religioso, ético, etc., decida sobre su preferencia. Ahora bien, no hay razón para no explicitar *'el para…'*. No hay razón para que el o la exégeta no se haga alumno de los y las pobres y ponga su trabajo al servicio de ellos y ellas.

3.1) Hacia una hermenéutica de la responsabilidad

La confrontación con lectores, lectoras y lecturas del llamado Tercer Mundo ha despertado un nuevo interés en la pregunta por la ética de la o el exégeta y teólogo. Hemos dicho que escuchar cuidadosamente a exégetas del Tercer Mundo es parte de la ética de exégetas que trabajan en otros continentes, y viceversa. Esperamos haber dado suficientes argumentos como para justificar tal empresa. Lo que vale para el o la exégeta vale también para la comunidad interpretativa que se quiere apropiar del sentido del texto para hoy. El principio motor debe ser fe y complementariedad. Pero, ¿en qué consiste lo crítico? ¿No son conceptos demasiado vagos? Berger elabora su teoría en términos de la minoría crítica. La verdad, escribe Berger, se encuentra entre los sacrificados. Pues solamente ellos pueden revelar cuál camino no conduce a la vida.

3.2) La minoría crítica

En su hermenéutica del Nuevo Testamento, el exégeta alemán Klaus Berger ha subrayado la importancia enorme de lo que él llama la minoría crítica (Berger 1988). Es la minoría crítica que también dentro del mundo de las ciencias bíblicas quiere hacer valer lo extraño, lo excluido, lo menospreciado. Berger opina que el contenido de la hermenéutica moderna se deja determinar en base a su responsabilidad por lo extraño y excluido (Berger 1988; Patte 1995:17ss). Una hermenéutica de lo extraño implica responsabilidad por lo excluido. La experiencia hermenéutica de lo extraño es de suma importancia, sostiene Berger, a imitación de Gadamer (1988:135). Es lo extraño y desconocido del texto bíblico lo que toma forma *frente* a nuestra existencia. Berger apunta a la comunidad de exégetas hacia las experiencias ajenas, experiencias de necesidad aguda, sufrimiento permanente — la voz de los sacrificados. La verdad, escribe Berger, se encuentra entre

---

En su hermenéutica del Nuevo Testamento, el exégeta alemán Klaus Berger ha subrayado la importancia enorme de lo que él llama la minoría crítica.

También nosotros abogamos por una hermenéutica de lo extraño, de la responsabilidad. La sensibilidad por lo extraño, por lo excluido, puede profundizar enormemente los procesos hermenéuticos.

los sacrificados. Pues solamente ellos y ellas pueden revelar cuál camino *no* conduce a la vida (Schwantes 1991:8-19). El sufrimiento inocente generalmente tiene más razón que poder. Le enseña al poder dónde están sus fronteras. El descubrimiento de lo extraño es la condición a través de la cual puede llegarse a una comprensión nueva y productiva del texto bíblico.

3.3) El valor hermenéutico de lo extraño

Estamos de acuerdo con Berger. También nosotros abogamos por una hermenéutica de lo extraño, de la responsabilidad. La sensibilidad por lo extraño, por lo excluido, puede profundizar enormemente los procesos hermenéuticos. En las voces de los sacrificados nos llegan señales nuevas, inesperadas, no conocidas. Cuando exégetas latinoamericanos tratan de incluir en el proceso de interpretación las voces y experiencias más extrañas, más impactantes, más extravagantes, hacen con ello una gran contribución a la comprensión del texto bíblico.

Cambios en nuestra percepción de lo propio del texto, cambios en nuestra precomprensión, deben ser anticipados, nunca desaparecen voluntariamente. Una hermenéutica de lo extraño no habla de lo exótico, lo que encanta a los turistas, sino de lo oprimido, de lo desplazado, lo que no se quiere ver. Es lo que se encuentra fuera de la mirada de los dominadores y soberanos. Desde el punto de vista teológico lo extraño ocupa un lugar primordial en la Escritura. Según el testimonio bíblico la revelación de la presencia de Dios consiste en la aceptación de lo extraño, lo rechazado.

Desde el punto de vista teológico lo extraño ocupa un lugar primordial en la Escritura. Según el testimonio bíblico la revelación de la presencia de Dios consiste en la aceptación de lo extraño, lo rechazado.

3.4) Verdad y epistemología

Los y las exégetas del Tercer Mundo, y otras integrantes de la minoría crítica, quieren hacer valer la importancia de lo extraño. Ellos y ellas preguntan a la ciencia bíblica tradicional en qué medida su exactitud teórica contribuye a la iluminación de la verdad. La verdad a que apuntamos no es una verdad regional, sino que se trata de la iluminación de la verdad del evangelio. Se ha dicho de esta verdad que es un asalto a cualquier epistemología; así como Israel mismo es, según el testimonio bíblico, producto de tal asalto (De Wit 1991:343; Berger 1988:160ss; 190ss).

3.5) Lealtad a la Escritura

Terminamos nuestras breves observaciones sobre la ética de la hermenéutica con el tema de la lealtad a la Escritura. Cuando nuevas preguntas y experiencias no hallan ya un lugar en el proceso de interpretación, cuando la exégesis pierde su sensibilidad, el o la creyente deja de tener una casa y abandona la iglesia (Berger 1988:133). Hemos dicho que la primera fidelidad de la o el exégeta está con la Escritura. La tarea primaria de la o el exégeta es 'involucrar' a la Escritura en la conversación sobre fe y Dios. Sin Escritura la experiencia religiosa de la iglesia es la de un despojado.

M. Schwantes, Wege der biblischen Theologie in Lateinamerika, en: EvTh 51, 1 (1991),8-19.

Muchas veces el canon se ha vuelto mudo por las sutilezas de la exégesis y filología. Muchas veces la tradición ha castrado a la Escritura. Quizá la actitud fundamental de la o el intérprete del texto bíblico puede ser que es posible aprender algo del texto, así como se aprende algo de un hermano o una hermana mayor. Creemos que si ya no es posible ver el encuentro con el texto como encuentro con un amigo, si no es posible ver el texto como fuente, como instancia que me interroga, es mejor elegir otra fuente.

14.11 Nuevamente la crítica ideológica

Nuestro excursus sobre la crítica ideológica nos llevó a la ética en la interpretación. Debe estar claro que opinamos que la reflexión sobre las implicancias éticas de la interpretación de la Biblia debería ser parte de cada práctica exegética. Es sorprendente que no exista todavía una materia como la *ética de la exégesis* o la *ética de la interpretación* como parte de los curricula de nuestros seminarios y facultades de teología. Por más buena voluntad que los lectores y las lectoras profesionales de la Biblia tengan, solamente a través de la confrontación serán puestos de manifiesto sus limitaciones y prejuicios. Por eso repetimos que un diálogo *sistemático* con los marginados del proceso de interpretación beneficiará a todos y todas.

A través de los textos escuchamos las voces de otros seres humanos y vemos sus vidas, agregando las nuestras en nuestros comentarios. Las implicaciones hermenéuticas de lo que significa tener una *metacrítica*, una *ética de lectura* o una *verdad transcendental* no han sido elaboradas suficientemente por los y las intérpretes de la Biblia. La crítica ideológica es, seguramente, *una* manera de encontrar nuestro camino a través de los antagonismos, las disputas, los conflictos de interpretación e intereses. Estamos conscientes de que falta mucho para que haya una teoría que englobe las hermenéuticas parciales. Recién comenzamos a comprender la complejidad del contexto posmoderno. Están resurgiendo las preguntas por los propósitos de la interpretación, los objetivos de la crítica, la ética de la interpretación, el papel de la Biblia en los procesos de cambio. Creemos que la importancia de la *crítica ideológica* como análisis de la ética de la interpretación, se ha comenzado a perfilar nuevamente. Los autores del *Bible and Culture Collective* lo expresaron bien.

> Para muchos de los lectores críticos de la Biblia, la crítica ideológica ayuda a forjar alianzas entre discursos que, en los términos de Bakhtin, son una heteroglosia o poliglosia, pero que han compartido el compromiso con la transformación de la sociedad. En el contexto posmoderno, la crítica ideológica de la Biblia es un lugar donde las fuerzas críticas están convergiendo en un propósito común (BCC 1995).

Según nuestro entender ese 'propósito común' tendrá que ver con la justicia, el rescate de vidas, la inversión del destino de los sacrificados y las sacrificadas cuya vida nos muestra qué camino seguramente *no* conduce a la vida.

Tomás à Kempis

Terminemos esta unidad con algunos consejos sobre la lectura de la Escritura de una de las obras medievales que, según se ha dicho, ha ejercido mayor influencia en la historia de la tradición cristiana.

> **De la lección de las santas Escrituras**
>
> En las santas Escrituras se debe buscar la verdad, y no la elocuencia. Toda la Escritura santa se debe leer con el espíritu que se hizo. Más debemos buscar el provecho en la Escritura, que en la sutileza de palabras. De tan buena gana debemos leer los libros sencillos y devotos como los graves y profundos.
>
> No te mueva la autoridad del que escribe si es de pequeña o grande ciencia; mas convídete a leer el amor de la pura verdad. No mires quién lo ha dicho; mas atiende qué tal es lo que se dijo.
>
> Los hombres pasan: la verdad del Señor permanece para siempre. De diversas maneras nos habla Dios, sin acepción de personas. Nuestra curiosidad nos impide muchas veces el provecho que se saca en leer las Escrituras, cuando queremos entender y escudriñar lo que llanamente se debía creer. Si quieres aprovechar, lee con humildad, fiel y sencillamente, y nunca desees nombre de letrado. Pregunta de buena voluntad, y oye callando las palabras de los Santos; y no te desagraden las sentencias de los viejos, porque no las dicen sin causa (Thomas à Kempis (1379-1471) Imitatio Christi, I, v).

Hacia el deconstructivismo: la postergación de significado

Terminamos aquí nuestra discusión de la crítica ideológica. En su oportunidad volveremos sobre el tema de la correcta apropiación del significado. Ahora nos dedicaremos a una corriente que, desde el punto de vista hermenéutico, constituye una de las críticas más fundamentales al proyecto de la modernidad: el deconstructivismo.

Unidad 15:

Postergación de significado: el deconstructivismo

Introducción

> *Más crítico que la crítica ideológica quiere ser el deconstructivismo. Quiere evitar la inversión de los papeles, tan frecuente en las lecturas 'interesadas'.*

Más crítico que la crítica ideológica quiere ser el deconstructivismo. Quiere evitar la inversión de los papeles, tan frecuente en las lecturas 'interesadas'. Al igual que la crítica ideológica, el deconstructivismo no es un *método* de interpretación. Veremos que los 'deconstructivistas' usan métodos exegéticos clásicos, incluyendo los históricos, para desarrollar su programa. El deconstructivismo surge en el curso de los años '70 del siglo 20 y es una de las más importantes corrientes filosóficas de la posguerra. Por deconstructivismo debemos entender una corriente en la arquitectura, la ciencia de la literatura, la filosofía, el arte y ahora también en las ciencias bíblicas. Su mayor renombre e impacto se ubica en el campo de la filosofía, la literatura y la teología. El deconstructivismo es sobre todo una actitud frente al fenómeno del *significado*. El término deconstructivismo está vinculado con el nombre de Jacques Derrida. También otros pensadores franceses como Jean-François Lyotard, Julia Kristeva (de origen rumano), J. Lacan, M. Foucault, R. Bartes (período posestructuralista) han contribuido a su desarrollo. Actualmente el deconstructivismo está teniendo influencia en el campo de las ciencias bíblicas en los Estados Unidos y Europa, y también en América Latina.

Deconstructivismo y posmodernidad

Muchos de los presupuestos fundamentales de la exégesis de la liberación están siendo puestos en tela de juicio o anulados por el deconstructivismo. ¿En la dispersión el texto es patria?

Podemos considerar el deconstructivismo como una de las corrientes filosóficas posmodernas más radicales; de todos los programas y métodos *pos*estructuralistas el deconstructivismo es el más anti-estructuralista o anti-formalista. Si se nos permitiera usar un término de la narratología, hablaríamos de un *anti-programa*, y bien uno de los más desafiantes de la (pos)modernidad. El deconstructivismo no solamente quiere problematizar las nociones *texto* y *significado*, sino también la tradición hermenéutica de consenso, diálogo, crecimiento y fusión de horizontes de la modernidad. Se puede decir que el deconstructivismo es, de una manera paradójica, una consecuencia de la hermenéutica moderna. Recordemos que fue la hermenéutica moderna la que comenzó a introducir los conceptos de contexto y lector actual, y que ha abierto el campo para las hermenéuticas del genitivo.

Creemos que el deconstructivismo constituye uno de los mayores desafíos a la lectura latinoamericana de la Biblia. Presupuestos claves de la lectura latinoamericana están siendo interrogados por el deconstructivismo. Una lectura deconstructivista del título del presente libro lo pondría entre signos de interrogación: *¿En la dispersión el texto es patria?* O lo reemplazaría por otro: 'Cuando la patria es un texto, el resultado es dispersión'.

15.1 El término

J. Derrida, De la grammatologie, Paris, 1967.

El término *deconstructivismo* es nuevo y fue usado por Derrida por primera vez en su libro *De la grammatologie* (1967). Es el momento en que, especialmente en Francia, el estructuralismo (¡y los y las estudiantes!) celebra sus triunfos. Es importante señalar que la palabra de-con-structivismo *no* significa destrucción, sino que está compuesta de las palabras: *destrucción* y *construcción*. De-con-struir es lo que Jeremías debe hacer según el mandato de Dios:

> Mira, yo pongo mis palabras en tu boca, hoy te establezco sobre pueblos y reyes, para arrancar y arrasar, destruir y demoler, edificar y plantar...
> Jer. 1.10

Podemos definir *de-con-strucción* como una manera de leer. Se trata de cierta actitud frente a los textos. El deconstructivismo quiere *re*construir lo que fue 'prohibido, desplazado, rechazado o postergado' (Derrida). El término *deconstrucción* es expresión de la ambigüedad que siempre es parte del proceso de comprensión. El deconstructivismo parte de la idea de que en la confección e interpretación de textos, el poder, la ideología y la exclusión siempre juegan un papel. Así como las ideologías, también los textos o relatos pueden estar *cerrados*. Pueden estar escondiendo diferencias, o excluyendo lo que no cabe, lo que difiere. El deconstructivismo está interesado en la rehabilitación o recuperación de lo que el texto esconde, excluye. Es por eso que la deconstrucción se caracteriza por un *doble* movimiento. Derrida lo describe así:

> ...dos textos
> dos manos
> dos miradas
> dos maneras de percibir... (J. Derrida)

Para recuperar lo que el texto no quiso decir, para revelar lo censurado, lo desplazado o excluido, es necesario revelar *cómo* el texto esconde, ver los mecanismos del texto que censuran, que excluyen.

15.2 Trasfondo histórico

G.H.T. Blans, Hermeneutiek en deconstructie, en: Th. De Boer y.o., Hermeneutiek, Meppel/Amsterdam, 1988, 208-239.

Uno de los filósofos más importantes del deconstructivismo es Jacques Derrida. Derrida nació en El-Biar el 15 de julio de 1930, cerca de Argel, Argelia. En París Derrida fue confrontado con las múltiples maneras en que la sociedad occidental excluye a los y las demás. Ahí conoció la racionalidad occidental cuyos mecanismos de exclusión constituyen el tema primordial en su obra. Es notable el interés que Derrida tiene en textos del judaísmo (Talmud).

Es probable que su origen de judío haya sido un factor de importancia.

Aunque el deconstructivismo no se destaca por su interés político, las experiencias de periferia, fracaso y miseria atraviesan las obras de los deconstructivistas.

Aunque el deconstructivismo no se destaca por su interés político, las experiencias de periferia, fracaso y miseria atraviesan las obras de los deconstructivistas. Están escribiendo en una situación de profunda ambigüedad. El optimismo inquebrantable en la confeccionabilidad de la historia está siendo contrastado fuertemente con el hecho de estar viviendo en lo que es la época más trágica y sangrienta de toda la historia humana. Es esta ambigüedad lo que produce la profunda sospecha del deconstructivismo frente al discurso técnico, optimista y autosuficiente de la modernidad. Como hemos dicho, también Derrida debe ser comprendido dentro del contexto filosófico de la Francia de la posguerra. Así como la posmodernidad en general, también el deconstructivismo se concentra en lo trágico, lo no resuelto, lo inacabado, lo no-válido, lo excluido. Quiere rescatar la validez de lo que está fuera de la ley, fuera de la moral existente.

15.3 El programa

M. Foucault: Es una utopía pensar que la transformación social desembocara en liberación del poder.

Se ha querido definir el programa de la deconstrucción como anti-hermenéutico. Una de las grandes preguntas del deconstructivismo es cómo será posible leer la Biblia después de Auschwitz. El deconstructivismo refleja las rupturas del mundo actual: su gran asimetría, su pluralidad religiosa, la interrogación de tradiciones académicas, el abandono de tradiciones. El deconstructivismo no quiere acabar con el fenómeno del significado en si, sino que quiere descubrir los significados 'protegidos'. Quiere saber quiénes son los *árbitros de significado* (Ricoeur), cómo son nombrados y legitimados, cómo se produce conocimiento. Quiere saber por qué solamente ciertas explicaciones son aceptadas como válidas. Al igual que en la crítica ideológica, también en el deconstructivismo la pregunta por el poder es central. Es el filósofo Michel Foucault quien de manera ejemplar ha escrito sobre la presencia del poder en lo social, en lo cotidiano. Foucault afirma que no hay ámbito de la vida humana que no tenga que ver con poder. Es una ilusión o una utopía pensar que la transformación social desembocará en liberación del poder, pues, el *poder es coexistente con lo social mismo*. Más que al meta-nivel de la política, el poder se ejerce, se usa y abusa en lo cotidiano: el hospital, la clínica, la cárcel, el dormitorio, la iglesia.

También Derrida está fascinado por el poder. El poder es la base de la racionalidad occidental. El modo de pensar occidental se basa, según Derrida, en oposiciones binarias que siempre son jerárquicas: blanco - negro; hombre - mujer; alto - bajo; dentro - fuera; interior - exterior; conocido - extraño; cerca - lejos; natura - cultura; historia – ficción. La relación entre los dos términos es siempre de carácter político, no natural. Lo que ocurre en la sociedad ocurre también cuando leemos y tratamos de comprender textos de la Biblia: el factor poder es central. Comprender o 'explicar' un texto siempre tiene que ver con una toma de poder. Recordemos la observación de Croatto respecto al carácter paradójico del proceso de interpretación: '…mientras que el texto mismo, por su carácter polisémico, sugiere una pluralidad de lecturas, cada interpretación constituye un momento de clausura: el o la intérprete quiere agotar el texto, no quiere dejar nada para otra lectura'.

La cuestión del poder ha estado en el centro de los debates entre deconstructivistas y hermeneutas. También Gadamer y Ricoeur están conscientes de su importancia, pero son menos sospechosos que Derrida y reconocen que existe también algo como 'poder para bien': 'buena voluntad para el poder'. Derrida no está tan seguro de que en el acto de lectura se trate siempre de 'buena voluntad para el poder'. Derrida afirma que también los procesos de interpretación y lectura se parecen mucho a tomas de poder, violentas muchas veces, especialmente en el caso de los textos sagrados. Los términos comúnmente usados para definir el proceso de comprensión ponen de manifiesto el elemento de poder: tomar, captar, apropiarse, dominar, agotar, abrir, ablandar. Frente a estas metáforas Derrida quiere colocar otras, la de la textualidad y el texto como juego, la de la

Derrida está fascinado por el poder. El poder es la base de la racionalidad occidental. El modo de pensar occidental se basa, según Derrida, en oposiciones binarias que siempre son jerárquicas: blanco - negro; hombre - mujer; alto -bajo; dentro - fuera; interior - exterior; conocido - extraño; cerca - lejos; natura -cultura; historia -ficción.

Frente a las metáforas beligerantes Derrida quiere colocar otras, la de la textualidad y el texto como juego, la de la libertad, de la asociación libre. Con esto quiere evitar hablar del proceso de comprensión en términos de dominio y aclarar que, en asuntos de comprensión de textos, el poder siempre es momentáneo, pasajero, efímero.

libertad, de la asociación libre. Con esto quiere evitar hablar del proceso de comprensión en términos de dominio y aclarar que, en asuntos de comprensión de textos, el poder siempre es momentáneo, pasajero, efímero.

Los deconstructivistas parten del presupuesto de que los textos literarios, relatos y narraciones tienen algo de sistema, así repetimos. Para poder cerrarse, muchas veces es necesario esconder lo que no cabe, lo que no corresponde. Para determinar lo que un texto dice, el o la intérprete, generalmente, se deja guiar por la gran estructura del relato, la gran temática de la narración y no tanto por los detalles, los hilos sueltos. Es lo frecuente, lo repetido, lo dicho con énfasis que orienta el proceso de lectura. Pero hay razones para cambiar radicalmente esta percepción de textualidad e interpretación, insiste Derrida. Lo que pasa en la interpretación de los textos bíblicos se puede comparar con lo que pasa en la ciencia moderna. Para llegar a formular ciertas conclusiones, la ciencia moderna tuvo que reducir la realidad a categorías manejables. Para analizarla, la ciencia tuvo que (re)construir la realidad de tal modo que entre objeto de investigación (realidad) y método hubiera correspondencia. Para obtener cierta coherencia, alternativas, discrepancias y disidencias debían ser excluidas. Lo mismo pasa, sostiene Derrida, con los textos literarios. ¿Pero qué es lo que pasa, pregunta Derrida, cuando el parásito, lo excluido, lo ilegal, lo extraño, ya está dentro? ¿Qué pasa cuando lo-que-no-es, lo excluido, resulta ser elemental para determinar el significado de lo-que-es? ¿No haría falta otra aproximación a los textos bíblicos?

Punto neurálgico

Poststructuralist Criticism, en: The Postmodern Bible, o.c. 119 ss

Aquí nos encontramos con un punto neurálgico del deconstructivismo. Recordemos que uno de los descubrimientos elementales de F. de Saussure fue que en el lenguaje existen solamente diferencias. El significado se genera en base a diferencias. Cada concepto, cada palabra significa *por lo que no es*. Diferencia y discontinuidad están presentes en el momento en que alguien alza la voz: ¡se rompe el silencio! Hemos visto que en el sistema saussuriano arbitrariedad y diferencia son conceptos claves. (1) La relación entre *significante* (el signo como imagen/sonido) y su *significado* (concepto/objeto a que se refiere) es arbitraria. No hay relación 'natural' entre el objeto árbol y el vocablo árbol. (2) Por lo tanto las palabras significan en base *a lo que no son*, en base a *diferencias* con otros significantes. Una palabra significa, no porque tenga un significado autónomo, independiente de otros signos lingüísticos, sino porque otras palabras significan otra cosa. Esto es válido, afirma Derrida, para los conceptos claves de la teología. Todo aquello de lo que se habla en términos de *presencia*: dios, esencia, consciencia, identidad, ser, — todo significa porque otras palabras o conceptos *no* significan. La realidad humana, escribe Derrida, está capturada en un eterno proceso de ausencia - presencia. La realidad y los significados de los textos son como el rollo de Jeremías: encontrado, perdido, quemado, reconstruido.

La torre de Babel

En uno de sus estudios bíblicos Derrida analiza el relato de la torre de Babel. Babel es la metáfora de las metáforas. Babel representa la imposibilidad de llegar a sistemas cerrados, a la entereza total. La Biblia misma incluye la historia de la pérdida del original, afirma Derrida.

J. Derrida, Des Tours de Babel, en: Semeia 54 (1992), 3-34.

> La 'torre de Babel' no solamente representa la multiplicidad irreductible de lenguas, sino que expone una falta de entereza, la imposibilidad de terminar, de totalizar, de saturar... A lo que la multiplicidad de lenguas realmente pone límite, no es solamente la 'verdadera' traducción ... sino también un orden estructural, una coherencia de construcción... Sería fácil y hasta cierto punto justificado ver [en Gé. 11] la traducción de un sistema en deconstrucción' (Derrida 1992:3, 4).

El relato de Babel es paradigmático para Derrida. Es una metáfora de la fluidez de lenguaje, interpretación y sentido.

El relato de Babel es paradigmático para Derrida. Es una metáfora de la *fluidez* de lenguaje, interpretación y sentido. Por las razones que acabamos de exponer (las palabras significan por lo que no son; los textos son sistemas que reducen la realidad, pero el parásito, la decepción, el fracaso son siempre parte de ellos, están dentro), la deconstrucción problematiza la idea de que los textos tienen un significado autónomo, depositado en ellos por un autor autónomo, descubierto por una lectora o un lector autónomo. El deconstructivismo problematiza la definición de tres conceptos básicos de la interpretación: la autonomía de la o el intérprete, la estabilidad de su referencia, la homogeneidad del texto.

- *La autonomía del sujeto interpretando*. En la posmodernidad no se habla ya del individuo, sino del dividuum: un sujeto que forma parte de diferentes comunidades interpretativas al mismo tiempo.

G.A. Phillips (ed.), Poststructural Criticism and the Bible: Text/History/Discourse, Semeia 51 ,(1990).

- *La estabilidad del objeto a que el texto se refiere* (referencia en nuestro esquema). Sin la mediación de la palabra es imposible conseguir claridad acerca de la referencia del texto. El contexto no es un objeto estable, sino que es un concepto problemático, siempre cambiante. El contexto del texto no es, en primer lugar, cierta situación histórica, sino otro texto que precedió al actual y del que fue 'derivado'. Es el fenómeno de la intertextualidad (ver siguiente párrafo).

- *La homogeneidad del texto*. Los textos no son objetos estables. Son más bien parte de redes interminables, en las que lo viejo y lo nuevo, las referencias conscientes e inconscientes, y la reserva-de-sentido, juegan un papel. El texto es como una ola que se despliega interminablemente, un vestigio, un rastro que no para nunca.

Mientras que las exégesis y hermenéuticas de la modernidad se concentran en la unidad, el diálogo,el consenso, la deconstrucción quiere llevar a la incertidumbre, al silencio, a la oración.

Mientras que las exégesis y hermenéuticas de la modernidad se concentran en la unidad, el diálogo y el consenso, la deconstrucción quiere llevar a la incertidumbre, al silencio, a la oración (Chatelion Counet 1998:40). El deconstructivismo es anti-hermenéutico, así repetimos. Son dos programas irreconciliables. La actitud del hermeneuta de la línea de Gadamer se puede definir por su confianza en la posibilidad de llegar a comprender al otro, de interpretar un texto, de fijar su significado. En la hermenéutica se trata de apropiación de sentido, en la deconstrucción de postergación de sentido. Mientras que para Gadamer el diálogo es la metáfora del verdadero proceso de comprensión, para Derrida es la ironía, la contradicción, la sátira, el chiste, la confrontación con lo cerrado, lo que no se puede decodificar. Para Gadamer textos marcan presencia (de otros), Derrida los lee como signos de ausencia.

15.4 ¿Qué es un texto?

Es importante hacer nuevamente esta pregunta. Después de lo que acabamos de decir estará claro que en el deconstructivismo la concepción de lo que es un texto, un contexto y un lector o una lectora difiere profundamente de la que mantienen la exégesis y las hermenéuticas modernas. Su anti-programa se basa precisamente en esta diferencia. Y es esta diferencia lo que hace innecesario un nuevo método. Hemos dicho que el deconstructivismo no es ametódico. Quiere usar métodos existentes, y usándolos, destruirlos. Pues usar ciertos métodos siempre es excluyente, es acreativo y confirma lo que ya se sabía. Cada vez que se aplica un nuevo método exegético se produce un flujo de resultados que no hacen sino confirmar la utilidad del método usado. Así fue con la lectura sociológica, sicológica, estructural, etc. Veamos cómo Derrida c.s. definen los conceptos claves de la interpretación.

Semiótica y cosmovisión

Los conceptos claves de la interpretación según el deconstructivismo.

Acabamos de referirnos a la importancia de la lingüística de F. de Saussure para el deconstructivismo. El lenguaje no solamente sugiere presencia, sino también *ausencia*. No hay signos lingüísticos que sean autoreferentes o autosuficientes. Para Derrida la realidad es profundamente semiótica. Lo que pasa en el lenguaje y la interpretación pasa también en la realidad (poder, arbitrariedad, dominio, exclusión). Según Derrida, la semiótica saussuriana entrega una matriz para comprender la realidad. La fluidez y ambigüedad que caracterizan el lenguaje — programa y anti-programa coexisten en un mismo texto— también caracterizan la realidad y la experiencia humana.

Intertextualidad

En la parte introductoria del presente libro representamos la definición clásica de la intertextualidad de Julia Kristeva: '…cada texto se construye como un mosaico de citas, todo texto es una absorción y transformación de otro texto'. Para las lecturas específicas de la Biblia — especialmente la lectura sociológica — es importante comprender que en el deconstructivismo la noción de *contexto* viene a ser *reemplazada* por la noción de *intertextualidad*. El primer referente de un texto, así sostiene Derrida, no es un contexto histórico — imposible de reconstruir, siempre cambiante — sino otro *texto*. Lo que constituye el primer punto de referencia de un texto no es tanto un contexto material, histórico que se pueda reconstruir (¡fuera del texto no hay nada!), sino más bien las ideas, nociones, pensamientos y valores *expresados en otros textos*.

Debemos comprender el concepto de la intertextualidad como término de protesta.

La *intertextualidad* quiere acabar con la sugerencia de la firmeza del concepto *contexto*. Los textos no tienen un solo contexto histórico, sino innumerables, cambiantes, fugaces, efímeros. No es, por lo tanto, solamente la realidad extratextual la que puede dar al texto su significado. El significado se establece en relación a la red de textos de la cual forma parte el texto que se quiere interpretar. Es una *función* de la intertextualidad. Cada texto es una reacción y elaboración de otros textos. Cada autor usa palabras y frases ya hechas, ya existentes.

Debemos comprender el concepto de la intertextualidad como término alternativo. La intertextualidad se opone a cierta percepción de lo que es un texto y cómo debemos leerlo.

Debemos comprender el concepto de la intertextualidad como término alternativo. La intertextualidad se opone a cierta percepción de lo que es un texto y cómo debemos leerlo. La intertextualidad quiere romper con la fijación de los criterios modernos en la persona del autor, en asuntos como genialidad, originalidad, particularidad, creatividad. La intertextualidad se opone a la idea de que un texto sea una creación original de un autor autónomo e independiente que puso su intención integralmente en él, en un contexto estable y fijo, fácil de recuperar. Se rompe con la visión de texto y el significado se genera independientemente, en base a lo que la persona humana individual hace. La escritura misma, así subraya la intertextualidad, es como la lectura y recolección de datos de otras obras anteriores. El texto que se genera de ese proceso es, en primer lugar, una reacción a otros textos. La primera línea de dependencia no se traza entre el texto y la realidad de la que habla, sino entre el texto y otro texto al que reacciona. Escribir es siempre hacer un injerto en algo ya existente, afirma Derrida. Palabras o frases nunca son propiedad de alguien, existían antes y serán usadas otra vez. Escribir es como entrar en una selva densa, donde la pregunta por el origen o la originalidad no tiene sentido.

El fenómeno de la intertextualidad puede ser explicado a través de conceptos específicos, como son: reiterabilidad, cita e injerto y 'diseminación' (¡dispersión!).

- Reiterabilidad quiere subrayar el aspecto trágico del lenguaje. No hay frase que no pueda ser reiterada o repetida. Por más íntima que haya sido la experiencia, una vez articulada, puede ser repetida interminablemente; 'incluso la muerte de mi madre', agrega Derrida. El lenguaje es repetible. Reiterabilidad se refiere a la capacidad de los textos de emerger siempre de nuevo en contextos nuevos, independientemente de sus creadores, sus usuarios o la supuesta intención de su autor. Los textos no pueden ser no-repetibles.

- Los términos *injerto* y *cita* describen la genealogía de cada nueva creación textual. Tienen una relación con otros textos, a veces de dependencia, plagio o parásito, otras veces como reacción, re-lectura.

- *Diseminación* debe ser distinguida de polisemia. La diseminación es más que polisemia. Diseminación se refiere al hecho de que la producción de significado es indomable. El proceso de producción de significado se comienza a 'caotizar' o desparramar ya antes de que la interpretación haya comenzado. *Diseminación* significa que el texto ha sembrado tantas semillas en un campo tan grande que ya no hay significación. *Diseminación* es más que polisemia, es dispersión, *pérdida* de semilla y sentido.

La tesis de Derrida es que différence lleva a différance. Las diferencias que siempre se manifiestan en los textos, los hilos sueltos, lo no decodificado, llevan a una interminable postergación de significado. Significado es algo indeterminable: pérdida de sentido y producción de sentido están inexorablemente entretejidas en el acto de lectura.

♦ *La postergación de significación* (*différand/différance*). Mientras que Gadamer comprende el acto de lectura como una *anticipación de entereza* (*Vorgriff der Volkommenheit*), durante el cual se produce una fusión de horizontes entre el lector y su mundo y el mundo del texto, Derrida se concentra en lo que obstaculiza tal fusión. Es lo que llama, con un juego de palabras, la *différance*: la postergación de significado. Diferencia, característica de cada texto, es en francés: *différence*; postergación es: *différance*. La diferencia entre ambas palabras no es oíble, solamente visible en el papel. La tesis de Derrida es que *différence* lleva a *différance*. Las diferencias que siempre se manifiestan en textos, los hilos sueltos, lo no decodificado, llevan a una interminable postergación de significado. Significado es algo *indeterminable*: pérdida de sentido y producción de sentido están inexorablemente entretejidas en el acto de lectura.

Derrida: 'Il n'y a pas de hors-texte' [Fuera del texto no hay nada].

♦ *Lectura como juego*. Hemos visto que frente a la lectura como toma de poder, Derrida propone la metáfora del juego. El juego no produce muertos, se puede repetir interminablemente, el texto puede mantenerse intacto.

P. Ricoeur, The Reality of the Historical Past, Milwaukee, 1984.

♦ *Contexto es un concepto problemático en el deconstructivismo*. Hemos dicho que la noción de la intertextualidad viene a reemplazar la noción de contexto. Los contextos históricos son fluidos, cambiantes, cada vez nuevos. El proceso de recontextualización es permanente. Para Derrida es otro motivo para afirmar la fluidez del proceso de significación. Los textos reciben nuevos significados en contextos siempre nuevos. Los textos no tienen contextos fijos. Siempre hay pérdida de significado, siempre hay nueva producción de significado. El concepto de contexto no es estable. ¿Por cuál de los muchos contextos en que el texto alguna vez fue leído se quiere optar? El contexto original ¿qué es? ¿cómo se establece? ¿Cuáles son las herramientas necesarias para distinguir entre 'contexto' como conjunto de deseos y proyecciones del lector o la lectora actual y una situación histórica? ¿Existe realmente un concepto *contexto* definido científicamente? ¿Es realmente posible determinar *el* contexto de un texto? ¿Es posible precisar y decir que el *contexto* no es tanto una situación histórica precisamente definida, como un conjunto de problemas y temáticas a las que el texto reacciona?

15.5 Importancia para América Latina

Esta problematización de la noción de contexto parece ser especialmente importante para la lectura bíblica latinoamericana. En su afán de crear analogías entre la situación latinoamericana actual y la de Palestina del primer milenio a.C., exégetas latinoamericanos han reconstruido el contexto histórico del texto bíblico de una determinada manera (revolución campesina, proyecto minoritario, oposición entre campo y ciudad, el pobre como sujeto de los procesos de cambio, etc.). A veces, esa reconstrucción se parece sorprendentemente a la manera en que exegetas latinoamericanos se imaginan los procesos de transformación social que aún deben realizarse en América Latina. A veces el deseo de reconstruir el contexto ha prevalecido sobre el interés en el texto mismo. Muchas veces no se le atribuyó al texto otro *status* que el de ser vehículo para la reconstrucción del contexto 'real' en que nació. Hemos visto que la crítica literaria define este modo de operar como *falacia de los orígenes*. Ahora se agrega el deconstructivismo a la lista de teorías que problematizan el concepto de contexto.

> Este esfuerzo por repensar lo que significa participar en una reflexión histórica rescatando la noción de contexto por medio de una desestabilización de la historiografía moderna, es verdaderamente un gesto posmoderno

F.W. Burnett, *Postmodern Biblical Exegesis: The Eve of Historical Criticism*, en: *Semeia 51 (1990)*, 50ss.

observa G.A. Phillips en su análisis del desafío del posmodernismo para la exégesis (Phillips 1990:27).

G.A. Phillips, Exegesis as Critical Praxis: Reclaiming History and Text from a Postmodern Perspective, en: Semeia 51 (1990), 7-49.

No es necesario entrar aquí en los presupuestos que rodean el énfasis de la exégesis latinoamericana en el contexto histórico. Importante es constatar que aquí la hermenéutica latinoamericana tiene un punto sobre el cual dialogar con el deconstructivismo. Pues la anulación del contexto histórico como componente estable en el proceso de comprensión no implica menos que la anulación de la lectura sociológica propia. Por más práctica o 'comprometida' que quiera ser la exégesis latinoamericana, es imposible evitar el debate teórico acerca del *status* de sus métodos.

> Entre críticos bíblicos, la reflexión teórica abre un espacio, podríamos decir, para un tipo de sensibilidad histórica diferente que, en el contexto de las lecturas de la liberación, feminista y marxista, ha ayudado a replantear la pregunta por la relación entre lector y lectora crítica, texto y contexto histórico, según líneas ideológicas que tendrán un impacto crucial sobre la forma en que exégetas bíblicos enfrentan la pregunta de la responsabilidad ética planteada por las mujeres, personas del tercer y cuarto mundo, minorías, entre otros y otras (Phillips: 11).

15.6 Deconstrucción y Biblia

¿De qué manera el deconstructivismo está teniendo influencia en el campo de las ciencias bíblicas? En los últimos años la *deconstrucción* ha entrado al campo de las ciencias bíblicas. No es fácil distinguir entre *deconstrucción* y *lectura específica* (materialista, feminista, de liberación, etc.). La concentración en lo cotidiano, fuertemente presente en América Latina, ¿es deconstructivista? Cuando reseñamos los números de las revistas RIBLA, *Estudos Bíblicos* y otras muchas revistas latinoamericanas, vemos un gran rescate de temas olvidados, motivos no tratados, temáticas excluidas. ¿Cómo diferenciar entre la lectura específica y la deconstructivista? ¿Es necesario? Al igual que el deconstructivismo, también la crítica ideológica, las lecturas materialista, liberadora, negra, feminista e indígena, tienen un aspecto fuertemente *iconoclasta*. En muchas de ellas pasa, sin embargo, lo que Derrida quiere evitar: la inversión de los papeles, la toma de poder, la clausura del texto.

Se ha observado que uno de los efectos del deconstructivismo en la academia ha sido que las lecturas alternativas no solamente ya no son miradas con sospecha, sino que son acogidas con cierta ansia. Crece el número de exégetas que están sintiendo la importancia de las preguntas que plantea el deconstructivismo. En esta fase toda evaluación debe ser preliminar. Recién se están articulando las grandes temáticas:

Kerry M. Craig and Margret A. Kristjansson, Women reading as Men/ Women reading as Women: a structural analysis for the historical project, en: Semeia 51 (1990), 119ss.

- ¿Cuál es la relación entre texto y contexto, entre historia y ficción?

- ¿En qué manera participa la exégesis en la toma de poder? ¿Cuáles son sus mecanismos de 'validación', de 'exclusión'?

- ¿Cómo el o la exégeta podrá llegar a ser parte de una comunidad *inter*disciplinaria?

15.7 Deconstructivismo y Biblia

Desde el tohu wabohu, el caos indiferente, se crean las diferencias: luz y tinieblas, agua y tierra, cuerpos muertos y vivos, plantas y animales, animales y seres humanos.

Veamos algunos ejemplos del encuentro entre el deconstructivismo y la Biblia. El deconstructivismo se siente a gusto con la Biblia y su tradición. Esto es comprensible. La diseminación, la diferencia y el rescate de lo perdido atraviesan la Biblia. ¿No es el acto creador que relata Gé. 1 un acto deconstructivista? Desde el *tohu wabohu*, el caos indiferente, se crean las diferencias: luz y tinieblas, agua y tierra, cuerpos muertos y vivos, plantas y animales, animales y seres humanos. En lo que sigue aparece la diferencia entre hombre y mujer, bien y mal, vida y muerte. Cuando la historia de la creación se lee así, afirma Chatelion Counet, se convierte en una gran denuncia de la modernidad y su deseo de control, dominación y unidad (Chatelion Counet: 63).

Anteriormente nos referimos a la lectura que Derrida hace del relato de la torre de Babel. Vimos que en su interpretación Babel es una gran metáfora del programa deconstructivista. 'Antes de la deconstrucción (!) de Babel', escribe Derrida, 'la gran familia semítica estaba estableciendo su imperio. Quería que fuera universal y trataba de imponer su lengua a todo el universo'. Dios mismo es el padre de Babel, de la confusión. Dios nombra la ciudad Babel, desciende para verla; al mismo tiempo Dios impone y prohibe la traducción, rompe el linaje... (Derrida 1992:5).

R.M. Schwartz, Adultery in the House of David: The Metanarrative of Biblical Scholarship and the Narratives of the Bible, en: Semeia 54 (1992), 35-56.

Regina M. Schwartz analiza la historia de David bajo el aspecto de lo que Foucault ha llamado historia efectiva. Por historia efectiva Foucault entiende aquella historia que, en contraste con la oficial o tradicional, hace un mapa de las discrepancias, la ruptura de la ficción del sujeto autónomo y entero. La conclusión de Schwartz es que la historia de David, tal como está relatada en los libros de Samuel, no enfoca continuidad y desarrollo, sino ruptura y transgresión (Schwartz:35ss).

A diferencia de Mosala, Mieke Bal ve el libro de Ester como una gran metáfora de la escritura. 'Escritura es, precisamente, la mediadora entre visión y habla... Escritura es el lugar de encuentro entre imagen y palabras, entre lo visual y verbal, y, especialmente en Ester, entre destino y mediación, casualidad e historia, entre providencia y conspiración'.

M. Bal, Lots of Writing, en: Semeia 54 (1992), 77-102.

> Para mí el libro de Ester es una celebración de la escritura y, como punto culminante de la historia, también lo es el banquete de Ester (Bal 1992:80).

En la línea de Harold Bloom (quien desarrolló la famosa hipótesis de que uno de los autores del Pentateuco [la 'fuente' J] fue una mujer, la nieta del rey David) Chatelion Counet quiere demostrar que el autor implicado de Ex. 3.14 y Ex. 4.24-26 fue una mujer. La historia de Séfora ('Eres para mí un marido de sangre') está llena de la superación de diferencias (esposo – esposa, madre – hijo, nacional – extranjero, etc.) para poder subrayar la fundamental diferencia entre Dios y el hombre.

Deconstrucción: 'cuando lo mismo ya no es lo mismo', Chatelion Counet: 139.

'El deconstructivismo', escribe Chatelion Counet, 'es una forma de lectura cercana (close reading), dirigida hacia la intención de la obra (*intentio operis*) y la demostración de su fuerza incontrolable'. Con esto Chatelion Counet está en la línea de Umberto Eco que en su libro *Los Límites de la Interpretación* (1990) subraya que la obra literaria, independientemente de la intención del autor o de la fantasía del lector o de la lectora, puede tener intenciones propias que no podrán ser dominadas por nadie. Chatelion Counet ofrece un buen ejemplo en su deconstrucción de la tradición de la traición de Judas. Pregunta si los autores son capaces de 'clavar' su intención tan claramente en el lenguaje — por ejemplo en una caracterización de algún personaje como persona extremadamente perversa — que al lector o a la lectora no le queda sino adherirse a esa imagen narrativa. Chatelion Counet cree poder demostrar cómo, en el caso de la descripción del papel de Judas en Juan, se puede usar el texto (*intentio operis*) en contra del autor (*intentio auctoris*). Propone que una comparación entre Juan 13 y Juan 6 (6.54 // 13.18; 6.70 // 13.18; 6.38, 39 // 13.16, 20; 6.64, 71 // 13.21; 6.70 // 13:2), especialmente 6.51

> 6.51 Yo soy el pan vivo que descendió del cielo; si alguno come de este pan, vivirá para siempre. El pan que yo daré por la vida del mundo es mi carne ...
> 6.54 El que come mi carne y bebe mi sangre tiene vida eterna, y yo lo resucitaré en el día final...

con Juan 13.18

> 13.18 No hablo así de todos vosotros. Yo sé a quiénes he elegido; pero para que se cumpla la Escritura: El que come pan conmigo levantó contra mí su talón.
> 13.19 Desde ahora os lo digo, antes de que suceda, para que cuando suceda, creáis que Yo Soy.

daría argumentos para una rehabilitación de la figura de Judas ... contra la intención del autor.

Uno de los exégetas que con más frecuencia ha deconstruido pasajes o libros bíblicos es John Dominic Crossan. Crossan retoma de Derrida y Barthes la noción de lenguaje y textualidad como juego:

> Somos niños y niñas preparando con infinita seriedad un juego eterno de "escondido" (Crossan 1976).

J.D. Crossan, Raid on the Articulate. Comic Eschatology in Jesus and Borges, New York, 1976.

Al igual que Moisés, Jesús es un destructor de ídolos. Crossan va en búsqueda de lo 'cómico' del texto bíblico. Una 'deconstrucción' de libros como Job, Eclesiastés o las parábolas del N.T. arroja resultados nuevos. Muchos textos bíblicos llevan su propio programa de deconstrucción: resultan estar cargados de ironía, parodia, paradojas, elementos satíricos y crítica implícita a la tradición.

Hemos dado algunos ejemplos de aproximaciones deconstructivistas a textos bíblicos. No solamente los análisis de textos particulares, sino también una aplicación más general de los conceptos claves del deconstructivismo a la Biblia produce resultados nuevos. Todo el A.T. puede ser considerado bajo el signo de la diferencia y la postergación. ¿No son los judíos mismos el ejemplo de diferencia y diseminación? Se ha querido ver en la iglesia cristiana un injerto en el tronco de Israel; en el N.T. una gran relectura del A.T. El A.T. mismo es 'deconstructivista': cita, intertextualidad y deconstrucción han sido elementos importantes en la producción del texto canónico. En el A.T. hay un sinnúmero de referencias a otros textos, textos antiguos son releídos, textos de otros cuerpos literarios son incorporados (leyes de Mesopotamia, sabiduría de Egipto, mitos de Ugarit, etc.). En un reciente artículo, Croatto es enfático en subrayar la existencia de programas deconstructivistas en el A.T. mismo:

J.S. Croatto, Simbólica Cultural y hermenéutica Bíblica, en: RIBLA 26 (1997), 67-77.

> Ahora bien, al formarse la tradición cristiana se incorporaron muchos elementos de las cosmovisiones donde se enraizaba. Por eso se pueden detectar en el Nuevo Testamento

representaciones tanto bíblicas como estoicas, (pre)gnósticas, de los cultos mistéricos y hasta de la religión oficial del imperio. A veces como recurso contra-cultural, esto es, usando una simbólica dada para darle otro contenido o para crear una tradición paralela que distrajese del peligro de fascinación "por el otro". Hay infinidad de ejemplos de ello en la Biblia, tanto en el Primero como en el Segundo Testamentos.

Respecto del Antiguo o Primer Testamento. Ese recurso de de-construcción de tradiciones ajenas pero "presentes", y contra-construcción de otras "propias" con los materiales de aquellas, es un dato esencial para comprender la función pragmática (a nivel semiótico), querigmática (en la instancia de la comunicación) y teológica (cosmovisión) de los relatos de Gé. 1-11 y de la estructura de todo el Pentateuco ... (Croatto 1997:67).

15.8 Observaciones finales: deconstrucción y lectura latinoamericana de la Biblia

Llegando al final de nuestra representación del deconstructivismo queremos dedicarnos brevemente a una evaluación que, como hemos dicho, necesariamente debe ser muy preliminar. Primeramente resumiremos la importancia del deconstructivismo, después nos dedicamos a resumir en qué consiste su desafío para la lectura latinoamericana de la Biblia. Terminaremos con algunas observaciones más críticas.

Importancia del deconstructivismo

Consideramos al deconstructivismo como una corriente sumamente importante y desafiante. La estrategia de eliminar el dogma como dogma (Clines), de ofrecer una interpretación de la interpretación (Taylor), de *defamiliarizar* el texto de tal manera que 'lo mismo ya no es lo mismo' (Chatelion Counet) — todo eso, que es tan característico del deconstructivismo, es innovador, arroja resultados asombrosos y da qué pensar.

En cierto sentido el deconstructivismo representa una vuelta al texto. En la línea de la nueva semiótica de pensadores como U. Eco y.o, el deconstructivismo subraya la importancia del texto (intentio operis). Su búsqueda de interpretarlo de 'otra manera' es muy refrescante.

Simplificando hasta el extremo, yo defino el posmodernismo como la incredulidad frente a las metanarrativas, J.-F. Lyotard, The Postmodern condition. A report on Knowledge, en: L. Cahoone 1997:482.

Desde el punto de vista teológico el deconstructivismo tiene una dimensión profundamente espiritual. Tiene una profunda reverencia por lo sagrado, lo quiere respetar al máximo. Y se opone a las construcciones teológicas que, con demasiada rapidez, se atreven a hablar sobre lo divino, sobre lo inefable. El deconstructivismo se opone a la anexión barata de lo sagrado y su incorporación demasiado apurada en lo secular. Es la espiritualidad de la oración lo que rodea el deconstructivismo. Derrida escribe frecuentemente sobre el silencio y cómo, en la historia de la tradición occidental, los esfuerzos por guardar silencio cada vez han desembocado en la ruptura del silencio (místicos, Platón, vía negativa).

Particularmente en cuanto a la teología y la ciencia bíblica, las preguntas del deconstructivismo deben ser valorizadas. Nuevamente se está preguntando por el lugar desde donde se interpreta, por los criterios que validan las interpretaciones y anulan el valor de otras. ¿Cuáles son las leyes que operan en el proceso de validación? Consideramos de gran importancia los esfuerzos por desideologizar el proceso de lectura. Creemos que las preguntas críticas a la hermenéutica gadameriana, con su fe en el consenso, la buena voluntad, la posibilidad de una fusión de horizontes, son muy pertinentes. Usando nociones fundamentales de la lingüística, el deconstructivismo va problematizando los conceptos centrales de la hermenéutica moderna: el sentido, la consistencia de textos, autores, contextos y lectores y lectoras.

Son novedosas y sorprendentes las contribuciones 'deconstructivistas' a la interpretación de la Biblia. Descubren que muchos textos bíblicos contienen antiprogramas, elementos para su propia deconstrucción. Liberan del yugo de ver en cada texto un discurso sobre liberación, transformación social, cambio revolucionario, antítesis sociales. Replantean la pregunta por el status del texto bíblico como fuente de revelación. Interrogan los métodos y preguntan en qué medida los métodos usados realmente permiten una deconstrucción.

Desafíos del deconstructivismo para la lectura latinoamericana de la Biblia

Hemos dicho que consideramos al deconstructivismo como uno de los mayores desafíos para la lectura latinoamericana de la Biblia. Ya repasaremos algunas de las razones. Comenzamos primero citando una observación de David Jobling. Jobling se pregunta en qué manera la teología de la liberación y el deconstructivismo pueden llegar a una relación mutuamente enriquecedora.

> Considero que esta conjunción de un método literario radical con un compromiso político radical será de importancia incalculable para los estudios de la Biblia. Pero aún está en su infancia. Feministas y otros estudiosos bíblicos de la "liberación" hasta ahora le han prestado poca atención al deconstructivismo e, inversamente, los pocos y las pocas estudiosas de la Biblia que sí le han puesto atención han mostrado poco interés en sus implicaciones políticas... (Jobling 1990:81).

Jobling está preocupado por la dispersión, la fragmentación, y, lo que es peor, una especie de *teoriafobia* en los círculos de la izquierda (Jobling 1990:91). Jobling recuerda cómo N.K. Gottwald enumera cuatro paradigmas vigentes en el estudio de la Biblia (1985). Los dos primeros paradigmas, el confesional y el histórico-crítico, están en eterno debate. La dominación del último paradigma ha sido puesta en tela de juicio por dos lados: por el paradigma de la crítica literaria por un lado, y por el de la crítica socio-histórica por el otro. Jobling está de acuerdo con Gottwald cuando afirma que todavía no se ha dado una combinación fructífera de los dos últimos paradigmas. Los y las exégetas, escribe Jobling, no ponen atención a los resultados de la ciencia de la literatura.

> Que un aspecto considerable del problema es la falta de atención de estudiosos bíblicos al debate extrabíblico sobre la posibilidad de lecturas literarias a la vez radicalmente políticas y radicalmente textuales. Por ejemplo, la lectura feminista de la Biblia le ha puesto poca atención a

D. Jobling, Writing the Wrongs of the World: the Deconstruction of the Biblical Text in the context of Liberation Theologies, en: Semeia 51 (1990), 81-118.

lo que yo he llamado la "marea creciente" de deconstrucciones feministas de textos literarios (Jobling 1990:96).

Jobling quisiera que el tercer paradigma (el literario) se radicalizara: la crítica literaria debe cambiarse por una crítica literaria más radical, más deconstructivista. Lo mismo con el cuarto paradigma: la aproximación socio-histórica debe ser cambiada por una lectura liberadora. Esta nueva combinación, sostiene Jobling, resultará muy fructífera y promisoria: ofrece la posibilidad de 'lecturas literarias a la vez radicalmente políticas y radicalmente textuales'. Estamos de acuerdo con la aseveración de Jobling de que una combinación de crítica literaria y lectura liberadora parece ser muy promisoria. A nuestro parecer, la lectura latinoamericana de la Biblia necesita ser de-con-struida para recuperar su vitalidad y potencial crítico y denunciador.

Regresemos ahora a nuestra tarea de formular en qué consiste, a nuestro parecer, el desafío del deconstructivismo para la lectura latinoamericana de la Biblia. Lo que tocaremos aquí brevemente de alguna manera ya fue dicho cuando hablamos de la hermenéutica latinoamericana y la relevancia, pertinencia y ética en la exégesis.

- No son solamente las lecturas de la Biblia hechas por las jerarquías una toma de poder, sino también lo es la lectura latinoamericana de la Biblia. También en ella operan criterios y normas de validación; hay *árbitros de significado*, mecanismos de selección de autores y temas. Una mirada crítica, 'deconstructivista' si se quiere, revelaría cómo funcionan los mecanismos, quiénes son los portavoces, cuáles son los intereses defendidos.

- En nuestro análisis de la hermenéutica de la liberación hemos detectado una predilección entre exégetas latinoamericanos, a veces muy exclusiva, por el método sociológico. Esa predilección se basa en ciertas presuposiciones que están siendo problematizadas por el deconstructivismo. La opción por el método sociológico parte del presupuesto de que hay una conexión inmediata entre el contexto original, el texto y su actualización. El esquema *ver - juzgar - actuar* expresa el mismo presupuesto, la misma relación casi inmediata entre texto - contexto - directrices para la actualidad. Podemos citar una vez más a S. Nakanose.

> Así que para entender los mensajes y las acciones de Dios, uno debe suponer que hay una continuidad entre la situación histórica del pueblo de la Biblia y nuestra situación histórica hoy. Conocer la situación histórica de los textos bíblicos, que originalmente se dirigieron a la comunidad de los autores en su propio período histórico, corrige y controla la lectura e interpretación de los textos por parte de lectores y lectoras hoy. No hay forma de extraer una comprensión correcta de la teología bíblica únicamente a partir del contexto de los lectores y las lectoras, algo que trata de hacer la hermenéutica subjetiva... el análisis de este método (i.e. histórico crítico, dW) es insuficiente y ha sufrido por no reconocer que la Biblia surge de la lucha colectiva de Israel por oponer la violencia opresiva institucional desde adentro o afuera de su sistema social. Esta falta ha poderosamente fortalecido otra alienación, el individualismo, que es el núcleo de la dominación capitalista... La exégesis sociológica lleva a los lectores y las lectoras a una perspectiva crítica sobre las condiciones materiales de vida (vida socioeconómica, política y religiosa) de la gente en los tiempos bíblicos y, también, a una comprensión más clara de las demandas concretas de la justicia social hoy... (Nakanose 1993.2s.).

La lectura sociológica debe ser mejorada aún por las Comunidades Eclesiales de Base.

> Las CEB necesitan seguir desarrollando una exégesis sociológica que apoye la autenticidad de sus instituciones religiosas y que sea un aporte para sus miembros quienes utilizan la Biblia como recurso para la eficaz liberación de la opresión socioeconómica, política y religiosa (Nakanose, ibid.).

Comparemos lo que dice Nakanose con la expresión de Barthes que citamos anteriormente:

> ...La obra no está rodeada, designada, protegida o dirigida por ninguna situación, no existe una vida práctica que nos diga cuál es el significado que se le debe dar (R. Barthes).

Con esta afirmación Barthes no quiere decir que el texto no haya tenido algún contexto social original. Barthes quiere demostrar que *ahora*, en la actual situación hermenéutica, no queda ninguna situación, ninguna huella de vida práctica, ningún contexto social que pueda orientar la lectura del texto. La situación original ha desaparecido y llegó a ser texto. No hay otro lugar donde se puede encontrar el contexto original sino en el texto mismo. Tanto desde el punto de vista histórico, como desde el punto de vista hermenéutico, la relación contexto - texto - actuar es más compleja de lo que Nakanose c.s. asumen.

...el concepto contexto no carece de problemas.

Repetimos que el concepto contexto no carece de problemas. Los textos no son contextos, sino que toman cierta posición frente a una situación social, cultural, política, existencial, etc. El contexto es aquella faceta de la realidad que el texto problematiza, describe o interpreta. El contexto es mucho más que el conjunto de oposiciones binarias, determinadas sociológicamente, que la lectura sociológica quiere encontrar. La lectura sociológica constituye, en cierto sentido, una paradoja. Quiere investigar el contexto en el que nació el texto, pero no quiere abrirse a lo que el concepto contexto implica, es decir: cambios en los factores que determinan las normas y los valores. No solamente la economía debe ser considerada como el motor de la historia. También la cultura es portadora de desarrollo, nuevas normas y valores. Los contextos cambian constantemente y junto con ellos los procesos de desarrollo de una sociedad. La lectura sociológica se interesa en el análisis del contexto, ¡pero descubre en cada contexto lo mismo!

Anteriormente observamos cómo la lectura sociológica reconstruye el contexto del primer milenio a.C. según

> *Los contextos cambian constantemente y junto con ellos los procesos de desarrollo de una sociedad. La lectura sociológica se interesa en el análisis del contexto, ¡pero descubre en cada contexto lo mismo!*

criterios occidentales criticados fuertemente por el deconstructivismo. La realidad es reducida a oposiciones binarias: pobre - rico, opresor - oprimido, campo - ciudad, sacerdote - profeta, unidad literaria pequeña – metahistoria. Recordemos la advertencia de Foucault de que el uso y abuso del poder se da sobre todo en lo cotidiano, en las microestructuras de la sociedad y que es una ilusión creer que los cambios sociales implican liberación del poder.

Creemos que, desde el punto de visto literario, el uso exclusivo del método sociológico corre el peligro de reducir el texto a un mero portador de reflejos de una sociedad reducida a oposiciones sociales. No queremos negar en absoluto que poder, liberación, salvación, denuncia, explotación, etc., sean temas claves en el testimonio bíblico. Estamos fuertemente convencidos de la opción preferencial por los y las pobres en la Biblia y de que los binomios mencionados constituyen ejes semánticos elementales en el A.T. y N.T. Pero estamos igualmente convencidos de que los textos bíblicos son más que un mero reflejo de situaciones y tensiones sociales. Creemos que es una reducción de la realidad elevar la condición o situación social como criterio hermenéutico absolutamente decisivo. El o la pobre es más que su pobreza, la persona humana es más que su condición social o biológica. El texto bíblico da también testimonio de problemas existenciales, sabiduría, pecado a nivel personal, conversión. Podemos aplicar a la lectura sociológica lo que dice A. Thiselton sobre el deconstructivismo mismo:

> *D. Jobling/S.D. Moore (eds.), Poststructuralism as Exegesis, Semeia 54,(1992).*

> ...aislar una sola meta es un síntoma de estar atrapado dentro de una tradición filosófica y estética particular. En contraste, los textos bíblicos trascienden cualquier meta individual: la tradición estética. Enseñan, pero también nos invitan a celebrar con gozo las acciones y el reinado de Dios. Hacen afirmaciones acerca del mundo y la realidad, pero también nos convierten en receptores incómodos del juicio y receptores confortables de la gracia. Subvierten nuestros ídolos pero también nos apelan, nos sanan, nos construyen y nos transforman. Cualquier teoría de

> la textualidad que no pueda hacer un espacio para estas funciones textuales no podrá ocupar un lugar paradigmático en la interpretación bíblica (Thiselton: 114).

Debemos decir con Klaus Berger, que desde el punto de vista del texto antiguo, cada relectura moderna es una aventura. El texto mismo no da directrices para su relectura posterior. Fácilmente podemos caer en lo que Cl. Boff ha llamado la 'hermenéutica de bricolage', una hermenéutica del 'haz-lo-tu-mismo...': el significado correcto es el que sirve. Recordemos el ejemplo de Carlos Mesters cuando cuenta de un grupo de campesinos que se enfrenta con la prohibición de comer carne de chancho. Dice uno de ellos: 'Pero, ¿no es cierto que la Biblia cuenta que el Dios de Israel es un Dios de la vida? Entonces significa que nosotros sí podemos comer carne de cerdo, pues aquí no hay otra manera de sobrevivir, la única carne que tenemos es carne de chancho'. La anécdota de Mesters es un ejemplo de una hermenéutica creativa, productiva, al servicio de la vida. Al lado de ella abundan los ejemplos de hermenéuticas reproductivas, fundamentalistas, que consideran el texto como fetiche, y están muchas veces al servicio del odio y de la muerte.

K. Berger, Hermeneutik des Neuen Testaments, Gütersloh, 1988.

- Como hemos visto, la lectura latinoamericana de la Biblia parte del presupuesto de las analogías claras y directas entre el contexto bíblico y el actual. Esta correspondencia es problematizada en el deconstructivismo.

- Es necesaria una deconstrucción del (uso del) concepto "pobre". La confusión entre uso descriptivo y uso normativo a que nos referimos anteriormente es parte de la toma del poder. El 'pobre' no solamente 'abre' los textos bíblicos, sino también los cierra.

- La relación entre lectura bíblica y praxis, y transformación social (Nakanose: 'usando la Biblia como recurso para liberación efectiva de opresión socioeconómica, política y religiosa...') no es tan inmediata como presuponen algunos y algunas. Falta mucho análisis y trabajo empírico.

La lectura latinoamericana de la Biblia parte del presupuesto de las analogías claras y directas entre el contexto bíblico y el actual. Esta correspondencia es problematizada en el deconstructivismo.

- Por reverencia a lo sagrado, el deconstructivismo quiere reemplazar la utopía por *atopía*. Recientemente teólogos latinoamericanos, entre ellos el brasileño Jung Mo Sung, reflexionando sobre el fracaso de las utopías y los cambios de paradigmas, afirmaron que las utopías de muchas personas cristianas latinoamericanas habían sido deterministas y desembocaron en una gran decepción. Ellas resultaron estar basadas en una percepción errónea de la realidad y del futuro del continente. En cierto sentido también las utopías fueron tomas de poder. Queda la pregunta sobre cómo será posible reformular las utopías, hablar de lo inefable, sabiendo que nuestro conocimiento es inseguro e incompleto.

Observaciones críticas

Parece que el desarrollo del deconstructivismo en los años 90 ha tomado un rumbo más positivo. En las publicaciones más recientes de Derrida y otros, parece que se está parando un poco el proceso que era una de las características del deconstructivismo y que se ha llamado 'la retirada de la acción al placer' (R. Lundin). Muchos teólogos y muchas teólogas afirman cuán difícil es entablar conversaciones fructíferas con el deconstructivismo. El hecho de ser, a nuestro juicio, uno de los mayores desafíos a las teologías del genitivo, no quita que tengamos algunas observaciones críticas. Nos limitamos a tres observaciones. En primer lugar hablaremos de algunos aspectos de la práctica exegética del deconstructivismo; en segundo lugar comentaremos cómo teoría del texto y cosmovisión se están mezclando en el deconstructivismo. Finalmente analizaremos la relación entre hermenéutica y deconstructivismo.

1) Respecto a la interpretación deconstructivista de la Biblia constatamos que, a nuestro entender, las *preguntas* son a veces más importantes y más consistentes que los *resultados* de sus interpretaciones. Muchas veces no se sabe cuál es lo propio del programa deconstructivista; es difícil decir dónde termina la crítica ideológica y dónde comienza

Respecto a la interpretación deconstructivista de la Biblia constatamos que, a nuestro entender, las preguntas son a veces más importantes y más consistentes que los resultados de sus interpretaciones.

la deconstrucción. Por lo demás, debemos admitir que la labor de *defamiliarizar* los textos, de buscar anti-programas, no es nueva. Las exégesis no-occidentales han contribuido grandemente en este aspecto. La lectura latinoamericana de la Biblia no ha hecho sino tratar de rescatar a los olvidados, las excluidas, los marginados y las marginadas en la Biblia.

Sorprende ver cuán rápidamente la 'deconstrucción' llega a constituir una especie de corpiño; pierde su libertad y se convierte en lo que siempre quiso evitar: otro sistema cerrado. Lo normal es sospechoso, lo comúnmente aceptado nunca es suficiente o convincente. La necesidad de de-con-struir puede llevar rápidamente al *eclecticismo metodológico*. Para *deconstruir* es necesario llegar a aceptar las significaciones de las palabras más exóticas, de las construcciones gramaticales más inusitadas, de los estilos literarios más peculiares. Y en todo esto es permitido usar todos los métodos útiles, incluyendo los métodos históricos. Se puede señalar en el deconstructivismo una coexistencia desequilibrada entre una retórica de indecisión textual y una demanda de precisión lógica. De las exégesis que examinamos, resulta que el deconstructivismo no puede vivir sin usar los métodos históricos. Contrario a lo que dice, el deconstructivismo no usa el método histórico solamente para destruirlo, sino que usa sus resultados también positivamente.

En general las lecturas deconstructivistas impresionan como muy intelectualistas e individualistas, contrarias a una lectura popular de la Biblia. Para no ser cooptado, el deconstructivismo está condenado a constituirse siempre en anti-programa. En nombre de la libertad sigue dando vueltas, circulando en torno al texto, sin comprometerse nunca con un sentido último, definitivo. En nombre de la libertad se prescinde del carácter diverso del testimonio bíblico y se olvida que no todo texto es juego o estética o ironía. La iconoclastia tiene su precio: ni ícono, ni imagen podrán jamás ser admiradas, por más bellas y evocativas que sean.

Debemos decir que para algunos textos es correcta una definición en términos de juego. Pensemos en poemas, enigmas y otras expresiones literarias similares. A la vez debe estar claro que la Escritura ofrece muchos textos referenciales, textos que requieren de la imaginación del lector y la lectora y necesitan para su comprensión la construcción de un mundo extratextual.

Debemos decir que para algunos textos es correcta una definición en términos de juego. Pensemos en poemas, enigmas y otras expresiones literarias similares. A la vez debe estar claro que la Escritura ofrece muchos textos referenciales, textos que requieren de la imaginación del lector y la lectora y necesitan para su comprensión la construcción de un mundo extratextual. Se ha notado la paradoja de que, en una teoría filosófica que quiere ser tan anti-universal, la percepción del texto como juego llega a ser una categoría universal. Ahora bien, si los textos son juego, nunca podrán ser la base para una acción racional. Surge la pregunta de si realmente es posible seguir manteniendo la noción del texto como juego. Quiéralo o no el deconstructivismo, muchos textos literarios sirven para una acción directa, racional. Pensemos en las sentencias de muerte, las órdenes militares, las prescripciones médicas y las miles de formas en que textos sirven de base para que en el mundo extratextual haya alguna acción. Creemos que es apropiada la palabra de Wittgenstein, frecuentemente citada:

> Cómo son comprendidas las palabras no lo dicen solamente las palabras (Wittgenstein, citado en: Thiselton 1992).

Thiselton demuestra cómo el deconstructivismo da dos pasos. La semiótica de Saussure no lleva inevitablemente a una cosmovisión pesimista o de sospecha como la mantiene el deconstructivismo. Lo que pasa aquí es que se confunden teoría semiótica y cosmovisión (nihilista).

2) A. Thiselton profundiza el elemento que tocamos en nuestra observación anterior: la relación entre teoría de lenguaje y cosmovisión (Thiselton: 84ss.). Vimos que Derrida c.s. hacen uso de nociones fundamentales de la semiótica lingüística de Saussure. Especialmente que en el lenguaje existen solamente diferencias y que una palabra significa en base a lo que *no* es. Para Derrida la *escritura* es signo de dos ausencias: la ausencia de una firma (del hacedor) y la ausencia de una referencia del texto. Lo que pasa en los textos, pasa también en la realidad, afirma Derrida. Thiselton demuestra cómo el deconstructivismo da *dos* pasos. La semiótica de Saussure *no* lleva inevitablemente a una cosmovisión pesimista o de sospecha como la que mantiene el deconstructivismo. Lo que aquí pasa es que se confunden teoría semiótica y cosmovisión (nihilista). En el deconstructivismo la semiótica saussuriana llegó a

convertirse en cosmovisión, como si la realidad y el lenguaje fueran una sola cosa. El hecho de que en el lenguaje diferencia y ausencia juegan un papel importante, no significa que también en la realidad extratextual todo sea arbitrariedad y ausencia, refuta Thiselton. El deconstructivismo solamente se produce, afirman Thiselton, Hirsch y otros, cuando se combinan la semiótica de Saussure con filosofías como la de Nietzsche, con su interés en lo anormal, lo aplastado.

La dificultad que ofrece la teoría del texto en el deconstructivismo es que no toma en cuenta que la actualización del sistema (lengua → habla) siempre sigue ciertas convenciones, ciertas reglas. Que en la actualización del sistema juegan un papel juicio, experiencia, sobrevivencia, convicción, normas, valores y opciones. El *uso* del lenguaje se produce en base a costumbres específicas, juicios sabios, experiencias de gracia y liberación. Además, la nueva semiótica nos enseña que el lenguaje es profundamente social. Los signos lingüísticos llegan a significar, llegan a ser códigos, solamente dentro de un marco de referencia que está determinado socialmente ("blue jeans", por ejemplo). Entre lenguaje y realidad hay diferencia. Hay sujetos hablantes, hay un mundo de acción diferente al mundo del lenguaje. Una pregunta de Wittgenstein expresa elocuentemente esta diferencia:

> ¿Cómo señala una flecha...? No, no la línea muerta en el papel...

En su fusión de teoría de lenguaje y cosmovisión, el deconstructivismo se parece a alguien que compra varios ejemplares del mismo periódico, para estar seguro de que lo que dicen es verdad. Se puede decir que se hereda el lenguaje como se hereda el juego de ajedrez: no solamente las piezas, sino también las reglas de su uso. Cuando el deconstructivismo equipara la realidad con el lenguaje, es como lo que pasa cuando se produce una devaluación monetaria: se rompe la relación entre billete y oro. Felizmente no todo funciona así en el lenguaje y la realidad.

Los signos lingüísticos llegan a significar, llegan a ser códigos, solamente dentro de un marco de referencia que está determinado socialmente.

En su libro *Los Límites de la Interpretación*, Umberto Eco subraya la importancia del sentido literal del texto. 'Cada discusión acerca de la libertad de interpretación debe partir de una defensa del sentido literal', afirma Eco. Eco agrega la siguiente anécdota.

U. Eco, The Limits of Interpretation, Bloomington-Indianapolis, 1990.

> Hace algunos años, Derrida me escribió una carta, informándome que él y algunos otros estaban fundando un Colegio Internacional de Filosofía en París, y me pidió una carta de apoyo. Apuesto que Derrida estaba suponiendo: (i) que yo iba a asumir que él (Derrida, dW) estaba contando la verdad; (ii) que yo iba a leer su carta como discurso unívoco acerca de la situación actual tanto como de su proyecto; (iii) que mi firma requerida iba a representar lo que era: una firma confirmando lo dicho en la carta (Eco 1990:54).

3) Se ha dicho que una integración del deconstructivismo de Derrida en la hermenéutica es imposible (Blans, 238s). La conversación entre Derrida y Gadamer, sostenida en el curso de los años '80, debió fracasar. La hermenéutica quiere hacer justicia al individuo, su mortalidad, su unidad y originalidad, y afirmar que es más que un elemento de la textualidad. La hermenéutica de Gadamer y Ricoeur se orienta hacia la comprensión del otro, una nueva producción de sentido a través del encuentro con el otro, la presuposición de que en el acto de lectura o conversación es posible hablar sobre algo con alguien. En el acto hermenéutico, así afirman Gadamer y Ricoeur, el o la intérprete se comprende mejor a sí mismo o a sí misma, a través de la comprensión del texto. Derrida quiere que la verdad no se articule, que siga flotando.

G.H.T. Blans, Hermeneutiek en Deconstructie, en: Th. De Boer e.a., Hermeneutiek, Meppel 1988, 208-239.

Las diferencias entre la hermenéutica y el deconstructivismo en cuanto al status del texto son profundas. Para la hermenéutica los textos bíblicos son vehículos para la comunicación interpersonal — anuncio a la persona. Dan testimonio de lo que fue la vida histórica de Jesús de Nazaret, de la comunidad viva de sus alumnos. Para Derrida y Barthes el mundo interpersonal ha sido reemplazado por la intertextualidad, el individuo se ha

La hermenéutica de Gadamer y Ricoeur se orienta hacia la comprensión del otro, una nueva producción de sentido a través del

encuentro con el otro, la presuposción de que en el acto de lectura o conversación es posible hablar sobre algo con alguien. En el acto hermenéutico, así afirman Gadamer y Ricoeur, el o la intérprete se comprende mejor a si mismo o a si misma a través de la comprensión del texto. Derrida quiere que la verdad no se articule, que siga flotando.

convertido en *dividuo* (¡legión es mi nombre!), la presencia es gobernada por la ausencia. Así están la conversación y la interpretación frente a la textualidad; la fusión de horizontes y la anticipación de entereza frente a la opción preferencial por el fracaso, la caída, lo anormal, lo excluido; el compromiso y respeto por los valores humanitarios de la tradición frente a la indecisión y diferenciación interminables. Mientras que para la hermenéutica el lenguaje es referencial y una ventana a la realidad, en el deconstructivismo la realidad desaparece en el texto y el eterno movimiento de desgaste y desaparición es central. Mientras que la hermenéutica practica una confianza prerreflexiva, el deconstructivismo se concentra en lo horroroso. En la hermenéutica la verdad se despliega y se establece en la conversación y el consenso entre socios; en el deconstructivismo la verdad se repliega, se retira, se cierra, desaparece. Así quedan hermenéutica y el deconstructivismo como dos actitudes complementarias frente a los textos.

Unidad 16

Los límites de la interpretación

Hemos visto cómo en algunos diseños hermenéuticos el texto bíblico figura como amigo, como brújula y fuente de conocimiento y confianza; en otros el texto bíblico es considerado como problema, sin relevancia alguna para la situación actual.

Hemos recorrido un camino largo. Hemos estado navegando a través de muchas teorías de la interpretación, teorías del texto, maneras de usar y aplicar el texto bíblico. Es un panorama confuso y desalentador. Hemos visto cómo, en algunos *diseños hermenéuticos*, el texto bíblico figura como amigo, como brújula y fuente de conocimiento y confianza; en otros el texto bíblico es considerado como problema, sin relevancia alguna para la situación actual. La figura de la o el *exégeta* ha recibido las más variadas expresiones: policía, amigo, pastor, guía, intelectual orgánico, conservador de museo, orientador en la lucha, guía en el combate, árbitro de significado, vigilante de la tradición, traidor.

Los textos han sido considerados como espejo de la intención del autor, parte de una interminable red de otros textos, unidades de indeterminable significado, ventana a la realidad, sistema autónomo de significados, conjunto polisémico

Las preguntas operativas en las *lecturas* del texto bíblico han asumido muchos colores y vienen de muchos lados: hay lectura negra, indígena, asiática, Minyung, 'desde los pobres', feminista, liberadora, poscolonial, africana, india, latinoamericana, comprometida. El *acto de lectura* se ha percibido en términos de: toma de poder, juego, relectura, actualización del pasado, búsqueda de la intención del autor, identificación con la intención del autor, comprensión de sí mismo a través de la comprensión del otro, una fusión de horizontes, la actualización de la estrategias de lectura inminentes en el texto, respuesta a la invitación del texto de actualizar su potencial de valores.

de signos lingüísticos, invitación al lector a actualizar su propia imaginación y llenar los huecos del texto.

Los textos han sido considerados como espejo de la intención del autor, parte de una interminable red de otros textos, unidades de indeterminable significado, ventana a la realidad, sistema autónomo de significados, conjunto polisémico de signos lingüísticos, invitación al lector o la lectora a actualizar su propia imaginación y llenar los huecos del texto. La interacción entre textos y sus lectores y lectoras se ha definido de maneras distintas, poniendo énfasis en el factor texto algunas veces, otras veces en el factor lector o lectora actual. Los textos pueden transformar a sus lectores y lectoras, poner en tela de juicio sus expectativas, darles nuevo conocimiento, invitarles a entrar en su mundo y compartir sus valores y convicciones. Los lectores y las lectoras transforman los textos; a veces intencionalmente, a veces sin saberlo, porque es la única manera para comprenderlos (Thiselton 1992:31-51).

16.1 Implicaciones para la interpretación

¿Qué camino debe seguir aquel o aquella exégeta de liberación que haya tomado conocimiento de los cambios ocurridos en la década de los noventa, y que quiera aprender de ellos y enriquecer su práctica de interpretación? ¿Cómo orientar a la o el exégeta, especialmente aquel o aquella exégeta que quiere vincular su práctica con la liberación de los cautivos?

¿Dónde estamos nosotros en este mundo confuso y caleidoscópico de teorías y prácticas de lectura? ¿Qué tipo de lectura queremos practicar? ¿Cómo vemos el papel de la o el intérprete? ¿Qué es lo que exégetas pueden o no pueden hacer?

Anteriormente vimos que hay un sinnúmero de factores y actores involucrados en el acto de lectura. Vimos que es precisamente por eso que hermeneutas como Paul Ricoeur hablan del *proceso* de interpretación. La o el *exégeta* no es el único actor en ese proceso, el *texto* no es el único objeto y la *exégesis* no es la única práctica. Aquí, en este texto sobre *métodos de exégesis*, queremos concentrarnos en la tarea del lector o de la lectora profesional, el o la exégeta y su práctica. La exégesis, así repetimos, solamente tiene que ver con *un* aspecto del proceso de interpretación. Es la interminable tarea de explorar el *espectro* de significados que el texto, en su situación histórica, pudiera haber tenido. La exégesis no abarca todo el proceso de interpretación y difiere del análisis del *uso* del texto o de los *efectos transformadores* del texto bíblico (tarea de la *sociología de la literatura* y *hermenéutica empírica*). Es importante comprender la diferencia entre interpretar un texto y usarlo. Llevando la diferencia a su extremo, se puede decir que cuando se usa una página de la Biblia para limpiar la chimenea no es lo mismo que interpretarla. Más adelante, en el segundo tomo del presente libro, hablaremos del *uso* (*apropiación*) del texto bíblico y el potencial transformador de los textos.

Ahora bien, reiteramos nuestra pregunta sobre si es posible llevar del campo de batalla alguna estrategia de lectura que haga justicia a los actores y factores involucrados. ¿Cómo orientar a la o el exégeta, especialmente aquel o aquella exégeta que quiere vincular su práctica con la liberación de los cautivos. ¿Hay elementos duraderos con los que podemos contar? ¿Hay procedimientos en los que podemos basar con confianza nuestra expedición?

16.2 Una metáfora: La ciudad desconocida

La exégeta holandesa Ellen van Wolde compara el proceso de lectura con la visita a una ciudad desconocida. Podemos usar esta metáfora para clarificar el papel, las responsabilidades y las limitaciones de los actores involucrados en el proceso de lectura.

Una metáfora: La ciudad desconocida.

Un visitante camina por una ciudad desconocida y mira a su alrededor. Registra varias impresiones, como la uniformidad del estilo arquitectónico, la estructura de los caminos, los colores de las casas y el carácter de las plazas. Después de un primer reconocimiento el visitante se siente tocado por la belleza de la ciudad y quiere mirarla más de cerca. Por lo tanto decide explorar más exhaustivamente las calles, plazas y parques de la ciudad. Toma el ómnibus, un taxi o un metro, y lentamente trata de dibujar un mapa de la ciudad. Se pregunta cuál es la avenida principal, dónde están los límites de los distintos barrios, dónde está el corazón de la ciudad. Dicho de otra manera: el visitante hace un plano de la ciudad, tanto en base a lo que ve, como en base a su propio conocimiento previo de las funciones y la planificación de ciudades. De esta manera el visitante 'arregla' u 'ordena' la ciudad y crea un mapa mental o estructura que coloca por encima de la ciudad, por decirlo así. Después de esta mirada general y resumida, el visitante puede continuar y proceder a estudiar los componentes individuales que determinan la ciudad: los museos y edificios públicos, las iglesias y monumentos, las casas y tiendas, los parques y las fuentes, el carácter de las calles y el estilo de vida de los habitantes de la ciudad. Esta es la parte más intensa y la que consume mayor tiempo. El análisis de cada parte puede tomar días o semanas enteras. El conocimiento, los intereses y la preferencia del visitante son decisivos para determinar cuánto tiempo le dedicará a qué faceta. Mientras más fascinado esté con un aspecto específico, más tiempo le dedicará y más importante será en la construcción de su mapa y su valorización de la ciudad. Durante esta intensa visita las impresiones y el conocimiento del visitante gradualmente desembocarán en una imagen comprehensiva en la cual edificios y caminos, parques y plazas, estilos arquitectónicos e historia, alegría y dolor de la gente se unen en una imagen multifacética y caleidoscópica. Esta imagen comprehensiva depende de los aspectos analizados previamente, algunos de los cuales podrán ser analizados después con mayor profundidad a través de estudios especializados. La imagen de la cual el visitante dispone al final de su visita es de una 'red' comprehensiva, a cuya creación tanto él como la ciudad han contribuido. Al final, el visitante se lleva esa imagen a su casa. Esa imagen puede dejar una impresión permanente y ocasionalmente incluso influir sus opiniones y estilo de vida (van Wolde 1989:69-70).

E. van Wolde, A Semiotic Theory and Method of Analysis Applied to the Story of the Garden of Eden, Assen, 1989.

Creemos que van Wolde nos entrega una metáfora que podemos operacionalizar aún más. A través de ella es posible clarificar el papel de cada uno de los actores del proceso de lectura. La ciudad representa el texto. Al igual que un texto, la ciudad tiene una estructura — señales de expresión, de superficie y un sentido más profundo. Tiene un constructor y toda una historia de modificaciones y usos. El o la visitante es el lector o la lectora. Al igual que un visitante a una ciudad antigua, desconocida, el lector o la lectora debe proceder con cuidado, con cierta metodología en su exploración del texto. El o la visitante debe respetar los derechos de la ciudad, dejarse guiar por sus contornos, su arquitectura. Puede que el o la visitante tenga interés en algún aspecto específico de la ciudad o que quiera conocer solamente un barrio de la ciudad. Mientras más impresionante haya sido la visita a la ciudad, más querrá llevar consigo alguna costumbre, alguna manera de hacer o pensar. No siempre será fácil incorporarlo en el mundo actual.

Ahora bien, emprendamos un viaje explorador hacia una ciudad desconocida. Lo que hemos visto en los capítulos anteriores nos podrá servir como señal y punto de orientación durante nuestra caminata.

1) La ciudad

1.1) ¿Realmente existe la ciudad?

Ocupémonos primeramente del actor *ciudad*. ¿La ciudad, realmente existe? Pues, ¿qué sentido tendría informar de una visita a una ciudad que no existe? ¿Qué sentido tendría que alguien relatara haber visto una *fata morgana* o un espejismo, sin que fuera posible que otro u otra lo viera? Estaríamos viviendo como parásitos de la imaginación de otro u otra.

La pregunta por la firmeza de la ciudad no es tan rara como podría pensarse. Hemos visto cómo en ciertas teorías hermenéuticas modernas el texto es considerado como una substancia muy fluida. Es el lector o la lectora quien determina la suerte del texto. De Platón sabemos cómo el lamentaba la suerte deplorable de un texto escrito. Los textos son como huérfanos, decía Platón, no son capaces de defenderse contra los ataques y la dominación de sus lectores y lectoras.

Ese texto que llamamos ciudad, ¿realmente existe? ¿Es firme? ¿Tiene contornos explorables, una estructura que se pueda investigar? Es Umberto Eco quien, en sus últimas obras, enfatiza mucho la estabilidad del texto. Al lado de la *intentio auctoris*, enfatiza Eco, existe algo como la estabilidad de la obra literaria, la *intentio operis*. Eco comienza su libro sobre los límites de la interpretación con una elocuente historia del año 1641 sobre el arte de escribir y una canasta de higos.

> Al principio de su *Mercury, Or the Secret and Swift Messenger*, 1641, John Wilkins cuenta la siguiente historia:
>
> Cuán extraño debió resultar este Arte de la Escritura en su primera Invención lo podemos adivinar por los Americanos recién descubiertos, que se sorprendían al ver Hombres que conversaban con Libros, y a duras penas podían hacerse a la idea de que un Papel pudiera hablar...
>
> Hay una graciosa Historia a Propósito de esto, concerniente a un Esclavo indio; el cual, habiendo sido enviado por su Amo con una cesta de Higos y una Carta, se comió durante el Camino gran Parte de su Carga, llevando el Resto a la Persona a la que iba dirigido; la cual, cuando leyó la Carta, y no encontrando la Cantidad de Higos de que se hablaba, acusó al Esclavo de habérselos comido, diciéndole que la Carta alegaba contra él. Pero el Indio (a pesar de esta Prueba) negó cándidamente el Hecho, maldiciendo la Carta, por ser un Testigo falso y mentiroso.
>
> Después de esto, habiendo sido enviado de nuevo con una Carga igual, y con una Carta que expresaba el Número preciso de Higos que habían de ser entregados, devoró otra vez, según su anterior Práctica, gran Parte de ellos por el Camino; pero antes de tocarlos, (para prevenir toda posible acusación) cogió la Carta, y la escondió debajo de una gran Piedra, tranquilizándose al pensar que

> si no lo veía comiéndose los Higos, nunca podría referir nada de él; pero al ser ahora acusado con mayor fuerza que antes, confiesa su Error, admirando la Divinidad del Papel, y para el futuro promete la mayor Fidelidad en cada Encargo (Citado en Eco 1990:1).

A través de este ejemplo Eco trata de replantear la cuestión de los límites de la interpretación. La historia de la canasta de higos tiene elementos duraderos, por decirlo así. Eco subraya la importancia de *la intención del texto*. Por más situaciones nuevas que habrá — el esclavo es asesinado y reemplazado por otro, los 30 higos se cambian por 12, la canasta es llevada por el nuevo esclavo a otra dirección — y cualquiera que sea la situación en que se lea aquel texto sobre los higos, siempre habrá ciertos elementos estables o duraderos. Estos elementos constituyen el primer marco de referencia para el lector o la lectora. Eco afirma que, por más importantes que sean el contexto y el o la intérprete actuales, hay textos que, separados de su autor original, de su referencia histórica y de las circunstancias de su producción, siguen teniendo un (primer) significado estable.

> Lo que quiero decir es que, incluso separado de su emisor, de su indiscutible referente y de sus circunstancias de producción, ese mensaje hablaría aún de higos-en-una-cesta.

Es difícil ver cómo la frase 'te envío 30 higos en esta canasta' podría tener como primer significado 'Simón Bolívar murió en el mes de diciembre del 1830, 9 años después de Napoleón'.

Sabemos que la historia de la interpretación de la Biblia es uno de los mejores ejemplos de lo difícil que es hablar de *el* significado del texto. Pero esto no nos debe llevar a una *impotencia hermenéutica* permanente. Pues también hay que afirmar que algunas veces es posible establecer un consenso acerca de lo que un texto *no* significa. Es difícil ver cómo la frase 'te envío 30 higos en esta canasta' podría tener como primer significado 'Simón Bolívar murió en el mes de diciembre del 1830, 9 años después de Napoleón'. Cada teoría de interpretación, sostiene Eco, por más convencida que esté del peso del lector o de la lectora, debe admitir que el *primer* significado de *higo, canasta* y *30* es el literal. Por lo tanto es importante admitir que 'cada acto de libertad de parte del lector puede venir *después* y no *antes* de la aceptación de esta limitación' (Eco 1990:6). Decir que un texto puede significar todo, no implica que no haya teorías adecuadas de interpretación. El hecho de que el proceso de interpretación nunca termine, no significa que no tenga criterios. Es posible, afirma Eco en su libro, que en décadas recién pasadas, los *derechos del lector o de la lectora* hayan sido sobredimensionados, a veces a costa de los derechos del texto.

> Hasta los más fervientes deconstructivistas aceptan la idea de que existen interpretaciones que son desvergonzadamente inaceptables. Esto significa que el texto interpretado impone algunas limitaciones sobre sus intérpretes. Los límites de la interpretación coinciden con los derechos del texto (...). Si hay algo para interpretar, la interpretación debe hablar de algo que debe ser encontrado en algún lugar y respetado de alguna manera.
>
> Volviendo al texto de los higos, en un mundo dominado por lectores 'sobrehumanos' (Übermensch-Readers) debemos estar donde está el Esclavo. Es la única manera para llegar a ser, no los Amos, sino los Servidores libres y respetuosos de la Semiosis (Eco 1990:7).

1.2) La ciudad en la actualidad (análisis sincrónico)

La ciudad existe y espera a su visitante para conocer sus siluetas, su estilo de construcción, su historia y un poco la vida de sus habitantes. ¿Qué nos muestra la ciudad? ¿Qué queremos ver? Mucho depende del estado en que se encuentre la ciudad y de la actitud con que nosotros nos acerquemos a ella. Lo que Ricoeur afirma para textos, vale también para nuestra ciudad. A grosso modo hay dos actitudes posibles. Una es la del turista, que solamente quiere asombrarse y maravillarse de su belleza, y, si es posible, llevarse a casa alguna piedra, alguna cosa valiosa. La otra es la del explorador que quiere descubrir cómo funcionó la ciudad, cuáles eran los propósitos de sus constructores, cuál fue su historia. Aquí nos interesa sobre todo el camino del visitante-explorador.

Antes de comenzar a 'abrir' la ciudad, se merece también cierta protección. Protegerla debe ser un primer paso. Tiene que ver con los derechos del texto. Coincidimos con Eco en lo siguiente.

> En *Grammatologie* Derrida recuerda a sus lectores de la función necesaria de todos los instrumentos de la crítica tradicional: 'Sin este reconocimiento y este respeto la producción crítica se desarrollará en cualquier dirección y se autorizará a si misma decir cualquier cosa. Pero esa riel de protección indispensable siempre solamente ha *protegido* y jamás *abierto* un texto'. Simpatizo con el proyecto de abrir textos, pero siento también la obligación fundamental de protegerlos para poder abrirlos, ya que considero riesgoso abrir un texto antes de haberlo protegido debidamente (Eco 1990:54).

A la actitud analítica, la del explorador, se puede agregar otra cosa. Es lo que Saussure nos enseñó: el análisis sincrónico primero, recién después el análisis diacrónico. Por supuesto que la ciudad es producto de muchos constructores, de largos años de trabajo. Pasaron las estaciones y los constructores siguieron construyendo, agregando edificios, demoliendo otros. Pero, así como un animal que ha pasado por varias etapas de la evolución solo *indirectamente* demuestra las fases de su desarrollo, tampoco la ciudad revela inmediatamente su desarrollo histórico. Percibimos la ciudad como se nos muestra *ahora*, en su 'composición actual', sincrónicamente, por decirlo así. Ver su *pre*historia es tarea de la arqueología, o de la crítica histórica. Pero es necesario, así enfatizan Saussure y seguidores, comenzar el proceso de interpretación con el reconocimiento de la ciudad *así como está ahora*. El primer paso del viaje de reconocimiento es el *sincrónico*. Antes de comenzar a remover edificios, casas y árboles, tiene que verse primero la función de estos elementos en la situación actual. Solamente así podremos descubrir la función de la red o de las redes que constituyen la ciudad. Ahora bien, ¿qué es lo que vemos?

El primer paso del viaje de reconocimiento es el sincrónico. Antes de comenzar a remover edificios, casas y árboles, tiene que verse primero la función de estos elementos en la situación actual. Solamente así podremos descubrir la función de la red o de las redes que constituyen la ciudad.

> La primera impresión que el lector obtiene del texto es provocada por palabras recurrentes, sonidos, el ritmo de las palabras. Esta forma de expresión o superficie del texto puede estimular al lector para continuar leyendo y 'agarrar' el texto (van Wolde *ibid.*).

Las señales de expresión de la ciudad son sus formas más destacadas, su estilo de construcción, su perfil. Más adelante veremos que uno de los primeros pasos de nuestra práctica exegética será tomar el texto como sistema fonético (sonido) y prosódico (ritmo) y tratar de descubrir sus señales de expresión. Ya que, en las palabras de R. Barthes, 'la obra literaria no está rodeada o protegida por alguna *situación* y ninguna *vida práctica* existe para contarnos cuál significado le deberá ser dada', debemos contentarnos con las señales del texto mismo y explotarlas al máximo. No hay otro guía. Repetimos que estas señales constituyen el perfil de la ciudad; ellas dejan la *primera impresión*. Después de este primer paso podremos dar otros más, siempre sincrónicos, y seguir reconociendo la ciudad. Cada paso corresponde a algún aspecto particular, algún elemento duradero de la ciudad. Podríamos estudiar la manera en que los edificios y las casas están construidas, el tipo de cimiento que se ha usado, el tipo de casa construida y cómo las casas están conectadas unas con otras. En el caso de un texto hablaríamos del análisis *gramatical, sintáctico*. Después, en un siguiente paso, podríamos ver si hay edificios especiales, cómo ciertos barrios están vinculados con otros, si hay algún estilo arquitectónico dominante, las leyes que lo definen. Aplicado a los textos, podríamos hablar de su aspecto *literario*. Pues los edificios no tienen solamente una función social, sino que tienen también un aspecto estético que quiere llamar la atención. Mientras que el análisis literario se ocupa del aspecto estético del texto, el análisis de la función social se llama análisis *semántico*.

Aspecto semántico

Este es el aspecto que se podría estudiar en la siguiente fase. ¿Cuál fue la relación entre la vida de los habitantes de la ciudad y los edificios, palacios y plazas que encontramos? De muchas maneras los textos están vinculados con el mundo exterior, el mundo extratextual. Así como en la ciudad, también en los textos están presentes las huellas digitales de sus constructores y de su mundo. El texto llega a ser comprensible solamente cuando se conecta con el mundo exterior, el *contexto histórico* en que nació; con la vida social, política, religiosa, económica y cultural. Muchos elementos del texto son portadores de las normas, convicciones y valores vigentes en el mundo en que nació. También el contexto histórico del texto, por más difícil que sea reconstruirlo, tiene sus derechos y contribuye a que el texto entregue sus secretos.

Después de haber estudiado sus detalles, podríamos comenzar a tratar de interpretar la ciudad como una gran red de comunas y barrios, plazas y avenidas, todo construido según cierto patrón. ¿Dónde estuvo radicado el poder? ¿Qué parte fue considerada como centro? ¿Por dónde atravesaron las grandes avenidas? Es la fase en que el o la visitante comienza a hacerse un mapa o un plano de la ciudad. En el caso del texto sería la fase en que el lector o la lectora trata de distinguir entre líneas narrativas principales y subsidiarias y, en base al resultado del análisis, ordenarlas según un patrón coherente.

1.3) La ciudad y su historia (análisis diacrónico)

Está claro que para la investigación histórica el o la visitante debe disponer de otros métodos e instrumentos que los sincrónicos. Un recorrido rápido no es suficiente.

El análisis de la ciudad como sistema actual no es suficiente para explicar todas sus facetas, secretos y milagros. Cuando la fase sincrónica haya terminado, será necesario analizarla desde el punto de vista histórico. Pero el o la visitante debe comprender que se trata de un segundo paso. Este tipo de investigación se llama diacrónico. El o la visitante comienza a remover edificios, abrir la tierra y excavar. Quiere ver lo que está 'debajo'. ¿De cuántas capas se compone la ciudad? ¿Cuáles fueron sus vicisitudes? ¿Cuántas conquistas presenció? ¿Cuántas veces fue sitiada, abandonada, reconstruida? ¿Por qué desaparecieron barrios y murallas? ¿Cómo se reconstruyeron y utilizaron de nuevo palacios y edificios? ¿De qué manera se le fue agregando? ¿Cómo fueron actualizados lo antiguo y lo tradicional? ¿Cómo se pudo mantener la ciudad frente a toda época nueva y 'moderna'? ¿Qué es lo que del pasado se mantuvo y qué es lo que no se quiso usar más? Muchos secretos de la ciudad se revelan solamente cuando se investiga su historia y se pregunta quiénes fueron sus dominadores antiguos y cuál fue su estilo de vida. Está claro que para la investigación histórica el o la visitante debe disponer de otros métodos e instrumentos. Un recorrido rápido no es suficiente.

1.4) Los constructores de la ciudad

En el curso del viaje surgirá el interés en los constructores de la ciudad. Ellos también tienen sus derechos. Habrá también algunas huellas e indicios de los constructores y arquitectos. Uno que otro nombre estará grabado en los edificios, templos, bibliotecas y palacios. Pero el o la visitante no debe olvidar que el lugar más importante de encuentro de sus pensamientos, ideas, deseos y convicciones siempre será los edificios que construyeron. Es allí, y en ningún otro lugar, donde podremos encontrarnos con lo que ellos nos dejaron. No hay manera de entablar una conversación directa con los arquitectos. No hay fuente que nos pueda entregar datos biográficos de ellos aparte de la obra que dejaron. Debemos decir, tanto de una ciudad desconocida como de un texto, que vale que la *intentio auctoris* es ahora la *intentio operis*. Habrá quienes considerarán una pérdida no poder comunicarse más con el constructor de la obra. La ventaja está en que ahora es imposible que el constructor siga imponiéndose como propietario, actuando como un lastre que limita el viaje y la exploración de la ciudad.

2) El o la visitante

2.1) El o la visitante y sus intereses

El segundo factor importante en la interacción entre texto y lector es el lector o la lectora. Es el o la visitante de la ciudad. Si una ciudad no tuviera visitantes, nadie podría hablar de su belleza, su historia, su vida. Durante toda su visita el o la visitante tiene presente su propio mundo y constantemente está conectando lo que ve con su propio mundo y experiencia. La ciudad es tan extensa y tiene tanto que ofrecer que es imposible ver todo y comprender todo. El o la visitante hará una selección de cosas que quiere ver.

Aplicado al texto: el espectro de significados de un texto es tan amplio que ningún lector y ninguna lectora puede iluminar todo o 'agotar el texto'. Debe tomar opciones. Es más, la lectora misma es muy activa durante el proceso de lectura y su respuesta o su reacción está siendo informada por su propia y previa experiencia de lectura y su experiencia de vida. La red de significados que el lector o la lectora conecta con el texto es, por lo tanto, el resultado de una interacción a la cual tanto el texto como el lector o la lectora han contribuido.

Ningún visitante visita la ciudad neutralmente. Si no tuviera expectativas, preguntas que quiere resolver, no la visitaría. Es evidente que aquí su experiencia, su percepción del mundo, su color de piel, su género y su fe juegan un papel importante. Sin embargo, no son factores siempre decisivos durante la visita. El hecho de que tal o cual edificio tenga forma rectangular o redonda no tiene que ver con ningún elemento de la vida o existencia de la o el visitante. Aquel edificio todavía tendrá su forma redonda o rectangular cuando el o la visitante ya no existe.

2.2) El objetivo de la o el visitante

Los motivos del viaje podrán ser múltiples. El o la visitante debe tener cierta libertad al realizar su visita. Hay visitantes

El o la visitante debe tener cierta libertad al realizar su visita. Hay visitantes que llegan a nuestra ciudad por la sencilla razón que la quieren comparar con otras ciudades de la región que han visitado. Quieren comprobar alguna tesis o hipótesis. Quieren saber si para la distribución del agua se utiliza el mismo sistema que han visto en las demás ciudades.

que llegan a nuestra ciudad por la sencilla razón de que la quieren comparar con otras ciudades de la región que han visitado. Quieren comprobar alguna tesis o hipótesis. Quieren saber si para la distribución del agua se utiliza el mismo sistema que han visto en las demás ciudades. La quieren visitar porque quieren comprobar si algún colega, que también visitó la ciudad, tiene razón en sus observaciones y descubrimientos. Quieren visitar un barrio de la ciudad que no se ha visitado antes. La quieren visitar porque tienen la sospecha de que debajo de cierta casa hay un palacio o un templo.

Cuando estos y estas visitantes hayan regresado a casa, conversarán con sus colegas, pero es probable que no habrá una gran masa interesada en sus hallazgos. Puede que entre sus fotos haya una que otra que sea atractiva para la gran masa de turistas, pero la mayoría de las fotos será interesante solamente para otros y otras especialistas.

2.3) Entre familiaridad y desconocimiento

¿Con qué actitud los y las visitantes visitan la ciudad? Son muchas las actitudes con que visitantes, a través de los siglos, se han acercado a la ciudad. Es posible dividirlas en dos extremos. Algunos tenían tanto temor a lo nuevo que querían visitar solamente los barrios conocidos y confiables. No querían meterse en la aventura de visitar algún sitio nuevo, alojarse en un hotel desconocido. Para otros y otras todo debía ser exótico, emocionante, nuevo. Querían siempre visitar algo que no habían visto antes, conocer siempre algo desconocido. Nunca regresaban a un barrio en el que habían estado antes.

La alteridad total, sea lo que fuera, sería ininteligible y consecuentemente totalmente sin interés. Al otro extremo del espectro, la familiaridad total produciría aburrimiento total, W.C. Booth, The Company We Keep. An Ethics of Fiction, Berkeley/Los Angeles/London, 1988.

Lo ideal es que durante la visita se establezca un equilibrio entre estos dos extremos posibles. La primera posibilidad es que se perciba la ciudad como algo totalmente nuevo y por lo tanto incomprensible. Esta experiencia podría llevar a un desinterés total. La segunda posibilidad es que se perciba la ciudad como algo totalmente conocido; esto podría llevar a un aburrimiento total (Booth 1988, citado en Van Heijst 1992:246). El o la visitante prudente tratará de guardar ese equilibrio durante su visita. Es importante que durante toda su visita el o la visitante se dé cuenta de su actitud y de su agenda.

2.4) El o la visitante y su mandato

En el curso de la historia han habido un sinnúmero de motivos que han llevado a que se visite la ciudad. Y esto no solamente para el turista común y corriente, sino también para el explorador profesional, en cuya caminata tenemos un interés especial ahora. Hemos visto que ningún visitante de la ciudad realmente es 'libre'. Todos y todas tienen una agenda, un programa que quieren realizar. Todos y todas reflexionan previamente sobre lo que quieren hacer, cómo y en qué pasar su visita, qué edificios y palacios quieren visitar.

Todos los visitantes tienen una agenda, un programa que quieren realizar. Todos y todas reflexionan previamente sobre lo que quieren hacer, cómo y en qué pasar su visita, qué edificios y palacios quieren visitar.

Repetimos que hay una gran diferencia entre visitantes que visitan la ciudad como turistas y otros y otras que viven de sus visitas y deben o quieren regresar con algún resultado, alguna observación especial. En el caso de los y las turistas, los interesados en las impresiones y resultados de su visita serán sobre todo su familia, colegas, amigos y algunos conocidos. En el caso de los y las visitantes profesionales, es otro el destinatario. Muchas veces el o la visitante profesional deriva el motivo de su visita del hecho de que la visita de otros y otras visitantes profesionales lo dejó insatisfecho. Con su visita quiere producir conocimiento nuevo. Los y las destinatarios de los resultados de su visita son, en primer lugar, los y las demás miembros del gremio o sindicato de visitantes profesionales. Es la *civitas disputantium* de que hablamos anteriormente.

No hay nada raro en que un visitante profesional tenga un mandato especial. Puede ser una petición de estudiar alguna faceta específica de la ciudad, algún momento de su historia, algún aspecto de su vida social o política.

Sin embargo, no hay razón por la que un visitante profesional no pueda aceptar alguna petición especial de alguna comunidad especial. No hay razón por la que una exégeta no sea alumna de los y las pobres. A lo largo de los siglos, visitantes profesionales han sido encomendados por las comunidades más diversas y han realizado visitas con los encargos más diversos. Han visitado la ciudad en nombre de la moral, de la doctrina, de la ciencia, de alguna iglesia, de la filosofía, de la política, del imperio, del ejército. Recordemos cómo en la doctrina patrística del sentido cuádruple del texto bíblico, están expresadas cuatro visitas distintas a la ciudad. Las numerosas hermenéuticas actuales del genitivo contienen otros tantos programas y encargos especiales.

No, no hay nada raro en que un o una visitante profesional tenga un mandato especial. Puede ser una petición de estudiar alguna faceta específica de la ciudad, algún momento de su historia, algún aspecto de su vida social o política. Después de su visita este visitante profesional, con encargo especial, podrá ser una guía de la comunidad que lo envió. El o ella emprende su viaje no solamente comunicándose con la comunidad de otros y otras guías, sino también con el grupo que lo envió para analizar un aspecto especial de la ciudad. Por lo tanto, el o la visitante profesional perfectamente podría ser enviado de ese grupo masivo de pobres que puebla grandes partes del Tercer Mundo.

2.5) El enviado de los y las pobres

La teología de la liberación es un buen ejemplo de una teología que, además de estar en contacto con la *civitas disputantium*, quiere entrar en contacto con otra comunidad, la de los y las creyentes. Para la producción de una reflexión científica sobre la liberación, la pobreza y la suerte de la no-persona, es menester que el teólogo o la teóloga camine junto a la comunidad de los y las creyentes, conozca su experiencia, comparta su suerte. No es suficiente la mirada científica, supuestamente objetiva. Es necesario un compromiso personal. Por el otro lado, también el teólogo o la teóloga de la liberación sabe que la experiencia de fe de la comunidad de creyentes debe ser corregida, puesta en tela de juicio a veces, interrogada. Así la teología de la liberación se articula dentro de esta dinámica, a veces tensa, dramática, otras veces muy fructífera y rica.

Lo que vale para la teología de la liberación, vale también para la lectura liberadora de la Biblia. Lo dijimos cuando hablamos de la hermenéutica de la liberación y de la diferencia entre pertinencia y relevancia. Creemos que precisamente aquí, cuando el o la visitante, además de profesional, conectado con la *communitas disputantium*, también quiere ser guía de alguna comunidad de pobres, se perfilan los límites de la interpretación. Por lo tanto caben las siguientes advertencias.

También el teólogo o la teóloga de la liberación sabe que la experiencia de fe de la comunidad de creyentes debe ser corregida, puesta en tela de juicio a veces, interrogada. Así la teología de la liberación se articula dentro de esta dinámica, a veces tensa, dramática, otras veces muy fructífera y rica.

• Es posible que el explorador, enviado por su comunidad de pobres, no encuentre nada en la ciudad que sea de interés para los y las que lo enviaron.

• A veces resulta que el mandato no fue formulado adecuadamente y debe ser reformulado.

• La comunidad debe entregarle al explorador suficiente espacio como para realizar su visita. La visita de la ciudad se realiza según leyes propias.

• A veces resultará necesario hacer varias visitas para obtener un mensaje que sea relevante para la comunidad. Durante su viaje el explorador visitará sitios que no son de ningún interés para la comunidad de pobres.

• Cada petición de visitar ciertos barrios de la ciudad, implica que otros barrios quedarán fuera.

• El explorador debe funcionar como árbitro y mediador entre los derechos de la ciudad y los deseos de su comunidad. No hay que actuar como si los barrios periféricos fueran los céntricos y al revés. Cada ciudad tiene sus propios contornos. Los constructores pusieron siempre sus propios énfasis, que a veces no satisfarán para nada el gusto del visitante actual.

• A veces el explorador necesitará instrumentos y métodos nuevos. Aquí su comunidad no es capaz de ayudarle.

• Todo lo que el o la visitante encuentre en la ciudad, lo conectará con su propia experiencia. De la Crítica de la respuesta del lector (*CRL*) hemos aprendido cuán importante es el papel del explorador y su percepción de la realidad en que el mismo se desenvuelve. Esta percepción es como el mapa mental que el explorador hace de la ciudad, con el que compara y conecta todo lo que descubre. Por lo tanto es necesario que el explorador mantenga una actitud crítica frente a su percepción de la realidad y la ajuste si fuera necesario. Esto nos lleva a lo siguiente.

2.6) Interpretación y liberación

Una pregunta importante, que de cierta manera adelantamos pero no explicitamos, es la siguiente. ¿Qué camino debe seguir aquel o aquella *exégeta de liberación* ahora? Nos referimos a aquel o aquella exégeta que sigue preocupada por la suerte de los excluidos y que quisiera contribuir con su práctica a mejorar o al menos aliviar la suerte de ellos y ellas? Y ¿qué pasa cuando aquella exégeta *comprometida* ha tomado conocimiento de los cambios ocurridos en la década de los noventa y quiere aprender de ellos y enriquecer su práctica de interpretación?

En círculos de exégetas latinoamericanos la reflexión sistemática sobre el nuevo perfil de la y el exégeta de la liberación recién está comenzando.

En círculos de exégetas latinoamericanos la reflexión sistemática sobre el nuevo perfil de la y el exégeta de la liberación recién está comenzando. Esto debe tener que ver con el hecho de que para cada persona es difícil cambiar su percepción de la sociedad y de la procedencia y solución de los problemas que la caracterizan. Cuando además se ha forjado un vínculo inquebrantable entre método, mensaje del texto y solución de los problemas actuales, el debate sobre métodos y límites de la interpretación no es fácil. Sin embargo, reflexionar acerca de un nuevo perfil de la y el exégeta de liberación puede ser una tarea liberadora. Nos podrá aliviar de dogmatismos anteriores, abrirnos nuevos espacios, enriquecer considerablemente nuestra práctica de interpretación. Pues, no solamente ciertos desarrollos en las teorías hermenéuticas, la ciencia de la literatura, la filosofía posmoderna, la semiótica, etc., sino también cambios económicos y sociales en el momento actual, pueden hacernos reflexionar sobre nuestro uso del 'método adecuado'. Aunque no debemos olvidar que también esos desarrollos — o cambios de paradigma — son el reflejo de cambios ocurridos o expectativas no cumplidas en la sociedad como tal.

Repetimos que los desafíos para la exégesis latinoamericana son enormes. Robert Schreiter formula en su reciente libro algunos de los mayores desafíos para la teología de liberación en un contexto globalizante. Creemos que valen también para la exégesis de liberación.

Ver para el tema interpretación y liberación: K.G. Cannon & E. Schüssler Fiorenza (eds.), Interpretation for Liberation, Semeia 47 (1989), passim.

A continuación elegimos algunos momentos de posible interacción y reajuste de una situación que en religión, economía, política, factores culturales y sociales han jugado un papel importante en los cambios. Lo hacemos convencidos de que la teología y exégesis de liberación siguen siendo sumamente importantes, porque dan voz a las aspiraciones de la gran mayoría de los cristianos y las cristianas que viven en situaciones de injusticia y pobreza. Coincidimos con Schreiter cuando dice que los y las interlocutores de la teología de la liberación tienen razón: la pobreza y la opresión no han desaparecido. Lo que debe ocurrir es que 'nuestras respuestas deben corresponder a las nuevas condiciones bajo las cuales el mundo ahora opera' (Schreiter 1997:114).

R.J. Schreiter, The New Catholicity. Theology between the Global and the Local, New York (Orbis), 1997, 98-115.

• Como hemos dicho anteriormente, la crisis de los socialismos históricos y la relativa bancarrota de su marco teórico (especialmente ciertas formas rígidas del marxismo-leninismo), deben hacer reflexionar a cada exégeta que sola y exclusivamente quiere usar la bipolaridad (y sus oposiciones binarias clásicas: ciudad-campo, rico-pobre, capa alta-capa baja, profeta-sacerdote, etc.) como instrumento de trabajo. Creemos que una reducción del método sociológico a la búsqueda de oposiciones sociales y económico-políticas 'fáciles' perjudicará enormemente el proceso de interpretación.

• 'Liberación' no es una palabra clave para todas las situaciones políticas en América Latina. Reconstrucción, democratización o modernización (en su sentido de democratización de las instituciones intermediarias,

Fernando Castillo) son conceptos igualmente válidos para caracterizar situación y tareas actuales. En una dictadura la tarea del exégeta 'comprometido' será otra que en países en vías de reconstrucción.

- Al lado de las grandes metáforas (Exodo, denuncia profética, Reino) podrán comenzarse a explotar otras imágenes: el regreso del exilio, la reconstrucción de la patria o de Jerusalén, situaciones pastorales, el lugar de la mujer en la comunidad o congregación, etc.

- Una situación de reconstrucción obliga a la exégesis a replantear la pregunta por *su* contribución. La exégesis deberá estar consciente de que su contribución será una en medio de otras muchas, y que su eficacia dependerá de muchas mediaciones.

- La exégesis, como ciencia de la interpretación, deberá reconocer que el actual es un momento *kairológico*, el momento de la interdisciplinariedad.

3) El guía y su mandato

Muchas veces el o la guía no es competente para juzgar la manera en que se podrán usar los resultados de su investigación. Haber descubierto cómo se construían casas en la antigüedad o cómo se hacía un acueducto, no significa automáticamente poder usar o aplicar ese conocimiento ahora. Haber analizado el sistema social de la ciudad desconocida podrá arrojar resultados totalmente inútiles para la actualidad.

Por más comprometido o comprometida que esté el o la guía, es necesario que mantenga algo de su independencia. El o la guía siempre estará considerando críticamente sus propios presupuestos y la agenda de los y las que le encomendaron su encargo. Del deconstructivismo, la crítica ideológica y otras hermenéuticas hemos aprendido que cierta dosis de sospecha puede ser muy saludable para el proceso de interpretación. Es un arma contra la privatización del texto, que, de cierta manera, también ocurre en las hermenéuticas del genitivo.

4) El uso

Hemos dicho que entre interpretar un texto y hacer uso del resultado hay una diferencia fundamental. El o la guía es responsable por los resultados de su análisis, no por la manera en que serán usados por otros y otras. El papel del guía es modesto. El o la guía, al finalizar su análisis, debe entregar los resultados a las comunidades con que se había vinculado. El o ella no es totalmente responsable ni por el *impacto* ni por el posterior uso de su visita. Muchas veces el o la guía no es competente para juzgar la manera en que se podrán usar los resultados de su investigación. Haber descubierto cómo se construían casas en la antigüedad o cómo se hacía un acueducto, no significa automáticamente poder usar o aplicar ese conocimiento ahora. Haber analizado el sistema social de la ciudad desconocida podrá arrojar resultados totalmente inútiles para la actualidad. La tarea de la o el guía es limitada. No deberá dominar todo el proceso de interpretación. Las y los destinatarios de su análisis deberán juzgar lo que podrán y querrán hacer con él. Para eso dispondrán de criterios, técnicas y herramientas cuyo valor le escapa al guía.

Conclusión

Leer y comprender textos son actos que forman parte de todo un proceso. Por eso se usa la expresión 'proceso de comprensión', 'proceso de lectura' (Ricoeur). Lectura ingenua es una fase, explicación es otra, apropiación y recontextualización son también otras. Cada fase tiene sus propios protagonistas, dinámicas y son realizadas con herramientas y objetivos.

Vamos concluyendo la primera parte de nuestro texto. De todo lo dicho está claro cómo vemos el proceso de lectura de los textos bíblicos. Consiste en una dialéctica de protección y apertura del texto; mediación entre *intentio operis* e *intentio lectoris*; tensión entre los hechos del pasado y los deseos y las necesidades del presente; dialéctica de interpretación y uso; tensión y pugna entre actitud analítica y actitud existencial, lectura espontanea y explicación, el yo y el otro; dialéctica, tensionada a veces, entre relevancia y pertinencia. Leer es un proceso dinámico y diversificado. Es un proceso en que los distintos actores tienen su papel y responsabilidad propios. Insistimos en defender el *principio de la complementariedad* en la interpretación, tanto en cuanto a los *métodos* de exégesis, como respecto a las *comunidades interpretativas* y demás actores en el proceso.

Ahora bien, cuando decimos esto, surgen preguntas en torno a la relación entre dos palabras que hemos estado usando constantemente en nuestro dicurso: diversidad y liberación. ¿Hay relación entre ambas? ¿Cómo la vemos? ¿Qué implica para el lector o la lectora/los lectores o las lectoras? ¿Qué implica para el status del texto?

Diversidad y liberación: diversidad como desafío

Complementariedad presupone y toma en cuenta el fenómeno de la diversidad. En los últimos años, para

C. Bartholomew, C. Greene, K. Möller (eds.), Renewing Biblical Interpretation (Scripture and Hermeneutics Series I), Carlisle – Grand Rapids, 2000.

muchos y muchas la diversidad en el campo de la interpretación bíblica ha sido motivo para hablar de una crisis. El conocido biblista norteamericano Brevard Childs introduce el primer tomo de la nueva serie *Scripture & Hermeneutics Series* de la manera siguiente.

> Durante por lo menos una década se ha vuelto común hablar de una crisis en la interpretación bíblica. Casi todas las personas involucradas en el estudio de la Biblia están plenamente conscientes de que dicha empresa está enfrentando verdaderas dificultades. La presente crisis se ha descrito de diferentes formas: impasse metodológico, agendas privadas en conflicto, pérdida de sentido claro de dirección, extrema fragmentación, diversidad infranqueable e incluso un profundo sentido de resignación (Childs en: Bartolomew 2000:XV).

No es necesario, opina Childs, seguir hablando de una crisis en el campo de la ciencia bíblica. Hay debate y el debate es intenso. No hay apatía. Hay más bien una explosión de nuevas herramientas, nuevos vínculos entre el texto bíblico y la cultura, la literatura, la filosofía de lenguaje, ciertos movimientos sociales. Graig Bartholomew coincide con Childs en que la pluralidad y la situación posmoderna deben ser vistas más bien en términos de oportunidad y no como pérdida o crisis. 'En mi opinión', dice Bartholomew, 'el giro posmoderno no es solamente un momento de peligro, sino también de inmensa oportunidad. Ha aflojado los paradigmas reinantes y ofrece la oportunidad para revalorar los fundamentos de la interpretación bíblica en la academia' (Bartholomew 2000:XXV). Bartholomew señala una línea que hemos estado defendiendo durante el desarrollo del presente libro.

Queremos ser enfáticos en decir que diversidad no es lo mismo que confusión, falta de proyecto, indiferencia, apatía. Podemos considerar la diversidad como concepto y evento altamente liberador. Las hegemonías están rotas, las jerarquías están disueltas. Lo hemos dicho una y otra vez. Pero hay otra cosa más importante aún respecto a 'diversidad' o 'complementaridad'. Con las hermenéuticas feministas, poscoloniales y otras creemos que la diversidad es un *imperativo ético* y un vehículo que conduce hacia mayor reciprocidad y, por lo tanto, mayor liberación. Debemos considerar a la diversidad y complementariedad no solo como un hecho, sino también en un sentido *programático*, es decir, como un programa a elaborar a nivel de hermenéuticas particulares, textos, lectores profesionales y comunidades interpretativas. La complementariedad o diversidad conlleva la convicción de que nadie es capaz y nadie debería querer dominar *todo* el proceso de comprensión.

Las responsabilidades están repartidas, así como los conocimientos y las dinámicas, para explotar el potencial del texto. La sensibilidad para la necesidad de tal programa recién se está dando. Debemos abarcar mucho camino aún, aprender a respetarnos y aprender cómo beber del pozo del otro y de la otra. ¡Muchos biblistas académicos tendrán que recapacitarse!

Cada presencia dominante o exclusiva en el proceso de lectura significa siempre empobrecimiento y exclusión. ¿Cómo será posible ver si en el campo de la ciencia bíblica realmente hay renovación creativa? Creemos que la diversidad será crucial. Childs comparte esta convicción.

> ¿Cómo podemos comprobar si estamos caminando hacia una renovación genuina? Una indicación práctica será hasta qué punto nuestros experimentos hermenéuticos nos llevan a acercarnos al texto bíblico en vez de alejarnos de él por medio de abstracciones interminables. Simplemente hablar más acerca de la Biblia difícilmente garantizará una renovación. Nuevamente, ¿los y las beneficiarias de nuestra interpretación parecen crecer en número, fortaleza y diversidad?, ¿o la interpretación está siendo recibida por un número cada vez menor de los ya convencidos? (Childs en: Bartholomew XVIs).

No decimos que la diversidad facilita las cosas. Lo más fácil en la lectura de un libro como la Biblia es: una autoridad, un método, un mensaje. La diversidad genera angustia, da miedo, pone en tela de juicio el mensaje que a mí me es tan caro. Apenas estamos percibiendo las implicaciones para una hermenéutica que tome en cuenta una diversidad en todos los niveles del proceso de interpretación; de textos, de intérpretes/lectores y lectoras, de contextos. John Riches señala las preguntas que debe enfrentar una 'hermenéutica de la diversidad'.

J. Riches, A Response to Walter Sundberg, en: C. Bartholomew, C. Greene, K. Möller (eds.), Renewing Biblical Interpretation, Carlisle – Grand Rapids, 2000.

¿Por qué no pueden diferentes personas mantener distintas creencias en distintos lugares y en distintos momentos, siendo todos 'ortodoxos' en el sentido de que expresan la voluntad de Dios para esas comunidades en aquellos momentos? Leer la Biblia en comunidad significa escuchar el texto cuidadosamente, permitiendo que informe la comprensión de la comunidad sobre su situación y que le ayude a vislumbrar su camino, a discernir la presencia y voluntad de Dios para ella en dicha situación (Riches ibid).

La diversidad es un compañero casi inevitable de la Religión del Libro, escribe Riches. Negar la diversidad desemboca siempre en dictadura. La tarea de una hermenéutica de la diversidad es velar para que lo que ha determinado tan amargamente la vida de muchos y muchas en América Latina en los últimos decenios, ocurra también en el campo de las ciencias bíblicas.

> La diversidad en la interpretación es un concomitante (casi) inevitable de una religión del libro. Solo el rechazo a traducir y el ejercicio de un control central estricto del acceso al texto y de la autorización para interpretar podrían de alguna forma evitar la diversidad...La tarea de la hermenúetica bíblica...no es entonces elaborar estrategias para recuperar la tan perdida uniformidad, sino asistir en el discernimiento de la legítima diversidad (Riches 2000:82ss)

La diversidad no significa el final trágico de la era del gran consenso (que en la práctica nunca existió), sino más bien nuevas posibilidades, así repetimos. Hablar de diversidad no significa resignarse al fracaso del proyecto de liberación. Es al revés: la diversidad conduce a mayor liberación. En su reciente libro, *Decolonizing Biblical Studies,* Fernando Segovia describe cómo diversidad y liberación están implicandose mutuamente en un proceso que Segovia llama 'lectura intercultural'.

F.F. Segovia, Decolonizing Biblical Studies. A view from the Margins, New York, 2000.

Primero, la lectura intercultural es una propuesta que toma en serio la diversidad – diversidad de textos, diversidad de lecturas y diversidad de lectores y lectoras. Al hacerlo, sigue muy de cerca mi descripción del pathos de la crítica bíblica reciente como un movimiento de liberación – de la hegemonía de acercamiento y practicantes, a la diversidad de acercamientos y practicantes. La propuesta busca incorporar a la disciplina dicha diversidad en cada paso del camino.

La lectura intercultural, afirma Segovia, no borra las asimetrías y estructuras de poder que producen desigualdad, sino que las toma muy en serio y está conciente de que la lectura bíblica intercultural se desarrolla en una situación de desigualdad, dentro de lo que Segovia llama 'la realidad del imperio'.

La diversidad en la interpretación es liberadora y debe manifestarse al nivel de los textos, dentro de los textos; en la cultura en que los textos se originaron y también en las tradiciones de lectura (Segovia 2000:98ss).

En segundo lugar, es una propuesta que parte del hecho de que la realidad del imperio, del imperialismo y el colonialismo es una realidad omnipresente, inescapable y abrumadora en el mundo – el mundo de la antigüedad, el mundo del Cercano Oriente del Mediterraneo, el mundo de la modernidad, el mundo de la hegemonía y el expansionismo occidental, y el mundo de hoy, del posmodernismo y posliberalismo, el mundo del poscolonialismo para las dos terceras partes del mundo y del neocolonialismo de parte del occidente. Como tal, sigue muy de cerca ... el curso de la crítica bíblica reciente como un movimiento de decolonización de sus anclajes occidentales hacia el ejercicio de dimensiones verdaderamente globales. La propuesta busca integrar esta dimensión imperial/colonial a la disciplina en cada paso del camino – a nivel de los textos, de la lectura de textos y de lectores y lectoras de textos (Segovia 2000:92s).

La diversidad no significa el final de la era del gran consenso (que en la práctica nunca existió), sino que más bien abre nuevas posibilidades y lleva a nuevos énfasis.

Es imposible dibujar aquí un mapa que haga justicia a todos los factores involucrados en el proceso de lectura. Tendremos la oportunidad de definir algunos de estos factores cuando, en el próximo tomo, lleguemos a la práctica de la exégesis misma. La lista de categorías de diversidad es interminable. En la ciencia de la literatura se distinguen, por ejemplo, cinco grandes categorías para definir el término *contexto*. Hay que diferenciar entre el contexto del autor, el contexto del texto, el contexto del lector, el contexto de lecturas, el contexto del lenguaje del texto.

Adrian Beard, Texts and Contexts. Introducing literature and language study, London, 2001.

> La pluralidad (de contextos: HdW) sugiere que al leer textos estamos buscando más que una sola perspectiva enraizada en una sola causa (Beard 1001:6ss).

Segovia aboga por aplicar el principio de la diversidad a ciertas categorías. El proceso de comprensión de la Biblia se enriquecerá enormemente, sostiene Segovia, cuando haya diversidad respecto a los *textos* que leemos (¿qué *status* tienen los extracanónicos?), a nuestra percepción de *las culturas* en que los textos se originaron (¿'los paganos' no tienen nada que contribuir?), a la diversidad de *tradiciones de lectura* (académica, fundamentalista, pietista, popular, etc.), a la diversidad de *lectores*. Completando lo que Fernando Segovia plantea, podemos hablar de diversidad de *fases de lectura*. La lectura ingenua o espontánea es una fase, la explicación es otra, la apropiación y la recontextualización son también otras. Cada fase tiene sus propios protagonistas y dinámicas y se realiza con herramientas y objetivos propios. Está claro que en todo esto otro principio está presente, es decir el principio de la *vulnerabilidad*. Para poder beber del pozo del otro, cada lector o lectora debe reconocer que ninguna lectura es la final, ninguna interpretación la última.

Enfatizamos la relación entre diversidad y liberación porque los y las que estamos en una búsqueda de la eficacia de los textos bíblicos en los procesos de cambio, a veces tendemos a pensar demasiado en esquemas dicotómicos, en oposiciones fáciles. La complementariedad no es un concepto muy querido dentro de los círculos de aquellas y aquellos exégetas que se consideran socialmente comprometidos. El otro es considerado como enemigo, opresor, el que quita espacio y mantiene sistemas de desigualdad. El precio que debe pagarse por tal actitud es alto. Se desarrolla una ceguera para lo que en la propia situación anda mal, excluye, reprime. Se peca de lo que se le reprocha al otro, pero no se ve. El otro no es fuente, sino opresor.

Subrayamos, sin embargo, que no es necesario, cuando hablamos de diversidad y complementariedad, perder de vista el proyecto de liberación. Creemos más bien que la vulnerabilidad podrá llevar, de maneras inesperadas, a una sana autocrítica, a nuevas alianzas y procesos de renovación saludables y creativos. El hermenéuta Sudafricano Gerald West toca nuestra temática cuando se refiere al acto hermenéutico. Diversidad, sostiene West, implica la disposición de querer 'leer con...'. 'Leer con...' significa leer con aquellas y aquellos que nos son desconocidos y ajenos. En el acto hermenéutico, en el acto de 'lectura con...', el lector o la lectora constantemente 'llega a ser', constantemente se constituye de nuevo. Allí está el desafío, allí se ofrecen nuevas posibilidades. No solamente es necesario saber 'dónde estamos nosotros', sino también construir nuevas coaliciones, reconocer que nuestro conocimiento es parcial y preliminar.

> Sin embargo, el desafío consiste no solo en la necesidad de articular y reclamar una identidad histórica y social particular, de 'ubicarnos', sino también en la necesidad de 'construir coaliciones desde el reconocimiento del conocimiento parcial de nuestras propias identidades construidas'. Así, mientras que particularidad y parcialidad son recuerdos constantes de que el proceso de 'leer con' está siendo disputado, también nos ofrecen, en nuestro proceso de construcción de ser, formas creativas de ser parcialmente constituidos por las subjetividades del otro y de la otra.
> ...
> Weiler enfatiza que reconocer y admitir la presencia de la diferencia no significa abandonar

las metas de justicia social y empoderamiento. Destacar nuestras subjetividad y posicionalidades nos permite hacer el intento de construir coaliciones alrededor de metas comunes en vez de negar la diferencia.

...

Las diferencias no deben ser meramente toleradas, sino vistas como un fondo de polaridades necesarias entre las cuáles nuestra creatividad puede encenderse como dialéctica. Solo allí deja de ser amenazante la necesidad de interdependencia (Audre Lorde, citado en West *ibid*.).

Ahora bien, ¿qué implica la diversidad para el papel de los diferentes lectores y lectoras del texto bíblico? ¿Qué significa la diversidad para el *status* del texto bíblico? Terminaremos nuestras reflexiones indicando una breve respuesta.

Diversidad de lectores y lectoras

Para poder definir mejor los diferentes actos que son parte del proceso de interpretación, hemos resaltado en nuestro texto la diferencia entre lecturas/lectores profesionales y lecturas/lectores no profesionales. Hemos enfatizado que no se trata de una diferencia cualitativa, sino más bien de herramientas, actitudes y objetivos. Una actitud analítica (reconstrucción histórica) se enfrenta a una actitud más existencial (apropiación).

¿Qué significa la diversidad para los lectores y las lectoras profesionales? En primer lugar *conciencia* de lo nuevo, de los nuevos campos, de los nuevos lectores y las nuevas lectoras. Hemos descrito el papel de la o el exégeta como guía. Es importante subrayar que la o el exégeta no es el (único) *acceso* al texto, sino un mero explorador de significados. Diversidad significa que también lectoras y lectores profesionales deben estar concientes de su propia vulnerabilidad y posibilidades y de las limitaciones del método que usan. Ningún intérprete es capaz de estar en todos los actos de interpretación. Hay una *opinio communis* que la hegemonía de la crítica histórica ha llegado a su fin. Pero esto no significa y no debe significar que las y los exégetas ya no deberían estar explorando los textos bíblicos desde un punto de vista histórico-crítico. Al contrario. Esta entrada, esta manera de dialogar con los textos ha prestado y seguirá prestando un enorme servicio y ha enriquecido enormemente nuestro conocimiento del texto bíblico y su contexto histórico. Pero diversidad y vulnerabilidad significan aquí estar dispuestos a admitir el derecho propio y la legitimidad de otras maneras de conversar con el texto. Lo mismo vale, obviamente, para todas las escuelas. Es por eso que en el segundo tomo del presente texto aplicaremos una *serie* de métodos a un solo texto. Así esperamos poder demonstrar la riqueza del concepto de la complementariedad cuando se aplica al proceso de la exégesis misma.

Diversidad significa conciencia del peligro que el o la exégeta corre cuando quiere dominar el proceso de interpretación, reducirlo a la mera explicación y así 'congelar' el significado y potencial semántico del texto, clavándolo en el pasado. Hemos dicho que diversidad implica más que la existencia de diversos métodos o escuelas. Queremos tomar el concepto en su sentido programático y considerarlo como imperativo ético. No se trata solamente de la *existencia* de diferencias, sino más bien de lo que implican, es decir de la búsqueda de una *interacción*. Interacción también con grupos fuera del gremio. Ahora bien, podemos afirmar que quienes en los últimos decenios más han contribuido a la renovación y mayor diversidad en el campo de la ciencia bíblica, han sido aquellos y aquellas cuyas interpretaciones y métodos nacieron desde la realidad de la herida, para usar una expresión linda de Walter Brueggemann cuando comenta en un simposio sobre la crisis en el campo de la ciencia bíblica (ver Bartholomew). Escuchar a aquellos comentaristas que *leen desde la herida*, sugiere Brueggemann, no solamente da forma a la diversidad, sino que es altamente instructivo.

*Walter Brueggemann,
A First Retrospect on
the Consultation*, en: C.
Bartholomew y.o.(eds.),
*Renewing Biblical
Interpretation*, Carlisle -
Grand
Rapids, 2000,
342-347.

Quiero sugerir que en la nueva situación posmoderna – y podríamos discutir qué tan nueva es – esa herida es una profunda justificación para una relectura. Si quisiera extrapolar esto teológicamente, ligaría la realidad de la herida a la teología de la cruz. En primer lugar, creo que básicamente de lo que estamos hablando en la hermenéutica feminista o liberadora es una lectura de parte de personas que han sido heridas por el mundo o que han sido heridas por una iglesia autoritaria y que no pueden fácilmente someterse a ninguna de las lecturas que parecen ser hegemónicas... En segundo lugar, varias personas han observado la energía de la interpretación que se está realizando en Africa. Estoy seguro que es variada y compleja, pero quiero sugerir que lo que podríamos estar viendo en la iglesia africana es un tipo de energía interpretativa poscolonial. Es una relectura del texto que no está sujeta a nuestros hábitos coloniales occidentales... Sugiere que aquellos y aquellas que leen a-través-de-su-dolor a menudo no pueden andar por el camino de nuestra lectura teológica por motivo de su experiencia de la realidad. Sugiero que el hecho de que a menudo no puedan andar por el camino de nuestra lectura teológica no es por resistencia intencional, sino por profundas heridas. Sugiero que frecuentemente estos no son enemigos que desvirtúan nuestra lectura sino que más bien pueden ser aliados y compañeros de lectura a través de quienes podemos ser instruidos (Brueggemann 2000:344s).

No se trata del dilema de una lectura seria frente a lecturas menos serias. El concepto lectura seria debe ser redefinida, afirma Brueggemann. También fuera de la academia hay muchas lecturas muy serias del texto bíblico. Y, por el otro lado, ¿cuántos *en* la academia no leen también *desde la herida*?

La diversidad y la complementariedad se toma en serio cuando se establece una interacción entre lectura profesional y no-profesional, por ejemplo, una interacción entre lectores o lectoras occidentales y no occidentales. Es también allí donde se ponen de relieve los contornos de la tarea de aquellos y aquellas exégetas que se consideran socialmente comprometidos y comprometidas. Ya estamos concientes del peligro que corre aquel o aquella exégeta que asume tareas que van más allá de cómo se define su disciplina o que corresponden a la comunidad creyente. La modestia que corresponde a la o el exégeta históricamente interesado, corresponde también a la o el exégeta socialmente comprometido. También ellos y ellas deben ser concientes de las limitaciones de su disciplina, conocimiento y participación. Sin embargo debemos decir que son precisamente ellas y ellos quienes han tomado en serio el imperativo ético del concepto diversidad. Y lo toman en serio por la sencilla razón de que son invitados a 'leer junto con...' los pobres y marginados. Los y las pobres los interpelan y los invitan a participar en sus comunidades.

> ...Lectores y lectoras comunes de la Biblia en las comunidades pobres y marginadas hacen un llamado a biblistas socialmente comprometidos para que lean la Biblia con ellos y ellas. Por qué lo hacen no está claro...pero parece razonable suponer que tiene algo que ver con nuestra capacitación bíblica... (West 1999).

Aunque no siempre está claro por qué los marginados invitan a exégetas a participar cuando leen la Biblia, las y los exégetas socialmente comprometidos están profundamente concientes de que la lectura de los marginados, la lectura popular, debe ser considerada como fuente y no como lectura no-seria, desechable. Saben que de la lectura popular exégetas pueden aprender nuevas formas de leer la Biblia, una nueva espiritualidad de lectura. Una espiritualidad que, sin decirlo, critica fuertemente las lecturas meramente racionalistas, atomistas y castrantes. Haber redescubierto la inmensa riqueza y las profundas dimensiones de esta espiritualidad de lectura, es un logro de la lectura bíblica latinoamericana.

Exégetas socialmente comprometidos afirman que en situaciones en que la lectura de la Biblia realmente importa, con quién se lee hace una diferencia.

> Para los y las que trabajamos en contextos donde es importante la lectura de la Biblia, con quién optamos por leer tiene un impacto significativo (West 1999:33).

Está claro que en todo ese proceso de lectura con las y los pobres, el o la exégeta tiene su propio papel, a la vez modesto y crítico. En los capítulos anteriores hemos analizado este papel. Gerald West resume lo que hemos dicho.

> Mientras que el "por qué" quizá no esté claro, los parámetros de "cómo" participamos si lo están. Nuestra discusión hasta ahora deja claro por qué tanto un "escuchar" ingenuo que idealiza las interpretaciones de las y los pobres y marginados, como un "hablar por" que minimiza y racionaliza las interpretaciones de los pobres y marginados deben ser problematizados.

Durante los últimos decenios exégetas socialmente comprometidos han llegado a introducirse cuidadosamente en nuevos campos de trabajo y a percibir la importancia de la tarea que Croatto describió con una expresión que citamos en la introducción del presente libro. Se trata de la 'tarea inolvidable de ablandar y abrir los textos para su relectura posterior'. Para tal tarea una actitud crítica no es suficiente. Debe haber una actitud que corresponda con lo que West y otros llaman una *hermenéutica de compromiso*. Una hermenéutica que implica lo que en la literatura hermenéutica latinoamericana ha sido descrito tan ampliamente, es decir la *conversión desde abajo*. El papel de la o el exégeta comprometido no se agota con términos como 'leer por...', 'escuchar', 'participar con'. Es más, se trata de descubrir las huellas de resistencia que muchas veces solamente se escuchan en lo que West, siguiendo al sociólogo James C. Scott, llama el *discurso escondido de los pobres* (hidden transcript of the poor). No hay mejor manera para clarificar qué es este discurso escondido, que a través del dicho etíope con el que Scott comienza su análisis.

> Cuando pasa el gran señor, el campesino pobre se inclina hasta el suelo y silenciosamente tira un pedo (citado en West 1999:48).

El discurso escondido consiste en una gran colección de dichos, gestos, rituales, actitudes, expresiones y prácticas.

> El "discurso escondido" incluye las palabras, acciones y un espectro de otras prácticas, que grupos subordinados crean en respuesta a su experiencia de dominación – un discurso "que representa una crítica del poder expresada a espaldas del dominador". Detrás de la escena, grupos subordinados "crean y defienden un espacio social en el que no se permite expresar disidencia frente al discurso oficial de las relaciones de poder". Las practicas y los rituales de denigración y dominación generados rutinariamente por la esclavitud, la servidumbre, el sistema de castas, el colonialismo, el patriarcado y el racismo, usualmente niegan y subordinan la respuesta común de afirmación de dignidad por medio de la reciprocidad negativa: golpe por golpe, insulto por insulto. En cambio, los subordinados establecen su dignidad, manifiestan su resistencia y desarrollan su discurso escondido en un círculo "público" o social restringido que excluye – que está escondido de – otros específicos. En este espacio relativamente seguro los subordinados encuentran refugio parcial de las humillaciones de la dominación. Por haber sufrido las mismas humillaciones y haber estado sujetos a los mismos términos de dominación, los subordinados para quienes la sobrevivencia es el objetivo principal, "han compartido el interés en crear conjuntamente un discurso de dignidad, de rechazo y de justicia". Además, tienen un interés común en resguardar un sitio social aparte de la dominación donde dicho discurso pueda ser elaborado en relativa seguridad (West 1999:44s.).

¿Qué significa para la o el exégeta? El punto cardinal del argumento de Scott es que el *discurso escondido* es una especie de auto-revelación, que en las relaciones de poder públicas generalmente es omitida. El discurso público casi nunca cuenta todo lo que ocurre dentro de las relaciones de poder. Es a través del *discurso escondido* que se tiene acceso al alma y a la resistencia popular. Para la o el exégeta que quiere que sea fructífera para la interpretación de la

Biblia aquella voz que solamente se articula a través del discurso escondido, no es suficiente escuchar a los y las pobres. El sojuzgado sí habla, pero en formas que no se oyen cuando solamente se escucha. Por eso se requiere de la y el exégeta que 'lea con ellos'.

Es dentro de esta interacción, desconocida y arriesgada desde el punto de vista académico, que la diversidad y el imperativo ético toman cuerpo. En su descripción de aquella interacción Gerald West, que escribe desde la realidad post-apartheid en Kwazulu-Natal, se acerca mucho a lo que un gran número de biblistas latinoamericanos ha expresado durante las últimas décadas.

Gerald West, The academy of the poor. Towards a dialogical reading of the Bible, Sheffield, 1999.

> Hablar de la interdependencia entre biblistas y lectores y lectoras comunes de la Biblia de comunidades pobres y marginadas, puede ser amenazante e inquietante en los pasillos de la academia, y ciertamente implica riesgo. Pero en el sufrimiento y dolor de KwaZulu-Natal hemos llegado a reconocer la necesidad de la interdependencia y de una "ética de riesgo" que requiere que reconozcamos la parcialidad de nuestras opciones particulares y que continuemos luchando por la plena liberación y la vida. Para nosotros, leer la Biblia y hacer teología en este interface requiere diálogo y diferencia: un "hablar con" que vigilantemente trae a un primer plano tanto las lecturas y los recursos de biblistas socialmente comprometidos, como las lecturas y los recursos de las y los pobres y marginados.

En el encuentro con 'el más otro', el pobre y sojuzgado, la diversidad toma cuerpo y puede ocurrir la conversión desde abajo. Esta interacción es la brújula que orienta e impide que se pierda de vista el proyecto de liberación. Es la práctica de esa interacción la que nutre, orienta y *define los límites de la diversidad.*

> Un pluralismo que disfraza "una confusión general en la que uno trata de disfrutar de los placeres de la diferencia sin comprometerse con

una visión particular de resistencia y esperanza" no es suficiente. Nuestra práctica de lectura debe estar ubicada dentro de una visión particular, dentro de una visión particular de resistencia y esperanza que incluye solidaridad con las y los pobres y marginados. Y ... parece que sí tenemos algo que ofrecer como biblistas en la práctica de "leer con", siempre que nos hayamos convertido "desde abajo" (West 1999:61s).

Junto con la interacción con los marginados, algunos y algunas exégetas encuentran otra brújula, más teórica. Es la crítica poscolonial. Sostienen que en el contacto con los marginados se revela la 'realidad del imperio' en toda su envergadura. En las páginas anteriores hemos explicado nuestras dificultades con la crítica poscolonial (término vago y a veces reduccionista que sigue pensando en la oposición centro (occidente) – periferia (no-occidente); crea una *mancha ciega* para las fallas en la propia situación; tiende a aceptar la diversidad solamente bajo las condiciones aceptables para ella misma; sobredimensiona lo exótico (Huggan 2001); coloca al opresor siempre fuera, etc.). Esto no quiere decir que no estemos convencidos de la magnitud de la presencia del 'imperio' en nuestro mundo. Pero, precisamente para captar sus dimensiones reales, es necesario ampliar el término y descubrir *la realidad del imperio* en situaciones que van más allá de lo social, económico o político. La realidad del imperio se viste de las formas más inesperadas y se presenta en los rincones más olvidados y más pequeños de la vida humana. Repetimos que hay más violencia en la situación domestica y dentro del hogar que al meta-nivel de la política. Todos los días cambia el rostro del 'más otro', que me mira y me convierte desde abajo y me pregunta en qué medida la lectura de la Biblia ha tenido un efecto nefasto o liberador en su vida.

Graham Huggan, The Postcolonial Exotic. Marketing the Margins, London – New York, 2001.

Todos los días cambia el rostro del 'más otro', que me mira y me convierte desde abajo.

Por eso es tan importante una hermenéutica que acaricia la memoria peligrosa y que no se olvida del pasado. Una hermenéutica que mira hacia atrás. Que mira hacia atrás y distingue entre aquellas lecturas que trajeron vida y aquellas que trajeron muerte y persecución. Es en esta búsqueda que comenzarán a resplandecer los rostros de toda esta gran comitiva de 'otros': las y los excluidos, perseguidos, maltrados, atropellados, desechados, y todos los muertos por la Palabra. Pero también resplandecerán los rostros de los y las que recibieron vida, que resuscitaron y que renacieron por la fuerza de esta misma Palabra. Cuando se trabaja en una situación donde 'lo que la Biblia dice' importa, es necesario saber discernir y guardar el balance entre sospecha y confianza.

> Una hermenéutica de compromiso enfatiza tanto la responsabilidad hacia las comunidades actuales de fe y lucha -aceptando que la Biblia es un texto significativo para ellas-, como la continuidad con comunidades de fe y lucha pobres y marginadas del pasado - al no abandonar sus huellas en la Biblia. Reconociendo el daño hecho por la Biblia, biblistas socialmente comprometidos insisten en formas críticas de leer la Biblia; reconociendo que la Biblia aún tiene el poder para orientar la vida de manera poderosa y veraz, biblistas socialmente comprometidos insisten en una apropiación crítica (West ibid).

Esto nos lleva a un último punto que queremos comentar: el *status* de la Biblia como mensaje, especialmente para los y las que leen desde la herida.

Diversidad y el texto bíblico

Hemos abogado por la complementariedad de métodos y la diversidad de intérpretes. En el próximo tomo trataremos de ser alumnos de nuestra propia propuesta y usaremos una *serie* de métodos que aplicaremos a un solo texto. También explicaremos más en detalle en qué podría consistir una hermenéutica intercultural. Mucho discurso hermenéutico sufre de demasiada abstracción y vaguedad por la sencilla razón de que quien escribe realmente no sabe lo que es exegetizar.

Volvamos a nuestra pregunta. Creemos que las implicancias de nuestro alegato también son importantes para el *status* del texto bíblico, pues la complementariedad excluye fundamentalismos. La complementariedad crea espacio para que también aquellos métodos y lectores o lectoras que se acercan a la Escritura de una manera crítica, llena de sospecha, puedan decir su palabra. Pues, también estos métodos traen a la luz conocimiento acerca del texto: conocimiento de la postura del texto frente a cuestiones de poder, género y opresión. Pero, ¿cuál es en todo esto la posición y el valor del *texto*? ¿Qué implica para el *status* del texto el uso de aquellos métodos que creen haber demostrado que el texto mismo es parte del problema (patriarcal, racista, de ricos)? ¿El texto realmente es patria en la dispersión? ¿Patria de quiénes? ¿Mensaje para quiénes? ¿Para qué deberíamos seguir leyendo la Biblia?

Carole R. Fontaine, The Abusive Bible: On the Use of Feminist Method in Pastoral Contexts, in: A. Brenner & C. Fontaine, A Feminist Companion to Reading the Bible, Sheffield, 1997, 84-113.

Con esta pregunta Carole Fontaine concluye su artículo *The Abusive Bible*. Fontaine se refiere a las consecuencias pastorales de una de esas lecturas sospechosas: la lectura feminista.

> Gentil lector o lectora, usted podría estarse preguntando en este momento por qué una persona prudente tendría algo que ver con la Biblia. ¡Buena pregunta! (Fontaine 1997:111).

Fontaine aporta dos razones sólidas para seguir leyendo la Biblia.

> Tratamos con la Biblia porque *debemos* hacerlo y porque es *nuestra*... (Fontaine *ibid*.).

Mientras que el texto bíblico siga siendo un factor importante en el debate ético, social y político, debemos estar presentes. Además: ¿quién quiere perder los textos sobre las mujeres valientes del Exodo, el Cantar de los Cantares, Jesús y su nuevo paradigma de masculinidad, otra manera de ser humano, otra manera de entender a Dios? La Biblia, sostiene Fontaine, no es solamente una colección de textos que llevan al olvido. No. El canon guarda también la memoria de la vida de 'los que nunca comieron bien' (Pablo Neruda).

> ...también es el registro del sufrimiento de muchos que nunca vieron la redención. Debemos mantener la fe con su memoria en nombre de ellos y porque no deseamos replicar su suerte interminablemente. ¿Del lado de quién está la Biblia? Puede estar de nuestro lado, el lado de la esperanza, el lado de la sobrevivencia, si optamos por formas de leer que no nieguen la verdad de abuso ni buscan normatizarla para salvaguardar la autoridad masculina, la herencia cultural o la inocencia y las prerrogativas divinas. Sugiero que leamos con los ojos bien abiertos. Quizá al leer juntos, atravesando el tiempo, el espacio y la ubicación social, los y las creyentes podamos encontrar en ella un espíritu de sobrevivencia y motivo para dar razón de la fe que está en ellos y ellas (1 Pe 3.15) (Fontaine 1997:113).

Gerald West usa la misma argumentación cuando se pregunta si para la o el exégeta socialmente comprometido vale la pena seguir analizando la Biblia.

> La mayoría de los y las exégetas socialmente comprometidas aceptan el argumento de que mientras que la Biblia tenga influencia hoy y mientras forme parte significativa de la realidad personal, cultural y religiosa de las comunidades pobres y marginadas, tenemos que comprometernos con ella críticamente. "O la transformaremos en un nuevo futuro liberador o seguiremos sujetos a su tiranía, reconozcamos o no su poder" (Schüssler Fiorenza). Además, algunos biblistas socialmente comprometidos argumentarían que muchos de los métodos de lectura emergentes dentro de los estudios de la Biblia ofrecen recursos formidables para recuperar voces olvidadas, ignoradas y ausentes; así que es precisamente en este momento que los estudios bíblicos tienen algo sustancial que ofrecer a aquellos y aquellas que sondean las fronteras, los vacíos y las fisuras de la Biblia (West 1999:67).

Compartimos la postura de Fontaine y West, pero quisiéramos agregar un elemento más que podría sacar el debate de una atmósfera a veces demasiado pragmática y

> No es suficiente decir que tal o cual texto nos gusta o no nos gusta, que es útil o no lo es, que debe ser leído o mejor censurado. Tal debate es superficial y no toma en cuenta el verdadero lugar que ocupa la Biblia. No. Debemos llegar a una nueva concepción de lo que es canon.

utilitaria. No es posible, creemos, decidir sobre el *status* del texto en base a argumentos meramente doctrinarios o teóricos. No es suficiente decir que tal o cual texto nos gusta o no nos gusta, que es útil o no lo es, que debe ser leído o mejor censurado. Tal debate es superficial y no toma en cuenta el verdadero lugar que ocupa la Biblia. No. Debemos llegar a una nueva concepción de lo que es *canon*. Una concepción no estática o doctrinaria, sino dinámica y creativa. Una concepción que incluya no solo la *letra*, sino también el *espíritu* presente cuando se lee. Una concepción que no solo contemple el canon como entidad cerrada y por lo tanto terminada, sino que también considere lo que pasa cuando se abre. Una concepción que no solamente considere la Biblia como un *estanque* de agua muerta, sino también una *fuente* de agua viva. Una concepción que no solamente defina la *Biblia* como producto del mundo antiguo, sino que también sepa que es vital para la comprensión y construcción del mundo actual; una concepción que no solamente considere la Biblia como un *depósito* del pasado, sino que también sepa de su *efecto histórico*. Una concepción que entienda su propia absurdidad cuando separa texto de lectura. Una concepción, en fin, que combine los dos aspectos fundamentales de la Biblia: *liber et speculum*, libro y espejo. Si se excluye el elemento espejo, el elemento de la apropiación, de la lectura y de su dinámica y su efecto, la discusión se aplana y se hace estéril. Esta nueva visión debe basarse en una comprensión dinámica del *principio* Escritura. Toda concepción del *status* del texto bíblico o toda doctrina sobre el carácter inspirado del texto, que no tome en cuenta lo que es el *acto* de lectura, desemboca en una visión castrante. La pregunta sobre si el texto bíblico es un texto inspirado generalmente viene de las oficinas del inquisidor. Pues, la pregunta sobre si la Biblia es palabra de Dios no puede ser respondida sin vincularla con las *prácticas* de lectura y el *efecto* que tienen.

> Hay algo con esta Biblia nuestra que ningún debate racional es capaz de captar, pero que está y que es decisivo.

Hay algo con esta Biblia nuestra que ningún debate racional es capaz de captar, pero que está y que es decisivo. Es el inimaginable impacto que ha tenido y sigue teniendo entre los seres humanos. Es su efecto en la autocomprensión del ser humano y su comprensión del mundo. Tiene que ver con lo que tocamos en las páginas anteriores y lo que se ha denominado como *Sagrada Escritura*. Es como si el concepto Escritura fuera un *núcleo* de factores o eventos, cuya alianza es increíblemente poderosa y efectiva. Escritura es más que texto, es más que pasado, es incluso más que revelación divina. Expliquemos lo que queremos decir a través de la cita con la que Cantwell Smith comienza su reflexión sobre lo que es *"Scripture"*.

> Durante los últimos dos o tres mil años, y en muchas culturas y civilizaciones, las comunidades han leído textos particulares de manera marcadamente especial. La noción de escritura se ha utilizado para abarcar estas muchas instancias. "Escritura" es un término occidental, uno que previamente especificaba la Biblia venerada por los judíos y (en forma diferente) por los cristianos; no ha sido en realidad reconcebida para hacerle justicia a lo que ahora conocemos de las diferencias entre los varios siglos, mucho menos de diversas comunidades, tratamientos y textos. Ni las similaridades ni las disparidades entre las distintas instancias han sido ponderadas adecuadamente. Al observar de cerca, surge el hecho de que ser escritura no es una calidad inherente en un texto dado o en un tipo de texto, sino más bien una relación interactiva entre dicho texto y una comunidad de personas (aunque dichas relaciones no han sido de ninguna manera constantes). Uno incluso podría hablar de una tendencia amplia a tratar los textos "como si fueran escritura": una propensión humana a escriturizar.
>
> ¿Qué significa esto? La mayoría de las comunidades tradicionalmente han propuesto teorías para interpretar lo que ha estado sucediendo en el caso particular de su propia escritura. Pocas veces han buscado explicar otros casos, o entender la situación en general. Académicos han estudiado los distintos textos cuidadosamente; raras veces han considerado la participación humana en ellos. Muchas han dado por hecho que por supuesto las comunidades religiosas tienen escrituras; pocos han preguntado ¿por qué?

> Hay un dato que está claro y se presenta vívidamente desde una perspectiva comparativa: que el rol de la escritura en la vida humana ha sido prodigioso – en la organización social y en el pietismo individual, en la preservación de los patrones de la comunidad y en el cambio revolucionario, y por supuesto en el arte, la literatura y la perspectiva intelectual. Dada la variedad, no es fácil desarrollar una concepción de la escritura que no simplifique demasiado. Dado el poder y la persistencia, no es fácil desarrollar un concepto de la escritura que no subestime su importancia de gran alcance en la historia mundial hasta el presente (Wilfred Cantwell Smith 1993:ix-x).

La escritura no se debe comparar con otros textos, sino con otros sistemas de cosmovisión. Escritura es una manera de ver el mundo. Una manera que expresa confianza en los y las que nos precedieron.

La tesis que Cantwell Smith desarrolla en su monumental libro es que debemos 'humanizar' el concepto *Escritura*. La *Escritura*, afirma Cantwell Smith, no solamente habla de Dios o de lo divino, sino más bien aumenta y orienta nuestra comprensión y búsqueda de lo *humano*; de lo que es humano, de lo que debería o podría ser. Ya que *Escritura* es más que un texto, la Escritura judeo-cristiana no debe compararse con otros *textos*, sino con otras *cosmovisiones*. *Escritura* es una manera de ver el mundo. Una manera que expresa confianza en los y las que nos precedieron.

¿Qué hacer con los textos malos? ¿Qué hacemos cuando el texto resulta ser parte del problema? Nuestra respuesta debe ir más allá del argumento de la utilidad o importancia de la Biblia en la sociedad y la cultura.

Lo que vale para toda Escritura, vale particularmente para el caso de la Escritura judeo-cristiana: es difícil sobreestimar su importancia y significación. Basta con entrar una sola vez a una iglesia cristiana y ver la actitud de reverencia con que los y las creyentes exploran su mensaje para darse cuenta de lo que es *Escritura*. Creemos que una concepción de la Biblia como *Escritura* que tome en cuenta su dimensión *dinámica*, cambia el debate. No debemos acercarnos al problema esgrimiendo solamente argumentos dogmáticos o de utilidad. Empobrece el debate cuando eliminamos del concepto *Escritura* su dinamismo, su vinculación con prácticas de fe y prácticas sociales. Recordemos la conocida expresión de Croatto: la única instancia en que el texto bíblico llega a convertirse en Sagrada Escritura es a través de la praxis (de liberación). *Escritura*, afirma también Cantwell Smith, solamente puede ser entendida en relación con una comunidad humana (1993:221).

Los 'textos malos' siempre han sido un problema para la hermenéutica bíblica.

Pero, ¿qué hacer con los 'textos malos'? ¿Qué hacemos cuando el texto resulta ser parte del problema y el enemigo ya está adentro? ¿Qué pasa *entonces* con nuestra percepción tan positiva de nuestra *Escritura*? Nuestra respuesta debe ir más allá del argumento de la utilidad o importancia de la Biblia en la sociedad y la cultura. En las páginas anteriores, cuando analizamos las hermenéuticas del genitivo, tocamos el problema del *status* del texto canónico. En el próximo tomo de nuestro estudio tendremos la oportunidad de volver sobre este tema. Aquí es suficiente trazar algunas líneas, formular algunos pensamientos, para el debate.

Los 'textos malos' siempre han sido un problema para la hermenéutica bíblica. Con el surgimiento de las hermenéuticas del genitivo el problema se ha agudizado. Conocemos las respuestas y las variantes que en el curso de la historia se han dado: reconstruir, re-leer, re-contar, eliminar, evadir, evitar, someter, jerarquizar, censurar, etc. Lo que todas esas respuestas — teológicas, hermenéuticas o exegéticas — tienen en común es la convicción de que la presencia de estos textos (sobre la conquista, sobre la mujer, sobre homosexualidad, sobre la esclavitud) es negativa. Implican que los textos no debieran estar o por lo menos no así como están ahora. Ahora bien, quisiéramos proponer otra posibilidad. Queremos comenzar a pensar en la posibilidad de que la presencia de estos 'textos malos' sea positiva. Queremos explotar, a pinceladas, el potencial hermenéutico de su presencia. Queremos elaborar esta propuesta en cuatro direcciones: descubrimos una dimensión hermenéutica, un aspecto sicológico, una dimensión cultural, y, finalmente, una faceta ético-teológica.

Desde el punto de vista hermenéutico debemos decir que son precisamente estos textos, por nefasto y mortal que haya sido su efecto, que dan forma al principio de diversidad en la Biblia.

Desde el punto de vista hermenéutico debemos decir que son precisamente estos textos, por nefasto y mortal que haya sido su efecto, que dan forma al principio de diversidad en la Biblia. ¿No son estos los textos que representan al 'más otro', el verdadero otro? ¿El otro que nos molesta, nos oprime, nos quita nuestra dignidad? No es el otro que nos mira y apela a nuestra responsabilidad, sino el otro que nos quiere eliminar y que quisiéramos eliminar. La diversidad es un concepto hermenéuticamente importante. Es lo que mantiene en movimiento un contínuo buscar, escudriñar, leer y explorar. Si nuestro canon fuera una colección literaria cerrada, uniforme, con un solo texto, ¿para qué seguir buscando?; ¿para qué seguir explorando su sentido? Debemos decir que los textos malos 'pertenecen' a nuestro canon. Tarea importante del acto hermenéutico es no solamente descubrir lo que llegó a ser canónico y normativo, sino también participar en el debate.

> La meta no es, entonces, enfatizar lo canónico – lo que se convirtió en autoritativo y normativo – sino más bien entrar en lo grueso de la discusión – escuchar sus muchas voces, notar el incesable quite y pon, observar los inevitables juegos de poder – siempre teniendo en mente el hecho de que lo que ha sobrevivido debe representar una parte mínima de la discusión en un momento dado (Segovia 2000:95).

La diversidad salva nuestra Escritura de fundamentalismos (de derecha o izquierda, da lo mismo); la hace más 'humana'.

La presencia de los textos malos tiene una importante dimensión *sicológica* o antropológica. La diversidad salva nuestra Escritura de fundamentalismos (de derecha o izquierda, da lo mismo); la hace más 'humana'. Ponderando el problema de los textos malos en la Escritura(s) Cantwell Smith dice:

> Uno podría sentirse tentado a decir de la escritura, lo que se ha dicho de la religión como un todo: que eleva a las personas "no por encima del nivel humano, sino apenas a alcanzar ese nivel" (Cantwell Smith 1993:217).

Así la comunidad humana, así su *Escritura*. Con lo social lo malo está dado. Pero hay un aspecto más importante que es la confrontación entre el yo y el otro. En la confrontación con los textos malos, las y los intérpretes están siendo forzados a mirar por los ojos del enemigo. Se mira al otro, a su praxis, a sus convicciones y lo que sucede es que la lectora o el lector siempre ve siempre también algo de ... si mismo. ¿Quién de nosotros se atreve a decir que no hay nada en los textos malos que nunca hayamos hecho o querido hacer? ¿Quién se atreve a decir con absoluta seguridad que no tiene nada del conquistador, del macho, del que esclaviza o excluye? Creemos que el encuentro con los textos malos siempre es también una conversación con nuestro propio *alter ego*, el lado tenebroso de nuestra alma. ¿No es el encuentro con los textos malos también siempre un espejo? La conversación con los textos malos nos puede hacer sensibles ante nuestra propia ceguera y las nuevas, y para el autor bíblico desconocidas formas de esclavitud y exclusión que nosotros, que hoy vivimos, practicamos. ¿No es también una *fuente*? Una fuente para la autocomprensión y autocrítica. Es un encuentro que podrá marcar el inicio del fin de nuestra autosuficiencia. ¡Más por confrontación que por diálogo aprendemos!

Desde la presencia de los textos malos surge la pregunta por el factor *cultural* presente en nuestra interpretación de la Biblia. Pues, ¿quién decide sobre lo que es bueno o moralmente correcto? También los juicios sobre lo que moralmente es correcto no se construyen aislados del momento en que se vive como lector o lectora.

> La veracidad...no es determinada por acuerdo general o por el voto de la mayoría. El determinar cuáles textos se deben rechazar como moralmente equivocados y cuáles deben permanecer para confrontarnos y cambiarnos se ve complicado por el hecho de que incluso valoraciones sobre veracidad o rectitud no son moralmente neutrales (Tiffany & Ringe 1996:220).

Debemos estar concientes de cómo y en qué medida nuestra manera de leer los textos bíblicos malos obedece a esquemas y valores *culturalmente* determinados. En nuestra manera de excluir, censurar y evadir los textos malos hay características occidentales. Muchas veces es un proceso orientado hacia la dominación. Queremos separar y atomizar lo que es inseparable, lo que está tejido (¡texto!). Creemos que podemos aprender mucho de las culturas que perciben la realidad humana de otra manera más complementaria, más

---

De la presencia de los textos malos surge la pregunta por el factor cultural presente en nuestra interpretación de la Biblia. Pues, ¿quién decide sobre lo que es bueno, moralmente correcto? También los juicios sobre lo que moralmente es correcto no se construyen aislados del momento en que se vive como lector o la lectora.

integral. Creemos que hay mucho que aprender de las culturas no-occidentales como son las indígenas.

> ...Hemos reflexionado sobre las principales formas en que la cultura dominante ha reflexionado sobre el tema de la diversidad. Una línea de esa cultura ha intentado imponer una unidad sobre el mundo que excluye todo lo que no se conforma a sus definiciones y estándares. En otras palabras, busca crear el mundo a su propia imagen. La otra línea de la cultura dominante reconoce la diversidad en el mundo, pero no ofrece ninguna visión de relacionamiento. Ninguna de las dos opciones es satisfactoria. Pero estas no son las únicas posibilidades y otras culturas tienen mucho que enseñarnos sobre cómo valorar y participar en la diversidad (Tiffany & Ringe 1996:223).

El 'nunca más' se convierte en programa, con una fuerza irresistible.

Finalmente, pero no menos importante, una palabra sobre el aspecto ético-teológico del encuentro entre el buen lector o la buena lectora y los textos malos. Por muy irónico que suene, también los textos malos son una brújula para un actuar éticamente responsable. Cuando los leemos, miramos por los ojos del opresor y vemos cómo 'lo hizo' y quiénes y cuántos fueron sus víctimas. Se ponen de manifiesto las dimensiones verdaderas del mal. Especialmente para los más ingenuos entre nosotros y nosotras se abre un mundo. Pero el efecto es que el lector o la lectora se concientiza. Se asusta y se pregunta cómo será posible evitar lo que sucedió. El 'nunca más' se convierte en programa, con una fuerza irresistible. Es irresistible precisamente porque en el encuentro con los textos malos nace la conciencia de que los otros textos, los textos buenos, son mayoría. Pues, ¿no tienen los opresores acaso que enfrentarse con una multitud de 'otros' textos bíblicos? ¿Para los opresores, la Biblia no contiene acaso una abrumadora cantidad de 'textos malísimos'? No, el efecto ético de los textos malos es poderoso. Son como el negativo de una foto. El lector atento o la lectora atenta descubre lo que los opresores de Israel hicieron, cuáles son los paralelos en la propia sociedad y comienza a cometerse con un proyecto de denuncia y cambio.

El lector atento o la lectora atenta descubre lo que los opresores de Israel hicieron, cuáles son los paralelos en la propia sociedad y comienza a comprometerse con un proyecto de denuncia y cambio.

¿Qué significa, teológicamente, la presencia de textos malos en la Biblia? Hemos dicho que como cristianos y cristianas no creemos en un libro, sino en el Dios vivo, Padre de Jesucristo. Los textos malos nos lo recuerdan con mucho énfasis. ¿No será nuestra realidad el primer texto hecho por Dios? ¿No es el hecho de que ahora sepamos más sobre la esclavitud y la relación hombre – mujer, también un testimonio del amor de Dios por los seres humanos? Coincidimos con Frederick Tiffany y Sharon Ringe cuando dicen que la autoridad de la Biblia no yace en sí misma, sino en el Dios de quien da testimonio.

Diversidad no implica necesariamente confusión o pérdida de valores. Significa más bien confrontación, creatividad, crecimiento.

> La Biblia, un testimonio de la actividad de Dios en el mundo, es un texto segundo. La autoridad de la Biblia no yace en sí misma sino en el Dios de quien da testimonio (Tiffany & Ringe 1996:224).

Por ende, diversidad no implica necesariamente confusión o pérdida de valores. Significa más bien confrontación, creatividad, crecimiento.

> Nuestra propia creencia es que el mundo en toda su diversidad es una creación de Dios y espacio de la actividad de Dios – el "texto" primero de Dios. Esto significa en primer lugar que la diversidad en sí misma no es un problema. De hecho, negar la diversidad es rechazar aspectos del mundo de Dios y tratar de imponer una sola perspectiva es usurpar el rol de Dios. En segundo lugar, esto significa que el mundo, en toda su particularidad y diversidad es un todo... Ninguna parte está separada de las demás. El texto del mundo como texto primero de Dios incluye muchas voces – las de seres humanos y sociedades humanas, y todas las demás voces del cosmos. El texto del todo no se puede reducir a un solo aspecto o una sola voz, y ninguna parte expresa su mensaje aislada de las demás (Tiffany & Ringe 1996:224).

Afirmamos con la tradición cristiana que nuestra *Escritura* es uno de los regalos más grandes de Dios a los y las creyentes. Pero no es un regalo que nos lleva a la autosuficiencia, que nos permite convertirnos en dioses. No. Nuestra *Escritura* nos sigue llamando a la autocrítica y la denuncia. Nos sigue explicando nuestra condición humana y nos habla — también a través de sus textos malos — de todo lo que aún tiene que cambiar.

Nuestra Escritura nos sigue llamando a la autocrítica y la denuncia.

Creemos, pues, que la Biblia puede ser considerada por los cristianos y las cristianas como motor principal en la conversación sobre lo bueno, lo humano. Es más, podemos decir que la lectura de la Biblia desemboca casi siempre en una conversación sobre lo bueno, *también cuando se leen textos 'malos'*. ¿No podemos decir que, desde el punto de vista hermenéutico, los textos malos llevan consigo el programa de su propia anulación? En ese sentido los textos malos, a veces más que los buenos, llevan a que el lector o la lectora se comprometa con lo bueno. En el concepto *Escritura* están vinculados compromiso, transcendencia y búsqueda de lo bueno. He aquí aquella alianza poderosa y eficaz de la que hablamos. Escudriñar la Escritura es más que leer un texto, bueno o malo, conveniente o no; es mirar de frente nuestra responsabilidad por lo bueno y lo humano. Así, *toda* palabra de nuestra Escritura, buena o mala, podrá cumplir una función profética y será como antorcha que alumbra en un lugar oscuro.

> También tenemos la palabra profética que es aún más firme. Hacéis bien en estar atentos a ella, como a una antorcha que alumbra en lugar oscuro, hasta que aclare el día y el lucero de la mañana se levante en vuestros corazones (2Pe.1.19).

Obras Consultadas

Aichele, G., *Sign, text, scripture semiotics and the Bible*, Sheffield, 1997.
Albertz, R., *Religionsgeschichte Israels in alttestamentlicher Zeit* 2, Göttingen, 1992.
Alonso Schökel, L., "Erzählkunst im Buche der Richter", en: *Biblica* 42 (1961) 143-172.
—, *Estudios de Poética Hebrea*, Barcelona, 1963.
Alter, R., *The Art of Biblical Narrative*, New York, 1981.
Alter, R./Kermode, F., (eds.), *The Literary Guide to the Bible*, London, 1987.
Althusser, L., *Lenin and Philosophy and Other Essays*, New York, 1972.
Anderson, Ana Flora/Gorgulho, Gilberto, "A Leitura Sociológica da Bíblia", en: *Estudos Bíblicos* 2 (1985(2)) 6ss.
Andiñach, P.R., Amós. "Memoria y Profecía, Análisis estructural y hermenéutica", en: *Rev.Bibl.* 45 (1983) 209-303.
Arens, E., *Christopraxis. A Theology of Action*, Minneapolis, 1995.
Ateek, N.S., "A Palestinian Perspective. Biblical Perspectives on the Land", en: R.S. Sugirtharajah (ed.), *Voices from the Margin*, New York, 1995², 267-276.
—, *Justice and only Justice. A Palestinian Theology of Liberation*, New York, 1989.
Attali, J., *1492*, Haarlem, 1992.
Auerbach, E., *Mimesis. The Representation of Reality in Western Culture*, Princeton, 1953.
Autoras Varias, "A Mulher na Sociedade Tribal", en: *Estudos Bíblicos* 29 (1991).
Autores Varios, "501 años. La vigencia de los temas", *Cuadernos de Teología* XIII, 1 (1993).
Autores Varios, Biblia. "500 Años ¿conquista o evangelización?", *RIBLA* 11 (1992).
Autores Varios, *Iniciación en el Análisis Estructural*, Estella, 1980².
Autores Varios, "La palabra se hizo India", *RIBLA* 26 (1997).

Autores Varios, "O Cativeiro como Chave de Leitura da Bíblia", *Estudos Bíblicos* 43 (1994).
Avalos, H., "The Gospel of Lucas Gavilan as Postcolonial Biblical Exegesis", en: *Semeia* 75 (1996) 87-105.
Bal, M., *De theorie van vertellen en verhalen. Inleiding in de narratologie*, Muiderberg, 1990.
—, "Lots of Writing", en: *Semeia* 54 (1992) 77-102.
—, *Murder and Difference. Gender, Genre and Scholarship on Sisera's Death*, Bloomington - Indianapolis, 1988.
—, "On Story-Telling", en: D. Jobling (ed.), *Essays in narratology*, Polebridge, 1991, 59-72
Barr, J., *The scope and authority of the Bible* (Explorations in Theology 7), London, 1980.
—, *The Semantics of Biblical Language*, London, 1961.
—, "El análisis estructural del relato. A propósito de Hechos 10-11", en: Varios, *Exégesis y Hermenéutica*, Madrid, 1976, 145ss.
—, *The Semiotic Challenge*, London, 1988.
Bartholomew, C., Greene, K. Möller (eds.), *Renewing Biblical Interpretation* (Scripture and Hermeneutics Series I), Carlisle - Grand Rapids, 2000.
Bauman, Z., *Modernity and Ambivalence*, Ithaca, 1991.
Beard, A., *Texts and Contexts. Introducing literature and language study*, London, 2001.
Berger, K., *Hermeneutik des Neuen Testaments*, Gütersloh, 1988.
Berges, U., "Lectura pragmática del Pentateuco. Babel o el fin de la comunicación", en: *Estudios Bíblicos* 51 (1993) 63-94.
Bible and Culture Collective, Rhetorical Criticism, en: *The Postmodern Bible*, New Haven - London, 1995, 149-186.
Blans, G.H.T., "Hermeneutiek en deconstructie", en: Th. De Boer y.o., *Hermeneutiek*, Meppel/Amsterdam, 1988, 208-239.
Bleich, D., *The Double Perspective. Language, Literacy and Social Relations*, Oxford - New York, 1988.
Bloch, E., *Atheismus im Christentum*, Frankfurt a. M., 1973.
Blount, B.K., *Cultural Interpretation, Reorienting New Testament Criticism*, Minneapolis, 1995.
Boesak, A.A., *Black and Reformed. Apartheid, Liberation and the Calvinist Tradition*, Johannesburg, 1984.
Boeve, L., "Lyotard's Critique of Master Narratives", en: G. de Schrijver, *Liberation Theologies on Shifting Grounds*, Leuven, 1998, 296-314.
Boff, L., *Teologia â Escuta do Povo*, Petrópolis, 1984.
Booth, W.C., *The Company We Keep. An Ethics of Fiction*, Berkeley/Los Angeles/London, 1988.

Brancher, M., De los ojos de Agar a los ojos de Dios, en: *RIBLA* 25 (1997) 11-27.
Bray, G., *Biblical Interpretation. Past & Present*, Leicester, 1996.
Brenner, A./Fontaine, C., (eds.), *A Feminist Companion to Reading the Bible, Approaches, Methods and Strategies*, Sheffield, 1997.
Breuer, E., *The Limits of Enlightenment. Jews, Germans and the Eighteenth-Century Study of Scripture*, Cambridge etc. (Harvard Judaic Monographs 7) 1996.
Brock, R.N., *Journeys by Heart. A Christology of Erotic Power*, New York, 1988.
Brueggemann, W., *Theology of the Old Testament*, Minneapolis, 1997.
—, "A First Retrospect on the Consultation", en: C. Bartholomew y.o. (eds.), *Renewing Biblical Interpretation*, Carlisle - Grand Rapids, 2000. 342-347.
Burnett, F.W., "Postmodern Biblical Exegesis. The Eve of Historical Criticism", en: *Semeia* 51 (1990) 50ss.
Cahoone, L. (ed.), *From Modernism to Postmodernism. An Anthology*, Oxford-Malden, 1997².
Calvijn, J., *Génesis*, 1554 y 1564 (nueva edición).
Cannon, K.G./Schüssler Fiorenza, E. (eds.), "Interpretation for Liberation" (*Semeia* 47 (1989)).
Cantwell Smith, W., *What is Scripture?*, London, 1993.
Cardenal, E., *El Evangelio de Solentiname*, Salamanca, 1976.
Cardoso Pereira, N., "Pautas para una hermenéutica feminista de la liberación", en: *RIBLA* 25 (1997) 5-10.
Chapman, M.D.," Ideology, Theology and Sociology: From Kautsky to Meeks", en: J.W. Rogerson e.a. (ed.), *The Bible in Ethics*, Sheffield, 1995, 41-65.
Charlesworth (ed.), J.H., *The Old Testament Pseudepigrapha I y II*, London, 1983.
Chatelion Counet, P., *Zwijgen over God. Postmodern bijbellezen*, Zoetermeer, 1998.
Chesneaux, J., "Le Mode de Production Asiatique. Quelques Perspectives de Recherche", en: *La Pensée* 114 (1964) 32ss.
Chia, Ph., "Postcolonization and Recolonization. A response to Archie Lee's "Biblical Interpretation in Postcolonial Hong Kong", en: *Biblical Interpretation* VII, 2 (1999) 174-181.
Chopp, R.S., *The Praxis of Suffering. An Interpretation of Liberation and Political Theologies*, New York, 1986.
Clevenot, M., *Approches matérialistes de la bible*, Paris, 1976.
—, *Een materialistische benadering van de bijbel* (Introducción de Rochus Zuurmond), Baarn, 1979.
Comblin, J., *Cristãos rumo ao século XXI. Nova caminada de libertação*, São Paulo 1996.
—, "Criterios para un Comentario de la Biblia", en: *Servir* XIX, 104 (1983) 537-578.
—, *Introdução General ao Comentário Bíblico. Leitura da Bíblia na perspectiva dos pobres*, Petrópolis, 1985.

Craig, K.M./Kristjansson, M.A., "Women reading as Men/Women reading as Women. A structural analysis for the historical project", en: *Semeia* 51 (1990) 119ss.

Critici Sacri, sive annotata doctissimorum virorum in Vetus ac Novum Testamentum, Amsterdam, 1698.

Crossan, J.D., *Raid on the Articulate. Comic Eschatology in Jesus and Borges,* New York, 1976.

Crüsemann, F., *Der Widerstand gegen das Königtum,* Neukirchen, 1978.

—, *Die Tora. Theologie und Sozialgeschichte des alttestamentlichen Gesetzes,* München, 1992.

De Lubac, H., *Exégése Médiéval. Les quatre sens de l'Écriture I-lV,* Paris 1959-1964, 174.

—, *Histoire et Esprit. L'Intelligence de L'Écriture d'après Origène,* Paris, 1950, 174.

De Oliveira, M., y.o., "Métodos para ler a Bíblia", en: *Estudos Bíblicos* 32 (1991).

De Vaux, R., *Historia Antigua de Israel I,* Madrid, 1975.

De Wit, J.H., "'Ons leven lijkt erg op het Evangelie'. Heilige Schrift als engagement", en: C. van der Kooi/E. Talstra/J.H. de Wit, *Het uitgelezen boek. Opstellen over de omgang met de bijbel als het Woord van God,* Zoetermeer, 1995, 50-78.

Deist, F., "De overleverings- en traditiekritische methoden", en: A.S. v.d. Woude (red.), *Inleiding tot de studie van het Oude Testament,* Kampen, 1986, 159-172.

Derrida, J., *De la grammatologie,* Paris, 1967.

—, Des Tours de Babel, en: *Semeia* 54 (1992) 3-34.

Donaldson, L.E., & R.S. Sugirtharajah (eds.), "Postcolonialism and Scriptural Reading", *Semeia* 75 (1996).

Donaldson, L.E., "Postcolonialism and Biblical Reading. An Introduction", en: *Semeia* 75 (1996) 1-14.

Dube, Musa, "Reading for Decolonización (John 4:1-42)", en: *Semeia* 75 (1996) 37-59.

—, "Toward a post-colonial feminist interpretation of the Bible", en: *Semeia* 78 (1997) 11-26.

Duinkerken, A. van, (ed. y trad.), *Bernardus. Mariapreken,* Bussum, 1946.

Dussel (ed.), E., *Resistencia y Esperanza,* Costa Rica, 1995.

Duverger, C., (ed.), *La Conversión de los Indios de la Nueva España,* Quito (Ediciones Abya-Yala) 1991.

Eagleton, T., *Criticism and Ideology. A Study in Marxist Literary Theory,* London, 1976.

—, *Ideology. An Introduction,* New York, 1991.

Ebeling, G., *Evangelische Evangelienauslegung,* Darmstadt, 1962.

Eco, U., "De tekst, het leesgenot, de consumptie", en: Id., *Wat Spiegels betreft,* Amsterdam, 1997².

—, *Semiotics and the Philosophy of Language*, London, 1984.
—, *Sugli specchi e altri saggi*, Milán, 1985.
—, *The Limits of Interpretation*, Bloomington-Indianapolis, 1990.
—, *The role of the reader*, London, 1981.
—, *The Role of the Reader. Explorations in the Semiotics of Texts*, London, 1981.
Evans, C.A./Sanders, J.A., (eds.), *Early Christian Interpretation of the Scriptures of Israel*, Sheffield, 1997.
Fish, S., *Is there a text in this class. The authority of interpretive communities*, Cambridge – London, 1980.
Fishbane, M., *Biblical Interpretation in Ancient Israel*, Oxford, 1985.
Fokkelman, J., *Narrative Art and Poetry in the Books of Samuel*, Assen 1981-1993
—, *Vertelkunst in de bijbel*, Zoetermeer, 1995.
Foulkes, I. (ed.), *Teología desde la mujer en Centroamérica*, San José, 1989.
Fowler, R.M., "Who is 'The Reader' in Reader Response Criticism?", en: *Semeia* 31 (1985) 5-26.
Fricke, M., *Bibelauslegung in Nicaragua. Jorge Pixley im Spannungsfeld von Befreiungstheologie, historisch-kritischer Exegese und baptistischer Tradition* (Exegese in unserer Zeit Bd.2), Münster, 1997.
Fritz, V., *Die Entstehung Israels im 12. Und 11. Jahrhundert v. Chr.*, Stuttgart etc., 1996.
Gadamer, H.-G., *Wahrheit und Methode, Grundzügen einer philosophischen Hermeneutik*, Tübingen, 1975⁴.
Gebara, I., Prólogo, en: Ress/Seibert-Cuadra/Sjørup (eds.), *Del Cielo a la Tierra. Una antología de Teología Feminista*, Santiago, 1994, 15-20.
Gerstenberger, E.S., Exegese Vétero-testamentária e sua Contextualização na Realidade, en: *Estudos Teológicos* XXIV/4 (1984) 202ss.
Gnuse, R.K., *No Other Gods. Emergent Monotheism in Israel* (JSOTSS 241), Sheffield, 1997.
Gonzalez, A., "Vigencia del 'método teológico' de la teología de la liberación", en: *Sal Terrae* (1995) 667-675.
Gorgulho, G., "A Promessa ao Rei Davi", en: *Vida Pastoral* XXVII/130 (1986) 9-15, 177.
—, "Biblical Hermeneutics", en: I. Ellacuría & J. Sobrino (eds.), *Mysterium Liberationis. Fundamental Concepts of Liberation Theology*, New York, 1993, 123-149.
—, "La memoria y el espíritu de los pobres", en: Eduardo Bonín (ed.), *Espiritualidad y Liberación en América Latina*, San José s.a., 71-86.
—, "Leitura da Bíblia e Compromisso com a Justiça", en: *REB* 38 (1978) 291-299.
—, "Sofonías y el valor histórico de los Pobres", en: *RIBLA* 3 (1989) 31-41.
—, *Zacarias. A vinda do Mesias Pobre*, Petrópolis, 1985.

Gottwald, N.K., "Sociological Method in the Study of Ancient Israel", en: M.J. Buss (ed.), *Encounter with the Text. Form and History in the Hebrew Bible* (Semeia Supplements), Philadelphia-Missoula, 1979, 69-82.
—, (ed.), "Social Scientific Criticism of the Hebrew Bible and its Social World: The Israelite Monarchy", *Semeia* 37 (1986).
—, *The Hebrew Bible. A Socio-Literary Introduction*, Philadelphia, 1985.
—, *The Tribes of Yahweh, A Sociology of the Religion of Liberated Israel* 1250-1050 B.C.E., New York, 1979.
—, "Theological Education as a Theory-Praxis Loop", en: J.W. Rogerson e.a. (ed.), *The Bible in Ethics*, Sheffield, 1995, 107-118.
Gros Louis, K.R.R./Ackerman, J.S. (eds.), *Literary Interpretations of Biblical Narratives*, Abingdon, 1982.
Gunkel, H., *Genesis* (Göttinger HandKommentar zum Alten Testament), Göttingen, 1910.
Gunn, D.M./Nolan Fewell, D., *Narrative in the Hebrew Bible*, Oxford, 1993.
Gutiérrez, G., *In Search of the Poor of Jesus Christ*, New York, 1993.
Hirsch, E.D., *Validity in Interpretation*, New Haven, 1967.
Hirshman, M., *A Rivalry of Genius. Jewish and Christian Biblical Interpretation in Late Antiquity* (traducido por Batya Stein), Albany, 1996.
Hofstede, G., *Allemaal andersdenkenden. Omgaan met cultuurverschillen*, Amsterdam, 1991.
Holland, N., *The Dynamics of Literary Response*, New York, 1968.
—, *5 Readers Reading*, New Haven, 1975.
Hope Felder, C. (ed.), *Stony the Road We Trod*, Minneapolis, 1991.
Hopkins, J.M., *Towards a Feminist Christology*, Kampen, 1994.
Houtman, C., *Inleiding in de Pentateuch*, Kampen, 1980.
Hüfner, B. & S. Monteiro, *O Que Esta Mulher Está Fazendo Aqui?*, Sâo Bernardo do Campo, 1992.
Huggan, Graham, *The Postcolonial Exotic. Marketing the Margins*, London – New York, 2001.
Iser, W., *The Implied Reader*, Baltimore, 1974.
Jauss, H.J., *Towards an Aesthetic of Reception*, Minneapolis, 1982.
Jobling, D., "Writing the Wrongs of the World. The Deconstruction of the Biblical Text in the context of Liberation Theologies", en: *Semeia* 51 (1990) 81-118.
Jobling, D./Moore, S.D. (eds.), "Poststructuralism as Exegesis", *Semeia* 54 (1992).
King, U., (ed.), *Feminist Theology from the Third World. A Reader*, London-New York, 1994.
Knierim, R., "Formcriticism reconsidered", en: *Interpretation* 27 (1973) 435-468.
Kooyman, A. (trad. y ed.), *Als een koning van vlees en bloed. Rabbijnse parabels in midrasjiem*, Baarn, 1997.
Kraus, H.-J., *Geschichte der historisch-kritischen Erforschung des Alten Testaments*, Neukirchen, 1969.

Krüger, R., "El Magníficat de Lucas 1,46-55. ...Recuerdo agradecido convertido en anuncio de una auténtica alternativa para la humanidad", en: *Cuadernos de Teología* IX,1 (1988) 77-83.

—, "La Proclama de una Inversión total, La estructuración de Lucas 6,20-26", en: *RIBLA* 8 (1991) 27-38.

Kuller Shuger, D., *The Renaissance Bible*, Berkeley-Los Angeles-London, 1994.

Kwok Pui Lan, "Discovering the Bible in the Non-biblical World", en: R.S. Sugirtharajah (ed.), *Voices from the Margin*, New York; 1995, 289-305.

—, "Overlapping Communities And Multicultural Hermeneutics", en: Brenner & Fontaine (eds.), o.c. 203-215.

—, "Response", en: *Semeia* 75 (1996) 211-217.

Labberton, M., *Ordinary Bible Reading. The Reformed Tradition and Reader-Orientated Critidsm*, Cambridge, 1990.

Lacocque, A., *The Book of Daniel*, Atlanta s.a., 182.

Lee, A.C.C., "Returning to China: Biblical Interpretating in Postcolonial Hong Kong", en: *Biblical Interpretation* VII, 2 (1999) 156-173.

Lehmann, D., *Struggle for the Spirit, Religious Transformation and Popular Culture in Brazil and Latin America*, Cambridge, 1996.

Lemaire, T., *De Indiaan in ons bewustzijn. De ontmoeting van de Oude met de Nieuwe Wereld*, Baarn, 1986.

Luxemburg, J. van/M. Bal/W.G. Weststeijn, *Inleiding in de Literatuurwetenschap*, Muiden, 1992.

Lyotard, J.-F., *Le postmoderne expliqué aux enfants*. Correspondence 1982-1985, Paris, 1986.

—, "The Postmodern condition. A report on Knowledge", en: L. Cahoone (ed.), *From Modernism to Postmodernism. An Anthology*, Oxford-Malden, 1997².

McKnight, E.V., *Postmodern Use of the Bible*, Nashville, 1990².

Mendelssohn, M., *Die Fünf Bücher Mose, zum Gebrauch der Jüdischdeutschen Nation*, Berlin, 1780.

Mesters, C., "Balanço de 20 Anos. A Bíblia lida pelo povo na atual renovação da Igreja Católica no Brasil 1964-1984", en: *Suplemento do Boletím 'Por trás da Palavra'* 7 (1988) 2-29.

—, "Biblia y Comunidades Cristianas Populares", en: *Solidaridad* 30 (1981) 29-39.

—, *Biblia, El Libro del Pueblo de Dios*, La Paz, 1983.

—, *Bíblia, Livro feito em mutirâo. Uma introduçâo à leitura de Bíblia*, Sâo Paulo, 1982, 169.

—, *Deus, Onde Estás?*, Belo Horizonte, 1976⁵.

—, *El Misterioso Mundo de la Biblia*, Buenos Aires 1977.

—, *Flor sin Defensa, Una explicación de la Biblia a partir del pueblo*, Bogotá, 1984.

—, *Libro del pueblo de Dios*, Managua s.a, 169.

—, *Por Trás Das Palavras*, Petrópolis, 1974.

—, *Seis Dias nos Porôes da Humanidade*, Petrópolis, 1977.

—, "The Challenge of Basic Christian Communities", en: N.K. Gottwald (ed.) *The Bible and Liberation*, New York, 1983, 119-133.

—, "The use of the Bible in Christian Communities of the Common People", en: S. Torres/J. Eagleson (eds.), *The Challenge of Basic Communities*, New York, 1981, 197-210.

Miguez, D., *'To Help You Find God'. The Making of a Pentecostal Identity in a Buenos Aires Suburb*, Amsterdam, 1997.

Milne, P.J., "Toward Feminist Companionship. The Future of Feminist Biblical Studies and Feminism", en: A. Brenner & C. Fontaine (eds.), *A Feminist Companion to Reading the Bible. Approaches, Methods and Strategies*, Sheffield, 1997, 39-60.

Mosala, I.J., *Biblical Hermeneutics and Black Theology in South Africa*, Grand Rapids, 1989.

—, "Race, Class, and Gender as Hermeneutical Factors in the African Independent Churches' Appropriation of the Bible", en: *Semeia* 73 (1996) 43-58.

—, "The implications of the Text of Esther for African Women's Struggle for Liberation in South Africa", en: R.S. Sugirtharajah, *Voices from the Margin*, New York, 1995.

Nakanose, S., *Josiah's Passover*, New York, 1993.

Navia Velasco, C., "La Mujer en la Biblia. Opresión y Liberación", en: *RIBLA* 9 (1991) 57-80.

Nielsen, E., *Oral Tradition. A Modern Problem in Old Testament Introduction*, London 1954

Patrick, D./Scult, A., *Rhetoric and Biblical Interpretation*, Sheffield, 1990.

Patte, D., "Biblical Scholars at the Interface between Critical and Ordinary Readings. A Response", en: *Semeia* 73 (1996) 263-276.

—, *Ethics of Biblical Interpretation. A Reevaluation*, Louisville, 1995.

Pfister, M., *Das Drama*, München, 1997[9].

Phillips, G.A. (ed.), "Poststructural Criticism and the Bible. Text/History/Discourse", *Semeia* 51 (1990).

—, "Exegesis as Critical Praxis. Reclaiming History and Text from a Postmodern Perspective", en: *Semeia* 51 (1990) 7-49.

Pixley, J., *Historia de Israel desde los Pobres*, Managua, 1987.

—, *Historia Sagrada, Historia Popular*, San José, 1991.

—, "Las Escrituras no tienen dueño, son también para las víctimas", en: *RIBLA* 11 (1992) 123-132.

Plöger, O., *Theokratie und Eschatologie*, Neukirchen-Vluyn, 1986[3].

Poland, L., *Literary Criticism and Biblical Hermeneutics. A Critique of Formalist Approaches*, Chico, 1985.

Polzin, R.M., "Biblical Structuralism, en: What is structuralism?" (*Semeia Suppl.* (1977)), 1-43.

Pui-Lan, K., "Overlapping Communities and Multicultural Hermeneutics", en: A. Brenner & C. Fontaine (eds.), *A Feminist Companion to Reading the Bible. Approaches, Methods and Strategies*, Sheffield, 1997, 203-217.

Raeder, S., *Das Hebräische bei Luther untersucht bis zum Ende der Ersten Psalmenvorlesung*, Tübingen, 1961.

Reinhartz, A., "Feminist Criticism and Biblical Studies on the Verge of the Twenty-First Century", en: A. Brenner & C. Fontaine, *o.c.* 30-38.

Rendtorff, R., *Das überlieferungsgeschichtliche Problem des Pentateuch*, Berlin – New York, 1977.

Ress, M.J./Ute Seibert-Cuadra/Lene Sjørup, *Del Cielo a la Tierra. Una Antología de Teología Feminista*, Santiago de Chile, 1994.

Richard, P., "A Biblia, Memoria Histórica de los Pobres", en: *Servir* XVIII, 98 (1982) 143-150.

—, "Bible and Liberation. The Bible as Historical Memory of the Poor", en: *Liaisons Internationales COELI* 27 (1983) 10-14.

—, "Bíblia. Memória Histórica dos Pobres", en: *Estudos Bíblicos* 1 (1984) 20-30.

—, "Hermenéutica India", en: *RIBLA* 11 (1992) 9-24.

—, "La Bible, Mémoire Historique des Pauvres", en: *Liaisons Internationales COELI* 32 (1982) 3-7.

—, *La Fuerza Espiritual de la Iglesia de los Pobres*, San José, 1987.

—, "La Iglesia que nace en América Central", en: *Cristianismo y Sociedad* 79 (1984) 71-94.

—, "Lectura popular de la Biblia en América Latina (Hermenéutica de la liberación)", en: *RIBLA* 1 (1988) 8-25.

—, "Bibellektüre durch das Volk in Lateinamerika. Hermeneutik der Befreiung", en: *EvTh* 51, 1 (1991) 20-39.

—, "The Hermeneutics of Liberation. Theoretical Grounding for the Communitarian Reading of the Bible", en: Fernando F. Segovia/Mary Ann Tolbert (eds.), *Teaching the Bible. The Discourse and Politics of Biblical Pedagogy*, New York, 1998, 272-282.

Riches, J., "A Response to Walter Sundberg", en: C. Bartholomew, C. Greene, K. Möller (eds.), *Renewing Biblical Interpretation*, Carlisle – Grand Rapids, 2000, 82-89.

Richter Reimer, I., "Reconstruir historia de mujeres. Consideraciones acerca del trabajo y status de Lidia en Hechos 16", en: *RIBLA* 4 (1989) 47-64.

Ricoeur, P., "De moeilijke weg naar een narratieve theologie", en: H. Häring, e.a (red.), *Meedenken met E. Schillebeeckx*, Baarn, 1983, 80-92.

—, "Biblical Hermeneutics" (*Semeia* 4 (1975)).

—, "Del conflicto a la convergencia de los métodos en exégesis bíblica", en: R. Barthes y.o., *Exégesis y Hermenéutica*, Madrid, 1976, 33-50.

—, "Foreword", en: A. Lacocque, *The Book of Daniel*, Atlanta, s.a. XVIII.

—, *Hermenéutica y Estructuralismo*, Buenos Aires, 1975.

—, *Interpretation Theory*, Fort Worth, 1978.
—, *Le Conflit des Interprétations. Essais d'herméneutique*, Paris, 1969.
—, *Lectures on Ideology and Utopia*, New York, 1986.
—, "Qu'est-ce qu'un texte?", en: P. Ricoeur, *Du texte à l'action. Essais d'herméneutique II*, Paris, 1986, 137-160.
—, Sobre la Exégesis de Génesis 1,1-2,4a, en: Roland Barthes y.o., *Exégesis y Hermenéutica*, Madrid, 1976, 59-82.
—, *The Reality of the Historical Past*, Milwaukee, 1984.
Rivera Pagán, L.N., *Evangelización y Violencia. La conquista de América*, Puerto Rico, 1991².
Rodríguez Monegal, E., *Noticias secretas y públicas de América*, 1984.
Rodríguez, J.L., "A Bíblia e os conquistadores. Aspectos do uso ideológico da Bíblia no século XVI, por ocasiâo da invasâo da América", en: *Estudos Bíblicos* 31 (1991) 9-17.
Rowland, Chr./Corner, M., *Liberating Exegesis. The Challenge Of Liberation Theology To Biblical Studies*, Louisville, 1989.
Saussure, F. de, *Course de linguistique général*, París, 1916.
Sauter, G., "'Exodus' und 'Befreiung' als theologische Metaphern. Ein Beispiel zur Kritik von Allegorese und missverstandenen Analogien in der Ethik", en: *EvTh* 38 (1978) 538-559.
Schmid, H.H., *Der Sogenannte Jahwist. Beobachtungen und Fragen zur Pentateuchforschung*, Zürich, 1976.
Schreiter, R.J., *The New Catholicity. Theology between the Global and the Local*, New York (Orbis) 1997.
Schüssler Fiorenza, E., *Bread Not Stone, The Challenge of Feminist Biblical Interpretation*, Boston, 1984.
—, *But She Said. Feminist Practices of Biblical Interpretation*, Boston, 1992.
—, *In Memory of Her, A Feminist Theological Reconstruction of Christian Origins*, New York, 1983.
—, "The Ethics of Biblical Interpretation. Decentering Biblical Scholarship", en: *JBL* 107, 1 (1988) 3-17.
Schwantes, M., "'Nuestra Vista Clareó'. Lectura Bíblica en América Latina", en: *Presencia Ecuménica* 7 (1987) 3-9.
—, "A Cidade e a Torre (Gn.11, 1-9). Exercícios Hermenêuticos", en: *Estudos Teológicos* XXI, 1 (1981) 75-106.
—, *A Família de Sara e Abraâo. Texto e contexto de Gênesis 12-25*, Petrópolis, 1986.
—, "A Origem Social dos Textos", en: *Estudos Bíblicos* 15 (1988) 31-51.
—, *Am Anfang war die Hoffnung. Die biblische Urgeschichte aus der Sicht der Armen*, München, 1992.
—, *Amós. Meditaçôes e Estudos*, San Leopoldo, 1987.
—, *Das Recht der Armen. Eine Untersuchung zu den Begiffen dal, 'ebywn und 'any in den alttestamentlichen Gesetzen, bei den Propheten und in der Weisheit*, Frankfurt am Main, 1977.

—, "Interpretaçâo de Gn 12-25 no contexto da elaboraçâo de uma Hermenêutica do Pentateuco", en: *Estudos Bíblicos* 1 (1984) 31-49.
—, "La ciudad y la torre. Un estudio de Gen.11: 1-9", en: *Cristianismo y Sociedad* XIX, 69/70 (1981) 95-101.
—, "Profecia e Estado. Uma proposta para a hermenêutica profética", en: *Estudos Teológicos* XXII, 2 (1982) 105-145.
—, "Wege der biblischen Theologie in Lateinamerika", en: *EvTh* 51, 1 (1991) 8-19.
Schwartz, R.M., "Adultery in the House of David. The Metanarrative of Biblical Scholarship and the Narratives of the Bible", en: *Semeia* 54 (1992) 35-56, 336.
Segovia, F.F., "The Text as Other. Towards a Hispanic American Hermeneutic", en: D. Smith-Christopher (ed.), *Text & Experience. Towards a Cultural Exegesis of the Bible*, Sheffield, 1995, 276-298.
—, *Decolonizing Biblical Studies. A view from the Margin*, New York, 2000.
Segundo, J.L., *The Liberation of Theology*, New York, 1979².
Seters, J. van, *Abraham in History and Tradition*, New Haven – London, 1975.
Severino Croatto, J., "Dios en el acontecimiento", en: *Rev.Bibl.* 35 (1973) 52-60.
—, "Befreiung und Freiheit. Biblische Hermeneutik für die 'Theologie der Befreiung", en: H.- J. Prien (Hg.), *Latein-Amerika: Gesellschaft, Kirche, Theologie* II (Der Streit um die Theologie der Befreiung), Göttingen, 1981, 39-59.
—, *Creación y designio. Estudio de Génesis 1:1-2:3* (El hombre en el mundo I), Buenos Aires, 1973.
—, *Crear y Amar en Libertad. Estudio de Génesis 2:4-3:24* (El Hombre en el Mundo II), Buenos Aires, 1986.
—, *Exilio y Sobrevivencia. Tradiciones contraculturales en el Pentateuco*, Buenos Aires, 1997.
—, *Exodus, A Hermeneutics of Freedom*, New York, 1981.
—, *Hermenéutica Bíblica*, Buenos Aires 1985/1994.
—, "La destrucción de los símbolos de los dominados", en: *RIBLA* 11 (1992) 37-48.
—, "Simbólica Cultural y Hermenéutica Bíblica", en: *RIBLA* 26 (1997) 67-77.
—, "'Yo Soy El Que Estoy (Contigo)'. La Interpretación del Nombre 'Yahve' en Ex 3,13-14", en: V. Collados/E. Zurro (eds.), *El misterio de la Palabra* (Fs. Luis Alonso Schokel), Madrid, 1983, 147-159.
Seybold, K., *Die Wallfahrtspsalmen. Studien zur Entstehungsgeschichte von Psalm 120-134* (Biblisch-Theologische Studien, 3), Neukirchen-Vluyn, 1978.
Smelik, K.A.D., *Saul, de voorstelling van Israels eerste koning in de Masoretische tekst van het Oude Testament*, Amsterdam, 1977.
Specker, J.S.M.B., "Die Einschätzung der Hl. Schrift in den spanisch-amerikanischen Missionen", en: J. Beckmann (Her.), *Die Heilige Schrift in den Katholischen Missionen* (Suppl. Neue Zeitschr. für Missionswissenschaft XIV), Immensee, 1966, 37-71.
Stam, J., "Exégesis bíblica en la teología de los conquistadores", en: *Misión Evangélica Hoy* 4 (1993) 59-69, 63.

Stanley, C.D., "The social environment of 'free' biblical quotations in the New Testament", en: C.A. Evans & J.A. Sanders (eds.), *Early Christian Interpretation of the Scriptures of Israel*, Sheffield, 1997.

Stemberger, G., "Introduction to the Talmud and Midrash", Edinburgh, 1996².

Strack, H.L., *Einleitung in Talmud und Midraš*, München, 1930.

Sugirtharajah, R.S., *Asian Hermeneutics*, New York, 1998.

—, "Biblical Studies in India. From Imperialistic Scholarship to Postcolonial Interpretation", en: F.F. Segovia/M.A. Tolbert (eds.), *Teaching the Bible. The discourses and Politics of Biblical Pedogogy*, New York, 1998, 283-296.

—, "Biblical Studies In India. From Imperialistic Scholarship to Postcolonial Interpretation", en: Segovia & Tolbert (eds.), *o.c.* 283-296,

Sung, Jung Mo, *Economía. Tema ausente en la Teología de la Liberación*, San José, 1994.

Talstra, E., *Het gebed van Salomo, Synchronie en Diachronie in de kompositie van 1Kon.8,14-61*, Amsterdam, 1987.

Tamez, E., "El salto hermenéutico de hoy", en: *Semeia* 75 (1996) 199-205.

—, "Quetzalcóatl y el Dios cristiana alianza y lucha de dioses", en: *Vida y Pensamiento* XI, 1 (1991) 31-54.

—, "Women's rereading of the Bible", en: R.S. Sugirtharaja (ed.), *Voices from the Margin*, New York, 1995, 48-57.

Tigcheler, J., *Didyme L'Aveugle et L'Exégèse Allégorique. Etude sémantique de quelques termes exégétiques importantes de son Commentaire sur Zacharie*, Nijmegen, 1977.

Tokei, F., "Le Mode de Production Asiatique dans L'Oeuvre de K. Marx et F. Engels", en: *La Pensée* 114 (1964) 7-32.

Tomita, L.E., "A autoridade das mulheres na evangelizaçâo primitiva", en: *Estudos Bíblicos* 31 (1991) 47-58.

Tov, E., *Textual Criticism of the Hebrew Bible*, Assen/Minneapolis, 1992.

Townsend Gilkes, Ch., "'Mother to the Motherless, Father to the Fatherless'. Power, Gender, and Community in an Afrocentric biblical tradition", en: *Semeia* 47 (1989) 57-86.

Van Wolde, E., *A Semiotic Theory and Method of Analysis Applied to the Story of the Garden of Eden*, Assen, 1989.

Verdeyen, P./Fassetta, R. (eds.), *B. de Clairvaux, Sermons sur le Cantique I* (Sermons 1-15, Oeuvres complètes X), París, 1996.

Vijver, H.W., *Theologie en Bevrijding*, Amsterdam, 1985.

Von Rad, G., *Teología del A.T.* (I), Salamanca, 1969.

—, *Teología del Antiguo Testamento* II, Salamanca, 1976.

Warrior, R.A., "Canaanites, Cowboys, and Indians: Deliverance, Conquest, and Liberation Theology today", en: *Christianity and Crisis* 29 (1989) 261-265.

Wellek, R./Warren, A., *Theory of Literarture*, 1949.

Wellhausen, J., *Prolegomena zur Geschichte Israels*, Berlin-Leipzig, 1927⁶.

West, G. & Dube, Musa D. (eds.), "'Reading With': An exploration of the Interface between critical and ordinary readings of the Bible. African Overtures", *Semeia* 73 (1996).

West, G., "And The Dumb Do Speak: Articulating Incipient Readings of the Bible in Marginalized Communities", en: J.W. Rogerson e.a. (red.), *The Bible in Ethics*, Sheffield, 1996, 174-192.

—, *Biblical Hermeneutics of Liberation, Modes of rereading the Bible in the South African Context*, Pietermaritzburg-New York, 1995².

—, "Reading the Bible differently. Giving shape to the discourses of the dominated", en: *Semeia* 73 (1996) 21-41.

—, *The academy of the Poor. Towards a dialogical reading of the Bible*, Shefflield, 1999.

Wierenga, L., *De macht van de taal, de taal van de macht. Over literatuurwetenschap en bijbelgebruik*, Kampen, 1997.

Wimsatt W.K., & M.C. Beardsley, *The Verbal Icon*, Lexington, 1954, 235.

—, *Leerlingen van de Armen*, Amsterdam, 1991.

—, *Libro de Daniel*, Santiago, 1990.

Wolf, E., *Europe and the People without History*, Berkeley-Los Angeles-London 1982.

Indice de Autores

A

Agustín 70, 72
Aichele, G. 333
Albertz, R. 251
Allen, Robert Warrior 411
Alt, A. 139, 164
Alter, R. y F. Kermode 328
Alter, Robert 318, 328
Althusser, L. 404
Andiñach, P.R. 335
Arens, E. 222
Aristóteles 364
Ateek, N.S. 410
Attali, J. 95
Auerbach, E. 293, 367
Avalos, H. 280

B

Bal, M.
    167, 320, 325, 372, 388, 421, 465
Barr, J. 344
Barret, Michèle 404
Barthes, Rolando
    337, 345, 351, 359, 363

Bartholomew, C. 506, 514
Bauman, Zygmunt 13, 314
Beard, Adrian 510
Beckmann, J. 98
Belo, Fernando 162
Berger, K. 445, 475
Berges, U. 386
Bible and Culture Collective
    366, 369, 371, 373, 375,
    402, 417, 448
Blans, G.H.T. 452, 480
Bleich, David 315, 396
Bloch, Ernst 165, 166
Blount, B.K. 366
Boesak, A.A. 14
Boeve, L. 415
Boff, Cl. 215, 242, 259, 301, 307
Boff, L. 204
Bonín, Eduardo 245
Booth, W.C. 495
Bousset, W. 250, 251
Brancher, M. 271
Bray, G. 73
Brenner, A. & C. Fontaine
    269, 270, 271, 274, 521
Brenner Fontaine y 272
Breuer, E. 110, 112

Brinton, A. 366
Brock, R.N. 411
Brueggemann, Walter
　　276, 277, 514
Bultmann, R. 219
Burnett, F.W. 462
Buss, M.J. 170

C

Cahoone, L. 311
Calvino, Juan 80, 81, 82, 86
Cannon, K.G. & E. Schüssler
　　Fiorenza 500
Cantwell, Wilfred Smith 27, 525
Cardenal, Ernesto 203, 275
Cardoso, Nancy Pereira 275
Chapman, M.D. 403
Charlesworth, J.H. (ed.) 250
Chatelion, Patrick Counet 311
Chatman 390
Chesneaux, J. 175
Chopp, R.S. 222
Cipriano 47
Clévenot, M. 162, 163
Collados/E., V. Zurro (eds.) 228
Comblin, José
　　243, 245, 249, 263, 264, 265
Copérnico 91
Counet, Chatelion 457, 466
Craig, Kerry M. and Margret A.
　　Kristjans 464
Croatto, J. Severino
　　11, 39, 147, 187, 188, 215, 218, 224,
　　227, 229, 230, 275, 285,
　　329, 360, 467
Crossan, J.D. 467
Crüsemann, F. 14, 258

D

de Aquino, Tomás 73, 74
de Clairvaux, Bernardo 72
de Espinoza, Baruj 92
de Vaux, R. 153, 155
de Wit, Hans
　　240, 251, 266, 273, 298, 307, 432
Deist, F. 128
Derrida, J. 451, 456
Donaldson, Laura E. 279, 280, 281
Donaldson, Laura E. & R.S.
　　Sugirtharajah 282
Drewermann, E. 312
Dube, M.W. 279
Duinkerken, A. van 72
Dussel, E. 95
Duverger, C. 103, 104, 108

E

Eagleton, T. 404, 405
Ebeling, G. 78
Eco, Umberto 357, 378, 379, 391,
　　401, 422, 480, 489
Eichhorn, J. 114
Ellacuría, I. & J. Sobrino (eds.) 247
Espinoza 164
Evans, C.A. y J.A. Sanders (eds.) 48

F

Felder, Hope 313
Fish, S. 378, 383, 390
Fishbane, M. 26, 39, 42, 43
Flora, Ana Anderson / Gilberto
　　Gorgulho 174
Fokkelman, J. 329, 385, 387
Fontaine, Carole R. 521
Foucault, Michel 453

Foulkes, I. 290
Fowler, R.M. 384
Fritz, V. 177

G

Gadamer, H.-G. 187, 190
Gebara, I. 429
Gerstenberger, S. E. 304
Gnuse, R.K. 178
Gonzalez, A. 222
Gorgulho, G. 245, 246, 247
Gorgulho, Gilberto 174
Gottwald, N.K.
　　170, 171, 172, 175, 234, 251, 411
Greene, C. 506
Greene, C., K. Möller 508
Gros, K.R.R. Louis y J.S. Ackerman 329
Gunkel, H.
　　120, 121, 122, 123, 127, 164
Gunn, D.M. y D. Nolan Fewell 329
Gutiérrez, G. 95

H

Hirsch, E.D. 383
Hirshman, Marc 52, 54
Hofstede, Geert 442
Holland, Norman 393
Hope, Cain Felder 313, 314, 315
Hopkins, Julie M. 290
Houtman, C.
　　115, 118, 128, 139, 142, 252
Hübner, H. 45
Hüfner/S., B. Monteiro 290
Huggan, Graham 519

I

Iser, W. 379, 380

J

Jauss, H.J. 399
Jerónimo 50, 70
Jobling, D. 470, 474
Judith, Mary Ress 289
Justino 52, 54

K

Kempis Thomas, à 449
King, U. 288
Knierim, R. 123
Koch/, K J.M. Schmidt 251
Kooi, C. der van/E. Talstra/J.H. de Wit 298
Kooyman, C. 156, 157
Kraus, H.-J. 110, 111, 254
Krüger, R. 334, 335
Kuller, Débora 83, 84

L

Labberton, Mark 398
Lacocque, A. 251
Lee, A.C.C. 43, 270, 279
Lehmann, D. 207
Lemaire, T. 96
León-Portilla, M. 96
Lubac, H. de 241
Lutero 78, 80
Luxemburg, J. van 325, 334, 350
Lyotard, J.-F. 415, 469

M

McKnight, E.V. 336, 342, 348
Mendelssohn, M. 115
Messias, Oliveira de 289
Mesters, Carlos
    150, 172, 204, 205, 209, 232, 234, 235, 432
Miguez, D. 409
Milne, Pamela J. 271, 272
Mo, Jung Sung 260
Möller, K. 506
Moore 474
Mosala, I.J. 14, 182, 183, 287, 430

N

Nakanose, S. 15, 472
Nielsen, E. 252
Noth, Martin 131, 139, 140

O

Orígenes
    50, 51, 55, 56, 68, 69, 70

P

Patrick/A., D. Scult 366
Patte, Daniel 406, 423, 433
Pedersen, J. 252
Pfister, M. 364
Phillips, G.A. 457, 463
Pixley, Jorge 175, 245, 249, 262
Plöger, O. 276, 277
Poland, Lynn 319, 326
Polzin, R.M. 334
Prien, J.H. 218
Propp, Vladimir 350
Pui-lan, Kwok 183, 270, 283, 286

R

Raeder, S. 78
Reinhartz, A. 274
Rendtorff, R. 142
Richard, Pablo
    98, 243, 246, 247, 248, 249, 259, 261, 262, 264, 286
Riches, J. 508
Richter, I. Reimer 289
Ricoeur, Paul
    9, 187, 189, 195, 198, 295, 336, 337, 357, 388, 407, 415, 416
Rivera Pagán, Luis N. 95
Rodríguez, E. Monegal 97
Rodríguez, J.L. 97
Rogerson, J.W. 210, 403, 411
Rowland, Christopher and Mark Corner 205

S

Saussure, F. de 339, 343
Sauter, G. 166
Scannone, Juan Carlos
    246, 247, 263
Schmid, H.H. 141
Schökel, Alonso L. 322
Schreiter, R.J. 263, 444, 500
Schrijver, G. de 247, 311, 415
Schüssler, E. Fiorenza
    268, 283, 307, 408, 420, 424
Schwantes, M.
    127, 208, 243, 248, 249, 254, 255, 256, 266, 447
Schwartz, R.M. 465
Segovia, Fernando F.
    394, 399, 406, 509, 527
    Segovia, Fernando F. / Tolbert, Mary Ann (eds.) 249, 268, 284
Segundo, J.L. 270, 407

Sepúlveda, G. J de 98
Seters, J. van 140
Seybold, K. 253, 254
Simón, Ricardo 111
Smelik, K.A.D. 252, 253
Smith, Cantwell 295, 297
Smith-Christopher, D. 394
Specker, J.S.M.B. 98
Staiger 321
Stam, J. 97
Stemberger, Günter 58
Strack, H.L. 57
Sugirtharajah, R.S.
    183, 184, 268, 279, 283,
    284, 287, 410

T

Talstra, E. 348
Tamez, Elsa
    109, 275, 278, 281, 295
Thiselton, A.
    266, 272, 319, 347, 379, 380,
    393, 397, 475
Tiffany y Ringe 528, 529, 530
Tigcheler, J. 69
Tokei, F. 175
Tomita, L.E. 290
Torres, S. y J. Eagleson (eds.)
    209, 234
Tov, E. 43
Townsend, Ch. Gilkes 288

V

van Wolde, E. 485, 491
Velasco, Navia C. 291
Verdeyen/R., P. Fassetta 73 Vijver,
H.W. 240
von Rad, G. 27, 44, 131, 139

W

Wagner, J.R. 45
Warrior, R.A., Canaanites 411
Weems, Rita 278
Wellek, R y A. Warren 321
Wellhausen, J.
    116, 118, 119, 120, 121, 122, 123, 161
West, Gerald
    183, 212, 287, 432, 515, 518
West, Gerald y Musa, W. Dube 209
Weststeijn, W.G. 325
Wierenga, L. 362
Wimsatt, W.K. y M.C. Beardsley
    327
Wolf, E. 280
Woude, A.S. 128

Indice de Temas

Introducción / 7

**CAPÍTULO 1:
DESDE EL A.T.
HASTA LA REFORMA** / 19

Unidad 1:
Exégesis bíblica en el A.T. / 21
Introducción / 21
  La labor redaccional en el A.T. / 27
  Hermenéutica y creatividad en el A.T. / 39

Unidad 2:
Exégesis judía y patrística / 44
Introducción / 44
2.1 El Nuevo Testamento como
    relectura / 44
        Dos hijos de un padre / 49
2.2 La interpretación rabínica / 57
    Desarrollo histórico / 58
    La escuela como lugar de origen / 59
    Hermenéutica rabínica / 60
    Tradición oral - tradición escrita / 62
    Los Rabinos / 62
    La literatura talmúdica / 63
    Midrash / 65
2.3 La interpretación patrística / 68

Unidad 3:
La Reforma protestante y
el Renacimiento tardío / 76
3.1. La Reforma: el retorno al *sensus
    literalis* / 76
3.2 Lutero y la exégesis / 78
3.3 Calvino y la exégesis / 80
3.4 La Biblia y el Renacimiento / 83

**CAPÍTULO 2:
LA MODERNIDAD** / 89

Unidad 4:
Los métodos históricos / 91
Introducción / 91
4.1 América Latina / 95
        Los doce Franciscanos / 103
4.2 Los métodos históricos / 109
    El comienzo de la crítica
      histórica / 110
    Ricardo Simón / 111
    Texto Masorético / 114
    Judíos y cristianos / 115
    La culminación de la crítica
      histórica: Julius Wellhausen
      (1844-1918) / 116
    Los límites de la crítica
      histórica / 119

El texto como ventana
rota / 119
4.3 La Crítica de las formas literarias
(*Formkritik*): H. Gunkel / 120
¿En qué se distingue la Crítica
de las formas de la crítica
histórica? / 124
4.4 La Crítica de las tradiciones: G. von
Rad y M. Noth / 127
¿Cómo procede la Crítica de
las tradiciones? / 129
Crítica de la Crítica de las
Tradiciones / 140
Resumiendo / 143
4.5 La Crítica de la redacción / 143
La labor de los redactores / 145
4.6 Alcances y límites de los métodos
históricos: un ejemplo / 149
Los textos / 152
Análisis histórico-crítico / 153

UNIDAD 5:
LOS NUEVOS MÉTODOS HISTÓRICOS:
LECTURA SOCIOLÓGICA Y MATERIALISTA / 160
Introducción / 160
5.1 La lectura materialista / 162
Implicaciones de una lectura
materialista de la Biblia / 165
El *método* materialista / 166
Triple decodificación / 167
Importancia de la lectura
materialista / 169
5.2. La lectura sociológica / 170
El modelo estructural-
funcional / 172
Observaciones críticas / 174
La revuelta campesina / 177
5.3 El texto bíblico como problema / 181
Hacia la hermenéutica
moderna / 184

**CAPÍTULO 3:
LA HERMENÉUTICA MODERNA
Y SUS CONCEPTOS** / 185

UNIDAD 6:
HERMENÉUTICA DE LA APROPIACIÓN
(H.-G. GADAMER Y P. RICOEUR) / 187
Introducción / 187
6.1 Definición de términos / 187
6.2 Hans-Georg Gadamer / 190
6.3 Paul Ricoeur / 195
Sentido / 197
Referencia / 197
La 'intención del autor' como
lastre / 198
Diálogo versus texto escrito / 199
Distanciación / 200
El arco hermenéutico / 201
La primera fase:
la lectura ingenua / 202
La segunda fase: exégesis / 211
La tercera fase: el saber
comprehensivo / 214
Actualización *no* es exégesis / 215

UNIDAD 7:
HERMENÉUTICA LATINOAMERICANA / 217
Introducción / 217
7.1 José Severino Croatto: la lectura
hermenéutica / 218
La lectura hermenéutica / 225
Los y las pobres / 227
Observaciones críticas / 228
7.2 Carlos Mesters: el triángulo
hermenéutico / 232
Las Comunidades de Base / 236
Lectura popular y exégesis / 238
¿Lectura popular o lecturas
populares? / 239
La ejemplaridad de la
patrística / 240
La exégesis y los problemas
del pueblo / 241
La exégesis europea / 242

7.3 Hermenéutica de liberación - exégesis liberadora (P. Richard, J. Comblin, M. Schwantes y.o.) / 243
    Los y las pobres son los productores de la Biblia / 244
    El método exegético / 245
    La Biblia como 'memoria histórica' de los y las pobres / 246
    Argumentos exegéticos / 248
      1) La seudoepigrafía / 250
      2) La tradición oral / 251
      3) Los salmos / 253
      4) Las pequeñas unidades literarias / 255
    Observaciones finales / 258

UNIDAD 8:
EL LECTOR Y LA LECTORA REBELDES / 268
Introducción / 268
8.1 Las hermenéuticas del genitivo / 269
    El texto como problema / 270
    La hermenéutica feminista / 271
    La hermenéutica de la recuperación / 272
    De recuperación a rechazo / 273
8.2 La hermenéutica poscolonial / 279
    El status del texto bíblico / 281
    Desde la sospecha hacia la no-recuperación / 282
    Apertura *versus* sospecha / 285
8.3 La hermenéutica del lector rebelde / 286
    El camino del lector y de la lectora rebeldes / 287
    Observaciones / 291
8.4 Escritura es más que texto / 295
    Hacia la cuestión de pertinencia y relevancia / 299

UNIDAD 9:
RELEVANCIA Y PERTINENCIA EN LA EXÉGESIS / 301
Introducción / 301
9.1 Dos modalidades / 302
9.2 La primera comunidad / 303
9.3 Relevancia y pertinencia entremezcladas / 304
    Pertinencia como ruptura de la dependencia / 305
    La relación correcta / 306
    Liber et speculum / 307
    Ambos se empobrecerán / 307

**CAPÍTULO 4:
LA POSMODERNIDAD** / 309

Introducción / 311
    Interpretación y modernidad / 311
    Interpretación y posmodernidad / 313

UNIDAD 10:
EL TEXTO COMO OBRA LITERARIA.
EXÉGESIS Y CIENCIA DE LA LITERATURA
(CRÍTICA LITERARIA) / 318
Introducción / 318
    El término 'literario' / 319
10.1 Ciencia de la literatura y retórica / 320
    Ciencia de literatura versus crítica histórica / 321
    La omisión de las ciencias bíblicas / 322
10.2 Origen de la crítica literaria / 323
    La primera hija se concentra en la forma literaria del texto / 323
    La segunda hija se concentra en la objetividad del texto / 324
    La tercera hija se concentra en el lector del texto / 324
10.3 La Nueva Crítica: formalismo en la interpretación / 324
    El texto como obra de arte / 324
    El texto es autosuficiente / 325
10.4 La falacia de los orígenes / 326
    Otras falacias / 327
    Falacia intencional / 327
    Falacia afectiva / 327
10.5 El programa de la crítica literaria / 328
    El retorno al texto / 329
    El texto dejó de ser huérfano / 329
    Complementariedad en interpretación / 330

10.6 Los límites de la crítica literaria / 330
    La obra literaria como
    estrategia de lectura / 331
    En marcha hacia el estructuralismo / 332

Unidad 11:
Estructuralismo y semiótica / 333
Introducción / 333
11.1 Definición de términos / 333
11.2 La polémica del estructuralismo / 335
    Significado, ¿qué es lo que es? / 335
11.3 ¿Qué es un texto?
    Se anula la referencia del texto / 337
    Las dos actitudes / 337
11.4 ¿Cómo se alimenta el análisis estructural? / 339
    F. de Saussure: Curso General de lingüística / 339
    Vladimir Propp: La morfología del cuento / 348
    El cuadro semiótico: la gramática narrativa / 351
    R. Jacobson: Estructuras bajo el aspecto de comunicación / 355
11.5 Observaciones finales / 356
    Hacia la crítica retórica / 360

Unidad 12:
El texto y el lector o la lectora: estrategias de persuasión. Nueva crítica retórica / 362
Introducción / 362
12.1 La terminología / 362
12.2 Trasfondo histórico / 363
    Retórica recuperada / 365
12.3 Definición y objetivo de la nueva retórica / 366
12.4 La nueva retórica y la Biblia / 367
12.5 ¿Cuál es el proceder de la nueva retórica? / 368
    Los pasos de la crítica retórica / 369
12.6 Crítica retórica y crítica ideológica / 370
    La situación retórica del lector o la lectora / 370
12.7 Observaciones finales / 371
    El mejor texto / 373
    Desde la retórica hacia la Crítica de la respuesta del lector / 374

Unidad 13:
La lectora o el lector como coautor / 375
Introducción / 375
13.1 Los objetivos del intérprete orientan el proceso de lectura / 376
13.2 La crítica a la aproximación histórica / 377
    Diversidad / 378
13.3 Programa y objetivos / 378
13.4 El lector o la lectora ¿dónde está? / 379
    El lector implicado / 379
    La elipse / 381
    El peso del texto / 382
13.5 El lector o la lectora ¿quién es? / 383
    Entre 'lector crítico' y 'lector común' / 384
    El lector común no siempre quiere servir / 385
13.6 Instancias narrativas / 385
    Autor real y lector real / 386
    Narrador y "narratee" / 387
    Autor implicado - lector implicado / 388
13.7 Nuevamente el lector implicado / 390
    W. Iser / 390
    Boot, Chatman y Fish / 390
13.8 Lector ideal, lector modelo / 391
    La importancia de las diferencias / 392
13.9 Importancia de la *CRL* / 392
    La *CRL* y América Latina / 393
13.10 Observaciones críticas / 398
    Hermenéutica empírica / 399
    El factor lector importa / 400
    Desde el lector implicado hacia el lector empírico / 401

Unidad 14:
Interpretación e ideología / 402
Introducción / 402
14.1 El término / 403
    Definición / 403
    Louis Althusser / 404
14.2 Descifrar las estructuras de poder / 405
    La lucha es la madre del significado / 405
14.3 Crítica ideológica y ética / 406
14.4 Poder y Biblia / 407
    Diferencia y confrontación / 408

14.5 La irrupción de la periferia / 409
14.6 Legión es mi nombre / 409
14.7 La crítica criticada / 411
14.8 La importancia de la confrontación: observaciones finales / 412
    Lectura dominante / 413
    ¿Despedida de la ideología? / 415
    Marco de análisis marxista / 417
    La meta-crítica / 419
14.10 Etica e interpretación / 420
    1) Aspectos éticos de la interpretación / 420
        1.1) Implicaciones éticas del descubrimiento semiótico / 420
        1.2) Opciones en la interpretación van más allá de argumentos críticos / 423
        1.3) Métodos y ética / 425
        1.4) El problema ético de la opción exclusiva por un método / 426
        1.5) Lecturas correctas de textos equivocados / 428
        1.6) Los afectados y las afectadas / 429
        1.7) ¿Jerarquización de lectores y lectoras? / 431
    2) La ética y la práctica exegética / 433
        2.1) Optimismo defraudado / 433
        2.2) Complementariedad crítica y doble / 434
        2.3) Hacia una nueva catolicidad / 435
    3) Etica y hermenéutica: responsabilidad por lo excluido / 444
        3.1) Hacia una hermenéutica de la responsabilidad / 445
        3.2) La minoría crítica / 445
        3.3) El valor hermenéutico de lo extraño / 446
        3.4) Verdad y epistemología / 446
        3.5) Lealtad a la Escritura / 447
14.11 Nuevamente la crítica ideológica / 447
    Tomás à Kempis / 449
    Hacia el deconstructivismo: la postergación de significado / 449

UNIDAD 15:
POSTERGACIÓN DE SIGNIFICADO:
EL DECONSTRUCTIVISMO / 450

Introducción / 450
 Desconstructivismo y posmodernidad / 451
15.1 El término / 451
15.2 Trasfondo histórico / 452
15.3 El programa / 453
    Punto neurálgico / 455
    La torre de Babel / 456
15.4 ¿Qué es un texto? / 458
    Semiótica y cosmovisión / 458
    Intertextualidad / 459
15.5 Importancia para América Latina / 462
15.6 Deconstrucción y Biblia / 463
15.7 Deconstructivismo y Biblia / 464
15.8 Observaciones finales: deconstrucción y lectura latinoamericana de la Biblia / 468
    Importancia del deconstructivismo / 468
    Desafíos del deconstructivismo para la lectura latinoamericana de la Biblia / 470
    Observaciones críticas / 476

UNIDAD 16:
LOS LÍMITES DE LA INTERPRETACIÓN / 482

16.1 Implicaciones para la interpretación / 483
16.2 Una metáfora: La ciudad desconocida / 484
    1) La ciudad / 486
        1.1) ¿Realmente existe la ciudad? / 486
        1.2) La ciudad en la actualidad (análisis sincrónico) / 489
        1.3) La ciudad y su historia (análisis diacrónico) / 492
        1.4) Los constructores de la ciudad / 493
    2) El o la visitante / 494
        2.1) El o la visitante y sus intereses / 494
        2.2) El objetivo de la o el visitante / 494
        2.3) Entre familiaridad y desconocimiento / 495
        2.4) El o la visitante y su mandato / 496
        2.5) El enviado de los y las pobres / 497
        2.6) Interpretación y liberación / 499
    3) El guía y su mandato / 501
    4) El uso / 501
Conclusión / 503
  Diversidad y liberación: diversidad como desafío / 505
  Diversidad de lectores y lectoras / 512
  Diversidad y el texto bíblico / 520

DR. J.H. (HANS) DE WIT (1949) estudió teología en la facultad de teología de la Universidad Libre, Amsterdam. Se especializó en Antiguo Testamento. Fue enviado como misionero a Chile en 1989, donde se desempeñó como profesor de Antiguo Testamento en la *Comunidad Teológica Evangélica de Chile* durante casi 10 años. Se doctoró en la facultad de teología de la Universidad Libre. Su disertación doctoral se intitula 'Aprendices de los pobres' (*Leerlingen van de Armen*) y analiza aspectos hermenéuticos y exegéticos del movimiento bíblico latinoamericano. Desde 1991 es profesor de la facultad de teología de la Universidad Libre (*VU University Amsterdam*), Amsterdam, Holanda, donde enseña teología contextual, hermenéutica intercultural, Antiguo Testamento. Está a cargo de los programas de intercambio e internacionalización de su facultad. Es uno de los iniciadores del nuevo proyecto internacional de lectura intercultural de la Biblia *Trough the Eyes of Another*. Es pastor de la Iglesia Protestante Unida en Holanda. Entre sus muchas publicaciones en holandés, alemán, húngaro, checo, inglés, portugués y español hay comentarios bíblicos (Génesis, Daniel, Profetas), monografías y numerosos artículos sobre métodos de exégesis, hermenéutica intercultural y teología contextual. Desde octubre del 2007 el Prof. de Wit ocupa en su universidad la prestigiosa cátedra Dom Hélder Câmara.

Entre las más recientes publicaciones del Dr. Hans de Wit se encuentran:

- *'My God', she said, 'ships make me so crazy'.*   s on Empirical *Hermeneutics, Interculturality, and Holy Scripture.* (Evangel Press) 2008.

- *Theologica Xaveriana*, nr.165, Enero-Junio 2008 Año 58/1: 'Camino de un Día'(Jonás 3.4). Jonás y la Memoria Social de los Pequeños, pp. 87-126.

- 'It Should Be Burnt and Forgotten!' Latin American Liberation Hermeneutics through the Eyes of Another, en: Alejandro F. Botta & Pablo R. Andiñach (eds.), *The Bible and the Hermeneutics of Liberation* (Semeia Studies 59), Atlanta (Society of Biblical Literature) 2009 39-60.

- *African and European Readers of the Bible in Dialogue. In Quest of a Shared Meaning.* Eds. Hans de Wit & Gerald O. West (Studies of Religion in Africa. Supplements of the Journal of Religion in Africa (School of Oriental and African Studies, London, Volume 32, ed. by Paul Gifford)), Leiden – Boston, Brill 2008 (= *African and European Readers of the Bible in Dialogue. In Quest of a Shared Meaning* (Studies of Religion in Africa 32). Edited by Hans de Wit and Gerald O. West, Cluster, Pietermaritzburg 2009).

- *Por un solo gesto de Amor. Lectura bíblica desde una práctica intercultural*, Buenos Aires (ISEDET) 2010.

www.ingramcontent.com/pod-product-compliance
Lightning Source LLC
Chambersburg PA
CBHW080436170426
43195CB00017B/2798